— 大学之道 —

以学生为中心

当代本科教育改革之道

赵炬明 / 著

北京大学出版社
PEKING UNIVERSITY PRESS

图书在版编目(CIP)数据

以学生为中心：当代本科教育改革之道 / 赵炬明著 . — 北京 : 北京大学出版社，2023.10

（大学之道）

ISBN 978-7-301-34336-4

Ⅰ. ①以… Ⅱ. ①赵… Ⅲ. ①高等学校 – 教育改革 – 研究 – 中国 Ⅳ. ① G649.21

中国国家版本馆 CIP 数据核字（2023）第 161090 号

书　　名　以学生为中心：当代本科教育改革之道
　　　　　YI XUESHENG WEI ZHONGXIN: DANGDAI BENKE JIAOYU GAIGE ZHIDAO
著作责任者　赵炬明 著
责 任 编 辑　郭　莉
标 准 书 号　ISBN 978-7-301-34336-4
出 版 发 行　北京大学出版社
地　　址　北京市海淀区成府路 205 号　100871
网　　址　http://www.pup.cn　　新浪微博：@ 北京大学出版社
微信公众号　通识书苑（微信号：sartspku）　科学元典（微信号：kexueyuandian）
电 子 邮 箱　编辑部 jyzx@pup.cn　　总编室 zpup@pup.cn
电　　话　邮购部 010-62752015　发行部 010-62750672　编辑部 010-62707542
印 刷 者　北京中科印刷有限公司
经 销 者　新华书店
　　　　　787 毫米 × 1092 毫米　16 开本　31.5 印张　601 千字
　　　　　2023 年 10 月第 1 版　2023 年 12 月第 3 次印刷
定　　价　98.00 元（精装）

谨以此书献给我亲爱的朋友和妻子陈肃，

感谢她四十年来对我无微不至的照顾、宽容和支持！

目　录

序　一

程　星

一个自称不是大学教学领域专门学者的学者，花了整整十年时间研究大学的教学问题，然后洋洋洒洒地写了一部六十万字的巨著阐述其研究成果：这样的学者值得每一位关心大学教育的人——不管你生活在大学的象牙塔之内或之外——脱帽致敬。然而，正如老虎也有打盹的时候，睿智如赵炬明，也有不那么睿智的时候：他居然找了一个比他还要“门外”的门外汉来为他的巨著写序。

能为朋友办事，本是一件赴汤蹈火、心向往之的事情，但为其学术著作写序则有点让我惶惶不可终日了。原因是，古往今来，序言往往是为作者抬轿吹号的地方——不管你是否明白作者在书中说了什么，也不问自己是否同意他的观点，序言的功能就是将作者的观点鹦鹉学舌地重复一遍，并拍手叫好。可我与教学的唯一交集是在美国的大学里教了近十年的书，而这段经历完全基于对自己老师的模仿，从未想到对教学本身进行研究。因此，答应炬明的结果很可能是自取其辱：既抬不动轿子，又不想拍手。想来我之胆敢在没有金刚钻的情况下招揽瓷器活，一是因为无知者无畏，二是冲着大学教学研究领域并无大师——这话不是我说的，而是从炬明书中演绎出来的。

应当承认，刚开始我被“以学生为中心”（student-centered，简称SC）的本科教学改革这个题目的简明、直白、实践导向迷惑了。教学教学，有教有学。我们的祖先奉行以教（师）为中心，谓之“传道、授业、解惑”，而自20世纪二三十年代起，美国学界推动进步教育，开始将关注点转移至学（生）一边。以我心思之，两者并无优劣之分，也无选边站之必要。因此，我是带着姑妄听之的态度接受了炬明写序的邀请。

读完书稿之后，我心中只剩下一个念头：人是要为自己的无知付出代价的。原以为SC仅是教学法手册里的一个概念，不过是随着教科书再版得以不断更新，谁知赵炬明却以“请君入瓮”式的狡黠，一步步地将我引进一个叶茂林深的学术丛林。他将SC的概念放到脑科学、发展科学、认知科学和学习科学等多个领域里进行探讨，却对学究式的丛林探险并不留恋，只是点到为止。在让读者感到“山重水复疑无路”时，作者已在有意于从事SC改革的有识之士们面前展开一张简要的知识地图和工作指南。最不可思议的是，美国人自20世纪80年代在大学推动SC改革，却鲜有志愿者挺身而出，为前线的教学人员做一点铺路搭桥的基建工作。结果是，在英文文献中至今未有人对SC做过系统的梳理和权威的综述。这个苦力活居然由一位跨界（学界、国界）的学者完成了，这就是放在我们面前的《以学生为中心：当代本科教育改革之道》。

赵炬明对SC问题的梳理和研究大致分为三个部分：其一，他从哲学、历史和科学等方面为SC的基础理论作了铺垫；其二，他就实践路径、方法论、信息技术、教学环境和评价评估等教学改革实践的问题作了深入探讨；其三，他从大学教学学术、教师发展、大学管理和公共政策等角度阐述学校及其外部环境如何支持SC改革。作者对于SC问题作了几乎是百科全书式的描述，让我们看到SC改革确实是一个涉及广泛、学理深厚、问题丛生、意义重大的领域。

在对赵炬明的SC研究击节赞叹之余，我注意到他对于自己研究目的的陈述，即在中国推动SC改革。因此，他在综述美国SC文献时强调中国导向、实践导向和卓越导向，在对美国学者SC改革的讨论中处处结合了中国国情。这种为我所用的学术取向我是赞成的，因为我自己的职业生涯多是在大学管理领域度过的，所以即使是研究理论问题也从不敢对其实践意义稍有怠慢。

作为美国学校教学活动的受益者，我个人经历的覆盖面还算完整：在美国大学里拿过三个研究生学位，又陪伴孩子从幼儿园走到本科毕业，自以为对美国课堂里以谁为中心的问题有些了解。相信一般普罗大众和我一样，对于“以学生为中心”这个命题直觉的理解，是将教师与学生当成对立双方（互动两方），然后根据自己的课堂经验判断双方（A方与B方）之间谁为中心。然而，作为一个学术命题，“以学生为中心”这个术语在本书中的界定与我们的直觉相距甚远。它包括三层意思：

“以学生发展为中心，以学生学习为中心，以学习效果为中心。这三句话分别从本科教学的目标、过程和效果三个方面说明了SC改革的三个基本特征：SC改革要以学生发展为目标，在教学过程中要关注学生的学习，要把学生学习效果改进作为检验改革有效性的标准。这个表述代表了一个完整的教育教学思想体系，和老三中心（以教师、教室、教材为中心）教学模式和教学思想形成鲜明对比。SC改革就是要用新三中心教学模式取代老三中心教学模式。因此它是当代本科教育改革的一次巨大变革。”

对于SC的如此解读，可以有效地防止“门外汉”们对SC的直觉猜测，也保证了关于SC的学术探究不至于在概念问题上出轨。正是基于这样的定义，赵炬明认为，美国的SC改革要求教师将学生的发展放在中心地位，以课程设计为平台来组织教学内容与方法，并通过实施课程设计来改变现有教学方式，从而实现课堂教学模式的转型。近年来，随着教育技术的创新与发展，美国的课堂变得更加活跃。但是，正如赵炬明所说，中国并未在教育技术上输给美国人，那么，美国的SC改革对于中国的大学教学究竟有何启示呢?

假如我们把“以学生为中心”设想为中美大学之间的一场友谊比赛，而学生发展、学生学习和学习效果则是这场比赛的终点，那么在我看来，参赛的“运动员们”就从未站在过同一条起跑线上。换言之，美国运动员早在小学阶段就开始“偷跑”了。以美国小、中、大学生家长和研究生的双重身份，我心目中的美国课堂从来就是以学生为中心的。孩子们似乎没有过排排坐专心听讲的经历，而大学的课堂里更是充满着师生间的互动。我自己在大学教课之初还曾因为“满堂灌”的教学饱受学生诟病。但是，赵炬明的研究告诉我们，这种个人经历与SC并不完全重合。按照SC的理念，教学不再是教师照本宣科的单向旅程，但也不如我们所理解的课堂互动、启发式教学那么简单。真正的SC设计必须以学生发展为目的，而其效果最好还是可以测量的。以此观之，美国的大学课堂，虽然在中国“运动员”眼中已经很“中心”了，但距SC的要求还相距甚远。问题是，如果SC对于教师教学的要求如此之高，而教师的升职、涨薪、声誉却不取决于教学而在于其研究，那谁会真正去用心努力呢? 难怪美国的SC改革虽已经年，但仍然过程步履艰辛、结果乏善可陈。

看来在这场比赛中，美国“运动员”不仅已偷跑在先，而且在比赛过程中还暴露出取胜意愿不强、体力严重透支等问题。尽管如此，中国“运动员”却未因此占到任何便宜。这里的原因又是什么呢?

近年来网上有很多关于留美的印度学生在日后事业上为什么比中国留学生更加成功的讨论。由于工作关系我在过去十年里频频访问印度，特别是那里的顶尖中学。这些访问为解答上述问题提供了完美的答案：由于历史原因，今日印度贵族中学的教育根本就是西式的，而学生参与课堂互动早就是这种教育的一个部分。从这个角度看，留美的印度学生在文化上融入美国课堂完全没有障碍，而其日后的发展与他们的美国同学相比，除了多出一份勤奋而外，也并无高下之分。反观中国留学生，假如他们在国内的课堂里从来就没有成为过“中心”，怎么能指望他们在美国的课堂里产生任何“当家做主”的感觉呢？我们不得不承认，师道尊严既是我们民族的传统，也是阻碍学生在大学课堂里成为“中心”的因素之一。

同是美国大学教育的产品，印度留学生在课堂上的表现就像一面镜子，照出了我们教育体制的短板，而他们在事业上的成功，更是以事实生动地展示了美国大学 SC 教学的学习效果。正如机遇只垂青有准备的头脑，SC 的成功与否也与学生是否主动配合关系极大，绝非教师一厢情愿能够成就。中印学生在学习效果上的差异证明，学生的参与对于 SC 教学所具有的决定性作用无论如何强调都不过分。在此书中，赵炬明对于美国大学本科教学 SC 改革停滞不前的批评，在我看来，虽然过于严苛，但放到美国高教大背景下观察并无不妥。SC 的推行之所以在排名前五十的小型文理学院（如沃斯莫尔、阿默斯特、波莫纳）和有深厚文理学院传统的研究型大学（如哈佛、耶鲁、哥伦比亚、普林斯顿）较为成功，除了和不同类型学校在科研与教学之间所设置的激励机制有关，我认为学生的素质及其学习主动性也是至关重要的因素。然而，此类精英大学在美国大学中所占比例应当不超过百分之五。要在高等教育大众化环境中推行 SC 改革，阻力之大可想而知。

由此可见，“以学生为中心”的本科教学改革对于中美两国的大学来说，原理相同但意义却截然不同：假如说 SC 能为美国大学锦上添花，那么它对中国大学则是雪中送炭。用赵炬明的话说，当前中国的 SC 改革“已经成了关乎中国国运的大事”。我们生活在一个信息泛滥的时代，今天的大学生四年本科时间从手机上能够获取的信息量也许已经超过他们父母皓首穷经念完博士之所得。“传道、授业、解惑”，这种“以教（师）为中心”的模式曾经是传授知识的有效途径。但是，当教师讲课不再是信息传输的唯一渠道，学生的发展及其成长便成了教学活动的中心，而大学能否令人信服地展示学生学习效果则成为大学利益相关者们关注的焦点。

那么，中国大学是否可能利用新教育技术，通过学习 SC 的方法和技能，在人才培养上实现弯道超车呢？其实，这个问题本身包含着一个悖论。在回答这个问题之前，你首先必须承认我们大学的产品——毕业生不如他人，但中国改革开放四十年所取得的令世人震惊的成就却并不支持这样的判断。另一方面，从在国际职场上的创新能力和竞争能力来看，我们的大学本科毕业生的确存在诸多不足之处。由此可见，在中国的大学推行SC改革，与美国人心目中的SC改革还是应当有所不同的。美国人需要通过SC改革来提高普通高校里学生学习意愿不高、动力不足等问题，而在中国大学推行SC改革，除了有教育技术在内的诸多问题外，还有文化传统的问题。而这个问题的解决并非由大学单打独斗能够完成。学习上的参与是一种习惯，需要从小养成。

赵炬明引用的国际新媒体联盟发布的《地平线报告》也认同这个观点：光有教育技术并不能实现真正意义上的SC；制度、政策、管理、文化都是我们在推行SC过程中需要考虑的因素。“学校如果不在支持系统方面做出必要的调整，新技术就不可能在学校中生根开花，发展壮大。这也是为什么SC改革研究必须讨论支持系统问题。”

行文至此，赵炬明大作的意义开始显现。虽然SC的成功有赖于学生的参与，但学生本身素质的培养及其学习主动性的生成很大程度上是大学鞭长莫及的。用英文中的一句俗语形容：这需要举全村之力（It takes a village to raise a child）。我们的社会需要鼓励并培养孩子的好奇心、主动探究的兴趣和积极表达的能力，而这项任务的实行必须从幼儿做起。但中小学教育不是赵炬明这本书的主题，他将SC改革的起跑线设在大学本科，并从脑科学、发展科学、认知科学和学习科学等多重角度论证在中国大学课堂推行SC的可能性和必要性。我非常赞成赵炬明的这种现实主义态度，因为我们见到过太多关于大学教育问题的讨论，一不小心就被偷梁换柱，变成中小学的问题，而大学的责任被推得一干二净。

赵炬明对于SC相关的文化传统问题几乎没有提及，而是将研究的重点放在大学推行SC改革的实践问题上。换言之，这本书在交代了SC的理论背景之后，还为大学的教师和管理者们准备了一份实践的指南，告诉大学在SC改革的过程中能够做些什么。比如说，他详细介绍了近十年来美国高校在SC改革过程中出现的学习空间改造潮流，包括教室改造、图书馆改造和创客空间。这些“物质性”的举措对于国内大学管理者来说不难学习，但他们在投入资源做这些事情的时候必须明白背后包含的SC理念，即为了有效促进课程目标的实现，老师需要营造合适的学习环境。唯有当大学将通过教学促进学生发展作为本科教育的基本任务时，教育技术的运用、教学空间的设计、教学方法的改进等措施才能变得有的放矢，才有可能成为大学自觉的行动。

行动，才是这本书作者初心之所在，也是我甘冒隔行如隔山之大不韪斗胆推荐的原因之所在。

2021 年 9 月 25 日写于上海

序　二

阎凤桥

一

与炬明兄相识已有二十余年，最近接到他即将出版主题为“以学生为中心”（SC）新书的好消息，向他表示由衷的祝贺！谁知炬明兄提出让我写一个序，我既惶恐，又不好推辞。惶恐是因为炬明兄长我十多岁，其阅历和学养均在我之上。过去一些年他偶尔来北大交流，不吝赐教，我从与他的交流中汲取了不少新东西，不仅了解到国外学术发展的动向，还从他的学术见解上受益匪浅。由此来看，我并不适合承担此任。二是对SC改革这个主题，我是十足的“新手”，只是通过他来北大做讲座和拜读他的论文，才有一些粗浅了解，但仍然处于懵懂状态。后来他把书稿电子版发给我，我越看越觉得博大精深，他的研究涉及好几个学科领域，如脑科学、认知科学、心理学、哲学、学习科学、教育技术学等，跨度之大，涉猎之广，均超过我的学术专长，仅全面理解就非短时可成，更遑论评说。说到不好推辞，也有两个理由：一是我特别愿意和他交流探讨问题。无论双方看法相同与否，讨论过后，我们总能彼此受益。即使当时没有完全理解，过后也可按图索骥，进一步研究，权作学习的引子，以拓展自己的学术视域。况且随着与具有不同学科背景学者交流日益增多，以及反思教育问题时认识水平的提升，我对学术广博重要性的感受也越来越深，在这方面，炬明兄是我学习的榜样。二是这些年他为北大教育学院做过不少贡献，这让我有一次难得的回报机会。既然炬明兄请我，那我十分愿意花些功夫做好此事。我相信读者对此书的学术质量会自有判断，与我这个序言水平高低关系不大，故而承诺作序。

在我眼中，炬明兄是一个很念旧情的人，也是一个创新意识和执行力特别强的人。他早年刚到华中工学院工作时，曾在北大进修过一段时间，那时我尚未进北大。虽然我们在北大没有交集，但他常对我提及这段经历，并对因与我们已故老所长汪永铨老师交往而受教的事念念不忘。2016年夏天汪老师去世，他专程赶到北大吊唁。2020年我们四十年院庆时，他还撰文纪念汪老师。

在学术上，炬明兄总是热情洋溢，干劲十足，不断有新思路和新举措，攻克一个又一个堡垒。二十多年前，为了推动我国高等教育研究为实践服务的新范式，他和华中科技大学的同仁们一起把美国大学的“院校研究”（institutional research）方法引介到国内，从筹款、请专家、拉队伍、办培训班、组织会议、出教材、做范例，到后来在中国高等教育学会下建立了院校研究专业委员会，从无到有，蔚为大观，活生生地做成了一个事业，还体现了原产地所没有的中国特色。随后他转而研究大学教学，他刚刚完成的这本新著，是他十年探索、笔耕五载的成果，从陆续发表的论文和身体力行的示范效果看，这个研究已经在国内产生了较大影响，好像是“院校研究”的升级版，直接促成国内一些高校建立教学或教师发展中心，开展大学教学改革和教学研究，与国家“以本为本”的高教政策相呼应。

他为什么能在学术上常新呢？据我的观察，这与他是个“两栖人”有关。他常年一部分时间住在中国，以华中科技大学为据点，深入全国高校了解情况。他长期在西安欧亚学院担任高级顾问，一边进行管理咨询，一边开展行动研究。这使得他的研究很接地气，学校也从中受益，西安欧亚学院胡建波院长对炬明兄的工作给予了高度评价。他另一部分时间在美国。他太太是加州大学洛杉矶校区东亚图书馆馆长，这为他开展研究提供了便利条件。在那里他可以静心读书、思考、写作，结合中国大学需要研究美国大学实践，与学科前沿人士直接交流对话，所以对美国大学的情况易于了解，对其来龙去脉、优劣利弊，均有较透彻的认识。他长期的“两栖”生活使他获得一些独特优势，能把问题研究深、研究透。这种治学方式对克服国内学人浮躁学风有重要的借鉴价值。读者可在阅读后面章节时验证我的这个说法。

二

我向读者推荐炬明兄的这本新著。从形式上看，我很喜欢他的文风，沉潜钩深，娓娓道来，图文并茂，前后呼应，深入浅出，绝不艰涩。每个章节既相对独立，又彼此紧密连贯，是名副其实的“以读者为中心”。在他勾勒清晰的知识地图指导下，阅读有一定的延展性，既可以了解基本状况，也可以顺藤摸瓜，延展阅读文中提及的相关文献资料。文中有“述”有“评”，夹叙夹议，有理有据，但都未作定论。所有说法均可视为基于美国大学情况和资料所得到的暂时结论，留待中国读者作进一步的理论和实践的考察。例如书中讨论了大学教师重研究、轻教学的问题。这不仅是中国大学的顽疾，也是欧美大学的沉疴。他的研究告诉我们，虽然SC改革在美国已经开展了三十年，希望扭转上述局面，回归大学育人本质，但至今仍然步履艰辛、困难重重，仍有很长的路要走。这个结论值得我们注意。此书以文献研究为主，虽然其内容主要涉及美国大学情况，但目标却直指中国大学实践。在比较研究中，他小心克服“西方中心主义”的倾向，例如第九章中对美国大学制度形成过程的分析，客观地揭示了美国大学一步步地从以教学为主转变成以研究为主的过程和路径，分辨了实然与应然之间的关系。这有助于我们避免误解，不至于把美国的实然当作应然来看待，也为大学进行制度创新改革找到了合理依据。

欧美国家的SC改革是否可以为中国大学提供借鉴？其必要性、合理性和可行性何在？这是全书的核心命题。无论是作为一位普通的教育学人，还是作为北大教育学院院长，我都常常感到，大学在教学和培养人才方面存在着诸多不足，且习以为常，往往不认为这是一个问题。如果我们略有意识、稍加改进，都会对学生产生积极影响。最近在微信中看到一篇短文，说在高度分工合作的现代社会中，每一个人大约会影响到一万个人。若此说准确，那些学高为师、身正为范，以积极影响他人为志业的教师，其影响一定更为深远，肯定会超过万人。所以如果教师们能转变思维和行为，其价值无可限量。我们在工作中常常遇到，学校领导希望我们发挥作用、贡献力量，但我们没有尽到应尽的专业责任，常常在现实问题面前束手无策。学者撰写的复杂抽象的学术论文，实践者又难以阅读，结果是日渐学用脱离。但另一方面我们又抱怨教育学学科地位不高。如果我们确能解决现实问题，改进教育实践，是不是就有可能提高教育学的学科地位呢？学科地位不是天赐的，是要靠努力争取的。当然，教育研究工作者的无力感是有原因的。冰冻三尺非一日之寒，许多现实的教育问题，远远超过了教育学一门学科力所能及的范围。把教育学与心理学作一个对比。心理学是一个基础学科，学科界线比较清晰，有其确定的基本的学理问题。而教育学则像一个应用工程专业，要把许多相关学科内容综合起来，才能解决好学生的认知发展和成长问题。过去，相关学科与技术条件发展有限，制约了教育学解决现实问题的能力。现在，相关学科和技术条件已经或正在发生着突飞猛进的变化，为教育学人施展专业抱负提供了前所未有的可能。正是在这个意义上，炬明兄的新著突破传统教育学视域，希望从这些相关学术领域的最新发展中，重新审视教育学的发展方向与作用，他的这个独到洞见是有前瞻性的。为此他倾注了大量心血，这体现在本书各部分的构思、材料的采用和分析上。功夫下到如此程度的研究作品，应该说是不多见的。关于构建SC本科教学理论和实践体系，炬明兄在书中写道，英文文献中，也还没有人对SC改革的文献述评做过这样系统的梳理。SC改革在美国只有短短三十年历史，至今仍处于探索阶段，因此它需要更多的人一起探索、一起耕耘。

三

在阅读这部书稿过程中，有些内容让我产生联想，激发了思考。下面是我的一些粗浅的想法，提出来与读者分享。

我以为，对于认识现代社会，包括现代大学制度和现代知识体系在内，理性这个概念非常重要。现代社会之所以取得今天的成就，从农业社会发展到工业社会，再进入知识社会，主要在于科学技术的推动作用和高效组织形式的迭代，而科学技术进步和组织形式改进背后发挥作用的是理性力量。理性仍然是世界今后发展的强大动力。哲学家康德就把理性的作用概括为："人为自然立法。"爱因斯坦有一段话，表达了同样的意思，他说："人们总想以最恰当的方式来画出一幅简化的和易领悟的世界图像；于是他就试图用他的这种世界体系来代替经验的世界，并来征服它。"同时，一些现代社会问题的出现，也与理性的自负或理性的局限性有关。回顾人类文明发展史，人类对知识的追求过程一直伴随着处理经验与理性之间的关系，即所谓的二元论。

康德在四个层面上对理性进行了定义：第一个层面是理性使人与动物相区分；第二个层面是理性与情感互为对立；第三个层面是理性与经验互为对立，表现为形式逻辑和辩证逻辑；第四个层面是理性与知性互为对立，表现为理念和信仰。第一、二层面理性的含义比较直白，不作专门讨论。我们先看一下第三个层面的理性。按照康德的认识论学说，如果缺少理性，就无法表现出知识的普遍性，知识就无法交流与传承，反之，如果缺少经验则无法扩展知识，因此他提出的"先天综合判断”就是试图达到经验和理性的统一与协调。据此，我们审视大学教学与研究活动之间的关系，教学针对特定人群、在特定情形下进行特定知识内容的传授和应用，其经验性强，涉及教学活动的主要是殊相知识，而研究的开展遵循的是共相原则，普遍性是其特征，世界不同国家的学者可以就研究问题进行对话交流，人类可以进行知识的批判性积累。在知识普遍性和特殊性意义上，产生了“学”与“术”的分家，以及大学学术人员的“双重忠于”（dual loyalties），即在经验层面上，大学教师与大学组织发生教学上的联系，这是一重忠于；在理性层面上，大学教师与学术共同体发生研究上的联系，这是另外一重忠于。在经验和理性两种逻辑作用下，形成了教学型、研究型等不同类型的高等教育机构和金字塔式的高等教育体系。理性的力量往往大于经验的力量，使得研究型大学居于金字塔的顶部，而教学型或者职业型院校居于金字塔的底部，大学“重研究和轻教学”的状况由此而生，也产生了从经验向理性转变的所谓“学术漂移”（academic drift）现象。进而言之，在考核和评价教学和研究成果时，研究成果有比较统一的标准，容易进行比较、分出高低；反之，教学活动是地方性和特殊性的，其成果缺少统一的标准，因此难以进行比较和区分。这就进一步从活动禀赋和外部激励方面扩大了教学与研究之间的差异。也许，正是在这个意义上，博耶和舒尔曼这两位美国学者才提出“教学的学术性研究”（SoTL）的理念，让教学向研究看齐，试图以此提高教学的地位，缩小科研与教学之间的差距。但是，从实施的效果看，并不尽如人意，毕竟两类活动存在着性质上的不同。

再从第四个层面看一下理性。如果我们承认有一些认识可以达到知性的水平，而另外一些内容暂时或永远无法达到知识化的水平，那么我们就要区别上述两种情况，承认后者的限度，可以把它作为理性继续努力的方向。我们经常讨论大学的“理念”，而不是有关大学的“知识”，或许就是因为我们对大学的认识还没有达到清晰的知识程度而又充满理性期待。从这种意义上看，人类的理性不是静止的，而是发展变化的，它要不断地捕获那些未被我们认识的东西，逐步把理念转变为知识。当下，由于认知科学、脑科学、神经科学等学科的发展，不断揭示学习行为规律，为教育学提供了提高其本身知性水平的条件和可能，所以才会提出过去未曾提出过的“以学生为中心”，试图把过去的经验提升为新的知识，这种可能性是存在的。

如上所述，相关学科的认知水平在提高，促进了教学知性化水平的提高，但是，我们也应该意识到，这需要有一个转变过程，这个过程可能是缓慢的，甚至是曲折的。接着，我从理性的一个侧面——有限理性——角度予以分析和讨论。我个人的学术兴趣在社会组织研究，其主要的一个流派是由赫伯特·西蒙和詹姆斯·马奇创立的“有限理性学派”，该学派对于理性命题提出总体性的挑战。需要说明的是，西蒙和马奇的理性定义与康德的理性定义不是完全一样的，在此不展开论述。我个人的研究路径，很受有限理性学派的影响。在我看来，“以学生为中心”具有超现实理性命题的特征，它想要变“老三中心”（教师、教材、教室）为“新三中心”（学生发展、学生学习、学习效果）。“以学生为中心”变革在原发国遇到了很多困难，如何解释这种现象呢？下面，本人从有限理性学派出发，作一些讨论。

有限理性学派有如下一些看法：第一，目标、手段、目标与手段关系（end-means chain）均可能有不确定性。大学是典型的有限理性组织，它的目标是不明确的，技术手段是模棱两可的，目标与手段关系是一种“松散耦合”（loosely coupled），因此大学的非理性模仿行为表现得比较明显。与研究相比，教学活动的理性局限性表现得尤为明显，因为学生学习行为的影响变量多，我们对学生的认知规律认识不足，不知晓什么样的教学方式更有利于促进教学效果的提升，于是大学的教学活动常常处于“有组织的无政府”（organized anarchy）状态，教师想教什么以及如何教，都是不受控制的，自由教学由此而生。第二，所有人包括学生在内，其认知能力是有限的，因此，即使学校为其准备了充足的知识内容和适宜的知识传授方式，他/她也不可能消化和吸收得了其接受能力之外的知识。在一个信息和知识膨胀的时代，我们的认知局限性不足以让我们充分利用这种有利条件，甚至会出现相反的情况，即外界的信息和知识越多，对学生的诱惑和对教学的干扰也越多，越不利于学生认知水平的提高。过重的课业负担对于学生身心发展有不利影响。大学采取必修课、限选课、选修课安排，也是根据知识的重要程度来指导学生时间和精力的分配。第三，从成本角度考虑，有些做法虽然听起来合理，但是由于成本太高，社会或个人承担不起，所以不得不放弃，退而求其次选择次优方案。成本约束是造成有限理性的一个主要方面。比如，假定在教师教学水平一定的情况下，课堂规模过大这种不利局面的出现，往往是由于生均成本规则在发挥作用，教学质量不得不为此做出让步。制度学派中的“路径依赖”（path dependence）是成本约束的集中体现。研究相对于教学的优势，已经有两百多年的历史，即使它存在着这样或那样的问题，扭转起来还是很费力，于是人们只能按照老路走下去，不得已而为之吧。第四，教学过程是教师与学生之间的互动过程，因此，需要考虑学生的行为。在大学中，不乏学生学习效果游离于以谁为中心的实例，既有名师出高徒的情况，也有名不见经传的情况，既有顺境成功的例子，也有逆境成才的故事。在一个团体中，学生个体的能动性加上集体的影响，可能使其发展水平超越教育者主观努力所能预料的范围。另外，也会出现集体非理性行为，攀比造成的过度课外补习和"内卷"就是例子。"以学生为中心"教改是否考虑了上述情况？"老三中心"做法与集体不理性相比，到底哪一个的副作用更大，应该作为首先要解决的问题？第六章中提及全面质量管理，理性学派和有限理性学派对其有不同的看法。在理性学派看来，全方位的质量管理是改进教学流程和提高教学质量的有效途径。而从有限理性角度看，全面质量管理从企业引进到大学，仅是昙花一现，美国学者波恩鲍姆在《高等教育的管理时尚》(*Management Fads in Higher Education*)一书中，对此进行了专门的分析。也就是说，当理性做法遇到有限理性组织时，其功效不能发挥出来。第五，在我看来，"以学生为中心"这个概念的含义有些模糊，"老三中心"与"新三中心"并不是绝对对立的，有些像中国本土概念"素质教育"与"应试教育"不是完全对立关系一样。如果概念问题暂时难以辨清，那么另外一个学理问题更值得给予重视，即工具理性与价值理性的关系，两者作用会使得手段代替目的成为目的本身，这是科层组织难以逾越的一个困境。考试本是教学的手段，但是如果演变成了教学的目的，相应问题就会出现。再以"教学的学术性研究"(SoTL)为例，当把研究成分加入教学活动中、欲将教学活动提升到研究的地位，是否会脱离"以学生为中心"本意，异化成另外一种不利于教学的力量呢？用发表论文来评价临床医生所带来的问题，就是实例。

毋庸置疑，在本书中，炬明兄试图从正面推进教学的理性化程度，解决沉积的历史问题。但就像流行语"理想很丰满，现实很骨感"表达的意思，相反的力量不可小觑。环顾多数中国大学的实际情况，我的直觉是我们距离SC的目标还有较大距离，存在不可低估的潜在困难。目前至少有两个挑战：第一，随着中国高等教育普及化程度的提高，学生群体多样化也应运而生，大学生群体由同质性为主转变为以异质性为主。这时，把"以学生为中心"作为一个目标，教师如何应付得过来呢？换言之，精英阶段高等教育和小型文理学院容易实现这个目标，但是普及阶段高等教育和巨型大学则很难企及这个目标。第二，在创立"后科层"大学组织体系之前，与现代工业体系相适应的大学人才培养体系，也就是当下的体系，仍然会发挥主导作用。这是怎样一种体系呢？概要地讲，教师之间有很细致的分工，每个教师只负责教几门课程，学生被赋予很大的独立性和自主权，通过自由选课组合，来实现自己的成长计划。有人把大学课程体系比喻为“超市”。在“超市”中，每个教师充其量只能在他的几十个学时里实施“以学生为中心”理念。对于一个专业来说，多达几十门课甚至上百门课的庞大教学体系如何形成一个整体，形成同向合力，从而促进学生认知结构成形？这恐怕也是一个挑战。比较而言，“以学生为中心”理念及其教学方法对基础教育阶段中确定性知识的传授来说比较适合，便于细致规划和拼接不同课程内容，但对于高等教育阶段高深知识的不确定性而言，则有一定的局限性。我们还没有到放弃教学自由做法的时候。我认为，对教学改革困难的估计越充分，越有利于顺利推进教改。反之，理想与现实越拧巴，教改越容易夭折。

另外，中国有举国体制的特征，好像有利于克服 SC 改革在美国大学踯躅不前的困难，使其在中国有一个较快的推进。而我的看法是，SC 改革的目的性或意图性较强，但体制和制度的支持性较弱。在这种情形下，采取大规模的集体行动，可能会适得其反，欲速则不达，应验了社会学中所谓“预期行动的非预期结果”（unanticipated consequences of intended action）的经典断言。因此在教改问题上，是采用强制性变迁还是诱致性变迁，我更倾向于后者。总之，从有限理性思维角度看，教学变革应是一个循序渐进的过程，需要内部和外部条件的相互配合，这样成功的概率才会比较大。

四

今天是壬寅年正月初一，北大有千余名学生留校过春节。作为院系负责人，我被安排值班。校园异常清静，炬明兄的书稿陪伴我度过了一个特别的正月初一。我把此序草稿反馈给炬明兄，他以一以贯之的严谨态度，对有些问题进行了耐心的说明和解释，不仅写了长达两千多字的回复，还根据我的意见修改了书稿。

不知不觉，写了这么冗长的序言，希望没有倒读者阅读佳作的胃口。在结束愉快的阅读和写作之际，愿有更多人关注和支持中国的 SC 改革。是以为序。

2022 年 2 月 13 日于北大燕园

致　谢

本书从立项研究（2010），到论文开始发表（2016），再到结集准备出版（2022），前后经历12年，其间得到了很多人的帮助，我由衷地向他们表示感谢!

一是要感谢华中科技大学原校长杨叔子先生。2006年至2009年间杨校长带我参加了八所学校的本科教学评估，正是在这些评估期间与众多境内外专家的交流使我认识到“以学生为中心”（SC）改革的重要性。我由此萌发了对SC改革作系统研究的想法。

二是要感谢西安欧亚学院董事长胡建波博士。从2004年起至今，胡建波一直请我为该校做咨询，这给了我观察和研究高校管理和大学教学的机会。事实上我第一次知道美国的SC改革，就是该校聘请的美国杜肯大学（Duquesne University）教育学院的伯龙（William Barone）教授告诉我的。但当时我的研究兴趣在高校管理，因此对伯龙的介绍并没有太注意。2010年西安欧亚学院决定把SC改革作为学校教学改革的未来方向，并请伯龙教授组织杜肯大学教师为欧亚做教师培训，为此我还专门访问了杜肯大学，和伯龙教授商量培训计划，并参加他们的教师培训，这才使我对SC改革有了一个基本认识。此后该校坚持推进SC改革至今，给了我很多机会实地观察与思考在中国高校如何开展SC改革，尤其是和该校教师、学生、管理者的广泛交流和探索，使我受益匪浅，本书中提出的很多思路和思考都是源于与该校师生和管理者的交流和思考。

三是要感谢加州大学洛杉矶校区（UCLA）副教务长、时任教学发展中心主任伊赫（Larry Loeher）教授。2013年，时任中国海洋大学教学支持中心主任宋文红让我帮助联系UCLA为中国大学教师办教师培训班，伊赫教授不仅积极支持了连续三年的培训活动，还亲自带领教学改进部主任哈斯（Kumiko Haas）、教育技术部主任卢（Michelle Lew）及教学评估评价部主任李维斯－菲茨杰拉德（March Levis-

Fitzgerald）到中国参加2014年中国院校研究会组织的国际会议，向中国同行介绍美国大学教学改革和教师发展活动。正是通过这些活动，我对美国大学的SC改革有了更清楚的认识。

四是要感谢资助者圆桌论坛联合创始人何进博士，当时何进博士是福特基金会（中国办公室）的项目官员。2013年中国海洋大学、西安欧亚学院、广东白云学院、苏州工业园区职业技术学院、燕京理工学院等五校决定联合开展SC改革教师培训，于是我们联合向福特基金会（北京）申请资助。这给了何进博士“折腾”我们的机会，他不仅就课题与我们反复讨论多次，还到各高校与相关人员讨论，最后他决定资助我们。正因为有了这笔经费，这个课题得以正式开展。这里我想特别指出的是，和何进博士的多次反复讨论，深化了我对SC改革很多问题的认识。

后来参加教师培训的学校还有华中科技大学、北京理工大学、北京石油化工学院、北京印刷学院等。此外，过去十年我还在国内高校和学术会议上做过很多SC改革讲座。在这些活动中，教师、学生、管理者们提出的各种问题，都促进了我的思考，使我对在中国开展SC改革有了更清楚的认识。因此我要向他们表示感谢！尤其是时任中国海洋大学教学支持中心主任宋文红、广东白云学院党委书记兼副校长刘剑锋及教师发展中心主任李红英、华中科技大学教务处副处长兼教师发展中心主任厉岩、西安欧亚学院高级顾问兼教师发展中心主任戚世梁、燕京理工学院副校长刘元园、苏州工业园区职业技术学院校长单强、北京理工大学教育研究院院长庞海芍、北京石油化工学院副校长韩占生及教务处处长戴波、北京印刷学院党委书记高锦宏等人的支持与帮助。没有他们的支持与帮助，我不可能完成这个研究！

六是要感谢《高等工程教育研究》原常务副主编姜嘉乐先生和他的继任者余东升先生。他们都是我的好友。姜嘉乐最早支持了这个研究。他不仅容忍我长篇累牍地发表这些文章，还亲自编辑了九篇论文中的前七篇。后来余东升接任，他也一如既往地支持这个研究，遂使这些文章得以连载发表。这九篇文章总共有31万字，由此可见他们对我的宽容与支持。在撰写这些文章时，我和他们进行过大量的讨论，这些讨论极大地丰富了论文的内容，提高了论文的质量。因此我要特别感谢他们！

七是要感谢麦可思首席科学家程星和北京大学教育学院院长阎凤桥为本书作序。程星曾在多所美国大学任职，因此他对美国大学管理和本科教育有深刻了解；阎凤桥一直在北大教育学院任职，他对中国大学管理和本科教育有深刻认识。因此他们的序可以帮助我发现本书所论不及的问题与不足。果然，程星指出，本书对

SC 改革相关的文化传统问题考虑不足，事实上，SC 的观念早已存在于美国的教育文化之中，今日的 SC 改革不过是这个文化在大学的当代显现。阎凤桥则指出，尽管当代 SC 改革看起来很合理，但面对大学这个有限理性组织，它会碰到很多始料未及的阻力。这个观察确实非常尖锐！SC 改革在美国大学的三十年经历就是一例，已经能很好地说明这种非理性能量会多么惊人！程星利用疫情隔离的时间通读全书并撰写序言，阎凤桥则用了几乎整个寒假通读全书并撰写序言，这让我非常感动，感谢他们为本书所花费的宝贵时间和贡献的宝贵智慧！

八是要感谢高筱卉和李蕾允许我在本书中纳入与她们合作的论文。

我还要感谢北京大学出版社同意出版本书，感谢认真负责的郭莉女士为编辑本书所付出的巨大努力！

最后我要特别感谢我的妻子陈肃，她作为 UCLA 东亚图书馆馆长，不仅为我提供了极好的研究条件，还为我的资料查询提供专业服务。她不仅得忍受我长期在中国奔波造成的分离之苦，还要默默支持我完成这个庞大而复杂的研究。我把此书献给她！

第一章

导 言

本书是我的九篇论文——美国“以学生为中心”的本科教学改革系列研究——的合集。这些论文原发表于《高等工程教育研究》。这个研究旨在系统介绍和分析美国“以学生为中心”的本科教学改革（以下简称SC改革）的各个主要方面，目的是为中国的大学教师和管理者提供一个简明知识地图，以便在中国推动SC改革。自2016年首篇论文发表以来，这些论文在全国引起了很大反响。很多高校的教师发展中心把这些论文作为教师培训资料，还有学者把它们作为研究生的指定阅读材料，更多学者则希望能把这些论文结集出版，方便阅读和查询。这个研究能得到如此厚爱，让我非常感动。如今北京大学出版社愿意将其出版，以遂众多读者及我之心愿。

本书以九篇论文为主体，前面加一章“导言”，介绍以下各章的基本思想和主要内容，后面加一章“过程与反思”，介绍整个研究过程和我在研究完成之后对整个研究的反思，以便帮助读者更好地了解本书。另外我还选了四篇相关论文作附录，是对这个研究的必要补充。故全书共有十五个篇章。

当代SC改革，基本上是两个内容：一是教师如何实施教学改革，即教师教学改革，二是学校如何支持教师改革，即学校支持系统。因此这九篇论文大体可以分为三部分。第一部分是前两篇，分别介绍SC改革的概念、历史与科学基础。第二部分是中间四篇，介绍美国SC改革的各种实践，包括课程与教学法设计、学习环境与教育技术、教学质量保障体系、课堂教学评价技术。第三部分是最后三篇，分别讨论了学校如何支持教师改革的有关问题，包括大学教学学术与教师发展、教师工作评价问题（尤其批判性地考察了现代大学制度中“重科研轻教学”政策的制度基础）以及如何领导、组织与管理SC改革。由此构成了对美国SC改革的一个系统研究。虽然本书以美国为主要研究对象，但研究中也大量参考了欧洲、亚洲国家，包括中国的情况，故谓之当代SC改革研究。下面具体说明各章的基本思想和主要内容。

“以学生为中心”（student-centeredness，SC）已经成了当代本科教育改革的主旋律，目前世界各国都在研究和实践SC改革。但从历史看，这场改革20世纪80年代起于美国。1995年美国学者巴尔和塔格发表著名文章《从教到学：本科教育新范式》，这被认为是一个里程碑，标志着SC改革正式登场。到2015年我撰写第一篇论文时，这个改革已经在美国进行了近30年。除美国外，欧洲和亚洲的很多国家和地区，也在进行类似改革。当时中国也有很多学者撰文著述介绍这个改革。然而，虽然中英文文献很多，却没发现有人系统总结SC改革。这个缺乏对欧美国家也许并不重要，因为它们身在其中，熟悉情况，但对中国却很不利，因为我们希望了解SC改革，以便思考和判断如何在中国推动SC改革。因此，我决定弥补这个空白，对SC改革作一个系统全面的研究。我先花了五年时间学习有关知识，阅读有关文献，了解相关实践，最后形成了关于SC改革的12个问题。然后以此为纲开展研究，每年发表一至二篇文章。从2010年开始到2021年完成，前后延续十余年（见第十一章）。

这12个问题是：（1）哲学问题：什么是正确的本科教学范式；（2）概念问题：什么是SC，它的概念与历史；（3）科学基础：为什么要开展SC改革，其科学基础是什么；（4）实践问题：美国SC改革的实践路径与方法是什么；（5）方法论问题：什么是SC方法的本质，如何不在方法论纷争中迷航；（6）教学技术：如何利用教育信息技术促进SC改革；（7）教学环境：建设有效的教学环境；（8）效果评估：如何用评价和评估来支持SC改革；（9）学术研究：大学教学学术及其对SC改革的意义；（10）教师发展：如何建立系统化的教师培训体系；（11）学校管理：如何组织、管理和领导SC改革；（12）制度环境：如何营造有利于SC改革的公共政策环境。这些问题也大体可分三类，前三个属于基础理论，中间五个属于教改实践，最后四个是学校支持系统。整个研究基本就是按这12个问题逐步展开的。

由于我的研究目的是在中国推动SC改革，因此这个研究有三个导向：一是中国导向，即根据中国的情况和需求看待美国实践，因此在选题、文献、分析、总结、建议等方面都可能与美国学界看法不同。二是实践导向，主要关注实践，使研究尽可能贴近实际。因此对有关理论仅作简要说明而不作详细讨论，除非其确有重要实践意义。三是卓越导向，重点总结SC改革的成功经验和重要教训，而不试图对国外SC改革作事无巨细的全面描述。我希望这个研究能为中国的SC改革提供一个简明知识地图，而不是面面俱到的百科全书。但在重要主题上，我会尽可能给出必要研究线索和参考文献，以便读者深入研究。

第二章是系列论文的第一篇，主要有两个内容：概念与历史。关于概念，文章开宗明义指出，目前关于本科教学有两种教学范式，一种叫传授范式（instructional paradigm）或教师中心范式，即认为教学应该以教师为中心（teacher-centered）或以教学为中心（teaching-centered）。例如文献中有个“三中心论”，即教师为中心、教材为中心、教室为中心，具体讲就是：教学是教师在教室里讲教材。这个“三中心论”就是教师中心范式的一个代表。还有一种与之不同的看法叫学生中心论（student-centered，SC）或学习中心论（learning-centered），文献中对此有很多不同看法和讨论。在参考了各种不同说法后，我把它归纳为“以学生发展为中心，以学生学习为中心，以学习效果为中心”，并称其为“新三中心”。这三句话分别从教学目标、教学过程和教学效果三个方面概括了SC教学模式的基本特征。我认为新三中心的提法更全面地反映了SC改革的本质特征——以学生为中心，而且可以避免很多不必要的误解和争论。因此本书对SC改革的界定就是“新三中心”。

关于SC改革的历史。我认为有三种力量推动了美国的SC改革。首先是20世纪50年代以来脑科学、发展科学、认知科学、学习科学这四个领域的学术进步，为SC改革提供了科学基础。二是20世纪80年代以来美国社会对本科教育情况的普遍不满，为SC改革提供了土壤，营造了氛围。但直到20世纪90年代，高校才开始认真对待SC改革，然而改革进展与成效和学校类型明显相关：最好的是小型文理学院，其次是教学型高校（包括州立本科高校和社区学院），进展最差的是研究型大学。

当我发现这个情况时，我非常不解：为什么研究型大学反而不重视SC改革？直到在2020年我研究了研究型大学中“重科研轻教学”的失衡状态，并读到哈佛大学前校长博克对美国SC改革的分析时我才认识到，美国SC改革长期发展缓慢的原因是缺少制度性支持和必要资源（见第九章和第十章）。也就是说，根据美国的情况，在教学改革和学校支持两者之间，学校支持才是SC改革成功的关键。学校对教学改革的态度比教学改革本身还重要，这真是一个令人惊讶的发现！因为这意味着，在本科教学问题上，美国大多数高校存在口是心非的情况。它们一方面称本科教育是学校的办学目标和基本使命，另一方面并不真正激励教师和帮助教师投入本科教学！正因为这是一个世界性现象，一流本科教育才成了一个世界性难题。[①]然而目前中国的情况也是如此，但我希望中国能吸取美国的经验教训，能有效

① 潘懋元先生说，一流本科教育是一个“世界性难题”。潘懋元等:《要勇敢面对一流本科教育这个世界性难题（笔谈）》,《教育科学》2019年第5期。

实施SC改革，全面提高本科教学质量，进而破解这个所谓“世界性难题”！称其为“所谓”难题，是因为其主要难点不在技术而在态度，即学校和社会对本科教育的态度。只要改变态度就可以基本解决这个问题（见第十章）。

第三章是关于SC改革的科学基础。在大多数中英文文献中，SC改革都被看成是学习心理学发展的结果，尤其认为是人本主义心理学或建构主义心理学在突破了行为主义心理学的藩篱之后，为SC改革提供了科学基础。但我认为SC改革的科学基础远远不限于学习心理学的贡献。我认为至少有四个基本领域对SC改革做出了贡献，它们是脑科学和神经科学、青年发展科学、认知科学和认知心理学、学习科学和学习心理学。我的这个看法是受到1998年美国学习科学发展委员会的研究报告《人如何学习：大脑、心理、经验及学校》的启发。该报告把当代学习革命看成是脑科学、认知科学、学习科学领域学术进步的结果。这个看法启发我全面梳理和大学学习有关的所有学术领域，把初期成人发展研究和大学生发展研究纳入其中，并把学习心理学看成是所有这些学术进步的一个延伸。

从大学教学角度看，这四个领域中有四个发现特别重要。一是大脑皮层主要是通过不断的神经网构建和调整来支持人的生存和发展。人的一生中，大脑神经网会根据主体的经验活动和认知活动，不停构建和修改。学习的本质是人在特定环境中通过学习塑造自己的大脑神经网，以帮助其适应特定生存环境。教师只能帮助却不能代替学生塑造其大脑。因此，SC改革要求教师关心学生的学习和发展，并用学生学习效果改进来衡量目标达成程度。二是大学期间（18—24岁）是学生大脑发展的重要窗口期，发展重点是学生的抽象思维能力和理性思维能力。抽象思维能力能使人超越直接经验去想象和思考外部世界，从而拓展了人的认知范围。理性思维能力能使学生在面临复杂挑战时保持理性和理性思考。大学期间是这两种能力的发展高峰期。经过这个发展高峰后，人脑发展进入相对平稳的成人期。因此大学阶段是学生大脑理性和抽象能力发展的关键窗口期，促进学生抽象思维能力和理性思维能力发展是大学教学的最重要任务。三是抽象思维能力发展主要表现在认知模型构建和调整能力的发展。大学通过理论学习来发展学生的抽象思维能力和理性思维能力。理论学习本质上就是学生在自己头脑中构建、审查与运用认知模型，并通过这些活动来发展抽象思维能力和理性思维能力。学生思维能力发展包括专业思维模式发展如文科思维、理科思维、工科思维、商科思维、临床思维模式等。专业思维模式是学生专业能力的基础。思维能力发展还包括通用思维能力发展，包括创造性思维与审辨性思维（批判性思维）、形象思维与逻辑思维、概念表征与表达能力以及相应的语言和交流能力等。这些能力为学生应对未来生活、从事专业工作奠定基础。四是人脑是在与环境（自然环境和社会环境）的互动中，学习和学会如何思维、如何交流、如何应对外部世界的。真实的学习都是社会性的，因此积极学习、互动学习、团队学习、真实学习、实践学习等方式，都能有效促进学生学习与发展。这四个领域的学术进步为SC改革奠定了学理基础，指明了方向，提供了方法，从而使SC改革成为当代本科教育改革的基本方向。

以此观之，目前阻碍SC改革的因素有两个。一是绝大多数大学教师不知道这些学术进步，因此也无法从这些学术进步的高度来反思自己的教学。如果教师们都能用这些学术成果来指导自己的教学，大学就可以更有效地提高大学教学质量。二是整个高等教育系统仍然沉浸在过时的教学传统和制度规范中不能自拔，这些过时的制度与实践本身成了SC改革的一个重要阻力。为了帮助大学教师和管理者了解这些学术进步，这一章以科普方式，尽可能简要地叙述这四个领域的主要学术进步。尽管如此，这一章还是特别长，有六万多字。即令如此，这一章也是挂一漏万。事实上这一章应该发展为一本专著。在我看来，这一章是全书最重要的一章。希望这一章能像说服了我一样说服你们，使你们相信，SC改革是必要且不可避免的！

第四章介绍美国SC教学改革的实践，着重介绍了美国高校中出现的三类SC改革教学实践。一是基于科学研究的课程设计方法，包括布鲁姆教育目标分类法、课程设计理论与实践、课程矩阵与反向设计法、积极学习法、合作学习法等。二是以真实性学习（authentic learning）为基础的教学模式，包括真实性教学法、通识教育与专业教育融合等。三是总结经验而产生的教学模式，包括学习金字塔、优秀本科教学七原则、十大高影响力教学等。以此为基础，我建议教师们以课程设计为抓手，根据科学原理和有效实践对自己所教课程进行重新设计，把设计好的课程看作一组研究假设，用做实验的态度研究教学，用学生学习效果改善情况来检验自己课程设计的有效性。教师在做课程设计时要尽可能参考SC改革的科学基础。此外，这一章还讨论了关于SC改革的五个认知误区，并介绍了颠覆性创新概念以及两所创新型高校——密诺瓦学院和42软件工程师学院——的案例。

第五章是关于学习环境与教育技术。当代学习研究高度强调学习环境对学习活动和学习效果的影响。研究表明，为学生营造挑战、真实、合作、实践、互动的学习环境，可以激发学生学习动机，改进学习效果，对学生学习有积极作用。这些认识使得真实学习、实践学习、合作学习、团队学习等方法在SC教学改革中变得越来越重要，甚至成为SC教学模式的标志性特征。此外，以信息技术和AI技术为基础的当代教育技术发展也可以提供空前丰富的信息环境和便捷进入方式，可以在学习环境营造方面发挥巨大作用。本章系统总结了美国2010年至2019年间大学教学领域中教育技术的主要发展，还特别讨论了AI在大学教学中的可能前景。我的看法是，AI不大可能在短期内（3—5年）在个人自主学习系统方面取得较大发展，其主要原因是大学教学研究基础太弱，还有很多空白需要填补。总之，就改进学生学习而言，在学习环境改造和提供智能化学习环境方面，学校有很大的发展空间，因此无论学习环境还是教育技术，都已经成为当代SC改革的重要主题。

但当前的SC改革有两个明显短板：教学质量保障和学习效果评价。前者指学校如何保证通过所有课程把学生培养成为合格的毕业生；后者指教师如何在课堂教学中检验学生的学习效果。第六章讨论全校性教学质量保障体系构建，概括了美国高校教学质量管理的基本模式，具体包括：学校办学使命、通识教育矩阵（通识教育质量控制）、专业教育矩阵（专业教育质量控制）、课程教学矩阵（课程教学质量控制），以及负责为全校教师提供教学培训和咨询的教学支持中心，还有负责在全校系统收集与分析教学信息的院校研究所。前四项是学校教学质量控制系统的主干，后两项属于辅助性支持机构。美国大学的这个教学质量保障体系，体现了全面质量管理和系统控制的管理思想，非常值得学习和借鉴。但它有两个薄弱环节：一是通识矩阵与专业矩阵之间的衔接，即通识课与专业课的衔接；二是教学支持中心和院校研究所之间的配合，二者常因工作重心不同而对教学质量评价指标体系有不同看法。

第七章聚焦课堂教学效果评价，具体介绍了美国大学中常用的五类课堂学习效果评价方法：形成性评价、评价量表、课堂教学评价、真实性学习评价、学生学习成就档案袋。本章指出，如果教师能把课堂教学评价法、评价量表、学习成就档案袋方法结合，不仅可以使学生学习效果客观化，还可以使教师教学活动客观化，从而为学生学习成果评价和教师教学工作评价提供客观基础，对改进学生学习和改进教师工作评价都大有益处。

本章还根据美国全国学习评价研究所（NILOA）2018年的调查报告指出，尽管过去三十年美国高校在学习效果评价方法方面做了很多研究，取得不少成果，但总体来看，美国的本科学习效果评价情况还远不尽如人意。约有50%的高校在教学评价与质量监控方面做得不好。目前美国高校还不能为公众和社会提供足够的关于大学生学习效果的证据，也不足以指导学生学习和教师教学改进。这个问题与美国高校普遍对教学质量重视不够有关。教学质量问题仍然是美国本科教学中的突出问题，而质量保障和学习效果评价是美国 SC 改革中两块明显短板。

教师是教学改革主力军，SC 改革要获得成功，首先要培训教师，发展教师的教学能力。此外还要激励教师，让教师们能干、会干、想干、愿干。因此赋能教师和激励教师就成了后两章的主题。第八章的主题是赋能教师，主要讨论了大学教学学术（SoTL）与教师培训问题。SoTL 的核心思想是要求大学教师用学术的方式研究教学，用专业的方式从事教学。本章首先介绍了美国卡内基教学促进基金会提出的 SoTL 理念和实践。该会前主席博耶（Ernest Boyer）首先提出大学教学学术的概念，其继任者舒尔曼（Lee Shulman）则从理论和实践两个方面发展这个理念，并把它变成了一个国际运动。具体说，美国卡内基教学促进基金会的大学教学学术研究主张大学教学研究也要符合学术研究的一般模式，包括：明确的目标、充分的准备、适当的方法、重要的结果、有效的呈现、接受同行评审、贡献学术共同体。并主张所有大学教师都应该以自己所教课程为研究对象，根据科学原理和有效实践来设计自己的教学，并用学生学习改进来检验自己设计的合理性和有效性。如果所有教师都用这种方式从事教学，就可以把大学教学从现在孤立分散的个人实践变成大学教学学术共同体的集体财富，并把大学教学变成一个名副其实的专业领域。如此，就能为持续提高本科教学质量奠定坚实基础。

然而目前只有少数教师在践行 SoTL。要让 SC 改革取得成功，就需要大规模培训教师，让更多教师掌握 SC 改革的科学基础和 SoTL 的理念和方法。这就是为什么 SC 改革总是和 SoTL 携手并行，成为大学教师培训的主要内容。SC 改革越发展，大学教师培训越重要。如今，教师发展中心已经成了美国高校的标准设置。

第九章的主题是激励教师。所有文献都表明，妨碍教师积极投身本科教学与教学研究的一个主要障碍是教师工作评价中的“重科研轻教学”导向。由于“重科研轻教学”现象并非一国一校现象，而是普遍的国际现象，因此本章从制度的角度，分析了美国现代大学制度中“重科研轻教学”的现状和历史，以及它对本科教学的负面影响。

本章首先指出，科研与教学冲突的本质是教师在工作任务分配上出现的时间和精力冲突。教学和科研是大学教师的两大基本任务，它们都需要教师全身心投入。然而教师的时间和精力是有限的，因此当时间不够时他们必然面临工作优先性选择困境。这时如果学校奖励教学，教师就会把时间和精力主要用于教学；如果学校奖励科研，教师就会把时间和精力主要用于科研。换言之，学校对教师的评价导向是个指挥棒，它决定了教师对科研和教学的基本态度。本章随后比较了现代大学组织制度体系中科研和教学的存在状态，指出古代大学普遍重视教学，直到洪堡大学（1810年创办）时期，科研才在现代大学中获得正式地位。此后科研在现代大学制度中经历了一个后来者居上的过程，教学反而在这个过程中逐步旁落。为了支持科研发展，美国大学对原有的学院组织与制度作了一系列改革，创立了更加适应科研发展的现代大学制度。与此同时，现代大学也逐步变成了一个不利于本科教学的组织。本章最后考察了斯坦福大学百年校史（1891—2012），考察显示了在该校百年发展中本科教学是如何旁落的。

本章的最后结论是，在当前的大学组织中，科研和教学处于失衡状态，这是现代大学制度在美国长期演化的结果。由于这个失衡，导致了大学教师重科研而轻教学的现象，结果必然是本科教学长期旁落，因而质量长期得不到提高。本章最后指出，要让现代大学更好地服务社会，就必须改变这种失衡状态，重新设计现代大学组织制度，使其能为本科教育提供足够的组织制度激励。只有这样，才能确保现代大学履行其本科教育使命。

第十章讨论如何组织与管理一场SC改革。首先总结了前八章的主要内容，然后介绍了三位美国学者对当前美国本科教学改革的看法，尤其是哈佛大学前校长博克2020年对美国本科教育现状与前景的总结和分析。

博克的基本看法是，当前美国迫切需要一场彻底而深刻的本科教学改革。在广泛调研基础上，美国高校联合会（AACU）也提出了一个具体而详尽的改革方案。但这个改革在美国高校中遭遇了广泛阻碍。主要障碍有两个，一是研究型大学中"重科研轻教学"的组织文化与传统，二是公立教学型高校普遍缺少用于改革的经费。只有小型文理学院在认真落实SC改革。但由于它们规模太小（5%），人微言轻，不足以影响整个改革。换言之，在博克看来，美国的SC改革已经陷入了困境，而原因竟是学校支持系统不给力。博克的分析回答了我一个长期困惑：为什么美国的SC改革长期发展缓慢？也让我认识到，在SC改革中，学校支持系统改革比教师教学改革还重要！

然而我认为，SC改革本质上是一场群众性教学改革运动，中国的举国体制也许有利于开展这样的改革。而且在过去改革开放的四十多年里，中国已经积累了极为丰富的类似经验。因此和美国相比，我认为SC改革更可能在中国获得成功。

具体说来，我认为，首先是领导者要认识到，SC改革本质上是一场大规模群众性教学改革运动。中国应该发挥制度优势，首先是教育部，要自上而下地发动改革，然后以学校为单位，自下而上地实施改革。改革领导者要抓住统一意志、创造条件、提供激励、营造环境这四个关键环节，协调教育部、地方教育主管部门、学校领导、学校业务部门、基层院系、基层教学组织这六个组织层次，共同规划与组织改革。要做到统一规划、统一部署、统一政策、统一措施，防止相互掣肘和内耗。此外，本章还就班级规模、教师教学工作评价、改革阶段性和工作重点等提出了若干建议。以上是这个研究的主要内容。

第十一章是对研究过程的回顾与反思。这个研究前后延续十年，文章发表也前后延续五年。期间我的思考随着研究的深入发生了一些变化。这个研究犹如登山，直到登顶后才得以俯瞰全貌，才知道哪里有美景，哪里是湍流，哪些有价值，哪些有问题。因此我觉得有必要回顾整个研究过程，分享我对整个研究的反思，以便帮助读者更好地理解这个研究。此外，借助这次结集出版，我还弥补了原来文章中的一些疏漏和不足，主要是两处，一是在第三章的学习科学一节中补充了学习科学的百科全书学派，二是受舒尔曼思想的启发，把第四章中大学教学有效性的双因素假设改为三因素假设。此外还根据舒尔曼的特征教学法概念，对附录三中相关内容作了修改。

附录一是《什么是好的课程设计》；附录二是《如何做好大学教学学术研究》。这是在开展教师培训时老师们提得最多的两个问题，而这两篇文章是对这两个问题的回答。它们均已在《高等教育研究》上发表。附录三是《论大学教学研究的科学化、学科化与专业化》，原发表于《中国高教研究》2018年第11期。这篇文章试图从更广泛的角度讨论大学教学研究的未来，就大学教学研究的科学基础、学科发展和专业人员培养等问题提出了一系列思考和建议。附录四是《美国大学教师管理研究》，原载于《高等工程教育研究》2011年第5期和第6期。由于本书涉及美国大学教师管理的大量问题，我假定大多数读者不太了解美国大学教师管理，为了帮助读者更好地理解本书内容，我选这篇文章进入附录。该文系统介绍了美国研究型大学和教学型高校的教师管理，尤其是招聘、任用、考核、待遇、资源五个基本环节，可以帮助读者了解美国大学教师和教师管理的基本情况。

最后需要指出，本书第七章、第九章及附录三是与我的博士生高筱卉合作发表，附录二是与华中科技大学同济医学院教授李蕾合作发表，特此说明。

以上就是这本书的基本内容，希望你喜欢这本书，并希望它对你有用。

第二章

新三中心：概念与历史[①]

教育不是要记住各种事实，而是要训练大脑如何思考。

——阿尔伯特·爱因斯坦

如果用昨天的方式教今天的学生，我们就毁了他们的明天。

——约翰·杜威

训练大脑而非制造水桶，用科学的方式培养未来的学生，我认为这两句话反映了当代“以学生为中心”（student-centered）的本科教育改革（以下简称SC改革）的基本精神。

SC改革始于20世纪80年代的美国，席卷了美国所有高校，这场运动目前仍在继续。它提出了新的教学范式，提高了学生的学习能力，促进了学生的发展，改善了美国的本科教育，为美国社会发展做出了贡献，并使美国成为很多国家本科教育改革的榜样。目前很多中国高校也希望开展类似的本科教学改革，希望了解美国这场改革的情况，例如，这场改革是如何产生的，合理性是什么，采取了哪些实践措施，涉及学校工作的哪些方面，经历了怎样的过程，遇到了什么问题和挑战，取得了什么进步，有什么经验和教训，其未来前景如何等。在系统总结三十多年来美国这场改革主要内容的基础上，本研究试图回答这些问题，为读者提供一个简明知识地图。

称其为“简明地图”，是因为SC改革涉及领域广泛，无法以一人之力对其作完整综述。但简明地图则不然，它只是一个指南，只对主要领域、主要问题、主要方向作简要说明，读者可由此出发作进一步探索。之所以需要这样一个指南，是因为当前中英文文献中都没有这样的指南。这种缺乏对美国人影响或许不大，因为

① 本章原发表于《高等工程教育研究》2016年第3期上。此处文字略有修改。

他们自己就是这样一步步走过来的，对历史和现状都有亲身了解，故未必需要这类指南。但对希望开展类似改革的中国高校来说，这种指南就可能会非常有用。它可以丰富认识，帮助做好计划和改进工作。事实上，这个要求是过去十年我在中国一些高校参与本科教学有关活动时这些学校的教师和管理者们提出来的，相信还有很多其他高校也有类似需求。为了满足他们的需要，我决定尝试这个近乎不可能的使命。

由于目的是在中国推动SC改革，因此本研究有三个导向（biases）：一是中国导向，即根据中国的情况和需求看待美国实践，因此在选题、文献、分析、总结、建议等方面都可能与美国学界看法不同。二是实践导向，主要关注实践，使研究尽可能贴近实际。因此对有关理论仅作简要说明而不作详细讨论，除非其确有重要实践意义。三是卓越导向，重点总结国外SC改革的成功经验和重要教训，而不试图对其作事无巨细的全面描述。但在重要主题上，我会尽可能给出必要研究线索和参考文献，以便读者深入研究。

我认为美国的SC改革大体涉及12个问题：

（1）哲学问题：什么是正确的本科教学范式；

（2）概念问题：什么是SC，它的概念与历史是什么；

（3）科学基础：为什么要实行SC改革，科学基础是什么；

（4）实践问题：美国SC改革的实践框架、基本途径与方法是什么；

（5）方法论问题：什么是SC方法的本质，如何不在方法论纷争中迷航；

（6）教学技术：如何利用教育信息技术促进SC改革；

（7）教学环境：如何构建有利于学习的教学环境；

（8）效果评估：如何利用评价和评估来促进SC改革；

（9）学术研究：什么是大学教学学术研究，其对SC运动的意义是什么；

（10）教师发展：如何建立系统化的教师培训体系；

（11）组织管理：如何组织、管理和领导SC改革；

（12）制度环境：如何营造有利于SC改革的公共政策环境。

这些问题大体可分三类，前三个属于基础理论问题，第四至第八个属于教改实践问题，最后四个属于支持系统问题。教学环境和评估问题中部分内容也属于支持系统。本书通过九章来分别讨论这些问题。

本章讨论第一和第二个问题，共有三节。第一节讨论SC改革的概念，第二节简要介绍美国SC改革的历史，第三节讨论美国SC改革的现状、未来与经验。

第一节　新三中心：什么是正确的本科教学范式

这一节讨论两个问题：（1）两种本科教学范式及其哲学；（2）SC 范式的性质与范围。

首先界定“本科生”的范围。在美国，“undergraduates”通常指中学毕业后 18 岁至 24 岁到高校接受高等教育的各类大学生，包括攻读四年制学士学位和两年制副学士学位的学生，略近似于我们的本专科学生。为表述方便，本研究均以“本科生”指代。但这个定义不包括超过 25 岁但仍在接受本科教育的成人学生，也不包括研究生，尽管他们所受教育也属于高等教育。限制在这个年龄段是因为这个年龄段属于青年后期或成人初期，这个年龄段的青年人有其特有的心理特征和发展需求，这对本科生教学有重大影响，使得我们需要从发展科学和学习科学两个角度来思考本科教学问题。这两个领域的进步改变了人们对本科教学的传统认识，促成了 SC 改革。

1. 两种教学范式及其哲学

1998 年美国国家研究理事会出版了一份研究报告：《人是如何学习的——大脑、心理、经验及学校》。[①] 这是首次把脑科学、心理学、教学经验、学校管理四个主题放在一起，研究“人是如何学习的”这个基本问题。这本书是美国 SC 改革的一个里程碑。但当 2002 年它被翻译成中文出版时，在中国没有引起太多关注（见图 2-1）。当时全国高校都在忙着推进高等教育大众化，教学问题根本就排不上日程，哪里还顾得上 SC 改革。

2005 年教育部决定开展本科教学评估，希望通过评估促使高校关注教学质量。我参加了十所教育部直属高校的本科教学评估。在这些评估中我注意到，境内外专家对什么是教学质量和如何评价教学质量有不同看法，出现了两种教学质量观。境内专家比较注意办学条件和教学过程管理规范性，而境外专家比较注意教学模式和教学效果。境外专家不约而同地建议要改变传统教学模式，采用 SC 模式。由于认知模式不同，大家对同一问题的看法也不同。例如，倘若一所学校土地校舍不达标

① 布兰思福特等：《人是如何学习的——大脑、心理、经验及学校》，程可拉等译，华东师范大学出版社，2002。

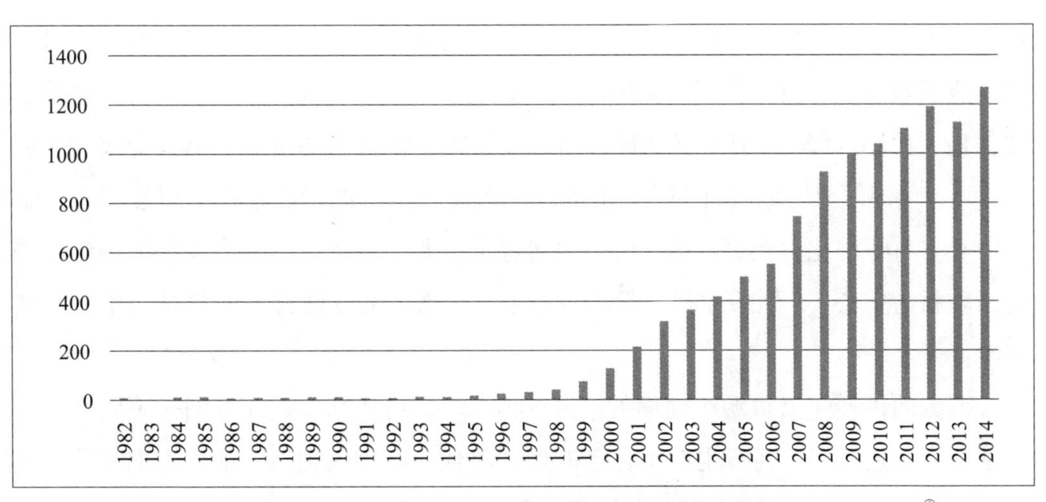

图 2–1　在中国知网用“以学生为中心”为主题词检索到的文章数，1982—2014①

但教学效果好，应该给这所学校挂黄牌吗？如果教学内容完全由教师决定，教案只有教师教法而没有学生学法，这样的教案符合规范，但值得倡导吗？这些问题引起了我对两种教学模式及其合理性的注意。

传统教学模式在欧美叫传授范式（instructional paradigm）或传授主义（instructionism）②。霍普金斯大学教育学院院长安德鲁斯以撒米喂鸡喻之：我有一把米和一群鸡。我每天给鸡撒米，它们围着我抢食。我只管撒米，但并不知道每只鸡是不是要吃，喜不喜欢吃，实际吃了多少。几个月后给它们称体重，决定是否让它们毕业。③

这个模式在中国叫“三中心模式”，即“教材为中心、教师为中心、教室为中心”。相比之下，中国的三中心模式似乎更易于理解，因为它点出了传统教学模式的三个基本特征，即教师在教室里讲教材。

传授模式是由来已久的老传统。唐代韩愈说：“古之学者必有师。师者，所以传道受（授）业解惑也。”“传”与“授”正是传授模式的基本特征。中国的传授模

① 由时任北京石油化工学院副校长韩占生提供。

② 国内有学者把“instruction”译为“教授”，把“instructionism”译为“教授主义”。我译为“传授”和“传授主义”。这样翻译有两个原因。一是“教授”一词可以作名词，指大学老师，因此容易引起歧义；二是 instructionism 有一个知识假设，即把知识看成是客观的，可以像东西一样传递给学生。因此，把 instruction 译成“传授”既可避免歧义，又可以体现 instructionism 的知识假设。

③ David W. Andrews，*University Teaching 101*，第 1 讲，https://www.mooc-list.com/course/university-teaching-101-coursera，访问日期：2021 年 11 月 23 日。

式可以追溯到汉代的经学时期。一旦把某些文本规定为“经”，并以经为学，教师就只能照着讲了。对经有不同见解的人只好在“注”上下功夫。注的本意是注解经文，是“我注六经”，但另有见解者则借注发挥，讲自己的观点，结果变成“六经注我”。但即便是“六经注我”，也不允许改变“经”的中心地位，仍然要以教材为中心。与师相比，经更根本，师只是传经的工具。因此“三中心说”第一句应该是“教材为中心”，然后才是“教师为中心”。高度关注教材和教师是三中心说的基本特征。

西方的传授主义也源于他们的“经学时代”。自从基督教在欧洲一统天下，一直延续到文艺复兴，西方也有了自己的经学时代。和中国类似，他们也把某些文本规定为“经”，以经为学。教就是讲经和释经，学则是抄经和背经。

近代科学革命打破了宗教权威，否定了古典经文权威，结果是科学取代了宗教成为新权威，传授模式因此因袭下来。要想知道这个模式对当代大学教学有多大影响，只要看看周围有多少教师在用这种模式教学就知道了。

传授模式虽然由来已久且势力强大，但它并非唯一。中西方高等教育史上至少出现过五类高等教育，它们各有自己独特的教学模式。

一是上面所说的经学高等教育。其基本教学法是教师讲经与释经，学生抄经与背经。当某种文本无论以何种原因被规定为权威经典时，都会采取这种教学模式。

二是技术技能教育。这类高等教育诞生于近代工业革命，与工业化历程大体同轨。首先出现在英国，接着是德国，然后传到美国和中国。这类高等教育脱胎于中世纪的行会学徒制。由于行会学徒制不能满足工业化发展对大量人才的需求，于是英国引进学校制度来加速培养，办法是在保持实习实训等环节的情况下，在课程学习中增加基本文化与科学教育，这就是今天工程技术类专业的基本教育模式。这种模式适合于各类以技术技能训练为主要目标的人才培养，主要用于工程技术类人才培养，也适用于临床医生、护理、音乐、美术等对技术技能有特定要求的专业。技术技能类教育在美国很受欢迎，实用主义提出的“做中学”是这类教育的灵魂。19世纪60年代，美国通过《莫雷尔赠地法案》而建立的大量州立大学和农业机械学院都属于这类教育。今日的专门职业教育（professional education）中也有很大部分都属于这类教育。

受传统社会等级思想影响，近代英国和德国都比较歧视这类教育，最初以缺少学术水平为由把这类教育排斥出高等教育，形成英国的技术学校系统和德国的实科中学系统。直到20世纪60年代，才逐渐把这类学校纳入高等教育，形成各种工程技术学院和应用技术学院。迄今它们在欧洲高等教育系统中的学术地位仍然比较低。

SC改革促使人们重新认识和发掘这类教育并取得可观成就，如在传统学徒制基础上提出的认知学徒制就是一例。在本书第四章中关于真实性学习一节中可以看到，很多SC教学法实际源于这类教育。

三是科学高等教育。这种模式主要始于德国。19世纪末，科学已经形成其特有的知识体系和方法论，并在社会经济生活中发挥越来越重要的作用。尤其是在德国爆发的以冶金、重化工、电力为代表的第二次工业革命，充分显示了科学对人类生活的重大价值和意义。于是科学知识体系与科学方法开始取代经学传统成为学术发展新主流，科学高等教育应运而生。科学知识方法论有两个支点：一是实证方法，即要求以系统观察与实验来确立知识的真理性和普适性，经过实证检验的知识叫实证知识；二是强调理性和逻辑（形式化体系），用逻辑方法在实证命题之间建立联系，构造知识体系。以实证与逻辑为基本方法的科学教育系统出现在德国大学之中。19世纪德国大学科学教育的基本方法是讲座、研究与实验，也包括系统的考察和调查。①

德国人认为大学前的基础文化知识教育应该在中学阶段完成，与实科中学相对的文科中学就负责这类教育。但19世纪时美国的中学系统很差，不足以承担基础文化教育，于是这部分教育就进入了大学，成为今日美国大学前两年的通识教育。直到今日，美国大学的“基础加专业”要学四年，而欧洲大学只关注专业教育，故学制仅三年。②无论何种模式，科学教育都强调对实证知识的系统掌握和以实证与逻辑为主的科学方法训练。

四是自由教育（liberal education）或通识教育（general education）。以心智训练为目标的自由教育在中西历史上都可谓历史悠久，遗产丰富。在西方，始于古希腊的自由民教育，最初目的是训练自由民之心智，以便使其能更好地履行公民的责任与义务。后来自由教育演变成对社会规范和人类精神价值的思考③和对心智（mind）的训练，把动物的人培养成文明的人，“文明”一词则包括理性、道德、审美等人类文明品质。

---

① 包尔生：《德国大学与大学学习》，张弛等译，人民教育出版社，2009。原著出版于1906年。

② 但也有例外，例如博洛尼亚协议之前，德国本科是四年。

③ 安德森：《德国哲学中人文科学的争论》，载鲍德温编：《剑桥哲学史：1870—1945》（上），第十五章，周晓亮等译，中国社会科学出版社，2011。

然而，美国高等教育史家维赛认为自由教育和科学教育有两个重大区别，科学教育追求知识，而自由教育追求知识的意义；科学教育旨在培养专家（specialist），而自由教育旨在培养有自由精神的人（free mind）。[①]这使得自由教育与科学教育在教学方面出现很大不同。首先是目的。知识在科学教育中是“归宿”，而在自由教育中则只是“材料”，用于引发对价值和意义的思考。思考出什么并不重要，重要的是学生的心智是否在思考中得到发展，这才是自由教育的目的。这很像中国古代哲学家王弼说的“得意而忘象”，“明象”仅为手段，“得意”才是目的。[②]因此，哪怕对同样的主题，科学教育和自由教育也可以非常不同。比如研究历史，科学教育关注历史事实，重点是搞清楚历史真相；自由教育则强调历史意义，重点是历史对今人有何启示。前者是历史科学，后者是历史哲学。前者培养学生的科学意识和科学方法，后者培养学生的历史感觉和审辨能力。其次是方法。由于目的不同，思考方式也不同。科学教育强调观察与实验，包括实地考察；自由教育强调解释方法，根据史实发掘意义。科学教育强调思维聚焦，围绕问题进行研究，以百器而攻一玉；自由教育强调思维联系和发散，联系发散的广度和深度，是评价思维能力的关键。最后是结果。科学教育强调结果，是结果导向的；自由教育强调思辨，是思维导向的。对自由教育，思考到什么不重要，重要的是心智（认识欣赏真善美的能力）是否得到训练和发展，人之为人的潜力能否得以实现。正是这些基本差别，造成了这两种教育乃至两种文化的根本差异。[③]

两者的教学法也很不相同。科学教育强调讲座、实地调研与实验；自由教育强调广泛阅读、批判性思考和创造性写作。科学教育把教科书当客观知识讲；自由教育把教科书当寓言讲。一位在精英文理学院教哲学的教师告诉我，他把荷马史诗当教材，用寓言方式讲荷马，讲人类命运的不确定性以及英雄在面对困难和挑战时展现的领导品质与才能。他相信，如果他的学生今后在生活或事业上碰到类似挑战，他们一定会想到他教的荷马史诗，并从中寻找智慧来应对挑战！由此可以理解，为什么自由教育会高度重视文史哲及一般科学类课程，因为这类课程中包含着最大量的人类经验和人类思考，最适合发掘和展现人的知情意与真善美。为文明社会培养文明人，这才是自由教育的理想。

---

① 维赛：《美国现代大学的崛起》，栾鸾译，北京大学出版社，2015：第四章。

② 王弼在《周易略例·明象》中说：“意以象尽，象以言著。故言者所以明象，得象而忘言；象者所以存意，得意而忘象。”

③ 斯诺：《两种文化》，陈克艰等译，上海科学技术出版社，2003。

五是高等工程教育。不同于瓦特的第一次工业革命，以冶金、重化工、电力为代表的第二次工业革命是以实验室科学为基础的，此后科学方法与技术教育结合，产生高等工程教育。由于工程技术和人类生活密切相关，因此基础科学、应用科学、技能技术、人文学科、社会科学都为高等工程教育的发展做出了贡献。第二次世界大战后高等工程教育发展加速，成为各国社会经济发展的重要支撑，高等工程教育因此成为高等教育的主要组成部分之一。

高等工程教育有三个显著特征：实践性、综合性和创新性。实践性指工程师要把设想的东西实际做出来；综合性指其与科学、技术、人文、社科等领域均广泛联系，工程师需要所有这些方面的知识；创新性指工程的本质是通过创造来改变世界，如空气动力学奠基人冯·卡门所说，科学家研究已有的世界，工程师创造未来的世界。

在当代社会中，工程教育对于任何国家都非常重要，工程教育的上述特征因此日益彰显并得到广泛认同，其改革一直走在各类高等教育前面，创造了许多新的教育教学模式，如以工作为基础的学习（JBL）模式、合作学习模式、CDIO 模式、三年课程加一年实践的 3+1 模式等。它们既是 SC 改革的结果，也是 SC 改革的范例。这些内容将在第四章介绍。

以上各类教育在中国高等教育发展中也都存在。春秋战国时期中国的孔子、老子、庄子与西方的苏格拉底、柏拉图、亚里士多德大体同时，这个时期属于人类文明的“觉醒”期，也是自由教育的诞生期。他们的学术思想和教育方法，分别被尊为中西方文明的源头活水。自秦始皇起中国进入帝国时期，汉代尊孔读经开启经学时代，此后正统官学和以入仕为目的私学基本都以经学教育为主要形式。但中国的自由教育传统从未消失，一直以游隐形式存在，或可称为“游隐之学”。王朝强大则游隐之学式微，王朝式微则游隐之学兴盛。直到蔡元培从德国引进学术自由思想，实行“思想自由、兼容并包”政策，西方的自由教育才正式进入中国大学，成为当代中国大学的重要传统之一。技术技能教育在中国古代也长期存在，春秋墨家和工商百业中源远流长的学徒制，都是中国古代技术技能教育的表现。西式工程教育在鸦片战争后引入中国，如船政学堂、北洋大学、交通大学等。随着中国现代化和工业化的发展，工程教育在当前中国高等教育系统中已占据主要地位。中国古代是否有科学和科学教育是学界长期争论的问题，但西式科学教育由蔡元培等教育家引进中国则是无可争议的。当年蔡元培想把工科、商科、法科等实用学科从北大剥离，可见其心中的大学教育实际上是德国式的科学教育与自由教育。这种崇尚科学教育与自由教育的传统，至今对中国大学仍有重大影响。[①]

总之，我们必须注意到历史上存在过五种高等教育及教学模式，而非仅传授模式一种。即使传授模式占统治地位，其他教学模式也依然存在并各自发展，并在美国的SC本科教学改革中发挥作用。而且很多SC教学法就源于这些教学模式。

为什么传授模式会占统治地位？多数学者认为是现代工业化的结果。[②]工业化需要大量专业人员，只有通过学校模式才能大量培养，结果大学采用了流水线工作模式：批量招生、按序加工、统一检验、盖章出厂。这是基于工业化流程的效益原则，而非基于教育上的合理性。

就大学而言，我认为还有一个原因，即以纸为媒介的书的稀有性。古代信息和知识的基本载体是书。做学问需要书，尽可能多的书。古代制书成本很高，故书很少，只有少数机构有能力大量收集。这些机构建成最早的图书馆。学者为了读书向图书馆聚集，学生为了求学向学者聚集，于是形成了三个同心圆：图书馆在中心，中圈是学者，外圈是学生。这就是古代大学的形成机制。西方大学始于修道院，中国大学的兴起也与藏书楼密切相关。至今仍可看到大学对书的崇拜。如今大学校园布局多是以图书馆为中心，其外环绕各学科的教学楼，最外层是师生生活设施。大学最爱炫耀的建筑也是图书馆，愿花大钱修图书馆，因为图书馆越高大堂皇，意味着学校的藏书越多，暗示着学校的师生质量越好。简言之，当代大学校园布局体现了大学对书的崇拜，这是大学意识形态的物质化表现。

但当前信息革命威胁到了大学。为什么？因为信息革命正在用电子信息取代纸质信息，用数字化取代纸传递信息，这直接威胁了大学的核心价值。电子信息可以即时传递、无限复制，价格低廉到可以忽略不计，这对大学的传统组织和工作模式构成了严重威胁。信息无处不在，随意可得，打破了大学和教师对知识和信息的垄断，从而引发大学危机。有人预言大学将会消失，但我认为未来大学一定会继续存在，但不会以今天的形式存在。因为传统意义上的书可以消失，但学生对教师和学者的需要不会消失。只要看看今天学生如何学习、教师如何做研究，就可以预见未来大学的形态了。然而，信息革命对传统大学有釜底抽薪的影响，这一点无论怎样强调都不会过分。这个问题留待第五章讨论。

传授模式在长期存在中也发展出了一套知识哲学和教学哲学。它包含三个基本

---

① 熊明安:《中国高等教育史》，重庆出版社，1988。

② 索耶主编:《剑桥学习科学手册》，徐晓东等译，教育科学出版社，2010年：第1章。

假设：

（1）假定知识是某种客观存在，可以像客体一样传递，在传递过程中知识性质不变。据此，教学被解释成为教师把知识传递给学生，学生从教师那里接受知识。教师是施动者，学生是受动者。知识可以脱离背景而存在，实验室里产生的知识可以在教室里传授。

（2）假定知识是原子化的，可以分拆组装且保持性质不变。据此，教师可以把知识分解成若干知识块和知识点，按学校的组织方式和教师的时间表来传递，只要保持知识点之间的逻辑顺序不变即可。至于学生的认知特征、先有经验、认知需求、学习方式等，均不重要。

（3）假定知识是线性积累的。据此，教学犹如倒水，教师灌得越多，学生装得也越多。

这套知识假设并非无源之水，它源于近代科学的实证知识观。实证知识观始于近代科学，其最后的集大成者是逻辑实证主义。19世纪自然科学在知识领域的胜利使得一批哲学家们设想要为科学知识体系建立一个永恒基础。他们注意到，科学的基本方法是实证和逻辑。他们假设：（1）理想的科学知识应当是普适和绝对客观的；（2）所有的科学知识都可以由低向高地构成一个逻辑体系。实际研究中产生的知识之所以会出错，是因为它们不够“干净”，要么实证环节出错，要么逻辑环节出错。因此他们要设计一套方法，一套能保证科学知识体系普适和绝对客观的方法体系。他们设计的方法有两个基本点：（1）任何进入最终知识体系的经验命题，都必须经过严格的实证检验（观察与实验），经过实证检验的知识命题被称为原子命题；（2）还要构建一套逻辑，这套逻辑要能包括所有科学命题，且在推理中能让真值保持不变。这样，如果所有原子命题是真的，逻辑体系又能在推理中保持真值不变，这样建立的科学知识体系就应该是普适和绝对客观的了。只要这个逻辑体系足够完备，可以包括所有科学命题，那么最终形成的整个科学知识体系就一定也是普适和绝对客观的。由于他们的方法基于实证和逻辑，因此他们的思想被称为逻辑实证主义。

逻辑实证主义当年红极一时，其领军人物包括大名鼎鼎的哲学家卡尔纳普、石里克、罗素、维特根斯坦等。[①]公正地说，这个哲学能红极一时，说明当时知识界对存在并构建绝对客观和普适科学知识体系的普遍信仰和强烈渴望。然而，实证可以

① 鲍德温编：《剑桥哲学史：1870—1945》（上），周晓亮等译，中国社会科学出版社，2011：第二十八、二十九章。

是绝对客观吗？存在无限且自洽的逻辑体系吗？这是当时在天边飘荡的两朵小小乌云。无论如何，在实证主义大潮的鼓舞下，传授主义将其作为自己的知识哲学基础，实在是非常自然而然的事情。

然而很不幸，那两小朵乌云很快就变成了暴风雨。逻辑实证主义遭遇了认知心理学和哥德尔不完全性定理的颠覆性挑战。前者证明，人类认知不可能绝对客观，其中必然包含主观因素；后者证明，逻辑实证主义所期待的那种逻辑体系不存在，那种逻辑体系要么完备但不自洽，要么自洽但不完备。1962年美国著名科学哲学家库恩通过对科学史的考察，证明整个科学知识体系都是人类的主观建构，科学发展也不是线性积累的，而是充满由认知引起的断裂和革命。这些发展给予实证主义致命一击。到20世纪中期，实证主义在哲学领域已经土崩瓦解了。

虽然实证主义在哲学领域失败了，但它在很多其他领域仍有很大影响，例如在大学教学领域。人们仍然信奉实证主义知识观，好像从来没有发生过实证主义失败的事。结果是在大学教学领域，传授模式得以继续流行！

这很像地心说与日心说。尽管科学已经证明地心说是错的，是地球围绕太阳转，但人们还是习惯地说，太阳从东方升起来。为什么？因为符合人们的日常经验。这表明人是多么容易囿于经验而忽视科学啊！后面我们会看到，在SC改革中人们囿于经验而抵制科学的情况非常普遍，甚至成为SC改革的主要阻力之一。

和传授模式相对的是“以学生为中心”的教学模式。在英文文献中，SC模式有很多不同名称，如“学习范式”（learning paradigm）、“以学生为中心的学习”（student-centered learning）、“以学生为中心”（student-centeredness）等。这些不同名称反映了学者们不同的关注点。主张“学习范式”的人认为新模式的核心是从“教”转到“学”。主张“以学生为中心的学习”的人认为新模式有两个重点：从教师转到学生，从教转到学。主张“以学生为中心”的人认为，新模式是一个范式，从老范式到新范式是范式转变，要改变很多东西，不仅仅是学习。但无论变什么，都要把学生放在中心。我同意这个看法，故本书使用SC（以学生为中心）。另外，还有人主张用“学习者”代替“学生”，因为学习者的范围更广。在自学情况下没有教师，故也不存在学生，只有学习者。但本研究仅限讨论学校教育，故用“学生”而不用“学习者”。

还有很多文献把SC模式和某种特定教学法直接联系起来，试图用教学法来标识SC模式。例如，认为讲座法是传授模式，项目法是SC模式，因此认为SC改革就是用项目法取代讲座法。我认为这类看法值得商榷。在我看来，SC改革的目的是促进学生的学习和发展。因此任何方法，只要使用得当，能达到目的，就是好方法。恰如禅宗所言，“心中有佛，法无定法”。这个问题将在第四章讨论。

中文文献中也有不同提法。20世纪80年代后期当SC改革开始介绍到中国时，国内也有过热烈讨论，可惜这个讨论被随后的高等教育大众化打断了。当时就有人不同意“以学生为中心”的提法，认为这忽视了教师的作用，于是提出“双主体论”，即学生和教师都是主体。还有人进一步修正为“学生为主体，教师为主导”的“主体/主导论”，如此等等。

总的来说，在中英文文献中，关于SC改革及其教学模式都没有一致认同的术语和提法，定义更是五花八门。其实这很正常，反映了目前学界对新模式还在探讨之中。但当前这种术语混乱确实给研究和实践带来困扰。如果不能有统一的定义，那是否能有几个参考点，以便实践把握？这个考虑是合理的。比如，“传授模式”和“三中心”概念相比，后者就更易于理解和把握，因为它给出了传授模式的三个基本特征，以教材、教师、教室为中心，这有助于人们想象和理解这个概念。借此，我给出SC模式的三个基本特征：以学生发展为中心，以学生学习为中心，以学习效果为中心。具体解释如下。

以学生发展为中心，有三层意思：（1）以学生当前状态为基础，以促进其发展为目的；（2）完成青春期特定发展任务；（3）发掘学生潜力，促进其全面发展。注意：这里“学生”是单数，意指每个学生的全面发展，而不是统一模式的发展。

以学生学习为中心，有两层意思：（1）把学习作为教学的中心。教学的中心是学而不是教，不能本末倒置。要让学生对自己的学习负责，培养其主动学习和自主学习的能力，这是培养学生终身学习能力的必经之路。在这个框架下，学生是学习的主体，教师只是学习活动的设计者、学习环境的营造者、学习过程的引导者和辅导者。（2）在学生的所有活动中，学习是中心。学校要紧紧抓住这个中心。离开了这个中心，学校就失去了存在的合理性。

以学习效果为中心，有两层意思：（1）要关注学习效果，要把学习效果作为判断教学工作成效的主要依据。学习效果包括直接效果和间接效果，短期效果和长期效果。（2）重视测量与反馈在学习中的作用，建立及时有效的反馈机制，使学习效果评价能有效帮助学生调整学习，帮助教师调整教学，帮助学校调整工作。

由于已经存在“三中心”的提法，因此我把这个新提法称为“新三中心”，而把原来的提法称为“老三中心”。事实上我认为，只要在教学和工作中做到这三点，就是以学生为中心了。SC改革的目的，就是要在本科教育教学中，用新三中心模式取代老三中心模式。

这里需要说明三点。一是“新三中心”是我的总结归纳。这些观点在文献中都出现过，我仅是按我的理解构建了这个框架。二是提出这个框架的目的是帮助实践者更好地理解和把握SC模式，便于指导实践。三是“新三中心”和“老三中心”基于不同的哲学，彼此不存在一一对应关系。由于本研究所有后续部分都可看成是对这个框架的论证和发展，故不在此展开论述。

2. SC范式的性质与范围

SC改革中的另一个重要概念是“范式”。用范式概念是想表述，SC改革不仅仅是教学改革，还涉及整个学校系统，如学校文化、使命与目标、教学活动、教学管理、技术系统、资源配置、行政管理等，甚至学校环境和社会制度环境如政府政策等。如果仅仅把SC改革看成是教学部门的事，而与学校其他部门无关，这样的改革不会成功。从整体角度看待SC改革，这就是范式思维。

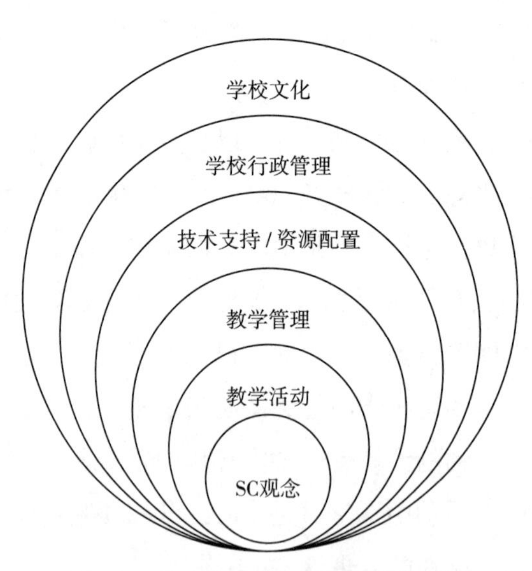

图2-2 作为范式的SC本科教学改革

图2-2表现了范式的思维方式。SC改革首先起于改变教育教学观念，观念改变后就会引起教学活动的变化。如果希望师生在教学上的变化能够持久，教学管理就必须做出相应改变。例如，“课时”是传统模式下衡量教师工作和学生学习的基本单位。如果变成了SC模式，该用什么来衡量教师工作量和学生学习量呢？如果仍用课时来衡量教师工作，教师就一定会要求保持上课时数，也就没有学生的主动学习和自主学习，SC模式就不可能延续。如果教学已经变为SC模式，但教学所需

的教学环境如信息系统、设施设备、活动桌椅等都没有改变，这样的SC改革会有效吗？如果要改变教学环境，学校的资源配置要不要改变？如果要求教师投入SC改革，学校的教师评价与激励政策要不要改变？如果这些方面都发生了变化，学校的使命、目标、组织、政策、管理、领导等要不要改变？如果学校发生了变化，但社会环境如政府政策、招生就业制度等都没有发生相应变化，学校的改革能独自成功吗？如果SC改革涉及学校各个方面，学校应当如何规划、领导、组织、管理好这场变革呢？用这种整体和系统的方式思考SC改革的方式，就是范式思维。这是美国SC改革的重要教训之一，即要用范式思维看待SC改革。所以不仅要讨论范式概念，还要以此讨论SC改革的性质与范围。

范式概念最早是由库恩提出来的，原指典型科学活动的结构。1995年巴尔和塔格在美国主要大学教学杂志《变革》上发表题为“从教到学：本科教育新范式”的论文[①]，首次用范式概念来说明SC改革。他们在文章中指出，20世纪80年代以来美国很多SC改革失败的重要原因之一，是改革者们没有认识到SC改革是一个范式变革，而把它看成是仅限于教学活动的局部改革。结果由于学校支持系统没有改变，SC改革得不到必要的支持，导致改革失败或举步维艰。

他们认为，任何教学模式的存在，都需要特定的支持系统，表现为学校的特定制度。教学模式及其支持系统，犹如一个生态系统，共同构成教学范式。传授范式就是如此。现有的学校制度和结构本是围绕传授模式发展起来的，因此它不支持SC改革。因此，需要围绕SC改革构建自己的支持系统。如果只推动教师教学改革而不改变支持系统，改革就很难成功。所以他们说，SC改革是一场范式革命。

为了说明这个观点，他们比较了两种范式的差别，见表2-1。

表2-1 新旧两种范式的比较

传授范式	SC范式
使命与目标	
提供与传授	产生学习
从教师向学生传递知识	引导学生自主发现和建构知识
提供专业与课程	创造有利的学习环境
改进教的质量	提高学的质量
为各类学生提供教育机会	让各类学生获得成功

① Robert B. Barr and John Tagg, “From Teaching to Learning: A New Paradigm of Undergraduate Education,” *Change* 27, no.6(1995): 12–26.

（续表）

传授范式	SC 范式
成功标准	
投入、资源	学习、展现学生成功的各种成果
入学学生的质量	毕业学生的质量
课程的发展和拓展	学习技能的发展和拓展
资源的数量和质量	成果的数量和质量
招生数量、收入增长	学习总的增长与效率
教师与传授的质量	学生与学习的质量
教与学的结构	
教学要素单元化；部分先于整体	教学要素整体化；整体先于部分
时间稳定，学习迁就时间	学习稳定，时间迁就学习
50 分钟 1 节课，每周 3 节课 3 学分	学习环境多样化
课程同时开始，同时结束	环境随学习需要改变
一个教师一个教室	只要学习需要，哪儿都可以
学科、院系彼此独立	跨学科院系合作
完成教学内容	追求特定学习效果
课程结束后评估	课前、课中、课后持续评估
教师对班级打分	外部机构对学习进行评估
私下评估	公开评估
学位等于积累的学分数	学位等于所掌握的知识与技能
学习理论	
知识存在于“外界”	知识存在于每人大脑，与个人经验有关
教师将知识按块、点方式向学生传授	知识是建构的、创造的、顿悟的
学习是累积的和线性的	学习是观念网络的编织与互动
知识存储的最好比喻是仓库	学习的最好比喻是骑车
学习以教师为中心，由教师控制	学习以学生为中心，由学生掌握
教师“主动”，学生被要求“主动”	积极的是学生，不是教师
课堂和学习都是个体化的，充满竞争	学习与学习环境都是互助合作和相互支持的
才干与能力稀缺	能力与才干无处不在
生产力 / 拨款	
生产力定义：每师每生每时的成本	生产力定义：每生每学习单元的成本
按教学时数拨款	按学习成果拨款
角色的性质	
教师主要是讲授者	教师主要是学习方法和学习环境的设计者
教师与学生独立活动，彼此隔绝	教师、学生及其他员工相互合作
教师对学生分级分类	教师发展每个学生的能力和才干
员工服务教师与教学过程	所有人都是教育者，服务学生学习与成功
任何专家都能教书	促进学习是复杂的挑战
直线管理；独立活动	共同治理；集体协作

他们的观点是革命性和振聋发聩的，因此他们的文章在美国高等教育界引起了广泛关注。学界普遍认为，这篇文章加深了人们对SC改革的认识，是美国SC改革史上的一个里程碑。

他们在文章中指出，尽管美国开始SC改革已近十年，但美国还没有学校真正实现了SC变革目标，因此他们只能凭想象来猜测这个范式变革。所以他们在文章中几乎没提技术支持、资源配置、组织管理、公共政策环境等因素。

而根据我在中国参与的改革实践，我认为，是否注意到SC改革是范式变革并用其指导改革，对改革成败至关重要。如果仅仅把改革限于教学领域，而不在技术支持、资源配置、教学评价、师资培训、教师管理、学校政策等方面给予支持，SC改革很难成功。套用一句管理学名言：单兵独进必死！事实上，我们在第十章会看到，这场始于美国的SC改革由于缺少支持系统改革，目前已经陷入困局。

由缺少支持系统而导致的困境和失败，还可能导致SC改革被污名化，即把由缺少配套支持造成的失败归结为SC本身的失败。从美国少数成功的案例看，多快好省的SC改革方式应该是用范式概念来看待和规划改革。这是本研究把有关SC改革的12个问题作为一个整体来讨论的基本原因。

因此建议所有准备进行SC改革的学校，首先应当学习与认识SC范式的性质与范围，事先做好周密计划和准备，然后再开始改革。这样的改革不仅会提高成功率，而且会节省大量时间、精力和资源，并使所有参与者都感受到相互支持和共同成功的欢乐。

1995年至今又过去了20年，我把目前学界对SC模式的主要认识归纳如下：

◎ 学生：学生要对自己的学习负责，成为主动和自觉的学习者。

◎ 教师：教师在教学上的主要角色是根据学生特点和学习要求来设计教学过程，营造学习环境，在学生学习过程中扮演设计者、引导者、支持者、辅导者和合作者的角色。

◎ 教学：教学要以学生学习为中心，倾听学生对教学的建议，尊重学生学习方式的多样化，允许学生按自己的方式安排学习内容、方式、节奏、过程等。

◎ 评价：教学评价要关注学生学习，测量学生学习效果，并通过及时反馈，使学生可以根据效果及时调整学习。

◎ 教师发展：大学要重视教师的培训和教学咨询工作，通过教师发展提高教师的教学能力，尤其要注意鼓励教师用学术的方式研究教学，以专业的方式从事教学。

◎ 学习环境：注重营造学习环境，使学习环境成为知识中心、反馈中心和合作中心。新学习环境要能把学生培养成为负责、主动、自觉的学习者。

◎ 物理环境：要重视信息环境和物理环境建设，为促进学生主动学习和自主学提供必要条件。

◎ 管理制度：学校要调整传统管理模式，建立有利于SC改革的新管理制度。

◎ 文化：SC应成为学校的使命与目标，在全校形成新的学习文化。

◎ 社会环境：政府和社会应当积极支持学校的SC改革，建立有利于SC改革的制度与政策环境，促进学校的SC改革。

以上是个人归纳，不一定准确和完整。但这些特点可以使我们对SC本科教学改革有一个比较具体的了解。下面介绍美国SC改革的历史。

第二节 美国SC改革史

美国的SC改革大体可分为学术进步、社会发动、高校投入改革三个阶段。第一阶段始于1910年，一直持续到现在。主要指从早期的认知心理学、发展心理学、学习心理学、大学教学实践研究，到20世纪90年代以后脑科学、认知科学、发展科学、学习科学的发展。这些学术进步为SC改革提供了科学基础和实践努力的方向。大约到20世纪70年代中后期，国际学术界已形成共识：学校教育需要一场“以学生为中心”的教学改革。随后进入社会发动阶段，主要表现是UNESCO（联合国教科文组织）、美国政府、各种非政府机构、高教协会等纷纷发表各种研究报告，呼吁高校开展SC改革。社会力量除大力营造舆论与政策环境外，还开始向大学问责，迫使大学改革。社会问责始于20世纪70年代后期，20世纪90年代达到高峰，至今一直持续。从20世纪80年代起，在社会压力和高校有识之士推动下，高校开始投入SC改革，这个改革目前仍在进行中。下面介绍这些发展。

1. 学术进步阶段

这个阶段有三个学术领域的进步对SC改革有重大影响。一是学习心理学，主要指行为主义学派式微和认知心理学兴起。这些变化为建构主义心理学发展奠定了基础，而后者促进了SC模式的诞生。二是脑科学与神经科学。这个领域的进步为理解学习提供了生理学基础，有助于了解人学习的主要器官——大脑——是如何工作的。尽管目前这个领域的发展还非常初级，但已经对理解学习和学习行为产生了重大影响。三是青春期研究。其主要贡献是否定了大脑在儿童期后就不再发展的传统观点，指出青春期是大脑发展的第二高峰。因此如何抓住青春期发展窗口培养学生，在大学教育教学中就有了特别重要的意义。这些学术进步将在下一章中讨论，这里只介绍简要历史。

现代心理学产生于哲学。认知心理学产生于认识论哲学，发展心理学产生于发展哲学。[①]到19世纪末，在与宗教对抗中诞生的近代自然科学的一个主要任务，就是在科学与宗教之间画一条清晰界线。近代哲学家们注意到，宗教和科学的认识方法不同，由此形成了两种不同的认知体系。宗教强调先验、解释和体验，是主观的；科学强调观察和实验，强调客观。因此，心理研究要科学化，就必须走客观路线。对受经验主义影响的英美学界，这是不言而喻的。但对受先验哲学影响的德国学界则不然。例如康德认为，人类知识不完全是客观的，其内容来自经验，但组织经验的那些形式却是先验的，因此人类认识必然同时包括经验和先验两个方面，而那些先验形式是人固有认知能力的体现，例如康德所说的先验综合判断。这两种哲学立场直接影响了心理学后来的发展。

德国心理学家冯特也主张心理研究科学化。他率先在大学建立心理学实验室，因此被称为现代心理学之父。但他研究人类认知时，由于没有可以使心理行为客观化的手段（如后来的脑电波测量和非损伤性大脑成像技术），研究主要依赖内省法，他称为“临床访谈法”，即把被试者的自我反省当作主要研究材料。但这个方法有一个致命弱点，不能严格区别被试者的陈述中哪些是客观的心理现象，哪些是被试者的主观议论。这个工具困难直接限制了认知心理学的发展。直到20世纪80年代非损伤性脑成像技术出现，这个问题才部分得到解决。此前关于认知的研究，如学习、记忆、情绪、动机等心理现象，都因为缺少客观化工具而没能得到很好发展。

受经验主义影响的英美学派坚持客观路线，认为心理学应该以可观察的行为为研究对象，故称行为主义。恰在此时，19世纪90年代俄国心理学家巴甫洛夫根据对狗的研究提出以刺激和反应为核心的研究模式，即通过外部刺激和由此引起的

① 这种观点影响甚大。直到1965年，英国心理学者大卫·埃尔金仍然认为“皮亚杰是一位发生认识论者，而不是一位心理学家”。皮亚杰：《儿童的心理发展》，傅统先译，山东教育出版社，1982：第1页。

行为变化之间的因果关系来研究心理行为。由于外部刺激是可控的，通过建立外部刺激和反应行为之间的因果联系，就可以发现心理活动规律。行为主义学派随后根据这个模式建立了一整套学习理论，把学习看成刺激和反应之间的联结，这种联结可通过重复、奖励、惩罚得到强化。有效的学习方法即是通过控制外部刺激获得所需要的行为反应。而且发现，在一定范围内，刺激次数和强度越多，行为强化效果越好。很明显，这个学习理论符合老三中心模式。教材、教师、教室是刺激物，教学是看学生在这三种刺激下能否出现教师期望的反应。教师是主动者，学生是被动者。20 世纪初期行为主义的兴起及其在美国心理学界的强势发展，对老三中心模式流行起到了推波助澜的作用。

然而，行为心理学是以忽视内部心理行为（如思考）为代价的。它把大脑看成"黑箱"，只研究黑箱外的刺激与反应关系，不管黑箱里面发生什么。后来认知主义心理学的发展正是从"打开黑箱"开始的。

早期认知心理学有两个主要发展，一是格式塔心理学，二是皮亚杰认知发展阶段论。格式塔心理学是 20 世纪初期（1913—1930）由三位德国心理学家发展起来的。他们发现，人脑有把有限经验整合为完整图景的天然倾向，如把墙上的几个点看成房子，把天上的数片云看成动物。"格式塔"的德文意思是"完形"，因此格式塔心理学又叫完形心理学。格式塔心理学的重要贡献是，它注意到认知是人脑主动加工经验的过程，根据有限知识和经验构建完整图景是人类的一种基本认知能力。据此可知，认知是一个经验构建过程，知识则是构建的结果。这成了建构主义心理学的基础。但当时的哲学偏见并没有让美国心理学界看到格式塔心理学的价值。①

瑞士心理学家皮亚杰提出的认知发展阶段论是认知心理学的第二个主要成就。皮亚杰少年聪慧，11 岁开始发表论文。少年时受其教父影响对康德认识论哲学产生浓厚兴趣，这对他的研究有重大影响。21 岁获得生物学博士后他到巴黎内比特研究所研究儿童智力测量问题。他发现不同年龄儿童的智力状态不同。于是他和妻子（也是他的学生）一起研究自己孩子的智力发展过程。他们一共生了三个孩子，故研究得以不断深入。从 1923 年起皮亚杰开始发表有关儿童智力发展的论文，最终形成他著名的儿童智力发展阶段论，奠定了他作为儿童认知心理学和发展心理学

① 科勒是格式塔心理学的三个奠基人之一，后来当选为美国心理学会会长，但这没能让美国人重视格式塔心理学。鲍德温编：《剑桥哲学史：1870—1945》（下），周晓亮等译，中国社会科学出版社，2011：758–759。

创始人的国际地位。

皮亚杰在研究中发现，儿童智力发展有阶段性特点，不同阶段的认知方式不同，形成不同的认知图式，这些图式构成儿童认知的不同发展阶段。认知图式是皮亚杰认知理论的一个关键。他认为认知图式是大脑用来组织外部信息和经验的工具，这些图式对外部信息有选择和组织作用。大量的认知图式形成认知结构。人如何认识与应对外部环境，取决于他有何种认知结构。认知结构不同，认识的结果和反应方式不同。这些看法使他的理论非常接近康德的先验综合判断。

人在世上，认知结构与外部环境之间会产生互动。互动分两类，一是选择性吸收符合已有认知图式的信息，不符合的信息则被忽视、过滤或改变，结果是强化已有认知图式，这叫同化过程。二是在发现外部信息不符合已有认知图景时，改变已有认知图式以适应外部信息，这叫顺应过程。同化与顺应都是主体适应环境的方法，目的是让主体与环境之间达到平衡。同化和顺应是手段，平衡是目的。在同化与顺应过程中人的认知得到发展。这就是皮亚杰的认知发展阶段论。今天脑科学和发展心理学都证明，人的认知结构一生都在变化，人脑也随之变化。这些变化构成大脑和心智的发展。[①]

皮亚杰的理论对认知心理学和认知哲学都有非常重要的影响。对认知心理学来说，这奠定了认知心理学和发展心理学的基础；对认知哲学来说，它为颠覆逻辑实证主义奠定了基础。但最后的颠覆是由汉森和库恩完成的。

汉森是英国科学哲学家，1958年他出版了一本著作《发现的模式》。他从观察和实验是实证的两种方法开始。由于实验也依赖观察，如观察实验结果，因此在两种实证方法中，最关键的是观察。逻辑实证主义假定存在“纯客观观察”，因此才有“纯客观知识”。而汉森攻击的，正是这个“纯客观观察”。

汉森说，“看”不等于“看到”。“看”是张开眼睛接受光线，“看到”是“发现”和“识别”。因此“看”不是观察，“看到”才是观察。如果要观察，先要告诉眼睛“观察”什么。这个告诉眼睛的想法一定先于观察本身。具体到科学观察，观察一定会受到已有理论的影响。已有理论不仅告诉眼睛要观察什么，还告诉它如何描述观察结果。这是为什么，同样进入森林，画家看到的是美，植物学家看到的是物种。同样面对星空，托勒密“看到”的是地球在宇宙中心，哥白尼“看到”的是太阳在宇宙中心。他们所“观察”的对象都一样，但所“看到”的结果却如此

① 赫根汉：《学习理论导论》，郭本禹等译，上海教育出版社，2011：第十一章。

不同。为什么？汉森说，这是因为“观察渗透理论”，不存在“纯客观观察”。如果纯客观观察是不可能的，纯客观知识也是不可能的。[①]就这样，逻辑实证主义的“纯客观观察”假设和存在“纯客观知识”的设想就都破产了。实证主义破产了，传授模式的知识观也就跟着破产了。

汉森用格式塔心理学考察“观察”，否定了“纯客观知识”。库恩用皮亚杰的认知图式理论，证明“整个科学知识体系都是人类的主观建构”，科学并不具有逻辑实证主义哲学家们所设想的那种客观性。科学和宗教、哲学、文学、艺术一样，都是人类心智的创造，区别仅在于是刻意客观，还是肆意主观。

库恩是哈佛大学理论物理学的学士、硕士和博士。1947 年获博士学位后跟随校长柯南特做博士后。当时哈佛大学正在本科教育中推动通识教育改革，柯南特让他为非物理学专业的学生讲物理学导论。或许是想用以史带论的办法讲课，这样既有趣又好懂，于是他开始研究科学史。和所有实证主义者一样，他起初也相信，科学是科学知识的集合，科学史是科学知识的积累过程。

然而当他深入研究科学史后才发现，历史上真实的科学发展不是这么回事。牛顿物理学否定了亚里士多德物理学，爱因斯坦物理学否定了牛顿物理学，日心说否定了地心说，元素说否定了燃素说，如此等等。这些否定都不是简单的否定，而是对其核心思想的根本否定，前后两种理论“在原则上不可通约”。真实的科学发展不是客观知识的简单积累，相反，倒是一场又一场改朝换代的革命。这个发现让他十分困惑，不知如何解释是好。于是有人介绍他去读格式塔心理学和皮亚杰的著作，这些理论启发了库恩。如果把科学也看成一种人类认识，那么和人类其他认识行为一样，科学家们总是试图用自己认为合理的认知图式来解释他们所看到的世界，这样科学史就变成了科学家们用一个认知图式取代另一个认知图式的历史。于是，库恩提出了自己关于科学与科学发展的理论。[②]

库恩认为，一个典型的科学体系包括四个部分：（1）核心的形而上假设；（2）形而上基础上用于解释科学现象的基本理论；（3）阐释科学理论和研究方法并确定研究方向的经典著作；（4）在基本理论和经典著作引导下开展的常规研究活动。

---

① 汉森：《发现的模式——对科学的概念基础的探究》，邢新力等译，中国国际广播出版社，1988。原著 1958 年由剑桥大学出版社出版。汉森的论证十分广泛和复杂，并大量引证史料，这里只作简单说明。

② 库恩：《科学革命的结构》，金吾伦、胡新和译，北京大学出版社，2003。

如果这个基本理论足够好，它就能在相当长时间内指导常规研究活动，并积累该学派的经典著作。首先阐明基本理论与方法的人成为学派奠基人，他们的著作变成该学派经典著作。经典著作被发展成教科书，用以培养新一代科学家。新科学家根据所学到的理论和方法在所确定的方向上开展研究。这是一个知识的社会扩散过程。在这个过程中会产生服务于教育、交流和研究的组织和制度。通过这类社会性组织和制度，科学事业得以发展壮大。这是一个典型的“常规科学”状态。

随着常规研究范围扩大，该基本理论框架总会碰到它不能解释的现象，这叫“反常”。反常是对基本理论框架的挑战，会造成该学派的“危机”。为了消除危机，该学派会设法在现有理论框架内解释反常（同化）。如果解释成功，危机消失，现有框架得以保存并被丰富。如果解释失败，就会有人提出新的解释框架（顺应），并与现有框架进行竞争。如果新框架在竞争中胜出，就爆发科学革命（认知图式转换）。革命成功后新框架变成新常规。在新常规引导下，科学发展又进入新的常态发展（平衡）。因此科学发展不是积累性的，而是呈现出“常规—反常—危机—革命—新常规”的结构（发展）。就这样，库恩用“科学革命的结构”，解释了历史上的科学发展。其中皮亚杰的影响清晰可见。

根据库恩的理论：（1）科学是一种认知图式建构与再建构活动。和人类其他认识一样，科学也是科学家的主观建构。（2）科学是一种社会活动。科学家通过特定的社会机制学习、合作、交流。在交流中学习与实践科学，这是科学发展的基本方式。（3）科学是不断抛弃旧理论、创造新理论，在新旧理论交锋中作社会选择的过程。创造、竞争、选择、扩散是科学发展的基本特征。这里已经可以看到知识创造、知识建构、社会性学习、知识竞争与选择等思想萌芽了。这就是真实的科学发展。

1962年库恩出版《科学革命的结构》，把由“形而上假设—基本理论图式—经典著作—日常解题行为”构成的常规科学形态称为“范式”（paradigm），因为它们起着示范和指导常规科学家从事研究的模式和样板的作用；把由“常规—反常—危机—革命—新常规”构成的科学发展过程称为“科学革命的结构”。如果把范式概念代入“科学革命的结构”，科学的发展就变成了一个范式取代另一个范式的过程，这就是“范式转换”过程。

巴尔和塔格在他们的文章中使用范式概念，目的是想告诉人们，当前SC改革引起的新旧教育范式转变，也和库恩的科学革命一样，是一个涉及基本哲学假设、基本理论、日常实践、教育、保障、扩散等方面的全面和系统的转变过程。这是他们引入范式概念的原因。而正是这一点，深化了人们对SC改革的认识。

库恩的《科学革命的结构》获得了巨大成功，这个理论体系和分析方法影响了20世纪60年代后整个西方学术界的文化氛围。[①]尤其是对哲学社会科学界、心理学与教育研究界的影响巨大，主要表现在以下几方面：

◎ 心理学转向。库恩的研究引起了人们对认知心理学的广泛兴趣，这被认为是认知心理学的巨大成功。几乎所有人文社会学科都开始效仿库恩，用认知心理学理论来检查本领域的学术范式和它们的形而上基础及当前存在状态，这导致了“元认知”理论泛滥和20世纪中后期的后现代主义大潮。凡此种种，都大大提高了认知心理学的学科地位，促进了其发展，为其取代行为心理学成为20世纪后半期学习研究领域的主流理论奠定了社会基础。

◎ 哲学转向。根据格式塔心理学和皮亚杰认知发展阶段论，认识不再是主客两分、主体不断逼近客体的过程，而是人脑建构认知图景、认知图景随着认知发展而不断改变的过程。于是哲学研究发生转向，从本体论转向认识论。SC改革就是这种转向的一个结果。由于逻辑实证主义是现代主义的标志和集大成者，因此随着它的败落，后现代主义进入了大发展时期。[②]

◎ 方法论转向。实证主义统治时期，实证方法和数理方法获得特殊地位，成为科学研究方法的合法性标准，解释学方法、质性方法均因被认为不科学而遭排斥。库恩的范式革命打破了这个魔咒，解释学方法、质性方法也随着后现代主义的兴起而开始兴盛起来。

正如库恩所说，范式变了，看世界的方式变了，看到的世界也就变了！反之，如果范式不变，看世界的方式不变，也就看不到新的世界！对科学如此，对教育也是如此！

由此而言，20世纪60年代认识论革命和20世纪80年代学习革命是什么关系呢？我认为它们是同一棵树上的两个果子，只是成熟时间不同而已。

至于建构主义心理学、社会认知心理学、人本主义学习理论等，也对SC改革有重要贡献。以下只说要点，具体内容留待下一章介绍。

① 关于库恩理论的学术影响，参见沙达：《库恩与科学战》，金吾伦译，北京大学出版社，2005。儿童心理学可以看成是一个深受库恩范式革命影响的例子。参见《儿童心理学手册》（*Handbook of Child Psychology*）第6版（1998）和第7版（2014）的第1卷。巴尔和塔格的文章表明，大学教学研究也是深受其影响的领域之一。

② 从源头上讲，20世纪初对现代主义的批判已经标志着后现代主义运动的开始，但从社会思潮角度看，后现代主义是从20世纪60年代中期的思想解放运动后才开始流行的。所以，库恩被认为是后现代主义思想家。

建构主义心理学认为，知识是建构的，而不是客观观察的记录；学习是学习者在特定环境中，通过已有经验互动，创造自己的新知识和新经验的过程。只有学习者主动参加到这个意义与经验建构过程中，学习才会真正发生。学习效果取决于学习者的已有知识和经验、学习主动性、参与程度和学习方式等。显然，建构主义不过是认知心理学在学习领域的延伸。根据建构主义，教师在教学中要考虑学生的已有知识和经验、学习特点和学习风格，然后据此设计和组织教学。

社会认知心理学认为学习是社会性的，是学习者与社会环境互动的过程。在社会环境中，学习者通过观察和互动来学习。在社会学习中，语言与文化对学习有重要作用。根据社会认知理论，把社会过程引入学习可以提高学习效果。小组学习、团队学习、情境化学习、角色扮演、社区学习等都是这个理论的实际运用。

人本主义学习理论认为，人天生有学习的潜能；学生的学习动机和学习效果与学习目的有关。当学生主动负责任地参与学习时，学习最持久，效果最好；让学生作自我评价可以发展学生的独立性、创造性和自主性。围绕学生学习特点组织教学，激发学生的责任感、主动性、开放性，是人本主义学习理论最关心的问题。

在以改进教学实践为主要目标的教育心理学界也出现了一些重要成果，如布鲁姆的教育目标分类法、加德纳的多元智力理论、齐格林的优秀本科教学七原则等。

布鲁姆是芝加哥大学教授。1956年他领导的研究小组按认知水平对教育目标进行分类，把认知教育目标分为：知识、理解、应用、分析、综合、评价六个等级。2002年重新修改为：记住、理解、应用、分析、评价、创造。前两个为低级目标，后四个为高级目标。布鲁姆认为，传统教学模式的缺点是把认知目标主要放在低级目标上，故未能充分发掘学生认知潜力。因此建议，大学教学应当从低级目标转向高级目标。这个理论对美国大学教学产生了重大影响，是美国大学课程设计的主要理论之一。

加德纳是哈佛大学的教育心理学家。根据对普通人群和高成就人群的比较研究，他于1983年提出多元智力理论。他认为人类智力有八个基本维度：语言、逻辑、自然、绘画、运动、音乐、人际、沉思。不同个体的心智在这八个维度上的分布不同，形成不同个体特有的心智结构。因此教育要扬长避短，最大限度地发掘每个个人的心智优势。这对传统智商理论和整齐划一的教育模式是一个重要修正。

齐格林是乔治梅森大学教育心理学教授。他根据对学生发展的研究和优秀大学教学实践经验，于1987年提出了优秀本科教学七原则：鼓励师生互动、鼓励学生互动、鼓励积极学习、及时反馈学生、强调学习需要投入时间、对学生保持高期望、尊重学生个体禀赋和学习方式差异。这对指导大学教师做好教学起了很好的作用。

类似研究还有很多，将在第三章和第四章介绍。

所有发展都表明，传授模式存在严重缺陷，大学需要一场教学革命。皮亚杰1977年在国际教育大会上大声疾呼："教育可以分为两类：被动的教育和主动的教育。前者主要依靠记忆，后者强调运用智力去理解与发现。因此，真正的问题是，教育目的是什么？是只让学生具有学习已有知识的能力，还是要培养终生都能创造、创新和发现的大脑？"[①]他的这段话和爱因斯坦二十多年前的批评一样：不要制造水桶，要训练大脑。这些呼吁在社会上引起强烈反响，改革进入社会推动阶段。

2. 社会推动阶段

SC改革运动与美国在第二次世界大战后的高等教育大扩张有关。美国高校学生从1950年的244万增长到1980年的1157万，毛入学率从15%增长到57%。学生迅速增长给高校带来巨大压力和挑战：新生质量降低、学生群体多样化、教学设施设备不足、大量补充的新教师缺少教学经验、大学对迅速扩张缺少经验、政府政策缺位等。这些问题导致大学教学质量普遍下降，还引发了大规模的全国性学生抗议。大学开始认识到必须改进教学。恰在此时，心理学界和教育界开始呼吁教学改革。二力合为一处，SC改革运动由此进入社会推动阶段。

1972年联合国教科文组织（UNESCO）发表著名报告《学会生存》，报告主旨是倡导终身教育。报告认为未来社会发展迅速，需要培养终身学习者，建立"学习型社会"。因此报告把"学会学习"作为重要议题放到教育改革的讨论中。这份报告被认为对美国SC改革起了催化作用。1996年UNESCO在《学习：内在的财富》中进一步强调学习，提出了四大学习支柱：学会认知、学会做事、学会做人、学会共存。这些报告对学习的强调，对SC改革有强烈的指向作用。[②]

UNESCO还有两份文献被认为对美国SC改革有重要意义。一是1976年出版的研究报告《教与学：高等教育新方法和新资源导引》。报告认为高等教育扩张给传统大学教学模式和教学方法带来危机，主要问题是无视学生特点和要求，不能满足学生多样化需要。报告建议各国大学改革传统教学方法，更多关注学生特点、学

① Piaget's speech on international conference in 1979, https://www.youtube.com/watch?v=AyJzvZiCpgo, 访问日期：2016年12月20日。

② Jacques Delors, et al, *Learning*: *The Treasures Within*, UNESCO Press, 1996. 有中译本。

习过程和学习效果，明确提出要用SC模式取代传统教学模式。①

另一份文献是1980年出版的《中学后教育方法和技术汇编》，其中汇总了20世纪70年代以来大学教学法的发展情况。编者认为新媒体教学法如电视教学、计算机辅助教学等方法对促进学生主动学习与自主学习有重大意义，建议大力采用新方法和新模式来改造大学教学。②

从20世纪80年代起，美国政府及社会组织也纷纷发表研究报告，检讨大学教育的问题，呼吁教育改革。首先是美国教育部1983年发表的报告《国家在危机中》③。报告开宗明义地指出："如果非友好国家企图把当前这种平庸的教育强加于我们，我们会把它看成战争行为。然而现实是，我们自己却让它在这里发生了。"接着报告开始数落美国教育中的种种问题，尤其是和其他工业国家比，美国在学生成就和国民受教育水平方面的落后，以及学校实践中的种种落后现象。报告建议，要把美国建成学习型社会，各级学校必须更好地理解学习和教学过程的知识，理解这些知识在教学中的意义，并有效付诸实践。这个报告在当时起到了振聋发聩的作用，后来很多高等教育改革报告都援引这个报告的观点和材料。

其次是美国国家教育研究所1984年撰写的报告《投入学习》④。报告首先分析了美国高等教育大扩张后美国高校发生的变化及由此引起的质量问题。随后指出，教育心理学研究和教学实践均表明，学生学习投入越高，学习效果越好，而学生学习投入程度与学习动机相关。因此，提高教学质量的有效途径是要激发学生学习动机，增加学生学习投入。报告建议，要鼓励学生自己对学习和发展负责；教师要改变传统教学模式，激励学生投入学习；学校要为教师创造条件，使他们能更好地帮助学生聚焦学习；要为学生创造条件，使他们能专注学习；政府要制定政策保障学习投入；同时要建立相关制度，监督检查学校工作和学生学习；等等。

这份报告明显受到加州大学洛杉矶校区（UCLA）教育学院教授阿斯丁的影响。阿斯丁是大学生发展研究专家，也是课题组成员。他提出了一个大学生投入理

① Norman MacKenzie, et al, *Teaching and Learning: An Introduction of New Methods and Resources in Higher Education*, UNESCO Press, 1976.

② Donald A. Bligh, et al, *Methods and Techniques in Post-secondary Education* (2nd), UNESCO Press, 1980.

③ The National Commission on Excellence in Education, *A Nation at Risk: The Imperative for Educational Reform*, Published by United States Department of Education, 1983.

④ National Institute of Education, *Involvement in Learning*: *Realizing the Potential of American Higher Education*, in ERIC: ED246833, 1984.

论。阿斯丁认为，行为主义教学法研究把学生当作“黑箱”，只注意输入和输出而忽视过程，但学习过程才是了解学习的关键。因此主张打开黑箱，把“学生学习投入”作为了解学生学习过程的窗口。阿斯丁提出了一系列观察学生学习投入的指标，如学习时间、作业完成、上课发言、与教师互动、同伴互动等，然后通过这些指标监测学生学习投入情况。[①]根据阿斯丁的理论，报告提出应系统收集全国高校学生学习投入数据，深入了解大学生的学习过程，监控高校教学质量改进的建议。这个建议后来发展成为美国大学生学习投入调查（NSSE）。[②]目前NSSE已被清华大学引入中国，成为中国大学生学习投入调查的重要工具之一。

这个报告的重要性在于，它把学生学习和发展放在学校教育首位，建议从提高大学生学习投入角度来改进大学教学质量。同时提出用大学生学习投入调查来评估学校工作，这为20世纪90年代高校问责制提供了新的思路和方法。所有这些转变都是空前的。

再次是美国高校联合会（AACU）1985年的报告《大学课程完整性》。[③]报告的目的是提高本科学位和课程质量。报告指出，高教大扩张后本科课程的系统性、一致性、严格性和完整性都“下降到危险的程度”，呼吁高校严肃对待课程与学位质量下滑问题。报告提出，要应对未来挑战，大学要培养本科生的九种能力:（1）探究、抽象思维与审辨性思维能力;（2）听说读写能力;（3）理解与处理数据能力;（4）历史意识;（5）科学;（6）价值;（7）艺术;（8）国际与多文化经验;（9）深度学习能力。报告还建议加强对博士生的大学教学能力培养，包括设计教学大纲、教学评价、挑选阅读材料、准备实验室材料等。主张教师重新检查自己的课程和教学，以保证教学质量。

报告提出的课程的4个标准和学生的9种能力引起广泛注意。关于要培养大学教师教学能力的建议，对20世纪90年代美国大学建立教师发展中心有重要影响。

这一阶段还有一些学者发表了研究和报告，如阿斯丁的《关键四年》（1977）、齐格林的《现代美国学院》（1981）、卡内基教学促进基金会主席博耶的《美国的本科生教育》（1987）和《大学教授学术职责再思考》（1990）等，也对SC改革产生

---

① Alexander Astin, “Student Involvement: A Developmental Theory for Higher Education,” *Journal of College Student Development*. 40(1999): 518–529.

② 根据我在UCLA教学支持中心的访谈。

③ American Association of Colleges and Universities, *Integrity in the College Curriculum: A Report to the Academic Community. The Findings and Recommendations of the Project on Redefining the Meaning and Purpose of Baccalaureate Degrees*,in ERIC: ED251059, 1985.

了重要影响。

到20世纪90年代，随着社会压力增加，高校开始投入改革。

3. 高校改革阶段

美国高校投入改革的逻辑是先梳理文献，然后广泛建立教师培训项目，通过教师培训把研究成果引入教学，鼓励教师在实践中让研究与实践相互促进，最终实现教学模式转型。

1980年美国大学教学研究的主要期刊《大学教学新方向》出版，首任主编是位英语教师而非大学教学研究专家，这被认为反映了当时美国大学教学研究的贫困状态。[①]1987年美国学者门格斯编撰了《教学、学习、课程与教师发展的关键资源》，对当时各种大学教学文献进行了系统梳理，选入各类重要文献共686种。[②]

门格斯评论道，当时美国大学教学研究文献数量有限、质量参差不齐。教学、学习、课程发展、教师发展本应为一个整体，但在文献中却零乱分散，不成系统。实践研究与理论研究本应相互支持，但却彼此脱节。大学教学研究组织弱小，人员交流不足。一些学校设立了教师培训项目，但它们在学校普遍处于弱势地位。大学教师很少接受教学训练，大量教师的活动与学生学习无关，几乎所有教学都由教师主导，学生缺少必要学术准备，教学与学生未来发展脱节，课程多但缺乏整体性和逻辑性等等。

关于大学教学研究，门格斯指出，教师与学生在学习过程中各自的角色是一个急需研究的问题。明确师生各自在教学中的角色对有效教学非常关键，但目前人们对此知之甚少。需要从认知科学和认知哲学角度分析教学过程。目前多数教授假定他们的教学和学生的学习之间存在因果关系，但这个假定是本体论的而非因果性的。在学习中学生是学习的主角，教师的责任是帮助学生学习。如果认真对待这个看法，就需要批判性地看待我们的教学。门格斯的这些评论表明，当时学者们已经意识到SC改革的某些核心思想，但概念化的SC模式还没有形成，当然更不可能成为自觉的教学模式进入教学。

---

① Marilla Svinichi, “The Role of New Directions for Teaching and Learning in Documenting Changes in the Postsecondary Education,” in Marilla Svinichi, et al (ed.), *Landmark Issues in Teaching and Learning: A Look Back at New Directions for Teaching and Learning*, 2010.

② Robert Menges, et al, *Key Resources on Teaching, Learning, Curriculum and Faculty Development*, Jossey-Bass Publishers, 1987.

另一个里程碑式的文献是《大学如何影响学生》（两卷集）。帕斯卡里拉和特伦齐尼以“大学如何影响学生”为题，首先总结了1970年至1990年间的2600多份文献，然后又总结了1990年至2005年间的近2500份文献，分别于1991年和2005年发表。这份文献以大学生发展理论（认知、自我认同、情感、道德、价值观、社会关系、事业与发展等）为框架，综述了35年来美国在大学生发展和学校影响方面所作的主要研究，全面揭示了大学生在求学期间在智力、认同、情感、道德、社会关系等方面发展的丰富图景。[①]这份文献表明，美国学术界已经对大学生发展和大学如何影响学生这两个关键问题作了大量研究，形成了比较清楚的认识，这对SC模式的形成和发展有重大影响。

从20世纪90年代起，SC改革在高校中蓬勃展开，教师们在实践中创造出了大量新的教学法，如案例教学法、项目教学法、问题教学法、合作学习、社区服务学习法、积极学习、反思式学习、及时反馈法、学习共同体、同伴教学法、同伴思考分享法、一分钟文章、微型讲座法、圆桌讨论法、团队学习法、同伴领导学习法、小组学习法等都产生于这个时期，因此20世纪90年代被称为教学创新的“黄金时代”。这些内容将在以后各章中介绍。

为了帮助教师更新观念，掌握新教学方式方法，教师培训得到重视并迅速发展。据得克萨斯大学奥斯汀校区教师发展中心副主任李维斯的研究[②]，1975年美国只有41%的高校设有教师发展项目，主要在社区学院和小型文理学院等教学型高校。1986年增加到44%。1995年对104所研究型大学的调查发现，67所大学设有教师发展项目，比例达到64%。作者描述，仅1995年就有20个学校邀请她帮助建设教师发展项目，她相信“全国很多同行都应会收到类似邀请”。由此可以肯定，到20世纪90年代建设大学教师培训中心和教师培训项目已在美国大学蔚然成风。

这个发展与大学重新认识学习与教学有关。李维斯说，传统大学教师发展注重

---

① Ernest Pascarella, Patrick Terenzini, *How College Affects Students: Findings and Insights from Twenty Years of Research*, Jossey-Bass Publishers, 1991; Ernest Pascarella & Patrick Terenzini, *How College Affects Students: A Third Decade of Research*, Jossey-Bass Publishers, 2005。2016年在他们二人指导下五位研者员又出了第三卷，总结了2000年以来的文献。这个三卷集系统总结了美国1970—2015年关于这个主题的文献。

② Karron Lewis, “Faculty Development in the United States: A Brief History,” *International Journal of Academic Development* 1 , no. 2(1996): 26–33. 美国教师发展早期情况可参见 : Joan North, “POD: The Founding of a National Network,” *POD Quarterly* 4, no. 1(1979).

教师专业提高，那时的假定是“只要懂专业就可以教好书”。但到20世纪80年代后期，高校已经认识到，大学教师需要经过培训和学习才能做好教学工作。这个观念转变也促成了教师培训项目的大发展。

但大学教师培训本身并不足以保证SC改革的成功。于是1995年巴尔和塔格指出过去十余年来SC改革的失败，是由于改革者们没有认识到这是一场范式革命，需要系统性变革。如果学校只做教学改革而不做支持系统改革，改革很难成功。这个警告令人瞩目，此文因此遂成经典。①

另一个经典文献是《人是如何学习的——大脑、心理、经验及学校》。1980年以后学习研究获得快速发展，1996年美国教育部决定对这些进步进行总结，并探讨学校教育改革的可能性。美国国家研究理事会组织了16位专家花了三年时间，于1998年完成了这份报告。报告在全国引起巨大反响。作者又根据反馈意见增加了实践建议部分，并于2000年发表。这两个版本均已翻译成中文出版。②

报告认为有七个领域对学习研究和教育实践有重大影响：（1）认知心理学。它加深了人们对能力本质和知识组织原则的理解，这些原则是解决数学、科学、文学、社会研究、历史等问题的能力基础。（2）发展心理学。研究显示儿童能够理解大量的生物学基本原理及物理因果关系，能够理解数字、故事和他人意图等。这些能力使得在儿童发展早期就能通过创新课程来培养其高级推理能力。（3）学习心理学。学习和迁移研究揭示了学习经验构造的重要原理，这些原理使人能在新环境中使用所学知识。（4）社会与文化认知心理学。社会心理学、认知心理学、人类学领域的研究显示，所有学习都是在特定文化与社会的规范和期望中发生的，这些情境以强有力的方式影响学习和迁移。（5）脑科学与神经科学。神经科学开始为很多从实验室获得的学习原理提供证据，神经科学显示了学习是如何改变大脑的生理结构以及大脑的机能组织的。（6）优秀教师经验研究。认知心理学者、发展心理学者和教育工作者们，在教育环境设计与评价的合作研究中，就不同场景下发生的教和学的本质，产生了很多新知识。研究者们正在发明更多方法，研究成功教师的“实践智慧”。（7）新教学技术。人们正在利用新型技术开发更多引导和强化学习的机

① Michele Welkener, et al (ed.), *Teaching and Learning in the College Classroom* (3rd), Pearson, 2010: 30-44. 这本文集是美国高校联合会为高等教育专业研究生编辑的教学参考资料。巴尔和塔格的文章入选。

② 布兰思福特等：《人是如何学习的——大脑、心理、经验及学校（扩展版）》，程可拉等译，华东师范大学出版社，2012。本处及下文参考了英文原文。

会，这些机会在几年前都不可想象。报告认为，这些进步正在把学习“从猜测变成科学”。

报告还总结了六个学习方面的研究：先有知识在学习中的作用、从大脑发展看早期经验可塑性及相关问题、主动性学习、理解性学习、专家知识结构及认知特征、作为耗时过程的学习。

新学习观把学习环境提到了空前重要的地位，认为教师的作用应该是，设计与营造有利的学习环境，使学生在其中主动学习，同时对学生学习进行指导和帮助。如何营造有利学习环境？报告总结了五个方面的研究：社会文化环境的重要性、造成广泛知识迁移的环境条件、学科差异性与学习环境、促进学习的评价反馈环境、新教学技术与学习环境。第五章将介绍这些内容。

这份报告的价值在于，首次系统总结了当时整个学习研究领域的进步，并探讨了它们对教学改革的意义；首次把脑科学、心理学、教师经验、学校环境作为一个整体，从脑科学、学习科学、实践智慧、学习环境四个角度思考教学问题，矫正过去四者脱节的状况。这份报告代表了2000年时美国对学习和学校教育的思考，其提出的新学习观和教育观对传统教学模式来说是革命性的。

如果说《人是如何学习的》的贡献主要是理论的，那么卡内基教学促进基金会主席舒尔曼领导的卡内基学院项目的贡献则主要是实践的。舒尔曼是斯坦福大学教育心理学教授。1995年博耶去世，舒尔曼1996年接任主席。卡内基教学促进基金会传统上不关注高等教育，但博耶任主席期间（1979—1995）改变了这个传统。博耶的两本著作《美国的本科生教育》和《大学教授学术职责再思考》都对美国大学教学产生了重要影响。尤其是《大学教授学术职责再思考》成了20世纪90年代被引用最多的文献之一。有人甚至认为其影响力可与《国家在危机中》相比。[①]博耶在该书里创造了一个新术语“大学教之学术”（scholarship of teaching），有人认为这把教学提高到了学术的地位。但我认为博耶的意思是教学应是教授学术工作的一部分，该书是在批评大学在教师评价中不把教学当学术。[②]

真正把教学当作学术的是舒尔曼，他认为博耶的贡献是提出了要把大学教学看作一个学术领域，这意味着要用学术的方式研究大学教学。这才是真正的革命！[③]

---

① O'Meara, Keer Ann, R.E. Rice, "Introduction," in O'Meara, Keer Ann, R.E. Rice, (ed.), *Faculty Priority Reconsideration: Rewarding Multiple Forms of Scholarship*, Jossey-Bass Publishers, 2005: 2.

② Ernest Boyer, *Scholarship Reconsidered*, Jossey-Bass Publishers, 1990: 15.

③ Lee Shulman, *Teaching as Community Property: On Higher Education*, Jossey-Bass Publishers, 2014.

不仅如此，他还在博耶的“scholarship of teaching”后面加了一个“learning”，变成“scholarship of teaching and learning”（SoTL）。这个改变非常重要，这表明博耶当时还未意识到学习的重要性，但到舒尔曼时就认识到了。目前SoTL已经成了“大学教学学术”的国际通用符号。

但我认为SoTL这个表达还不够好，存在学理问题。我建议改为“scholarship of learning and teaching”（SoLT），因为SC的核心思想是为“学”而“教”，主张根据学生的学习来调整教师的教学，所以应该是学在前，教在后。这个问题留待第八章讨论。①

舒尔曼的思想之所以重要，是因为他指出，只有用学术的方式来研究大学教学，大学教学才可能变成一个真正的学术领域和专业领域，才能为大学教学质量的长期稳定提高奠定坚实基础。

舒尔曼发起了一个卡内基学院（Carnegie Academy of Scholarship of Teaching and Learning，CASTL）项目来探索如何把SoTL付诸实践。由卡内基基金会和其他几个基金会共同出资，在全国教师和高校中开展SoTL研究，以及相关支持系统研究。CASTL项目主张鼓励大学教师以自己的教学实践为对象，以学术方式开展研究。所谓学术方式，指明确的目标、充分的准备、适当的方法、重要的结果、有效的呈现、接受同行评审、贡献学术共同体这七个标准。②在CASTL开展的数百个项目中，具体做法包括：

◎ 教师们以自己所教课程为对象，以改进学生学习为目标，以学习科学和有效实际经验为方法，以学习效果改进为评估标准，开展课程与教学改革研究。

◎ 主要以学科和课程为轴心，但也鼓励跨专业研究。鼓励跨单位、跨院校组建研究共同体。

◎ 研讨问题包括：专业教学方案、课程教学大纲、课堂教学、学习效果评估、教学方案评估、教师培训、教学成就认可与奖励制度、SC学校文化建设等。

◎ 参与学校在教师评价和奖励制度方面做出变革、做出承诺，支持教学改革。

◎ 建立信息化环境，充分利用新技术，开展教学改革。

---

① 2018年在和卡内基教学促进基金会的学者讨论后，我部分地改变了这个看法。详见第八章关于SoTL六个问题的讨论。

② 参见第八章和附录二。

◎ 研究要结合本校本地实际。

◎ 鼓励开展竞争。[①]

舒尔曼从上任伊始就策划这个项目。项目从1998年一直持续到2009年舒尔曼退休，前后11年。根据2011年出版的项目总结报告[②]，其主要成果如下：

◎ 参加人数。在项目实施的11年中全美国先后有1000多名教师参加了项目资助的研究。

◎ 卡内基学者。先后有158名教师被授予“卡内基学者”称号，由项目资助深入研究一年，然后到全国各地高校巡回讲演、示范并作培训。

◎ 成员学校。先后有250多个学校参加了项目，共组建了12个院校集群，联合研究共同关心的问题。

◎ 专业学会支持。基金会邀请美国高等教育协会、美国哲学学会、美国物理学会、美国社会学学会等28个专业学会为项目提供专业支持。组织专业研讨会，邀请专家参与交流指导。

◎ 合作与交流。鼓励所有教师、小组、成员学校等建立网上平台进行交流，公布自己的研究成果，供他人批评和学习。绝大多数研究成果首先以资料分享形式与读者见面，经过交流、验证、修改后公开发表。发表在各论坛上的论文由各论坛组织专家评审，鼓励教师参与自由交流和探讨。总结报告指出，建立教学交流共同体并使之不断扩大，使得所有教师都能找到志同道合者，乃是保证SC教学改革成功的基础。项目在构建网上平台方面花费精力最大，收效也最大。

◎ 国际发展。由于卡内基学院的推动，2005年国际教学学术协会成立。目前SoTL已经在国际上推开，成为一个新的学术研究领域。

总结报告认为，项目取得了四方面成就：

一是在大学教学方面。项目影响了教师们的教学方式和方法，如把教学目标转向学生学习、注意学习环境营造、关注学生学习、采用新型教学方法、SoTL研究

① Lee Shulman, “Visions of the Possible: Models for Campus Support of the Scholarship of Teaching and Learning,”1999, http://www.carnegiefoundation.org/elibrary, 访问日期：2016年12月20日 /; Lee Schulman, “Teaching as Community Property,” *Change*, Nov./Dec., 1993. 更多内容可参看：Lee Shulman, *Teaching as Community Property: On Higher Education*, Jossey-Bass Publishers, 2014.

② Pat Hutchings, et al, *Scholarship of Teaching and Learning Reconsidered*, Jossey-Bass Publishers, 2011. 有中译本。

等，帮助教师们在各自专业领域做出了贡献。“20年前大学教学还是静水一潭，而现在已经变成了一个积极活跃的学术领域。”

二是在教师发展方面。通过建立SoTL共同体，教师们可以在国内外自主寻找本领域本专业和本课程的研究伙伴，共同学习和研究教学，改变了主要依靠校内教师发展项目的局面。项目还提出要加强博士生教学能力培养，这对博士教育项目有很大影响。

三是在学生学习评价方面。从历史看，学生学习效果评价是在社会问责压力下，由学校管理层自上而下推动的，但项目和SoTL所作的学生学习评价是教师为改进教学自下而上发动的。自上而下模式倾向于扬功抑过，既不客观也不利于工作改进；自下而上模式是从教师、课程和专业开始的，研究有针对性，更客观也更利于工作改进。

四是在教师教学评估方面。项目促进学校管理者更加关注对SoTL的认可和激励。同时，SoTL共同体的出现还为教师工作同行评价提供了基础，提高了教师教学评估的学术水平和学术信誉，改变了原有的教学评价方式，使得教师教学评估可以合理地成为教师学术活动的一部分。

至于项目的影响，报告措辞非常谨慎，指出项目对大学教学改进只有适度的（modest）影响。

我认为卡内基学院项目有四个重要贡献：

（1）它是超越单个课堂、专业、学校、地区的全国性教学改革项目。它把分散在全国的研究与实践力量联合成一个整体，共同探索和推动SC教学改革。由项目创建各种跨专业、跨学校、跨行业的教学研究共同体，大大提高了SC改革在全国的影响力。

（2）它以范式理念为引导，不仅研究教学，还研究相关支持系统以及政策与管理，是以SC范式变革为基础的研究，为SC转变提供了榜样、知识和经验。

（3）推动了SoTL的发展，为大学教学研究开创了一条新路。

（4）开展有专业组织支持的、以现有学校组织为基地的、有网络支持的群众性教学研究和改革活动。项目实践表明，SC教学研究和改革不太可能由教师独立完成，需要专家、学校和网络化学习共同体的支持。没有广泛的群众性参与，SC改革不可能成功。

卡内基学院项目在美国高校中产生了广泛影响，诞生了很多有意义的成果和经验，推动了美国的SC改革。这些思路、模式、方法和经验，值得中国借鉴。

从《学会生存》《国家在危机中》《从教到学：本科教育新范式》《人是如何学习的》，到2009年卡内基学院项目结束，美国在SC改革上已经走了很长一段路。那现状如何？未来会如何发展？有什么经验教训？下面讨论这些问题。

第三节　现状、未来与经验

首先需要指出，美国的SC改革取得了很多成就，尤其是扩大了美国本科教育的国际影响。从1990年起外国留学生如潮水般涌向美国大学（见图2–3）。1990年外国留学生约36.6万人，2015年达到97.5万人。2000年中国留学生5.4万人，2015年达到30.4万人。与此同时，许多国家把美国本科教育当样板，推动本国的SC改革。

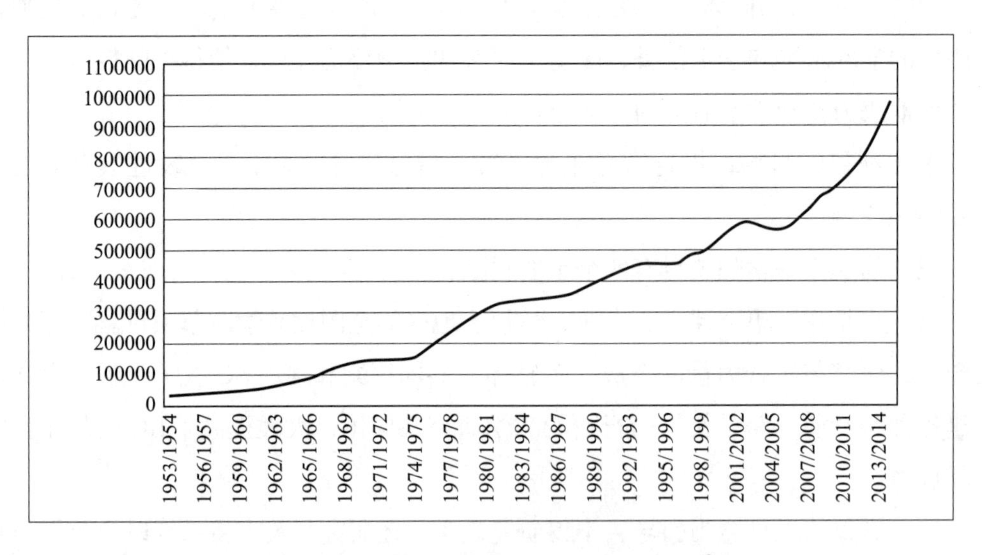

图2–3　美国高校留学生人数，1953—2014[①]

但仔细观察美国SC改革的状况，还是会发现一些令人不安的迹象和值得深思的问题。下面是一些初步观察。

我认为，SC作为理念，在美国高校中应当说是相当普及了，现在大概不会有人公开反对SC理念。但让人担心的是实践，有多少教师在教学中实践SC理念？有多少学校制定了相应的支持性制度？所言非所行，这是问题的关键。

① 数据来源于美国国际教育研究所（IIE）网站。

如果以教师在教学中实际使用SC模式的比例来判断，在美国四类高校中，精英文理学院（基本为私立），普及率可以达到80%—100%；二至四年制教学型高校（多为公立），普及率可能达到50%—70%；博士大学（多为公立），普及率可能在50%左右；研究型大学（公私立兼有），可能不到50%。[①②] 因此总的普及率应在50%左右或更低。

美国学界一般认为，造成这种差异的主要原因是本科教学在学校工作中的优先地位，其次是经费、生师比、历史传统等因素。美国小型私立文理学院由于学费高且完全依赖学费生存，因此十分重视教学。加之这类学校有悠久的博雅教育传统，高度重视学生发展，是形成强大SC教学文化的基因。或许可以说，这类学校普遍都采用了SC模式。学校间可能有程度差异，但无本质不同。

公立教学型高校次之。政府经费不足、学生数量大、学生质量参差不齐、政府政策、官僚机制约束等因素，影响了公立学校的SC教学改革。例如，如果学校大量使用兼职教师和临时教师，其SC改革就会受到影响，因为这类教师通常是临时工，按课付酬，教师对工作缺少稳定感，对学校缺少归属感，对学生和教学就不可能如专职教师那样尽心尽力。目前美国高校中兼职教师比例高达50%以上，而大量聘任兼职教师与政府经费不足有关。但在总体上，这类学校比较关注教学，因此SC改革的情况应该还比较好。至少从网上情况介绍看是如此。

博士大学和研究型大学则不然，它们主要靠研究及研究生教育获取学术声誉，本科教学在学校工作中处于次要地位，因此在学校政策、教师聘任、教师考核、资源分配等方面，都偏重研究和研究生教育，研究型大学更甚。[③]

少数由古典学院转变而来的著名私立研究型大学如哈佛、耶鲁、哥伦比亚等，

---

① 按卡内基教学促进基金会分类标准，一所学校如果每年授予的博士学位超过50个，则属于研究型大学，不足50个者则属于“博士大学”（doctoral institution）类别。

② 2002年奥斯汀等人曾经根据全国本科生调查资料，以五类高校的1985—1989届学生在大学四年期间在社会活动、人际技巧、认知技巧、对学校满意程度、智力自信、独立性等六个方面的36个指标变化情况作为基础，比较了其与1994—1998届学生的变化情况，以此判断美国本科生教育的变化情况。他们的基本结论是，在这十年里，美国大学最大的改善是师生互动，就此而言，小型文理学院高于平均值，研究型大学低于平均值，而且两者差距在十年中有所扩大。教学型高校在教学甚至学校整体方面都变得更加以学生为中心，但学生在学习投入方面有所下降。见A. Austin et al, “A Decade of Changes in Undergraduate Education: A National Study of System ‘Transformation’,” *The Review of Higher Education* 25(2002): 141-162. 这个状态至今没有明显变化。关于2020年这四类学校中SC改革的情况，参见第十章中博克的评论。

③ Karron Lewis, “Faculty Development in the United States: A Brief History,” *International Journal of Academic Development* 1, no. 2(1996): 26-33.

主要依靠其本科生院来保持本科教育水平。这类学校有一个共同点，其老底子就是小型精英文理学院。在迈向现代研究型大学时，它们保留了原有的精英文理学院组织，以此维系学校的文理教育传统，如哈佛大学的哈佛学院、耶鲁大学的耶鲁学院、哥伦比亚大学的哥伦比亚学院均属此类。牛津大学和剑桥大学也都是这种例子。20 世纪 90 年代后一些公立研究型大学也效仿这种方式，试图通过建立专门的本科生院来加强本科教学。但效果如何颇有争议。

争议的焦点是，即使有专门的本科生院，教师们是否会把时间和精力花在本科生身上，值得商榷。至少从 20 世纪 80 年代开始，美国研究型大学中终身职教师比例就开始逐年下降，很多研究型大学也主要依靠专职教师、兼职教师和博士生给本科生上课，比例高达 50%—70%（参见本书附录四），这严重影响了本科教学质量。在整个本科教学重要性旁落的大环境下，专设的本科生院是否能扭转局面就十分可疑。一个著名例子是哈佛学院前院长刘易斯的名著《失去灵魂的卓越》，该书严厉批评哈佛大学忽视本科教学，致使哈佛学院教育使命旁落。[①]

此外我还认为，一些著名研究型大学之所以能培养优质本科生，与其有优质生源有关。北大原常务副校长王义遒先生曾说，这些学校的学生是“招”出来的，不是“教”出来的。其次是与它们拥有一批一流学者有关。这些教师讲课可以直接把学生带到学术前沿，展示大师如何思考，这对本科生开阔视野、优化思维方式极为重要。但这些贡献都与 SC 模式的关系不大。

对当前美国大学教师教学法使用情况的调查也支持上述看法。2009 年加州大学洛杉矶校区高教所调查了 2005 年和 2008 年美国大学教师教学法的使用情况。从表 2-2 可以看出，新教学方式已经得到了相当广泛的使用，但只有小组合作学习和真实项目教学两种方法使用率超过 50%，其他均不足 40%。讲座法本来是使用最多的教学法，但其比例下降速度很快，仅四年里就下降约 9%。这个调查部分地反映了当前美国 SC 改革的普及情况。

表 2-2 美国大学教学方法使用情况比较调查[②]

教学方法	2005（%）	2008（%）	变化（%）
小组合作学习	47.8	59.1	11.3

① 刘易斯:《失去灵魂的卓越：哈佛是如何忘记教育宗旨的》，侯定凯译，华东师范大学出版社，2007。

② James Groccia, et al, “Need for Evidence-based Teaching,” in William Buskist (ed.), *New Directions for Teaching and Learning* 111(2011): 10.

（续表）

教学方法	2005（%）	2008（%）	变化（%）
密集写作	24.8	24.9	0.1
真实项目教学	缺	55.7	
小组项目	33.3	35.8	2.5
学生互评	16	23.5	7.5
日记与反思性写作	18.1	21.7	3.6
应答器	缺	6.8	
讲座	55.2	46.4	−8.8

一些学者对美国当前SC改革的批评也反映了同样的担忧。2010年《大学教学新方向》创刊30周年，该刊邀请了一批学者回顾30年来美国大学教学的变化，塔格应邀撰文评述美国SC范式转型。他在文中指出，尽管SC转型已呼喊多年，但到目前为止进展不大，前景令人担忧。[①]

他认为阻碍SC教学范式转变的主要问题有两个。一是很多学校仍然没有认识到这是范式变革，故仍然把改革局限在教学领域，学校支持系统未作相应改变。由于得不到全校性支持，因此SC教改进展缓慢，难以深入。这实际上延续了他们在1995年的批评。在文中他说，在传统结构上作SC改革，犹如“为枯树修枝”，最终会把“黄金时代”变成“镀金时代”。这个批评非常严厉但有道理。我们在中国的实践也表明，学校支持系统改革对SC改革至关重要。只有两者同步，改革才能成功。为什么小型精英文理学院的改革就比较成功？主要原因也在于此。

二是效果评估。塔格认为，代表社会问责的高校评估关心的是学生完成学分数和毕业率，而SC模式评价关心的是学生的学习效果和进步情况，例如与其他同学合作的情况、做了什么类型的作业、读了多少书、课程中学到了什么、有什么收获等。强调学分数和毕业率的评估会强化传统模式，而强调学习效果的评估会强化SC模式。如果所想和所做不一致，结果就可能是南辕北辙。目前这两种评估模式之间的紧张对立让人担忧。

对目前美国流行的两个学习效果评估工具——全国大学生学习投入调查（NSSE）和大学学习评价（CLA），塔格认为也存在问题。一是调查结果不公开，甚至到不了教师手里，因此就谈不上改进教学的作用；二是调查结果只有全国常模和学校数据，尚未深入专业与课堂，这也限制了它们对教学改进的引导作用。由此可见，学习效果及其测量对SC改革研究多么重要。但可惜的是这个领域研究进展

① John Tagg, “The Learning-Paradigm Campus: From Single- to Double-Loop Learning,” in Marilla Svinicki (ed.), *Landmark Issues in Teaching and Learning*, Jossey-Bass Publishers, 2010: 51–62.

缓慢，还不能形成对SC改革的有力支持。

总而言之，塔格认为，SC改革在美国还没有取得成功。在新教学文化培育和教学方式方法创新方面进步较大，但学校支持系统改革尚未跟上。此外在SC改革效果测量方面，还有很多工作要做。

2016年2月美国著名高教网站Inside Higher Ed发布了2015年秋季高等教育调查报告。[①]调查目的是了解美国高校“以学生为中心”的本科教育情况，尤其是学位完成率、学生学习质量、学生经济承受能力以及教育创新等方面的情况。第二个方面涉及本科教学质量。调查对象是高教领域的专家，包括大学管理者和大学教师，以及学会、智库和基金会等方面的专家。110人接受调查，96份回复。回复者中68%在高校工作（公立60%、私立40%）。

当问及美国当前本科教育状态，认为卓越和很好的占16%；其余大部分认为较好、一般和不太好；两人认为很差。但问及十年后（2025年）会如何时，较好和很好的比例明显增加。

关于学位完成率、学生学习质量、学生经济承受能力哪个最重要，管理人员大部分认为学位完成率最重要，教师和研究人员认为改进学生学习质量最重要。一位学者回复说，把大学教学质量和学位完成率联系起来纯属“误导”！

调查请每个受访者列举三个他认为阻碍本科教学创新的主要因素时，共得到了267个不同回答，被归为7类：学校文化与结构（46%）、资源与经费（18%）、高教市场化（11%）、政府政策（10%）、学生特点（8%）、数据与证据（6%）、其他（4%）。学校文化与结构因素高居首位，占46%。此外，80%的受访者都提出至少一个此类因素，包括：学校使命和目标、教师聘任政策、授课模式、学校优先性选择、领导风格等。被议论最多的是学校文化，其次是和教师有关的阻力，如教师激励政策、学校治理制度等。有意思的是，只有45%的受访者认为资源与经费是主要障碍，其中主要是高校管理者（私立54%、公立46%）。

这个结果显然支持了塔格的看法，支持性制度与学校文化是妨碍本科教学创新的主要因素。SC改革是范式变革，需要全校配合。如果把改革仅局限在教学领域而忽视支持系统改革，改革就很难成功。我认为这是美国SC教学改革最重要的教训，值得我们深思！

---

① Rayane, et al, “Higher Ed Insights: Results of the Fall 2015 Survey,” https://sr.ithaka.org/publications/higher-ed-insights-results-of-the-fall-2015-survey/，访问日期：2016年12月20日。

我认为导致美国SC改革发展缓慢还有一个重要原因，即美国缺少对大学教师进行系统培训的制度。美国大学的教师教学训练主要依靠博士生期间做助教（TA），以及任职后学校提供的教学培训。但并非所有教师都当过TA，且学校教学培训基于自愿。由于高等教育系统没有系统的教师教学培训制度，大学缺少系统的教师培训计划，好点的大学的教师培训机构像个菜品比较齐全的餐厅，什么菜品都有，教师点什么就能上什么，差点的学校的教师培训机构连这都做不到，就像个小餐馆，有什么菜就卖什么菜。结果，美国绝大部分教师都是根据自己当学生时的经验来教学，不足部分则靠在岗摸索。如果学校强调教学，教师当然尽力；如果学校以科研为重，教学研究就会被丢下不管（见第九章）。

这种随机、零散的教师培训模式对付偶发、零星的教学问题还可以，要应对像SC模式这样有深刻科学基础、涉及众多技术与方法并已积累了大量实践智慧的教学模式，就显然不够了。

美国人自己也奇怪，为什么大学不能像中小学那样对大学教师开展系统教学培训？据说实施强制性的教师培训涉嫌妨碍“学术自由”。除此之外，我认为还有一个原因，即很多学校和教师仍然秉持传授模式的知识观和教学观，认为知识是某种可以传递的客体，教学就是传授知识，因此相信只要懂专业就能教好书。这个观念不破，系统化的教师培训体系就难以启程。

还有人说，现在美国中小学已经变了，等新一代儿童变成大学教师，他们不是就可以靠回忆学习经验的方法来教书吗？也许可以。但如果回忆的是大学学习经验，则无可能；如果回忆的是中小学经验，那至少得牺牲一代人。

系统化的教师培训是SC改革的关键。正如杜威所说：“如果用昨天的方式教今天的学生，我们就毁了他们的明天。”

在可预见的未来，我没有看出美国大学会这两个问题上采取什么大动作，因此关于美国SC改革的未来，目前最好的回答也许是：前途是光明的，道路是曲折的！

从美国经验中我们能学到什么？我认为有三点：

第一是科学性。SC改革源于整个20世纪学习与发展科学的进步。是这些进步使我们认识到，传授模式是过时的，需要代之以SC模式。坚持这样做最重要理由是：我们相信科学。

第二是范式。SC改革是一场范式改革，需要整个学校的改变来支持这个改革，否则改革难以成功。美国过去30年正反两方面的经验都证明了这点，希望中国不要走美国的弯路。任何学校，如果下决心作SC改革，请务必按范式转变要求，先做好全面计划和安排，这一定是多快好省的方式。如果没有想好，不妨想好再说，至少不折腾。

第三是师资培训。大学教师是专家，但未必能了解SC模式背后的科学基础、大量的新技术和新方法，以及同行们积累起来的丰富实践智慧。如果能让教师们系统接受培训，不仅会节省他们在岗摸索的大量时间和精力，还会大大提高改革的质量，加快改革的步伐。

其他的就靠我们的智慧和努力了。下一章介绍SC改革的科学基础。

第三章

打开黑箱：学习与发展的科学基础[①]

上一章介绍了“新三中心”的概念以及美国SC改革的历史和现状，并在结尾处指出，SC改革之所以重要，是因为它有深厚的科学基础。故本章将系统地介绍SC改革的科学基础。

我认为目前文献中有四个领域为SC改革提供了科学基础，它们是：脑科学与神经科学、青春期大学生发展研究、认知科学和认知心理学、学习科学和学习心理学。这四个领域分别代表了四种需要：了解大脑、了解学生、了解认知、了解学习。大脑是学习的主要器官和工具，了解脑与神经活动方式有助于了解人如何学习，并据此改进大学教学。青春期是大脑发展的第二高峰。了解青春期大学生大脑与心理的发展，可以帮助我们更好地了解大学生的特点。了解认知科学和认知心理学，使我们可以更好地认识如何认知和学习。了解学习科学和学习心理学，可以帮助我们科学地设计课程和改进教学。

毫无疑问，这些领域的知识均有助于我们认识与改进教学。然而由于种种原因，这些领域的学术进步，长期以来与大学教学实践分离，大部分大学教师和管理者并不了解这些领域的学术进步。尽管在过去半个世纪，特别是近20年，这些领域都取得了长足的进步，但它们对大学教学实践的影响却非常有限。至今很多教师仍把大学教学看成是一种艺术，任由自己在实践中体验总结，艰苦探索。这很像在信息化革命的今天，很多人关于工业的知识仍然停留在蒸汽机时代。这种学术进步与教学实践分离的恶果之一便是老三中心模式得以长期延续，而新三中心模式难

① 本章原是以连载方式发表在《高等工程教育研究》2017年第3期和第4期上。此处合并成一章，以保持完整性和连贯性，略有修改和补充。

以成长。因此这种学术与实践分离的状况不应再继续下去。[①] 如果大学要开展SC改革，就必须重视大学教学的科学基础，促成科学研究与实践智慧的结合。这是本书致力于探讨大学教学的科学基础的基本原因。

事实上，当年潘懋元先生在推动中国高等教育研究时就曾有过这种想法。厦门大学高教所建立之初，曾设了一个青年心理学研究室。1986年我访问厦大时潘先生告诉我，他希望这个教研室能为教学改革提供科学基础。可惜的是，由于种种原因，他的这个梦想没能很好地实现。

应该指出，即使到今天，美国各高校的教学支持中心也多是关心教学方法与技能的培训，很少关注大学教学的科学基础。对此现象的普遍解释是，如果需要，给教师们补充一点就行了，培训还是要重在方法和技术。这听起来很像中等技术教育中的“理论适度、重在实践”的做法。若真如此，那无异于是用培养技工的方法来培训大学教师。对此我深不以为然。因此，每当参加这类培训，我都会有很多“为什么”的问题，涉及对象、方法或环境等多个方面。我们都知道，大学教学受专业知识的影响，也是高度学科差异化的，因此我非常怀疑这些技术与方法在大学教学中的普适性。技术与方法只有在得到正确使用时才能有效。在高度差异化的大学教学中，教师对方法技术的选择、调整、变通、创造是必然的，而进行正确选择的基础是对科学原理的清楚认识和整体把握。这是为什么我认为，在大学教学培训中，科学基础远比方法技术重要。只有对大学教学的科学基础有了整体和系统的把握，才能更好地进行课程设计，选择恰当的教学方法和技术。我们必须注意到，是科学研究的进步促成了这场改革。如果我们缺少对这些科学基础的了解，我们如何保证我们不走弯路呢？

大学教师都是学者，应不会满足于依葫芦画瓢。他们会追问原因，掌握理论，然后才会酌情选择、变通与创造。他们因此会关心原理，我自己就是如此。我相信很多大学教师会和我一样，关心方法技术背后的科学基础。如果真心热爱教学，我们就要搞清楚、弄明白，不满足于做一个懵懂的教书匠！正因如此，我呼吁加强大

① 参见申克:《学习理论（第六版）》，何一希等译，江苏教育出版社，2012：第一、二章。还可参见 E. de Corte, “Historical Development in the Understanding of Learning,” in H. Dumont, et al (ed.), *The Nature of Learning: Using Research to Inspire Practice*, OECD Publishing，2010. 其中关于研究与教学实践的脱节被称为“大脱节”（great disconnection）。但我认为这种脱节和学科分化有关。传统上大脑、青年发展、认知、学习、大学教学分属不同领域，在研究上各成一家，因此彼此很少互动。直到2000年《人是如何学习的》一书出版，这种情况才开始改变。然而变化较大的是在普通教育领域，在大学教学领域却依然故我。

学教学的科学基础研究，改变“轻原理重技艺”的想法，真正把SC改革看成是有深厚科学基础和丰富实践智慧的专门学术领域。高度重视其科学基础，开展大学教学学术研究，唯此方可为中国SC改革提供前进之方向、不绝之动力。

本章显然不可能全面介绍这四个领域的所有发展，仅能涉及其中一些基本知识和重要发展。但即令如此，本章内容也显得过多。好在本章仅是一个知识地图，希望帮助读者了解这些领域发展的大体情况，帮助建立全局观，以便读者可以以更开阔的视野来看待大学教学。若能如此，本章的目的就达到了。而希望深入了解者，可根据本章提供的参考文献作进一步研读。

学术文献可分为两类：专业文献与科普文献。专业文献指用以记录当前学术进展、供同行学者们进行专业讨论的文献；后者指专家们为外行撰写的普及性文献，如大学教材、专业百科全书或手册之类，都属于科普文献。本章主要依赖后者。

本章主要关注认知与认知发展，因为这是大学教学的核心。对非认知领域（如动机、情感等）尽可能不涉及，除非确有必要。下面分四节介绍这四个领域的基本知识与学术进步，并探讨它们对SC改革的意义。最后是一个简要总结。这一章较长，却是本书最重要的一章，建议读者耐心读完并思考如何把它们用于教学改革。

第一节 了解大脑——脑科学与神经科学及其对学习的意义

脑科学和神经科学都研究大脑。脑科学注重宏观，研究脑结构与功能、功能分区与联系、大脑工作过程等；神经科学关注微观，研究脑神经的类型与结构、神经信息传递方式与工作机制等。因此有人说，狭义的脑科学是神经科学，广义的神经科学是脑科学。事实上在文献中这两个词经常互换使用。①

脑是学习器官，学习是脑的功能，是人适应外部世界的基本途径和方法。了解脑的基本知识，有助于理解学习的生理机制和过程。本节共有四部分内容：（1）脑研究简史；（2）脑的结构与功能；（3）学习、记忆、情绪与个体差异；

① 国家自然科学基金委员会、中国科学院编：《脑与认知科学》，科学出版社，2012。

（4）社会脑。[①]

1. 脑研究简史

大脑研究可大体分为三个阶段。[②]首先是哲学阶段。脑研究始于哲学，即人通过体验和反思来思考大脑如何工作，如何认知与学习。历史上很多认识论哲学家都研究过大脑的认知问题，如柏拉图、亚里士多德、洛克、笛卡尔、康德、王阳明等。这类研究至今仍在继续[③]，而且非常有趣。由于这类研究主要依靠个人体验和反思，故属于哲学研究。

脑的科学研究始于脑的解剖学和脑损伤研究阶段。这类研究在公元10世纪的阿拉伯就已出现。解剖学诞生后，通过解剖来研究脑成为主要方法。此外，若有人因脑部受伤而出现行为异常，就可以根据行为异常情况来推断脑受伤部位的功能，这类研究即为脑损伤研究。这两类研究都积累了大量关于脑和脑神经的解剖学知识，是脑科学研究的重要基础。目前这两类研究仍然是脑研究的重要方式。例如，美国著名的阿兰脑科学研究所[④]和欧洲的蓝色大脑项目[⑤]都在做这类工作，他们的目标是在2030年左右，建立起全脑的神经网络模型。这些研究将对脑科学研究产

---

① 这部分主要参考：2013年罗杰斯大学神经科学教授格洛克（Mark Gluck）“Learning and Memory”的课程录像（13讲），教材为*Learning and Memory: From Brain to Behavior*，2010年由Worth Publishers出版社出版；美国阿兰脑科学研究所（Allen Institute for Brain Science）2012年主办的脑科学系列讲座（共12讲），由哈佛大学神经科学家瑞德（Clay Reid）和阿兰研究所首席科学家柯赫（Christof Koch）主讲，前者从生理角度介绍脑与神经研究，后者从人工神经网络角度介绍脑模拟和脑计算的发展和现状；2015年PBS播出的6集电视系列节目《大脑》（*The Brain*），该节目由莱斯大学神经科学家伊格曼（David Eagleman）主持，介绍脑科学的发展状况。此外，一些著名学术机构和大学如美国健康研究所、加州大学伯克利校区、加州大学圣地亚哥校区、斯坦福大学、范德比尔特大学、牛津大学、剑桥大学等高校经常上传其脑科学和神经科学学术讲座到视频网站上供人观看。脑科学与神经科学方面的大学教科书如由MIT医学院拜尔（Mark F. Bear）教授等2007年出版的《神经科学：探索脑》（*Neuroscience: Exploring the Brain*, 3rd edition）、由UCSD医学院帕石乐（Harold Pashler）教授主编的两卷集《心智百科全书》（*Encyclopedia of the Mind*）（2014）介绍了脑科学和神经科学的基础知识。国家自然科学基金委员会和中国科学院2012年出版的“未来10年中国学科发展战略”丛书的《脑与认知科学》综述了欧美国家和中国在脑科学、神经科学与心理学方面的发展状况。这些资料和文献可以为读者深入了解当代脑科学与神经科学发展提供一个基础。关于中文文献，读者还可参考教育科学出版社的“脑与学习科学新视野译丛”和华东师范大学出版的“心智、脑与教育译丛”。这两套书对了解当前脑科学在学习与教学上的作用很有帮助。

② Rita Carter, et al, *The Human Brain* (2nd), DK Press: 8–11.

③ 史密斯编：《认知科学的历史基础》，武建峰译，科学出版社，2014。刘晓力、孟伟：《认知科学前沿中的哲学问题》，金城出版社，2014。

④ http://alleninstitute.org/, 访问日期：2016年12月2日。

⑤ http://bluebrain.epfl.ch/page-52741-en.html，访问日期：2016年12月2日。

生革命性影响。

第三阶段是无损伤脑研究阶段。前两个阶段都因无法在不损伤大脑情况下直接研究大脑活动，因此研究大受限制。手术、X光、计算机断层扫描等都会损伤脑，不宜广泛使用。直到20世纪80年代核磁共振成像技术（MRI）和功能核磁共振成像技术（fMRI）出现，才克服了这个障碍。这使脑研究进入新阶段。[1]

大脑活动需要血液提供能量。活跃的脑区血液较多，不活跃的脑区血液较少。因此可以通过检测大脑血液流量的分布与变化来显示大脑活动情况。MRI技术就是通过测量脑血液中水分子的分布密度和变动过程来显示大脑活动情况的。由于MRI主要依靠电磁场，对活脑无损伤，可以在儿童和成人身上反复使用，因此成为大脑活动可视化的有力工具。[2] MRI对脑科学发展的影响犹如超声波对内科学、X光对外科学发展的影响。确实，自1990年以来随着MRI技术的成熟、数字图像处理和磁存储技术的发展，MRI扫描仪的质量越来越高，价格越来越低[3]，目前已成为普及化大脑研究的基本设备，于是脑研究出现了井喷式发展（见图3-1）。

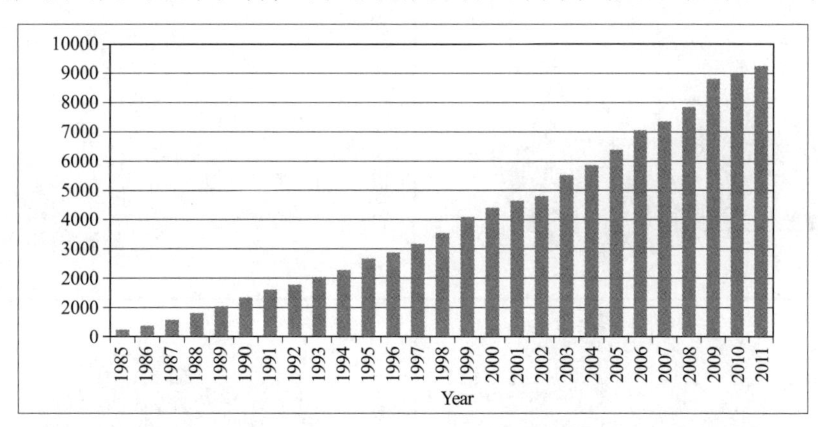

图3-1　1985年至2011年每年用fMRI方法研究脑所发表的文献数量[4]

① 经济合作与发展组织编：《理解脑——新的学习科学的诞生》，周加仙等译，教育科学出版社，2010：附录“脑成像技术”。David Sousa主编：《心智、脑与教育：教育神经科学对课堂教学的启示》，周加仙等译，华东师范大学出版社，2013：第二章。

② MRI技术原理简单解释如下：血液中的水分子是极化的。先在脑外加一个强大的外磁场（30—40T），这时所有水分子在外磁场作用下吸收能量，并按顺外磁场方向排列。然后释放外磁场，水分子又会返回无序分布状态，并释放所吸收的能量。这时检测被释放的能量，并以图像方式呈现，就可以得到脑部血液分布状况。如果在一定时间内连续反复，则可以显示血液在脑内流动的情况。这就是所谓脑成像技术。这些图像不仅可以显示脑及神经网的结构，也可以显示脑的活动情况。

③ 1990年通用fMRI机的价格为300万—400万美元，到2016年这个价格已经下降到15万—50万美元。

④ Ilkka Tuomi, *Educational Neurosciences: More Problems than Promise?*, Education Policies and Reform Unit of UNESCO, 2012-12-17: Figure1. https://citeseerx.ist.psu.edu/viewdoc/download? doi=10.1.1.694.1490&rep=rep1&type=pdf，访问日期：2021年11月24日。

此外，近20年来其他非损伤脑研究技术也在不断涌现，如颅磁刺激、事件相关电位、脑磁图、近红外光谱学等，这些都为脑科学的快速发展提供了条件。有人甚至认为，当前脑科学五年的发展相当于过去五千年的发展。脑研究终于走出石器时代，进入了科学时代。[①]就是在这种形势下,《人是如何学习的——大脑、心理、经验及学校》首次把脑科学作为当代教育研究的主要基础之一。[②]出现了教育神经科学，这对教育教学研究来说显然是革命性的发展。

2. 脑的结构与功能[③]

人脑重约1200—1500克，体积约1200毫升，主要成分是水（78%）、脂肪和蛋白质。大脑像个大蘑菇，自上而下分别是大脑皮层、边缘结构、中脑、脑干和小脑。大脑皮层分四块：枕叶、颞叶、顶叶和额叶。图3-2和表3-1显示了大脑的基本结构和各主要脑区的功能。

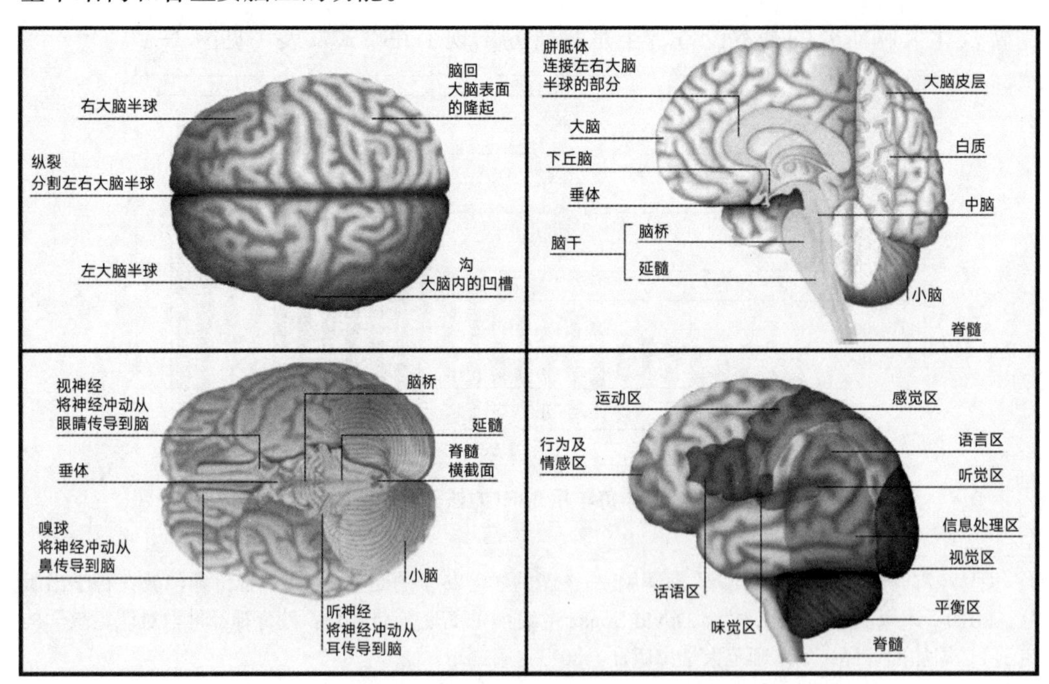

图3-2 大脑结构与功能[④]

① Discovery Science Channel, *The Human Brain Science: Documentary*, 2015, https://www.youtube.com/watch?v=dzyxSgLtyRM，访问日期：2021年11月24日。

② 布兰思福特等:《人是如何学习的——大脑、心理、经验及学校（扩展版）》，程可拉等译，华东师范大学出版社，2012。

③ 关于大脑基本事实和当前发展，请参阅Brain Facts网站：http:www.brainfacts.org.

④ 来自爱分享图库网站，根据该网站的医用大脑解剖图片合成：http://www.iaweg.com/tupian/fzlnnlqq，访问日期：2016年12月2日。

表 3–1 大脑各脑区功能[①]

区域	功能
大脑皮层	加工感觉信息、调节各种学习与记忆功能
网状结构	控制身体功能（如呼吸、血压）、觉醒、睡眠、清醒
小脑	调节身体平衡、姿势、肌肉控制、移动、运动技能获得
丘脑	将感觉信息（除嗅觉外）传递到皮质层
下丘脑	控制体内平衡功能（如温度、睡眠、水分、食物），在压力下加快心跳和呼吸
海马体	保持短时记忆和工作记忆；建立长时记忆中的信息
胼胝体	连接左右脑
枕叶	加工视觉信息
顶叶	加工触觉信息，决定身体姿势，整合视觉
颞叶	加工听觉信息
额叶	加工有关记忆；其中前额叶负责中央执行功能，运动皮质区负责调节肌肉运动
布罗卡区	控制语言产生
韦尼克区	理解语言，说话时调整使用适当语法

人类胚胎发育始于神经系统。最初是一个片状神经板，然后神经板卷曲成神经管。神经管逐渐变长，前半段发育成大脑，后半段发育成脊椎神经系统。前半段进一步发育成前脑、中脑、后脑。前脑再发育成大脑皮层。中脑发育成中脑及边缘结构，包括海马体、杏仁核、扣带回、丘脑、下丘脑、脑垂体等。边缘结构是信息中转站，负责各感官与大脑皮层之间的信息传递。后脑发育成脑干和小脑。脑干中的网状结构负责身体基本功能，如呼吸、睡眠、清醒、血压等。小脑负责控制肌肉、身体平衡、运动与姿态等。大部分运动学习需要大脑皮层和小脑协同完成。一旦熟练到可以自动的程度，大脑则不管了，由小脑独立完成，形成所谓“下意识反应”或“肌肉记忆”，而大脑则把注意力用于其他需要注意的地方。

人脑的发育过程几乎重复了所有脊椎动物神经系统的发育过程，因此脊椎动物都有基本相同的脑结构。但脊椎动物中，哺乳动物的前脑最为不同。首先是规模，哺乳动物的脑是鸟类的 2 倍，是爬行类的 10 倍。其次是结构，哺乳动物发展出了大脑皮层，这是思维的基础。此外在大脑皮层与中脑之间还发育出了边缘结构，使哺乳动物有较好的记忆能力和情绪表达能力。

① 申克：《学习理论（第六版）》，何一希等译，江苏教育出版社，2012：35–36。但这个表今天看来已经需要修改，建议读者参考当前最新文献。

虽然人与哺乳动物的脑结构相同，但人脑要大得多。用脑指数衡量[①]，以猫的脑指数为1，人的脑指数为7.4—7.8、海豚为4.14、黑猩猩为2.2—2.5、狗为1.2、老鼠为0.4。人类脑指数最高的原因是人在进化中形成了较大的大脑皮层。人的大脑皮层不仅充满了颅腔，还要形成大量褶皱，才能把超过颅腔面积2/3的大脑皮层装进颅腔。为了塞进更多大脑皮层，人出生时还不能让颅骨封闭，要等到18个月后，人的颅骨才会封闭。到那时，脑又长大了一圈。因此在所有哺乳动物中，人的脑指数最高。

动物为什么需要脑？人为什么需要这么大的脑？剑桥大学神经学家沃普特认为，这与运动能力有关。[②]运动使动物可以通过变换环境来提高生存机会。环境变化则需要动物通过学习来适应新的环境。学习能力越强的动物，环境适应能力越强。因此动物的大脑在进化过程中就变得越来越大，越来越复杂。运动能提高生存机会，也带来环境变化，因此大脑要不断发展以适应不断变化的环境。适应的方法就是学习。因此，运动 — 适应环境 — 学习 — 脑发展的逻辑就成了动物进化的基本法则，最后在进化过程中形成了脊椎动物、哺乳动物、灵长类，最后是人类。

这个“运动 — 适应环境 — 学习 — 脑发展”的逻辑对本科教育有启示吗？有！其中一个重要启示是，要想帮助学生发展大脑能力，就要挑战他们，让他们动起来。可以通过不断改变其学习环境来挑战他们的大脑。如果他们能成功应对挑战，他们的大脑就会得到发展。环境变化越大，生存挑战越大，对大脑的促进也越大。[③]中国“读万卷书，行万里路”的古训、近代培根把游学作为教育最高阶段的建议、当代大学强调国际学习经验等，都是这个规律的体现，也都是促进学生发展的好方法。“见多识广”从来就是人类学习的基本经验！

在这方面最为大胆的试验可能要算美国的“密诺瓦项目”（Minerva Project），或称“密诺瓦学院”。该项目旨在培养一流国际化人才，要求学生在本科四年中，除了第一年在总部旧金山学习外，其余六个学期要分别在柏林（德国）、布宜诺斯

① 根据生长相关律，哺乳动物身体各部分大小存在特定比例关系。但不同哺乳动物的脑与身体的比例关系亦不同，衡量这种不同的指标叫脑指数。脑指数越大表示脑越大，猫的脑指数被作为基准，定为1，以此衡量其他动物的脑指数。由于脑的大小被认为与智力有关，因此通常用脑指数来研究不同哺乳动物的智力。

② Daniel Wolpert, “The Real Reason for Brains,” TED 讲座，https://www.youtube.com/watch?v=7s0CpRfyYp8，访问日期：2021年11月23日。

③ 参见第十章特伦齐尼对“学校如何影响学生”研究项目的总结，他把“挑战学生”作为有效学习的六大原则之一。

艾利斯（阿根廷）、海得拉巴（印度）、首尔（韩国）、伦敦（英国）、台北（中国）等六个城市生活和学习。学校没有传统校园，把学生撒向世界各地，散布于城市各处，让学生们亲身体会世界各种主要文化，学生依靠网络和学校教师保持联系。该项目把这称为"全球浸润式学习"，认为通过这种安排，可以使学生亲自探索，亲身投入不同文化，通过直接与各国人民交往，感受不同文化和社会冲击，最后变成具有全球视野和国际活动能力的一代新人。显然，这些差异巨大的环境会给学生带来严峻的生存挑战，同时也会为学生提供强大的刺激和学习动力。如果学生能成功克服挑战，完成学业，他们将能获得比传统校园中的学生更多的国际学习经验和能力发展，这也是该项目的核心所在。简言之，密诺瓦项目的一个特点是，把环境变换和生存挑战变成了本科教学的主要形式。在这个模式中，学校不用担心学习动力问题，要担心的倒是学习安排和社会安全网。和传统校园对学生缺乏学习动力的担忧相比，"学习安排和社会安全网"显然是一个更容易解决的任务。因此如果项目策划得当，其效果可期（参见本书第四章第八节）。

总之，"运动 — 变化 — 挑战 — 发展"这个逻辑对重新理解和设计学生学习过程有重要意义。挑战可以激发人的潜能和学习动力，学生可以在经验和成败中成长。事实上，只要你看到你的学生还没全力投入学习，就证明你给他的挑战还不够大。就此而论，现在中国的很多大学教学不是太难，而是太容易了。还有太多的学生没有全力投入学习，空耗时光。如何让学生全力投入学习，仍然是当代大学没有很好解决的大问题。

较大的脑可以提高生存能力，但需要更多的神经细胞，消耗更多的能量。例如人脑体积仅为人体体积的 2%，却消耗了人体 20%—25% 的能量，婴儿时甚至可以达到 60%！如何获取足够能量来养活脑，是动物进化中的大问题。例如，如果大象的脑指数和人一样，它 24 小时吃草都不足以产生足够能量来养活其大脑。所以它只能拥有一个脑指数比较小的脑。根据自然系统能量最小原理，各种动物必须把自己保持在维持其生存所需能量的最低能级上，并发展出刚好够用的脑，人也不能例外。直到农耕与驯化技术出现，人类才基本上解决了食物短缺问题，也才有闲暇从事发明创造，创造出了今日的人类文明。[①] 今天人类已经可以很好地解决食物问题，成为自然系统中第一个不需要为能量摄取而担心的动物。因此人才得以不断扩大其

① Suzana Herculano-Houzel, "What is so special about the human brain?", TED 讲座，https://www.youtube.com/watch?v=_7_XH1CBzGw，访问日期：2021 年 11 月 23 日。

活动范围，闯入前所未见之环境，迎接前所未见之挑战，创造出前所未有之奇迹。这一切源于人发展出了特殊的大脑，是脑帮助人解决了自己的生存挑战。从这个意义上讲，大脑是人类文明的源泉！

从能量消耗角度看大脑，对本科教育又有什么启示呢？我认为有一条极为重要，即要保证学生大脑始终能获得足够的能量。这意味着：（1）要注意为学生提供足够的营养，使大脑能得到足够的能量；（2）要让学生有足够的睡眠，让他们有足够精力投入学习；（3）要让学生参加体育活动，以保证身体能把足够的能量送到大脑。一般而论，良好的生活习惯是较高学习成就和较好个人发展的保障。而形成良好生活习惯的前提是自律，自律是成功的前提。总之，从能量消耗角度看，要注意学生大脑营养供给问题。

了解大脑还须了解脑神经组织。大脑皮层有两类神经细胞，神经元细胞与神经胶质细胞。神经元细胞覆盖脑皮层表面，约2—4厘米，厚达6层。神经元彼此连接形成神经网，神经信号通过神经网传递到大脑各处。神经元下面是神经胶质细胞。胶质细胞有两个作用：（1）为神经元提供支撑和营养，清除死亡细胞和物质，维持神经网的有效运行；（2）形成“髓鞘”，帮助提高神经信号传递速度。从解剖上看，神经元是灰色的，故称“灰质”；胶质细胞是白色的，故称“白质”。

人脑大约有860亿个神经元细胞和大体数量相当的神经胶质细胞。① 每个神经元可与其他神经元形成大约7000个连接，这就构成了一个约10^{15}个连接的巨大而复杂的神经网。每立方毫米的大脑皮层里可以聚集数百万个神经元和数十亿个神经连接。② 在这样有限的体积内聚集这样大量的细胞和连接，其密度及复杂性可想而知。这个密度使得揭示脑神经结构和绘制人脑神经网全图成为一个巨大挑战，欧洲蓝色大脑项目和美国阿兰研究所计划到2030年左右完成这个伟大任务。正是因此，每一次显微技术发展，都能给脑神经网研究带来进步。但直至今日，我们仍然没有一个完整的人脑神经网全图。

---

① F. Azevedo, et al, “Equal Numbers of Neuronal and Nonneuronal Cells Make the Human Brain an Isometrically Scaled-up Primate Brain,” *Journal of Comparative Neurology* 513(2009): 532−541. 关于人脑中两类细胞的数量和比例存在不同看法。2009年以前学界普遍认为大脑有1000亿个神经元细胞。但此文根据其新的计数方法，实际“数”了人脑细胞，提出大脑有860.6 ± 81.2亿个神经元细胞，846.1 ± 98.3亿个非神经元细胞，两者之比为0.99。此文发表后学界逐渐接受了此文结论，改变了原有看法。还可参见，Suzana Herculano-Houzel的TED讲座：“What is so special about the human brain?”（2013-11-26）。

② D. Stuss, R. Knight (ed.), *Principles of Frontal Lobe Function* (2nd), Oxford University Press, 2013: 135.

为什么人脑神经网全图如此重要？因为人的所有感觉、知觉、意识、记忆、情绪、知识、思想等，都存储在这个神经网里。如果知道这个网是什么样的，如何构建的，就可以进一步研究人的感觉、知觉、意识、记忆、情绪、知识、思想等在人脑中是如何形成并存储的，从而帮助解开意识与学习之谜，进而设计出更好的学习和教学模式。

脑神经网不仅决定和记录人的感觉和意识活动，还指挥身体与外部世界互动。这种互动反过来又改变脑神经网。这个脑神经网就是所谓心智（mind）。科幻片喜欢用坐在头颅里的小人来比喻心智，其实这个比喻相当准确，因为正是心智在决定和指挥人体其他部分如何活动。每个人的基因和经验都不相同，因此每个人的大脑也都不同，每个人也都因此不同。这就是脑科学家们所说的：汝即汝脑，汝脑即汝！

人体所有感官和随意肌都在大脑皮层上有特定对应区域，形成特定的脑功能区。[①] 最近研究发现，人脑共有360个功能区，每个脑半球各有180个。[②] 脑通过这些功能区来控制人与外部世界互动，并在互动中形成感知觉和记忆。这些感知觉和记忆就存储在各自的形成区里，如视觉经验和视觉记忆就存储在视觉区，听觉存储在听觉区等。甚至表征这些感知觉的词汇的语义，也都储存在相应功能区。[③]

面对这么多脑区，大脑要正常工作，就需要一个负责指挥和协调的脑区，这个脑区叫执行功能区（executive functions，EF）或中央控制功能区，位于额叶前端，又叫前额叶。因此前额叶之于大脑，犹如指挥之于交响乐团、司令之于军队、CEO之于企业。[④] 由此可见EF区的重要性。

在常态下，各感官（眼、耳、喉、鼻、舌、皮肤等）都会收到大量信号，然后传递到相应脑区，要求大脑注意。在面临众多注意要求时，EF区必须做出决定，忽视哪些信号、关注哪些信号、加工哪些信号、如何加工等。这些决定确定了各个脑区是处于兴奋状态还是抑制状态。像打球、听课这类复杂活动，EF区还要完成一系列管理任务，包括选择目标、确定任务、制定规划、组织行动、管理时间、保持注意、控制情绪、核查和评价效果等。由于这些活动涉及多个脑区，需要EF区

① 人体肌肉分两类，不随意肌（不受主观意志影响的肌肉如呼吸、心跳、血液流动、消化系统的肌肉）和随意肌（受主观意志影响的肌肉如四肢、面部肌肉、眼睛、舌头等器官的肌肉）。前者受脑干指挥，后者受大脑皮层指挥。

② M. F. Glasser, et al, “A Multi-modal Parcellation of Human Cerebral Cortex,” *Nature* 536(2016).

③ Alexander G. Huth, et al, “Natural Speech Reveals the Semantic Maps that Tile Human Cerebral Cortex,” *Nature* 532 (2016).

④ E. Goldberg:《大脑总指挥：揭秘最具人性的大脑区域》，黄有志等译，华东师范大学出版社，2013：2。

进行协调和控制，因此多脑区协调控制是大脑的一个重要能力。涉及的脑区越多，调控能力挑战越大。因此用复杂任务挑战学生，也可以帮助学生发展 EF 区调控能力。

研究表明，EF 区调控能力可以通过多脑区综合训练获得发展。因此针对不同发展需要，设计不同类型和不同强度的综合学习任务，可以有效促进学生大脑发展。这是为什么在 SC 改革中，普遍出现了用各种综合任务来培养学生思维能力的教学实践。

EF 区的另一个重要能力是注意力保持能力。当面临众多脑区注意要求的相互竞争时，如何保持注意力而不分心，始终聚焦核心任务，是评价 EF 区调控能力的重要指标。这是一项高级心智技能，需要终身培养与维护。如何让学生持久地保持注意力，是教师们关心的大问题，也是脑科学家们关心的重要主题。这个领域的一些研究对本科教学产生了深刻影响。例如，研究发现，在讲座教学方式下，根据内容不同，学生有效注意力保持时间为 6—12 分钟。超过这个时间，学生注意力会迅速下降。因此，教师需要把一节 50—100 分钟的课，分割成若干小段，每段不超过 6—12 分钟。而且各段之间要有变化，有节奏感，让学生大脑的张弛在不同脑区转换，从而达到让各脑区轮流休息的目的。这就涉及教学活动安排和课程设计。总之，一讲到底的做法是不科学和低效的，因为这种安排本身就会降低学生的学习效果。然而很不幸，这恰恰是目前非常常见的一种教学模式。这好像成心让学生低效学习似的。究其原因是教师只图自己教学方便，而没有注意大脑学习特点。目前网络课程已普遍采取十几分钟一小节的“微课”方法，但面授课程教学如何改进，仍是尚未解决的大问题。

研究还发现，注意力保持能力还与充足睡眠有关。青春期大脑的特点是晚睡晚起，是否需要据此改变学校作息时间，也成了 SC 改革的一个重要议题。

EF 区的重要性还在于，为了使人适应外部世界，EF 区在大脑中要构建一个与外部世界相对应的心智世界（mental world），并根据这个心智世界来认识和应对外部世界。如何构建这个心智世界并保证其有效性，是心智发展的关键。大学教育的中心任务之一就是帮助学生构建这个心智世界。这个问题留待第三节讨论。

EF 区如此之重要，但非常不幸的是，在所有大脑皮层中，EF 区成熟得最晚，衰退得最早。二十多岁还没懂事，四五十岁就想事费力了。也就是说，EF 区存在最佳发展窗口期。如果能抓住这个窗口期，则一生受益；反之则终身受阻。青春期后期（18—25 岁）正是 EF 区发展的高峰期，也就是大学教育期。因此，从 EF

区发展角度看大学教育，对理解大学教学的使命有重大意义。这个问题留待下节讨论。

3. 学习、记忆、情绪与个体差异

从脑科学看，学习包括两个环节：学习与记忆。学习是神经网接收与加工外部信息并改变自身结构从而造成行为变化的过程；记忆是信息存储和提取的过程。

大脑如何学习涉及神经元细胞的工作机制。大脑神经元由胞体、树突、轴突三部分组成（见图 3–3）。树突像天线，负责收集信息；轴突像电缆，负责传递信息。神经信号通过神经元轴突传递到下一个神经元的树突，两者连接处叫突触。突触是个微小空间，信息通过神经传递物质传递。只要有突触形成，就有信息传递。只要有学习发生，就会产生新的细胞连接，形成新的突触，出现新的信息传递，形成了新的神经网络。反之，如果突触消失，神经网分解，信息传递终止，已学到的东西就消失了。简单说，任何学习，无论是感觉、知觉、意识、记忆、情绪，还是知识、思想等，都需要形成相应的神经网络，并通过这个神经环路来承载和体现这些学习活动。如果神经环路构建出来了，就“学到”了；如果被强化了，就是“记住”了；如果环路分解了或信号传不出去了，就是“忘记”了。这就是学到、记住和忘记的神经学解释。

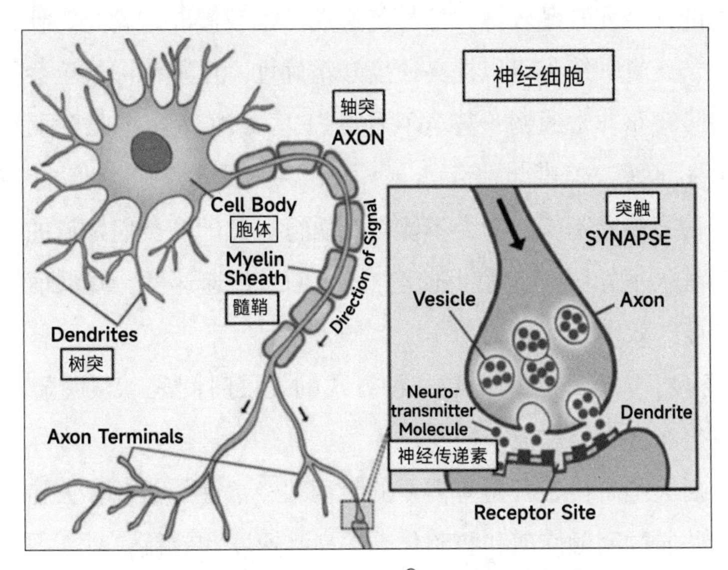

图 3–3　神经元细胞示意图[①]，中文为引者所加

① 引自美国城市儿童健康研究所网站：http://www.urbanchildinstitute.org/why-0-3/baby-and-brain，访问日期：2017 年 3 月 17 日。

围绕突触，大脑用三种方式建构神经网。首先是“突触增生”。从出生前到3岁，大脑内的神经元会形成大量突触，3岁儿童大脑中的突触是成人的两倍，形成超量突触的目的是让神经网为应对不可预见之未来做好充分准备。但超量突触会消耗大量资源和能量，降低信号传递速度。因此从儿童时期起，大脑就会根据实际使用状况对突触进行修剪。保留常用的突触，清除不常用的突触。这就是建构神经网的第二种方式，叫“突触修剪”。突触修剪会持续终身，但主要发生在25岁以前。突触修剪量可达到儿童期的50%，即25岁时人脑中突触的数量仅为3岁时的50%。很显然，突触修剪中剪掉了什么，保留了什么，对大脑神经网功能有重大影响，而决定突触修剪的关键是使用频率。

第三种方式是“髓鞘化”。神经元轴突外面包裹了一层物质，叫髓鞘，由胶质细胞组成。其作用类似于电线的绝缘包皮，目的是提高信号传递效益。髓鞘包裹轴突的过程叫髓鞘化。髓鞘越厚信号传递速度越快。髓鞘最厚可达150层。未经髓鞘化的神经信号传导速度仅为0.2—1米/秒，髓鞘化后可以达到2—120米/秒，相差100倍。120米/秒的传递速度意味着一个2米高的人，从大脑发出命令到脚尖的传递速度仅需约0.016秒，快到人都感觉不到，动作就完成了，这就是所谓“下意识行为”或“肌肉记忆”。

决定髓鞘厚度的也是使用频率。越常用的神经元的髓鞘越厚，信号传递速度也越快；不常用的神经元髓鞘较薄，信号传递速度也较慢。这就是为什么无论是思维还是肢体活动，反复训练都可以提高速度和精确性。反复练习甚至会导致下意识反应，即相应信号环路非常通畅，甚至不需要EF区关注，相应神经网就自动执行了。但如果长时间不训练，速度与精度都会下降，甚至没有反应，即虽然EF区发出了指令，但由于信号传递不畅，命令不能得到执行。此即演员们常说的“一天不练自己知，三天不练天下知”。髓鞘会强化神经元信号传递速度，降低信号损失，改善信号传输的速度与效率。

图3-4显示了大脑神经网构建三种方式的发展时间表。很明显，髓鞘化和突触修剪主要发生在青少年和成人初期。

简言之，对大脑来说，凡是有需要的活动和经常性的活动，大脑都会构建出相应神经环路，并通过突触修剪和髓鞘化来提高其速度和效益；对不需要和不经常的活动，大脑则不会构建相应神经环路，也不会通过髓鞘化来强化，甚至已建立的环路也会被弱化，甚至消解。这就是大脑发展的“用进废退”原则！“用进废退”原则是大脑发展最重要的原则，是大脑弹性的表现。

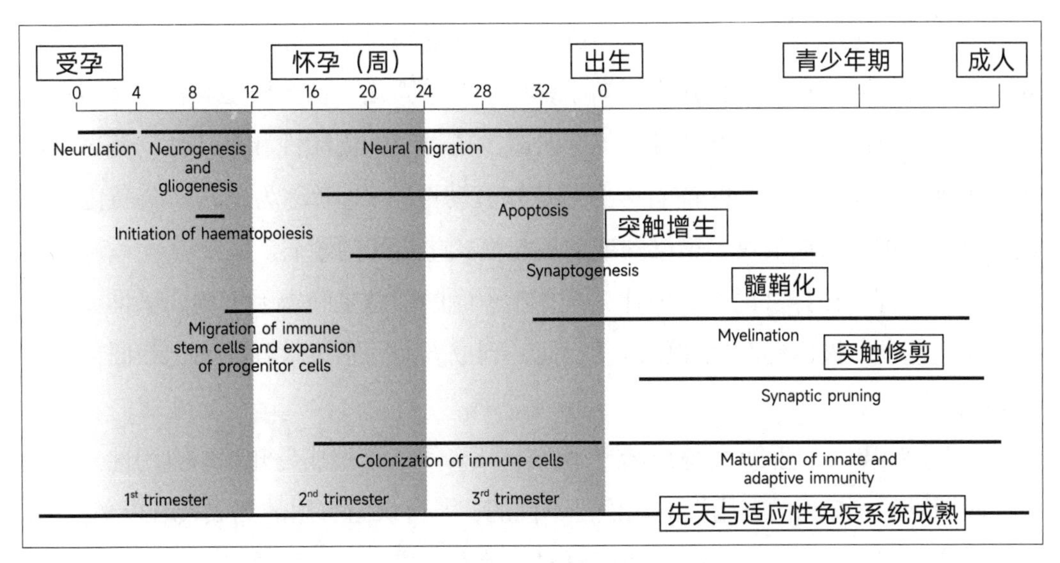

图 3–4 大脑神经系统发展时间表[①]

用进废退原则对理解学习和教育意义重大，尤其值得家长、教师和学校高度注意。作为儿童生活环境的营造者和活动的提供者，他们基本决定了儿童将面临何种环境、参与什么活动、构建出怎样的神经网，以及这些神经网是否足以为儿童的未来成人生活做好准备。如果没有帮助儿童发展出未来所需要的神经网，儿童就可能在未来成人生活中面临困境和失败。若此，那就真的是“毁人不倦”了！

老三中心模式的主要缺点就在于此！这种教学模式把学生囿于单一学习环境和被动学习方式之中，严重限制了学生的学习环境和活动方式，因此限制和阻碍了学生大脑的发展。这是要用新三中心取代老三中心的一个基本原因。

教育神经科学的积极倡导者、哈佛大学教授索萨说，教学的本质是改变大脑，教师是“大脑改变者”（brain changer）。[②]教师需要了解大脑，就像做手套的需要了解手长什么样。若教师能从“大脑改变者”角度看待自己的教学工作，则可以加深其对教学工作的本质和意义的理解。和“灵魂工程师”的说法相比，“大脑工程师”的说法显然更加准确、更加科学。从“灵魂工程师”到“大脑工程师”，反映了对教师角色的理解从哲学时代进入科学时代！

万事利弊相生。突触增生意味着可以构建更多种的神经网，思维可以在更大范

① I. Knuesel, et al, “Maternal Immune Activation and Abnormal Brain Development Across CNS Disorders,” *Nature Reviews Neurology* 10, no.11 (2014): Figure 1.

② David Sousa, *What Are Teachers*, American Program Bureau lecture, 2013-7-9, https://www.youtube.com/watch?v=VU7df3-zX94, 访问日期：2021 年 11 月 25 日。

围内流动，有更多的创新创造空间。突触修剪与髓鞘化则意味着认知选择完成，认知模型和神经环路形成，认知空间缩小，思维开始固化。认知模型和神经环路形成可以提高思维的确定性和有效性，但同时减少了思维的流动性和创造性，是思维僵化的表现。两者各有利弊。前者称为“认知流动性”，后者称为“认知结晶化”[①]，这两个术语很贴切地反映了思维的流动性与模式化之间的矛盾。

用这个理论很容易说明，为什么人在年少时眼睛总是睁得大大的，思维灵活多变、朝气蓬勃，极富创新性和创造性，而一到成人期，思想就容易固化和僵化，最终暮气沉沉。

“用进废退”原理给大学教学带来两个挑战。第一个挑战是知识的有用性。人在不同时期对同一知识的有用性的认识是不同的，儿时认为有用的到成人时未必有用，如打游戏。因此不能根据学生兴趣而要根据其未来需要来安排学习。这会引出学习兴趣和学习主动性问题。怎么办呢？当前做法是两条，一是强制与奖惩。设立学校制度，规定学习科目，通过考试制度进行奖惩，其实是希望通过系统性强制和奖惩来把学生纳入期望的轨道。二是寓教于乐。如果学生觉得学习内容很枯燥，那就设法把它变得有趣些，以此促进学习。然而这些做法能使所有的学习都变得有趣有效吗？至少到目前为止，还没有看到这种可能。也就是说，为了未来发展，教育教学仍然需要基本的约束和奖惩。可以设法把教学弄得有趣一点，但不要设想可以把学习变成娱乐。对大学生来说，学习不是娱乐，而是劳动。我们对此要有清醒的认识。

另外，今天学的知识明天可能没用，尤其是在知识飞速发展的今天。信息化与人工智能已经使传统的知识记忆变得不那么重要，而适应性学习能力与创造创新能力将会变得更加重要。在这种大变革中，如何把教学的重点从知识记忆转到能力培养，对所有学校和教师来说，都是一个巨大挑战，因为这意味着要转变教学理念，创造大量新的教育教学形式。

另一个大挑战是重复与兴奋。根据“用进废退”原理，只有不断重复才可能形成强大稳定的神经网。[②]但另一方面，大脑好奇，喜新厌旧。一般而论，同样的信息重复三次，大脑的兴奋程度就下降。[③]如何解决这个矛盾？目前的方法主要有两个。

---

① 经济合作与发展组织编：《理解脑——新的学习科学的诞生》，周加仙等译，教育科学出版社，2010：221-222。

② 关于重复对记忆的作用，还可参见安德森：《认知心理学及其启示（第7版）》，秦裕林等译，人民邮电出版社，2012：173-176。

③ 重复与大脑兴奋程度之间的关系非常复杂，在此不作深究。有兴趣者可以自己研究。

一是动机激励，让学生认识到所学内容的重要性，通过学习目标来激发学生的内在动机，为重复性学习提供动力；二是依靠新颖性激发外部学习动机，通过教学设计，用多样化重复来保持大脑兴奋。这些方法将在下一章讨论。

学习的第二个基本环节是记忆。记忆是信息的储存和提取，“记”是存，“忆”是取。人在出生前大脑就在接受和存储信息，这些信息就是记忆。脑科学认为，人就是他的记忆。每个人的记忆各不相同，这些记忆决定了他的知识与经验，塑造他的性格与情绪。如果一个人的记忆消失了，“这个人”也就消失了。例如，失忆症患者不认识熟知的人和事，甚至不认识自己。从这个意义上讲，“这个人”就消失了。因此，了解大脑如何记忆非常重要。

图 3–5 是记忆过程的一个示意图。先看中间部分，记忆过程可分为三个阶段。首先是大脑从各感官收集信息形成感觉记忆。五类感觉记忆中视觉记忆和听觉记忆最为重要。视觉记忆是记忆的主要通道，大脑中 80% 的信息来自视觉。[①] 视觉记忆注册速度最快，是听觉记忆的五倍，因此是信息输入的主要渠道。其次是听觉记忆，听觉也是记忆的一个主要通道。其他三类记忆在信息输入中的作用要小得多。从图下部的模型可以看出，EF 系统主要依靠视觉回路和听觉回路进行回忆，这也说明了这两类记忆对学习的重要性。

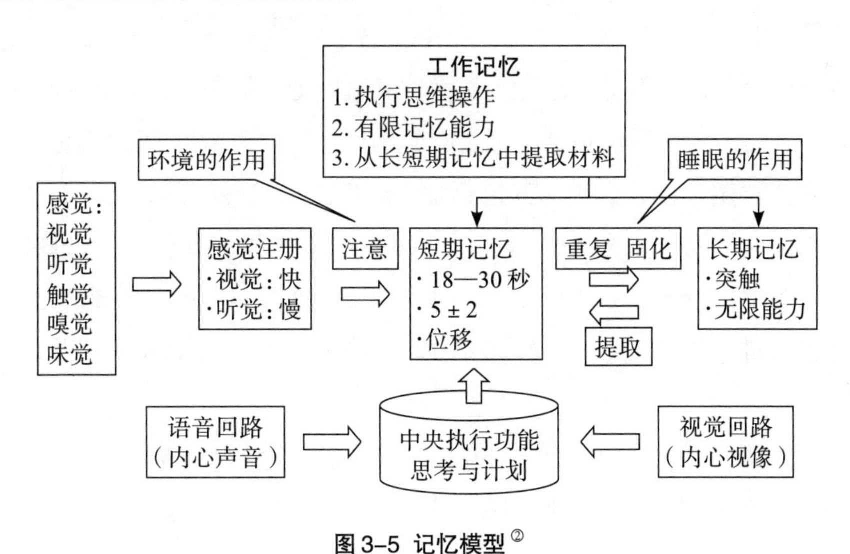

图 3–5　记忆模型[②]

① 国家自然科学基金委员会、中国科学院编：《脑与认知科学》，科学出版社，2012：81。

② 整理自 Mark Gluck，“Learning and Memory” 课程录像，第 6 讲，https://www.youtube.com/watch?v=gQdcCIao-HE，访问日期：2013 年 12 月 20 日。教材为：Mark Gluck, et al, *Learning and Memory: From Brain to Behavior*, Worth Publishers, 2010.

研究表明，多感官参与可以增强记忆效果。例如，边听边看的记忆效果会好于单独听或单独看，这就是为什么现场教学通常会给学生留下较深的印象。能否调动学生多感官参与学习，取决于教学法设计和教学环境设计。多媒体材料、实景教学、增加互动等，都可以调动学生的多感官参与，学习效果也会好很多。但是，不正确地调动多感官参与也会带来负面效果，因为信息太多会造成干扰，不利于保持注意力。这就是为什么常有数学教师反映，板书比 PPT 更有利于教学。因此，这里的关键是，教师要明确知道自己教什么和想要什么。

感觉记忆非常短暂，通常为 18—30 秒，最长不超过 1 分钟，若得不到进一步注意就很快消失，故称“短时记忆”。短时记忆不仅短暂，而且容量有限，只能同时容纳 5 ± 2 个信息单元。但可以通过组块（chunking）方式增加记忆信息量。例如，要记住 710261025102 这个数很难，但把它变成 7102-6102-5102 就会较容易，因为分节后变成了 3 个信息单元；若再变成 2015-2016-2017 就更容易，因为记住三个连续年份并反过来写只需要 2 个信息单元。

组块是记忆的重要方法，本质是在信息之间建立意义关联以减少信息单元。那么，这是人类创造“理论”或“认知模型”的原因吗？现象太多太复杂，用简单的理论模型来代表大量经验信息，可以大大减轻记忆负担。这是很迷人的想法。这个问题留待第三节讨论。

工作记忆加工过程就是“思考”过程。和短时记忆类似，工作记忆也很短暂且容量有限。这是因为知觉仅是神经元之间的偶然连接，尚未形成稳定神经网。要把工作记忆变成长期记忆就必须对其进行加工，形成稳定神经网，这个过程叫固化。固化要对信息进行分析、整理、连接，以及剪裁，去掉多余信息，形成初级认知模型，表现为“明白了”。这是第一步加工。只完成第一步加工形成的记忆是孤立的。虽然也会进入长期记忆，但由于缺少和其他信息单元的联系，因此容易丢失，不易提取。

第二步加工是把初级认知模型和脑中其他的认知模型联系起来，形成更大的认知模型或意义单位。这可以使初级模型在已有认知模型中获得“解释”和“意义”，表现为“理解了”。如果仅仅满足于建立初级认知模型，只会有碎片化的知识。只有经过二次加工后，才能形成更大的知识框架，知识才是整体性的。更大的结构为信息提取提供了更多进入点，因此更便于信息的提取。把短时记忆变成初级认知模型的能力是初级认知能力的表现；把初级认知模型二次加工，形成更大认知模型的能力，是高阶认知能力的表现。前者重在认知（知道），后者重在整理

（思考）。

但遗憾的是，由于信息深加工非常耗费脑力，因此大多数人做了第一步就不做第二步了，即浅尝辄止。因此大多数人头脑中知识是片段的和杂乱的。由于未经整理，不成体系，故将来需要时很难提取。恰如要从一堆杂物中寻找有用之物是很难的，杂货堆越大越难找！结果是知识的存储状态限制了知识的使用能力。

了解学生头脑中知识的存储状态对理解学生的学习问题非常重要。故美国本科教学名著《聪明教学 7 原理》中，把“了解学生知识组织方式”作为第二条重要原则。[①]

思维整理非常费力。研究表明，人脑用了人体 20%—25% 的能量。但其中绝大部分（95%）用于思考，只约有 5% 的能量用于指挥身体活动，可见思考之辛苦。这也是很多人不愿意动脑筋、满足于简单记忆的原因。但是，把分散的知识整理成较大知识框架，对掌握知识和深化理解非常重要，这也是对思维能力的挑战。事实上，只有少数人能坚持长期思考，并最终成为伟大的思想者。对所有行业都是如此。

思维整理既是知识固化过程，也是大脑探索新的神经连接方式、探索更有效的神经环路、强化信号传递效果的过程。凡是经过认真思考而形成的知识一般很难遗忘。也只有到了这个阶段，知识才真正联网成片，也才真正地“活”了起来。

思维整理过程也可以变成思维创新过程，很多新思想都是在思维整理过程中产生的。当把来源不同的认知模式整合在一起时，就会发现它们之间存在的缝隙和空白，这些缝隙和空白就是新思想和新知识的生长点。例如，当爱因斯坦把牛顿力学和麦克斯韦电磁学放在一起考察时，他发现牛顿力学体系中速度可以叠加至无穷大，而麦克斯韦方程组中光速不能超过每秒 30 万千米。显然，两个物理体系中关于速度极限的说法不一致。正是为了解决这个矛盾，爱因斯坦接受了麦克斯韦的速度有限论，提出了狭义相对论。另一个例子是元素周期表，元素周期表就是门捷列夫试图把所有元素都按其化学性质的周期性和原子量排列在一起的结果。排列的结果是发现很多空白。正是这些空白引导人们发现了许多新的元素。因此无论是教师还是学生，都不应该忽视思维整理的重要性。

如何帮助学生养成整理知识的习惯呢？美国小型文理学院的一个传统做法是：课前阅读、课中讨论、课后写作。和中国教师愿意把知识整理好后教给学生很不相同，美国小型文理学院教学强调课前阅读。课前阅读是为了培养学生通过阅读自己

① 安布罗斯等：《聪明教学 7 原理》，庞维国等译，华东师范大学出版社，2012。此书也是加州理工学院教师发展中心的推荐书目。

发现和构建知识框架的能力。只有读了书才可能参与课堂讨论。而讨论的目的是让学生构建的不同知识框架相互碰撞，取长补短。讨论可以使从学生从不同角度看待同一事物。这种体验有助于他们形成关于客观认识的经验，以及从多个角度看待同一事物的经验。这些讨论会促使他们产生更多的思考以及为自己的视角寻找理性基础。这些都有助于发展学生的思维能力，培养学生的审辨能力。讨论后学生可以继续思考，然后以充分的证据和合理的逻辑，通过文字（和口头）把自己的观点表达出来，这就是写作（和演讲）。如果所有课程都这样教学，那学生整理知识和构建认知框架的能力自然可以得到较好发展。"阅读—讨论—写作"这个安排的基础是课前阅读，若学生不做好课前阅读，后面一切均无可能。反之，如果教师把课程内容都消化好了再交给学生，就等于剥夺了学生自己学习的机会！因此，是否重视课前阅读，是新老教学模式之间的一个根本性差别，也是中国大学教学需要改进的一个主要问题。

很多教师反映，现在的大学生不读书或读得很少，这也是我们本科教育的主要不足之一。在中国，课前阅读、课中讨论、课后写作的做法基本上是从研究生阶段才开始的，但美国高校在大学阶段就开始了，这一点值得中国高校学习。总之，阅读、讨论、写作是发展大学生思维能力的特别有效的方法。

学习和思考都是艰苦的劳动。实施 SC 模式意味着要求学生把更多精力投入学习。因此要寓教于乐，可以把教学过程搞得令人愉快一点，保证学生可以较长时间地投入学习。但也要防止一种错误想法，以为 SC 改革是要把教学变成娱乐，让学习像玩游戏，这是误导！尤其是大学学习，其本质是劳动而不是娱乐。人可以愉快地劳动，但劳动不是娱乐！

简言之，固化过程是思维过程，是认知与整理过程，是构建新认知模式和神经环路，提高信息传递效果的过程。固化中大脑形成新知识，构建起新环路，短时记忆变成长期记忆。

关于睡眠。研究发现，大脑白天处于积极活动状态，大量涌入的信息会促使突触大量形成，从而带来大量信号和噪音。当信号和噪音超过大脑的处理能力时，大脑就要关闭通道，通过修剪来清除无用突触，减少信号和噪音。当我们感到疲倦时，就是大脑发出了信息过载信号，这也是人需要睡眠的原因。[①] 大脑白天工作，晚

① Sandro Lecci, et al, "Coordinated Infraslow Neural and Cardiac Oscillations Mark Fragility and Offline Periods in Mammalian Sleep," *Science Advances*, http://advances.sciencemag.org/, 访问日期：2017年2月12日。原文只涉及实验鼠，并未涉及人类。但该文章结论被认为可用于理解人类睡眠。

上清理内务。睡 8 小时后感到精力充沛，表明大脑已处理完积压信息，可以重新接受新信息了。如果睡眠不足就会感到头昏脑涨，工作效率下降。这表明大脑在信息过载情况下是不能有效工作的。

常人每天需要 8 小时睡眠。大学生每天接受的信息量非常丰富，因此更需要充足睡眠。大学生大脑本来就容易信息过载，加之青春期大脑有晚睡晚起的特点，如果学校按正常人作息习惯排课，就可能人为地造成大学生学习困难问题。因此，学校如何安排作息时间，安排上课时间，也是 SC 改革中的一个重要问题。需要学校在调查研究基础上，做出有利于大学生特点和发展的时间安排。

情绪影响学习和记忆。大脑中负责情绪的是边缘系统，包括杏仁核、海马体、扣带回、丘脑、下丘脑、脑垂体等。其中杏仁核、海马体、丘脑、下丘脑是核心。人的各种情绪反应都与边缘系统有关。但最新研究发现，大脑的情绪反应还会延伸到其他脑区，并且不同情绪在不同脑区会形成专有情绪回路。①

杏仁核负责情绪识别，并根据关切程度为各个事件添加情绪标签，如愤怒、厌恶、恐惧、高兴、悲伤、惊讶等。杏仁核对入侵、恐惧、愤怒等反应尤其强烈，是大脑的危险识别中心。边缘系统的其他部分会根据杏仁核的情绪认定，分泌肾上腺素，为情绪行为提供刺激，表现为心跳、亢奋、出汗等，目的是让人紧张起来以应对紧急情况。为了维持紧张状态，海马体还分泌一种激素类物质，叫皮质醇。它可以提高血压和血糖水平，使人持续亢奋，故称“压力激素”。皮质醇会妨碍突触形成，造成神经网络形成障碍。长期紧张状态会导致脑内积累大量皮质醇，从而造成反应变慢，学习能力、记忆能力下降等，并最终伤害海马体。故人不能长期处于紧张状态。

边缘系统还控制了多巴胺分泌。多巴胺是一种神经传递物质，会让感到人愉悦，故称“快乐物质”。大脑中围绕多巴胺形成了一个“期望 / 奖励”系统，专门负责奖励各种被期待行为。如果一个愿望得到满足，边缘系统就会让神经元分泌多巴胺以资鼓励。例如，爱情会使大脑产生多巴胺，人因此会变得兴奋。还有一些行为如抽烟、喝酒、打游戏等也会刺激大脑分泌多巴胺，让人上瘾，形成“上瘾行为”。围绕多巴胺分泌形成的期待 / 奖励系统是人类追求愉悦行为的生理基础。

多巴胺和皮质醇可以解释维果茨基的最近发展区理论。根据维果茨基的最近发

① M. Gazzaniga 等:《认知神经科学：关于心智的生物学》，周晓林等译，中国轻工业出版社，2009：第九章。

展区理论，学生对学习的情绪反应可以表现为由近及远的三个同心圆：舒适区、发展区、恐怖区。当学生处于舒适区时会因缺乏挑战而得不到发展，但若处于恐怖区时会因为挑战过大、过分紧张而不能发展。只有为学生提供适当挑战，并因克服挑战而得到奖励时，他才能发展。这时他就处于“最近发展区”。

多巴胺和皮质醇还能解释记忆优先性。记忆优先性指记忆对不同事件的情绪排序。例如，与生死相关的记忆优先，如红绿灯或触电，一次就记住了，因为它会激发恐惧。其次是有浓厚情感色彩的事件如爱恨愁离，因为情绪浓重而终身难忘。第三位才是知识。除非认识到有用，否则它们通常不能激发强烈情绪，因此专业教学中激励动机的关键，是明确教育目标，说明其有用性，从而激发学生兴趣，然后主动学习。

多巴胺还可以为“以学习效果为中心”提供解释。根据期望/奖励机制，大脑分泌多巴胺以奖励期望达成，因此是结果导向的。也就是说，大脑奖励的不是“学习”而是“学会”。是“学会”这个结果让人产生愉悦体验。因此教师如果能不断保证学生“学会”，就可以让“学会”不断为学习行为提供激励。一旦学生知道如何“学会”，学习就可以变成令人愉悦的“上瘾”行为。这就是学霸们的奥秘，“学会”让学霸们体验到愉悦！布鲁诺的“掌握学习”（mastery of learning）理论关注的就是确保每一步的“学会”。

尽管人类有大体相同的情绪类型，但对同一事件，不同大脑会有不同的情绪反应。这有认知和生理两方面原因。首先是认知，如何看待同一事件会影响人们的情绪认知，从而影响其情绪标签和情绪反应。其次是生理差异。例如，杏仁核较大的人好冲动，杏仁核较小的人较冷漠。[①] 好冲动者的扣带回皮质体积较小且活动性较弱，故行动引导与监控能力较弱。海马体受损会使人变得麻木。肾上腺素分泌过剩的人容易紧张[②]，如此等等。因此对学生行为作情绪判断时，要考虑情绪个体差异性。

事实上，脑的个体差异普遍存在，正如天下没有两片相同的叶子，天下也没有两个完全相同的大脑。基因和经验是塑造大脑的两个主要力量，脑是基因和环境的函数。从基因看大脑个体差异，例如，女性胼胝体和前连合都比男性大，因此处理复杂任务时女性倾向于使用大脑双侧，而男性倾向于使用单侧；女性的语言表达要

① 根据对美国重刑犯监狱监押的300多名连环杀手的脑部扫描发现，这些人的杏仁核要比正常人的平均小17%。Historical Channel, “Top Secretes about the Human Brain—Full Documents,”https://www.youtube.com/watch?v=qLRIlx6pa94，访问日期：2015年7月30日。

② 同上。

求远强于男性。右利手的语言中心多在左脑，左利手中70%的人语言中心也在左脑，其余的在大脑两侧。右利手通常逻辑思维较好，左利手想象能力较好，但多有口吃和阅读困难。冷血连环杀手的杏仁核比常人小17%；艺术家的感觉综合区（视觉、听觉、体感交汇的脑区）比常人大8倍。好社交者的纹状体对友善者反应较强，孤僻者的杏仁核对不友好行为反应强烈。好奇者的纹状体和海马体之间有较强联系，因为纹状体一发现新鲜事物，海马体马上分泌多巴胺以资鼓励。喜合作者的岛叶皮质对不公平对待反应强烈，而不好合作者的岛叶皮质对此则反应迟钝。爱因斯坦在空间和运动方面想象能力出类拔萃，据说与其大脑顶叶中负责空间与运动想象的脑区缺一个脑沟有关。由于这个脑沟变浅，该脑区神经元信息可以更为便捷地传递。脑容积与智力似乎关系不大，作家乔纳森·斯威夫特的脑体积为2000克，而心理学家巴甫洛夫的脑仅有1517克，但他们都同样出类拔萃。[①]脑科学已经发现，脑的个体差异性远远大于过去所认识的程度，因此学校和教师要高度注意学生的个体差异性，创造出尽可能适合每个学生特点的教学系统。

经验对大脑的影响更为明显。经验直接决定突触的增生、修剪和髓鞘化，从而塑造出不同的神经网，形成不同的大脑。大脑犹如面孔，彼此相似但各不相同。

教师们应当认识到，学生们是各怀梦想，带着自己的个性、知识和经验来到学校的，我们面对的是这样一群大脑。教育从来都不是始于白板，而是在学生个体大脑多样性的基础上和他们的大脑互动，促使他们按照你希望的方向发展。从大脑互动的角度看待教学会更接近真实，也更容易理解教学中出现的各种问题。教师要尽可能创造出适合每个学生的学习环境，学校要创造出适合所有学生发展的校园，这才是SC改革的理想！

然而，教育经验的重要性也不可高估。研究表明，基因与经验对智力的影响大体各占50%。若此，25岁前，人有三种基本经验：家庭经验、学校经验、社会经验，其中学校经验的影响大概不会超过20%。也就是说，还有80%的影响由遗传和非学校经验负责。因此我们或许要接受一个由来已久的说法：教育不是无能的，也不是万能的。凡是把学生后来发展的结果完全或主要归结于学校的说法，无论是诺奖得主还是冷血杀手，都属于过度归因。既不科学，也没必要。教师要教好书，但学生得自己成长；学校要做好工作，但不能承担学生发展的所有后果。

但非常不幸，当前关于教育的很多讨论中，这种过度归因普遍存在，如根据

① Rita Carter, *The Human Brain* (2nd), DK Press, 2014: 194−204.

学生表现而对学校进行的排名。主管部门、媒体、学者、公众，甚至学校和教师，都经常发表这类简单化的宏论。但这些宏论除了扭曲事实、误导舆论外，对政策制定和教育实践均无好处。对此，主管部门和学校领导者要有清醒认识。

4. 社会脑

人在社会中生存，社会是人的基本生存环境。人创造出了语言、文化、制度、知识等社会性产物，并在社会中培育后代。帮助学生认识并适应社会，为成人生活做好准备，是教育的一个基本目标。

最能反映社会对人脑影响的现象是，大脑发展出了整套组织和功能来满足人的社会性学习。其中最重要的两个系统是镜像神经元系统和语言神经系统。前者为了模仿，后者为了交流。

镜像神经元是自己做某个活动和看别人做同样活动时都会兴奋的那些神经元。比如，当你看见别人打球时，你可能会感到好像自己在打球。让你有这种能力的就是镜像神经元。镜像神经元是观察学习和模仿学习的神经基础，而这两类学习是最基本的社会性学习。

群体性哺乳动物如狗、海豚、猴子等都有镜像神经元系统，都能通过观察和模仿来学习。镜像神经元最早是在研究猴脑时发现的，但很快发现人也有镜像神经元。研究还发现，人脑的镜像元神经系统更加广泛和复杂，不仅涉及运动脑区，还涉及感觉、知觉、情绪、意识等脑区。因此人不仅有模仿能力，还有感受他人感觉、情绪、意图的能力。婴儿很早就会模仿，儿童4岁时已能揣摩他人意图。这种通过观察他人表情和行为来揣摩他人感觉和意图，并能从他人角度思考的能力叫同理心（empathy），或换位思考能力。这是一项高级心智能力，对人的社会生活非常重要，需要终身学习。

镜像神经元系统对理解模仿性学习尤其重要，因为很多学习都依靠模仿。随着人的成长和发展，镜像神经元系统会和语言、情绪、认知系统等融合，形成更复杂的神经系统。[①]镜像神经元还为心智理论（theory of mind）提供了科学基础。心智理论研究人是否有了解他人心智状态的能力，这在过去一直是哲学问题，但现在镜像神经元为其提供了科学答案。

镜像神经元系统缺陷会导致学习困难。例如，自闭症儿童不能很好地阅读他人

① 镜像神经与行为学习和语言学习的研究，参考 Michael A. Arbib (ed.), *From Action to Language via the Mirror Neuron System*, Cambridge University Press, 2006.

表情和理解他人意图，这被认为是一种镜像神经元系统缺陷现象。①

美国著名神经科学家拉马钱德兰认为，发现镜像神经元系统对理解人类文明发展至关重要，因为镜像神经元不仅在模仿和语言习得等社会性学习中有重要作用，还和理解他人感觉和意图相关。同理心表明人能区别自我和他人，这是自我意识形成的标志。拉马钱德兰认为，镜像神经元为理解人类文明发展提供了神经生理学解释。②

镜像神经元系统与模仿性学习是社会学习理论的基础，也是合作学习或团队学习的依据。把学生组织成团队，让学生在团队中学习，学生们学习到的东西会远多于单纯与教师互动。学生们可以从他人解决同一问题的不同思路中获益，从观察他人成败得失中获益，从他人生活与思想的多样性和丰富性中获益。这些都是单纯师生互动无法提供的。

可以说，大学生活中同学之间的互动和学习，远比师生互动给学生留下的经验和印象要丰富深刻得多。学生们还可以在群体或团队中学会如何与人相处、如何发挥组织与领导作用等，这些也都是从单纯师生互动无法学到的。把学生组成团队，打开群体学习的大门，让学生在互教互学中相互促进，共同成长，可以大大提高学生学习效果。这就是为什么现在群体学习与团队学习是SC教学改革设计的基本维度之一。了解社会性学习的神经学基础，对教师设计好的团队学习和合作学习活动显然非常重要。

语言是人类交流的工具，是大脑的重要功能。尽管很多动物都有通过声音、姿势等进行交流的能力，但只有人创造出了语言系统。人不仅用语言进行交流，还用它保存和传播文化。

人脑发展出了专门脑区来处理语言（见图3–2）。大致地说，说和口语句子组织主要在布洛卡区，听觉语言中枢和视觉语言中枢主要在韦尼克区。文字是智人形成后很久才出现的，因此大脑并没有形成专门的书面语言脑区。大脑很多脑区都参与阅读和书写语言功能，但主要分布在角回、额中回、额后回等脑区。各区之间有神经网相连，形成完整的书面语言功能网。认知心理学家们普遍用“心理词典”来表征语音、语义、语法、视像等。但现在知道，这些语言要素存在于大脑各处，例如视像分布在视觉区、声音分布在听觉区、语义分布在整个脑皮层等。语法可能由

① Rita Carter, *The Human Brain* (2nd), DK Press, 2014: 122–123.

② V. S. Ramachandran, *The Tell-Tale Brain*, WW Norton & Company, Inc., 2011.

专门的脑功能模块处理，也可能由很多网络环路共同处理。如果这些脑区受损，会出现相应的语言能力缺失症。[①]脑中有语音回路和视觉回路（见图3-5），口语和书面语的专门化提高了大脑语言处理的效率。

人首先学会听，其次是说，然后是阅读和书写。研究发现，从青春期起，认知开始向符号表征和抽象化阶段发展，语言也随之变得更加精准和复杂，并向语言专门化方向发展。词汇量变得越来越大，表达也变得越来越丰富，越来越精准。词汇、概念、术语、符号等都是思维的表征方式。语言与思维互为表里，语言能力通常是思维能力的可靠指标，通过学生的语言能力可以看出其思维能力的发展状况。例如能否用专业术语和逻辑来表达和分析问题，是学生专业思维能力的可靠标志。“想清楚”和“说清楚”是两种不同程度的能力，因为想清楚了未必能说清楚，但能说清楚一定是想清楚了。因此要求学生说清楚是培养其思维能力的一种基本方法。

一个常见的狭隘理解是，语言能力培养是语文课的事，如要培养语言表达能力就增加一门大学语文课。这个理解是狭隘的，因为学习任何一门课，都意味着学习一堆新知识、新概念、新表达和新理论。让学生通过阅读、讨论、写作、报告、辩论等来掌握这些新概念和新术语，学会用它们来表述新知识和新思考，是学习相应专业的基本途径。因此大学的所有课程，都有发展学生语言能力的任务。

美国小型文理学院的一个做法是，要求所有课程都必须参与到学生思维和语言能力发展的任务中去，让学生通过各门课程学习，反复训练其思维与语言能力，并最终达到较高水平。这个做法被称为“通识教育专业化”（specialized general education）。因此，当美国小型文理学院说要培养学生的交流和表达能力时，它指的不是增加一门语言课，而是要求所有课程都要用统一的方式对学生进行思维和语言训练。由于所有课程都必须参与学生的思维和语言能力培养，学校要制定统一的教学规范和教学制度，对任课教师进行统一的教学法训练。通过这些制度，使各种思维和语言要素训练在不同学术课程中以统一的方式表现出来，最终叠加成较好的思维和语言能力。正因如此，它们才可能集群力而成伟业，在美国本科教育中独占鳌头！这是美国小型文理学院通识教育的成功秘诀之一，非常值得中国大学学习。

模仿和交流是塑造社会脑的两个主要工具，但脑社会化的核心是大脑要为自己

---

① 这是极简化的说法。深入讨论参见 M. Gazzaniga 等：《认知神经科学：关于心智的生物学》，周晓林等译，中国轻工业出版社，2009：第十章。

设计并营造出独特的微型生态空间（eco-niche）。在这个过程中，社会各方面如制度、文化、生活方式等都会对个人施加影响。青春期发展就是这样一个个人社会化过程。下一节将具体讨论这个问题。

5. 关于学习与教学的建议

以上是关于脑科学和神经科学的一些基本知识，我们从中已经可以看到很多对大学教学和大学学习有重大意义的东西。

罗杰斯大学神经科学教授格洛克从脑科学角度就学习与记忆给学生提了10条建议：

（1）在所学知识之间建立联系，形成知识网络，可以增强记忆。知识越多，联系越广，记忆越好。

（2）广泛使用视觉记忆。人类视觉记忆远好于文字记忆。把文字转化为图像和视频可以增强记忆。

（3）要意识到记忆的局限性，意识到人类记忆是不可靠的。要接受并防范记忆错误。人有高估自己记忆能力的倾向，对此要保持警惕。

（4）技巧性知识只能通过不断练习来提高记忆，练习是增强技巧性记忆的最佳方法。

（5）保持足够睡眠。午间小睡对增强记忆非常重要。

（6）健康用脑。注意用脑适度，过度用脑会导致严重的记忆问题。

（7）放松。让大脑放松，瑜伽冥想可以帮助放松大脑。

（8）多动笔。“好记性不如烂笔头”，勤动笔有助于增强记忆。

（9）有氧运动。大脑需要心脏和肌肉提供血液和养料，有氧训练有助于保持和增强记忆。

（10）用进废退原则，大脑越用越好。①

我从大学教学设计和教学改进角度给教师和学校提14条建议：

（1）经验塑造大脑，把经验获取和经验多元化作为教学法设计的基本维度。

（2）把环境设计和环境变换作为教学法设计的基本维度。

（3）把挑战学生，令其发挥最大潜力作为教学法设计的基本维度。

（4）关注学生大脑能量供给问题。

（5）注意教学过程的节奏感，给学生留出思考时间，保证学生学会。

① Mark Gluck, “Learning and Memory” 课程录像，第6讲。

（6）在教学过程中注意调动学生情绪，激发他们主动参与学习。

（7）把多样化重复作为教学法设计的基本维度。

（8）把课前阅读、课中讨论、课后作业作为教学法设计的基本维度。

（9）把发展认知框架构建和整合能力作为教学法设计的基本维度。

（10）把合作学习和团队学习作为教学法设计的基本维度。

（11）把“学会”作为教学法设计的基本维度。

（12）把教学生“学会学习”作为全校教学法训练的统一要求。

（13）所有课程都要有发展学生语言能力的责任，学校可以把这作为统一的教学要求。

（14）关注学生在学习与发展方面的个体差异性。

以下各章还会进一步讨论这些建议。

第二节　了解学生——青春期大学生发展研究

“了解学生”是美国SC改革的主要推力之一。青春期大学生发展研究包括三个学术领域:（1）青春期大脑发育研究;（2）初期成人研究;（3）大学生发展研究。下面分别加以介绍。

1. 青春期大脑发育研究

传统认为，人脑在3岁之后就不再有大变化了。但现在知道人脑一生都在变化。人脑在25岁之前有两次重大变化，一次是0—3岁，另一次是青春期。促成这两次变化的原因各不相同，两次变化的性质也各不相同。促成第一次变化的原因是大脑要适应从母腹到外部世界的转变，变化最明显的是脑的体积、结构、功能等。第二次变化是青春期。促成这次变化的原因是大脑要从被保护状态变成能在社会中独立生存的状态。这一次，变化最大的是前额叶和大脑皮层神经网结构，重点是认识自我和创造自我，认识社会和适应社会。第一次变化是生命意义上的独立，第二次变化是社会意义上的独立。这两个“争取独立”的过程，主导了25岁之前的大脑发展。

传统上还认为，人到18岁就成熟了，应该独立生活并自负其责，因此包括中国在内的很多国家都把18岁作为法定成年年龄。然而近十几年来的研究表明，人脑要到25岁左右才完全成熟，因此需要在这个新的基础上，重新考虑人的社会成熟定义以及相关社会制度安排，其中之一便是大学教育制度。

美国国家健康研究所（NHI）研究员基德（J.J. Giedd）从1991年开始领导了一项长达20年的研究，用核磁共振扫描成像（MRI）方法研究3岁至30岁的健康儿童及青年的大脑，研究其脑发育情况。到2011年为止，该研究积累了共计2000人的6000份扫描资料。这是历史上首次利用MRI成像技术对人脑发育作长期研究，为了解大脑发育提供了宝贵资料。

图3-6是该研究的一个合成图。[①]从中可以看出，大脑确实一直在变化。成熟的过程是从后向前逐步发展，直到前额叶。额叶成熟最晚，直到20岁还有相当部分尚未完全成熟。目前学界普遍接受的标准是，人脑要到25岁左右才完全成熟。

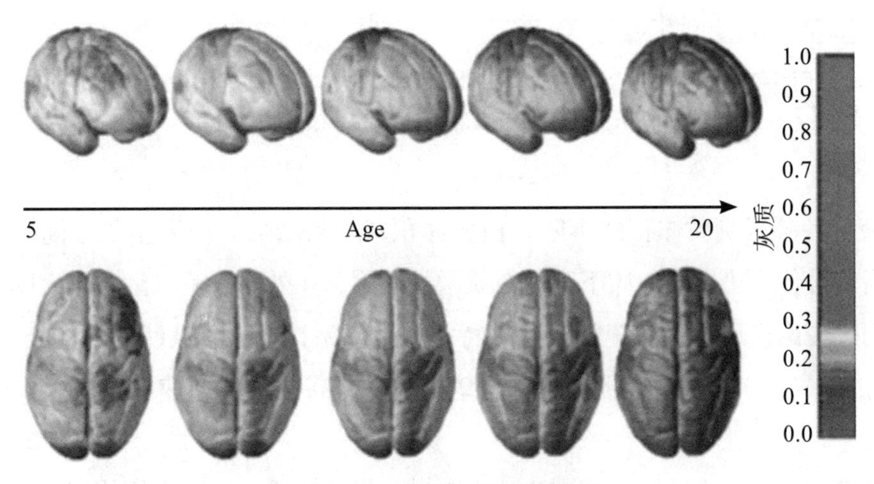

图3-6 5—20岁大脑灰质的变化

此外，他还测量了四个脑叶中灰质（神经元）和白质（神经胶质细胞，主要是髓鞘）的变化情况（见图3-7）。[②]从图3-7左面四个图可以看出，从6岁到20岁这段时间，四个脑叶的神经元体积都经历了类似的先升后降的过程。体积增加是由于神经元突触增生，而体积下降是由于突触修剪。在青春期，下降最明显的是额叶和顶叶。额叶是EF区和运动区，负责理性思维和身体运动；顶叶主要负责触觉、味觉、体感、身体认知、空间认知、身体协调、语言等。其次是负责听力的颞叶。最

① J. J. Giedd, et al, "Adolescent Frontal Lobes Under Construction,"; In D. Stuss, R. Knight (ed.), *Principles of Frontal Lobe Function*, Oxford University Press, 2013: 135−143.

② 同上。

不明显的是负责视觉的枕叶。一般而论，神经网变化越明显的脑区，相应的感觉与行为变化越大。

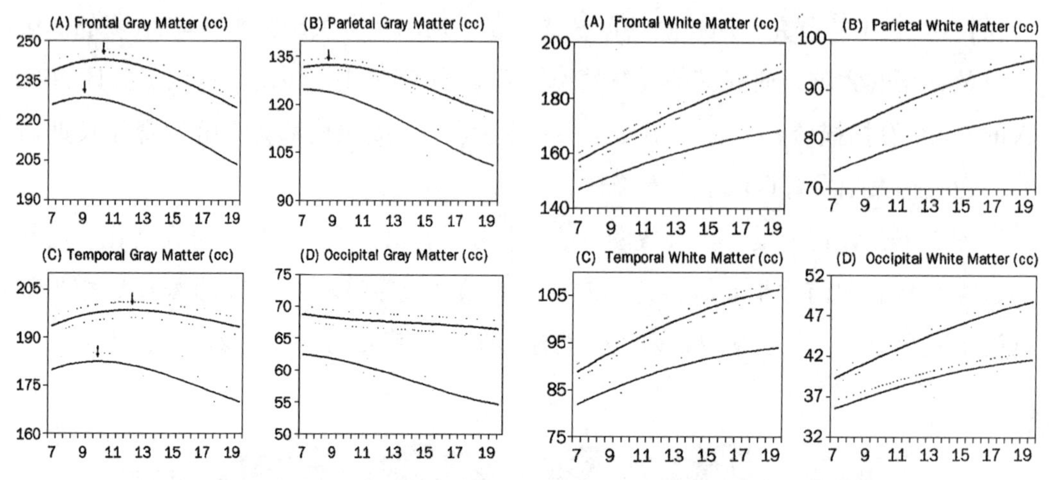

图 3–7 6—20 岁各脑叶灰质和白质体积的变化，左面是灰质，右面是白质。A、B、C、D 分别是额叶、顶叶、颞叶和枕叶①

随着各脑区灰质体积的下降，白质体积却不断增加。白质主要是髓鞘，目的是提高信号传递速度。灰质下降和白质增长说明，在外部经验刺激下，大脑一方面根据用进废退的原则，快速形成各种特定神经环路，清除不被使用的神经元突触，另一方面，在常用神经环路上迅速髓鞘化，以提高信号传递速度，改善大脑工作效率。

青春期阶段，推动神经网变化的决定性因素是经验。大脑根据使用情况（即个体经验）对神经网进行选择性构建、修剪和髓鞘化。青春期神经网的明显变化说明这段时间大脑经历了巨大变化。要想知道经验如何塑造学生大脑神经网，只要观察大学生的行为变化就可以知道了。一般而论，神经网变化越明显的脑区，相应的感觉与行为变化也越大。

为了支持这些变化，大脑超量分泌激素，使人在精神、体力、耐力、承受力等方面都达到顶峰，此时大脑发展也达到最高峰。随着青春期结束，大脑基本定型，人的发展也随之进入相对稳定的成人期。

青春期一结束，大脑就开始衰退，直至死亡。从图 3–8 可以看出，青春期后

① J. J. Giedd, et al, “Adolescent Frontal Lobes Under Construction,” in D. Stuss, R. Knight (ed.), *Principles of Frontal Lobe Function*, Oxford University Press, 2013: 135–143.

大脑的各种生理功能都开始衰退，唯有语词知识随着知识和经验增加而继续增长。这清楚表明，青春期是人智力发展的关键窗口期，一旦错失就会造成终身遗憾。如何帮助学生抓住这个窗口期，是大学教育最重要的任务。

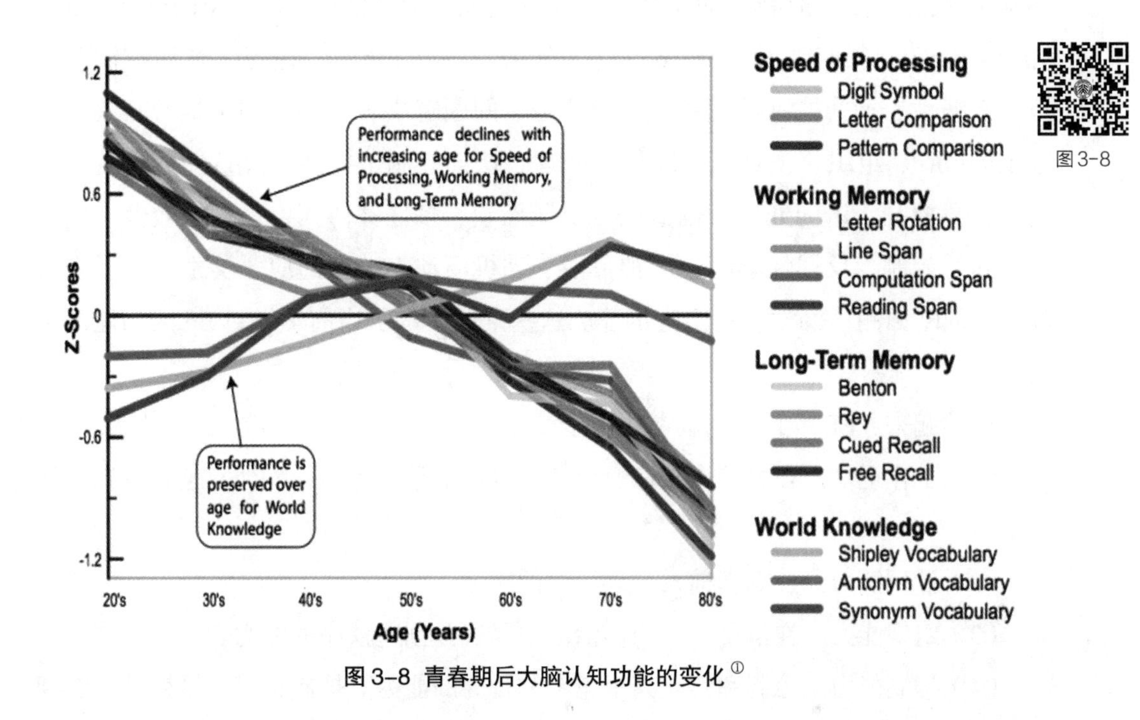

图 3–8　青春期后大脑认知功能的变化[①]

成人期神经环路重建之所以困难，是因为此时灰质和白质已充满大脑所有空间，很难有空间让大脑发展新的神经网络。因此过了青春期，人就不太可能继续高效快速学习了。当然，尽管困难，如有需要，大脑仍然能冲破阻力构建新的神经环路。这种能力叫“大脑弹性”，是人可以“活到老，学到老”的原因。但这时的学习不仅困难多，而且效果差。因此，“少壮不努力，老大徒伤悲”，实在是千真万确的真理。

青春期大脑发展的另一个特点是额叶晚熟。尤其是前额叶，是大脑中最晚成熟的脑区。由于 EF 区在前额叶，是理性的核心，故而人的理性能力发展最晚，因此人们通常把理性作为人成熟的标志。

尽管前额叶和 EF 区如此重要，对它们的研究在最近 20 年才得到较快发展。即

① D. C. Park, G. N. Bischof, “The Aging Mind: Neuroplasticity in Response to Cognitive Training,” *Dialogues in Clinic Neurosciences* 15, no.1(2013): 109–119.

令如此，目前对前额叶究竟是如何发挥作用的，包含哪些功能区，彼此如何互动等问题，仍然是众说纷纭，莫衷一是。

巴格塔等人总结了2000年至2013年间发表的106个经验研究，涉及EF区功能的主题包括：抑制与抑制控制、工作记忆、注意力转移（shifting）、更新（updating）、认知流动性、计划、任务转换（switching）、注意、情绪控制和规范、流畅性、行为控制与规范、自我监控、问题解决、分类、中央执行、首倡性（initiation）、组织、视觉与空间信息处理、认知控制、概括、元认知、目的性行动、自我控制、语词处理、创造性、演绎推理、多任务协同、活动有效性、同理心、执行控制、反馈性学习、全神贯注、动机驱动、冲突回应、奖励处理、安排顺序、战略回溯、警觉、意愿决定等。这些主题显示了当前学界对EF区功能的看法。①

归纳起来，EF区有八个基本功能：

（1）工作记忆。在大脑中提取、保持与操作信息的能力，构建与整合认知框架的能力。

（2）计划能力。计划当前及未来活动的能力。

（3）组织能力。在信息、空间、活动中寻找并创造秩序的能力。

（4）抑制能力。控制和停止某个思考和行为的能力。抑制也是一系列分析、判断和决策能力的结果。抑制意味着能分析、判断和决策，并能把思考结果付诸行动等。

（5）任务转换能力。能根据特定情况，让思维在不同思路之间转换的能力。转换能力是产生不同思路，对其作评价，并择善从之等一组能力的表现。

（6）情绪控制。能根据目标和策略恰当控制与表达情绪的能力，是成熟的重要标志。

（7）首倡启动。主动提出和启动一项任务或活动的能力。首倡意味着已经有了主动、创新、规划和担当的能力。

（8）自我监控能力，即元认知能力。能对自己的思维和行动进行观察和分析，并根据标准或结果做出评估和调控的能力。

这些功能都与“理性”相关。因此脑科学界普遍认为，EF区的特点是理性。

① P. Baggeta, et al, “Conceptualization and Operationalization of Executive Function,” *International Mind, Brain and Education* 10, no.1(2016): 10−33. 这是一篇文献综述，综述了2000年至2013年发表的106篇以EF功能为题的经验研究论文。

上述八项即为EF区的理性功能或理性能力的基本内容。

说EF区的特征是理性，不是说它与非理性因素如情绪、动机、直觉等无关或不受非理性活动干扰，而是说EF区的功能之一是协调和控制非理性因素，使其在理性框架内活动。犹如坝与水，水提供动力，坝控制方向与流量。如果水冲破坝，则意味着人失去理智，整个心智系统就会因此崩溃。

总之，青春期大脑研究发现，青春期各脑叶都出现明显灰质下降和白质增加，说明这段时间大脑在经历巨大变化。前额叶成熟最晚，衰退最早。由于位于前额叶的EF区是理性思维所在，因此理性和理性能力发展是青春期大脑发展的最主要特征，故大学教育应当把理性发展作为其主要任务之一。

2. 初期成人研究

除理性和理性能力发展外，青春期大学生发展的第二个基本任务是人的社会化发展。在这个发展中，年轻人逐渐从被保护者变成能独立生活的成人。在这个时期年轻人究竟是怎样发展变化的呢？对此做出了开创性研究的是克拉克大学心理学教授阿奈特（J. Arnett）。他提出了“初期成人”（emerging adulthood，EA）的概念。今天，初期成人研究已成为发展心理学、社会学、脑科学、教育、职业发展等多学科合作的专门研究领域。

阿奈特说，今天如果你问18—24岁的年轻人：“你们是青少年吗？”他们会说不是。如果你再问：“那你们是成人吗？”他们也会犹豫一下说，也不是。那他们是什么人呢？阿奈特认为，他们属于一个特殊发展期：初期成人。他们应该被称为“初期成人”（emerging adults）。也就是说，在传统的青少年（teenage）研究和成人（adult）研究之间，阿奈特发现了一个尚未很好研究的发展阶段，他认为这个阶段有其特有发展特点和问题，需要专门研究。

“今天”这个词很重要。也就是说，这是一个当代问题，50年前这个阶段并不存在。阿奈特说，比较50年前和现在的年轻人，会发现他们之间有很大不同。如果把稳定工作和婚姻作为成人标志会发现，20世纪50年代很少有人上大学，中学毕业后就工作，然后结婚生子。因此男性工作年龄为18岁左右，平均结婚年龄为22岁。当时女性多为家庭妇女，中学毕业后立刻结婚，平均结婚年龄为20岁。但今天的年轻人要上大学甚至读研究生，可能要多次换工作之后才逐渐稳定下来。结果是稳定工作和结婚年龄都普遍延迟。男性平均结婚年龄为28岁左右，女性26岁左右，而且还有延后的趋势。这个新出现的延迟期就是所谓“初期成人期”。

这个时期的人有五个特点：（1）关注自我认同。探索并回答“我是谁”，这是初期成人的最大挑战。他们不仅要思索，还要通过尝试各种新经验来发现和认识自己，包括自己的特点、爱好、梦想、能力、潜力等，并据此来规划自己的未来成年生活。一旦自我认同问题有了答案，发展就进入平稳的成人期。（2）不确定性。为了回答自我认同问题，初期成人非常不稳定，充满变化。他们对自己和周围世界会产生各种不同想法，并不停探索和尝试。结果这些人的生活就像过山车，不停上下起伏，左右旋转。为了刺激和维持这种生命探索，大脑提高了激素分泌水平，使身体、思维、情绪等都处于巅峰状态。这是一个“糖比糖还甜，痛比痛还痛”的年龄。在这个时期形成的记忆不仅充满细节，而且充满情感！（3）可能与乐观。初期成人的思维灵活多变，愿意尝试各种可能，愿意通过亲身经历来获取对自己和对外部世界的认识。初期成人的另一个特点是乐观。相信“天生我材必有用，千金散尽还复来”。无论对自己的能力、机会和未来，都普遍估计乐观。调查表明，83%的人相信“万事皆有可能”，73%的人相信自己会好于父辈，多数人认为自己高于平均水平。尽管这些乐观未必有根据，但正是这些乐观的预期推动了他们的发展。（4）专注自我。由于忙于认识自我、认识社会、规划未来，巨大的成长压力使他们几乎把全部注意力都集中到自我，无暇他顾。但专注自我不是自私。前者只是“没注意到别人”，后者是“只关心自己”。也就是说，一旦忙过这段时间，他们也会和我们一样，变成富于同情心的利他主义者。用阿奈特的话说，他们是“专注自我但不自私”。（5）中间感（feeling in-between）。初期成人普遍有一种两头不靠的中间感。这是他们的特点，也是他们充满变化的不稳定状态的表现。他们是孩子，但正变成成人；他们还得依赖父母，但想摆脱父母；他们很想相信自己，但又没有把握；他们不熟悉社会，但又想进入社会；如此等等。这种中间感会伴随始终。一旦他们稳定下来，这种中间感就消失了，他们也随之变成成人。

显然阿奈特是以“自我认同”为轴心来解释其他四个特点。这些特点非常适合用于描述大多数美国大学生，也适合用于描述大多数中国大学生。因此在这个阶段给他们最好的帮助是，为他们提供各种脚手架，让他们专心完成自己的发展任务①，而不是简单地用成人标准来批评他们，例如把他们忙于“专注自我”看成是“精致

① M. Mascolo, K. Fischer, “Dynamic Development of Thinking, Feeling and Acting,” in W. Overton, P. Molenaar (ed.), *Handbook of Child Psychology and Developmental Science* (7th), Welly Press, 2015: 113-161. 该文图4.4显示了在不同支持条件下，18—26岁青年在思考、感觉和行动方面可能出现的明显差异。尤其是在这一时期髓鞘化对技能技巧的影响。

的利己主义”。

为什么会出现这个初期成人发展期呢？阿奈特认为有四个原因：一是社会经济发展。20世纪50年代是工业经济和农业经济，今天是知识经济。那时需要的是肌肉，今天需要的是大脑。社会需要更多受过良好教育的人，因此需要付出更多时间来培养他们。二是避孕药。避孕药使性行为和婚姻分离，前者是生理需求，后者是社会责任。统计显示，青少年首次性行为年龄下降，但结婚年龄却不断上升。三是女性运动。20世纪50年代前女性很少参加工作，给女性的工作机会也很少。但今天女性的社会环境已大不相同。她们有更多选择，可以自己规划未来。女性自主意识觉醒最好的证据是当代大学女生比例已经超过男生。四是青年运动（youth movement）。今天青年人认识到，他们可以不必遵循前辈的经验和传统，不必匆忙跳入成人生活，可以花更多时间来探索未来。“不愿长大”就是这种倾向的生动写照。由于这些因素，当代人的发展出现了初期成人期。阿奈特把这个发展期定为18—25岁，这与大脑发育年龄一致。

阿奈特认为，初期成人出现是社会发展的必然结果，而且对个人对社会都是好事。由于有了初期成人期，社会得到了更高素质的劳动者，孩子得到了更成熟的父母，经过较长成长期的人的生活会更加幸福，整个社会也会有更高素质的公民。因此，初期成人期是社会进步的表现。

阿奈特的这个理论部分源于他自己的成长经历。[1]2000年他发表论文《初期成人：一个关于青少年晚期到二十多岁的发展理论》[2]，文章发表后立刻引起广泛注意，并很快被接受。2003年召开首次初期成人学术年会，2013年正式成立学会，同年《初期成人研究》创刊，到2016年该学会已在全球拥有500多名会员。十余年来该领域出现了很多理论探索和实证研究。2016年出版的《牛津初期成人手册》基本反映了该领域目前的发展状况。[3]

我认为这个理论为这个时期年轻人的发展提供了一个更加清晰的图景，填补了青少年研究和成人研究之间的空白，丰富了我们对这个特殊阶段人的发展的认识。尤其是对这个时期人的特点和发展的研究，可以帮助我们更好地理解当代大学生，

① J. Arnett, “President Address: The Emergence of Emerging Adulthood: A Personal History,” *Emerging Adulthood* 2, no.3 (2014): 155–162.

② J. Arnett, “Emerging Adulthood: A Theory of Development From the Late Teens Through the Twenties,” *American Psychology* 55, no.5 (2000): 469–480.

③ J. Arnett (ed.), *Oxford Handbook of Emerging Adulthood*, Oxford University Press, 2016.

尤其是他们在发展方面所面临的巨大压力和他们所经历的艰难曲折的发展历程。

3. 大学生发展研究

大学生发展研究是美国高等教育研究中的一个主要领域。从了解学生的角度看，有两个研究值得注意，一是大学生发展研究，二是“大学如何影响学生”研究。前者主要是大学生心理研究，后者主要是大学生校园发展研究。

和中国大学一样，美国大学也要对学生身心健康发展负责，扮演“代身父母”的角色。因此，学生管理与学生服务一直是大学的主要工作之一。美国大学很早就从教育学、社会学、心理学等方面对大学生进行了大量研究。但过去的研究是分散的，一直缺少整体性框架。20世纪90年代发展心理学提供了新的视角，可以用发展角度把大学生的生理、心理与社会发展纳入其中，于是出现了“大学生发展”（student development in college，SDC）研究。1998年艾文斯等人撰写的《大学生发展：理论、研究与实践》[①]一出版，立即成为培养大学学生事务人员的主要参考书。下面根据该书来介绍这个领域的基本理论和主要发展情况。[②]

和初期成人研究类似，该书也是以“自我认同”为轴心来组织材料。也即是说，SDC研究也认为自我认同是大学生发展的核心。自我认同包括：种族（racial）认同、民族（ethnic）认同、生理性别（sexual）认同、社会性别（gender）认同、失能（disability）认同、社会阶层（social class）认同等。显然这里的“社会阶层认同”范围太宽，还可进一步分解为政治立场认同、经济地位认同、社会阶级归属认同、社会角色认同等。在我看来，这些政治、经济、社会方面的认同对学生的人生定位影响更大，认同过程也更复杂。大学生在求学期间要基本完成对这些问题的探索、体验与认定，最终形成关于“我是谁”的认知框架，并为其未来成人生活提供基本参数。在大学期间，正是这些自我认同，驱动着大学生的学习与社会活动。

北卡罗来纳大学威名顿分校学生事务助理副校长沃尔克从大学生发展工作角度总结了美国大学教育的基本理念：

（1）全人。把学生看成一个整体（holistic），对其进行全面教育，使其得到全

① Nancy Evans, et al, *Student Development in College: Theory, Research and Practice*, Jossey-Bass Publishers, 1998. 该书于2010年和2016年又先后出第2、3版。本章中主要参考第3版。

② 本处参考了北卡罗来纳大学威名顿分校学生事务助理副校长沃克（Mike Walker）2008年撰写的《大学生事务工作与大学生发展理论精要》（“Working with College Students and Student Development Theory Prime”），https://srs.ucsd.edu/_files/theory/student-development-theory_m-walker.pdf，访问日期：2021年11月25日。

面发展。这就是全人教育理念。

（2）个体独特性。每个学生都是独特的，应该按个体特点对待每个学生。这是个体化和差异化教育的基础。

（3）行为。行为是遗传与环境的函数。学生在与环境互动的过程中成长，行为是实现互动的基本方式。教育的关键是提供适当的环境，让学生通过活动成长。这个假设把环境和活动提到了前所未有的高度，为教育环境营造和学生活动设计提供了基础。

（4）最大化。学校应设法使学生发展最大化。发展最大化的方式是挑战学生、激发潜力、提供支持。学校要为学生学习提供足够的挑战和支持。

（5）能力与技能。发展的对象是能力和技能。让学生通过克服挑战获得能力与技巧，并实现发展。

（6）危机。危机是失衡，是挑战与能力之间的失衡，是能力不足的表现。危机可以来自体力、情感、智力、精神等方面。帮助学生克服危机的关键是使其获得能力，从而战胜困难，重建平衡，实现发展。

（7）阶段性。发展有阶段性，应按发展阶段循序渐进地帮助学生发展。跃迁可能导致失败。

（8）局部与整合。发展是具体、局部、分别、孤立的；整合是看到全局。要在局部发展之间建立关系，最终使之成为整体。

这些原则体现了美国 SC 改革的思路，不仅指导着美国大学的学生工作，也指导着大学的教育教学工作。尤其是第 3、4、5、6 条关于环境挑战、行动、能力与技能、失衡与平衡、局部与整体的说法，清楚地显示了美国大学强调环境挑战，让学生通过接受挑战来克服困难，在问题解决中培养能力、实现发展的基本思路。

此外还有一些理论对美国大学生工作有重要影响，如埃里克森的人格认知发展模型、齐格林的人格发展向量模型、马斯洛的需求层次模型、科尔伯格的伦理认知发展模型、佩里的智力发展模型、科根的自主自决理论、布鲁姆的认知目标分类模型等。

埃里克森于 1959—1980 年提出人格认知发展模型。他认为人格发展有八个阶段，每个阶段都有一个矛盾。矛盾造成危机，危机推动发展，危机解决后进入下一阶段，最后完成人格的终身发展。这八个阶段为：基本信任 / 不信任（0—1 岁）、自主 / 羞愧与怀疑（1—3 岁）、主动自发 / 罪恶感（3—6 岁）、勤奋 / 自卑（6—12 岁）、角色认同 / 角色混乱（12—20 岁）、亲昵 / 疏远（20—25 岁）、产出 / 迟滞

（25—65岁）、自我统合/失落（65岁以上）。他认为人格在每个发展阶段都有一些变与不变。不变延续了自我的一致性，但变化增加了人格的丰富性。他还认为，有五个要素能促成人格认知变化：（1）尝试不同角色；（2）体验各种选择；（3）获得有意义成就；（4）能摆脱过度焦虑；（5）能有机会反思。埃里克森的人格发展阶段论和矛盾推动人格发展的看法，对后来的研究有较大启发。

齐格林于1959年至1965年提出一个人格发展向量模型，即人格发展有七个维度：能力发展、情绪管理、从自主向依存发展、发展成熟人际关系、建立自我认同、发展个人事业目标、发展品德完整性。齐格林是在负责学生发展工作时从实际工作中总结出这个向量模型的，目的是为大学学生工作提供基本的维度和指向。据说这个模型很受实践者欢迎。

马斯洛把人的各种需求按满足优先性进行排序，提出了需求层次模型。这个满足优先性顺序为：生理需要、安全需要、爱与归属感需要、尊重需要、自我实现的需要。这五个需要非严格地构成递进结构，他认为人的追求由低向高逐级发展。这个模型也被认为有重要参考价值。

科尔伯格把人的道德发展分三个层次、六个阶段。三个层次分别为前习俗、习俗和后习俗。前习俗层次以自我利益为标准，习俗层次以社会习俗为标准，后习俗层次以普适原则为标准。第一层次人关注的是自我，第二层次关注到社会，第三层次注意到天下。每个层次又可细分为两个阶段。随着认知范围扩大，认知水平提高，道德也因此得到发展。

佩里是哈佛大学学习研究中心主任，他研究大学生价值判断的特点和变化，得出了他的认知伦理模型（intellectual and ethnic model）。他发现大学生进行价值选择时有三种基本模式。一是二元模式，非黑即白、非对即错、非好即坏。此时学习的任务是找到正确答案。二是多元相对模式，认识到价值的多元性及语境的重要性。但由于缺少价值立场选择能力，因此认为所有价值选择都有同等的合理性，出现价值相对主义态度。三是价值选择能力成熟，愿意在多元价值情境中做出自己的价值选择，自己成为价值决定主体。每个模型又可细分为三种情况。他认为这三个模型和九种情况反映了大学生们智力发展的过程，反映了大学生们在各种信息、理论、经验、观点中“构建意义”（meaning making）的能力的发展。这个模型对大学教学设计、学习效果评估、学生事务管理等领域都产生了重要影响。

科根是哈佛大学教育学院的心理学教授。他首先提出自主自决（self-authorship）理论。科根认为，人的一生始终是围绕自我来构建意识世界。其认知发展、道德发展、与外部世界关系的发展，均受这个围绕自我意识构建的模型的影响，从出生时只感受到自我，经过有外部客体意识、能对外部客体分类、建立抽象概念系统，最后到建立包括所有事物的统一体系，这一系列发展都是为了让自己获得对自己经验的感觉和对所知事物的意义的理解。这个围绕自我而构建经验与知识体系的过程，就是自主自决过程。自主自决意味着对自己意识的自主、自建、自有、自享。只有对自己有意义和有价值的知识和经验，才可能进入自己的意识过程和意识世界。自己（self）是自己意识世界的创造者和拥有者（authorship）。

布鲁姆是芝加哥大学教授。1956 年至 1964 年他领导的研究组提出了一套教育目标分类系统模型，涉及认知、态度、技能三方面。他把认知发展分为记住、理解、应用、分析、综合、评价六级，认知水平逐级递增。可以根据这个模型组织课程和教学设计，也可以据此进行学习与教学效果评价。这个模型对美国大学课程设计和学习效果评价产生了巨大影响。2001 年有人对这个模型作了进一步修改，变成：记住、理解、应用、分析、评价、创造。这是今天美国大学被广泛使用的课程设计模型之一。下一章会具体介绍这个模型，故不赘述。

除了这些心理学研究之外，美国还对大学生在学校的发展做过很多实证研究。帕斯卡里拉和特伦齐尼等人以“大学如何影响学生”为题，对 1970 年至 2015 年间的上万个研究进行了总结，先后分三卷发表，分别覆盖了 1970 年至 1990 年、1991 年至 2005 年、2005 年至 2015 年三个时期。这套书是研究美国“大学如何影响学生”问题的基本参考资料。[①]下面是前两卷中报告的一些重要发现。

表 3–2 归纳了 2005 年美国大学生学习与认知方面发展的情况。从中可以看出，和未上大学的同龄组相比，大学四年使大学生在各智力维度都向前移动 0.5—0.8 个标准差（SD）。在反思性判断推理和认识复杂性方面的进步尤其明显，达到 0.9—2.0 个 SD，使他们在同龄组中位居前列。尤其是认识复杂性能力方面变化高达两个标准差。这意味着，同龄高中毕业生中只有 5% 的人在这个维度上可以达到大学毕业生的平均水平，这就是大学教育的结果。换言之，大学四年极大地提高了学生在思维、审辨、反思、认识与分析复杂现象方面的能力。

① Ernest Pascarella, Patrick Terenzini, *How College Affects Students: Findings and Insights from Twenty Years of Research*, Jossey-Bass Publishers, 1991; Ernest Pascarella, Patrick Terenzini, *How College Affects Students: A Third Decade of Research*, Jossey-Bass Publishers, 2005; Matthew J. Mayhew, et al, *How College Affects Students: 21st Century Evidence that Higher Education Works*, Jossey-Bass Publishers, 2016.

表 3-2 美国大学生大学四年在学习与认知方面的变化[①]

1990 年以前的研究		1990 年以后的研究	
维度	效果 /SD	维度	效果 /SD
语言技巧	0.56	英语（阅读、文献、写作）	0.77
定量技巧	0.24	数学（普通数学能力、代数、几何）	0.55
特定专业知识	0.84	科学（实验室 / 现场工作、理解科学基础概念）	0.62
口头表达技巧	0.60	社会研究（历史、社会科学）	0.73
写作交流	0.50	通识能力（如使用科学与艺术的能力、问题解决能力）	0.80
形式推理（皮亚杰形式推理）	0.33	审辨思维技巧	0.50
审辨思考技巧	1.00	审辨思考习惯	0.50
反思性判断推理（后皮亚杰形式推理）	1.00	反思性判断推理	0.90
观念复杂性	1.20	认识复杂性	2.00

社会心理变化主要表现在学生的社会角色丛、个人态度空间、个人社会活动空间的构建。青春期变化包括摆脱家庭与进入社会两个阶段。中学阶段的发展主要表现为自我觉醒和摆脱庇护，大学阶段的发展主要表现为认识自我和融入社会，这个阶段就是社会化阶段。这个过程包括四个主要环节：认识社会（有哪些社会群组）、认识自我（确定自我价值偏好系统）、自我定位（根据价值偏好系统确定对待各社会群组的态度和关系）、融入社会（采取实际行动并反馈调整）。自我认同包括种族认同、民族认同、性别认同、社会性别认同、社会阶层认同、群组忠诚认同、精神信仰认同等基本认同，以及亚群组认同，如国家认同、出生地认同、专业职业认同、兴趣爱好认同等。这些认同构成了个人社会角色丛。角色丛是个人偏好的集合，偏好决定了对不同社会群组的态度，如欣赏、融入、接受、中立、拒绝、忽视、敌视等。这些态度又进而决定了个人的社会活动空间，如和谁接近、和谁疏远、和谁保持距离等。通过建立角色丛，到确定态度集合、确定社会关系集合、构建个人基本社会空间这四步，大学生完成其社会化过程。此后若无重大变化，这个个人化的社会认知与活动空间很可能终生不变。也就是说，大学的校园环境和校园活动决定性地影响了大学生的社会化过程。

1990 年以前的研究发现，经过大学四年，学生的自我认同更加清晰、精细和复杂，个人在学术、社会角色、自尊自信等方面变得更加积极。最大的变化是降低

① 同第 89 页注①，2005 年出版的第 2 卷，第 573-574 页。

了对权威与教条的依赖（0.7—0.9SD），变得更加自主（0.59SD），更独立于家庭影响（0.60SD）及同辈群体影响（0.20SD），自我控制能力增强（0.25—0.3SD），人际关系得到改善（0.16SD）。同时种族中心主义倾向下降（0.40SD）。

1990年以后的研究不仅进一步证实了1990年以前的基本发现，还发现1990年以后大学生的认同变得更加精致和复杂，如开始辨析种族与民族之间的差异、对同性恋群体表现出认可和支持等。但在自我学术认同和自我社会认同方面，1990年以后的大学生作为整体进步较低，分别为3个和5个百分点。这个结果被认为是由于内部分化造成的。有人变得更积极，有人变得更消极，结果在统计上被正负抵消。如果分别测量，两者各自的变化率分别可达到10—18个百分点左右，可见变化还是很大的。

关于价值与态度。1990年以前的研究显示，经过大学教育，在自由与保守之间，大学生们通常转向自由一端。随着时间增加，宗教信仰对大学生的影响逐渐减弱。他们变得更加支持性别平等，同时对不同政治、宗教、社会观点抱有更大的宽容。但1990年以后的大学生群体在社会与政治问题上出现两极化倾向，同时对社会与政治问题的热情降低。大学生们更乐意作为志愿者参与社会服务，大学生志愿者比例比高中生要高出2—3倍。20世纪90年代以来美国大学校园内的多元化运动明显提高了大学生对多元种族与文化的理解和敏感性。

在道德发展方面，大学生们最明显的变化是，从根据习俗或社会权威进行道德判断，转变成根据普遍原则进行道德判断。1990年以前的测量值为0.77SD，而1990年以后的测量为0.59SD。一年级新生的变化最明显，高达0.33SD。也就是说，主要变化发生在大学一年级。①

对照大学生发展研究中的各种理论模型会发现，大学生们的实际变化与这些模型基本吻合。大学四年学生们在各方面都得到了很大发展，但变化最明显的是理性和理性能力的发展。人在青少年期经历了肌体、感觉、情绪等方面的大发展后，终于在大学期间迎来了理性的成熟。理性能力发展表现在各个方面，包括学术能力、社会角色认定、态度价值自由化、道德判断原则化、情商或逆商提高②等，都得到明显提高。理性和理性能力的发展，是大学生发展的最重要表现，也是人走向成熟的最重要标志。因此，大学教育教学应当把理性和理性能力培养，作为最重要的

① Ernest Pascarella, Patrick Terenzini, *How College Affects Students: A Third Decade of Research*, Jossey-Bass Publishers, 2005: chapter 11.

② 情商指控制与管理情绪的能力。逆商指在逆境中理性处事的能力。

目标。

以上是美国关于大学生发展研究的一些基本状况。大学生发展研究丰富了对大学期间学生心理与社会发展的认识，为大学生工作提供了指南。尤其是沃尔克总结的那一套基本假设，对中国大学生研究与大学教学研究应该有启示作用。关于“大学如何影响学生”的研究表明，大学阶段认知发展的主要特征是理性和理性能力发展，理性的发展进而影响了大学生们在认知、情感、道德、社会认知、社会融入等方面能力的发展。理性的发展尤其表现在更好的理性判断能力和理性控制能力。这个结论非常重要，这给大学的教学与学生工作指出了重点和方向。

但美国的大学生发展研究似乎有一点不足，即其所依赖的主要理论几乎都诞生于1980年之前，似乎还没能很好吸收20世纪80年代以后脑科学、认知科学、发展科学等领域学术进步的成果。这种脱节现象对该领域的未来发展应该是一种不利倾向。

以上简要介绍了美国在青春期大脑研究、初期成人研究、大学生发展研究三个领域的发展情况。这些研究显示，围绕“了解学生”已经形成了一个多学科研究领域。该领域的发展对SC改革有重大影响。但目前的研究还比较分散，缺乏整合，跨学科研究较少，尤其是从SC改革角度的研究更少。但我认为，这是一个既有学术基础又有广泛实践前景的领域，非常值得高等教育领域的学者们关注。

第三节　了解认知——认知心理学与认知科学

第三个对SC改革有重要贡献的领域是认知心理学和认知科学。认知研究的对象是心智（mind），包括：感知觉、注意与意识、学习与记忆、语言与思维、推理与逻辑、认知与情绪、认知控制等。[①] 当代认知心理学和认知科学是20世纪60年代认知革命的结果。发生在认知领域里的知识进步改变了人们对认知与学习的看法，推动了学习心理学和学习科学发展。这些进步使得人们可以在新的基础上重新反思

① 这部分内容主要参考了P. Thagard, “Cognitive Science,” *Stanford Encyclopedia of Philosophy* (2014), https://plato.stanford.edu/，访问日期：2021年11月25日；W. Bechtel, et al, “Cognitive Science: History,” in N. Smelser, P. Baltes (ed.), *International Encyclopedia of the Social & Behavioral Sciences*, Pergamon Press, 2001: 2154–2158.

学校的教育教学活动，并最终推动了 SC 改革。

本节有三部分。首先介绍认知心理学和认知科学发展简史，然后介绍认知模型论，最后介绍专家 / 新手研究。

1. 认知研究简史

认知研究起源于认识论哲学。认识论哲学可以分为两部分：一是关于认识过程，即认知论；二是关于认识结果，即知识论。这里只讨论认知论，不讨论知识论。认知论的核心问题是人如何认知。

自古以来，大凡对认识论感兴趣的哲学家都多少会涉及认知问题。但由于缺少科学思维和思维活动可视化手段，古代研究主要靠个人体验与猜测，因此属于哲学研究。尽管如此，还是有些古代哲学家对认知研究做出了重要贡献。

一是古希腊哲学家柏拉图。他认为人靠“理念”认识事物。然而理念是完美的，现实事物是粗糙的，因此他认为理念不可能来自现实事物，只可能来自先天。因此对他来说，学习的过程就是灵魂回忆理念的过程。在回忆中灵魂逐渐苏醒，认知因此得以升华。故他的认知理论叫理念论。最能体现他这种观点的知识是数学与逻辑，它们都是概念化和形式化的。这个先验特征使这种观点后来成了认知遗传说的先声。

二是近代英国哲学家洛克。他认为人脑天生像块白板，什么都没有。知识是后天经验在白板上打上去的印迹。学习是获得经验的过程。最能体现他这种观点的知识是经验知识，如技术技能知识。做了就会，不做就不会。因此他的理论被称为白板说。这后来成了经验论的代表。理念说和白板说正好相反，在先天遗传和后天经验之间各执一端。

三是法国哲学家笛卡尔。他认为认知中既有先天成分也有后天成分，分别代表人的灵魂和肉体。但他不知道两者如何互动，也无法确定谁为主导，故其理论被称为二元论。

四是德国哲学家康德。康德本人是科学家，对牛顿力学的普适性与经验性有深刻认识。他认为在认知中，人是用先天的形式去整理后天的经验，形成高度概括的普适性理论。最能表现这种观点的知识是牛顿力学这样的理论。这种理论既有高度抽象的形式，又有深厚的经验基础。康德把这种具有高度抽象形式又有深厚经验基础的命题称为“先验综合判断”。他的这个观点后来启发了皮亚杰。

从这些哲学遗产中可以看出，古代先哲们已经注意到，先天遗传和后天经验都会在认知中发挥作用。这些天才的猜测成了认知心理学和认知科学发展的重要基础。

但19世纪后期，当心理学家把科学方法引入认知研究时，学者们对什么是“科学的”研究方法产生了分歧。根据当时自然科学研究只应涉及可观察对象的原则，在心理学中，只有行为是可观察的，而大脑的思维活动是不可观察的。因此一批科学家，主要是美国科学家，把“可观察行为”作为“科学”心理学的基础。根据这个原则建立的心理学被称为“行为主义心理学”。恰在同时，俄国心理学家巴甫洛夫对狗唾液分泌的研究为行为主义心理学提供了“刺激—反应”的研究范式，从此行为主义大盛，成了20世纪上半叶美国心理学研究的主流。但由于行为主义拒绝研究大脑内的认知活动，于是大脑成了“黑箱”。后来的认知革命正是从打开大脑黑箱开始的，认知心理学和认知科学也由此诞生。

20世纪认知心理学的发展大体可分为三个阶段：格式塔心理学、皮亚杰认知心理学、当代认知心理学和认知科学。

格式塔心理学是20世纪初期由三位德国心理学家提出的。他们发现，人脑天生有把有限信息整合为完整图景的倾向。例如，把墙上的几个点看成房子，把天上的一片云彩看成某种动物。还有根据已有认知模式修改实际经验的倾向，例如，把快速闪动的照片看成连续运动，把凹进去的面壳看成凸出来的人脸等。换言之，格式塔心理学发现，在认知中，大脑不是在“客观地反映”感觉，而是在“主动地加工”经验。这个发现是革命性的！“格式塔”的德文意思是“完形”，故格式塔心理学又称“完形心理学”。其最重要贡献，是发现了认知是人脑主动加工经验的过程，即大脑根据有限信息“构建”完整图景，根据已有知识“调整”感觉经验，并认为这是人的认知能力的表现。

随后是皮亚杰的认知发展阶段论。皮亚杰少年聪慧，11岁开始发表论文。据说少年时受其教父影响对康德认识论哲学发生浓厚兴趣。他21岁获得生物学博士学位后，在巴黎内比特研究所研究儿童智力测量问题。他发现不同年龄儿童的智力状态不同，于是和妻子（也是他的学生）一起研究自己孩子的智力发展过程。他们共生了三个孩子，故研究得以不断深入。皮亚杰从1923年起开始发表儿童智力发展的论文，最终形成他的儿童智力发展阶段论。这奠定了他作为认知心理学和发展心理学创始人的学术地位。

皮亚杰在研究中发现，儿童在不同阶段的认知方式不同，构成不同智力发展阶段。皮亚杰认为儿童认知发展分为四个阶段：（1）0—2岁是感觉运动期，只能靠感官认识外部世界；（2）2—7岁是前运算期，开始用表征符号来表征外部事物；（3）7—11岁是具体运算期，能根据具体经验进行思维；（4）11—16岁及以上是形式运算期，能用抽象符号进行抽象逻辑思维。

认知图式（schema）是皮亚杰认知理论的一个关键。他认为人脑创造认知图式，并用它来组织和表征外部信息和经验。认知图式对外部信息有组织和选择作用。大量认知图式形成认知结构。人如何认识与应对外部环境，取决于他有何种认知结构。认知结构不同，认识结果和反应方式也不同。这些看法使他的理论非常接近康德的先验综合判断。

皮亚杰认为，认知图式与外部环境之间有两种互动方式。一是选择性吸收符合已有认知图式的信息，忽视、过滤或扭曲不符合的信息，结果是强化已有认知图式，这叫同化过程。二是发现不符合已有认知图式的外部信息时，改变已有认知图式以适应外部信息，这叫顺应过程。同化与顺应都是主体适应环境的方式，目的是使主体与环境之间达到平衡。同化和顺应是手段，保持平衡是目的。在连续不断的同化与顺应过程中，人的认知与认知能力得到发展。这就是皮亚杰的认知发展阶段论。

皮亚杰的理论包含两个部分：认知图式论和认知发展阶段论。这两部分分别为认知心理学和发展心理学奠定了基础，于是皮亚杰成了这两个领域的奠基人。[①]

今天皮亚杰的理论已为心理学界广泛接受。学者们根据新的研究发展出了更先进的认知理论。2015年出版的《儿童心理学与发展科学手册（第7版）》中，马斯科罗和费希尔（M. Mascolo and K. Fischer）提出了一个发展模型（见图3-9）。他们把一个人从出生到25岁的认知发展分为四个阶段：（1）从0岁到3—4个月为生理反射阶段，从单个反射行为发展到局部性反射行为，再发展出系统性反射行为，最后进入第二阶段——感觉运动阶段。（2）从3—4个月到1—2岁为感觉运动/行动阶段，大脑感觉运动皮层发展。小孩通过东跑西跳、东摸西摸来认识外部世界。也是从单个行为到为局部行为，再到系统性行为，最后进入表征阶段。（3）从2岁到10—12岁为表征阶段。人开始会用各种符号如语言、图像、声音、概念等来表征外部事物。这个阶段最重要的发展是语言、图像、声音、概念等表征符号的发展。人开始用这些表征符号来表现、想象、思考外部世界。表征能力的发展使人可以同时依赖直接经验和间接经验，认知范围得以扩大。发展也是从单个行为到局部

① 赫根汉：《学习理论导论》，郭本禹等译，上海教育出版社，2011：第十一章。

行为，再到系统行为。最后进入抽象阶段。（4）10—12岁到25岁为抽象阶段。表现为能进行抽象思考。抽象能力的发展使人不再仅仅依赖经验进行思考，还能根据理论进行抽象思维。从经验思维到抽象思维是思维的一大飞跃，这意味着人可以构建一个和外部世界对应的观念世界，用以显示和解释外部世界，并根据这个观念世界来指导自己的活动。发展也是从单个抽象到局部抽象，再到系统性抽象。最后是自己生成抽象原则。在这个过程中抽象思维能力不断提高。

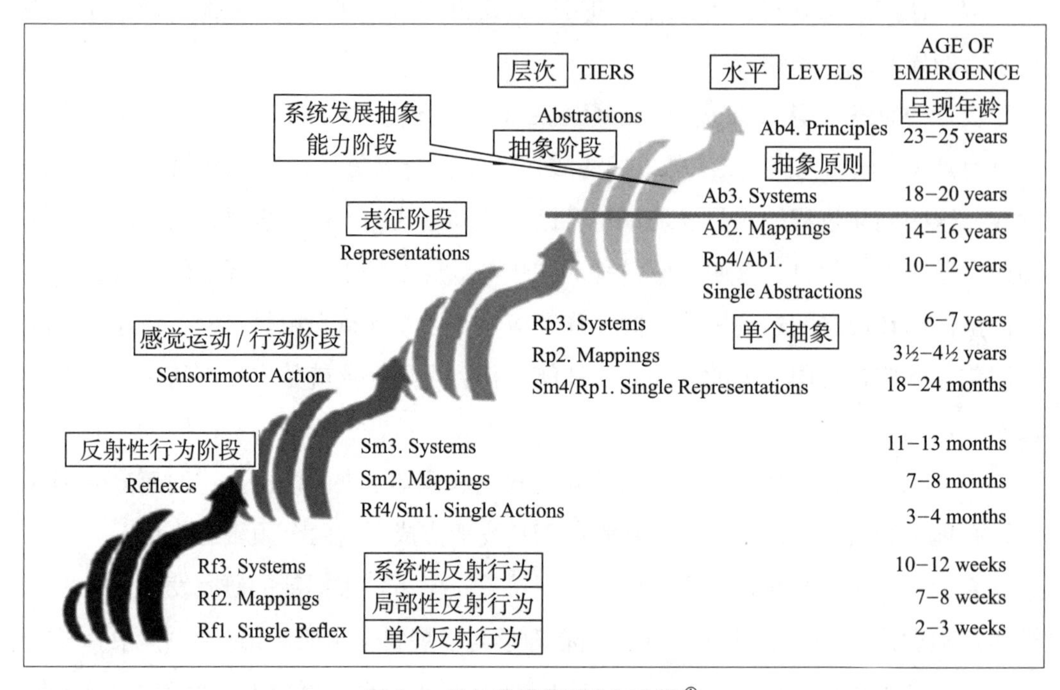

图3–9 认知发展的层次与水平①

显然这个模型更加具体和丰富，还把认知发展过程一直延伸到25岁，这与对青春期大脑发展的研究结果一致。尽管这个模型更为先进，但皮亚杰的影响清晰可见。

值得注意的是，这个模型把18岁到25岁的发展进一步分为两个阶段：系统运用抽象原则阶段和自主生成抽象原则阶段。这与青春期大学生发展的研究结果一致，即大学阶段，学生首先学会运用已有抽象原则，然后逐步学会自己提出抽象原则，并以此指导行为。经过这两个发展阶段，大学生的理性思维能力将得到大幅度提高。美国大学生发展研究发现，受过大学教育和未受过大学教育的人相比，在抽

---

① R. Lerner (editor in chief), *Handbook of Child Psychology and Developmental Science* (7th), John Willey & Sons, 2015: 122. 文字框为引者所加。

象思维能力和理性思维能力方面，两者可以相差1—2个标准差。因此，当我们说大学培养“高水平人才”时，这个“高水平”应该是指经过大学教育后，大学生们普遍有较高的理性思维能力和抽象思维能力。这也是大学教育在大学生发展方面的最主要贡献。

显然，脑科学、青春期大学生发展研究、发展心理学都认为，在18—25岁这个阶段，大脑发展的重点是抽象思维和理性思维能力。因此大学应当把发展大学生理性与理性思维能力，作为大学教学的主要任务。

之所以反复强调理性和理性思维能力发展，是因为目前很多高校迁就学生害怕理论学习的心理，以各种理由减少理论课分量，降低对理论学习的要求。然而，如果此时迁就学生，就可能让学生错过理性思维能力发展窗口期，使其智力潜力不能得到充分发展。这个后果大学需要认真考虑！因此，尽管此时学生不愿意、不主动，大学也应该要求他们学习理论和发展理性思维能力，因为这样也能实现大学对学生与社会的最终承诺！

认知心理学发展的第三阶段是认知革命和认知科学阶段。[①]20世纪上半叶行为主义心理学盛行于美国，认知心理学没有地位。但一些原本和心理学无关的学科如人工智能、语言学、科学哲学等开始关注认知问题。它们对认知的探索从外围打破了行为主义的一统天下。到了20世纪60年代，学术界已经认识到，必须放弃行为主义教条，认真对待大脑中发生的认知活动。于是1970年《认知心理学》创刊，1978年认知科学诞生。这个变化史称“认知革命”。在这场革命中，认知研究进入认知科学阶段。

回顾这段历史，是希望读者注意到，今天我们对人类认知的认识，对SC改革的坚持，不是由于一两个孤立事件，而是一系列学术领域发展的结果。

美国著名认知心理学家米勒（G. Miller）2003年在回忆认知科学发展史时曾画过一张图（见图3-10），列出了六个对认知心理学有重要贡献的学科。图中实线表示当时已经建立的联系，虚线表示有待建立的联系。目前所有虚线已经都变成了实线。

---

① 这段历史主要参考了G. Miller, “The Cognitive Revolution: a Historical Perspective,” *Trends in Cognitive Sciences* 7,no.3 (2003): 141-144；P. Thagard, “Cognitive Science,” *Stanford Encyclopedia of Philosophy*(2014), https://plato.stanford.edu/, 访问日期：2021年11月25日；W. Bechtel, et al, “Cognitive Science: History,” in N. Smelser, P. Baltes (ed.), *International Encyclopedia of the Social & Behavioral Sciences*, Pergamon Press, 2001: 2154-2158.

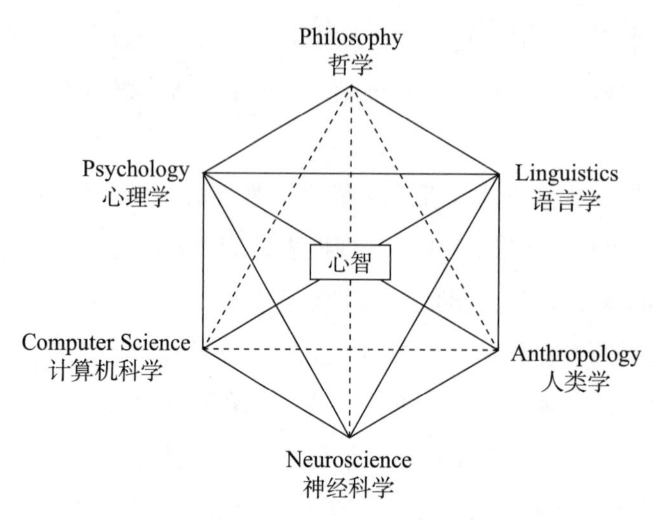

图 3–10 认知科学发展趋势①

首先是计算机科学。从古希腊起就有人提出，逻辑是一种形式化的思维。毕德哥拉斯、亚里士多德、欧几里得等都为形式化逻辑做出过贡献。1854 年英国数学家布尔提出，可以用“是”与“非”两个算子来进行逻辑运算，这后来被称为“布尔代数”。1936 年英国数学家图灵提出，可以让机器模拟逻辑人的运算过程，从而建立了自动运算理论，这后来被称为“图灵机”。1938 年在 MIT（美国麻省理工学院）读硕士的香农在其硕士论文中建议用布尔代数来设计电子线路，实现布尔代数运算电子化，即可以用计算机进行逻辑运算。这篇论文因此被称为历史上最伟大的硕士论文。1942 年 MIT 建立辐射实验室研究雷达，该实验室接手了图灵在英国的密码破译工作。1943 年图灵为此到 MIT 见到了香农，并告诉他关于“图灵机”的设想。受图灵机思想启发，香农于 1948 年发表划时代论文《通信的数学理论》，提出信息论概念。论文指出，可以把信息论用于分析自然语言和计算机语言，在两者之间建立起桥梁。当时同在 MIT 从事研究的维纳，因火炮控制问题提出“反馈”概念，创立了控制论，即利用反馈机制来修正行为和保持目标，以控制论为基础的自动控制理论由此诞生。

20 世纪 50 年代纽维尔（Allen Newell）继承上述思想，在兰德公司和卡内基梅隆大学继续深入研究。纽维尔本人是认知心理学家和计算机科学家，其终身学

① G. Miller, “The Cognitive Revolution: a Historical Perspective,” *Trends in Cognitive Sciences* 7, no.3 (2003): 141–144.

术愿望是研究“如何在物理世界中重现人类心智”，即用计算机方法再现人类心智。纽维尔从研究人类认知模式入手，发展出了模拟人类认知行为的SOAR结构和ACT-R结构，这两个结构至今仍然是人工智能的基础。[①]

此外，他还和同事西蒙（Herbert Simon）合作研究专家系统。他们发现专家工作有特定行为模式：“如果出现A情况，则采用B方法”，即“if A，then B”，这就是著名的“if-then”语句。如果对答案不太肯定，可以用概率系数表示。故对任何一个专业领域，可先确定其典型问题或任务，然后找顶级专家提供答案，再把问题和答案用“if-then”语句连接起来，就构成了专家系统。这项工作意义重大，开启了人工智能的先河！

从布尔到西蒙，所有这些工作有一个共同点，即以人脑逻辑思维为对象，研究如何让机器模仿人脑思维，这就是所谓“人工智能”（AI）。然而，AI并不是研究人脑的所有思维，而是从基本和确定的形式化逻辑思维开始，逐步扩大到其他思维形式。由于AI是单点突破的，因此得以打开人类思维研究的大门。

AI的重要性在于，它是在传统心理学之外大规模研究人类思维的学术领域。它模仿逻辑思维，并展现了巨大的工具价值和经济价值。这使得行为主义再也不能以“不可观察”为由来拒绝研究人类思维了。行为主义一统天下的局面由此被打破。

AI的另一大贡献是，为认知研究提供了一个研究范式和一套术语——信息过程分析法。以前人们多把思维比喻成灵气或流体。但自从有了计算机和AI之后，信息过程分析法成了认知研究的主导表述方式。例如，把学习与记忆过程表述为信息输入、处理和存储过程，把EF区调控功能表述为信息反馈与控制过程。在所有涉及人脑研究的心理学、哲学、脑科学、认知神经科学、人工智能等认知领域中均是如此。然而，这个研究范式既可能帮助也可能限制我们对认知的思考。例如，如何用信息过程方法来表示直觉，如灵光乍现？有人建议把直觉理解为某种“短路”。这很有创意，但实际的生理过程可能并不那么简单。

另一个对认知革命做出重大贡献的领域是语言学。[②]MIT的语言学家乔姆斯基扮演了主要角色。乔姆斯基认为，人的口语能力是长期进化的结果，人的有些口语功能是先天遗传的。他认为口语分表层结构和深层结构。表层结构是语法关系，即词的排列，这是语言的外在表现形式。深层结构是语义关系，即要表达的内容。深

① 曾毅等：《类脑智能研究的回顾与展望》，《计算机科学学报》2016年第1期。

② 这里主要依据R. Barsky，“Noam Chomsky,” in James D. Wright (ed.), *International Encyclopedia of the Social & Behavioral Sciences* (2nd), Pergamon Press, 2015: 26–30.

层结构通过某种转换规则生成表层结构。这些转换规则不直接决定词的排序，但决定排序的各种可能性，由此生成各种语言的具体语法。他认为这个转换生成规则是先天预设的，是人类语言的共同规则。他把这套转换生成各种语法的规则称为“普遍语法”。由于普遍语法在儿童学习口语之前就已经存在，因此它只能是先天预设的。

1957年乔姆斯基在《句法结构》一书中表述了上述思想，随后不断加以完善。乔姆斯基理论的新颖性在于，他认为大脑中存在预设的“普遍语法”，这个观点和柏拉图、康德关于认知中有先天成分起组织作用的看法一致，因此乔姆斯基被认为是唯理论哲学的当代传人。

然而恰在同年，哈佛大学行为心理学家斯金纳出版了《口语行为》一书。他在书中按行为主义的原则，把口语习得解释为外部刺激和内部强化的过程。乔姆斯基认为这完全否定了语言学习的先天因素，没有看到儿童在口语学习中表现出来的复杂性和创造性。此外他还认为，用动物实验中的刺激、反应、强化、习惯等术语来描述人类口语发展的做法完全不可接受。于是他对斯金纳的行为主义语言理论进行严厉批判。他说斯金纳用观察行为的方法来研究语言，就好像用读米尺的方法来研究物理，完全忽视了大脑中发生的过程。“完全忽视大脑中发生的过程”，这才是行为主义的根本缺陷！乔姆斯基的批评可谓一语中的。这个批判对行为主义的影响是致命的，行为主义从此一蹶不振，而关注大脑认知过程的认知主义则兴旺起来。因此有人认为是乔姆斯基开启了“认知革命”的先河。①

尽管关于乔姆斯基的理论仍有争议，但后来很多语言学家如哈佛大学语言心理学家平克（Steve Pinker）等都追随乔姆斯基②，开始关注与口语功能相关的脑区和神经网络，以及语言的遗传与进化特征。这些促成了语言心理学和语言生理学的诞生。③

继人工智能和乔姆斯基之后，又一位革命性人物是哈佛大学科学哲学家库恩，他于1962年出版了名著《科学革命的结构》。第二章中对这段历史已有所说明，故不赘述。这里只指出两点：（1）库恩是受格式塔心理学和皮亚杰心理学的启发，才提出了他的范式理论；（2）这本革命性的著作改变了当时学术界的实证主义文化

---

① 还有一种观点认为，是乔姆斯基和心理学家米勒、布鲁纳（Jerome Bruner）等三人共同发动了这场认知革命。参见“米勒教授逝世”的讣告，2012年7月26日，普林斯顿大学网站。

② 关于语言生理学和语言心理学的当代发展，参考平克的著作如《语言本能》《思维本质》等。

③ 参见脑科学和认知神经科学中关于人类语言功能的研究。

氛围，为认知革命发展奠定了社会心理基础。

从20世纪60年代起，认知研究开始活跃起来。一大批认知研究的新学科出现，如认知心理学、认知神经学、语言心理学、语言生理学、认知模型论、计算语言学等。米勒说他早在1956年就意识到，要以认知为中心，组织多学科合作研究。1977年他说服斯隆基金会资助心智的跨学科研究。他为斯隆基金会准备了一份题为“1978年认知科学发展状况”的报告，这份报告被认为标志着认知科学的诞生。

进入20世纪80年代，计算机科学迅猛发展，引发信息革命；无损伤脑成像技术发展，引发脑科学革命。计算机科学和无损伤脑成像技术在“脑与认知”主题上与认知科学汇合，共同开拓“心智”这块“最后的未知疆土”。如今国际学术界与工业界普遍认为，脑与认知将是第四次工业革命的主要引爆点，为此世界各国都增加了对AI的投入并初见成效。简言之，如今脑和认知已经成了把握当代知识与社会进步脉搏的关键，再不仅仅是帮助大学教师做好教学的业务话题。

然而，这些进步对大学教学的影响却相当有限。大多数教师似乎并不了解这些知识进步。大学教学依然故我，循旧缓行。结果是，尽管大学的学术研究已经跨入21世纪，但大学的教学却还在19世纪的窠臼里徘徊。当代大学在学术研究和教学活动之间的脱节，也反映在大学教师们的二元分裂状态上，即在专业学术研究中采用科学方法，在教学研究中却采用经验态度。这种二元分裂状态确实让人费解。

以上是20世纪认知革命的简要发展历史，下面介绍认知模型论及其意义。

2. 认知模型论及其意义

人如何思考（thinking）？这不仅是认知心理学的核心问题，也是理解人如何学习、如何培养学生思维能力的核心问题。认知模型论是在研究“人如何思考”这个问题时提出来的一个理论，这个理论为理解学习与学习过程提供了很好的科学基础。[①]

思维包括分类、推理、判断、决策、假设检验、问题解决、创造性等[②]，其中推理（reasoning）是基础，包括演绎、归纳、归因（abduction）三大推理。传统认

① 本文中“认知模型”即是“心智模型”（mental models)。用“认知模型”替代“心智模型”，仅为行文方便。

② Linden J. Ball, “Thinking,” in H. Pashler (editor in chief), “*Encyclopedia of the Mind*,” Sage Publications, Inc., 2014: 739–742.

为，大脑是直接运用逻辑法则来进行思维和推理的。但美国认知心理学家、普林斯顿大学教授拉尔德（P. Johnson-Laird）发现，人脑不是通过直接运用逻辑法则来思维和推理的。大脑是首先建构与外部世界对应的认知模型（mental models），然后根据这个认知模型进行推理。这就是认知模型论。尽管目前这个理论仍是假说，但已经得到了很多经验研究支持，并对当代思维研究和实践产生了巨大影响。

认知模型论认为，大脑要认识外部世界，但其本身并不能直接接触外部世界，因此大脑通过构建认知模型来认知、想象和表现外部世界，用认知模型来进行分析和推理，对外部世界做出预测，然后根据预测做出决定，并据此与外部世界互动。这很像建筑师用建筑模型来表征真实建筑，用建筑模型来分析和思考其设计的合理性。同样，物理学家的原子模型、化学家的分子模型、生物学家的生物结构模型、地理学家的地质构造和大气环流模型、社会学家的社会分层与阶级斗争模型、心理学家的需求模型、经济学家的供求模型、哲学家的理论体系、文学家的文学构思、美术家的艺术想象等，都是对外部世界的认识、想象和表征，也是不同类型的认知模型。也就是说，我们关于主观世界和客观世界的各种理论、各种概念、形象（image）、图式（schema）、框架、流程、模式等，都是大脑构建的不同认知模型而已。简言之，认知模型是大脑为认知和思考而创造的一种心理工具。这就把“认知模型”放到了认知研究的中心地位。

由此出发，从大脑如何构建认知模型、如何用认知模型进行分析和推理、如何保持和改变认知模型等问题出发，学者们还用认知模型论解释了大量与人类认知有关的行为，如观察与分类、判断与决策、创造性与思维惯性、认知模式与认知错误、直觉思维与专注思维、问题发现与问题解决、决策与管理、组织学习与组织变迁、文化与社会性学习等。这些研究为认知神经科学、脑科学、行为经济学、决策理论、组织心理学、计算心理学与计算哲学、人机互动、人工智能、类脑研究、学习心理学、专家研究等领域提供了新的思路。换言之，认知模型论更新了我们对人类认知的传统认识，使我们可以在新的基础上思考人类的认知与学习。

人脑为什么会用认知模型来认知和表征外部世界呢？目前学界对此并无定论。比较公认的看法是，这与工作记忆容量及注意力资源有限相关。人脑在工作记忆中进行思维操作。工作记忆类似于电脑内存，但其容量只有3—4个信息单元，故每次能处理的信息单元有限。此外，人脑的注意力资源也很有限。在进行专注思维（deliberated thinking）时，人脑每次只能处理一个注意对象，即“一心不可二用”。[①] 这些生理限制使得大脑必须用符号化来认识和表征外部世界，而且每次只能专注一个模型。然后通过模型拼接的方式逐步扩大。研究已经发现，思考中涉及的模型数量越多，其难度越大，错误率也越高。换言之，由于生理限制，人脑只能采取简化、符号化、分解、整合等方法来克服困难，而简化、符号化、分解、整合的对象和工具就是认知模型。[②]

这表明，对大脑生理限制和工作过程的研究，可能会根本性地改变我们对人类认知能力和认知结果的看法，从而使认知研究从哲学走向科学。

图 3–11 是根据认知模型论做的一个大脑认知过程示意图。图中有三个部分：外部世界（对象系统）、认知模型、神经环路。外部世界与认知模型之间是认知心理过程；认知模型和神经环路之间是认知神经生理过程。神经环路指大脑神经元之间形成的有特定功能的稳定的神经网络。把认知心理学与认知神经科学放在一起，是为了显示两者在认知过程中的关系。

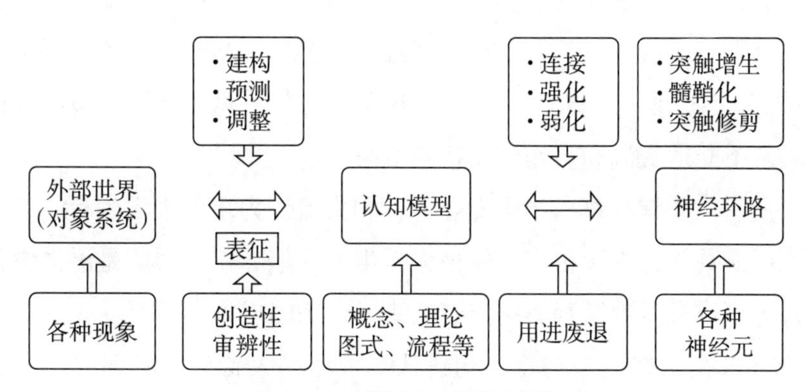

图 3–11　大脑认知过程示意图

首先看认知心理学部分。认知模型建构包括四个环节：表征、模型构建、预测与决策、检验与修改。第一个是表征。表征指大脑用概念、形象、数字、声响等符号来表示和象征外部世界。为了降低工作记忆负担，大脑只提取对象的典型特征，并以符号方式表示，因此认知模型是符号性的（iconic）。这个发现对计算机图像识别研究有重大影响，后来计算机图像识别技术也采用了这个思路。人脑通过认知模型来表现外部世界，并对不同对象系统建构不同认知模型。认知模型与对象系统

① Nelson Cowan, “Working Memory,” in H. Pashler (editor in chief), “*Encyclopedia of the Mind*,” Sage Publications, Inc., 2014: 786–791.

② P. Johnson-Laird, “What Are Mental Models,” 普林斯顿大学认知模型与推理实验室网站：http://www.mentalmodels.princeton.edu, 访问日期：2021 年 11 月 25 日。

之间存在拓扑对应关系。这意味着人机之间可以用认知模型进行互动，这个发现对人工智能产生了重大影响。从此AI普遍使用认知模型方法模仿人脑，并把认知模型作为人机互动的基础。脑与电脑相互模拟，成了脑与类脑研究的基本方法。[①]表征具有稳定性，但可随时修改。判断表征的标准是简洁性和有效性，好的表征系统能简明有效地表征对象系统，这是为什么学者们常常会为寻找适当的术语或符号而大伤脑筋。

表征不仅适用于认知模型的一部分，整个认知模型都可以看成是对象系统的表征。因此通过表征符号的把握和使用可以了解人对认知模型的理解和掌握，通过语言交流可以判断其专业水平和能力。从这个角度看，语言不仅是符号和声音，更是认知模型的表征和表现。没说清楚的地方通常是没有想清楚，因此要求学生说清楚，就可以培养他们的思维能力。

由此可以理解，为什么在乔治·库总结的美国十大优秀本科教学经验中，“密集写作”列为第三位。所谓“密集写作”，是指在大学四年中，要求学生以不同形式（口头、书面、表演）、以不同方法（定性、定量、混合）、在不同层次（大学四年）、为不同读者（教师、学生、公众）、用不同风格、从不同学科角度、跨不同专业领域、反复不断地交流和写作（见第四章第三节）。

如此，所有大学课程都应当把专业语言和交流作为培养大学生专业思维能力的重要方法。以此观之，中国很多高校把大学生语言培养仅仅看成是语文课和外语课的做法，普遍不重视专业课程表达与交流能力训练的现象，值得反思。

第二个环节是认知模型构建。构建认知模型是大脑认识和理解外部世界的方式，也是学习与创造过程的核心。把构建认知模型理解为创造过程，是理解“创造性”的关键。因为创造能力的核心，是构建新的认知模型，因此培养创造力的要点在于训练大脑构建新的认知模型。

创新可以分两类。一类是个人创新，即所创造的东西是自己从未做过的，这类创新可以叫“个人创新”。还有一类是社会创新，即所创造的东西是一个社会中从未有过的，这类创新叫社会创新。对教育教学而言，教师需要关注的是个人创新，是鼓励和帮助学生做其从未想过和做过的事，通过这个办法就可以培养学生的创造能力。从这个意义上讲，鼓励和帮助学生在头脑中构建新的认知模型，就是在培养他们的创新能力。一旦他们擅长于个人创新，社会创新就距离不远了！

---

① 参考2012年阿兰脑科学研究所作的关于大脑科学的12个讲座。还可参见曾毅等:《类脑智能研究的回顾与展望》,《计算机科学学报》2016年第1期。

大脑根据知觉、知识、经验和理解，运用想象、猜测和推理等方法来建立模型。建构过程中直觉、想象、逻辑都可能发挥作用，其中直觉与想象尤其重要。

关于直觉、想象和逻辑，爱因斯坦说过三段话："真正有价值的是直觉，在探索的道路上智力作用不大"；"想象远比知识重要，因知识有限而想象无限，它包含一切，是人类进化的源泉"；"创新不是由逻辑思维带来的，尽管最后需要一个符合逻辑的结构"。这三段话分别说明了直觉、想象、逻辑三者在知识创造中的作用。完整的创造过程实际上分创造过程和检验过程两段，直觉和想象引领创造，逻辑则用来检验和固化结果。或用胡适的话说，"大胆假设，小心求证"。

认知模型论提示我们，如果把古往今来的各种理论或思想都看成是认知模型，看成是人脑对外部世界的想象和猜测，而不是不可触碰的"绝对真理"，那心智就会获得一种解放，一种可以和前人一样去想象去猜测的自由和冲动！也就是说，真正妨碍创造性的不是"真理"，而是对"真理"不正确的想象！

具体到本科教学，大学中讲授的各种理论、概念框架、分析模式等都是认知模型，这些认知模型代表着前人对特定对象系统的认识和看法。所谓专业知识（domain knowledge），都是根据某些基本原理构建起来的认知框架。一个人脑中所有认知模型的总和，便是他的全部内心世界（internal world）。也就是说，人脑或心智（mind）实际上是生活在自己构建的认知模型世界或精神世界之中的。这个模型世界代表了对外部世界的全部认识，这个心智世界既赋予人特定的知识和能力，也限制着人的认知能力和行动能力。因此，能否构建出正确而适当的认知模型，对人一生的发展至关重要。

由于认知模型决定大脑如何感知和应对外部世界，因此拥有不同认知模型的人，会有不同的认识方式和活动方式。在大学里，接受不同的专业教育后，人就有了不同的思维方式，使用不同的语言，表现出不同的行为方式。他们彼此之间差异之大，可致文理工等不同专业的人，甚至不能彼此相互理解和有效交流，出现"隔行如隔山"的现象。由此可以说，大学专业教育造就了特定的认知模式，在学生大脑中构建了不同的世界，使得每个人形成特有的专业思维、语言和活动方式，最终成为不同的"人"（mind）。四年前亲密无间、无话不谈的高中同学，大学毕业后，可能已经很难交往。这就是大学教育产生的惊人效果。大学教育把学生变成了完全不同的人！

以此观之，什么是大学教学呢？大学教学就是帮助学生在头脑中构建各种通用和特殊的认知模型，即开展通识教育和专业教育。"学"是学生在自己头脑中构建认知模型，“教”是教师帮助学生构建认知模型。小到一门课，大到一个专业，均是如此。显然，学生只能自己构建这些模型。其他无论什么人，都只能是帮助者。这就是为什么教学必须“以学生为中心”，教师只能是帮助者，越俎代庖是行不通的。这是建构主义心理学的核心思想，也是为什么建构主义心理学会成为 SC 模式的基础。教学的核心是“学”不是“教”。

然而人很容易构建不完善甚至错误的认知模型。普林斯顿大学心理学教授丹尼尔·卡尼曼（Daniel Kahneman）发现，人的思维经常处于两种状态：直觉思维和专注思维（见表 3-3），人在构建认知模型时倾向采用方便快捷的直觉方式而不愿采用耗时费力的专注方式。卡尼曼因此获得 2002 年诺贝尔经济学奖。人为什么会在构建认知模型时倾向于采用直觉方式而非专注方式呢？可能的理由是大脑为了节省能量。直觉思维比专注思维更加节省能量，因此，为了节约能量，大脑在大多数情况下都采用直觉思维，只在必要时才会转用专注思维模式。

表 3-3 直觉思维系统与专注思维系统[①]

直觉系统（intuitive system）	专注系统（deliberative system）
结果有意识，但过程无意识	同时关注思考的过程与结果
自发自动	全神贯注
由相似性和关联性驱动	由结构化的系统知识驱动
快且并行	缓慢、依次进行
与工作记忆容量有关，与一般智力无关	同时涉及一般智力和工作记忆容量

学生在大多数时间里都处于随意的直觉思维状态，教师对此要有清醒认识。也就是说，教师上课时不要以为学生都在认真听讲，可能很多人都没有专心听讲或处于专注思维模式，而是随意接受和拼接教师的信息（直觉模式），还有很多人可能根本就没听，而是在思想漫游，做各种白日梦。这是为什么尽管你在课堂上讲的都一样，学生却会得到五花八门的结果。在这种情况下，如果你想让他们专心致志，一个好办法是，你不要什么都讲，而是留下一部分让他们自己找答案，挑战他们，这时他们就会转入专注思维模式了。

其实不仅是学生难以长时间保持注意，教师也是如此。研究表明，在专注条件

① S. Sloman, A. Darlow, “Two System Models of Reasoning,” in H. Pashler (editor in chief), *Encyclopedia of the Mind*, Sage Publications, Inc., 2014: 746. 参见卡尼曼：《思考，快与慢》，胡晓姣等译，中信出版社，2012。值得注意的是，卡尼曼和认知模式论的提出者拉尔德都在普林斯顿大学心理学系工作，他们都研究认知与思维问题。

下，人的注意力集中时间大约是5—15分钟。超过了这个时间思维就疲劳了，学生就会开小差。因此要及时变换教学内容和形式，创造教学的节奏感，让学生大脑皮层各部分可以轮换休息，这是让学生保持注意力的一个有效方法。

然而直觉状态并非总是坏事。直觉和想象是创造的源泉，灵感常在精神松弛时来访。阿基米德在泡澡时猜出浮力原理，凯库勒在梦中想到苯环。研究表明，有效的思维不是非此即彼，而是两者之间的不断轮换与互动。因此，掌握好两种思维之间的关系，对学习和创造都至关重要。

皮亚杰就已经发现，人在面对诸多不同信息时会倾向于选择支持性信息而忽视不一致信息。这被称为“偏好性偏见”（preferential bias）。偏好性偏见使人倾向于围绕已有认知模型来组织经验和知识，固执己见而不自知。然而，偏好性偏见会使人丧失客观性和敏感性。

研究还发现人有思维惯性。在构建认知模型时只要没有发现反例，就赋予其普适形式。这种倾向使人忽视认知模型建构时的背景条件（context），从而把有限结论推广到无限范围。这就是所谓的“思维惯性”。

直觉思维、偏好性偏见、思维惯性等都可能导致不完善甚至错误的认知模型，因而导致决策错误。这些研究对决策、组织和管理研究产生了重要影响。

如何克服这些缺陷？一个有效办法是组织课堂讨论和合作项目。由于上述认知错误都是个人性的，因此通过讨论和合作，让学生们的认知框架彼此碰撞和相互质疑，就可以帮助他们相互矫正，发现各自的认知错误。在讨论和合作中，学生们可以学会从不同角度看待自己和他人的模型，并调整和修正自己的模型，从而扩大认识范围，建立正确的认知模型。哈佛大学物理学教授马祖（Eric Mazur）发明的“同伴互教法”（peer instruction）就是这类方法之一。密歇根大学教授、大学教学法专家麦肯齐（W. McKeachie）在总结大学教学方法时也指出，同学互学互教是最好的教学方法之一。这些留待下一章介绍。

第三个环节是预测与决策。大脑用认知模型来进行分析和预测，并与外部世界互动。这个过程就是推理、预测与决策过程。显然，一个人积累的认知模型的数量、系统性和完备性对其推理、预测和决策有重大影响。专家研究表明，专家水平的差异主要取决于其所积累的认知模型的数量、质量、系统性和完备性，是积累的认知模型使专家能够迅速鉴别问题并高速有效地解决问题。

然而，任何一个认知模型都代表一种相对固定的思维方式或思维定式，也都有自己独特的视角和盲区。认知模型决定着大脑观察什么、忽视什么、如何推理、如何决策，并限制观察和思考的视野、角度和逻辑。也就是说，不存在完全理性和客观的思维。

认知模型有助于思维的定向化和专门化，但却是以偏见和盲区为代价的。如果把思维的模式化叫作结晶化（crystallization），把思维的灵活性叫作流动性（fluidity），那就会发现，思维结晶化有助于提高思维效率，但却是以牺牲流动性和创造性为代价的。这些成果对经济学、决策科学、组织心理学、管理学、政策科学等学科产生了重大影响。

由于认知不可能是完全理性和客观的，因此传统经济学中关于理性人的假设是错误的，行为经济学由此诞生。任何决策都基于特定认知模型，认知模型对决策的影响成了决策研究的新生长点。研究发现，很多重大决策失误都与认知模型的偏好和盲区有关。例如对切尔诺贝利核电站事故的事后调查发现，由于出现原有安全模式未曾预料的情况，才导致现场指挥人员未能及时妥善处置，从而造成这场重大灾难。任何组织都有其特定心理模式，因此推动组织变革首先要改变组织的现有认知模式。这是彼得·圣吉（Peter M. Senge）《第五项修炼》的核心思想，而提出“组织心理模式”被认为是组织研究中里程碑式的成就。公共政策与管理研究也发现，很多政策与管理失误和低效，与政策制定者或管理者对自己的决策认知模式缺少反思有关。因此世界银行在《2015年世界发展报告：思维、社会与行为》中，把自觉反思政策所依赖的认知模型，作为培训发展研究人员和改进公共政策制定的基本方法。[①]

这些结论似乎对美国大学教学也产生了影响。美国的SC改革中出现了诸如“跳出框架外思考”（thinking out of box）、多学科与跨学科学习、合作学习与交叉学习、多元学习环境建设、通识教育或非专业性学习等方法。这些做法都与自觉反思和矫正固定认知模式的负面效果有关。与此同时，发展健全心智、提倡审辨性思维（critical thinking）等，成了SC改革中的重要口号。

简言之，认知模型论深化了关于认知、推理、预测与决策的研究，促进了我们对人类认知行为及其后果的认识。

第四个环节是检验与修改。根据认知模型论，大脑需要让认知模型与外部世界保持一致，因此会通过实践来检验模型的真实性和有效性，然后大脑会根据反馈结果来调整和修改已有认知模型。

① 世界银行：《2015年世界发展报告：思维、社会与行为》，胡光宇等译，清华大学出版社，2015。

然而，用实践检验模型的真实性是一个复杂的问题。关于实践是否能帮助大脑得出关于真实性的判断，在哲学和心理学上均众说纷纭。故皮亚杰回避了这个问题，他说检验的目的在于在内外部世界之间建立平衡。拉尔德发现，大脑只保留被认为可能为真的模型，但不保留被证伪的模型，他把这称为认知模型的"真理性原则"（principle of truth）。①

大脑为什么要保持主观与客观世界的一致性呢？持进化论观点的认知心理学家们认为，是为了提高人的生存概率和生活质量，这也是人需要大脑、需要理性的原因。

与此有关的一个改革是"真实性学习"（authentic learning）。这里的"真实"可以是真实项目、真实活动、真实场景等。真实性学习代表了一大类SC改革实践，这些将在第四章介绍。有关文献表明，真实性学习的出现与人们希望缩短大学与社会、学习与就业之间的距离有关。但从认知模型论角度看，真实性学习可以给学生提供在真实条件下检验其认知模型的更多机会。

学生学了一个专业后，其行为应该发生怎样的变化呢？可以用三种方式来检查：（1）表征，即学生是否能用相应的专业术语和方式来有效表达其头脑中的通用与专业认知模型；（2）逻辑，即学生是否明白这些认知模型的内部逻辑；（3）真实性，即学生是否能用这个模型来分析和解决实际问题。换言之，检查表征的简明性和有效性、逻辑的清晰性与合理性、结果的真实性和可靠性。如果学生能做到这些，他接受的大学教育就成功了；反之，他的这个大学就没有读好。

最后是关于创造性思维和审辨性思维。先说明一下为什么本书用"审辨性思维"而不用"批判性思维"。把"critical thinking"译为"批判性思维"似乎是受德国古典哲学的影响，尤其是康德著名的三大批判。但以康德为代表的德国古典哲学使用这个词的目的，是为了把以"理性"为特点的科学知识和方法从以"信仰"为特点的神学知识和方法中区别出来。德国古典哲学从来没有打算否定神学体系，而只是要把两者区别开来，尤其是在"理性"和"信仰"意义上区别开来。因此这种区别工作是《中庸》中所说的"审问之、慎思之、明辨之"。故该词可以译为"审辨"。本来译成"批判"未尝不可且有先例。但这个词有一层阴影："批判"即是"否定"。例如在1989年出版的《新华词典》中，对"批判"一词的解释

① P. Johnson-Laird, "What Are Mental Models," 普林斯顿大学认知模型与推理实验室网站：http://www.mentalmodels.princiton.edu, 访问日期：2021年11月25日。

是“批评、评论，特指对错误和反动的思想、行为，进行分析、反驳”。[①]这个意思是“critical thinking”这个词所没有的！从思想史上看，“critical thinking”可以意味着“怀疑”，但绝不意味着“否定”。其本义是让人“思考”而做出“判断”。但“批判”附带的这个“否定”含义已明显是判断了。因此把“critical thinking”译成“批判性思维”是不合适的，而且容易引起误解。

另一个理由是，如果“critical thinking”是人类的一种基本思维方法，那中国古人应该知道这个方法。《中庸》中的治学五法“博学之、审问之、慎思之、明辨之、笃行之”中的“审问之、慎思之、明辨之”就是中国古人对“critical thinking”这种思维的认知。因此中文应该译为“审辨”。这里，“审”是怀疑，“辨”是辨识，也正好是“critical thinking”的两个基本含义。注意，是辨识的辨，不是辩论的辩。因为审辨性思维只涉及思考，不涉及说话。

根据认知模型论，所有认知模型都是人脑的创造，因此“创造”是认知模型建构的应有之义。然而如前所述，直觉思维中的直觉和想象，由相似性和相关性产生的联想都可能导致认知错误，因此需要在认知模型建立后对其进行审查。这种审查包括表征的简明性和有效性、逻辑的清晰性与合理性、结果的真实性和可靠性。这些工作加在一起，便是“审辨性思维”。也就是说，创造和审辨是认知模型构建中的两个应有之义，是构建认知模型的两个阶段，是彼此相关的两种活动。

因此，从发展学生的思维能力角度看，创造性思维和审辨性思维培养是必需的。但这两种思维能力的训练不应该相互孤立起来，而应该结合起来，而且还应与所有课程与专业学习结合，使它们成为课程与专业学习的一部分，结合课程和专业进行训练。也就是说，所有专业和课程都有培养学生创造能力和审辨能力的任务。只有在有内容的、真实的认知活动中，才可能真正系统、全面、持久地培养这两种能力。孤立、分散、与认知实践脱节的培养方式，可能是低效甚至失败的。

关于图 3-11 中认知神经科学部分，本章第一节已有说明，不再赘述。这里只强调一点，根据认知神经科学，我们知道，在认知模型构建过程中，大脑会发展出相应神经环路，以支持认知模型建构。也就是说，认知的心理过程和神经生理过程是相生相伴、同步进行的。认知心理过程完成了，认知神经生理过程也随之完成。如果学生在学习中没有建起相应的专业认知模型，他的大脑也不会得到相应发展。如果教学促进了学生的认知发展，也就促进了他的大脑发展。这是为什么新三

① 新华词典编纂组编:《新华词典》，商务印书馆，1989：677。

中心第一条是："以学生发展为中心"。这里的"发展"特指大脑和心智两方面的发展。

本书特别选择介绍认知模型论，是因为我认为它特别适合用于认识和理解大学教学，因为绝大多数大学课程都是以某种理论为基础的知识体系，因此都是认知模型。如果把大学教学理解为教师帮助学生在头脑中构建认知模型的过程，那么一个明显问题是，教师本人是否对自己所教课程的认知模型有清楚的了解？虽然所教课程肯定包含一个认知模型，但课程大纲并不等于这个认知模型。认知模型是指教师对这门课程知识体系的整体性、系统性理解。具体到教学，还包括教师针对课程目标和学生特点对认知模型的调整，以便适合特定学生群体需要。这才是课程教学中教师要在学生头脑中构建的认知模型。如果教师自己对这个认知模型都不清楚，那怎么能指望他指导学生在头脑中建立这个认知模型呢？我发现，只有对课程内容、对学生需要和问题了然于胸的教师才能教好课。"了然于胸"就是指教师非常熟悉所教课程的认知模型，无论从什么地方和角度切入，都能说清整个模型。我大学时的高等数学课教师就是这样一位教师。他上课甚至可以不用讲义。无论你问他什么问题，他都能给你通透的回答。因此我认为，大学教师若能有认知模型意识，就能用认知模型理论来理解大学教学的本质。如果还非常熟悉自己所教课程的认知模型，那对帮助学生建立课程认知模型很有帮助。

最后简要介绍一下认知模型论发展史。认知模型论的核心观点是，大脑通过构建认知模型来认知、想象和表现外部世界，用认知模型来进行分析和推理，对外部世界做出预测和决策，并借此与外部世界互动。

然而，大脑通过创造图式来认知和表现外部世界的理论并非新事物。古希腊哲学家柏拉图就提出过这种想法。近代美国哲学家皮尔斯（C. Peirce）和德国哲学家维特根斯坦（L. J. Wittgenstein）也都提出过类似想法。但在心理学界，最早提出这种看法的是格式塔心理学和皮亚杰认知心理学，它们都指出人脑有根据不完全信息构建认知图式或模型的倾向与能力。受皮亚杰图式思想启发，苏格兰心理学家克拉克（Kenneth Craik）于 1943 年首次提出"认知模型"一词，提出大脑构建认知模型的目的是为了进行推理和预测。这个看法发展了皮亚杰的理论。

然而克拉克不幸早逝（1945），他的思想也就很快被忘记了。直到 20 世纪 70 年代认知革命爆发，人们才重新注意他的理论。从 20 世纪 70 年代起，普林斯顿大学教授、认知心理学家拉尔德接手研究克拉克"认知模型"的思想，并把认知模型与语言、推理、意识、决策、预测、情绪等心理活动联系起来，建立了认知模型论。1983年他出版了《认知模型》一书[①]，被认为是认知模型论的奠基之作。[②]

尔后拉尔德继续其研究工作，希望建立能覆盖人类所有认知功能的通用认知模型。他还继承了纽维尔的工作传统，不仅从事认知心理学方面的研究，还致力于相关计算模型研究。他领导了SOAR系统的开发，这些研究在认知机器人和军事方面有广泛运用。

拉尔德的认知模型论确实是一个富有启发性的理论框架，对认知心理学、认知神经科学、脑科学、行为经济学、决策理论、组织心理学等很多领域产生了重大影响。[③]在UCLA馆藏文献中，1980年至2016年间以“认知模型”为主题词的研究已多达41000多篇，而文中包含“认知模型”一词的论文更是多达121万余篇。

从图3-12可知，认知模型论在经过初期缓慢发展后，于2000年左右出现快速增长。认知模型论在很多领域都得到应用，其学术地位也得到认可。拉尔德因此进入英国皇家学会、英国科学院、美国艺术与科学学院，并于2007年成为美国科学院院士。

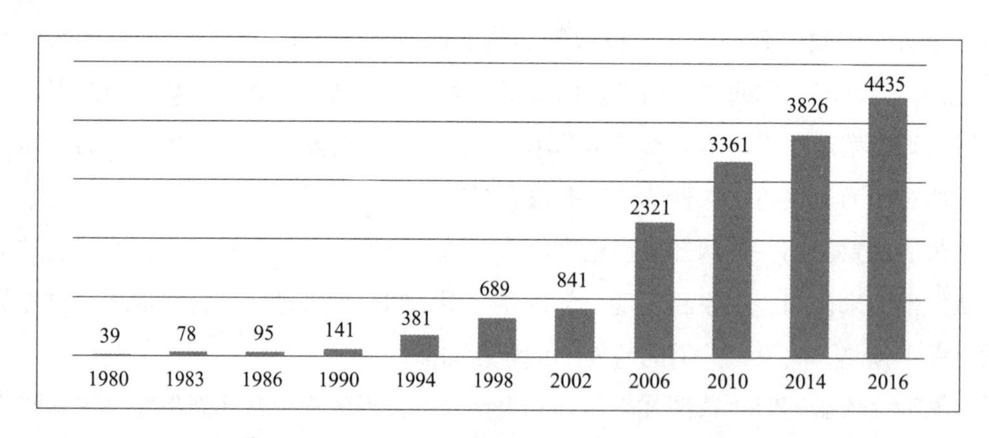

图3-12 UCLA馆藏文献中1980年至2016年以“认知模型”为主题词发表的学术文献

2000年后欧洲也开始大力推动SC改革。2010年OECD组织了一批专家从多角度研究学习，发表了题为“学习的本质”的研究报告。这份报告从认知科学的角

① P. Johnson-Lairds, *Mental Models: Toward a Cognitive Science of Language, Inference and Consciousness,* Harvard University Press, 1983.

② P. Johnson-Lairds, *The History of Mental Models* (2004), http://mentalmodels.princeton.edu/publications/, 访问日期：2021年11月25日。

③ 对计算机科学的影响，参见萨伽德：《心智：认知科学导论》，朱菁等译，上海辞书出版社，2012。对脑科学的影响，参见Paul Thagard, “How Brains make Mental Models,” in Magnani, et al (ed.), *Model-Based Reasoning in Science and Technology*, Springerlink.com: 447-461。Chris Frith:《心智的构造》，杨南昌等译，华东师范大学出版社，2012。

度，总结了有关学习的十个主要发现和建议：

（1）学习在本质上是由学习者主动完成的；

（2）教学中要关注学生已有知识所起的作用；

（3）学习需要不同知识结构整合起来；

（4）保持概念、技巧和元认知能力之间的平衡可以使学习效果最大化；

（5）从基础概念开始按层级构建知识结构；

（6）可用外部世界的结构来构建头脑中的知识结构；

（7）人的信息处理能力限制其学习能力；

（8）学习是情绪、动机、认知三者间的互动；

（9）要发展可以迁移的知识结构；

（10）学习需要时间和努力。[①]

从这些观点中可以清楚地看到认知模型论的影响。以上是关于认知模型论的简要介绍，下面介绍专家/新手研究。

3. 专家/新手研究

大学教育是专业教育，大学教育的基本任务是把学生培养成专家。专家/新手研究是通过对专家和新手的比较及研究新手成长为专家的过程，来为大学专业和课程设计及培养过程设计提供依据。专家/新手研究在SC改革中发挥了特殊作用，因此值得介绍。

2006年出版的《剑桥专长与专家行为手册》是这个领域的重要文献之一。[②]该书汇集了从心理学、人工智能、教育学、社会学四个角度对专家及专家行为的研究。这里的论述主要参考了这份文献。

专家研究已有上百年历史。近代可溯源至法朗西斯·高尔顿（Francis Galton）于1869年出版的《遗传的天才》。高尔顿是维多利亚时期的著名学者，他在心理学、统计学、社会学、人类学等方面均有建树。"相关性"概念就是他提出来的。他也是第一位用统计学来研究人类个体差异性的学者。他发现在专业领域中很多有卓越表现的人有家族特点，他认为这与遗传有关。然而遗传是不可学习的，因此没

① M. Schneider, E. Stern, "The Cognitive on Learning: Ten Cornerstones Finding," in H. Dumont, et al (ed.), *The Nature of Learning: Using Research to Inspire Practice*, OECD Publishing, 2010.

② K. Anders Ericsson, et al, *The Cambridge Handbook of Expertise and Expert Performance*, Cambridge University Press, 2006.

有教育意义。故后来把关注因遗传而卓越的人的研究称为“天才研究”，而把关注因学习而卓越的人的研究称为“专家研究”，专家研究更有教育意义。

当代专家研究起源于计算机专家系统和人工智能研究。为了研究专家系统，AI学者开始研究顶级专家的知识组织方式和专业活动方式。他们发现，专家的知识组织方式和使用方式与新手有很大差别，正是这些特点使他们成为专家。这个发现促使教育学者们进入专家研究领域，希望从专家/新手研究中找到改进专业教学的思路和途径。

在更大范围内引起人们注意专家/新手研究的是2000年发表的《人是如何学习的》。该书专章介绍了专家与新手研究。指出专家与新手之间的差别包括：（1）专家能识别出新手注意不到的信息特征和有意义的信息模式；（2）专家有大量内容知识，他们组织这些知识的方式反映了他们对学科的理解深度；（3）专家的知识不是孤立的事实或命题，而与知识应用情境有关；（4）专家能自如地从自己的知识中提取所需内容；（5）专家熟悉自己的领域，但不一定能教会他人；（6）专家应对新情况的方法是灵活多样的。

这些看法的教育意义在于：（1）专家与新手之间存在明显认知模式差异。正是这些差异使专家成为专家。（2）专家之间认知模式的差别反映了他们专业水平的差别。（3）专家知识是情境相关的，因此应当考虑在专业情境下进行专业知识学习。知识与情境无关的假定需要反思。（4）专家在处理问题时能自如提取相关知识，说明他们头脑中存有现成认知模式。因此他们一旦确定问题的性质与类型，就能迅速在自己的知识和经验库里提取知识，形成解决方案。这些模式都是专家在平时的研究中逐渐积累起来的。正如棋类专家的经常性工作不是下棋，而是“打谱”。专家需要积累大量认知模式，这是专家成长的关键。（5）“专家天生会教书”的假设是错的。因为教学也是一个专业领域，需要熟知人类认知与学习的特点和规律，需要积累大量学生问题及相应解决方案，也需要积累大量相关认知模式。这些构成大学教学的专业知识库。学科专业知识库和教学专业知识库是两个不同的东西，彼此不能相互取代。（6）能以灵活方式应对新情况，开拓新领域，是专家能力的一个重要指标。专家的这种知识迁移能力和学习能力被称为“适应性专长”（adaptive expertise），这种学习被称为“适应性学习”（adaptive learning）。这两种能力都需要终身学习。①

① 布兰思福特等：《人是如何学习的——大脑、心理、经验及学校（扩展版）》，程可拉等译，华东师范大学出版社，2012：第二章。

专家/新手研究对大学教学改革有特殊意义。首先，类似于逆向工程制造，专家/新手研究是从终端开始研究教育培养。从终端开始，可以清楚知道需要什么、为什么需要、何时需要、各部分如何配合等，研究中目标不会在过程中丢失。这对专业设计尤其重要。是按专业知识体系还是按最终培养目标来设计，这是专业设计中的两种不同思路。目前大学专业设计多以专业知识体系来设计，但专家/新手研究提供了另外一种思路。

其次，专业/新手研究也关心起点，把从起点到终点看成一个发展过程。专家/新手研究关注新手的初始状态，把从新手到专家的发展分为五个阶段：生手、熟手、能手、专家、大师。研究发现，在这个发展过程中，新手在专业认知（cognition）、专业兴趣（interest）、基本能力（competency）、熟练程度（proficiency）、专业能力（expertise）等五个维度上会依次发生变化，同时在专业构成（component）、专业视角（perspective）、专业决策（decision making）、职业承诺（commitment）等四个方面也会依次发生变化，此外在专业组织中的角色也会随着成长过程经历从学徒、助手、主角到师傅的发展。这种发展阶段论的观察方法，值得大学专业教育设计者注意，尤其是那些和专业实践紧密相关的专门职业领域如医学、工程、管理、法律等。

然而我们会发现，大学教师发展就缺少这样成型的专业发展道路和相关研究。对大学教学的科学基础、专业知识和经验基础、典型专业问题和解决方案、大学教师的专业发展途径等，我们几乎一无所知，因此我们无法通过专业教育和培训来发展大学教师的教学能力。这是当前大学教学质量不能持久稳定提高的一个重要原因。这个问题留待第八章讨论。

大学当然不可能在四年内把学生培养成大师，但应该为他们今后成为大师打下基础。那这些基础包括什么、应当如何设计、从哪里开始、彼此如何衔接等，这些问题都可以在专家/新手研究中获得启发。

最后，专家成长研究发现了活动、经验和情境的重要性。专业知识和专业经验是在专业活动中逐渐积累起来的，活动和经验是专家成长的基础。此外还发现，典型任务（typical tasks）和专业情境（professional context）在专家培养和专家成长中至关重要。因此主张围绕典型任务、在专业情境中进行培养。同时在学习过程中要高度重视观察与模仿的重要性，这是传统学徒制的重要特征。研究还指出，在强调专业情境、典型任务、专业知识、专业经验的同时，还要尽可能培养学生的知识经验概括与迁移能力。要不断用新任务来挑战学生，发展他们把已有知识和经验用于解决新问题的能力。

简言之，专家/新手研究为大学专业设计和培养提供了新思路，值得大学专业教学改革者注意。对那些专家培养特点明显的专业，用这种思路来重新思考专业培养过程和培养方案，可能会明显提高专业培养质量。

最后提一下元认知思想。20世纪认知革命和认知科学发展提高了人们对人类认知活动的认识水平，促使人们对自己的认知行为与学习活动进行自觉反思，并希望通过这种自觉反思来了解和改善自己的认知与学习，这就是元认知思想。培养学生的元认知思想和元认知习惯对提高学生学习效果有重要意义。因此元认知理论也是SC改革的一个重要基础。

从上述介绍可以看出，认知心理学和认知科学在过去60年里已经发生了革命性的变化，并对很多与认知有关的学术领域都产生了重大影响。目前这些影响还在继续扩大，因此有人建议把未来20年称为“脑与认知”的时代。这就是我们今天的时代。下面以此为背景，介绍学习心理学和学习科学的发展，并探讨它们对SC改革的意义。

第四节　了解学习——学习心理学和学习科学

第四个对SC改革有重大影响的领域是学习心理学和学习科学。首先指出，本节把学习心理学看成学习科学的一部分。之所以要作这个说明，是因为目前文献中出现了对学习科学的两种不同理解。一是教育技术学派。这一派围绕计算机与信息技术，以研究和设计个性化自适应学习辅导系统（personalized tutoring system，PTS）为目的而建立学习科学。这显然是一种狭义的对学习科学的理解。因此本节把这一派称为学习科学的“教育技术学派”。这一派主要源于美国，关心如何在学习心理学研究基础上，利用各种技术，设计出能支持学生有效学习的环境。索耶（Keith Sawyer）主编的《剑桥学习科学手册》（*The Cambridge Handbook of the Learning Sciences*）就是这一派的代表著作之一。因此对这一派来说，学习心理学是学习科学的基础，但不属于学习科学。这一派在当代教育技术领域中有较大影响。

另外一派认为，学习科学应该包括所有对学习的科学研究，代表作是德国符腾堡大学心理学家塞尔（M. Seel）主编的《学习科学百科全书》(七卷本)①。这显然是一种广义的理解。这种看法主要源于欧洲，我把这一派称为学习科学的“百科全书学派”。对百科全书学派来说，学习心理学是学习科学的一个分支，属于学习科学。我认为这一派的看法比较合理，有比较宽阔的视野，更有助于我们理解什么是学习。

除了研究范围和研究目标，两派对学习科学的英文表达方式也不一样。教育技术派对学习科学的英语表达是 learning sciences（LS），他们要表达的意思是，我们是要用各种科技方法来解决学习问题。百科全书学派的表达方式是 sciences of learning（SL），他们要表达的意思是，所有关于学习的学术研究，都属于学习科学。但二者译成中文都是“学习科学”。这种情况在英文文献中影响不大，因为它们是有区别的，但在中文文献中则会造成很大问题，尤其是在学术讨论中。因此在讨论开始之前，最好多问一句，你说的学习科学是哪派的学习科学？读文献时也要注意这两个学派的区别。

下面先介绍学习心理学，再介绍教育技术学派，最后介绍百科全书学派。

1. 学习心理学

20 世纪初至今的百余年来，大学教学领域中最大的变化莫过于主张把教学的重心从“教”转到“学”，把学生发展、学生学习、学习效果作为大学教学活动的中心。行为主义心理学、人本主义心理学、格式塔心理学、认知心理学、建构主义心理学、社会建构主义心理学、发展心理学等学派都对这个转变做出了重要贡献。②

首先是行为主义学派。其代表人物是桑代克和斯金纳。该学派在 1900 年至 1950 年有很大影响。如前所述，行为主义学派为了追求研究的科学性，坚持把可观察性作为研究标准，故把行为作为唯一可接受的研究对象，反对把不可观察的心理活动纳入研究范围。与此同时，受俄国科学家巴甫洛夫关于狗唾液分泌研究的影响，行为主义学派把操作性刺激作为手段，把“刺激 — 反应”作为基本研究模式，研究动物的各种习得行为。在行为主义者看来，学习就是外部环境刺激下行为的习

① Norbert M. Seel (editor in chief), *Encyclopedia of the Sciences of Learning*, Springer, 2012.

② 这一部分主要参考了 E. de Corte, “Historical Development in the Understanding of Learning,” in H. Dumont, et al (ed.), *The Nature of Learning: Using Research to Inspire Practice,* OECD Publishing, 2010; D. Phillips, J. Soltis, *Perspectives on Learning* (5th), Teachers College Press, 2009；申克：《学习理论（第六版）》，何一希等译，江苏教育出版社，2012。

得、强化与联结。桑代克认为，建立刺激与反应之间的关联是研究学习的关键，因此他的学习理论被称为“联结主义”。他还发现重复刺激可以强化学习效果。从神经科学角度看，这是因为外部刺激促使大脑中形成相应神经环路，重复刺激导致髓鞘化，结果是这个神经环路和反应模式得到强化和巩固，反应速度加快。后来斯金纳主张把复杂学习行为分解为若干简单的刺激—反应模式，然后把这些模式以合理的方式组织起来，实现学习的程序化。他认为这是一种提高学习的效果和效率的科学方法，因此他创造了“学习科学”（science of learning）这个术语。需要注意的是这里“科学”（science）一词是单数。然而，由于行为主义忽视了学习过程中大脑实际发生的认知活动，结果在后来的认知革命中失势。但桑代克关于“重复刺激可以强化学习效果”的发现，仍然是大学教学设计中的重要原理。

其次是人本主义学派。很多人都把美国心理学家罗杰斯（Carl Rodgers，1902—1987）看成是“以学生为中心”理论的首倡者，这个说法有一定道理，因为罗杰斯提出了以患者为中心的心理治疗模式。20世纪30年代罗杰斯曾在纽约为问题儿童做心理治疗。他发现，为问题儿童做心理治疗的前提是要让这些儿童接受自己，而让他们接受的唯一办法是把他们看成有独特内心经验的人，然后根据他们的具体情况和问题，和他们建立起相互理解和信任的关系，才能进行心理治疗。根据这个经验，他提出了人本主义心理咨询方法和患者中心疗法（humanistic approach to psychological consulting and client-centered therapy），并用经验证据证明这个理论的有效性。把患者看成具有丰富内心经验的人，然后建立理解和信任，再开展心理治疗，这个思路开启了人本心理学和人本主义心理治疗模式。罗杰斯也因此当选为美国心理治疗学会首任会长（1956）。

随后罗杰斯把这个思路应用到了教育领域。这也不奇怪，罗杰斯本人是在哥伦比亚大学教师学院获得硕士学位的（1928），当时杜威正在哥伦比亚大学教育学院任教（1904—1930），因此罗杰斯应该了解杜威的儿童中心论教育思想。不同在于，他把教育看成是一种心理咨询，把学习看成是学生的自我心理调整，这就为人本主义心理学进入教育学提供了思路。罗杰斯在教学方面的研究并不多，且多与其心理学理论有关。例如他说，“人不能直接教别人，人只能帮助他人学习”（教师的作用）；“一个人只能学到那些被认为能参与维护或增强其自我结构的东西”（学生如何学习）；“如果发生同化，经验将会改变自我组织，自我因此会通过否认或扭曲方式来抵制”（为什么教师教什么和学生学到什么会如此不同）；“自我的认知结构和组织受到威胁时会变得僵化，而在完全摆脱威胁时则变得放松”（什么氛围有助学习）；“最有效促进重大学习的方式是：（1）对学习者的威胁要降低到最低限度（减少敌意）；（2）增强对实地的区分感知（经验学习）”，等等。他的这些讨论后来被收入《成为高效的教师：以人为本的教学、心理学、哲学，与罗杰斯和里昂的对话》（2013）中。[①]罗杰斯对SC改革的最重要贡献是强调“了解学生”的重要性。但我不认为罗杰斯是以学生为中心教学改革的首倡者，如本章所示，SC改革是很多学术领域进步的综合结果，一人一事不可能造成这么大的社会运动。

随后是格式塔心理学派和认知心理学。它们已经在前面介绍过，故不再赘述。这里只是指出，格式塔心理学关注大脑根据有限信息构造完整图式的能力，因此反对行为主义者把学习分解成片段的做法。认知心理学关注大脑内部的认知过程和大脑知识组织与结构的方式方法，因此把学习理解为知识获取过程和信息处理过程。由于20世纪上半叶行为主义在美国居主流地位，因此格式塔心理学和认知心理学首先在欧洲发展起来，然后再影响美国。

了解了认知心理学的基本思想，再看建构主义心理学就容易很多。在我看来，建构主义是认知主义的某种延伸。因此建构主义也和皮亚杰有关。皮亚杰认为在认知中，人通过创造认知图式表征外部世界，通过同化与顺应来调整认知图式，以达到主体认知与外部世界之间的平衡。经过20世纪60年代的认知革命后，大脑的主动建构能力突出出来，出现了很多关于心智（mind）如何建构的研究，并发展成为建构主义。在建构主义看来，人不是被动的信息接受者，而是知识的主动建构者，并在学习过程中重组自己的认知结构。也就是说，对建构主义者来说，学习不是被动的知识获取过程，而是学习者主动的心智建构过程。这个思想是革命性的！正是这个思想，对SC改革产生了重要影响。甚至可以说，建构主义学习理论是SC改革的一个直接的理论基础。此外，建构主义还把学习者的责任和主动性放到空前重要的地位，学习者的动机和自律成了有效学习的关键。研究发现，学习者的动机与情绪对学习过程和学习效果都有重大影响。因此动机与情绪对学习的影响，成了SC教学设计中的一个重大问题。例如，美国大学教学研究开创者麦肯齐20世纪60年代后的研究重点就是学习与动机。[②]

第五个是社会建构主义。社会建构主义与俄国心理学家维果茨基有关。维果茨

---

① Carl Rogers, Harold Lyon, *On Becoming an Effective Teacher—Person-centered Teaching, Psychology, Philosophy, and Dialogues with Carl R. Rogers and Harold Lyon*, Routledge, 2013.

② Wilbert McKeachie, “Teaching, Learning and Thinking About Teaching and Learning,” in Smart J.(ed.), *Higher Education: Handbook of Theory and Research*, Agathon Press, 1999: 1–38.

基生于1896年，死于1934年。他的青年时代正值俄国十月革命，他在38岁就去世了，但其理论对后世有很大影响。在大学读书期间，他除了学习心理学和教师教育外，还涉猎了医学、哲学、历史、法律等领域。他接受了历史唯物主义思想，认为社会文化环境对人的心智发展有重要影响。因此他强调人与社会环境之间的互动关系对人的学习和发展的决定性作用。这成了他的社会建构主义思想的基础。

其主要观点包括：（1）社会交互至关重要，知识是在社会性互动中构建的；（2）人通过社会交互中的行为内化（发展内部表征）和心理运作来发展自我调节能力；（3）人是通过学习语言、符号等文化工具来发展的；（4）语言是最重要的工具。语言发展是从社会语言发展到内部语言，再到隐语言。①

然而，这位才华横溢的心理学家1934年因肺结核去世。他的早逝使他的理论很快就被忘记了。直到20世纪60年代认知革命爆发，欧美学术界才重新注意到他的理论。1978年他的文章被结集翻译出版，其思想才比较全面地被西方学术界了解，并产生了重要影响，最终形成了社会建构主义学派。②

社会建构主义学派对SC改革的影响主要有三个方面：（1）社会与文化是学习的资源。语言与社会文化知识是学习的对象和资源。在进化中人脑发展出了专门的语言功能区和语言学习模块。作为表征的语言对心智发展极为重要。掌握相关语言是发展相关心智能力的关键。因此，语言是观察心智能力发展的一个可靠指标。（2）人在社会中通过社会互动学习。为此大脑发展出专门的镜像神经元系统，负责人与人之间的理解、学习与模仿。社会互动学习是交互式学习、合作学习、团队学习等学习理论的基础。（3）学习的情境性。学习是在社会场景中进行的，学习是学习者和社会场景之间的互动，因此学习效果受到社会场景的影响。根据这个思想，学习的情境化与有效学习环境设计的重要性突显出来。设计能满足所有学习者的有效学习环境，是学习科学的一个主要研究领域。

"最近发展区"是维果茨基的一个特殊贡献。他把最近发展区定义为"实际发展水平和潜在发展水平之间的差"。前者由学生独立解决问题的能力决定，而后者由学生在教师或他人帮助下解决问题的能力决定。因此，学习被定义为学生在教师指导和他人帮助下通过最近发展区，把发展潜力变成实际能力的过程。

最近发展区理论为SC改革中的一系列重要概念和实践提供了基础：（1）交互

① 申克：《学习理论（第六版）》，何一希等译，江苏教育出版社，2012：236。

② 关于维果茨基，参见维果茨基：《维果茨基教育论著选》，余震球选译，人民教育出版社，2005。

式学习。学习是师生之间、生生之间的交互性活动。在交互中学生学习建构自己的认知模型，发展解决问题的能力。（2）"学习脚手架"。教师指导或他人帮助是学生学习的"脚手架"（scaffolding）。"脚手架"这个术语很有意思，它指在学生需要时为其提供及时而适当的帮助，因为没有这种帮助，学生会遇到学习困难，故曰脚手架。但这些"脚手架"应该是临时性和辅助性的。一旦学生学会，就要拆除脚手架，以便学生独立发展。（3）"适度挑战"，指"学生跳一跳就能拿到"。如果学生无论如何都学不会，就不在最近发展区了。据此可以把学生的学习状态画为三个同心圆，从内向外分别为舒适区、发展区和恐怖区。学生能独立完成学习任务时他在舒适区；学生无论如何都不能学会时他在恐怖区；两者之间就是发展区。教学的任务是把学生从舒适区带到发展区，但别送到恐怖区。

最后是发展心理学。发展心理学的主要思想是，人的认知不是先天固定的，而是发展变化的。有人认为这种发展变化没有明显的阶段性，如布鲁纳；也有人认为有明显的阶段性，如皮亚杰。目前后者是主流观点（见图3-9）。

根据发展阶段论，每个特定年龄段都有其特定的发展任务，特定发展任务制约着这个年龄阶段学习与发展的内容与方式。学什么、怎么学、和谁学、在哪儿学、为何学、如何学等，都与阶段发展任务有关。例如，青春期大脑发展的特点是前额叶成熟、发展理性思维能力，因此青年最好到大学学习，通过大学学习和校园生活，最大限度地发掘自己的潜力。而大学教育的重要任务则是，通过各种课程学习，帮助大学生建立起专业、社会、人生等领域中的基本认知框架。在学生学习理论知识的过程中，培养他们的理性和理性思维能力，为他们未来的成人生活做好准备。由于青春期大学生在身体、情绪、心智等方面均达到顶峰，因此学生可以承受较高强度的学习和训练。大学可以给予学生较大挑战，以激发他们的发展潜力，如此等等。

回顾学习心理学百年史，读者可能会注意到，20世纪80年代以来，脑科学、发展科学、认知科学这三大领域已经对学习研究产生了巨大影响。然而有意思的是，面对这些进步，学习心理学本身的反应似乎非常迟缓。经典的学习心理学教科书中介绍的学习理论多是20世纪80年代以前的理论，其后几乎没有什么重大成果。不知什么原因，学习心理学好像陷入了停滞。OECD专家组学者德科特（E. de Corte）在总结百年学习心理学发展史后总结了促进学生有效学习的六个要素：

（1）学习是学生的认知建构；

（2）学习需要学生自律；

（3）学习是与情境相关的；

（4）学习是合作的；

（5）学习是积累性的；

（6）关注学生个体差异性。[①]

但我认为还应该加上两个：（1）学习是活动，通过活动促进学生有效学习；（2）学习是经验。活动创造经验，经验改变大脑。根据互动经验，学生得以构建认知模型，培养思维与专业能力。

这八个要素按重要性排序，应该是：知识建构、自律、活动学习、经验性、情境相关、合作学习、积累性、个体差异。从这八个角度进行课程设计和教学，可以促进学生有效学习。

2. 学习科学的教育技术学派

在20世纪80年代以前，学习研究还主要是学习心理学的事。但近三十年来，由于计算机科学和信息技术的发展，出现了围绕学习环境设计和支持有效学习这两个主题，出现了一个特别的学习科学学派——教育技术学派。这样说是因为这个群体把自己从事的研究称为“学习科学”（learning sciences，LS）。

说他们的研究是科学有点夸张，说他们的研究是技术倒比较贴切。这个学派确实提出了很多新思想、新理论、新方法和新技术。目前关于未来教育发展的很多设想和预测，都来自这个学派，值得专章介绍。故本节只介绍他们的基本立场和主要思想，而把更全面的介绍放到第五章。

这个学派是由一批致力于“利用知识和技术改进教育”的研究者和实践者联合创立的。1983年美国西北大学建立第一个学习科学博士点，1988年第一个学习科学研究所创办，1991年研究期刊《学习科学》创办，2002年国际学习科学协会（ISLS）成立，2006年出版的《剑桥学习科学手册》是该协会主编的一个主要读物。

据ISLS统计，目前该协会成员所属专业领域包括：人类学、人工智能、认知科学、计算机科学、教育科学、信息科学、语言学（主要是社会语言学与计算语言学）、神经科学、组织科学与系统科学、哲学、心理学（主要是教育心理学和社会心理学）、社会学等。显然，ISLS倡导的学习科学是一个以强调用设计和技术来促

① E. de Corte, “Historical Development in the Understanding of Learning,” in H. Dumont, et al (ed.), *The Nature of Learning: Using Research to Inspire Practice*, OECD Publishing, 2010.

进教育改进的多学科研究领域。

据《剑桥学习科学手册》主编索耶的看法，他们的学习科学有两个主要发展方向：一是关于人如何以独立和合作的方式学习、各种社会与组织环境如何有效促进学习的基础研究。二是如何利用信息与交流技术及计算机支持条件下的合作学习技术，通过设计新的学习环境来促进有效学习。[①]前者属于基础研究，后者属于实践研究。

作为一个学术群体，ISLS 对后者更感兴趣，即如何运用技术和设计来创造有效的学习环境。因此索耶在第二版序言中干脆称学习科学是一个“设计科学”（design science），一个关于“如何用学习科学设计出更加有效的学习环境”的研究领域。由此可见 ISLS 的学术倾向。

事实上 ISLS 的这个定位非常独到且富有生命力。尤其在当今信息革命大潮支持下，利用设计与技术手段，创造出“以学生为中心”的、能帮助学生有效学习的学习环境，确实是一个既有学术价值又有商业价值的重要领域。目前很多商业公司都在这个领域大笔投入，希望未来能在教育市场上攻城略地。也因此，在所有关于学习的研究领域中，教育技术学派主导的学习科学领域是思想最活跃、资源最丰富、发展最迅速的领域。从目前发展看，有理由相信，在信息技术革命和人工智能革命支持下，这个领域的发展可能会对目前高等教育的业态产生重大冲击。

ISLS 主张学习科学应该和工程科学一样，要有明确的研究目标，在真实环境中研究，效果要可以评估，结果要能大规模应用。在研究中要遵循“问题—设计—实施—评估—再设计”的循环，然后反复迭代，直到达成目标。索耶把这称为学习科学的“工程取向”，这也是教育技术学派学习科学的重要特征。为学习而设计（design for learning）是该派方法论的基本原则。

因此，该派的学习科学有四个基本假设：（1）学习是学习者的自我知识建构，学习必须由学习者自己完成。在这个过程中，其他所有因素都只能起辅助作用。（2）学习是学习者与学习环境之间的互动。包括老师在内的所有一切，都应被看成学习环境的一部分。（3）学习是脑适应环境的基本方法，大脑随时随地在适应性学习。学校学习只是学习经验的一部分，校外学习和非正式学习也都是学习的重要组成部分。（4）学习是在互动中实现的，社会文化因素和学习情境对学习至关重要。

在这些假设下，如何围绕学生学习，设计和营造出能帮助学习者有效学习的学

① 参见该学会的使命声明（ISLS mission statement），http：www.isls.org/abc，访问日期：2017 年 3 月 14 日。

习环境，就成了教育技术学派的中心问题。研究包括两类：（1）围绕“人是如何学习的”进行的基础研究；（2）以“能有效促进学习并能大规模推广的学习环境设计和教育技术发明”为中心，组织应用研究。根据索耶的看法，学习环境设计和有效技术支持是教育技术学派研究者们特别关心的问题。这个思路显然是“以学生为中心”的，因为其工作模型就是把学习者放在学习环境的中心。

另外值得一提的是索耶对学习心理学、教育心理学、学习科学三者的看法。索耶认为，学习科学与另外二者有根本的不同，因为：（1）学习心理学和教育心理学研究主要是为了生产理论而不是为了改进实践，但学习科学完全是以改进实践为目标的；（2）学习心理学和教育心理学之间经常彼此怀疑，很少相互合作，但学习科学强调不同学科之间的合作与协同。①索耶的这个看法很有意思，一是它说出了目前学习心理学和教育心理学界在欧美的分裂状态，二是它部分解释了为什么知识界对认知与学习的研究突飞猛进，但它们对学校实践的影响却非常有限。希望这种情况不要在中国再现。

还有个观点是为“学习而设计”（design for learning）。在当代学习科学研究和现代技术条件支持下，设计出能促进学生有效学习的学习环境，这确实是一个非常刺激想象力和创造力的问题。“为学习而设计”或“设计学习”已经成了学习科学的有力口号。这个口号把“设计”概念变成了他们的学习科学方法论的核心，必然对学习环境设计研究产生重要影响。这些问题在第五章具体讨论。

3. 学习科学的百科全书学派

百科全书学派对学习科学的定义是，所有关于学习的学术研究都属于学习科学，其代表著作是德国符腾堡大学心理学家塞尔2012年主编出版的《学习科学百科全书》。

这部书似乎就是为矫正教育技术学派的狭义定义而编撰的。塞尔在“学习科学史”词条中说：“从历史角度看，20世纪可以看成是学习研究的世纪，很多学科参与其中。但一些组建ISLS的学者认为，学习科学是一个新兴学科，到20世纪90年代才出现，而且还在形成之中。也许learning sciences这个词是20世纪90年代才出现的，但有证据表明，sciences of learning已经有了很长的历史。”②

---

① K. Sawyer, *The Cambridge Handbook of the Learning Sciences* (2nd), Cambridge University Press, 2014: 21–23.

② Norbert M. Seel, “History of the Sciences of Learning,” in Norbert M. Seel (editor in chief), *Encyclopedia of the Sciences of Learning*, Springer, 2012: 1433.

根据这个看法，塞尔主持编撰了这部多达七卷的百科全书，对所有关于学习的学术研究作了一个系统梳理。该书不仅包括人类学习，还包括了动物学习和机器学习，内容涉及脑科学、神经科学、生理学、心理学、哲学、人类学、社会学、计算机科学、信息科学、通信研究等基本领域，还包括教育学、精神病学和机器人科学等三个“应用领域”，从古希腊一直延伸到21世纪的今天。由于涉及广泛，该书除有主编外，还按领域设置了12个副主编，共有1260多位国际优秀学者参加了撰写。全书共有4000多个词条，长达3500多页。这是目前最全面的学习科学综合性参考书。

根据该书有关条目，我认为在学习研究的漫长历史中，先后形成了四个主要学术传统：哲学传统、实证科学传统、人类学与社会学传统、计算机与信息技术传统。表3-4是对这四大传统的一个大致归纳。直到今日，这四大传统仍然主导着学习研究的发展。

表3-4　学习研究的四大学术传统

传统	研究问题	研究方法	研究方法的学科属性	时间
哲学传统	人如何认知和学习	哲学方法	认识论哲学	自古至今
实证科学传统	实验室、教室等规范条件下的认知与学习行为的研究	实验、试验等规范性实证研究方法	脑科学/神经科学/认知生理学/认知心理学/学习心理学等	始于19世纪末，1990年以来在脑科学推动下有突破性进展
人类学与社会学传统	自然真实条件下的认知与学习行为研究	人类学方法、社会学方法、定量/定性（质性）方法、混合方法	人类学与社会学	始于1960年左右，促进了对学习的真实性、整体性、实践性、社会化、情境化、浸润化等方面的研究
计算机与信息技术传统	信息技术支持条件下，人的认知与学习行为研究，包括对学习与教学活动的技术支持	计算机科学方法、信息科学方法、通信方法、人工智能等	计算机科学、信息科学、通信研究、人工智能等	1990年以来信息技术经历了数字化、网络化、移动化、智能化四个发展阶段，这些发展都对营造新的学习与教学环境，帮助学生有效学习和教师有效教学产生了重要影响

我认为，这本书是所有有志研究学习科学者的必备参考书。我比较倾向于这一派的观点，认为一切和学习有关的学术研究都属于学习科学。我喜欢它是因为它有较宽的视野，更有助于我们理解什么是学习和什么是学习科学。

总之，当代学习科学发展迅速、成果丰硕。学习科学已经向我们展现了一个令人激动的蓝图。所有研究都表明，我们正在迈入一个学习革命和技术革命的新时代。正如中国学习科学研究拓荒者、华东师范大学教授高文所说："当今世界正面临着一场'学习的革命'，我们将彻底改革几个世纪以来人们习以为常的、旧的、传统的教育观念和教学模式，创造出一种在真正意义上尊重人的主体性、激发人的创造性、相信并注意开发人的潜力、促进人与人交际合作的崭新的教育观念和学习模式。"①

第五节　简要总结

本章简要描绘了我认为对SC改革有重要贡献和价值的四个领域里的主要知识进步情况，包括脑科学与神经科学、青春期大学生发展研究、认知心理学与认知科学、学习心理学与学习科学。在此基础上，我们还探讨了它们对SC改革的贡献和意义。

如本章开头所说，这不是系统完整的文献综述，至多只是一个简明知识地图。目的是让读者大致了解这些领域的发展情况，建立起全局观，以便用更开阔的视野来看待当前的这场大学教学改革。建议任何希望深究者，根据本文提供的文献作深入研读。

我首先希望，本章能使读者认识到，目前的这场SC改革确有其深厚的科学基础，是近百年来众多科学领域知识进步的结果，而不是某些人的心血来潮。因此希望读者能坚定信心，大力支持、参与和推动这场改革。其次希望读者能体会到，我们确实处在一个崭新的时代。这个时代已经可以为理解和实施SC改革提供必要的知识与条件。希望读者能根据本章介绍的知识，结合自己的工作环境和工作实践，深入开展研究，并用研究成果指导自己的改革实践。最后希望读者能真正感受到，目前这场改革确实关乎国运。如果我们希望中国能在未来的国际竞争中胜出，那就

① 高文:《学会学习与学习策略》,《外国教育资料》2000年第1期：48。

要尽快实施SC改革，尽快改变传统教学模式，培养出“会学习、会思考、能解决问题、有创造创新能力”的一代新人！如杜威所说，“如果用昨天的方式教今天的学生，我们就毁了他们的明天”！也如爱因斯坦所说，“教育不是要记住各种事实，而是要训练大脑如何思考”。

以上两章分别讨论SC改革的概念、历史和科学基础。随后四章将讨论和SC教学改革有关的问题，包括课程教学改革的实践与方法、学习环境与教育技术、质量保障体系建设和课程学习效果评价。

第四章

聚焦设计：SC 教学改革的实践与方法①

SC 改革基本上包括两个部分：一是教学改革，即教师如何在教学中开展教学改革和教学研究；二是支持系统改革，即学校如何支持教师的教学改革。从本章起，此后四章将聚焦教学改革，分别讨论课程改革的实践与方法、学习环境与教育技术、质量保障体系建设和课程学习效果评价等四个方面。

首先定义概念与范围。方法可以分为三个层次：方法论（methodology、perspective）、方法（method、strategy）、技术 / 技巧（technique、skill）。例如，“合作学习法”属第一层方法论，“同伴互教法”属第二层具体方法；“使用应答器”属于第三层技术技巧。本章主要涉及第一、二层次，基本不涉及第三层次。

自“以学生为中心”作为新的教学范式被接受以来，美国高校教师和大学教学研究者围绕 SC 教学改革进行了大量研究和实践，创造了很多新的教学模式和方法，积累了丰富的知识和经验，也有很多深刻教训。这些新的教学方法是美国 SC 改革最宝贵的财富，值得我们学习和借鉴。故本章拟对这些实践和方法作一个初步梳理和介绍。

然而，当我们试图利用这些成果时，通常会提出两个问题。一是希望了解总体情况。美国的这些实践和方法大体包括些什么？有哪些主要思路和方法？如果能在总体上把握美国的实践，对学习与研究它们大有好处。二是希望了解方法论。对美国创造的大量实践与方法，我们应该如何选择和如何创新？如果有一个指导性的方法论框架，或可使我们在探索中少犯错误，少走弯路。这两个问题是在过去这些年的培训中教师们反复提出来的，然而目前缺少这样的文献，故本章将尝试进行概括，并作一些初步的方法论探索，供我国教师参考。

① 本章原是以连载方式发表在《高等工程教育研究》2018 年第 2 期和第 3 期上。此处合并成一章，以保持完整性和连贯性，文字略有修改。

此外，前面说过，本研究有三个基本导向：实践导向、中国导向、卓越导向。因此在这个概述中将会贯彻这三个导向。

在梳理文献时我注意到，老三中心范式和新三中心范式之间的一个重大差别是课堂教学模式不同。前者是以教师讲授为主，讲授基本按教科书内容依次展开，很少考虑学生的学习需要和问题，因此老三中心的教学计划基本就是教科书目录加时间表。而新三中心要求教师根据脑科学、大学生发展科学、认知科学和学习科学的原理，考虑学生学习特点和学习困难，因此新三中心的教学计划是能帮助学生有效学习的问题解决方案。根据科学原理，针对学生学习特点与困难，以促进学生有效学习为目的进行课程教学设计，是新模式较之老模式的重大差别。SC 课程是根据 SC 原则设计出来的！因此在美国的 SC 改革中，把根据 SC 理念和原则进行课程教学设计放在课程教学改革的中心地位，以课程设计为平台来组织其他内容与方法要素，通过实施课程设计来改变课堂教学模式，从而实现课堂教学模式转型。这是美国 SC 教学改革的一个重要经验。聚焦设计，是 SC 教学改革实践与方法的关键，因此本章题为“聚焦设计”，意指以课程设计为轴心来介绍 SC 教学改革的实践与方法。

在分析中美 SC 改革中的各种问题与失误时我发现，这些问题通常与忽视 SC 改革的科学基础有关。如果教师们能很好地把握前一章的内容，坚持从科学角度认识和理解 SC 教学法的性质、特点、功能、效果，就可以摆脱简单化和机械模仿的问题，做到活学活用。因此，本章首先简要总结前一章的十个基本结论，在介绍完之后专门讨论 SC 教学改革的方法论问题，以及五种常见的方法论认知误区。

还有很多学者认为，美国的 SC 改革进展迟缓与当前的大学组织和工作机制不合理有关。当前的大学组织是在工业革命时期按大规模标准化生产模式建立起来的，其组织模式和工作机制已经在很多方面不能很好地适应 21 世纪的大学教育需要，因此有必要探索新的工作模式和组织制度。故本章第八节介绍了世界著名创新研究学者克里斯坦森的颠覆性创新理论，以及高等教育领域的两个颠覆性创新案例，因为它们很可能代表着 SC 教学改革的某种未来。

本章共有九部分。第一节介绍文献情况。第二节总结从前一章中得出来的十个基本结论。第三节是关于大学教学有效性的三因素假设。第四至第六节围绕课程教学设计，分别介绍受科学研究影响、受生活与职业影响和由经验总结而形成的三类实践与方法。这三部分是美国 SC 教学改革实践的主体。第七节是关于 SC 教学改革方法论的讨论和五个常见的方法论认知误区。第八节是介绍颠覆性创新概念和两个颠覆性创新案例。第九节是一个简要总结。这一章也较长。

第一节　文献金字塔

这些年美国积累了大量的SC教学改革文献，种类多、分布广。为了便于读者阅读本章和今后查找文献，我们首先介绍文献情况。SC改革的文献大体分三类：学术研究、实践智慧和工作辅导。

学术研究类文献主要指在各种学术期刊上发表的学术论文，可分为同行评议和非同行评议两类。通常认为前者学术水平较高，代表了大学教学的学术研究。图4-1显示了1960年至今这两类文献的发表情况。

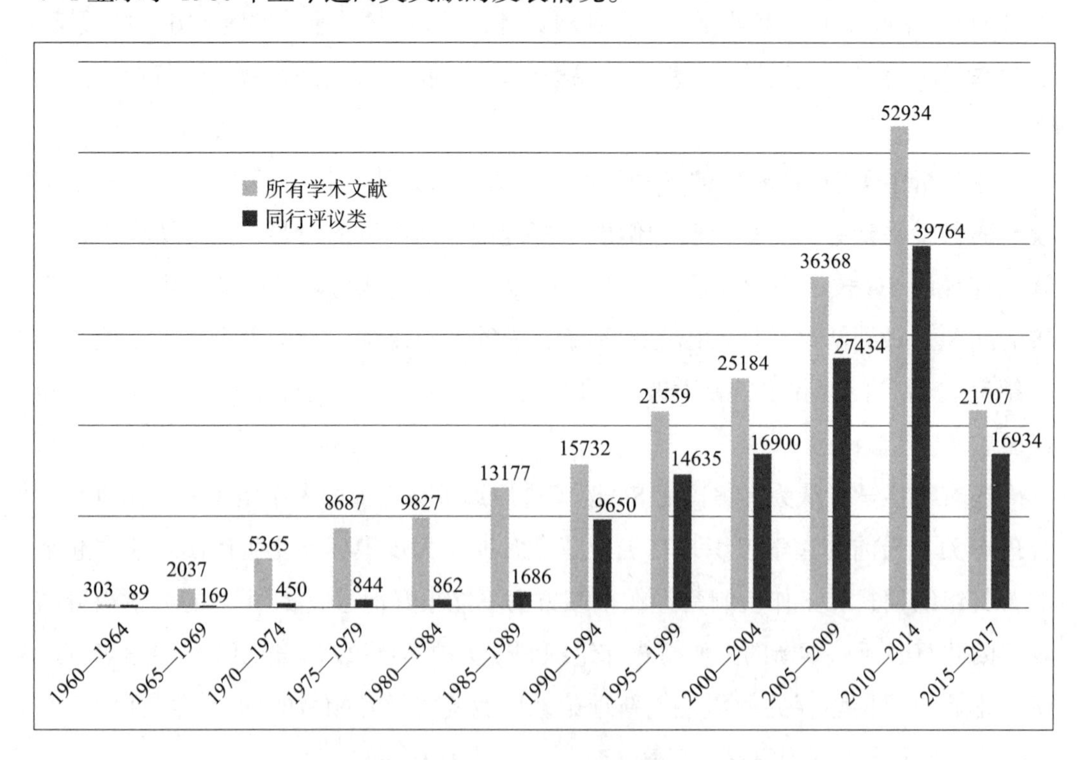

图4-1　UCLA馆藏文献中以“大学教学”为主题词发表的学术文献[①]

① 主题词（subject heading）搜索公式为［（teaching或learning或instruction）和（college或university或higher education）］。五年为一个区间，起止时间分别为当年1月1日和12月31日。搜索时间为2017年10月1日。

图4-1说明三点。第一，从1960年至2017年的50多年里，以“大学教学”为主题词的学术研究文献约有21.2万篇左右，其中同行评议类论文约为12.9万篇。如加上仅在文中提及“大学教学”但未纳入主题词的文献，总共有上百万篇之多。换言之，英文文献中有关大学教学的学术研究已经积累了相当数量的文献。第二，1990年以前文献数量有限，1990年后开始出现快速增长。2010年后年增长量超过一万篇，其中同行评议类文献的年增长量约为八千篇左右。第三，1990年以前的文献主要为非同行评议类文献，但从1990年起，同行评议类文献开始成为主流。也就是说，1990年之前大学教学研究被认为是“不入流”的，1990年后开始获得学术认可，同行评议类文献成为大学教学学术研究主流。

这些发展表明，英文文献中大学教学已经变成了一个专门研究领域。研究还在不断深化，研究水平也在不断提高，高水平研究文献在不断增加。值得注意的是，这些英文文献不都来自美国，还包括英国、澳大利亚、欧洲、中国等国家和地区用英语发表的文献，这些文献也是重要的学术文献。

在教学研究中参考世界其他国家的文献非常重要。因为一所大学里可能只有5名大学物理课教师，但全世界则可能有5万名，他们才是真正的同行。大家面临相似的问题和挑战，但有不同的心得和体会。他们之间的交流与分享，是迅速提高各自教学质量和研究水平的最佳途径。而认识这些同行的最便捷方法就是读他们的文章，与他们共同探讨彼此关心的问题。

此外，为了全国高等教育专业研究生培养，美国高等教育学会（ASHE）还编撰了一套专题文献汇编，叫“美国高教学会阅读系列文集”（ASHE Reader Series），涉及高教基础、大学教学、高校组织与管理、高校财务、大学生发展、政府公共政策等领域。其中涉及大学教学的有三种:《高校课程》《大学教学》和《高教评价与评估》。[①] 这些文集都是由ASHE组织专家推荐编撰，入选文章反映了美国大学教学研究的基本情况和成就。由于这些文集主要用于研究生教育，故理论性较强，对大学教学实践反映不足。这些文集是研究美国大学教学研究的基本入门书。凡希望深入研究美国大学教学的读者最好从这三本文集开始，然后过渡到其他类型文献。

这一类文献还包括美国政府或国际组织发表的各种研究报告，如联合国教科文

---

① C. Conrad, J. Johnson (ed.), *College & University Curriculum* (2nd), Pearson Custom Publication, 2008; M. Welkener, A. Kalish, H. Bandeen (ed.), *Teaching and Learning in the College Classroom* (3rd), Learning Solution, 2010; W. Lee (ed.), *Assistant and Evaluation in Higher Education* (3rd), Learning Solution, 2010.

组织、欧洲经互会、美国国家科学基金会、卡内基教学促进基金会、美国研究理事会、美国全国学习效果评价研究所等，他们都会在其网站上不定期公布研究报告。这些研究报告学术质量通常很高，对实践有重大影响，非常值得关注。例如，美国国家科学基金会从20世纪90年代以来一直支持美国大学理工科教学改革，至今已经发表了数十种研究报告。这些报告对了解20世纪90年代以来美国理工科本科教学改革发展与变化有重要参考价值。由于该机构由公共经费资助，根据“公开获取”原则，他们的绝大多数出版物的电子文本是免费的。

第二类文献是实践智慧。这类文献的主要目的是帮助教师教学，既包括把学术研究成果应用于教学实践的建议，也包括教师们对自己实践经验的总结。因此主要反映的是美国大学教学的实践智慧。

在美国，任何事只要涉及实践，都会被迅速整理成各种手册，供实践者参考，大学教学也不例外。自1990年以来，美国已经出版了数百种供大学教师参考的教学指导书，涉及大学教学的各个方面。这类文献通常由教学咨询专家和有经验的教师撰写。其中最著名的可能要算《麦肯齐大学教学精要》（*McKeachie's Teaching Tips*）。麦肯齐是密歇根大学教授，1949年获得教育心理学博士学位后留校任教，此后一直从事大学教学研究，是美国大学教学研究最为资深的学者之一。该书被誉为大学教师的“圣经”。

这类书的特点是紧密围绕大学教师的教学需要，回答教师们在教学中可能碰到的各种问题，尤其在倡导先进教学理念、推动新的教学实践方面发挥了巨大作用。受欢迎的参考书会不断再版，以便把最新研究成果纳入新版本。例如，《麦肯齐大学教学精要》首版于1951年，到2014年已经出到了第14版。[①] 比较这14个版本，可以清楚看出美国大学教学发展的历史轨迹。

中国从2000年起开始翻译出版这类著作。例如2005年左右由浙江大学出版社出版的“国外大学教学与教改译丛”（7种）、2014年华南理工大学出版社出版的“大学教师教学发展经典读本译丛”（8种）及湖南教育出版社即将出版的“新三中心译丛”（7种）等。这几套译丛的选书都很不错。

除了译丛，还有一些优秀单本译作，如《聪明教学7原理》（*How Learning Works*）[②]。该书是卡内基梅隆大学教师发展中心的三位学者，从认知科学和学习科

① M. Svinicki, W. McKeachie, *McKeachie's Teaching Tips* (14th), Wadsworth Publishing, 2013. 我们组织翻译了这本书，已由湖南教育出版社出版。

② 安布罗斯等:《聪明教学7原理》，庞维国等译，华东师大出版社，2012。

学角度，总结了该中心 29 年的教学咨询经验，形成 7 条基本经验。该书在理工科大学教学领域有较大影响，例如加州理工学院教师发展中心就把此书作为主要参考书。

另一类非常值得注意的实践智慧类文献是各种专业的教学研究期刊。美国很多专业学会都下设专业教育委员会，负责制定本专业的教育教学标准，并倡导本专业的教学研究。据不完全统计，美国至少有 26 个专业学会出版了自己的大学教学专业期刊，如英语、物理、化学、数学、工程、医学、护理、历史、人文等。这类期刊的特点是以专业为基础（discipline-based）。很显然，这类研究对专业教学来说会更有针对性。没有专门的教学期刊的学会，它们的期刊也会不定期发表和本专业有关的教学研究论文。由于这类文献有较好的专业针对性，因此很受专业教师欢迎。读者喜欢这类期刊文献的另一个原因是它们能及时反映学术研究前沿发展情况。美国书籍出版通常需要三年，但期刊出版通常只要一两年，因此这类文献对了解前沿情况很有帮助。

期刊类文献通常假定读者已经有基本知识，因此阅读这类文献的较好方式是先用工具书类文献打基础，然后用专业类文献做研究。两者相辅相成，相得益彰。

第三类文献是美国各大学教师发展中心为本校教师准备的教学辅导类文献。美国几乎所有大学都有教师发展中心，这些中心的基本任务是为本校教师提供教学培训、辅导和咨询。这些中心的网站上通常会有很多参考文献，包括自己编写的文献、本校教师撰写的文献以及转引自其他网站的文献等。

这类文献有三个特点。一是直接反映了本校对教学的基本要求，是本校教学文化的直接体现，也反映了本校的教学特色，针对性很强。例如哈佛大学教师发展中心网站上的文献就和麻省理工学院网站上的文献相差很大。这是大学教学与学科专业特色不同导致的结果。因此查文献的一个便捷方法是先到和自己学科专业相同和相近的学校的网站上去找，可以节省很多力气。二是这类文献很多是该校教师发展中心自己编写的，虽未发表，但非常实用，具有较高的实践参考价值。例如，北卡罗来纳大学夏洛特分校网站的“大学教学方法 150 种”[①]，南佛罗里达大学网站的

① The Center for Teaching and Learning, University of North Carolina at Charlotte, “150 Teaching Methods,” https://teaching.uncc.edu/, 访问日期：2021 年 11 月 29 日。

“互动教学223法”“课堂教学评价101法”[①]等。这些文献为教师们了解与学习新教学法提供了方便。三是这类文献数量非常大。由于反映的是教学第一线情况，是初步经验与研究梳理，因此其数量远远大于前两类文献。很多教师根据自己的实践撰写的教学案例和经验研究，也都贴在本校网站上，供其他教师参考。这类文献数量巨大，是前两类文献的基础。恰如冰山，浮出水面的仅有20%，藏在水下部分还有80%！和前两类文献比，这类文献更加真实，更接地气，也更值得注意。

除了文字文献外，这类网站上还会有视频资料，如培训、教学活动、经验交流、专题讲座等。视频资料是文字文献的重要补充，它们更直观地展示了美国大学的教学实际、教师发展中心的工作以及有关学术交流活动。总之，视频资料也是了解美国大学教师教学工作和教师发展工作的重要窗口。

除此之外，很多志同道合者还组织了学习社区，建立网站以交流分享心得。还有很多教师建立了个人网站。这些网站在信息分享、经验交流、研究探索方面都非常活跃。总之，教师发展中心、教师学习共同体、教师个人网站非常多，所载文献数量巨大，是了解美国大学教学一线实践和研究的最好资源。

从以上描述可知，这里存在一个文献金字塔：数量最多的位于底层，是学习社区和个人网站上的文献，其次是各大学教师发展中心网站的文献，再上面是学术论文类文献，最顶上是各种书籍，如教学参考书、教学指导手册、学术专著等。

以上是美国大学教学研究文献的大致分布情况。这里我特别想说的是，不要只关注正式文献，还要高度关注非正式文献。后者的类型与数量要比前者多得多，而且更直接地反映了美国大学教学与教学研究的实际。比这更进一步的，可能就只剩下直接进教室听课或面对面交流了。

第二节　科学基础

“以学生为中心”之所以能成为大学本科教学改革主流，是因为它更加科学。科学基础是SC改革的灵魂。在研究SC改革的实践与方法时我们必须注意到一点：

① Academy for Teaching and Learning Excellence, University of South Florida, http://www.usf.edu/atle/about-us/kevin-yee.aspx, 访问日期：2021年11月29日。Kevin Yee, “Interactive Techniques,” “101 Classroom Assessment Techniques,” https://www.usf.edu/atle/documents/handout-interactive-techniques.pdf, 访问日期：2021年11月29日。

无论社会如何发展，技术、实践、方法如何变化，有一样东西不会变，即我们的大脑。大脑不会变，大脑的发展方式、工作方式和学习功能不会变。因此判断教学方法好坏优劣的原则是，是否符合大学生大脑的特点与功能。只有充分发挥大脑潜能的实践与方法，才能有效提高学生学习的效果。因此立足科学，才是“以不变应万变”的万全之道！因此在进行 SC 教学改革时，要特别注意科学性。这里简要总结了前一章的主要结论，包括以下十点。

（1）**理性与理性能力**。在 12—18 岁经历了肌体、感知觉、情绪等方面的大发展后，人在 18—25 岁迎来了理性和理性能力发展的巅峰期。大学应抓住这个关键发展阶段，着力促进大学生理性和理性能力的发展。负责理性能力的是位于前额叶的中央执行功能区（EF 区），其主要功能包括：工作记忆、计划能力、任务转换能力、信息 / 空间 / 活动的组织与协调能力、抑制能力、情绪控制能力、首倡启动能力、自我监控能力。理性的发展会影响大学生在认知、情感、道德、社会认知和社会融入等方面能力的发展，使他们表现出更好的理性判断能力和理性控制能力。发展学生理性和理性能力，是大学教育教学的基本任务。

（2）**大学生发展**。青少年期社会心理发展在 10—18 岁阶段的主要表现为自我觉醒和摆脱庇护，18—25 岁时期的主要发展任务是认识自我和融入社会。这包括四个阶段：认识社会、认识自我、自我定位、融入社会。在这个时期人的发展表现出五个特点：自我认同、不确定性、可能与乐观、专注自我、中间感。为了配合这一时期的身心变化，大脑会超量分泌激素，使人在精神、体力、耐力、承受力等方面都达到顶峰，此时大脑发展也达到顶峰。随着青春期结束，大脑发展基本定型，人的发展也随之进入稳定的成人期。因此，大学教学要抓住大脑发展的这个关键期，通过设计多样化学习任务和挑战，支持和帮助学生通过各种学习活动与实践克服困难，在问题解决中培养能力，促进学生大脑与心智的发展。

（3）**认知模型**。大学生认知的基本特点是认知模型建构。大脑通过构建认知模型来认知、表现和想象外部对象世界，用认知模型来进行分析和推理，对外部世界做出预测和决策，并据此与外部世界互动。学习是认知模型的建构与表征、预测与决策、检验与修改的过程。大学生的表达能力、创造能力、审辨能力、社会能力、专业能力等，都是在大量认知模型建构过程中培养出来的。发展学生的认知模型构建能力，帮助学生建构和积累对其未来生活和事业发展有益有用的认知模型，是大学教学的基本任务。

（4）**系统化构建**。由于人脑工作记忆容量有限，认知模型构建被分为两步，先是构建比较简单的初级模型，然后再把初级模型和其他认知模型联系起来，形成更大更复杂的认知模型。前者重在认知，后者重在整理。只有经过整理，才能在大脑中形成系统化知识。系统化知识能大幅提高思考能力和速度，还能为信息的存储与提取提供更多进入点，从而提高记忆能力。建立初级认知模型的能力是初级认知能力；把初级认知模型整合成更大认知模型的能力是高阶认知能力。由于高阶思维消耗大量脑力，因此很多学生浅尝辄止，做了第一步就不做第二步。结果他们脑中的认知模型零散而不成体系，表现为知识的碎片化。这不利于未来信息的提取和利用。也就是说，知识的存储状态限制了知识的使用能力。因此，大学教学要特别注重发展学生的高阶思维能力。方法是为学生设计需要高阶思维能力的项目、作业和活动。

（5）**神经环路**。认知模型构建中大脑会发展出相应的神经环路支持模型建构。认知心理过程与认知神经生理过程同步发生。认知心理过程完成，认知神经生理过程也随之完成。如果学生在学习中没有建立起需要的认知模型，其大脑也不会得到相应的发展。因此促进学生认知发展的结果是，促进了学生大脑的发展。因此说促进学生心智和大脑发展，是大学教育的基本目标。

（6）**用进废退**。神经环路强化与使用频率有关，不断练习可促进突触的连接、修剪和髓鞘化，提高神经环路信号传递的速度与效益。“用进废退”是大脑发展的基本法则，多样化重复是促进神经环路发展的主要途径之一。因此，凡是希望学生牢记的东西，都要采用多样化方式反复练习。

（7）**积极学习**。动机与情绪是积极学习的关键。由学习本身激励的动机叫内部动机，由学习之外因素激励的动机叫外部动机。让学生主动学习的有效方法是帮助他们把外部动机转变为内部动机，方法之一是循序渐进的掌握式学习。大脑奖励“学会”而非“学习”。是“学会”让大脑分泌激素，产生兴奋，激发学习积极性。一旦学生知道如何学会并因此感到兴奋，外部动机就变成了内部动机。这是所有学霸的奥秘。因此教学要特别关注“学会”。学习任务难度要适度，要能把学生从舒适区带到发展区，但别送到恐怖区。在主要依靠外部动机（如好奇心和竞争心）的阶段，如果课程本身能让学生感受到内容的有用性、学习的真实性、任务的挑战性、环境的社会性、过程的互动性，他们就会进入主动学习状态。因此，有用性、真实性、挑战性、社会性、互动性是激发学生主动学习的五个基本要素，也是SC课程教学设计的要点。

（8）**学习的社会性**。人是社会性动物。为了支持人的社会性，大脑发展出了用于模仿的镜像神经系统和用于交流的语言神经系统。学习的社会性主要表现在：①社会与文化是学习的资源；②人通过模仿和交流学习；③在具体社会场景中学习。在具体社会环境和情境中学习，充分利用学习的社会性，是提高学习效果与效率，促进学生有效学习的重要方式。

（9）有效学习。①学习是认知建构；②学习需要自律，自觉反思与自我控制能提高学习效果；③学习是活动，学习引起行为变化；④学习是经验，经验塑造大脑；⑤学习是情境相关的，适当情境可以促进学习；⑥大脑奖励“学会”,“学会”激发学习积极性；⑦学习需要合作，合作可以促进学习；⑧学习是积累，需要足够时间；⑨记忆需要重复，多样化重复可以提高记忆；⑩学习是有个体差异的，个性化学习可以提高学习效果。从这十个角度来设计课程与教学，可以有效促进学习。

（10）新三中心。把以上各点汇于一体，就是“新三中心”的三个基本原则：①以学生发展为中心；②以学生学习为中心；③以学习效果为中心。

以上是对 SC 改革科学基础的简要总结。希望这个归纳能为教师们提供一个基本参考框架。在开展 SC 课改时，在规划、设计、实施、评价、改进等环节，如果教师们能始终坚持从科学原理出发去理解和规划自己的活动，就会比较容易取得成效，也会较少犯原则性和方向性错误。

第三节　大学教学有效性的三因素假设

回顾 150 年大学教学发展，有三个观点对大学教学有效性研究产生了重大影响：一是专业知识的性质与结构，决定大学教学有效性；二是学生学习的特点和规律，决定大学教学有效性；三是具体教学情境（context），对教学有效性有重要影响。前两个涉及有决定性影响的因素，第三个涉及有重要影响的因素。这三个观点都有强大的经验基础，但目前尚未看到有关的实证验证，故称为大学教学有效性的三因素假设。

从经验可知，知识的性质与结构决定大学教学的有效性。不同专业的教学法不同。例如理科和工科的教学法不同，社会科学和人文学科的教学法不同，音乐和美术的教学法不同，如此等等。即使在理科内部，数、理、化、天、地、生各科的教学法也各不相同。哪怕是在数学内部，代数和几何的教学法也不相同。甚至在一门课内不同章节，由于内容性质不同，教学法会不同。也就是说，知识的性质与结构对大学教学有效性有决定性影响，进而影响教师们对教学模式和方法的选择。

这种影响有多大？大到可以认为不存在普遍有效的大学教学法，甚至可以认为大学教学只能是艺术，而不能是科学！这个观点的一个有力支撑是现代知识理论中关于知识方法决定知识性质的观点。[①]现代知识理论认为，知识的生产方式决定知识的性质，进而决定知识的传授与学习方式。例如，数学方法产生的知识是数学知识，物理学方法产生的是物理学知识，社会学方法产生的是社会学知识，人类学方法产生的是人类学知识，如此等等。与其说学术是按知识分类的，不如说是按知识的研究方法来分类的。因此要确定一个学科的性质，首先是要确定其研究方法。如果一个学术领域没有确定的研究方法，或者不能确定其研究方法，就不能确定其知识的性质，甚至不能形成一个学科知识体系。反之，如果一种知识有了明确的研究方法，那就用这种方法去教学生，让他们掌握这种方法，这就是培养这类专业人员的基本方式。由此可见，学科方法、学科知识性质和学科专业教学三者实际上统一于知识生产方法。即使激发后现代知识理论的认知心理学也没能改变这个逻辑。如果不讨论真理性问题，只要把上面的“知识”替换成“认知模型”，整个逻辑依然成立！

不同学科教学法不同，这不是新观点。早在1906年德国著名学者包尔生就在《德国大学与大学学习》中说过，在大学里只有学科教学法，没有什么一般意义的大学教学法，不要去参加什么“大学教学法研究班”。如果真想学习大学教学法，就去找各专业的教师，学习他们的教学法。他们的教学法就是学科教学法。如果要编大学教学法论著的话，那在讨论一般性问题之后，直接介绍各科的学科教学法就可以了。[②]换言之，在包尔生看来，在大学里只有学科教学法，没有一般教学法。正因为大学教学是因学科而各不相同的，所以大学要给予教授们“教学自由”，让他们自主决定其教学内容和教学方法。这就是大学“教学自由”的基本依据。当代主张这个观点的著名人物是斯坦福大学教授、教育心理学家舒尔曼，他曾任卡内基教学促进基金会主席（1996—2008）。他也认为知识的内容与教学法不分家，教师

① 现代（modern）知识理论和当代（contemporary）知识理论不同。现代知识理论主要指19世纪后期到20世纪50年代的知识理论，通常把现代自然科学及实证主义作为知识的样板和方法。而当代知识理论不同，主张多元知识观和后现代主义知识观。

② 包尔生:《德国大学与大学学习》，张弛等译，人民教育出版社，2009：220-225。

应根据知识的内容确定相应教学法。他把这称为“知识内容教学法”（pedagogical content knowledge）。后来他干脆发明了一个术语，把不同学科的特有教学法称为“特征教学法”（signature pedagogy）。[①]在其主持的卡内基学院项目中，他大力推动以学科为基础的教学法研究（discipline-based pedagogy）。第八章具体讨论这个问题。

这种观点在大学里也非常流行。例如大学在招聘教师时，最关心的是应聘者的学术水平和研究潜力，如他是哪个学校毕业的、发表了多少高水平论文、有什么让人眼前一亮的研究成果、有没有未来发展潜力等。至于他会不会教书，是否受过专门的教学法训练，基本就不考虑。这个做法隐含一个假定：“专家天生会教书。”而这个假定的依据是，知识性质和方法决定专业教学的模式与方法。因此，只要教师的专业好，他的教学也差不了。[②]

但今天我们已经知道，这个看法是片面的。专业研究能力和专业教学能力是两组不同的知识和能力，彼此不可相互取代。专业好只是教师教好书的必要条件而非充分条件，充分条件是他还需要掌握专业教学知识与能力。

1980 年以来的 SC 改革把“学生学习的特点和规律”这个要素突显出来。目前已有大量研究证明，教学是否符合大学生学习特点和规律，对教学效果也有决定性影响。研究如何使大学教学符合大学生的学习特点与规律，已经发展成为一个专门领域，不仅形成了专门的研究方法和术语体系，还积累了大量有效的实践经验和方法。由于大学生学习的特点与规律具有普遍性，因此掌握“大学生学习的特点与规律”，也成了大学有效教学的一个基本原则。

第三个要素是教学情境。教学情境指教学活动发生的具体情境，如教学环境、教学内容、教学模式、教学评价、学校教学规章制度和教学文化等。这些因素也会影响教学效果。面对具体的教学情境，教师要根据课程的学科性质和特征，根据所教学生的特点和要求对教学活动进行调整，从而达到有效教学的目的。

这样，如果教师们既有良好的专业知识与能力，又掌握了大学学生学习的一般原则与方法，还能把这些原则与方法适当地运用到具体教学情境当中，就能有效促

① Lee Shulman, “Those Who Understand: Knowledge Growth in Teaching,” *Educational Researcher* 15, no. 2 (1986): 4−14.

② 在这方面中美类似。美国的情况可参考美国著名教育家、前哈佛大学校长博克的著作《回归大学之道》（侯定凯等译，华东师范大学出版社，2008）和《大学的未来》（曲强译，中国人民大学出版社，2017）。

进学生学习。这就是大学教学有效性的三因素假说。

根据这个假说，“专家天生会教书”的看法是偏颇的。因为大学教学有效性不仅取决于专业知识的性质和结构，还取决于是否知道学生学习的特点和规律，以及是否能充分地结合具体教学情境。因此，只有同时掌握这三个方面，才算全面把握了大学教学的有效性问题。

以此观之，当前大学应当为教师提供三个方面的培训：一是掌握本专业的科学基础；二是掌握本专业的特征教学法；三是能结合自己的教学开展大学教学学术研究（SoTL）。从而使他们不仅能从专业角度，还能从大学生学习角度、专业教学和大学教学学术角度审视自己的教学，针对自己的教学开展学术研究，不断改进课程与教学法，提高教学质量，而不是让他们自己在岗位上摸索。这就是为什么 20 世纪 90 年代以后美国大学普遍设置大学教师发展中心，以上三项就是这些中心的基本任务。

以上三节为介绍 SC 教学的实践与方法提供了一个简单背景。下面三节围绕课程教学设计，介绍在美国 SC 教学改革中出现的三类实践与方法。

第四节　受科学研究影响而产生的实践与方法

SC 教学改革的重点之一是改变课堂教学模式，这既涉及教什么，也涉及如何教。本节介绍如何通过课程设计，促成教学模式转型。

本节共四部分，首先介绍布鲁姆认知模型，其次是 ADDIE 模型、课程矩阵和反向设计法，然后是教学法设计，主要介绍积极学习类方法和合作学习类方法。第四部分介绍一个课程设计案例。

完整的课程设计包括课程设计、教学法设计、教学环境设计、教学技术设计、评价评估设计五部分。本节主要涉及前两部分，后三部分留待随后三章分别介绍。

1. 布鲁姆认知模型

布鲁姆（1913—1999）是美国著名教育心理学家。1956 年他领导一个团队研究了各种学习与教育目标的关系，提出了一个教育目标分类系统（Taxonomy of Educational Objectives），故这个系统被称为布鲁姆教育目标分类法或布鲁姆分类法（Bloom Taxonomy）。在这个系统中，按认知发展水平，学习被分为六类：知识（knowledge）、理解（comprehension）、应用（application）、分析（analysis）、综合（synthesis）和评估（evaluation）。认为学习要以知识为基础，然后进入高阶的认知技能学习。或者说，高阶学习要以低阶学习为基础，低阶学习要向高阶学习发展。这个模型反映的是人类认知与学习发展的阶段性。

这是首个根据认知发展水平对各种学习进行分类的系统研究。它澄清了各类学习与认知发展的关系，为课程教学设计提供了指南。该模型一经提出便获得好评，产生了广泛影响。布鲁姆的《教育目标分类学》（*Taxonomy of Educational Objectives*）被认为是 20 世纪以来对课程教学论有显著影响的著作之一。[①] 该书后来被翻译成 20 多种文字（包括中文），对世界各国课程教学研究都产生了很大影响。

布鲁姆去世后，2001 年，一批认知心理学家和课程教学研究专家，根据后来的学术进展，修订了布鲁姆分类法，把六类学习分别改为：记住（remember）、理解（understand）、应用（apply）、分析（analyze）、评价（evaluate）、创造（create）。这个修订有两点值得注意：一是增加了“创造”，创造作为一类高级思维能力被突显出来；二是把名词改为动词，以体现“学习是活动”的思想。[②] 图 4–2 是根据修订版做的一个示意图。

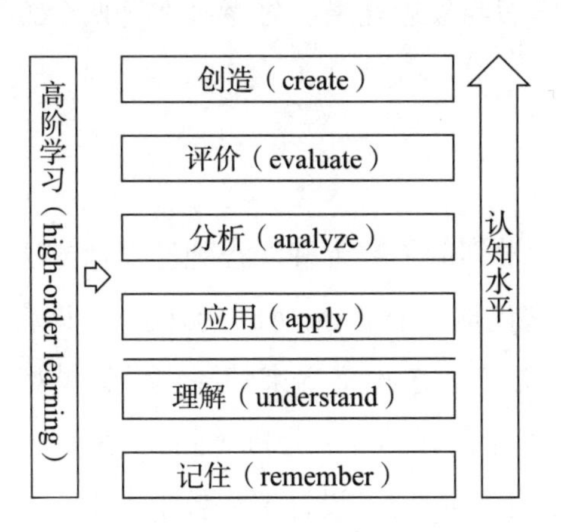

图 4–2　布鲁姆认知分类模型（2001 版）

① H. G. Shane, “Significant Writings that Have Influenced the Curriculum: 1906–1981,” *Phi Delta Kappan* 62, no.5 (1981): 311–314.

② 安德森等：《布卢姆教育目标分类学（修订版）》，蒋小平等译，外语教学与研究出版社，2009：第一至三章。

这个模型对课程设计有两个重要意义。第一是区别了六类不同的学习，分别培养不同水平的认知能力。根据这个模型我们可以看出，传统课堂的主要弊端是使学习主要集中于低阶学习（记住与理解），而忽视了高阶学习（应用、分析、评价、创造），因此不利于培养学生的高阶认知能力，学生心智也因此不能得到全面发展。这不仅影响学生，还影响社会的未来发展！

第二是高阶学习要以低阶学习为基础，低阶学习要向高阶学习发展。因此在课程设计中，教师要全面布局，使知识学习与认知技能学习等彼此照应，均衡发展。既不要只有低阶学习而忽视高阶学习，也不要只有高阶学习而忽视低阶学习。这就把课程设计环节提到了空前重要的地位。课程教学需要设计，以此全面促进学生的心智发展。

按布鲁姆模型设计各类学习任务时，既要结合专业特点，又要符合学生实际。脱离专业特点和学生实际都是不可取的。教师在课程设计时要做到两个“心中有数”。一是对这门课要帮助学生建立什么样的认知模型，要做到心中有数。然后才能进行设计，选择适当的教学材料和教学法，并以合理的方式组织起来。二是对学生在学习中会有什么困难、需要什么帮助，要做到心中有数。然后才能有针对性地设计出适当的方法来帮助学生有效学习。或如维果茨基所说，要为学生搭建“脚手架”，帮助他们完成学习与发展任务。好老师在这两个方面会有杰出表现，无一例外！

2. 课程设计

在SC改革中美国大学创造了数十种课程理论设计方法，但在实践中广泛使用的是本节介绍的方法。它包括三个部分：ADDIE模型、课程矩阵、反向设计法。

ADDIE模型是一个根据系统论提出来的课程设计模型，它从工作流程角度把整个课程教学过程分为五个阶段：（1）分析（analysis）：分析课程的要求、目的、对象、环境等；（2）设计（design）：设计课程教学大纲；（3）发展（development）：根据大纲准备教学材料，把大纲发展成具体的教学计划书，了解学生；（4）实施（implementation）：按教学计划实施教学；（5）评价（evaluation）：对教学效果进行评价。然后不断迭代。ADDIE是这五个阶段的英文缩写。在这个模型中，整个课程教学过程被看成是一个封闭循环的过程（见图4-3左图）。另一种看法是，评价不应只在最后阶段，而应贯穿所有环节，以显示过程控制的思想。因此评价环节应在中心，分别连接其他四个环节（见图4-3右图）。

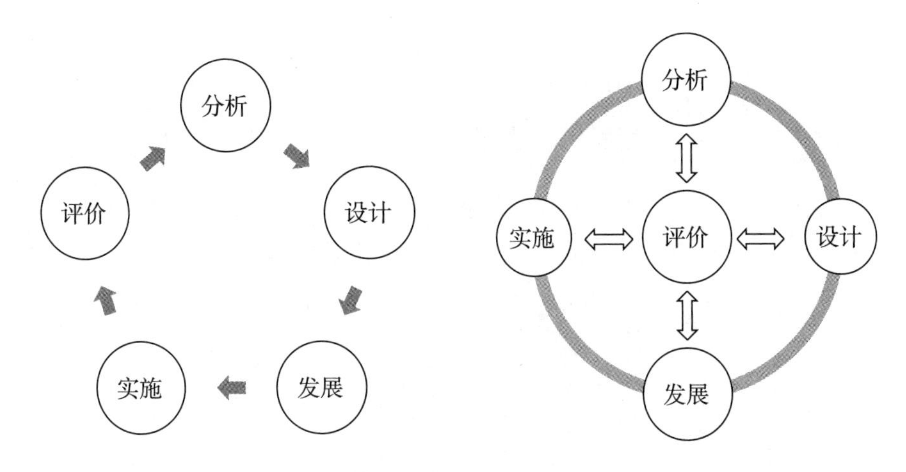

图 4-3 ADDIE 模型

ADDIE 模型展现的是课程教学的一个完整流程，因此这个模型可以用于所有课程教学，是一个一般性模型。它主要用于帮助老师建立课程教学的全局观。但它不能很好地反映因专业不同（如数学和音乐）、方法不同（如案例教学法和项目教学法）、学生不同（如低年级学生和高年级学生）、场景不同（如课堂教学和实习实训）而出现的特殊的课程设计或对课程设计的特殊要求，因此在 ADDIE 模型之下还有针对特定课程的专门化设计、针对特定教学法的专门化设计、针对特定学生的专门化设计、针对特定教学场景的专门化设计。这些专门化需求使得美国大学教师总结出了数十种课程设计模型。显然，课程设计针对性越强，教学效果越好。这使得课程设计本身成为一个专门研究领域，简称 ID，即 instructional design，也成了课程与教学领域中一个专门的研究生培养方向，ID 方向的毕业生在大学教学培训和职业教育培训中有很好的就业前景。但本章聚焦 ADDIE 模型，不涉及课程专门化设计，有兴趣的读者可以自己研究。

如果不考虑分析、发展、实施、评价四个环节，只考虑课程设计这个环节，ADDIE 模型中的设计环节就可以表现为课程三角形（见图 4-4）。三角形的三个顶端分别为：（1）课程目标，包括一般目标（goal）和具体目标（objective）；（2）教学活动，包括教师活动（教法）和学生活动（学法）；（3）效果反馈与评价，包括教师给学生的反馈与评价和学生给教师的反馈。三者之间也构成一个闭环。

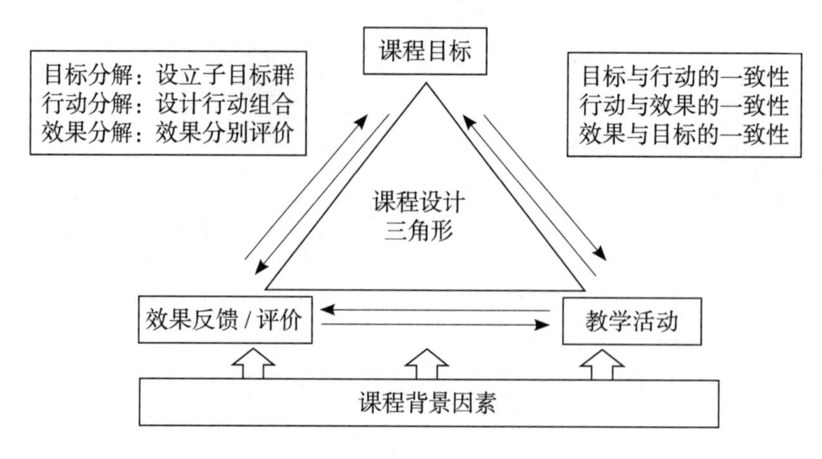

图 4-4 课程设计三角形①

关于课程设计三角形有几点需要说明：第一是一般目标（goal）和具体目标（objective）的区别。前者是一般陈述，后者必须是具体活动。也就是说，当要求学生学会某种知识或能力时，一定要要求他们用行动表现出来。学生会做了，才是学会了。这是“学习是活动”这个原则的体现。因此在描述具体目标时，一定用动词来表述。表 4-1 是对布鲁姆认知模型中六类学习的解释和相应的动词举例。“具体目标必须用动词”这个要求反映的是“学习是行动，通过行动学习”的原则。因此教师在设计具体目标时一定要思考，让学生做什么活动才能确保他们学会。教师还要想，用什么方式可以检验学生是否真的学会。这就是学习效果评价（learning-outcomes assessment）。还要设想，学生做这个活动需要什么条件，在哪里做最好，学生做这个活动会有什么困难，应该如何帮助学生，等等。然后有针对性地为他们搭建克服学习困难的脚手架。

表 4-1 布鲁姆认知模型六类学习的含义和例词

学习	定义	例词
创造	产生新的 / 原创性作品	设计、组装、构建、发展、形成
评价	评价立场或评价决定	鉴定、辩护、争辩、判断、选择、支持、评价、批判
分析	在不同思想间建立联系	区别、组织、联系、相似、相异、检验、质疑
应用	把已知信息用到新的情境	实施、执行、应用、解决、展示、解释
理解	解释思想和概念	分类、描述、讨论、解读、认定、报告、选择、翻译
记住	回忆与复述事实和概念	回忆、重复、复述、罗列、定义

① 此图根据下列文献整合而成：Kumiko Haas, “Instructional Activities,” UCLA 教学发展中心学习资料。Dee Fink, *Create Significant Learning Experiences: An Integrated Approach to Designing College Courses*(2nd), Jossey-Bass Publishers, 2013: 70.

一旦强调“学习是行动，通过行动学习”，整个课程设计都将发生根本变化。再不能以“教师在教室里讲教材”的方式教学了，而是要让学生“动”起来，在思考和活动中学习，让学生处于主动学习状态。这样，教学的重点就不再是“教”而是“学”，教学也不再是教师的独角戏，而是要根据学科知识特点和学生学习特点，系统设计目标、活动和评价，并使三者达成一致。学生也不再仅是被动听讲，而是要完成一系列规定活动，并通过这些活动学习。教师还要根据学生活动的结果来判断学生是否真正学会了。总之，活动学习，在活动中学习，是 SC 课程设计的一个重要特征。学习是活动，活动获得经验，经验改变大脑，这是 SC 课程设计背后的科学原理。

第二是在进行教学活动设计时要区别教法和学法。教法指教师如何教，学法指学生如何学。在教学和学法之间，要以学法为主。[①] 在课程设计中，教师要把重点放在“学法”的设计上。要考虑让学生做什么活动，才能使学生掌握需要掌握的知识和能力。如何知道学生学会了呢？一个简单分级评价模式是：如果做到“三会（会说、会做、会教），就学到了。如果没做到，就还有问题。参见第七章。

把设计重点放在学法上，是 SC 课程设计的关键，也是与传统教学模式的一个主要差别。正是在这一点上，体现了两种教学模式的根本差别。

设计好“学法”后，就可以设计“教法”了。教法的设计思路是：如果学生这样学，他会有什么困难？我如何为学生提供脚手架，帮助他们克服困难？因此，教法的关键不是教，而是帮助学生克服学习困难和有效学习。教法设计的原则是，凡是学生能自学的一律不教；凡是学生自学有困难的要提供脚手架。学习任务要适当，要能把学生从舒适区带到发展区，但别送进恐怖区。

如果某个环节教师必须讲授才能帮助学生克服困难，那就采取讲授法。也就是说，SC 改革并不排斥讲授法，主要看其是否使用得当，是否能促进学生有效学习。凡能帮助学生有效学习的方法都是好方法。

第三是具体目标、学法、教法、效果评价四者之间要保持一致（alignment）。教学活动要能达到课程目标，效果评价要能提供目标达成的证据。保持四者一致是

---

① 多数课程矩阵设计教材中都不分学法和教法，而统称为“教学法”（instruction），因此形成四栏矩阵。但霍普金斯大学怀特工程学院建议应该区别学法和教法，而且应先设计学法，再设计教法，以体现“为学而教”的原则。我认为这非常合理，故本文中采用这个模式。参见：https://ep.jhu.edu/faculty/learning-roadmap-for-new-online-instructors/course-design-fundamentals，访问日期：2005 年 12 月 17 日。

确保高质量设计的关键。然而文献与实践都表明，这绝非易事，需要反复实践、多次迭代才能逐步完善。

从以上三点可以看出，课程设计在SC教学改革中至关重要。经验表明，如果不进行专门培训，完全依靠教师自己摸索，很难做好这个环节。因此普及性的教师培训是有效推进SC教学改革的必要条件。

具体如何操作呢？美国大学总结出了一个方法：编制课程矩阵。如果把课程设计三角形打开，就变成了一个矩阵（见表4-2）。

表4-2 课程矩阵示例

一般目标 Goals	具体目标 Objectives	教法 Teaching methods	学法 Learning methods	评价 Assessment
A	描述	T1	L1	O1
	分解	T2	L2	O2
	鉴定	T3	L3	O3
B	确定	T4	L4	O4
	计算	T5	L5	O5
	组装	T6	L6	O6
C	检验	T7	L7	O7
	讨论	T8	L8	O8
D	撰写	T9	L9	O9
	演示	T10	L10	O10

从表4-2可以看出，课程矩阵横向分五列，分别为：一般目标、具体目标、教法、学法、评价。纵向按时间顺序，罗列各个教学要点。这样一来，课程设计过程就变成了填表过程。在每一格里填写设计好的内容，完成课程矩阵。这个课程矩阵相当于我们的课程教学计划，它展现了所有的教学安排和教学活动。

虽然课程矩阵和课程教学计划两者在功能上相同，但其编制哲学和编制方法却大不相同。首先看编制方法。在编制课程教学计划时，我们会习惯地从左向右填写。先一般目标，然后具体目标、教法、学法、作业或考试。但在编制课程矩阵时，填写顺序是反过来的。在具体目标确定之后，先设计评价方法，再设计学法，最后设计教法。即根据一般目标设计具体目标，根据具体目标设计评价方法，再根据具体目标和评价设计学法，最后根据目标、评价、学法来设计教法，这就是著名的“反向设计法”（backward design）。图4-5和图4-6显示了这种设计的逻辑和流程。[①]

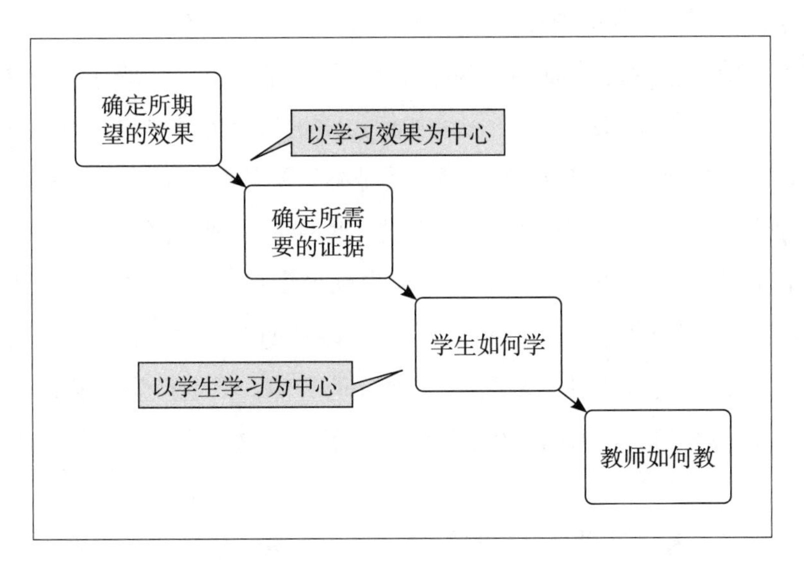

图 4–5　反向设计法

反向课程矩阵设计

一般目标	具体目标	教法	学法	反馈与评价
5	1	4	3	2
一般目标	具体知识与能力/所需要效果	老师如何教才能让学生达到预期效果’	学生如何学才能达到预期效果	可接受的证据

步骤：

1. 确定具体目标，确定培养什么知识与能力。
2. 设计考查与考核题目、考核方式，确保其可以提供所需效果的证据。
3. 设计学生学法，凡能让学生自学的一律不教。
4. 设计教师教法，如何帮助学生学习。
5. 最后确定一般目标的措辞。

图 4–6　反向设计课程矩阵

图 4–5 显示了反向设计是如何把“以学生学习为中心”和“以学习效果为中心”的原则贯穿到课程设计中去的。图 4–6 在制定步骤中特别指出，“凡能让学生

① G. Wiggins, J. McTighe, “Backward Design,” in A. Kalish, H. Bandeen (ed.), *Teaching and Learning in the College Classroom* (3rd), Learning Solution, 2010. 根据学法、教法分开的原则作了适当调整，说明部分为后加。

自学的一律不教”，这是要把学习机会尽可能留给学生，培养学生的自学能力。培养学生自学能力是SC改革中特别重要的一点。只有学生学会学习了，他们才能获得长久发展的能力。因此教师千万不要剥夺学生的学习机会！课程教法设计时，教师始终要考虑的是如何帮助学生学习，如何为学生学习提供组织、引导、帮助和脚手架（包括必要的讲授）。这两条加起来就是维果茨基的最近发展区理论。

以上是美国大学总结出来的SC课程设计理论、原则、模式、程序与方法。从这个课程设计模型中可以看到，美国如何借助课程设计这个关键环节来贯穿“以学生为中心”和“以学习效果为中心”原则，以及如何通过课程设计来推动课堂教学模式转型。这个模型的科学基础是，“学习是活动，活动产生经验，经验改变大脑”。反向设计法把这个原理清楚地表现出来了。从这个设计里，可以看到“让学生动起来”是如何贯穿于教学之中的。从中也可以看出“教师在教室里讲教材”的老三中心教学模式和“让学生动起来”的新三中心教学模式之间的鲜明对比！

这个课程设计模型是SC教学改革的关键。借助这个课程设计模型，可以把课程教学的其他方面，如教学内容、方法、活动、技术、环境、评价等要素组织起来，使之成为一体。

这个模型还有四个优点：（1）逻辑清晰。以具体目标为单位，逐行设计。每一行代表一组设计。逻辑清晰，针对性强。（2）易于调整和修改。当课程需要调整和修改时，只要改需要改变的部分即可，不必大动，除非是推倒重来。（3）易于使用多媒体材料。当用Excel表格做课程矩阵时，可以方便地链接各类电子文档，如文本、图片、视频、网站等，最后形成一个综合电子文档。这种文档的调整和修改都很方便。（4）易于分享。由于是电子文档，很容易分享。尤其是邀请他人提意见时会很方便。由于这些优点，ADDIE模型在美国大学中广泛使用，是课程设计的主要模型之一。

从布鲁姆认知模型到ADDIE模型，从课程矩阵到反向设计法，从课程设计模式到其科学原理，所有种种都显示了认知科学、学习科学、教育科学对SC课程设计的深刻影响。教师在课程矩阵编制过程中，应尽可能把上述科学原理和方法贯穿其中。尽管编制中也需要教师的经验与智慧，但它在原则上是基于科学的，因此我把这部分内容称为受科学研究影响而产生的实践与方法。

有了课程设计这个平台，就可以嵌入内容、方法、评价等要素了。下面讨论教学法设计。

3. 教学法设计[①]

过去30多年的SC改革如同一场革命，促使美国高校创造了成百上千的新教学法，而信息革命爆发更进一步引发了大学教学法创新。尽管方法很多，这些方法大体可以归为五类，即真实性学习类、积极学习类、合作学习类、元认知类、E学习类，以及兼有各类方法特点的混合类方法。

真实性学习类方法主要是指受生活与职业发展影响而产生的一类方法，下节将具体介绍。积极学习类方法指旨在激发学生主动学习的方法，涉及动机与情绪。合作学习类方法是利用人的社会性来促进学习。元认知类方法指通过学生自我反思来提高学生对自己学习活动的认识和管理，目的是“学会学习”。这在认知科学部分已有介绍，故不赘述。E学习类方法留到第五章介绍。故本节主要介绍积极学习类方法和合作学习类方法，并讨论相关的教学法设计问题。

首先是积极学习类方法。动机与情绪影响学习，因此创造条件激发学生积极动机与情绪，可以使学生主动持久地学习。在“科学基础”一节中已经指出，内容的有用性、学习的真实性、任务的挑战性、环境的社会性、过程的互动性等，都可以促使学生积极学习和主动学习。因此，有用性、真实性、挑战性、社会性、互动性，是积极学习类方法的要点。也就是说，如果教学中做到了这五条，大概不会有学生“不爱学习”。从这个意义上讲，“学生不爱学”和课程设计有关。也就是说，教师要考虑自己的课程教学设计是否抑制了学生的学习积极性，不要简单责备学生不爱学习，把责任甩给学生。此外，大脑奖励“学会”而非“学习”。因此在教学中确保学生“学会”，也是激发学生主动学习和积极学习的关键。这些是积极学习教学法设计的要点。

密歇根大学教学支持中心的尼尔和格鲁夫（C. Neal，T. Pinder-Grover），按方法复杂性和耗时的不同，把常用积极学习策略排列成一个连续谱（见图4-7）。

① 英文中关于教学有三个词，teaching、learning、instruction。teaching指教的行为，learning指学的行为，teaching and learning指教与学，instruction指整个教学活动，包括教与学。相比之下，中文缺一个词，因此经常出现语义混淆问题。这里对应的英文是design of teaching and learning。如果包括课程要素，则为instructional design或design of instruction。

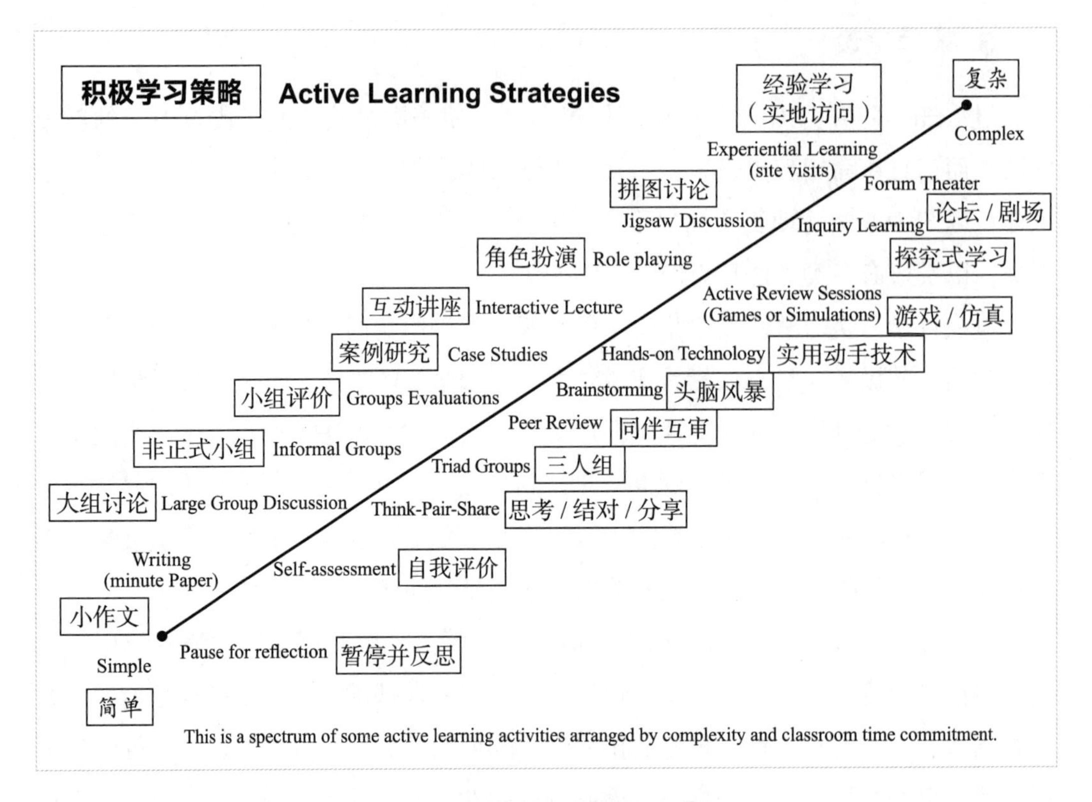

图 4–7 积极学习策略连续谱[①]

这张图有三点启示：一是整体观。作者把各种积极学习策略看成是一个整体。然后根据复杂性和耗时的不同整理成连续谱。教师可以根据不同情况选用。这种把一类方法看成一个整体的思路揭示了各种方法之间的相关性，有助于拓宽视野，还便于教师选择。

二是成本观。任何方法都有成本，尤其是课堂耗时。从技术复杂性和可靠性角度看，越是复杂的技术成本越高，可靠性越差；越是简单的技术成本越低，可靠性越高。因此在等效条件下，应当尽可能选用简单技术而非复杂技术，我把这称为“技术简单性原则”。

根据这个原则，在教学法选择上应该反对“炫技”。所谓“炫技”，指技术选择时不是根据效果和成本，而是追求技术特效或时尚。SC 教学改革中炫技现象非常普遍。每当有某种新技术出现时，都会出现大量炫技现象，中外概莫能外。炫技有两个危害：一是炫技会分散学生学习注意力，结果不是促进学习而是妨碍学习；二是技术特效和时尚意味着高成本，会消耗掉本应用于改进学生学习的资源。例如目前我国一些高校花很多钱搞所谓“智慧教室”，出现了不必要的奢华。事实上 SC

① 转引自 UCLA 教学支持中心培训材料。中文翻译为后加。

教室不必特别高科技化，也不必花很多钱（见图 4–8）。简言之，炫技实际上是违背 SC 精神，因此应当坚决反对！

图 4–8 美国卡尔顿学院（Carleton College）的教室[①]

三是掌握科学原理。虽然所有积极学习策略都能激发学生学习主动性和积极性，但不同策略的着力点不同。有的是重在内容的有用性，有的着眼学习的挑战性，有的突出环境和对象，有的利用学习的社会性和互动性，有的强调任务难度适中，有的采用多重激励。因此，用什么方法能最大限度调动学生积极性，与学科内容、学生特点、教学情境有关，不能一概而论。但有一点是共同的，即都需要认真思考和巧妙设计。根据什么思考呢？根据各种策略背后的科学原理。对各种策略背后的科学原理了解得越清楚，越容易设计出有效的教学法，越不会为表面效果所迷惑！

除了图 4–7 中展示的方法外，还有很多积极学习类方法，在此不一一列举。这里要说明的是，虽然方法很多，但基本原理相同。积极学习涉及人的动机与情感，利用内容的有用性、学习的真实性、任务的挑战性、环境的社会性、过程的互动性调动学生学习的积极性和主动性，并要确保学生能学会。因此，凡具有这些特点的方法，都可归为积极学习类方法。

① 来源于该校网站，2010 年。

其次是合作学习方法。受“积极学习策略连续谱”启发，我把巴克利等人编写的《合作教学方法手册》中介绍的34种方法，也按复杂性和耗时的不同整理在一起（见图4-9）。[①]

简单 → 复杂（横向）；简单 ↓ 复杂（纵向）

讨论	互教	问题解决	信息分析	写作	游戏
思考/结对/分享	相互交流笔记	结对讲解倾听	亲缘组合	对话笔记	团队寻宝
圆桌发言	二人学习组	问题轮流解决	概念分类	圆桌会议	团队竞争赛
小组讨论	聚焦小组	案例研究	相近概念辨析	问题答案比较	团队集体抢答赛
发言卡	角色扮演	结构性问题解决	因果顺序链	同伴修改	团队游戏锦标赛
三步访谈	拼图	分析团队	概念网	合作写作	
审辨辩论	考试团队	调查团队		团队文集	
				文章讨论会	

图4-9 合作学习策略连续谱

《合作教学方法手册》是一本较好的参考书，收集了美国高校常用的34种合作学习方法。书中不仅介绍了合作学习的原理和发展情况，还介绍了各种方法的技术要求和耗时水平。

如果再重看图4-7，会发现很多积极学习方法也可以划归合作学习方法，因为其中利用到了学习的社会性和互动性，因此可以激发学生学习积极性。

美国大学教学广泛采取合作学习的另一个主要原因是发现学生互教的效果常常会比教师教学生的效果更好。也就是说，同学互教能更有效地促进学生学习。

合作学习中有一个著名的方法叫同伴互教法（peer instruction），即图4-9中的“思考/结对/分享”。这个方法有四步：（1）教师首先出一道选择题，让每个同学独立作答，用应答器提交答案。当全班答案都显示在大屏幕上时，通常是什么选项都有。（2）然后教师说，找身边和你答案不一样的同学讨论，为什么你们的答案会不一样。于是所有同学都开始讨论，这时整个教室人声鼎沸。（3）5分钟后教师再出一道同类题（题目不同，但原理相同），要求大家再次独立作答。这时奇迹发

① E. Barkley, et al, *Collaborative Learning Techniques: A Handbook for College Faculty* (2nd), Jossey-Bass Publishers, 2014.

生了，绝大多数同学选择了同一答案，而且这个答案通常是正确答案。(4) 于是教师根据情况总结一下原理，解释一下少数同学犯错误的原因，这个内容就教完了。在这个过程中教师教了吗？没有！那学生怎么都学会了？关键在讨论环节，是那些已经懂了的同学把不懂的同学教会了，这就是秘密！由于这个过程是学生先独立思考，再结对讨论，然后分享心得，所以这个方法叫思考/结对/分享，或同伴互教法。

这个方法是哈佛大学物理系教授马祖发明的。他回忆了发明这个方法的过程。马祖是个优秀物理教师。有一年他给医学预科生讲大学物理。这些学生通常非常害怕大学物理这门课。期中考试前他给这些学生上辅导课。他发现几乎所有问题，都有近一半同学不懂，而且无论他怎么讲也不懂。这把他急坏了。就在他快崩溃时，他忽然注意到有一半同学是懂的。于是他说，那你们自己讨论吧！于是教室里立刻开了锅，同学们相互讨论，很快懂的同学就把不懂的同学教懂了。这个意外发现让他大吃一惊。

此外他还发现，同学们的教法与自己的教法并不相同。懂的同学总能很快发现不懂同学的问题所在，然后一语中的！为什么？因为懂的同学是刚学会的，他们更容易知道不懂的同学的错误在哪里，故能一语中的。而他作为教师，早把相关学习经历忘掉了，因此不容易发现学生的问题，也不能进行有针对性的教学。这就是为什么同学互教的效果常常会比教师教的效果更好。于是他把这个经验提炼成一种教学法，命名为“同伴互教法”。[①]

这个方法特别适合有客观答案的课程，如理工类课程，而且大班教学效果更好。于是同伴互教法在美国大学里迅速流行起来，成为合作教学法中的重要方法。由于这个贡献，马祖获得了 50 万美元奖金。这可能是美国大学教学创新奖中金额最高的奖了。[②]

对没有客观答案的课程，如人文社科类课程，是否可以用同伴互教法呢？可以！美国著名慕课网站 Coursera 创始人、斯坦福大学教授达科勒 (Daphne Koller) 指出，有研究表明，如果事先制定比较明确的分级评价量表 (rubric)，同学之间的评分和教师的评分将差不多。而且，学生给自己的评分通常会比同学的评分更

① Eric Mazure Interview on Peer Instruction, *Serious Science*, 2014-6-17, http://serious-science.org/peer-instruction-for-active-learning-1136, 访问日期：2015 年 12 月 17 日。

② 参见 https://www.minerva.kgi.edu/about/institute/minerva-prize/, 访问日期：2015 年 12 月 17 日。

严。[①]于是Coursera开始大规模使用同伴互评法。大规模建立课程学习社区和使用同伴互评法，已经成了Coursera网课的两种主要合作学习法。关于分级评价量表，参见本书第七章第三节。

同伴互教法还有一个作用值得注意。在同学互教时，不仅不懂的同学被教懂了，教人的同学也会学得更好。这是因为在教别人时往往会发现自己的不足，从而促使其学得更好。从认知模型角度看，自学意味着自己在头脑中建立起一个认知模型，但这个模型未必是清晰的和最优的。在教别人时，这些缺点就会暴露出来。于是教人者得到了一个检验和改进自己认知模型的机会，此即所谓“教学相长”。这个机会显然是因为教他人而获得的。确实，教人是一种重要的学习方式，甚至可能是最有效的学习方式。因此在“三会”（会说、会做、会教）中，会教是最高水平的效果检验方式！

由于发现同学互教对促进学生学习有积极作用，从20世纪90年代起，美国大学就开始积极开展同学互教活动，其中一个措施是建立学生学习支持中心。这类中心是一个学习辅导机构，主要用于数学、物理、写作等公共基础课辅导。凡有学习困难的同学都可以到中心去预约补习，而中心的辅导者都是该科学习优秀的同学。学校只出空间和劳务费，中心由教师或学生自己管理。目前美国大学普遍建有这类中心，有组织地开展合作学习。

美国著名大学教学学者麦肯齐曾经说：“若问什么是最有效的教学法，这很难说，因为这与教学内容、学生特点、教学情境有关。但问什么是第二有效的教学法，那就应该是学生教学生。”[②]由此可见合作学习法在美国大学教学中的重要地位。

除了可以激发学生积极学习外，合作学习还可以促进大学生的社会化过程。青春期大学生发展的一个主要表现是认识自我和融入社会。其主要挑战是建构认同（identity），包括自我认同和社会认同。如果广泛采用合作学习法，能促进大学生的自我认同和社会认同发展，对其未来发展将产生重要影响。因此大学教学应该尽可能采用合作学习方法，促进学生的认知发展和社会发展。

合作学习有很多类型，两人组、三人组，或是多人组、大型团队等。只要能把学生组织起来，合作学习就会发生。因此教师的主要任务是要把学生组织起来。然

① Philip M. Sadler, Eddie Good, “The Impact of Self- and Peer-Grading on Student Learning,” *Educational Assessment* 11, no.1 (2006): 1–31.

② http://www.azquotes.com/author/31823-Wilbert_J_McKeachie, 访问日期：2015年12月17日。

而这并非易事，因为在传统教育模式中，学生被设计成相互竞争的个体，并不鼓励合作学习。现在要他们合作学习，不仅要转变观念，还要在课程设计、课堂组织、支持系统等方面都作相应变化。但是，正是这些变化能促进合作学习。因此学校要支持教师转变观念，通过培训帮助教师掌握方法，还要为合作学习提供必要的物质条件和制度支持。非此，大规模开展合作学习是不可能的。总之，倡导合作学习，学校支持系统的作用不容忽视。

最后补充一点，合作学习既指学生之间的合作，也指师生之间的合作，两者都是合作学习的重要形式。因此在课程设计中要两者互补，不要造成两者对立。

4. 创意设计：一个案例

课程设计固然要遵循基本的设计原则、程序和方法，但更重要的是，要深刻理解原理，并在原理和方法的基础上，进行创意设计。以简代繁，以简驭繁，这才是好的课程设计。下面就是一例。

美国一个小型文理学院里有位教师教中国近代史，聚焦 1911 年至 1949 年的中华民国史。这门课该怎样教？按通常的历史课教法，就是分段讲时间、地点、人物、事件、结果、意义。很显然，学生完全可以通过自学获得这些知识。按“能让学生自学的一律不教”的原则，这门课布置自学就可以了，为什么还要教？但这位教师不这样想。他认为，如果只让学生记住相关历史信息，那只是低阶学习。这门课应该有更高的教学目标，要培养学生的高阶能力。那这门课的高阶目标是什么？是培养学生的“历史感”！什么是历史感？历史感是让学生能设身处地地去感受历史，从而获得对历史的真实感受。那么，这门课应该怎样设计？

他的课是这样设计的。课程内容始于 1911 年，终于 1949 年。1949 年中华民国发生了一件大事，即国民党败退台湾。撤离前蒋介石派飞机到南京、北京、上海等地接当时的著名知识分子去台湾。于是这批知识分子面临一个选择：是走还是留？这是一个关乎人生的大决定，这些人应该如何选择？为什么做这个选择？对此，历史早有答案：傅斯年去了台湾，冯友兰留在大陆，胡适去了美国，等等。但如果问，如果你是傅斯年、冯友兰或胡适，你会怎样选择？这个问题一下就把学生放到这段历史当中，让他们可以通过学习来体验历史，从而获得真切的历史感！

于是教师告诉全班 20 名学生，你们每人选一位你喜欢的知识分子，自己去读他们的传记材料和文献，然后回答一个问题：如果是你是他或她，你会做何选择？为什么？你可以改变他的选择，但不能援引未发生的事件。例如你不能说，要是我是某某，我就去另一个地方，因为后来我的境遇不好。这是后悔，不是选择！这样一来，学习的责任一下子就转移到学生身上了。他们要自己做出决定，我是谁？我该如何选择？

然后教师选择了中华民国史上十个重要的时间点：1911年中华民国成立、1915年新文化运动、1919年“五四”运动、1927年“四一二”政变、1931年日军进犯东北、1937年开始全面抗战、1938年花园口黄河决堤、1945年抗战胜利、1946年内战爆发、1949年国民党败退台湾。每周讨论一个时间点。讨论的方法是，教师先用10分钟介绍这段历史，重点是补充学生阅读时可能会忽视的重要历史事实和重要相关史料。然后每个同学报告自己选的主人公在这段时间做了什么和想了什么，怎么看他的变化。一直到最后一周。最后一课是投票：你是走还是留？然后写一篇课程论文，说明你的选择和理由。这就是整个课程设计。

在十周上课过程中，同学们一开始还能平静地介绍自己选的主人公。随着课程的继续，大家变得越来越投入。大家不仅就这些重要历史事件各抒己见，更是相互讨论甚至激烈辩论。这正是教师期待的现象：同学们正在走入历史！最后是投票。结果是：18人留，2人走。竟然和真实发生的历史差不多！

最后是论文评分。毫无疑问，每位同学都会做出选择并直抒胸臆，但教师显然不能根据他们的选择和观点评分。那根据什么评分呢？我认为他会根据布鲁姆认知模型，即根据学生们在“记住、理解、应用、分析、评价、创造”等方面的表现来评分。也就是说，根据学生们在学习中表现出来的思维能力和水平来评分。训练大脑如何思考而非记忆知识，这才是SC教学改革的关键！

毫无疑问，这门课非常成功，所有学生都积极投入学习，而且经历了一次历史精神的洗礼。如果用新三中心、布鲁姆六类学习、积极学习五要素、有效学习十要素等标准来衡量这门课，会发现它几乎满足所有这些要求。但其设计并不复杂，甚至可以说是相当简单！

这个例子有三个突出优点：（1）课程目标。当这位教师把“历史感”作为课程目标时，这门课程立刻被放到高阶学习水平了。（2）设计切入点。这位教师把“是走还是留”这个问题作为统领整个课程的关键，这可谓是点睛之笔。正是这个曾经摆在那些著名知识分子面前的人生大问题，才激发了学生去研究和体验这段历史的愿望，也才充分调动了他们的学习积极性。（3）师生角色。由于学生积极投入，教师就把所有学习任务都交给了学生，而自己只扮演设计者、组织者、引导者、帮助者的角色，让学生学习成为整个课程的中心，这正是SC课程设计的精髓！

我用这个例子是想表明，课程设计不一定要很复杂。恰恰相反，好的课程设计应该尽可能简单。简单有效才是课程设计的最高境界。不要认为设计复杂的课程才好，好的课程设计应该是能化繁为简，以简驭繁。这才是创造，才是对所有课程设计者的真正挑战，是对教师教学水平的真正考验！[①]

第五节　真实性学习：受生活与职业影响而产生的实践与方法

美国 SC 教学改革中第二类重要的实践与方法，是力求把学校学习和学生未来生活和职业联系起来的教学方法，叫真实性学习（authentic learning）类教学法。

“Authentic”这个词的中文翻译是“地道”，而非“真实”（real）。例如，“地道川味”应译为“authentic Sichuan flavor”。不地道的川菜也是真实的，但不地道。由此可知，真实性学习（authentic learning）强调的是本质上的真实，而非表面上的真实。这是真实性学习的核心！

真实性学习类实践与方法不仅数量大、应用多，而且影响广泛，是 SC 教学改革中最引人瞩目的一类教学方法。其中不乏大名鼎鼎的新方法，如问题学习法（problem-based learning）、项目学习法（project-based learning）、流程学习法（process-based learning）、CDIO（Conceive 构思 /Design 设计 /Implement 实施 /Operation 运行）法、工作学习法（work-based learning）、案例学习法（case-based learning）、研究学习法（inquire-based learning）、设计学习法（design-based learning）、社区服务学习法（community-service learning）、新学徒制（new apprenticeship）等。

所有这类方法都有一个共同特点，即强调教学的内容、环境、过程、任务、方法、评价等，要尽可能接近真实——真实世界、真实工作、真实场景，让学生通过学习获得真知识、真经验，掌握真本领。真实性（authenticity）是这类方法的标志，因此这类方法被称为“真实性学习”（authentic learning）。

① 此例源于匹兹堡大学东亚图书馆馆长张海慧女士主编的一部海外学人访谈录书稿。当时我应邀为该书写序，这个例子给我留下深刻印象。但事已过多年，我亦无原稿，故无法核实。这个例子的基本事实应该准确，但细节可能有出入。

真实性学习并非新事，传统学徒制就是一例。早在现代学校制度出现之前，各行各业的职业教育的典型形式是学徒制，即学生在职场中跟师傅学习。学徒制长期存在于与职业技艺学习有关的行业，如早期的医学、法学、神学等。甚至科学发展的早期也主要依靠学徒制。例如英国著名物理学家、化学家法拉第（1791—1867），就是在著名化学家戴维的实验室中培养出来的。直到今天，在实验室和工作现场中培养未来的科学家和工程师，仍然是理工人才的主要培养方式之一。

然而现代大学制度出现后，情况发生了变化。由于需要大批量培养专业人员，大学模仿现代工业生产的大规模标准化生产模式，建立了由统一招生、分类培养、统一教学、统一考核、统一结业等环节组成的批量培养体制，最终形成了今天的现代大学教育制度。[①] 学校培养模式的最大问题之一是，使知识学习和知识生产的场所分离，结果使知识生产和知识学习脱节。这个问题留待下一章讨论。

在现代大学里，学者们按学科组成院系，每个院系有其特有的工作模式、组织制度和价值系统，形成若干“小而不同”的专业世界。在这些专业世界里，学者们按照自己认为合理的方式组织教学。结果大学教学逐渐失去了对外部世界的敏感性，成了远离社会的“象牙塔”。如果出现外部批评，他们则以教学自由保护自己。

第二次世界大战后，高等教育普及化和20世纪70年代新科技革命，使社会开始要求大学“走出象牙塔”。社会对大学的主要抱怨包括学生滞学时间过长，毕业时未获得必要的就业与生活能力等。于是从20世纪80年代起，社会和政府向高校发动了一场问责运动，要求改进大学教育，提高学生就业能力。政府要求大学说清本科教学应达到的效果，很多地方还要求对学校作绩效评估，并把结果与政府拨款挂钩，这给高校带来巨大压力。于是很多高校开始推动追求以显性效果为目标的教学改革，这就使“结果导向教育”（outcomes-based education，OBE）兴起。

这场运动的另一个特点是致力于把真实生活和真实世界引入本科教学。为

---

① 现代大学不同于古典大学。古典大学规模很小，如1638年哈佛学院开学时只有不到10名学生。1860年整个新英格兰地区的高校平均规模是174人，西部高校平均规模是56人。1870年美国高校教师平均人数为10人，1880年为14人，1890年为16人，1900年为24人；校均学生人数分别为98、143、158和244人。因此那时谈不上规模化生产的问题。当时的入学、学习、毕业也不像现在这样严格。真正的规模化生产是20世纪高等教育大发展的结果，专业化、批量化、标准化、流程化都是这段时间的结果。参见本书附录四。

此，美国大学教师创造了一大批各式各样的真实性教学法，形成运动趋势。[1]这里的“真实”就指贴近生活、贴近职场、贴近社会。研究发现，真实性学习确实可以提高学生的学习积极性，能有效促进毕业生就业，缩短学校与社会的距离。

由于这场运动之前美国的本科教学模式主要是通识教育，于是通识教育成了真实性学习革命的对象。这使得如何处理通识教育与职业教育两者之间的关系，成了这场运动的中心议题。[2]经过这三十多年的发展，人们逐步认识到，通识教育在培养学生基本素质、保持学生长期发展能力方面有巨大作用；同时也认识到，让学生熟悉职场、熟悉社会，对学生就业和进入社会也有巨大帮助。因此后来的改革就围绕着如何把两者结合起来，同时发挥两者作用的方向展开。“通识教育职业化”和“职业教育通识化”就是这种探索的一个主要成就。

“通识教育职业化”主要指改变通识教育内容，通过引进职业教育要素，培养学生职场能力。具体做法是：（1）首先组织研发团队。团队既要懂职业又要懂教育，通常以校内外合作方式完成。（2）分解职业活动。在场所、活动、流程、项目、技术、环境等要素中确定教育体系重点，建立职业导向的教育体系框架。（3）构建课程教学体系。按单元、模块、过程、体系逐步构建教学体系，把职业知识与技能放入专业课程体系。（4）把职业知识、技能、价值和通识教育的知识观、方法论都融入专业课程体系之中。（5）反复实践迭代，直至满意。

由于职业特点不同，不同职业形成的教学模式也各不相同。例如，以工作流程为主的职业，会使用强调流程的教学模式，例如 CDIO、会计流程教学法、物流管理教学法等。以典型工作环节为重点的职业，会把典型职业工作环节作为训练重点，例如案例教学法、项目教学法、问题教学法、探究教学法（探究是大学学术工作的典型工作环节）等。强调工作场所和角色扮演的职业会采用工作场景教学法，如模拟法庭、实习实训等。此外，为了加强学生对社会的了解，培养学生社会服务意识，还创造了社区服务学习法等。

在这些实践中也产生了很多成功方法，如研究型大学中的研究教学法、助教助

① M. Lazerson, et al, *What Makes a Revolution: Teaching and Learning in Higher Education, 1980–2000*; M. Nettles, et al, *Assessment of Teaching and Learning in Higher Education and Public Accountability*, Technical Report Number 5-11 and Number 5-02. By the National Center for Postsecondary Improvement, Stanford University.

② 参见布鲁贝克《高等教育哲学》（王承绪等译，浙江教育出版社，2001）中的有关篇章。该书写于 1982 年，处于这场改革运动的初期。布鲁贝克在书中指出了这个问题，但没有给出解决方案。

研法等，管理学院和法学院中的案例教学法等。对工程教育有重要影响的CDIO模式，基本特点是按工程工作全流程，把整个流程分解为若干基本环节，再把这些环节分解成若干项目，然后流程和项目结合，形成“流程+项目”设计模式。这个模式对其他专业职业教育设计也产生了影响，例如设计学院把设计流程和设计项目结合起来，形成类似于“流程+项目”模式。在职业教育中，流程法、项目法、三明治法、新学徒制等也都非常流行。目前很多专业职业教育领域已经有了相当成熟的理论和课程发展模式，在此不赘述。[①] 总之，贴近真实世界、贴近生活、贴近职场，是这类方法的突出特点。

通识教育与职业教育大辩论中的另一个问题是，如何保留通识教育有助于学生长期发展的优点？解决方案是“职业教育通识化”，即把通识教育中的方法和能力培养——如创造性思维、审辨性思维、设计思维、实证思维、形式化分析、多媒介多模式交流、多因素复杂系统分析、价值辨析与诠释法、表达与交流能力、团队合作能力、领导能力等——融入职业教育中。由于通识教育注重培养的是人的一般智力和能力，因此从理论上讲，凡通识方法和能力，都应当可以融入真实性学习之中；如果不能，就不是通识能力。但如何让专业职业教育和通识教育很好地融合，对专业教育来说仍然是一个挑战，这个问题至今还没有很好地解决。

总之，真实性学习改革中，面向职场、面向生活、面向真实世界是其突出特点。通识教育和职业教育融合，是这场改革发展的主要趋势。这场改革中已经涌现了大量新的教学模式和教学法，这个时代可以合理地被称为大学教学方法创新的“黄金时代”！目前这场革命仍在继续，也还将涌现更多的新思想和新方法。经过过去三十多年的变化，目前已经很难再单独用“职业教育”或“通识教育”来描述今天美国大学的本科教育模式了。

设计良好的真实性学习方法可以激发学生学习积极性。例如有一个管理学院，它采用项目教学法。教师首先布置一个主题（topic），并指定基本参考文献和给出分级评价量表（rubric）。然后把学生分成五人一组，要求各组去找一个符合主题的真实案例，最好是公司正在面临的实际问题。然后各小组自己组织学习和研究，并要求根据研究，设计三个问题解决方案，比较其利弊，最后形成建议方案。调研中各组定期汇报进展，讨论所遇到的问题，教师作为咨询者参与讨论。最后方案答辩时邀请甲方公司参加，由各组和甲方公司一起参与评分，最后选出最佳小组。若

① 职业教育课程体系设计可参考中国职业教育学者姜大源、赵志群等人著述。

能把方案卖给甲方公司，成交价最高者则为优胜组。从这个案例可以看出，整个学习过程已经变成了高度实战性的管理咨询活动。[①]

这是一个真实性学习案例。如果用积极学习五要素（有用性、真实性、挑战性、社会性、互动性）和有效学习十要素（知识建构、反思与自律、活动、经验、情境相关、学会、交流与合作、积累、多样化重复、个体差异）来衡量这个案例会发现，它几乎满足所有这些要求。不仅如此，这个活动可以让学生对职场有更好的了解，学会寻找问题解决方案的方法和工作流程，培养团队合作、共同工作、领导协调等能力，明白今后如何学习才能使自己获得更好发展。如此等等，不一而足。显然这种课程设计和老三中心教学模式已经完全不同。目前类似课程设计在中美大学中都已经普遍出现了。

最后说一下对“结果导向教育”（OBE）的批评。在关于 SC 改革的实践与方法的讨论中，OBE 引起的讨论可能是最多的。如前所述，OBE 起源于高校问责运动，但很快就变成了学习效果评价运动（assessment movement）。随着 OBE 在世界各地的推广，相关讨论也越来越热闹。这里主要介绍批评性意见，供国内学者参考。

OBE 主张教学要关注学习效果，并把效果作为问责根据。实践表明，OBE 在促使大学教育满足学生需要与社会需要方面确实发挥了积极作用，但也遭到了很多批评。

批评主要集中于三个问题：（1）对于本科教学来说，我们能否预先知道所有教学效果？（2）所期望效果是否都能在课程或专业学习期间显现出来？（3）这些效果是否都能被有效测量？如果对这三个问题的回答都是否定的，却要把效果测量作为教育评价的基础，甚至以此来规划教育和学校发展，这会不会破坏教育本身的完整性（integrity），甚至扭曲教育的本质？至此相信读者已经有了自己的看法。[②]

问题出在哪里呢？出在效果测量与评价。由于目前我们还不能很好地确定教育活动的因果链，因此不能很好地测量教育效果。在这种情况下，如何妥善把握教育活动的因果关系就变得非常重要。如果说“不关心教学效果”是一个极端，“只关

---

① 这个方案并非虚构，是根据西安欧亚学院和苏州工业园区职业技术学院教师们设计的课程方案混合而成。

② R. Bagnall, “Performance Indicators and Outcomes as Measures of Educational Quality: A Cautionary Critique,” *International Journal of Lifelong Education* 13, no. 1 (1994): 19–32; T. Maureen, “Outcome-Based Approach to Quality Assessment and Curriculum Improvement in Higher Education,” *Quality Assessment in Education* 22, no.2 (2014): 158–168.

心教学效果”则是另一个极端。也就是说，OBE 这个表达本身有缺陷，代表了一种极端化的表述，因此产生了简化教育复杂性的风险，而这种风险可能会扭曲教育的本质和目标。事实上我认为，在整个 SC 教学改革中，学习效果评价与评估是最明显的短板。该领域的滞后已严重影响了 SC 改革的发展。第六章和第七章将专门讨论这个问题。

在这种情况下，强调把学生发展（目标）和学习（过程）放在首位，然后再讨论学习效果，就会比较合理，不易产生误导。这是为什么“新三中心”主张把学生发展和学生学习放在首位，而把学习效果放在后面。这里要表达的思想是，SC 教学改革应当首先关心学生的发展和学习，然后才是效果。在不能确知效果的情况下，如果能判断某种教学法对促进学生发展和学生学习有用，就可以做下去，不一定非要等待可观察可测量的效果。也就是说，SC 教学改革要追求效果，但不能唯求效果！

就美国情况而言，OBE 模式还透出了一种“管理主义”倾向，即为了满足行政与管理需求而忽视教育教学特点。忽视学校和教师的专业能力和专业伦理，不尊重他们的自主性、多样性和创造性，企图越俎代庖，用行政权力来解决教育问题，这才是 OBE 模式的重大风险，这尤其值得中国实践者注意。

以上是关于真实性学习类方法的讨论，下面介绍由经验总结而产生的实践与方法。

第六节　由经验总结而产生的实践与方法

由于长期缺少对大学教学的学术研究（见第八章和第九章），因此目前的大学教学研究还不足以回答大学教学中很多基本的因果问题。因此在大学教学中，经验与实践智慧仍然是优秀教学方法的重要来源，也是 SC 教学改革实践与方法的三大来源之一。本节不试图全面总结这类实践，只想用三个例子来说明这类实践及其方法。这三个例子是：学习金字塔、优秀本科教学七原则、高影响力教育实践。选这三个例子是因为它们都对美国大学教学实践产生了重要影响。

1. 学习金字塔

在关于学习方式和学习效果关系的文献中，人们经常会看到下面这张图——

学习金字塔（learning pyramid）（见图 4–10）。这个金字塔的意思是说，用不同的方式学习，其效果不同，或用不同方式教学，其效果不同。例如，听讲座只能记得 5%；小组讨论学习可以达到 50%。学了就用效果可以提高到 75%；但学了之后教别人，效果可以达到 90%。还有文献进一步指出，“看演示”以上为被动学习，以下为主动学习，因此被动学习和主动学习对学习效果有巨大影响，如此等等。

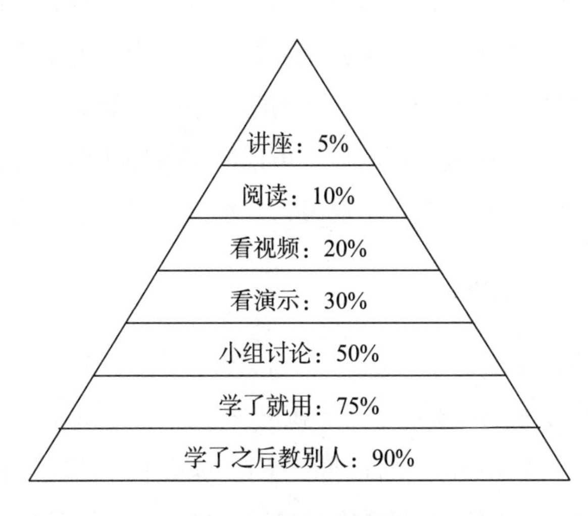

图 4–10　学习金字塔

尽管这个图看起来很简明，很能说明学习方式与学习效果的关系，但它让人一看就觉得是假的，因为这些数字实在是太工整了！如果真是用实验做出来的，那数字一定不会这么工整。然而，几乎所有文献都说这是实验得到的结果，而且还有文献来源。于是我就溯源而上，一直查到美国全国培训研究所（National Training Institute，NTI）。然后我写信问 NTI，这个金字塔是否出自该所？如果是的话，能否告诉我这些数字是否准确？如果准确，能否给我相关资料和原始数据？下面是我得到的答复：

谢谢你对 NTI 的询问。我们非常高兴回答你关于学习金字塔的问题。是的，这个学习金字塔是由 NTI 在 20 世纪 60 年代开发并使用的。确实，我们相信它是准确的。但我们已经没有也无法找到有关的原始研究。我们每个月都收到很多询问，很多人都要求获得原始的研究资料，但都空手而归。我们知道 1954 年出版的一本书叫《教学中的视听方法》。该书第 43 页上有一个类似的图，但数字略有不同。该书由纽约的 Edgar Dale Dryden Press 出版。类似这样的金字塔似乎都被修改过，但也都被说成是来自NTI。[①]

这事显然成了无头案，至少目前找不到能证明这些数字可靠性的研究和数据。而且从NTI的回信可知，怀疑的不只是我一人，还有很多其他人也有同样怀疑。

但事情不能就此止步，因为还有一个问题需要回答：为什么这么多人都相信并引用它？对我来说，这是更有意思的问题。对此我的解释是，尽管这些数字不准确，甚至可能是编造出来的，但它符合引用者的经验和直觉，因此人们才相信这个金字塔的真实性。如果确实如此，那我认为这才是这个学习金字塔最有价值、最值得注意的地方：它符合我们关于学习方式与学习效果之间关系的经验和直觉！从这个意义上讲，学习金字塔还是有用的，它可以用来指导我们的课程设计与教学。只是别对那些数字太过于认真，而且不要说它"经过科学验证"就可以了。

2. 优秀本科教学七原则

这是由齐格林和盖姆森（Z. Gamson）于1987年提出来的。这七个原则是：（1）鼓励师生互动；（2）鼓励学生合作；（3）积极学习；（4）及时反馈；（5）强调花时间完成任务；（6）告诉学生你对他们的高期望；（7）尊重个人禀赋与学习方面的差异。[②]

这七个原则虽然貌似简单，但却标志着美国SC改革运动的开始。了解它产生的历史过程，会增加我们对这七个原则的理解和尊敬。[③]

在第二章中曾提到，美国的SC改革分三个阶段，首先是学术进步，然后是政

① 这是NTI给我的回信："Thanks for your inquiry of NTI Institute. We are happy to respond to your inquiry about the Learning Pyramid. Yes, it was developed and used by NTI Institute at our Bethel, Maine campus in the early sixties when we were still part of the National Education Association's Adult Education Division. Yes, we believe it to be accurate — but no, we no any longer have — nor can we find — the original research that supports the numbers. We get many inquiries every month about this - and many, many people have searched for the original research and have come up empty — handed. We know that in 1954 a similar pyramid with slightly different numbers appeared on p. 43 of a book called *Audio-Visual Methods in Teaching*, published by the Edgar Dale Dryden Press in New York. Yet the Learning Pyramid as such seems to have been modified and always has been attributed to NTI Institute." 我猜这是NTI的标准回信，对所有询问者一律如此作答。

② A. Chickering, Z. Gamson, "Principles for Good Practice in Undergraduate Education," AAHE Bulletin, 1987.

③ Z. Gamson, "A Brief History of the Seven Principles for Good Practice in Undergraduate Education," *New Direction for Teaching and Learning*, no.47 (1991): 5–12; A. Chickering, Z. Gamson, "Development and Adaptations of the Seven Principles for Good Practice in Undergraduate Education," *New Directions for Teaching and Learning*, no.80 (1999): 75–81.

府和社会推动，最后是高校改革。1987 年正好是社会推动和学校改革开始的时刻。20 世纪 80 年代美国政府与社会开始对高校施加压力，连续发表多篇重磅报告:《国家在危机中》(1983)、《投入学习》(1984)、《学院课程完整性》(1985)、《美国的本科教育》(1987) 等。

尽管这些报告在社会上引起很大反响，但盖姆森担心这些改革之声不能传递到大学基层，尤其是不能传到大学教师耳中，反映到课堂教学中去。于是她和齐格林在 1985 年的美国高教学会理事会上建议，应当总结美国的优秀本科教学经验，提出一组简明原则，使其既能反映当前研究进步，又能反映大学教师的集体智慧。这个倡议得到了美国高教学会理事会和约翰逊基金会的支持。于是他们二人在 1986 年暑期组织了一个小型研讨会，邀请一批专家参与此事。这些专家包括阿斯丁（A. Astin，UCLA）、博文（H. Bowen，克莱蒙七姊妹学院）、波伊德（W. Boyd，约翰逊基金会）、博耶（时任美国州际教育协会主席，后任卡内基教学促进基金会主席）、克罗斯（K. Cross, 哈佛大学）、艾伯尔（K. Eble，犹他大学）、爱杰顿（R. Edgerton，美国高教学会）、卡夫（J. Gaff，哈姆林大学）、霍尔斯特德（H. Halsted，约翰逊基金会）、凯兹（J. Katz，纽约州立大学石溪校区）、佩斯（R. Pace，UCLA）、皮特森（M. Peterson，密歇根大学）、查理德森（R. Richardson，亚利桑那州立大学）。盖姆森是《投入学习》报告的撰写人之一，时任马萨诸塞大学高等教育学教授，齐格林是乔治梅森大学教育心理学家,《现代美国学院》一书的作者。对美国高等教育略有了解的人都知道，这是美国当时最优秀的一批高等教育专家。

会前他们二人草拟了一份包含八条原则的初稿，供与会专家讨论。会议上专家们首先就如何制定这些原则提了六条建议:（1）这组原则要能反映美国优秀本科教学实践的基本特征;（2）要能反映研究界和教师们的集体智慧;（3）实用有效，可以广泛应用;（4）能构成一个相对完整的指导教学实践的框架;（5）不超过九条;（6）要能写在一张纸上，便于随身携带，及时查阅。由此可见专家们的良苦用心!

两天会议中专家们提出很多建议，但没有形成定稿。于是专家们带回去继续修改。直到 1987 年 3 月才最终形成定稿，全文共五页，包括七个原则及其简要解释:

（1）好的实践鼓励师生互动。师生课内外经常性互动是强化学生动机、激发学生投入学习的最重要因素。教师要注意帮助学生克服困难、坚持学习。结识几个教师，会激励学生主动发展智力，激励他们思考自身价值并规划未来。

（2）**好的实践鼓励学生之间的合作**。学生之间团队合作而非彼此竞争，最有可能强化学习。好的学习如同好的工作一样，是合作和社会性的，而非竞争的和孤立的。和他人一起工作通常会增加学习投入。与他人分享想法、彼此呼应，会改善思考、深化理解。

（3）**好的实践鼓励积极学习**。学习不是观看！仅靠坐在教室里听课、记忆性做作业、回答问题，学生的学习效果有限。学生必须把他们所学到的东西说出来，写出来，并与已有经验结合，用于日常生活。他们必须把所学到的东西变成他们自己的一部分。

（4）**好的实践需要及时反馈**。知道自己知道什么和不知道什么是学习的关键。学生需要及时反馈才能从课程学习中受益。课前学生需要知道关于自己知识和能力的评价性反馈；上课时学生需要有机会表现并及时得到反馈。在整个学习期间和学习结束时等时间点上，学生也要有机会知道自己学到了什么、还要学习什么，以及如何评价自己的学习。

（5）**好的实践强调花时间学习**。学习需要时间加精力。没有什么可以替代学生花在学习上的时间。学会用好时间，对学生对专家都至关重要。就有效管理时间而言，学生需要帮助。现实地分配时间，对学生来说是有效学习，对教师来说是有效教学。学校对学生、教师、管理者、员工在时间上的期望，是学校建立有效管理的基础。

（6）**好的实践传递高期望**。高期望对达成目标有利。高期望对所有人都很重要，无论是准备不足者、懒散无心者、聪明进取者等均是如此。如果学校和教师对学生抱有较高期望并付出额外努力，这些期望就会变成学生实现自我的预言。

（7）**好的实践尊重个人禀赋以及学习方式的多样性**。学习的途径很多。人的天生禀赋和学习风格各不相同。研讨班上的聪明人到了实验室里可能像个傻子，善于动手者未必擅长理论。学生需要机会展现其禀赋，找到适合自己学习的最佳方式，然后才能以新方式努力学习。但新的学习方式来之不易。①

作者指出，这七个原则彼此独立但相互支撑，构成一个完整整体。它们基于有效教学的六个要素：活动（activity）、合作（cooperation）、多样化（diversity）、

① Z. Gamson, "A Brief History of the Seven Principles for Good Practice in Undergraduate Education," *New Direction for Teaching and Learning*, no.47 (1991): 5–12; A. Chickering, Z. Gamson, "Development and Adaptations of the Seven Principles for Good Practice in Undergraduate Education," *New Directions for Teaching and Learning*, no.80 (1999): 75–81.

高期望（expectations）、互动（interaction）、责任（responsibility）。显然这里已经可以看到由教向学转变的明确信号了，尽管今天我们对此已经有了更深刻的认识。

作者指出，这些原则反映了近百年来美国优秀本科教育的精华，尤其是专业职业教育和文理教育的实践经验。我认为这句话道出了七原则的真正来源：专业职业教育提供了职业训练领域的实践和经验，文理学院提供了通识教育领域的实践和经验。它们共同构成美国优秀本科教学的基本经验。

《七原则》一文发表后好评如潮。仅 18 个月内约翰逊基金会就发出 15 万份复本。由于该文未设版权，因此其他机构印发的复本更是不计其数。与此同时，讲座邀请也纷至沓来，于是他们二人开始满世界作专题演讲。

很多想实施七原则的学校希望能先根据七原则找出差距，以便制定实施规划。为了满足这个要求，他们又设计了两个调查问卷，分别调查教师教学和学生学习情况。这两份问卷设计于 1989 年发表，与《七原则》一起构成一套完整的本科教学质量改进工具。

作者说，这两份问卷启发了后来的好几个大学生校园经验调查，其中包括著名的美国大学生学习投入调查（National Survey of Student Engagement, NSSE）。库（George Kuh）说，他也是受七原则启发才提出了"高影响力教育实践"的。

3. 高影响力教育实践

"高影响力教育实践"（high-impact educational practices，HIEP）是由美国印第安纳大学教授库提出来的。库是美国著名高等教育学者。1998 年他在印第安纳大学创办了中学后研究中心（Center for Postsecondary Research），并在该中心发起了 NSSE 调查。如今 NSSE 成了美国大学生学习经验调查的主要工具之一，为此他获得了宾夕法尼亚大学授予的教育创新奖（Zemsky Medal）。

随着问责运动的发展，人们发现如果不能很好地评价学生学习效果，问责就无法进行。换言之，学习效果评价是问责的基础。于是库又在伊利诺伊大学创立了全国学习效果评价研究所（National Institute for Learning Outcomes Assessment, NILOA），专门致力于学习效果测量与评价。目前该所是美国学习效果测量与评价研究的主要中心之一。

2007 年应美国高校联合会（AACU）之邀，库参加了"通识教育和美国承诺"（Liberal Education and American Promise，LEAP）项目。在该项目报告《新全球世纪的大学学习》中，库提出了“有效教育实践”的概念。[①]针对人们对这个概念的质询，2008年他又专门写了一份报告解释这十项实践。在这份报告中他把“有效教育实践”改为“高影响力教育实践”。[②]下面是对他对这十类实践的简要说明：

（1）**新生研讨课及经验**。现在很多学校都开设新生研讨课或其他类似项目。这类课程的特点是一小组学生和教师定期见面。高质量的新生研讨课注重批判性思维、经常性写作、信息素养、合作学习，以及其他智力和能力发展训练。新生研讨课要让学生有机会接触学术前沿问题，有机会参与教师们正在进行的研究。

（2）**共同智力经验核心课**。这类课程有多种形式，如一组共同必修课、一个纵向通识模块，包括高级综合学习和参加学习社区等要求。这类课程还可和其他若干课程结合，从而把更广泛的主题联系起来，如技术与社会、全球相互依赖等。

（3）**学习社区**。建立学习社区的核心是鼓励跨课程整合学习。通过“大问题”（big question）把学习不同课程的学生联系起来。把修两三门相关课程的学生组成小组，和相关教师们一起工作。大家读相同的材料，但从不同学科角度，共同探讨同一主题。学习社区还可以有意识地把通识教育和职业教育结合起来，或者以服务学习为特色。

（4）**密集写作课**。这类课程强调整个专业和所有年级的学生以各种方式、用不同形式，进行密集写作。鼓励学生为不同专业的不同读者写作。不断写作，不断修改，这种反复性实践会使学生在定量推理、口头交流、信息素养甚至伦理探索等方面同时获得进步。

（5）**合作作业与合作项目**。合作学习包括两个目标：一是学会如何和他人合作工作，共同解决问题；二是通过认真听取不同观点来修正自己的看法，特别是那些有不同社会背景和生活经验的人的看法。在一门课程中，可以利用团队作业、合作写作、合作项目、合作研究等方式来实现合作。

（6）**本科生研究**。现在很多学校都开始为各专业的本科生提供研究机会和研究经验，但主要是在理工科专业。由于有科学基金会和其他研究组织的鼎力支持，学者们改变自己所教课程的关键概念和问题，以便学生可以积极参与到系统的科学研究中来。本科生研究的目的是让学生通过思考问题与观察，学习用先进技术来做研究，同时体会因解决了重要问题而产生的快乐。

---

① AACU, *College Learning for New Global Century*, 2007: Appendix A: A Guide for Effective Educational Practices.

② G. Kuh, *High-Impact Educational Practices*, AACU Report, 2008.

（7）**多样性和全球化学习**。现在很多学校都重视这类课程，以帮助学生了解与自己文化和出身不同的人的文化、生活经验及对世界的看法。这类学习会让学生直面种族、民族、性别平等、自由与权力等现象，让他们体会“困难的不同”（difficult differences）。社区活动或国外学习之类的经验学习，也是文化互动学习的一部分。

（8）**服务学习与社区学习**。这类项目通常是社区实地经验学习的一部分。目的是让学生带着在课堂里学到的知识，到现场去获得直接经验，并着手去分析和解决社区里的问题。这类项目有两个关键要素，一是让学生在其服务经验中反思课堂所学知识，二是在真实世界中对知识加以应用。服务和反馈社区，可以帮助学生为未来的工作、生活和履行公民责任做好准备。

（9）**实习**。实习正日益成为重要的一类经验学习，目的是帮助学生获得真实工作场所的直接经验，并得到现场专业人员的监督和指导。这对学生发展职业爱好大有好处。经过教师同意，实习还可因完成项目或发表文章获得学分。

（10）**综合毕业设计与毕业项目**。无论叫什么名称，这类实践的特点是，在学业结束之前，让学生通过一个项目来展现其综合运用所学知识和技能来研究和解决问题的能力。这类项目可以有很多形式，如论文、项目、表演、佳作集成、艺术展示等。

为什么这十类实践会如此有效呢？库给出了六个理由。他说这些实践：

（1）都需要学生付出巨大努力，包括智力、时间、体力等，能够强化学生的学习动机与学习投入。

（2）都需要学生在不同知识之间建立联系，学生需要和教师、同学建立联系才能完成，需要投入额外的时间。

（3）都需要学生接触不同的人，增强学生对多样性的体验。

（4）由于活动的结构和场所各不相同，在这些实践中，都需要学生经常获得关于自己表现的反馈意见。

（5）这些活动让学生可以观察校外场景，提供了让学生了解自己所学知识如何起作用的机会。这些机会对整合、综合、应用知识及促成深度学习至关重要。

（6）这些活动可以帮助学生自我反思。反思自己是谁，要成为什么样的人，如何做事，以及形成关于自我的认知与价值。可以帮助他们更好地了解自己，促成他们的人生转变。

此外，库还用 NSSE 的调查数据来证明其中七项实践在促进学生发展方面的作用（见表4–3），以及这些实践和四项重要学习指标之间的相关性（见表4–4）。

表4–3 HIEP和深度学习以及学生自己报告的学习收获的相关性

	促进深度学习	通识能力收获	个人发展收获	实践能力收获
一年级				
学习社区	+++	++	++	++
服务学习与社区学习	+++	++	+++	+++
高年级				
国外学习	++	+	+	++
参与教师研究	+++	++	++	++
实习	++	++	++	++
服务学习与社区学习	+++	++	+++	+++
毕业高峰体验	+++	++	++	++

注：+ $p < .001$；++ $p < .001$ & Unstd $B > .10$；+++ $p < .001$ & Unstd $B > .30$

表4–4 HIEP和四项重要学习指标的相关性

	学术挑战水平	积极学习与合作学习	师生互动	校园支持环境
一年级				
学习社区	+++	+++	+++	++
服务学习与社区学习	++	+++	+++	+++
高年级				
国外学习	++	++	++	++
参与教师研究	+++	+++	+++	++
实习	++	+++	+++	++
服务学习与社区学习	+++	+++	+++	+++
毕业高峰体验	++	+++	+++	++

注：+ $p < .001$；++ $p < .001$ & Unstd $B > .10$；+++ $p < .001$ & Unstd $B > .30$

库说，这是根据超过500万大学生的NSSE调查数据计算而得出来的，说明其具有普遍有效性。但他也指出，并非所有学校都有这些项目，也非所有学生都能参加这些项目。但是他说，哪怕学生在求学期间只参加过几项这类实践，都会对其学业产生重大影响，尤其对那些以前从未接触过类似项目的少数族裔学生，效果更为明显。他以加州州立大学一个校区的西班牙裔学生为例，参加过0—3个项目的学生的毕业率分别是38%、45%、65%、73%。足见这些项目确实对学生学业产生了重大影响。[①]

如果仔细观察这些实践，会发现它们有三个特点。第一，所有这些实践都已经

① G. Kuh, *High-Impact Educational Practices*, Speech on the NMHEAR Conference, 2013-2-28, YouTube. 该校是一所以西班牙裔移民学生为主的教学型高校。

在美国高校中存在，是已有实践而非教学新创。也就是说，这些实践的有效性都已经受了检验。

第二，库说他提出这些实践是根据过去几十年美国学界对大学教学研究的结果。其中，齐格林的优秀本科教学七原则、名著《学校如何影响学生》（第二卷）等，都对他的选择起了重要作用。[①] 也就是说，美国大学教学研究界对这些实践已经有了比较一致的共识。

第三，这些实践的突出特征包括小班制、研讨课、核心课、宽基础、学习共同体、紧密师生互动、密集写作、合作学习、本科生研究、多样性 / 全球化学习、服务学习、毕业综合项目等。美国最重视这类实践的高校是小型精英文理学院和精英型研究型大学。从这个意义上讲，这些高影响力实践实际上是对美国当代精英文理教育的一个总结。由于这些学校普遍采用这些实践，因此其学生的毕业率能常年保持在 95% 以上。但这些实践又都结合了职业教育或真实性学习的特点，因此是"通识教育职业化"特征的体现。[②]

比较本科教学七原则和高影响力教育实践会发现，尽管它们都聚焦本科教学，但两者重点并不一样。七原则关注的是一线教师，希望教师们能用七原则来指导教学，因此重在课堂教学，对教学帮助较大。高影响力教育实践关注的是教育项目（program），是希望学校在本科教学中能尽可能采用这些项目，因此影响的是专业教育模式和学校教育规划。齐格林关心课堂教学活动，库关心专业培养计划，两者重点不同，但是都对美国本科教学改进做出了重要贡献。

从学习效果金字塔到优秀本科教学七原则，再到高影响力教育实践，所有这些成果都有一个共同特征，即均来自于教育实践，是教学经验与智慧的总结，因此把它们称为由经验总结而产生的实践与方法。

事实上在美国过去 30 年的 SC 教学改革中，高校和教师进行了大量教学创新与实践，积累了丰富的实践智慧。这些实践智慧和创新是美国 SC 教学改革最宝贵的财富，尤其值得中国高校和教师学习。这些实践智慧主要出现在各类大学教学网

① G. Kuh, *High-Impact Educational Practices*, AACU Report, 2008; G. Kuh, *High-Impact Educational Practices*, Speech on the NMHEAR Conference, 2013-2-28, YouTube; Ernest Pascarella, Patrick Terenzini, *How College Affects Students: Findings and Insights from Twenty Years of Research*, Jossey-Bass Publishers, 1991; Ernest Pascarella, Patrick Terenzini, *How College Affects Students: A Third Decade of Research*, Jossey-Bass Publishers, 2005.

② National Leadership Council for Liberal Education and American Promise, *College Learning for the New Global Century*, AACU, 2007.

站上，包括教师发展中心网站、大学教学研究机构网站、共同兴趣网站，甚至教师个人兴趣网站等。这些网站中积累的实践智慧真是五花八门、无所不包，令人目不暇接。可以这样说，任何能想得到的问题都会有人关注和研究。因此说，正式发表的文献不过是冰山一角，真正支撑整个冰山的是这些未发表的非正式文献。因此，所有希望寻找实践智慧或寻师访友的教师，都应当更多关注这类网站和文献，到那里去寻找来自一线的实践和智慧及志同道合者，因为他们才是推动SC教学改革的真正动力和不竭源泉！

第七节　SC教学改革的方法论与认知误区

所谓方法论，指对各种方法进行系统梳理，以发现方法的本质和方法之间的逻辑。本书第二、三、四章介绍了美国SC教学改革中提出的很多实践与方法，因此有必要加以整理，以便更好地揭示SC教学方法的本质，避免认知误区。

本节首先讨论SC方法的整体特征，其次提出一个指导和评价SC教学实践和方法的框架，最后讨论五个常见的方法论认知误区。

1. SC教学方法的方法论特征

图4-11是关于SC科学基础与实践方法之间关系的一个示意图。此图分上、中、下三层。底层是脑科学、心理科学等，这是SC方法体系的科学基础。中层是认知科学和学习科学，包括认知心理学、学习心理学、教育心理学、教育技术学等一批学科，是连接基础与实践的主干，它们把科学原理转变为可指导实践的理论。上面是五大设计，即课程设计、教学法设计、教学评价设计、教育技术设计、教学环境设计。核心思想是“为学习而设计”。通过五大设计，最终把学习与发展的科学原理转变为教师的教学实践活动。这些实践像枝叶、花卉和果实，反过来又成为科学研究的实践基础。

这样表达有四个考虑。一是强调理论与方法的整体性。SC改革的各种理论与方法虽然很多，但它们犹如一棵大树，是一个有机整体。用树这个形象就是要表达这个有机整体观。从整体角度看待SC改革的各种理论与方法非常重要，这是避免各种方法论纷争的基础。如果教师们有从树叶看到树根的能力，那他们不仅能进行有效的课程设计，还能从原理角度思考自己设计的合理性。

二是基础的科学性和实践性。本书反复强调，倡导 SC 改革是因为它的科学性。但这种科学性是扎根于实践土壤之中的。只有科学上合理、实践上可行的教育教学方法，才能使 SC 改革根深叶茂，茁壮成长。

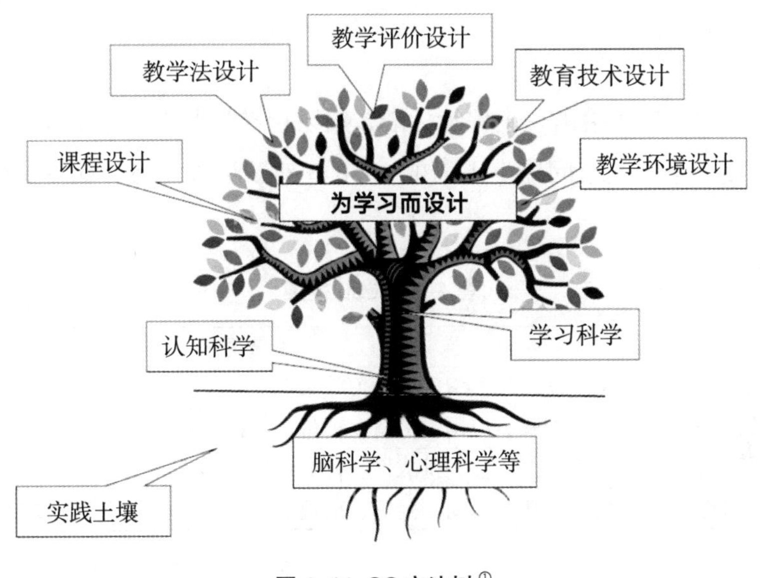

图 4–11 SC 方法树[①]

三是强调认知科学和学习科学等基础理论的连接与转化作用。脑科学和心理科学等并不能直接转化成实践，要通过这些中间学科的转化和发展，才能变成教学实践的指南和方法。不要只见树干不见树根，也不要只见树根不见树干。

四是强调设计环节的关键作用。好的 SC 教学改革是设计出来的，“为学习而设计”是 SC 教学设计的灵魂。课程设计要把促进学生发展和学习作为改革的出发点和归宿，把学习效果作为检验改革效果的主要依据。好课程是设计出来的，绝非偶然的奇思妙想或简单的照本宣科。设计需要教师根据不同教学目标、不同教学内容、不同学生群体、不同教学环境、不同技术条件来发挥自己的想象力和创造力。课程设计使大学教学既是科学，也是艺术！但这里使用“艺术”一词，不是因为其神秘和不可捉摸，而是因为它和所有实践活动一样，需要教师们的想象力和创造性！

设计使传统教学计划和 SC 课程矩阵有了本质区别。前者通常是教材目录加时间安排，从中看不到教师是如何促进学生发展和学习。后者正好相反，是帮助学生解决学习困难、促进学生有效学习的问题解决方案。从中可以看出教师是在如何帮

① 感谢我的学生高筱卉就本图所提建议。

助学生克服学习困难，促进学生发展和学习。正是由于设计，使两种教学大纲呈现出本质的不同。

这些就是图 4-11 想表达的 SC 教学改革方法论。

2. 3650 框架

第二个问题是能否给出一个评价标准，用以指导和评价课程矩阵设计，这也是教师们反复提出来的一个问题。下面的 3650 框架（见表 4-5）就是这样一个参考框架。

表 4-5 3650 框架

	内容	关键词
3	新三中心	学生发展、学生学习、学习效果
6	布鲁姆认知模型	记住、理解、应用、分析、评价、创造
5	积极学习五要素	有用性、真实性、挑战性、社会性、互动性
0	有效学习十法	建构、自律、活动、经验、情境、学会、合作、积累、重复、个体差异

3650 框架是 3—6—5—10 这几个数字的缩写。其中“3”指新三中心，即以学生发展为中心，以学生学习为中心，以学习效果为中心。这为 SC 课程设计的方向和基本原则。“6”是布鲁姆认知模型中的六类学习：记住、理解、应用、分析、评价、创造。在课程设计中要兼顾这六种学习，合理布局，全面促进学生心智与大脑发展。“5”指积极学习五要素，即内容的有用性、学习的真实性、任务的挑战性、环境的社会性、过程的互动性。这是激发学生积极学习和主动学习的五个关键要素。如果在课程教学设计中能抓住这五个要素，基本可以解决学生学习积极性和主动性问题。“10”指有效学习的十个要素：（1）学习是认知建构。（2）学习需要自律。自觉反思与自我控制能提高学习效率。（3）学习是活动。活动改变大脑，大脑改变行为。（4）学习是经验，经验塑造大脑。（5）学习是情境性的，适当情境能促进学习。（6）大脑奖励“学会”而非“学习”。是“学会”让大脑分泌激素，使大脑兴奋，从而激发学习积极性。因此学习任务难度要适度，要保证大脑能不断体会到“学会”的愉悦。（7）学习需要合作，合作促进学习。（8）学习是积累。已有知识对学习效果有重大影响。因此教学要循序渐进，逐步帮助学生构建知识结构。（9）记忆需要重复，多样化重复可以提高记忆。（10）学习的个体差异性。教学要注意个体差异性，因材施教。若能从这十个角度来设计课程教学，就能够促进学生有效学习。

3650 框架汇集了新三中心、布鲁姆认知模型、积极学习五要素、有效学习十要素等四个原理，显示了 SC 课程设计应该考虑的因素和应该具有的特征。因此它可以作为 SC 课程设计的参考，也可以作为 SC 课程设计评价的工具。

然而，这个方案没有对课程设计中应该采取何种教学模式和方法（model and method）作任何限定。相反，它把这些都留给教师，让教师根据自己课程的目标、学生特点、教学目的、教学环境等具体情况来决定，使他们可以发挥自己的专业性、想象力和创造力。

总之，3650 框架是 SC 教学改革原理的一个简要概括，目的是为课程设计提供一个指南和评价工具，帮助教师们做好课程设计。此外，本书附录一“什么是好的课程设计”也可供教师们参考，希望这些工具对教师们的教学设计有用。

3. 五个常见方法论认知误区

方法论认知误区指在 SC 改革中产生的关于 SC 方法的错误认识。有些误区还很常见，因此值得专门讨论。据我有限的知识和经验来看，主要有以下五种。

误区一：把 SC 理念等同于某种具体方法。例如认为讲授法是传统教学法，因此主张在教学中应避免使用讲授法。但这种说法是错误的，而且有很大误导性。事实上在美国大学教学中，讲座法仍然广泛使用，是使用比例最高的教学法。根据 UCLA 高教所 2014 年的一项调查，2013 年美国大学本科教学中主要使用讲座法的课程比例仍然高达 50.6%，尽管与 1989 年相比，已经下降了 5%。[①] 为什么？因为讲座法有几个优点：（1）便于知识传递；（2）便于说明、解释、澄清抽象概念和理论；（3）便于展现思维过程和问题解决过程；（4）便于综述总结主题；（5）便于补充信息。因此当出现这些学习需求时，讲座法仍然是最好的教学法。

但讲座法确有其缺陷，如：（1）学生处于被动学习状态；（2）学生很少有机会提问；（3）教师控制教学过程；（4）学生很难保持注意力；（5）是低阶学习而非高阶学习。为了克服这些缺陷，美国大学教师创造了很多改进方法，如：（1）仅用于以信息传递为主的教学活动；（2）设计有吸引力的讲座内容和呈现方式，如哈佛大学桑德斯教授的讲座课“正义论”（Justice）；[②]（3）混合其他教学法如同伴互教法

---

① Kevin Eagan, et al, “*Undergraduate Teaching Faculty: The 2013–2014 HERI Faculty Survey,*” Higher Education Research Institute, UCLA, 2014: 6. https://heri.ucla.edu/publications-fac/, 访问日期：2017 年 12 月 5 日。

② 参见网易公开课“哈佛大学公开课：公正 —— 该如何做是好？”，http://open.163.com/special/justice/，访问日期：2017 年 12 月 5 日。

等。这些方法都可以有效克服讲座法的弊端。

这个说法之所以错误，是因为它没有意识到，方法只是手段，促进学生有效学习才是目的。任何能促进学生学习的方法，都是好方法。更重要的是要注意到，“以学生为中心”是理念（idea）、是范式（paradigm）、是方法论（methodology），但不是方法（method）。因此不能说某个方法本身就是SC。SC教学改革中目的与方法的关系，很像禅宗的“心中有佛，法无定法”！方法可以千变万化，但万变不离其宗（学生学习）。只要能促进学生有效学习，任何方法都是好方法。

误区二：认为使用的教学技术越先进就越SC。这也是错误的。其错误性质同上，把技术等同于理念，以为技术越先进，理念就越先进。这是误导。

事实上，技术选择的标准是适用性而不是先进性。越适用的技术越有效，越是好技术。先进但不适用的技术反而会导致低效。例如，从技术上讲，视频比图片先进。那在教学中应该使用图片还是使用视频？研究表明，在说明性教学中，多幅静止图片的效果要比视频好，因为视频中对象在不断变动，不易给学生留下深刻记忆。但如果变化本身成为教学要点时（如胚胎发育），视频就是好选择。这就是为什么技术选择中，适用性比先进性重要。

此外，复杂的技术通常需要较多资源，可靠性也较差。因此在等效条件下，应该尽可能选择简单技术，我把这称为“技术简单性原则”。教学技术选择上应该坚持技术简单性原则，反对“炫技”。所谓“炫技”就是为炫耀技术而使用技术。“炫技”满足的是教师的虚荣心而非学生学习需要。因此炫技在本质上是教师中心而非学生中心的。简言之，技术选择时首先考虑技术的教学效果，而非技术先进性，要坚决反对“炫技”。

误区三：认为SC方法与传统教学法不相容，因此主张抛弃所有传统方法。这也是错误的。

关于SC方法和传统教学法，我有三个假设：（1）关于传统方法。所有有效的传统教学法都在某种程度上符合SC。例如孔子说，“不愤不启，不悱不发”，即学生不到想求明白而不得的时候，不去开导他；不到他想说出来却说不出的时候，不去启发他。也就是说，教师使用何种教学法首先取决于学生的学习状态，这就是以学生为中心。（2）关于SC方法。根据SC科学原理创造的新教学法在总体上优于传统方法，因为今天我们对大脑、发展、认知、学习等有了更多的科学认识，因此新教学法理当比传统方法更好。（3）具体性原则。教学方法的有效性与具体教学情境有关。在具体情境下，一定存在某几个方法（一般不超过三个）比其他方法更有效。教师的任务就是找出这些最有效的方法并用于教学。也就是说，不存在绝对有效的方法，但存在具体有效的方法。我把这叫“具体性原则”。在这三个假设中，具体性原则是核心!

误区四：只见方法，不见原理，不能从科学原理角度看待方法。我注意到，在目前的 SC 改革中，很多教师培训都把重点放在具体方法的介绍和掌握上，而不注意介绍方法背后的科学原理，也不探讨其适用对象和条件。结果教师们只能机械模仿，知其然不知其所以然，在方法学习上亦步亦趋，甚至造成邯郸学步的结果。方法创造创新就更谈不上。

目前很多 SC 教学方法都是由美国高校教师创造的，因此这些方法必定深受美国高校的特定文化和环境影响，未必完全适应中国高校的情况。在这种情况下，只有从科学原理角度理解这些方法，才能实现活学活用。否则就可能出现东施效颦、削足适履、生搬硬套的情况。

关于 SC 方法我们必须注意，无论这些方法如何变化，人脑及其功能不会改变，人的发展规律和认知规律也不会改变。因此，从原理角度理解方法，对推动 SC 教学改革健康发展至关重要。总之，务必要克服“只见方法，不见原理”的倾向。

误区五：企图“一招制胜”，忽视打好“组合拳”。在 SC 改革中涌现了一些非常有效的方法，例如 CDIO 模式、流程法、项目法、案例法等。于是有的学校要求全校上下都采用某种方法。例如要求全校所有专业课程设计都要采用 CDIO 方法，或都要采用项目教学法或问题教学法等。这种热情固然可嘉，但“一刀切”的做法却是错误的。

例如 CDIO 本是用于工程教育的，尤其适合有“流程 + 项目”特点的专业和课程。但不具有这种特点的专业和课程，如人文社科类专业等，就不应当采用这种模式。对以典型工作环节为主的专业和课程，如管理和法律，能体现典型工作环节特点的案例法显然更好，因为在这类专业中，典型工作环节才是训练重点。文史哲类专业，既不存在“流程 + 项目”，也不存在典型工作环节，其专业特点是发散思考和深度辨析后发微言大义，因此广泛阅读、深入思考、创造性写作等才是训练重点。也就是说，不同专业的知识性质和结构不同，因此需要采用不同的教学模式和方法。大学教学不存在普遍有效的教学法，这是目前关于大学教学方法中唯一的一个具有普适性的结论（见第十章）。因此大学教学需要的是对症下药，而不是“一刀切”。

即使是同一门课的教学也不要试图“一招制胜”，而是应根据不同知识点的性质，针对学生不同的学习问题，对症下药，打好“组合拳”，即以课程矩阵为平台，根据需要设计各种适当的教学法。大学教学法的黄金法则是：针对性越强，教学效果越好！这就是前面所说的具体性原则。

在大学教学中，“一刀切”是非常危险的倾向，它表现的通常是学校领导的权力意志，而不是课堂教学的实际需要。在SC教学改革中，学校领导的责任是领导和支持教学改革，不要去决定教师们如何开展教学改革（见第十章）。

最后也需要指出，认识难免有误区，探索难免犯错误。在SC探索中出现认知误区是正常现象，对此要持包容态度。与此同时，我们也要尽可能避免失误，促使SC教学改革健康发展。

第八节　SC教学改革的未来：颠覆性创新的两个案例

如何看待迄今为止的SC改革？什么是SC改革的未来？这两个问题也许是SC改革中最尖锐、最敏感的问题。在目前关于美国SC改革未来的讨论中出现两种不同思路。一种主张继续走维持性创新（sustaining innovation）道路；另一种主张重新思考整个现代大学体系，从根本上进行改革，走颠覆性创新（disruptive innovation）之路。下面先介绍颠覆性创新概念，然后介绍两个颠覆性创新案例，最后是简短结论。

1. 颠覆性创新

“颠覆性创新”这个概念是哈佛大学商学院教授克里斯坦森（C. Christensen）提出来的。克里斯坦森是著名的技术创新研究和战略规划专家。在研究技术创新时，他发现创新可以分为两类。一类叫维持性创新，即保持基本技术原理和生产流程不变，只作局部创新，目的是使原来的产品变得越来越好。他把这类创新称为“维持性创新”。每隔几年就更新一代的苹果手机就是典型的维持性创新。另一类是颠覆性创新，即改变原有基本技术原理和生产流程，旨在创造不同且功能更好且价格更优的新产品。由于质优价廉，新产品可以大规模占领市场，把原有产品挤出去。例如，手机对有线电话来说是颠覆性创新产品。手机出现之后，有线电话就被挤出了个人用户市场。微信对短信来说是颠覆性创新产品。微信出现后，短信的日子就不好过了。

颠覆性创新肯定需要存在颠覆性技术。但克里斯坦森认为问题不是技术，而是态度！当颠覆性技术出现时，你是选择维持性创新道路，还是走颠覆性创新道路？这个选择是态度问题。如果选择走颠覆性创新道路，不仅前途不明、风险很大，令人望而却步，同时还意味着原有投资都成了沉没成本。但如果选择维持性创新道路，就可能失去发展机会，甚至可能在不远的将来被颠覆性创新打败。这个困境被克里斯坦森称为“创新者的两难困境”。①

这里的一个著名案例是柯达公司。柯达公司原是世界上主要的胶片相机和胶卷的生产厂商之一。自从数字照相技术出现后，胶卷和胶片相机就开始没落。2013年，柯达公司宣布破产。到今天，除了专业摄影，几乎无人再用胶卷和胶片相机了。最具讽刺意味的是，数字照相技术正是柯达公司发明的。显然当年柯达公司有人、有钱、有技术。如果当年柯达公司选择走数字照相技术道路，那今天它将称霸数字照相业。但很不幸，它选择了维持性创新之路，结果这成了柯达的不归路。因此克里斯坦森说，在这个问题上，是态度而不是技术，决定组织的命运！

有意思的是，克里斯坦森不仅研究企业，还研究高等教育。他认为，当前的大学组织与工作原理源于 19 世纪传统，已经不适合 21 世纪需要。目前高等教育领域中的颠覆性技术已经出现，但大学面临颠覆性风险却不自知，因此他急切呼吁大学进行改革。②更有意思的是，美国高校联合会（AACU）在 2007 年的研究报告《为新全球化世纪的学院学习》中支持了克里斯坦森的看法。

该报告指出，目前的院校制度是 19 世纪工业革命的产物，包括学校、院系、学科、专业、课程、学分等，都是在工业革命时期形成的。③这个体制有三个特点：（1）按筒仓④方式组织院系。每个学科是一个筒仓，同一专业的师生都在一个筒仓里，形成一个小世界。（2）学校就是一排筒仓。（3）学校按标准化批量生产方式组织教学。学生按批次依次通过每个课堂，经过教师加工，最后学校负责检查验收，颁发合格证书（毕业证书），然后贴牌出厂。为了有效组织生产，学校发明了相对固定的培养计划、课程教学计划、学时 / 学分单位、教学质量标准与评估程序、毕

① 克里斯坦森：《创新者的窘境（全新修订版）》，胡建桥译，中信出版社，2014。

② 克里斯坦森等：《创新型大学：改变高等教育的基因》，陈劲等译，清华大学出版社，2017。

③ National Leadership Council for Liberal Education and American Promise, *College Learning for the New Global Century*, AACU, 2007.

④ 筒仓，美国农场中用于储藏谷物的筒状仓库。

业标准说明等质量控制方法。此后一百多年里，大学不断对这个系统进行维持性创新，但其基本生产原理、生产模式、组织制度等基本保持不变。

结果造成学校与社会隔绝，院系之间彼此隔绝，课程缺乏整合，专业计划僵化，个性化学习困难，学校内部成本过程模糊，整个体系成本过高，对学生需求和社会需求反应微弱且迟缓，缺少有效绩效评估方式，缺少问责，等等。这些被长期诟病的问题始终无法得到有效解决。

克里斯坦森认为，这些问题都是由大学的工作原理、工作模式和组织结构造成的，不能通过局部改进得到解决。只有实施颠覆性创新，从根本上解决这些问题。这些看法真是振聋发聩，让人耳目一新！

近些年来的知识进步与技术进步，让人们看到了改造传统大学模式的可能，于是一些学校开始尝试颠覆性创新。下面是两个例子。

2. 密诺瓦学院[①]

密诺瓦学院（Minerva Schools）是一所总部位于旧金山的私立高校，它号称要媲美哈佛、普林斯顿、耶鲁等名校。学校创办者尼尔森（B. Nelson）早年毕业于宾夕法尼亚大学，后来因参与创办了“喀嚓鱼”（Snapfish）网站致富。他从 2010 年起策划创办密诺瓦学院。学校 2014 年开始面向全球招生，首批 28 人。目前每年约招 200 人，录取率为 2% 左右。2017 年约有学生 500 人。

该校聚集了一批优秀人物。学校学术理事会主席是哈佛大学前校长、经济学家萨摩斯（L. Summers）。校长是哈佛大学社会科学院前院长、认知心理学家科斯林（S. Kosslyn）。他主持设计了该校的教育教学模式。他说这是全球第一所根据脑科学和认知科学来设计的大学。哈佛大学物理教师马祖也是该校理事会成员。

该校有七个办学原则，第一个原则就是“保持非常规”（being unconventional），其挑战性显而易见！该原则宣称，我们有意与其他大学保持不同。我们相信存在更好的教学方法。我们拒绝接受现状，挑战传统思维。我们分析学生的需求与期望，追求更有效的教学方式，旨在把那些由神秘的惊喜瞬间所揭示的教育变成现实。该校在教育教学上确实与众不同，主要表现为以下三点。

一是全球浸润式教育。密诺瓦学院旨在办一所国际性大学，培养有全球视野、全球经验、全球合作、全球工作等方面能力的领导者，因此它非常注意全球化学习

① 本节信息主要来自该校网站（https://www.minerva.kgi.edu），访问日期：2017 年 12 月 5 日。

环境的营造。它的学生中有 79% 来自全球各地，这就创造了一个国际化的学生群体。大学四年中，除了第一年在总部旧金山学习外，其余三年六个学期，学生分别到全球六个国际化大都市学习和生活。这六个城市是：伦敦（英国）、柏林（德国）、布宜诺斯艾利斯（阿根廷）、海得拉巴（印度）、台北（中国）和首尔（韩国）。密诺瓦学院认为，让学生真正了解这个世界的唯一办法是，把他们直接暴露在各种文化之中，让他们生活在全球不同地区和文化之中，通过真实生活和社会参与来了解不同的文化和人民。密诺瓦学院在当地选择教育机构合作，由这些机构负责安排学生在当地的学术活动、社会活动、文化活动，并为其学生提供生活和社会安全保障。在这些环境变换中，学生将面临空前的环境挑战，而他们则通过克服挑战建立起全球眼光，发展自己的知识和能力，培养出与不同文化背景的人合作的能力。密诺瓦把这称为“全球浸润式教育”。

二是远程教学方式。由于学生生活在世界各地，又由总校负责教学活动，因此所有教学只能通过网络方式进行。学校为此专门开发了一套远程互动教学平台。[①] 学生无论走到哪儿，都可以通过这个平台上课。最大课堂规模为 18 人，所有学生都远程登录平台上课。上课时所有学生的头像都显示在屏幕上，上课效果类似于小班圆桌研讨课。这个平台有即时活动分析系统，可以随时记录、分析、显示所有学生的学习活动情况。师生都可以根据平台显示的数据来参与课堂教学活动。这套远程教学系统为高质量远程教学提供了技术保障。

密诺瓦学院没有讲座课，全面实行翻转教学，学生要在课前阅读资料和看讲座视频，并根据主题准备课堂发言和讨论。课堂教学时间完全用于发言、讨论、辩论、互动、问题解决，以培养学生的审辨能力、创造能力、交流能力和互动能力。上课时所有活动都被技术平台记录并分析。教师上课时每次讲话不得超过五分钟，超时则会被平台提醒。学生上课时也要全身心投入。如果有学生课堂参与时间不够，平台会提醒他们参与课堂活动。同时也会提醒教师，让他采取适当措施让该生参与课堂活动。科斯林说，深入思考（think it through）和积极学习（active learning）是密诺瓦教学模式设计的两大指导原则。

很明显，密诺瓦学院的教学模式源于美国小型文理学院。但密诺瓦学院有一个重要不同，即它是远程课堂，因此可以把学生和教师从空间中解放出来，使他们可

① 从网上视频看，这个平台整合了远程视频会议系统、学习管理系统（LMS）、办公自动化系统（OA）等系统。

以在全球各地参与教学，实时互动。这个变化是革命性的，是21世纪大学教学的特点。

三是课程设置。该校课程高度强调实践知识（practical knowledge）和基本思维方法训练（habits of thinking）。学生入学第一年上四门方法论课：代表逻辑和数学的形式分析（即逻辑与数学）；代表科学、技术和工程的经验分析（即实证方法）；代表语言、艺术、表达等人文学科的多模式交流；代表社会科学的复杂系统分析。这些课程旨在发展学生的四种基本思维能力：审辨性思维能力、创造性思维能力、有效交流能力、有效互动能力。密诺瓦学院在这四大领域中挑出一百多个基础概念和基本思维方法，让学生通过各种课程材料反复加以训练，达到完全掌握和形成习惯，以便在未来学习中能有效使用。由于这四门方法论课至关重要，也比较困难，因此第一年学习安排在学校总部，由总部教师授课。所有学生都要学习这四门课程。科斯林认为，学习和掌握这些基础概念和基本思维方法，将使学生终身受益。

把所有知识分为四类，发展出四门方法论课，以培养四种思维能力，且用一整年时间来培训，这确实是一个创新。这和传统大学通过学习内容来学方法的思路完全不同。在传统大学教学模式中，由于学科太多，学生很难依靠自己的力量把各种学科的认知模式整合成为一个整体。而各学科教师又只管自己的领域，结果是这个知识整合任务实际上留给了学生自己。至于最后学生是否作了整理或整理的后果是什么，就只有天知道了。但密诺瓦学院则相反，它先从各大知识领域提炼出一套基本概念和方法，先学方法，后学内容，这确实是一个创新。但这四门方法论课究竟是如何上的，效果如何，目前还不得而知。如果这个思路被证明是成功的，那对大学生思想方法训练和本科一年级教学，都将是一个重要贡献。

第二年学生在五大领域——艺术与人文、计算科学、工商管理、自然科学、社会科学——中选一个作为自己的主要学习领域，修3门必修课和5门选修课。第三年聚焦到专业，修3门专业必修课、3门选修课，同时设计自己的毕业综合项目（capstone）并开始选修相关课程。也就是说，毕业综合项目延续两年。第四年的主要任务是完成毕业综合项目，学生围绕毕业综合项目选修课程。不同领域不同专业的课程要求不同。

这个课程体系设计也与众不同。第一年是横跨所有知识领域的四大方法论课。随后三年从领域到专业到项目逐步收缩，最后聚焦到专业能力。这是个金字塔结构，而不是传统的T型结构，从宽厚到精专的渐进过渡非常明显，在“宽基础+深专业”之间实现了某种平衡。从这个意义上讲，密诺瓦课程体系是对美国本科课程体系的一种探索。

为了降低学费，密诺瓦学院采用了轻资产战略。由于主要依赖海外基地，学校总部只有一栋办公楼，仅有 66 名教职工（学校领导 8 人、正副院长 11 人、教师 41 人、专业辅助人员 6 人[①]），这大大降低了办学成本。密诺瓦学院 2017 年的学费加生活费每年不到 3 万美元（学费 12950 美元、住宿费 1 万美元、学生服务费 2000 美元、生活费 5000 美元），不到美国同类小型文理学院费用的 50%。和密诺瓦学院的功能单一和轻资产相比，动辄占地数千亩、员工上万、结构复杂、功能多样、每年数十亿运行经费的现代大学，确实很像史前恐龙了。而克里斯坦森认为，在 21 世纪，这种恐龙般的巨型组织是肯定无法存活的，就看何时何事会使这类组织灭亡了。

密诺瓦学院把全球浸润式学习、金字塔结构课程体系、翻转课堂教学模式与深入思考法、积极学习法结合起来。全球学习经验为学生提供了真实的学习环境、有用的学习内容、挑战性的学习任务、社会性与互动性的学习过程，这些都会有力激发学生学习积极性。金字塔结构课程体系在一年级为学生打开视野，同时让他们在四年学习过程中可以不断发现和发展自己的兴趣爱好，最后形成适合自己未来发展的知识和能力。如果再考虑它的低成本，密诺瓦学院确实展示了一个高质量、低成本的本科教育的另类样板。密诺瓦学院自己则说，它的一个任务是探索美国高等教育的未来！[②]

和密诺瓦学院的精英文理教育不同，42 学校（42 School）是一个职业教育学院。尽管两者性质完全不同，但其创新精神却如出一辙。

3. 42 学校

42 学校是一个软件工程师学校，其最突出特点是没有教师，而且不收学费！

42 学校始创于巴黎，由法国亿万富翁尼尔（X.Niel）于 2013 年创办。尼尔因发明了一种能将电视、电话、网络整合一体的装置而致富。随后他在巴黎创办了

① 数据源于该校 2018 年 2 月 12 日网站。据说多数教师都不住在旧金山，而是签约兼职教师。所有教师上课前都要参加为期 4 周的教学培训，一是学习该校教学理念和方法，二是掌握该校教学平台操作技术。上课前教师要提交授课计划，科斯林要审查所有授课计划，以保证整个教学可以融为一体。

② S. Kosslyn, B. Nelson, *Building the International University: Minerva and the Future of Higher Education*, MIT Press, 2017.

42学校。2016年该校在美国加州弗莱蒙市（Fremont）开设分校。目前仿效该校模式的学校已经出现在南非、罗马尼亚、摩尔多瓦、乌克兰、亚美尼亚等多个国家。①

弗莱蒙分校规定，任何18—30岁的人都可以报名，不需要考试成绩。报名者首先要参加一个网上测试，主要测试基本逻辑能力。通过后可参加一个为期四周的预备培训。这四周里要学习使用C语言并完成一系列编程项目。

弗莱蒙分校是一个大空间，里面有1024台工作站。学校每周7天每天24小时全时段开放。所有学生都在里面学习。在第二阶段学习期间，学生要完成一系列规定项目，类似通关游戏。和软件工作要求一样，项目只要一开始就能不停止，直到完成。不懂可以向其他学生请教，每个人都有帮助他人的责任。帮助别人可以获得积分，这个积分可以用于支付他人对自己的帮助。如果是团队项目，要么自己组织团队，要么加入他人团队。如果顺利完成这个培训，则可转为正式学员，进入第三阶段学习。

第三阶段是正式学习阶段，时间为3—5年。这个阶段要学很多技术，学校有很多发展方向，如网页、技术整合、基础构架、系统编程、大数据、平行计算等。学员在学习期间大约要完成40个项目，每个项目需要的时间从48小时到6个月不等。所有项目都是事先设计好的，学生只要循序渐进，即可实现培养目标。学习方式和第二阶段相同。学生完全可以按照自己的兴趣、风格、速度学习，学校对此没有要求。学生完全对自己的学习负责。

为了帮助学员获得创业或就业经验，学校会定期邀请前辈来分享经验。在学期间学校会为每个学员安排两次实习机会。如果全力以赴，三年可以学完。但由于大家进度不同，可以放宽到五年。学完后可达到行业入职水平，即初级软件工程水平。学生在校学习期间创造的知识产品的产权归学生所有。学生可以用其创业。学校不收学费，还为困难学生提供财务资助。

学校不收学费，那学校如何保持财务健康？关于财务，首先应该注意这个学校属于轻资产学校，没有教师和其他附属设施开支。学校开支是设备、房租、耗材、水电及少量管理人员工资，实际开支应该非常有限。资料显示，尼尔承诺负责学校前十年的所有开支。

① 42学校信息主要来自美国分校网站（42.www.us.org）以及YouTube上有关42学校的介绍和访谈节目。

从教学角度看，42 学校有三个特点值得注意。第一是该校全面实行同伴互教法，没有教师。据说这是软件行业的实际情况，在这个行业里，工程师们都是靠互教互学来完成工作和实现成长的。

第二是课程安排。和 CDIO 类似，采用“流程 + 项目”模式，把整个培训看成一个流程，每个流程分为若干环节，每个环节安排若干项目。学生依次做完项目，走完流程，培训就完成了。教学激励采用的是“游戏通关”的办法，每个项目都设置适度挑战来激励学生不断进取。

第三是完全个性化学习。流程虽然一样，但有很多方向，学生可以自选方向、决定学习内容，自己决定学习任务和学习进度，按自己的风格和节奏学习。学生对自己的学习负全责。学什么、何时学、如何学、与谁合作等，都由学生自己决定和安排。这是真正的以学生为中心了。

教育技术学派的专家和学者们心中的理想就是如此。他们想为学生独立学习准备好各种条件，设计出完备的学习支持环境，让学生能充分实现个性化学习。如今信息革命已蔚为壮观，AI 又挟大数据来临，脑科学与认知科学深化了我们对人类学习的认识，个性化学习系统似乎也已呼之欲出。面对这种颠覆性创新层出不穷的大势，大学教学应该何去何从？对此我们千万不要掉以轻心！

讨论 SC 改革的未来时介绍克里斯坦森的颠覆性创新理论和这两个案例，我想说的是，在思考 SC 改革时，我们不仅要考虑维持性创新，还要考虑颠覆性创新，思考为什么已经进行了这么多改革，但大学教学还是有很多问题无法得到根本解决。是否真如克里斯坦森所说，目前的大学工作模式和组织体制方面出现了问题，以至于局部改革无济于事？我相信，对这些问题的思考能让我们以更开阔的视野，思考 SC 改革的未来。

第九节　简要总结

以上是美国 SC 教学改革实践与方法的一些情况。本章第一至三节是关于文献、科学基础和大学教学有效性三因素假设。这三部分是基础。第四至六节是主体，分别介绍了受科学研究影响而产生的实践与方法、受生活与职业影响而产生的实践与方法和由经验总结而产生的实践与方法，这代表了美国 SC 教学改革的三个基本趋势。第七节是关于 SC 教学改革的方法论，介绍了 SC 方法论和 3650 框架，并讨论了五个方法论误区。第八节介绍了颠覆性创新概念和两所创新型学校。希望读者在思考SC改革时，不仅要考虑维持性创新，还要考虑颠覆性创新。

最后需要指出，SC教学改革应该聚焦课程设计。无论什么思想、模式、方法、手段、技术，都只能通过课程设计汇集成一个整体。课程设计要特别注意把SC原则贯穿始终，要结合学生实际，能促进学生有效学习。只有结合科学的、有创造性且实际可行的课程设计，才能改变传统课堂，发挥SC教学改革的作用，从而使我们的本科课堂教学发生根本性改变！

下一章讨论学习环境与教育技术。

第五章

助力学习：学习环境与教育技术[1]

如果采取“以学生为中心”的教学模式，就必然要重新思考学习环境问题，重新设计学习环境，采用新的教育技术，以便促进学生有效学习。这就是本章的主题。

本章共有四节，第一节介绍三个学习环境研究角度及其对SC教学改革的影响。一是发展科学角度，即从人类发展角度看学习环境对学习的影响。二是真实性学习（authentic learning，AL）角度。真实性学习角度提出了自然真实环境对学习影响的看法，这个角度可以丰富我们对学习环境的认识。三是教育技术角度。这个角度提出了在技术条件支持下营造学习环境的问题，着重研究如何通过各种技术手段来营造一个能让学生有效学习的学习环境。这正好是第二节的主题——教育技术。关于教育技术，目前已经有很多文献，故我将重点介绍三份研究报告：由美国科学基金会支持，由美国计算技术联盟和美国计算研究协会于2010年联合撰写的《教育技术路线图》，由国际新媒体联盟编撰的《2018年国际新媒体联盟地平线报告》，以及由中国专家按《地平线报告》模式撰写的《2017新媒体联盟中国高等教育技术展望》。这三份报告比较系统地反映了2010年以来中美两国高等教育领域中教育技术发展的基本情况和看法。第三节聚焦人工智能（AI）与智能化个性化学习辅导系统（intellectualized personalized tutoring system，IPTS）的关系。尽管近些年AI得到快速发展，国内外学者都盼望AI能在IPTS开发中发挥重大关键作用，但我认为，目前IPTS开发有两个主要障碍，一是网络化教学普及化程度，二是大学教学研究水平。如果这两个方面不能取得突破性进展，就不可能开发出具有实践意义的IPTS。因此在当前情况下，应该采用多学科专家联合攻关方式，开发以课程为中心的IPTS，并最终发展出具有普适性的IPTS。最后是一个简要总结。

---

① 本章原发表在《高等工程教育研究》2019年第2期上。此处文字略有修改。

第一节　学习环境研究

传统大学中典型的学习环境就是教室，教师在教室里讲教材。但从20世纪50年代起，学者们从人类发展、学习科学、认知科学、教育技术学等领域中先后发展出很多新的学习理论。到20世纪90年代，SC改革理念基本形成。在随后的二三十年中，在新理念支持下，人们重新理解什么是学习环境，进而围绕学生的发展、学习和学习效果，重新构建新的学习环境理论。尤其是信息革命爆发以来，围绕各种新的学习技术和教学技术，构建新学习环境的试验如火如荼，层出不穷。因此目前学习环境研究中最活跃的学者，大多来自学习科学的教育技术学派（见第三章第四节）。

然而，如该学派领袖乔纳森（David Johannsen）所说，尽管“以学生为中心”的观念激发了很多学习理论，但它们有三个共享观念：（1）学习是建构的，知识是在思考与活动的互动中建构的；（2）学习是社会性的，是学习者在与其他参与者的社会性互动中完成的；（3）学习是情境性的，学习在具体情境中完成，实践所处的情境对学习效果有重大影响。[①]关于学习是学生的自主认知建构和学习活动的社会性，在第三章已有介绍，故这里重点讨论的问题是学习的情境性。具体说来，就是问：如果学习是情境性的，那营造怎样的学习环境才能有效地促进学生学习呢？这个问题把学习与学习情境性和学习环境紧密地联系起来。这就是本节的主题。

回顾历史，有三个视角促进了对学习情境性和学习环境的认识：发展科学视角、真实性学习视角、教育技术学派视角。这三个视角大体体现了学习环境研究的三个阶段。

1. 发展科学视角

首先是发展科学视角。[②]从脑科学和认知心理学角度看，人的发展就是人脑与环境之间的互动，学习是人脑适应外部环境的功能和途径。只要大脑停止学习，停止适应外部环境，人就会面临生存危机，因此人脑必须不停与外部环境互动。在这个互动中，人脑形成很多关于外部世界的经验和知识。由于这些经验和知识都与个

① 乔纳森等：《学习环境的理论基础（第二版）》，徐世猛等译，华东师范大学出版社，2015：前言，3-8。

② Richard Lerner, Willis F. Overton (ed.), *Handbook of Child Psychology and Developmental Science*, Wiley Press, 2015.

体所存在的环境有关，因此不同人形成不同的经验和知识。从这个意义上讲，人是环境的产物，环境塑造人。有什么样的环境，就有什么样的人。这种认识把环境提高到空前重要的地位。根据这个观点，有效的教学应该根据学习内容和学习目标的需要，为学生营造特定的环境，或把学生带到特定环境中去，通过环境营造来促进学生有效学习。这就是基于发展科学角度的学习环境观，即通过营造与教学目标和学习任务适应的学习环境来促进学生有效学习。因此，如果大学教学把促进学生的大脑发展、理性思维能力发展、社会能力发展和专业能力发展作为其四大基本任务，所有的教师都必须考虑的一个问题是，就你所教的课程，要营造怎样的学习环境才能最有效地促进学生学习。一个经常被提及的经验是，只要你创造了适当的学习环境，并把学生带入其中，让他们与环境互动，学习就会自动发生。例如在上一章中介绍的关于中国历史课程的那个案例。发展科学视角是一个广义的视角。在这个视角下，学习环境不是仅指物理环境，而是包括所有能影响学生学习行为的外部环境因素，如物理、社会、心理、技术、信息等因素。在这个视角下，从单个学生角度看，教师、其他同学、教学模式和教学方法等，都构成他的学习环境的一部分，因此这些也是学习环境设计和营造要考虑的问题。

这个视角的最大贡献是，把对学习环境的认识从狭隘的认识（学习环境就是教室）中解放出来，扩大了人们对学习环境的理解。它从人与环境之间的基本关系出发来定义学习环境，并以此探讨学习环境在学习中的作用。这个视角提升了学习环境的重要性，把学习环境的设计和营造变成大学教学设计的关键环节之一。这是一个基础性视角，下面所介绍的所有视角都和这个视角有关。这个视角代表了近百年来脑科学和认知科学对学习环境研究的影响，是当代学习环境研究的第一阶段。

2. 真实性学习视角

这个视角的核心思想是，让学生在自然真实世界（real world）中面对真实的问题。通过在这种真实情境中学习解决真问题，从而学到真知识，培养真本领，故这种学习被称为真实性学习（authentic learning）。

上一章我们讲过，这里“真实性”一词强调的是本质的真实而非现象的真实。因此，“真实性学习”要强调的是，要让学生在尽可能真实的环境中学到真东西和真本领。因此这个视角强调，要么把学生带到真实世界里去接受真实的挑战，要么把真实世界的真实挑战带到教室中来。总之，真实性学习视角不认同仅仅靠在教室里听教师讲课，学生就可以认识真世界、学到真知识、长出真本事。这个视角对传统的教室教学来说，是一个颠覆性挑战！由于真实性学习视角强调真正的、原汁原味的，就把人类学方法和社会学方法带进了学习环境研究。

“真实性”在这里可以包括五个方面。一是物理真实。即真实的物理场景，如工厂、社区、企业、车间等，让学生体验到真实的生活与工作场景。见习性实习就是这种例子。二是社会真实。学习中碰到的所有社会关系都是真实的，同伴、教师、顾客、上司、下属等都是真人而非假扮，毕业实习就是这种例子。学生在真实的社会关系中，可以了解并学会处理这些社会关系。三是内容真实。即所学习内容都是实际生活中的问题，并以真实方式呈现。上一章介绍的中国历史课程就是一例。在传统教学中，问题通常要经过提炼和修改，学生只要根据教师所教原理正确应用，就能得到正确答案。这种经过修饰的问题叫“良构”（well-structured）问题。但现实生活中的问题多是“非良构”（ill-structured）的，常常缺少必要的条件与信息。解决这类问题需要学生自己创造相关条件或寻找相关信息。因此，用非良构问题取代良构问题，就变成了培养学生解决问题能力的一个基本做法，甚至变成了一种教学模式和教学法——问题教学法。四是过程真实。即让学习过程和真实生活中的过程一致，教师像师傅带徒弟、专家带新手那样一步一步地把学生培养出来。例如，大学生参与教师科研项目，就是一种过程真实。五是结果真实。经过在自然真实的环境中进行真实学习后，学生可以有多方面的收获：认识了世界，认识了社会，认识了专业，解决了问题，掌握了知识，培养了能力，并体验到了学习的乐趣。由于学习是围绕真实的具体问题展开，并在真实场景中发生和完成的，因此学习是以特定问题为中心的（problem-based），是情境相关的（context-related），学习所获得的知识和能力是综合性的（comprehensive）和整合的（integrated），这样的学习就是“真实性学习”（authentic learning）。20世纪50年代清华大学提出的“真刀真枪”法，就是一种“真实性学习”。

若从发展科学视角看，试想一下，如果整个求学期间，学生的大脑一直是处于这样的学习状态，他们的大脑会发生怎样的变化呢？和“在教室里听教师讲教材”的方式相比，哪种方式更有利于促进学生学习，有利于扩大学生视野，有利于培养学生的思维能力、社会能力和专业能力呢？答案是不言而喻的。这样我们就很容易理解，为什么美国SC改革中会出现“真实性学习”理论和一大批由此产生的教学模式和教学法（见第四章第五节）。

尽管这些模式与方法，在物理真实、社会真实、内容真实、过程真实、结果真实等方面，与上面描述的理想模式之间有很多不同，但它们有一个共同点，即把自然真实的世界和真实学习过程引入大学教学，以期触发真实性学习。因此可以把所有这些模式和方法看成是真实性学习的各种变形。

这里需要指出，真实性学习不仅适合科学、工程、医学之类的硬学术领域，也适合社会科学和人文学科之类的软学术领域。因为说到底，真实性学习是一种哲学、一种看问题的方式。可以用这个哲学和这个视角来指导所有大学教学。说到底，人脑是在真实环境中通过解决真实问题来获得发展的。面对真实和进入真实，可以把我们从远离尘嚣的象牙塔中拯救出来。

今天真实性学习理论已经相对清晰了，也被广泛接受了。但从历史上看，它却走过了一段相当漫长的路，好几代学者为此做出了贡献。首先是美国哲学家和教育学家杜威。早在20世纪初他就批评现代学校教育脱离生活、脱离实践。为此他提出“做中学”的理念，并在芝加哥创办试验学校来实践其方法，开启了对真实性学习教学模式的探索。

其次是俄国心理学家和教育学家维果茨基，他受马克思的历史唯物论和实践哲学的影响。马克思的历史唯物论和实践哲学认为人在现实社会中生活，在实践中形成自己的思想观念，因此应当到人的实际社会生活中去寻找人思想的根源。维果茨基据此提出，学习是与学习者的社会文化环境相关的。在特定社会文化环境中学习，学习者所建构的知识必然带有特定社会文化的烙印。

但1934年维果茨基早逝，他的理论当时并没有引起学术界的注意。直到20世纪60年代西方学术界爆发认知革命，接受了认知建构主义观点，并开始把知识建构和认知情境联系起来，才发现了维果茨基理论的革命性价值。也就是说，是认知革命把学习环境研究引向维果茨基。1978年维果茨基的文章被结集译成英文出版，开始在西方学术界广为流传。现在维果茨基已被公认为学习的社会文化学派的主要奠基人之一。

第三个贡献是20世纪六七十年代开始的对自然状态下学习活动的研究，这些研究也对真实世界的学习环境理论产生了重大影响。20世纪六七十年代，在后现代主义大潮影响下，人们开始反思现代教育和现代学校制度的合理性，重新研究和思考前现代化时期的教育形式，其中一个重点是学徒制。

学徒制是前现代社会中一种主要的职业教育形式，在几乎所有文明中都不同程度地存在。即使到了现代社会，学徒制在职业技术教育领域也仍然普遍存在，如研究型大学中的博士生培养制度，就可以看成是一种现代学徒制。在这个领域中做出重要贡献的学者之一，是美国社会人类学家、伯克利加州大学教授蕾芙（Jean

Lave）[1]。

蕾芙早在20世纪70年代初就花了五年时间（1973—1978），在西非国家利比里亚首都蒙罗维亚研究当地裁缝业的学徒制。随后她又把研究扩大到接生婆、水手、屠夫等行业的学徒制。根据这些研究，1991年她和温格尔发表名著《情境化学习：合法边缘性参与》。2011年又发表专著《学徒制：一个批判文化人类学研究》。[2]

在研究中她发现，学徒制教育和现代学校教育有很多重要不同：

（1）学习是在真实工作场景中发生的，如裁缝店、肉铺、码头等。

（2）学习是完成真实工作任务。

（3）学习是在师傅指导下进行，相关知识和技能的确切含义和标准都是在与师傅的交流和切磋中逐渐形成的。

（4）学徒在学习期间要完成一系列不同水平的工作任务，由此构成不同学习阶段。随着逐步完成这些任务，学徒的技艺水平、工作职责和社会身份也不断变化，如从初级学徒、中级学徒到高级学徒，最后出师。

（5）其社会身份认同是在与不同相关人士（师兄师弟、师傅、同行师傅、顾客等）的交往中逐步建立起来的。随着学习进展，其社会身份也不断变化，社会角色也逐渐从组织的边缘来到组织中心，最后成为可以独立开业的师傅。

（6）所有这些学习都是在具体场景中进行的，学习不分科，而是结合具体任务逐步提高，因此所学到的知识和能力与情境直接相关，而且是综合性（comprehensive）和整合的（integrated）。

（7）待到出师，学生已经掌握了在本行业从业的知识和技能，可以独立开业，并已享有一定社会地位。根本不存在大学毕业生面临的“顺利进入社会”和“找到工作”的问题。[3]

对熟悉学徒制的人来说，蕾芙的发现不过是常识。但对只知道现代学校制度的人来说，学徒制的学习过程简直就是另一个世界。

---

① 蕾芙1968年毕业于哈佛大学，获社会人类学博士学位。她最早在加州大学尔湾校区任教（1966—1986），后加入伯克利校区（1989— ）。退休后仍为该校地理系荣誉教授。

② Jean Lave, Etienne Wenger，*Situated Learning: Legitimate Peripheral Participation*, Cambridge University Press, 1991；Jean Lave, *Apprenticeship in Critic Ethnographic Practice*, Chicago University Press, 2011.

③ 这里主要参考《学徒制：一个批判文化人类学研究》，见注②。蕾芙在利比里亚研究裁缝业的田野调查完成之后，写成手稿《裁缝知识》（*Sowing Knowledge*），但并未立刻出版。后经过多次修改，改名《学徒制：一个批判文化人类学研究》，于2011年由芝加哥大学出版社出版。

蕾芙比较了传统学徒制和现代学校制度（见图 5-1），从图 5-1 可以看出蕾芙如何认识和分析传统学徒制和现代学校制度的重大差别。这里有意保留了蕾芙的原文，目的是希望读者注意蕾芙的用词，这些用词体现了蕾芙作为批判文化人类学家对传统学徒制和现代学校教育制度的看法和态度。

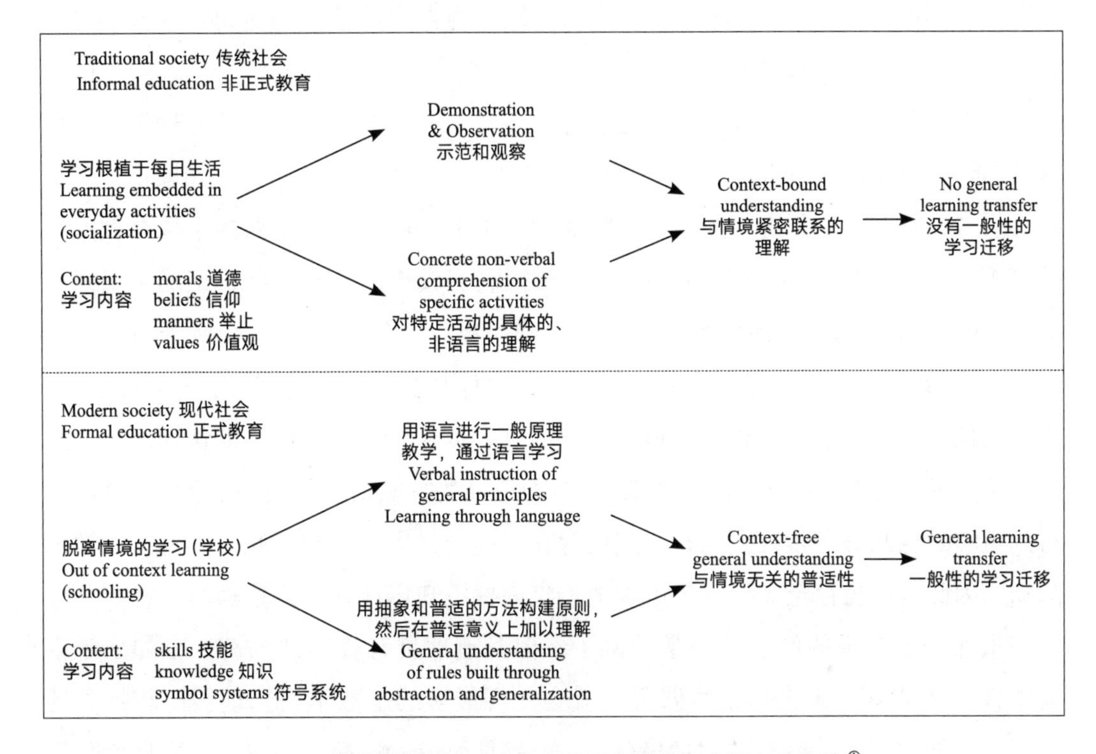

图 5-1　传统学徒教育（上）和现代学校教育（下）的比较[①]

蕾芙认为她的研究挑战了现代学校制度的两个基本假设：（1）现代学校把学生关在学校里学习，其实是假定知识可以在脱离知识产生和应用情境的条件下学习；（2）现代学校在教学中以教学生一般性抽象知识为主，这人为地造成了学生的知识迁移困难。这两条的共同特点是“去情境化”（decontextualization）。因此，蕾芙认为，“去情境化”是现代学校教育制度的重大弊端。在真实条件下，人的认识和学习是“情境化的”（contextualized）或“情境相关的”（context-related）。“去情境化”违背了人的自然认知过程，而“情境化”则意味着对人的自然认知过程的回归。这就是乔纳森所说的“情境相关”理论。因此，蕾芙主张让学生在知识产生和应用的真实情境中学习。她把这称为“情境化学习”（situated learning）。

① 蕾芙：《学徒制：一个批判人类学研究》，第 17 页。图中译文为引者所加。

显然，蕾芙的研究对真实性学习的学习环境观有重要意义。从蕾芙对自然场景中学习活动的研究，到她对“去情境化”的批判和对“情境化学习”的倡导，我们已经很容易看到她的研究对真实性学习环境观的重要价值了。事实上，正是蕾芙以及随后大量对自然真实场景中人类认知与学习行为的研究，奠定了“情境化认知”“情境化学习”等后现代学习理论的基础，为真实性学习环境观及其教学方法提供了学术上的合理性基础。

蕾芙的研究也得到了来自认知心理学研究的支持，美国著名认知心理学家安德森（John Anderson）在其《认知心理学及其启示》中提到一个案例。如果一个苹果2.5元，27个苹果多少钱？如果让那些成天在街上帮助父母卖东西的小孩在教室里计算等式2.5×27，正确率仅为37%；如果把它变成描述性文字题，正确率可以提高到74%；如果真的让他们卖苹果，其正确率可以达到98%。这个例子清楚显示了真实性情境如何提高学生的学习效果。安德森因此感慨道，目前正规学校教育所推崇的抽象知识普遍性迁移的想法虽然很美好，但一个多世纪以来的认知研究，没有为这个想法提供有效证据。[①] 换言之，安德森认为，去情境化的抽象性学习并没有得到足够的认知心理学证据支持，它的存在可能仅是因为它比较吻合学者们的学术品味，因此可以长存至今。这个说法值得崇尚抽象知识迁移论的教师们注意。

虽然安德森举的例子是小学的例子，但其道理具有普适性。例如，如果观察大学教学中挂科最多的是哪些课程，就会发现最多的是数学、物理等比较抽象的课程。而抽象的本质就是“去情境化”。也就是说，大学教学中也存在去情境化问题，也存在如何避免去情境化的负面影响的问题。

那么，情境化学习理论是否和大学阶段应着重培养大学生抽象思维能力的说法冲突呢？我的看法是不冲突。恰恰相反，情境化学习理论应该成为培养大学生抽象思维能力的重要途径和方法。也就是说，教师应该以情境化作为脚手架，来帮助学生发展抽象思维能力。正如有经验的数学、物理教师都知道用形象生动的具体实例来帮助学生理解抽象原理的重要性。当学生出现抽象思维困难时，教师应该用情境化教学来降低学生的学习难度，帮助学生逐步发展抽象思维能力，而不是迁就学生的学习困难，放弃培养学生的抽象思维能力这个基本任务。

最后需要指出，虽然学术界的研究提供了合理性，但真正推动真实性学习视角

① 安德森：《认知心理学及其启示（第7版）》，秦裕林等译，人民邮电出版社，2012：282–283。此处对原文中的数字略有修改。

发展的主要动力来自生活和社会，尤其是对学生在大学毕业后能顺利找到工作和融入社会的迫切希望。学生在学习期间就介入社会生活和未来职业工作，能提前体验到真实生活世界和工作情境，以此缩小大学与社会之间的差距。这些社会需求才是真实性学习发展的不竭动力。换言之，真实性学习的发展提供了一个很好的案例，显示了在大学教学研究中，科学研究与现实世界需求，如何共同推动教学学术和教学实践进步。这些发展和进步把学习环境研究带入了第三个发展阶段。

3. 教育技术学派视角

学习环境研究的第三阶段是教育技术学派的学习环境观，这也是下面两节的主要内容。从逻辑上看，真实性学习是要把真实世界引进教学，而教育技术学派是要运用教育技术来调动各种资源，为学生营造一个有利于学习的学习环境。真实性学习的学习环境观是强调人要适应外部环境，而教育技术学派的学习环境观则强调人要创造环境，因此它代表着学习环境观发展的一个新阶段。

学习环境是学习科学和教育技术学派共同关心的主题，根据目前的看法，理想的技术支持的学习环境应该是，环境逼真、信息丰富，教学内容组织合理，学习问题提示恰当，能及时评价和反馈学生的学习活动，并能及时为学生提供学习指导，同时还能让学生自主选择学习内容、决定学习进度、选择学习方法，支持交互学习和小组学习等，可以更好地促进学生学习的学习环境。这是教育技术学派学习环境的最高理想——营造一个智能化个性化学习辅导系统（intellectualized personalized tutoring system, IPTS）。通过技术手段实现这个理想，是教育技术学派的努力目标。下面两节会从教育技术和人工智能两个角度，讨论教育技术学派在这个目标方面所取得的进展。

4. 学习空间改造实践

最后介绍一下近十年来美国高校中为推动SC改革而出现的学习空间改造潮流。这类空间改造大体分为三类：教室改造、图书馆改造和创客空间。首先是教室改造。根据SC学习理论，教师应该从“讲台上的圣人”变成学生学习的引导者、支持者、组织者、咨询者，学生应该成为学习的主人。这种教学模式要求重新安排教室空间，使之便于支持新理念下的教学活动。于是出现了很多新的教室设计。新的教室设计主要有三个方面的变化：（1）强化网络化学习环境，包括支持大通量信息网，有供教师使用的智能电子大屏幕和供学生小组讨论使用的小视屏，便于教师走动教学和学生分组发言的语音分布系统、分布式电源和无线上网系统，以及各种教学支持软件等。（2）讲台和学生座位。原有的固定讲台消失，代之以可移动的讲台，方便教师进行游走式教学。学生座位也从固定的排排坐变成了方便小组学习的拼桌。这些拼桌可以有多种组合方式，以满足不同教学目的。有的干脆就变成了单人可移动桌椅，让学生可根据需要自由移动。（3）重新设计教室及教学楼。由于教室使用方式改变和桌椅改变，教室的长短宽窄也需要有相应改变，这要求在教学楼设计时就加以考虑。此外，由于SC教学强调真实性学习、合作性学习、学生自学、小组活动、项目教学等，会需要其他类型的教学空间。这些也要在教学楼设计时加以考虑，从而导致教学楼和教室设计领域的变革。总之，网络化与移动化、新式桌椅、教室类型与空间布局多样化等，都引起了教学空间设计方面的变革。目前这些方面的研究已经很多，甚至出现了专门的研究期刊《学习空间研究》（*Journal of Learning Spaces*）。如果某个学校希望了解如何对原有教学空间进行改造，可以参考麦吉尔大学的案例文章——《基于研究的教学空间再设计原则》①。麦吉尔大学是加拿大的一所著名研究型大学，1821年建校，已有两百多年历史。学校坐落在蒙特利尔市中心，校园面积有限，且大部分教学楼为传统建筑，因此教学空间改造问题突出。作者在文章中提出了教学空间改造与设计的七条原则，并用其指导了麦吉尔大学的教学空间改造工程。

其次是图书馆改造。在新大学组织理论中，大学图书馆不再仅仅是藏书的地方，而成为学校的信息中心和学习中心。有人说，未来大学最重要的地方就是图书馆。因此欧美大学图书馆出现了很多变化。研究型大学图书馆最大的变化之一是，把本科生常用图书集中，建立专门的本科生图书馆。本科生图书馆通常会占用本校最漂亮的图书馆场所，而且根据本科生的学习特点和学习需求加以改造，如有较大较多的学习空间、较好的采光、足够的充电和上网设备、很多供小组讨论的小空间、供教师上课的教学空间，提供电脑租借服务，还有提供餐饮的咖啡间，甚至有供休息和聊天的自由空间。这些都与传统大学图书馆的刻板形象根本不同。

最后是大学中出现了一类重要的新教学空间——创客空间（maker space）。创客空间是指由校方为学生提供的自由实验和亲自制作（do it yourself, DIY）作品的场所。通常是各类工作坊，工作坊配备相应工具和设备，并有指导教师。学生可

---

① Adam Finkelstein, Jennie Ferris, "Research-Informed Principles for (Re)designing Teaching and Learning Spaces," *Journal of Learning Spaces* 1 (2016).

以在工作坊通过自己动手方式实现自己的设计和设想，这不仅可以激发学生好奇心，帮助他们确定兴趣，还可以培养他们的动手能力和实践能力，培养终身学习习惯。创客空间是一种新的学习环境。很多学校把创客空间叫作DIY中心。目前，大量建造创客空间或DIY中心，已成为美国高校校园建设的重要特色之一。

近些年中国高校在这方面也作了很多努力，已有很多资料介绍，故不赘叙。下面介绍教育技术领域的发展。

第二节　教育技术的研究与发展

纵观当代SC改革不难发现，除学术进步的一般性影响之外，一个重大影响因素是近四十年来信息技术所取得的划时代进步。从教育技术角度看，20世纪80年代至今，信息技术革命已经带来了四次重大变革：数字化、网络化、移动化和智能化。一是数字化。数字化介质取代纸作为信息媒介，极大地降低了信息的传递成本。今天信息存储与转移的成本几乎为零。20世纪80年代一套近30卷本的不列颠百科全书的价格是5000美元，现在可以放在一个U盘里。今天一个40万册藏书的本科生图书馆，可以放入一个60T的移动硬盘。这在20世纪80年代简直不可想象，但今天已是现实。二是网络化。信息网络把原本相互隔绝的信息孤岛——尤其是世界各国的大学院系、图书馆、研究机构——连为一体，为信息的全球分享和传播创造了条件，极大扩展了信息的传播方式和范围。三是移动化。无线技术把信息传输从物理导线中解放出来，信息可以无线传递，在移动中传递和交换。这个革命使泛在学习、移动学习、万物互联成为可能。仅这三次变革就足以打破传统学校和教师对信息的垄断（见第二章），还为教学过程中的信息获取、传播和交换创造了前所未有的便利条件。这些足以彻底改变传统的学习与教学形式，引发一场新的学习革命和教育革命。四是智能化。随着2012年以来人工智能（AI）的井喷式发展，人们开始希望借助AI发展智能化个性化学习辅导系统（IPTS），IPTS承诺可以让每个学生根据自己的兴趣和爱好，按照自己的进度和学习方式学习；承诺可以把教师们从简单重复的教学活动中解放出来，让他们有更多时间去从事创造性活动。人们还预测AI将导致目前40%的行业消失，并对未来的人才培养有不同的要求。这些不仅会直接影响当前的大学教学活动本身，还会深刻影响未来教育发展的走向。总之，我们无论如何都不应该低估智能化革命对大学和大学教学可能产生的深刻影响。

设想一下，如果1450年前后古腾堡发明的不是铅活字印刷机，而是计算机、互联网、移动通信、IPTS，信息不是用纸，而是用数字化形式、计算机、互联网、移动设备和人工智能来承载、处理、传递和交流，那今天我们会有怎样的大学和大学学习？由此我们可以设想2050年的大学与大学学习。

已经有人断言，这场信息革命将彻底改变目前这个在19世纪工业革命中形成的大学制度和教学模式，代之以适合当代教育技术的新的大学体系和教学方式。[①]确实，观察20世纪90年代以来的SC改革可以看到，学习科学和教育技术一直是这场改革最为活跃的推动力。因此，我们也许需要从历史的角度来思考当前的这场教育技术革命。此外，在当代教育技术变革中，人们始终在呼吁两类改革，一是教学活动的改革，二是学校支持系统改革。因为已经有无数案例表明，只有两者相互配合，才可能最充分地发挥SC改革的潜力，而教育技术尤其需要学校在资源方面的支持。但本章只关注教学改革，支持系统改革问题留待第十章讨论。

关于教育技术变革，目前已经有了一些很好的基础文献，如：由斯伯克特（M. Spector）等人主编的《教育传播与技术研究手册》（上下册），2015年由华东师大出版社出版；由斯伯克特主编的《塞奇教育技术百科全书》（*The SAGE Encyclopedia of Educational Technology*）（两卷本），2015年由SAGE出版公司出版；由塞尔主编的《学习科学百科全书》（*Encyclopedia of Sciences of Learning*）（七卷本），2012年由Spring出版社出版；由索耶主编的《剑桥学习科学手册》（*The Cambridge Handbook of the Learning Sciences*）（第二版），2014年由剑桥大学出版社出版。这些书都是2010年之后出版的新作，都对当代学习科学和教育技术发展作了系统且权威的介绍。因此建议任何希望系统了解这两个领域的读者，可以从这四种文献开始。特别是《学习科学百科全书》，是一部高质量的参考书。

鉴于本书仅是一个知识地图，旨在帮助一线教师了解情况、拓宽视野，因此本节将主要介绍三份研究报告。一是2010年由美国科学基金会支持，由美国计算技术联盟和美国计算研究协会联合完成的研究报告《教育技术路线图》。该报告概括了2010年时美国教育面临的主要挑战、美国的教育技术能力，并提出了到2030年

① 柯林斯：《技术时代重新思考教育：数字革命与美国的学校教育》，陈家刚等译，华东师范大学出版社，2013。

时美国教育技术可能达到的目标。这份报告代表了2010年时人们对美国教育技术发展的一个思考。二是由国际新媒体联盟编撰的《2018年国际新媒体联盟地平线报告》。三是由中国专家编撰的《2017新媒体联盟中国高等教育技术展望》。这三份报告基本反映了近十年来中美两国高等教育领域中教育技术发展的基本情况。对希望深入研究者，建议参考前面推荐的四种基础资料。

1. 2010年《教育技术路线图》

《教育技术路线图》列出了2010年美国教育面临的基本挑战，美国拥有的教育技术能力，以及根据这些挑战和这些教育技术能力，美国应该资助的研究和到2030年时美国教育技术应该达到的能力目标（见表5-1）[①]。因此，这个报告可以看成是对2010年美国教育与教育技术能力的一个基本评估。

表5-1　挑战、技术和未来的教育能力

教育面临的基本挑战	技术特征	应加以资助，以期2030年教育系统可达到的技术能力
· 支持密集的积极学习 · 产生多种非传统学习风格，如探究、合作、讨论等 · 个性化教育 · 消除学习的各种边界（正式与非正式学习、知识与应用等） · 强化利益相关者的角色 · 通过多种途径实现终身学习 · 应对政策挑战	· 移动学习 · 智能学习环境 · 远距离信息进入 · 构建学生用户模型 · 多种开放学习模型 · 选择/适应系统 · 评价工具 · 数据管理工具 · 丰富的互动界面，如传感器、功能处理器 · 多模式交流如说话、文字、姿态等 · 社交网络 · 智能搜索引擎	· 资源全球化，提供科学的适当的教学，如支持认知、元认知、激情的学习 · 个人化、无边界、泛在的学习 · 无痕的、泛在的教育评价 · 打破时间、地点、学习风格界限的学习 · 通过可靠的、合作的资源来强化利益相关者的角色 · 教学系统能接受并支持多种不同形式的学习

以表5-1为框架，报告特别讨论了美国教育面临的五个主要挑战：

（1）个性化教育（personalized education）。报告认为目前教育的最大问题是没有考虑每个学生的特点、兴趣、爱好、学习速度、学习目标等，而是对所有学生采

① Computing Community Consortium, National Science Foundation, Computing Research Association, *A Roadmap for Educational Technology,* 2010, https://cra.org/ccc/.../GROE-Roadmap-for-Education-Technology-Final-Report.pdf，访问日期：2021年12月1日。

取无差别的“一刀切”做法。这种方法不能充分发展学生潜力，限制了教育的效果和效率。因此在新技术支持下，教育的主要挑战之一是，如何实现个性化教学，充分发展学生潜力，提高教育教学的效果和效率。

（2）学生学习评价。要充分实现个性化教学，首先要解决学生学习评价问题，这里的评价不仅指能对学生学习结果和学习过程做出评价，还要对学生的特点、兴趣爱好、学习速度、学习目标、知识准备状态、优势和不足等，都做出适当评估。通过评价和评估，揭示所有和学习有关的特征，从而为构建学生用户模型奠定基础。

（3）社会化学习。未来的学习不应是在单打独斗中完成的，而应是在小组、群体中通过社会性互动来完成的，甚至需要在社会中完成。因此未来教育技术不仅要能支持个人在群组中学习，还要能支持实现个体与群体、虚拟与现实之间的无缝转换。

（4）消失的边界（diminished boundaries）。目前教育中存在很多边界，如教育的层级与类型、学科与专业、课堂内外、学生类型、正式非正式等，这些都是教育的边界，都妨碍学习的自由流动和转换。在新教育技术支持下，这些边界应该很快消失，从而围绕学生个人特征、需要、能力、愿望等，实现真正的自由学习和教育。

（5）多种教学模式。教育不再是仅仅传递知识，还将包括探究式推理、合作学习、讨论与社会性互动等，新技术支持下的学习环境要能支持所有这些新的学习形式，同时教师的角色也要发生改变，从内容的传递者变成学习的促进者，通过引导、咨询、支持、鼓励等方式促进学生学习。

为了应对挑战，报告建议科学基金会和教育技术界应着重研发七个方面的教育技术：

（1）用户建模（user modeling）。用户建模在商业界早已广泛应用，即根据消费者个人特点和以往消费行为，为每个消费者建立一个消费者模型。然后根据这个模型为消费者推荐适合其需要的消费品，改善消费者体验。根据同样思路，报告建议，也可以系统收集学生和学习有关的所有个人特征信息及学习行为信息，为每个学生建立学习模型，然后根据这个模型为学生推荐相应的学习内容、学习提示、学习方法、学习建议等。如果把这种学习者模型和课程教学模型整合，就构成了智能化个性化学习辅导系统（IPTS）。报告认为这种学习者模型最好是在AI技术帮助下自动生成，而不要人工编程，只有这样才能实现普及化。

（2）移动技术。移动技术是泛在学习的主要技术保障。通过移动学习技术，学生可以实现泛在学习。

（3）网络技术。网络技术主要解决信息传递与分享。通过网络技术，实现全球性信息获取、传递与分享。网络技术的一个特殊挑战是，如何在保证个性化学习的同时，还能促进群组学习和社会性学习。

（4）系列游戏。这份报告主要针对普通教育，而游戏是激发儿童学习动机的主要方式之一。在此报告中，系列游戏开发被认为是一个重要领域。但激发大学生学习动机主要不是依靠游戏，而是依靠学生对人生社会的认知，因此这里不讨论游戏开发问题。

（5）智能环境（intellectual environment）。智能环境指把多种人工智能技术如建模、自然语言处理、机器学习等运用到教育软件中，为学生提供一个适合其特点和需要的学习环境。学生用它不仅可以学习专门知识，还可以学习其他通用知识和技能，如创造力、批判性思维、交流与沟通、合作、信息素养、自我引导等。这个系统还可以在与学生互动中收集学生行为信息，并不断自我学习和改进，提升学生的学习体验，而且能在虚拟与真实环境中无缝切换，还能像教师一样进行解释说明。按这个标准，这种智能环境已经是一种 IPTS。

（6）教育数据挖掘。教育数据挖掘是发现数据之间的各种相关性，因此是用户建模和智能环境的重要组成部分。通过数据挖掘，建立用户模型和建立智能化、个性化学习辅导系统。但是，这里要注意，以相关性分析为基础的数据挖掘只能揭示数据之间的相关性而不能揭示其因果性。要揭示因果关系，还需要借助检验因果性的实证方法。但数据挖掘确实可以大大缩小因果性搜索范围，因为因果性一定相关，但相关性不一定意味着因果性。[①]

（7）丰富的互动界面。当学生在智能环境中与计算机互动时，人机互动界面必须能处理各种信息如文字、语音、图像、视频等，学习监控系统还要能通过各种传感器收集学生学习生理、心理、智能状态等。因此要发展能满足所有需求的人机互动界面。显然，这个界面也必然是 IPTS 的一部分。

以上是《教育技术路线图》的主要内容。在我看来，尽管这份报告分别讨论了七个教育技术发展的主要领域，但其核心思想是希望发展出 IPTS，并认为这个目标在 2030 年应该可以实现。下面以这个报告为起点，考察自 2010 年以来中美两国高等教育领域中教育技术的发展情况。

① 近些年来，现代统计学中出现了因果性推断的分支，但我暂时还不了解这个分支。

2.《2018年国际新媒体联盟地平线报告》(高等教育版)

《地平线报告》是由国际新媒体联盟（New Media Consortium，NMC）创作并发布的，NMC是一个由教育技术领域的国际同行组成的专业组织，但主要成员是美国学者。

该组织从2004年起开始发布年度预测报告——《地平线报告》(*Horizon Report*)。《地平线报告》这个名字表明，它想告诉读者“天边”正出现什么新情况和新技术，以及它们可能会怎样改变教育。该报告最初专门致力于分析预测高等教育领域中教育技术的发展，后来又出了普教版、图书馆版等，故特别区分出高等教育版。为了预测,《地平线报告》建立了一个分类系统，把预测分为三类:（1）关键趋势。在高等教育领域中哪些关键趋势将会加速发展。（2）重要挑战。在采用新技术时高等教育领域可能要面临哪些重要挑战。（3）重要发展。高等教育领域中出现了哪些重要教育技术进展。这三种预测又被细分成三个小类。然后每一小类中预测两个主要变化。这样整个报告共做出18个预测（见表5-2）。

表5-2 《地平线报告》的预测

预测类别	类型	类型定义	数量
关键趋势。将被加速采用的关键技术。	长期趋势	未来5年后才会发挥作用	2
	中期趋势	未来3—5年发挥作用	2
	短期趋势	未来1—2年发挥作用	2
重要挑战。采用新技术将面临的重要挑战。	可解决的挑战	理解并知道如何应对的挑战	2
	困难挑战	理解但不知道如何应对的挑战	2
	严峻挑战	既不理解也不知道如何应对的挑战	2
重要发展。重要的教育技术进展。	长期技术	未来4—5年内将成为主流技术	2
	中期技术	未来2—3年内将成为主流技术	2
	近期技术	未来1年内将成为主流技术	2

预测主要采用专家预测法。首先在联盟会员内征集建议，征集的待选技术为最终推荐技术的两倍（36项）。然后组建年度报告专家组（30至70名不等）。联盟负责为所有专家提供相应文献资料，确保专家们熟悉发展趋势与相应技术发展。然后采取专家投票方式确定最终推荐的技术。所谓“成为主流技术”的定义是届时将有20%的学校开始使用该技术。[①]预测完成后，专家组为每项预测撰写说明，包括

①《新媒体联盟地平线报告：2014高等教育版》：3。http:www.bjou.edu.cn，访问日期：2018年12月15日。

技术说明、其与大学教育教学的关系，以及将来采用这些技术时在政策、管理和实践方面需要考虑的问题。还要给出有关案例及拓展阅读材料。这些预测、说明、案例和阅读材料共同构成年度报告。

值得注意的是，NMC 的预测，不仅包括硬技术，如设施设备、技能技巧之类，还包括软技术，如制度、政策、管理、文化之类。这是非常有见地的考虑，因为已有太多证据表明，妨碍高校教师采用新教育技术的阻力经常来自学校的管理、制度、政策与文化等方面，因此学校如果不在支持系统方面做出必要的调整，新技术就不可能在学校中生根开花，发展壮大。这也是为什么 SC 改革研究必须讨论支持系统问题。

目前 NMC 的这种工作模式是 2014 年定型的。2012 年及 2013 年两年只有重要技术预测，虽然报告中也预测和讨论了关键趋势和重要挑战，但不作为报告主要内容。而且技术预测也不像 2014 年那样按可能普及年份分别预测，而是让专家们根据五年内普及的可能性进行投票，然后以得票多少罗列这些技术预测。得票多的排在前面，得票少的排后面。

鉴于教育技术对大学教学影响日益明显，因此《地平线报告》一发布就受到广泛关注。目前美国各大学都用它来指导本校的教育技术发展战略，甚至学校发展战略。这份报告成了美国大学教育技术发展的重要指南。因此《地平线报告》也获得了很大国际声誉，很多国家的专家开始参与报告编写工作。中国也不例外，北京开放大学从 2014 年开始与 NMC 合作，翻译出版《地平线报告》。目前已经翻译出版了 2014 年至 2017 年的四份年度报告。此外，从 2017 年起，北京开放大学还沿用 NMC 的方法，以地区报告名义，开始编写《中国高等教育技术预测地平线报告》，预测中国高等教育领域的教育技术发展。这些报告都可以在网上找到。[①]

本节将着重介绍刚发表的《2018 年国际新媒体联盟地平线报告》。介绍 2018 年报告主要有两个原因。一是它最新，目前还没看到中文版；二是因为它包含一个对 2012—2018 年间高等教育技术发展预测的总结。通过这个总结可以看出美国过去七年高等教育技术的发展情况。表 5-3、表 5-4、表 5-5 分别是《2018 年国际新媒体联盟地平线报告》对关键趋势、重要挑战和重要发展的预测的总结。[②]下面分别加以讨论。

① NMC 网站：www.nmc.org。北京开放大学网站：www.bjou.edu.cn。

② 2018 年报告并没有具体标出各年预测的种类，表 5-3、5-4、5-5 中的分类是我根据过去七年报告添加的。

表 5-3 2012—2018 年教育技术的关键趋势

关键趋势	2012	2013	2014	2015	2016	2017	2018
混合式学习设计	5	6	5	5	6	5	
注重学习测量		4	4	3	5	3	5
推动创新文化				1	1	1	1
重新设计学习空间				6	3	4	6
多途径推动深度学习	6				4	2	
合作学习	3					6	
在线学习演变		2	1				
重新思考教育者角色	4	5					
增加聚合开放教育资源		1		4			3
重新思考学校运行模式					2		
跨校跨部门合作				2			2
学生作为创造者			3				
敏捷应对变化			2				
社交媒介普及化			6				
整合正式与非正式学习		3					
分散式 IT 支持	2						
泛在学习	1						
新形式跨学科学习兴起							4

注：（1）1、2 为长期趋势；3、4 为中期趋势；5、6 为短期趋势。（2）2012 年与 2013 年是按得票多少排序的。

表 5-3 罗列了所有关键趋势。由此我们可以看到过去七年里教育技术的主要发展趋势。其中有五点值得注意：

（1）重要趋势。凡是被反复提到的技术，都是最重要的发展趋势，其中包括混合式学习设计、注重学习测量、推动创新文化、增加聚合开放教育资源、重新设计学习空间、多途径推动深度学习等。

（2）创新文化。培育创新文化被反复强调，但始终得不到解决，因此创新文化连续四年被认为是老大难问题。可见专家们认为，培育创新文化已经成了学校发展的瓶颈。这一条尤其值得学校管理者们关注。

（3）学习测量。学习测量也是历年被高度专注的关键趋势。从 2013 年起，学习测量问题一直被认为可以在 2—3 年内解决，甚至被认为可以在一年内解决。但我认为，这个预测可能太乐观。学习测量问题包括技术和条件两个方面。首先是技术问题，即是否有成熟的学习分析理论和学习分析技术。原则上所有数据都可以分析，但目前学习测量的瓶颈不是缺少数据，而是缺乏可靠的学习模型。目前关于什么是学习效果，各种学习效果对应哪些可观测行为，各种行为应如何测量，如何处理学习效果滞后效应等问题，都还没有很好的理论框架。既然如此，如何可能进行可靠的学习测量呢？此外，目前的数据模型大多是相关性模型而非因果性模型。因果性肯定相关，但相关未必是因果。因此不能仅仅根据数据相关性就建立起学习的理论模型。总之，目前学习理论研究落后已经严重制约了整个学习研究的进展。也就是说，学习测量不仅仅是个教育技术问题，不能仅根据有网络，可以大规模收集学习数据，就认为学习测量问题可以很快解决。二是条件。学习测量依赖网络教学，需要大面积地推广网络教学。2019 年以前中美两国的大学中网络教学都非常有限，然而 2019 年末以来的疫情已迫使世界各国大学都采用网络授课，这极大地推动了网络教学的普及，或许会推动学习测量问题的研究。

（4）混合学习和重新设计学习空间。这两条在美国确实得到了很快发展，已经变成了多数高校的共识。

（5）仅提一次的项目。在 18 个项目中有 8 个项目仅有一次提及，即泛在学习、分散式 IT 支持、整合正式与非正式学习、学生作为创造者、社交媒介普及化、敏捷应对变化、重新思考学校运行模式等。这些只出现一次的项目或许应看成是专家组的认知改变，即原来认为很重要但后来认为不重要了，或已经实现，无须再提，如整合正式与非正式学习。下面考察重要挑战。

表 5-4　2012—2018 年教育技术的重要挑战

重要挑战	2012	2013	2014	2015	2016	2017	2018
应对教育新模式的竞争	1	5	3	5	3		
整合正式与非正式学习				1	1	1	
提高师生数字素养				2	2	5	2
为教师提供教育技术培训	3	1	1				
促进个性化学习		4		3	4		
为学生提供真实（authentic）学习经验			6		6		1
奖励教学			2	6			
缺少有效的评估方法	2	2					
重新思考教师角色						6	6
缩小学生之间的学习成就差距	4	3				3	
促进数字化平等						4	4
管理知识障碍						2	
平衡网上网下生活					5		
复杂思维教学				4			

（续表）

重要挑战	2012	2013	2014	2015	2016	2017	2018
扩大教学创新			4				
扩大入学			5				
学术界对技术的态度		6					
记录与支持新形式的学术	5						
未来工作中采用组织设计							3
经济与政治压力							5

注：（1）1、2为可解决的挑战；3、4为困难挑战；5、6为严峻挑战。（2）2012年与2013年是按得票多少排序的。2012年只列了5个挑战。

表5-4有几点值得注意：

（1）教育新模式竞争。这一点大家已经达成了共识，即随着网络教学的普及，高等教育领域中第一次出现了新的竞争者，如Coursera、EdX等网络公司开始成为高等教育新的提供者。而且可以预测，由于存在巨大商业利益，这种竞争会变得越来越激烈。

（2）被提及3—4次的挑战，包括整合正式与非正式学习、提高师生数字素养、为教师提供教育技术培训、为学生提供真实（authentic）学习经验、缩小学生之间的学习成就差距、促进个性化学习等。这里值得注意的是，NMC专家们认为，提高师生数字素养，为教师提供教育技术培训，对促进教师采用新理念和新技术进行教学至关重要。因此，美国大学在过去这些年一直在加强对师生的教育技术培训和数字素养教育。

（3）看法分散。专家们对这七年教育技术发展面临的挑战的看法非常分散。七年一共提出了20个不同挑战，但其中9个只出现一次。而且这些单次出现的项目大多被认为是困难和严峻的挑战，但又很快不再提及。这说明关于教育面临的挑战究竟是什么，专家们的看法很不一致。

（4）个性化学习。个性化学习一直被认为是已经理解但不知如何应对的困难挑战。

（5）为学生提供真实学习经验。这在2014年和2016年还被认为是不理解也没有应对方法的严峻挑战，但两年后，这个问题就成了已经理解且知道如何应对的挑战了。这个变化之快，让人有点奇怪，我们真的知道为学生提供真实学习经验的方法吗？

（6）重新思考教师角色。这有关教师对技术的态度、改变教师在教学中的角色、激励教师参与教学改革和奖励教学等，一直被认为是严峻挑战。可见教师角色问题始终是一个未很好解决的问题，这一点值得注意。

表 5-5　2012—2018 年教育技术的重要发展

重要发展	2012	2013	2014	2015	2016	2017	2018
学习分析技术	4	4	2		2		1
自适应学习技术				5		1	3
游戏与游戏化	3	3	4				
物联网	6			6		3	
移动学习	1					2	
自然用户界面	5					6	
自带设备				1	1		
创客空间				3	4		2
翻转课堂			1	2			
穿戴设备		6		4			
3D 打印		5	3				
平板电脑	2	2					
人工智能						5	4
下一代学习管理系统						4	
情绪计算					5		
混合现实					3		5
机器人					6		6
量化自我			5				
虚拟助手			6				
慕课（MOOC）		1					

注：（1）1、2 为 1 年内将被采用的技术；3、4 为 2—3 年内将被采用的技术；5、6 为 4—5 年内将被采用的技术。（2）2012 年与 2013 年是按得票多少排序的。

表 5-5 中罗列的都属于硬技术，即技术本身而非组织管理问题。表 5-5 可以反映七年间教育技术发展的主要趋势。首先解释几个术语：

（1）学习分析技术和自适应学习技术。学习分析是一种基于网络的数据分析技术，指通过网络收集学生学习活动和学习结果的数据，然后加以分析，以便揭示学生的学习活动特点和学习效果。然后在此基础上建立学习者模型，以便为学生推荐更适合的学习内容和学习方法，帮助学生更有效地学习。这就构成了自适应学习系统（adoptive learning system）。换言之，学习分析技术可以是自适应学习技术的基础之一，而自适应技术系统的目标是促进个性化学习（personalized learning）。也就是说，学习分析技术和自适应学习系统都可以看成是 IPTS 的一部分。

（2）自然用户界面，指人机互动界面尽可能自然。用户可以用自然语言、自然语音、身体姿势、眼睛动作等方式和计算机互动。典型的自然界面是各类模拟器，如飞行模拟器、远程试验操作平台等。涉及的主要技术包括：语音识别、触摸屏、姿态识别、人眼跟踪、情感分析、触觉技术等人机接口技术。这些技术一旦集成成功，可以让学生在人机互动中感到和在真实自然环境中互动一样自然，增加互动的真实感。这些技术将会改变未来的学习方式。目前时髦的元宇宙概念，可能就是这种技术集成之一。

（3）创客空间（maker space）。指由校方为学生提供的自由实验和亲手制作其作品的场所。通常是各种类型的工作坊，工作坊配备各种工具和设备，并有指导教师，学生可以在工作坊通过自己动手的方式实现自己的设计和设想，以激发好奇心，发现个人兴趣，建立终身学习习惯。这是一种新型的学习环境。

（4）下一代学习管理系统。学习管理系统指用以支持网络教学并能跟踪、记录和分析学生学习行为，报告学生学习行为和学习结果的网络软件系统（learning management system, LMS）。下一代LMS系统希望其不仅有学习管理功能，还具有互操作性（联网计算机之间可以相互操作）、个性化（个性化分析、评价与咨询）、合作性（可以和其他软件相互无障碍访问）且多功能（可搭载其他软件如办公软件和资料查询、音像制作、社交等软件），形成新的学习与管理支持系统，这被称为下一代LMS。下一代LMS也可以是IPTS的一部分。

（5）情绪计算。目前AI已经可以进行精准的人脸识别，而人的情绪是通过面部表情来表现的，因此可以利用人脸识别技术对人类情绪进行判断，这就是情绪计算。掌握学生学习状态是大学教学中的一个重要方面，因此可以用情绪计算来判断学生学习状态，如压力、关注、积极、无聊、兴奋等，以便及时干预。也可以用情绪计算分析每个学生的学习特征，提出个性化建议。因此情绪计算也可以是IPTS的一部分。

（6）量化自我。随着手机及智能手表、手环、项链、眼镜等各种穿戴设备的广泛使用，这些设备已经可以收集大量个人数据，从而随时追踪、测量、分析个人健康和活动状态，为学生的自我管理和自我提升提供条件。这种收集个人数据的方法叫作量化自我。

（7）虚拟助手。由于语音识别技术、手势技术、AI和云计算等领域的进步，商业界开始设计能为人提供咨询服务的虚拟助手。目前多以智能音箱的形式出现，如苹果的Siri音箱、百度的小度音箱等。可以期待今后会有更多类似的智能人机互动界面出现。于是教育技术界就开始设想能为学生提供学习咨询的虚拟助手，显然，这类虚拟助手也可以看成是一种 IPTS。

表 5-5 罗列了七年来 NMC 专家们心目中的教育技术重要发展。其中有几点值得注意：

（1）学习分析技术显然是近些年来最主要的发展趋势，其被反复提及达五次之多。而且发展符合专家们的预测，从 2012 年的中期趋势变成了 2018 年的近期趋势。但若以 20% 学校采用就算主流的标准，这意味着可能还有 80% 的学校尚未采用这项技术。若以课程为统计单位，即有多少课程教学中采用了学习分析技术，那 20% 的比例可能还要大大降低。据我观察，这与大多数学校中的大多数课程尚未采用网络化教学有关。由于课程教学没有网络化，所有和网络有关的教育技术如学习分析技术、自适应学习技术、学习管理技术等都无法使用。换言之，普及网络化教学已经成了采用新教育技术、教学模式、教学方法的主要瓶颈。这一点尤其值得所有学校注意。

（2）被三次提到的技术，包括自适应学习技术、游戏与游戏化、物联网、创客空间。其中游戏和游戏化作为中期发展技术被连续提及三次后，自 2015 年起就停止了。这可能说明 NMC 专家们一开始对其还怀有很大期望，但很快就发现在大学教学中推广游戏和游戏化的想法似乎不太受欢迎。另一方面，游戏和游戏化方法在中小学却获得了较快发展。如有专家指出，以游戏为基础的学习（game-based learning，GBL）比较适合儿童，但不太适合成人。[①] 对大学生来说，他们的任务是需要尽快了解现实世界，是否还需要用游戏化方法来激发其学习动机，显然是一个有争议的问题。而创客空间在 2015 年后被不断提及，目前已经成为很多高校的实践。对比游戏化和创客空间，两种方法都旨在调动学生学习积极性、培养学生主动性和创造性，不同在于，前者更适合中小学生，而后者更适合大学生。

（3）近年来被重复提及的技术还包括 AI、机器人、混合现实。混合现实（AR 和 VR）等技术都旨在把远不可及的现实带进教室，对直观化教学有重要意义。因此可以预见，混合现实技术会在大学教学中获得很大发展。作为自动化技术的一部分，机器人技术会在工科领域内获得发展。AI 则可能需要解决一些基本困难之后才可能获得发展。下节具体讨论。

2010 年《教育技术路线图》提出了七项教育技术发展重点：用户建模、移

① Nicola Whitton, “Games-Based Learning,” in Nobert Seel (ed.), *Encyclopedia of Sciences of Learning*, Spring, 2012: 1338.

动技术、网络技术、系列游戏、智能环境、教育数据挖掘、丰富的互动界面。从《2018 年国际新媒体联盟地平线报告》的七年总结来看，过去七年教育技术发展基本上是沿着 2010 年的路线图发展的，只是更为具体和丰富。我认为，路线图中“用户建模”和“智能环境”这两个提法更具有统摄性，这是大学生学习研究的两个关键点。

3.《2017 新媒体联盟中国高等教育技术展望》

2017 年中国也组织了专家委员会，沿用 NMC 方法，以“地平线区域项目报告”形式发表了对中国高等教育技术未来五年发展的预测报告《2017 新媒体联盟中国高等教育技术展望》[①]。表 5–6 是对 2017 年中国报告与 2017 年 NMC 地平线报告的比较。

表 5–6 2017 年中国报告和 NMC 报告比较

	关键趋势			重要挑战			重要技术进展		
	短期	中期	长期	可应对	困难	严峻	1 年	2–3 年	4–5 年
NMC	混合式学习设计 合作学习	聚焦学习测量 重新设计学习空间	发展创新文化 深度学习方法	提高数字修养 整合正式与非正式学习	缩小成就鸿沟 提高数字修养	管理知识障碍 重新思考教师角色	自适应学习技术 移动学习	物联网 下一代 LMS	人工智能 自然用户界面
中国	混合式学习设计 增加开放教育资源 STEAM 学习	重设学习空间 增加跨机构协作 反思高校运作方式	程序编码素养兴起 推进变革和创新文化 深度学习方法	教师教学技术培训 整合正式与非正式学习 提升数字素养	个性化学习 教育大数据管理 推广教学创新	培养复合思维能力 平衡网上网下生活 重塑教师角色	翻转课堂 移动学习 创客空间 MOOC	学习分析与适应性学习 AR 和 VR 虚拟和远程实验室 量化自我	情感计算 立体显示和全息显示 机器人技术 机器学习

比较 2017 年 NMC 报告和 2017 年中国报告，有几点值得注意：

（1）按中国专家组的看法，中美在高等教育领域教育技术方面的发展几乎同步。但据我观察，中国可能在技术发展方面与美国大体一致，但在学习环境改造、教育技术推广与应用等方面均落后于美国，尤其是在教育技术普及方面。例

① http:www.bjou.edu.cn，访问日期：2018 年 12 月 15 日。

如，美国高校中普遍设有教学支持中心，这些中心设有一类专职岗位叫教学设计师（instructional designer，ID），他们的主要职责是为教师们提供课程设计咨询、教学技术培训和教学支持。据2016年的调查，美国高校中至少有1.3万名教学设计师[①]，事实上，这些ID人员才是一线教学改革的直接推动者和新教育技术的推广者。而中国大学中不仅教学支持中心尚未普及，也几乎没有专业人员负责教学设计和教育技术推广。目前中国大学的教育技术推广基本依靠教师们的自发热情。但从管理学可以知道，在组织中，任何没有固定组织和资源支持的活动都不可能长久。因此中国大学中教育技术的普及与推广工作至多说是自发的和零散的。就此而论，与美国还有很大距离。

（2）或许因为这是第一份中国报告，因此中国专家组在报告中放入了更多预测内容，以便全面显示中国教育技术的进展情况。其中不仅包括NMC2017年的预测，还包括2017年以前的部分预测。其中特别重要的是发展创新文化、重新思考教师角色、反思大学运作方式、加强对大学教师的教学技术培训、提高师生数字素养、探索深度学习方法、重新设计教学空间、创客空间、推动跨机构和跨部门的合作、学习分析和自适应技术等。这表明中国专家组认为，这些也是中国高校教育技术发展中的重要问题。

（3）有些技术在NMC报告中仅出现一次，却在中国报告中被提出来了，如情绪分析技术（情感计算）和量化自我，并认为它们可能在4—5年内成为主流技术。以情绪分析技术为例，我很难想象，在网络化教学尚未普及的情况下，情绪分析技术会在中国大学中成为一项主流技术（即20%的学校会使用这项技术）。届时中国高校如果真有那种实力，似乎更需要普及的是网络学习、学习测量技术、学习分析技术、学习管理系统之类的技术。事实上我认为，即使在美国，情绪分析技术也不太可能很快进入主流，因为这不仅涉及资源，还涉及学生监控和隐私保护问题。这也许是情绪分析技术在NMC报告中仅昙花一现的原因。量化自我技术的情况也是如此。

（4）NMC报告和中国报告都把人工智能（机器学习）列为未来4—5年将会进入主流的技术，对此我表示深表怀疑，下节具体讨论。

最后，关于教育技术应用，还应当注意三点：（1）用学习规律指导教育技术选择。教育技术的设计和选择，必须符合人脑的功能和人的学习规律。在可预见的未

① The Chronicle of Higher Education, *Instructional Designers in Higher ED*, Pearson, 2016.

来，人脑功能不会发生改变，因此人的学习规律也不会发生改变。学习规律是教育技术应用的指南和基石。以学习科学为基础，就不会失去方向，就可以“以不变应万变”。（2）教育技术的设计与选择必须以效果为准。坚持技术简单性原则，反对“炫技”。教育技术只应助力学习，不可喧宾夺主，为技术而技术。见第四章。（3）教师的主导地位。至少在目前的知识条件下，在教学设计中处理人与技术的关系时，要坚持人在学习中的主导地位，尤其是学生学习的主动性和教师的主导性。在可以预见的未来，教育技术包括 AI 和 IPTS，都不太可能取代教师的作用。未来的学习环境可能更是人机协同的，而不是 AI 一统天下。

下面讨论 AI 与 IPTS 的未来。

第三节　AI 与 IPTS 的未来

从上节的介绍和分析可以看出，自 2010 年以来，教育技术领域一直有一个重要目标，就是构建智能化个性化学习辅导系统（IPTS），为此中美两国专家都对人工智能（AI）寄予极大期望，但我对此深表怀疑，故本节专门讨论这个问题。

什么是个性化学习辅导系统？自古至今的教育经验都表明，最好的发展是“个性化发展”，最好的学习是“个性化学习”，即让每个学生能根据自己的需要，结合自己的兴趣爱好，根据自己的特点和特征，按照自己的节奏进行学习。也就是说，最好的教育就是“因材施教”。能满足这些要求的学习辅导系统，叫个性化学习辅导系统（personalized tutoring system，PTS）。PTS 即是让每个学生可以根据自己的学习兴趣、学习需要、学习方式和学习速度，自主学习；教师则给予适当的引导、辅导、帮助和支持。然而，从古至今，这种 PTS 主要靠教师，教师在其中扮演判断、教学、辅导、支持的角色，因此生师比成为高质量教学的关键，生师比越低越好。在通常情况下，根据生师比就大体可以判定一个学校的教学质量。然而，尽管个性化教育的优点尽人皆知，在大众化和普及化高等教育时代，却只有少数精英学校可以做到，因为个性化教育意味着需要很多教师。教师资源宝贵，故在现有条件下，普及个性化教育基本是个奢望！但近年来 AI 的发展给普及个性化教育带来希望。如上节三个报告所期待，希望借 AI 的魔力，发展 IPTS，实现普及个性化教育目标。鉴于这个问题在教育技术发展讨论中至关重要，故本节特别探讨一下当前 AI 发展与 IPTS 的未来。下面首先讨论普及化网络教学和 IPTS，然后讨论大学教学研究与 IPTS 开发的关系。

1. 普及化网络教学与 IPTS

这一点比较简单，IPTS 只有在网络环境中才能实现。IPTS 需要随时收集、分析、处理来自人机互动的信息，然后才能判断学生的需要，为学生提供适当的学习建议，并对学生的学习结果做出评价和评估。没有网络化教学，这一切都做不到。也就是说，IPTS 必须以网络教学为前提。国际著名 AI 专家吴恩达 2017 年在斯坦福大学管理学院作报告时，有听众问及 AI 在教育中的应用前景，吴恩达回答说，他认为，目前网络化教学普及程度是一大障碍。[①] 吴恩达是世界著名 MOOC 网站 Coursera 的创办者之一，而且他本人一直在该网站上教“机器学习导论”课程，也一直致力于研究把 AI 用于 MOOC 教学。但他认为短期内不太可能克服这个障碍。这个评论值得注意。的确，如果是以课程而非以学校为单位，统计目前高校中有多少课程是采用网络教学的，立即可以知道差距有多大。我估计以课程作为统计单位，美国高校中目前实施网络化教学的课程可能不超过 20%，中国高校中可能不会超过 10%。真正全面实施网络化教学的学校应该是像密诺瓦学院那样，所有课程都在网络平台上进行（见第四章第八节）。

强调网络环境的另一个原因是，通过网络可以收集到学习者的各种学习行为信息，AI 算法见到的不同行为越多，其识别能力越强，诊断和推荐能力也越强，提供的学习支持越好。这就是为什么说 AI 时代是“数据为王”的时代，数据量越大，AI 发展越好。

2. IPTS 与大学教学研究

这一部分略微复杂：首先解释 IPTS 的构成；然后解释 AI 系统的工作原理；最后说明为什么大学教学研究对发展 IPTS 至关重要。

IPTS 类似于一个专家系统。在学习辅导方面，IPTS 要做三件事：诊断问题、提供帮助、评价效果。20 世纪 50 年代发展起来的专家系统研究中发现，专家解决问题的基本模式是，如果出现某个特定情况，专家就迅速搜索头脑中的知识和经验库，找到相应情况和问题解决方案，然后输出问题解决方案即可。也就是说，专家通用工作模式是：如果……那么……也就是用“if-then”语句，把问题（输入）

---

① Andrew Ng, “Artificial Intelligence Is the New Electricity,” 2017-1-25, https://www.youtube.com/watch?v=21EiKfQYZXc，访问日期：2021 年 12 月 1 日。

和答案（输出）联系起来，建立配对关系。因此，专家系统就是用“if-then”语句把问题和答案配对的数据库。

IPTS 这个专家库可分为三部分：

诊断:【学生表现】~【问题诊断】: {If a, Then b}；表示为 {A, B}。

帮助:【学生问题】~【提供帮助】; {If c, Then d}; 表示为 {C, D}。

评价:【学生活动】~【系统评价】; {If e, Then f}; 表示为 {E, F}。

诊断是要对学生行为进行诊断，判断学生行为的问题类型；帮助是根据这个问题类型，在该类问题库中找到相应答案，然后输出答案，即具体建议；评价是根据学生执行推荐的建议后的效果，评价其是否达到目标或是否还需要进一步改进等。然后又进入下一轮循环。诊断、帮助、评价是所有类型 IPTS 的三个基本工作环节。由于这三个环节的工作模式相同，都是: If X, Then Y, 故可以表示为 {X, Y}。因此只要分别做好这三个系统，然后把它们组装起来，就可以构成一个 IPTS 了。

20 世纪 50 年代做专家系统的基本方法就是，先收集某一专业领域的所有问题，然后找顶级专家逐一回答这些问题，再用 if-then 语句把问题和答案连接起来，构成该主题的专家库。这个系统是智能的，但不是人工智能，而是人类智能。今天的发展是要用人工智能取代人类智能，实现自动化，从而把人（教师）从学习辅导活动中解放出来。这就是 IPTS 的目标和任务，也是它的价值所在。

AI 的发展也确实是沿这个思路过来的。图 5-2 是李开复总结的当代 AI 发展三部曲，从专家系统，到卷积神经网，再到 2010 年以来的井喷式发展。①

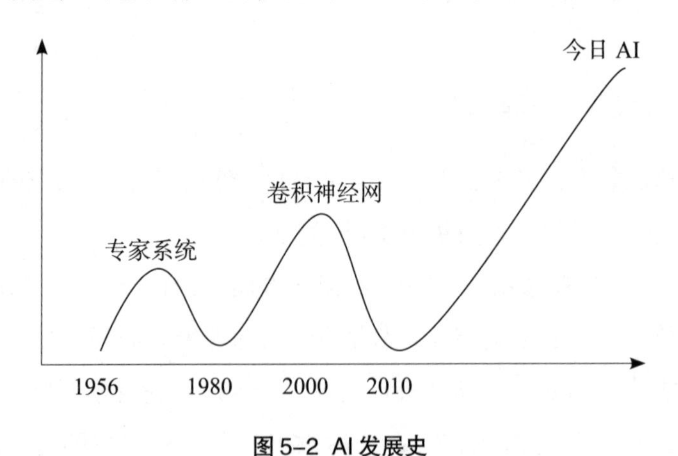

图 5-2 AI 发展史

① 李开复，“The Future of Artificial Intelligence,” 在香港大学亚洲全球学院（Asia Global Institute）的讲演，2017-8-29，https://www.youtube.com/watch?v=sGmuuppF8lo&t=1540s，访问日期：2018 年 12 月 15 日。

但人们很快就发现这种靠人类专家编制的专家系统有三个致命缺陷。[①]一是完备性，人很难事先设想到所有可能性，因此建立的系统可能不完备。二是开放性，即使你能设想现在的所有可能性，但你无法预测将来的可能性。也就是说，面对将来，专家系统必须是开放系统而非封闭系统。三是语境的普适性。在一个语境下编制的系统，在另一个语境下可能就不适用了，例如，由于中英文语法不同，用英文编制的系统就可能不能用到中文语境中。由于这三个致命缺陷，第一波 AI 发展就偃旗息鼓了。

AI 的第二波发展是以 AI 学习算法编程取代人工编程（见图 5-3）。[②]目前的学习算法的核心是卷积神经网和深度学习算法。卷积神经网是一种人工神经网。20 世纪 60 年代加拿大神经生理学家胡贝尔（David H. Hubel）和瑞典科学家维瑟尔（Torsten Nils Wiesel）在研究视觉神经网时发现，猫的视觉信号处理过程是多层分级处理过程。整个视觉信号系统由多层细胞组成。先由简单细胞分别提取对象的简单特征，然后逐级合成，最后由复杂细胞整合完成视觉图像。于是他们提出了多级合成视觉认知神经网的工作模型，因此获得了 1981 年诺贝尔医学及生理学奖。20 世纪 80 年代日本科学家福岛邦彦根据他们的思路，提出用电子工程方法模拟视觉认知神经工作过程的方法，并提出人工神经网的概念和工作模型（见图 5-4）。其核心思想是多级合成和前向反馈。前向反馈的作用是使信息输出和目标输出之间的误差，通过网络逐级向前反馈并更新参数，保证最终输出可以收敛到目标范围之内。这就是最早的人工神经网模型。随后在人工神经网基础上，人们发展出了各种不同层级、不同反馈机制、具有不同功能的卷积神经网络（convolutional neural network，CNN）方法，开启了卷积神经网时代（见图 5-4）。[③]

① 李飞飞，"人工智能"，在极客公园大会上的演讲，2017-1，https://www.youtube.com/watch?v=esrDKG19ML4&t=691s，访问日期：2018 年 12 月 15 日。

② 同上。

③ 李开复，"The Future of Artificial Intelligence，" 在香港大学亚洲全球学院（Asia Global Institute）的讲演，2017-8-29，https://www.youtube.com/watch?v=sGmuuppF8lo&t=1540s，访问日期：2018 年 12 月 15 日。

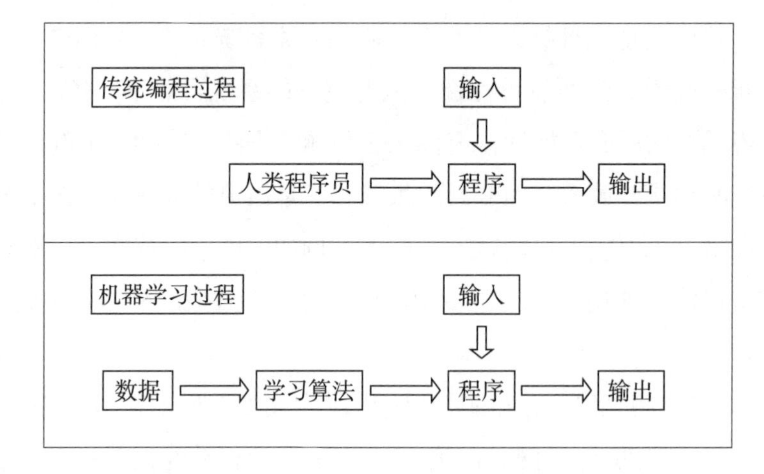

图 5-3 传统编程和机器学习的差别

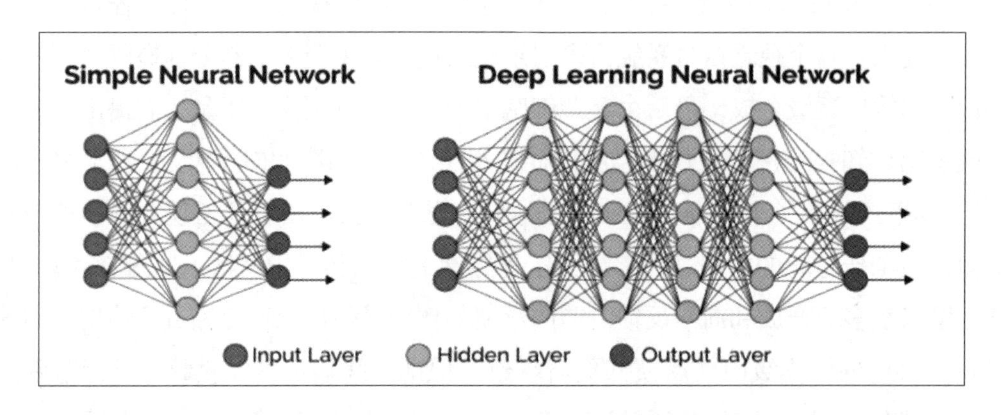

图 5-4 深度学习神经网络示意图

目前绝大多数深度学习算法都是以卷积神经网为基础的。所谓深度，通常指网络构成隐蔽层的层数或级数。一般而论，CNN 的层数越多，信息分析越精细，但计算量也越大。特别要注意的是，以 CNN 为代表的第二波 AI 的最大优点是，它不再需要人工编程（见图 5-3），因此人类专家系统的三大弊端就消失了。AI 由此进入了第二波发展高峰。此外，这段历史还显示，人工神经网实际上是个仿生学研究成果，即用电子工程方法模拟视觉神经网而创造出来。研究对象是脑，但研究结果是类脑（人工脑），因此 AI 又被称为类脑研究。然而从图 5-2 可以看到，20 世纪 80 年代起来的 CNN 过了一阵又冷场了。原因是人工神经网虽然找到突破口，但还缺两个条件——计算能力和海量数据。卷积神经网需要强大的计算能力来执行复杂的算法，还需要海量数据来训练算法。而 20 世纪 80 年代只有算法，还没有足够的计算能力和海量数据。李开复回忆说，他很不幸，尽管他在 1980 年就已经用人工神经网方法创造了第一代语音识别系统 Sphinx，即后来苹果的Siri，但由于当时数据缺乏和计算能力不足，研究无法深入。所幸从 1980 年到现在，计算机的计算能力一直在飞速发展。1980 年无法执行的计算，今天已经可以轻易解决。海量数据问题也因为互联网出现而基本解决。于是在算法、算力和大数据三大因素的合力作用下，AI 进入了第三波发展高峰。

2012 年以来，以 CNN 为基础的 AI 获得了飞速发展，被迅速应用到众多领域，如图像识别、人脸识别、语音识别、音频识别、自然语言处理、社交网络信息过滤与推荐、投资决策分析、机器翻译、新闻写作、生物信息分析、药物设计、游戏程序设计等领域，出现了以 AI 为特色的新一轮自动化高潮。目前 AI 在一些领域中的表现可与人类专家媲美，甚至超过人类专家。

这里必须指出，计算机在三个功能上肯定远超人类。一是复制功能。计算机之间的信息传递可以通过复制完成，而人与人之间的信息传递不能通过复制，只有靠经年累月的学习，在大脑中发展出特定神经网，从而实现信息传递。二是共享功能。通过无线网络，每台计算机都可以分享其他计算机的数据和信息。和计算机的共享便利相比，人脑在信息共享方面犹如无数孤岛，很难实现信息共享。三是能量供给。只要不断电，计算机就可以不知疲倦地工作，而人要休息。因此在这三方面，计算机远远超过人类。至于计算速度、准确性、稳定性等方面，人脑也是很难匹敌计算机的。

既然 AI 在视觉信号和声音信号处理上都取得了长足进步，而且视觉信号和声音信号是人类认知的两个主要信息通道，那 IPTS 岂不是近在咫尺了吗？或许出于这些考虑，前述三个报告都把 IPTS 定为近期可实现的技术。但仔细分析却会发现，情况并非如此。因为当前的 AI 需要正确数据来训练算法，而正确数据只能来自深入的大学教学研究。遗憾的是，所有这些报告都没有提到这个问题。

从图 5-3 可以看到，AI 需要用数据训练算法，然后让训练好的算法去做输入和输出之间的配对工作。这类算法训练有一个特殊要求，即用于训练算法的数据必须“有正确答案”，知道什么正确，什么错误。只有用“有正确答案的数据”才能训练出能在问题与答案之间进行“正确”配对的算法。否则，“输入的是垃圾，输出的也是垃圾”。

为什么正确答案这么重要？因为正确答案提供了标准，训练算法的目的就是要找到可确保在配对时与目标误差最小的程序。比如，要训练识别猫的算法，你就要输入很多猫的图像（数据），包括形形色色的猫和各种姿态的猫，并告诉它，这就是“猫”（答案）。于是算法就从这些数据中学习，知道这些都是“猫”，最后训练出一个能识别猫的算法。如果还有些意外错误，可以通过专家调整参数，以保证最后训练出来的算法能识别各种各样的猫。但如果你训练猫的算法时包含狗的图像，并告诉它那也是“猫”，训练出来的算法就会把狗也当成猫。因此，在这种 AI 工作模式下，为算法训练提供“正确”答案至关重要。事实上，如果经过训练所得到的算法还不够准确，就还需要人类专家帮助诊断，调整算法参数。

训练数据除了需要有正确答案，还需要即刻可得。按吴恩达和李开复的说法，用于训练算法的数据，其正确答案要非常明确，专家一眼可知，可以即刻做出判断。凡是不能即刻做出判断的现象或领域，目前都不适合采用 AI。为了确定哪些领域可以使用AI，吴恩达提出了一个“三秒钟”法则（a couple of seconds）①。如果一个问题，不能在三秒钟内找到正确答案，就不适合使用 AI。李开复给出了进一步的补充，即目前所有 AI 得以广泛应用的领域，都有五个特点：单一领域（single domain）、有正确答案、有强大计算能力、有顶尖专家队伍、有海量数据。②他还补充说，在可预见的未来，这五个标准将是判断 AI 应用的基本标准。注意，李开复是作为 AI 风险投资家说这些话的。也就是说，这是他做 AI 风险投资的判断标准。事实上，“即刻可知的正确答案”，是一个极强的要求。

现在回到AI 与 IPTS 开发问题，我要问的问题是，目前我们关于学生学习和大学教学的知识和经验中，有多少是有“即刻可知的正确答案”的领域？也就是说，在多少问题上或领域中，我们一眼就可以知道学生的问题是什么，应该给予什么指导和帮助，还能正确评价其结果？就我所知似乎不多。恰恰相反，对大多数学生的学习问题，我们知之不多，更别说有“即刻可得的正确答案”了。我们可能有的多是一些有效的经验，而不一定是正确的知识。区别“有效经验”和“正确知识”很重要，如果我们把传统教学模式下的“有效经验”当成“正确知识”来训练 AI，无异于用狗的数据训练识别猫的算法，AI 就会把狗当成猫。结果不是促进 SC 改革，而是谬种流传。因此我认为，当前阻碍 IPTS 开发的最大障碍，是我们对大学学习和大学教学的科学研究水平太低，是我们不知道大学教学中很多基本问题的正确答案！而解决这个问题的唯一途径是开展深入的大学教学科学研究。在我看来，

① Andrew Ng, “Artificial Intelligence Is the New Electricity,” 2017-1-25, https://www.youtube.com/watch?v=21EiKfQYZXc，访问日期：2021 年 12 月 1 日。

② 李开复，“AI 改变世界”，在《人工智能》发布会上的讲演，2017-7-11，https://www.youtube.com/watch?v=pJgkwIpNkk0，访问日期：2018 年 12 月 15 日。

此事绝非短期可成。因此我不像三份报告的专家们那么乐观，相反，我对此持谨慎态度。

也许有读者会说，若今后在通用 AI 方面获得突破，这个问题不就迎刃而解了吗？的确如此。目前 AI 被分为专用 AI 和通用 AI 两类，或用李开复的术语说是，弱 AI 和强 AI。专用 AI 或弱 AI 需要有“即刻可得的正确答案”，而通用 AI 或强 AI 则没有这个要求。那什么是通用 AI 或强 AI 呢？通用 AI 有两个标准：一是能跨领域（domain）学习，二是能自主学习。能跨领域还能自主学习的 AI 当然很强，例如，人脑就类似于一种通用 AI 和强 AI，大脑什么都能学，还能自己找到正确答案，因此是强 AI。很多科幻电影中呈现的也是强 AI，让霍金和很多其他悲观学者担心的也是强 AI。可是吴恩达和李开复都认为，目前强 AI 还只是人类的想象，未来一二十年能否看到强 AI 尚未可知。[①]因此李开复呼吁，与其用强 AI 来吓唬老百姓，不如切实做好弱 AI 的开发工作。

对此我倒希望多想一步，设想如果有一天通用 AI 或强 AI 被开发出来了，出现了通用 IPTS，那时的教师和学校会是什么样的呢？会有大批教师失业或大批学校关张吗？强 AI 时代需要什么样的教师或什么样的学校？因此我们在期盼强 AI 来发展 IPTS 时，不妨也想一下大学和大学教育的未来。

回到现实，在当前弱 AI 条件下应该如何开发 IPTS 呢？我有两个建议。一是采用课程专门化设计研究模式，二是多学科联合开发。下面分别说明。

一是课程专门化设计研究模式。关于课程专门化设计研究法，我在《论大学教学研究的科学化、学科化和专业化》一文中已有论述（见附录三），这里不再赘述。这里要讲的是，在目前条件下，要防止有不切实际地开发通用 AI 和 IPTS 的想法。相反，应该先将通用 IPTS 分解成若干课程 IPTS，然后像目前 AI 公司做 App 产品一样，围绕单门课程开发课程 IPTS。而且最好从有明确知识框架且有客观答案的课程开始，如物理、数学等。为什么要围绕课程做课程 IPTS 呢？因为课程是大学教学的基本单元。课程可以提供一个具体确切的应用场景，从而大大缩小问题与答案的搜索空间。从专家系统研究经验可知，应用场景越具体，越容易迅速找到正确答案。

二是如李开复建议的那样，做课程 IPTS，最好组织多学科专家联合攻关。和

① 谭铁牛，“人工智能是天使还是魔鬼？”，在中国科学院学部第六届学术会议上的报告，2018-5-29。关于强 AI 的预测，还可以参考牛津大学 2017 年报告《人工智能何时超越人类》（*When will AI Exceed Human Performance*）。

做专家系统一样，先要找几位教学效果确实很好的优秀教师，共同设计课程方案和教学指导过程。再找几位顶尖学习科学专家和人工智能专家，共同围绕课程方案、教学过程和教学经验展开研究，为方案、过程、方法提供科学依据，把有效经验变成正确知识。同时采用网络化教学模式，以便积累数据，形成吴恩达提出的“数据—算法—数据”的良性循环。[①]用这种课程 IPTS 方法不断做下去，应该会取得较快进步。由于这种 IPTS 开发成本较高，应该考虑邀请商业公司参与开发。以上是我对 AI 和 IPTS 未来的一些看法。

第四节　简要总结

本章第一节简要介绍了学习环境研究中的三个主要视角：(1) 发展科学视角。(2) 真实性学习视角。这个视角的一个重要贡献是，真实的学习环境对学习效果有重大影响，因此在教学设计中要高度重视引入真实学习环境的重要性。(3) 教育技术学派视角。这个视角的一个重要影响是，在当代大学教学中，要高度重视利用现代教育技术来改造传统教学过程，力求改革和创新学习过程和教学过程，甚至创造新的大学学习和大学教学模式，从而最大限度地提高大学教学的效果和效率。第二节通过三份教育技术发展报告介绍了 2010 年以来高等教育领域中教育技术的发展情况及面临的挑战，希望使读者由此对高等教育技术发展有一个基本了解，最后提出了教育技术应用的三个原则。第三节讨论了 AI 与 IPTS 的未来。通过分析 AI 的发展过程和工作机制，指出在现有 AI 技术条件下，真正阻碍 IPTS 发展的是普及化网络教学和大学教学科学研究的水平。如果在这两个方面没有突破性的进展，就不可能开发出真正的 IPTS 。作者建议应当采取目前 AI 公司类似的工作模式，组织多学科专家队伍，开展以课程为中心的 IPTS 研发。通过这种工作模式，可以在现有条件下推动 IPTS 的发展。

以上是关于学习环境与教育技术的基本内容，下一章讨论教学质量保障问题。

① Andrew Ng, “Artificial Intelligence Is the New Electricity,” 2017-1-25, https://www.youtube.com/watch?v=21EiKfQYZXc，访问日期：2021 年 12 月 1 日。

第六章

质量保障：建设全校统一的教学质量保障体系[①]

本章主要讨论评估评价问题。第二章中提出，SC 改革可以归纳为三个特点：以学生发展为中心，以学生学习为中心，以学习效果为中心。评估评价问题主要涉及第三个特点：以学习效果为中心。这是整个 SC 改革的落脚点，因此十分重要。

评估评价研究有很多角度，如评估指标体系、评估流程、评估方法、内外部评估等，相关文献可谓汗牛充栋。但有两个主题对大学教学十分重要，研究却相对不足，值得中国大学关注。一是构建全校统一的教学质量保障体系（educational quality assurance system，EQAS），二是基于课堂教学效果评价模式与方法创新。

任何评估，其基础归根结底都是考察学校的 EQAS。构建全校统一的 EQAS 是学校各类教学评估的基础。如何使这个体系围绕学生发展、学生学习、学习效果这三个核心问题来构建，并把 SC 改革精神贯穿其中，是 SC 改革的核心问题之一。然而在这方面，中英文文献都相对不足。

另一个重点是课堂教学效果评价。说到底，EQAS 只是个质量管理系统，教学质量最终要落实到每个课堂，体现在每堂课的教学之中。教师做课程设计，不仅要设计课程内容和教学方法，还要设想好预期的学生学习效果，以及相应的学习效果评价方式。要在教学过程中收集学生学习的证据，用以改善课堂教学，并支持校院系的教育决策。因此，如何在课堂教学中做好学习评价设计、系统收集学生学习效果证据，成了学习效果评价中的核心问题。在 SC 改革中，美国大学教师和研究者提出了一些很有创意的课堂教学评价模式和方法，值得介绍给中国的大学教师和教学管理者。

本书用两章来分别介绍这两方面内容。本章介绍构建全校统一的教学质量保障体系，下一章介绍课堂教学评价创新。

---

① 本章原发表在《高等工程教育研究》2019 年第 3 期上。此处文字略有修改。

这里需要再次强调，虽然研究的是美国，但目的是为中国，因此在问题选择、研究角度聚焦、内容选择和建议方面，都不一定与美国学者一致。

本章共有五部分。首先是概念和历史，讨论评价和评估这两个概念，目的是厘清这两个术语的含义，同时说明教学评价与学习效果运动之间的关系，从而提供一个基本的历史背景。第二节介绍美国高校的EQAS框架，这个框架是“理想型”框架，旨在揭示美国大学EQAS构建的逻辑与思路。第三节讨论如何利用EQAS来支持校内外评估。第四节讨论六个与EQAS有关的问题，并就此对中国高校同类工作提出建议。最后是一个简要总结。

第一节　评价与评估的概念和历史

在关于评价评估的文献中，有两个术语令人头疼。在中文是“评价”和“评估”，在英文是“assessment”和“evaluation”。这两个词都是从英文翻译过来的，由此产生的两个问题是：（1）这两个词各是什么意思？（2）应该如何翻译？人们由于分不清两者的差别，因此经常混用。

例如，“教育部高等教育教学评估中心”（现已更名为“教育部教育质量评估中心”）官方英文译名中的“评估”用的是evaluation，而史海燕主编的教材《教育测量与评价》则把evaluation译为“评价”[①]，该书直接忽视了“assessment”的存在。在黄海涛撰写的《学生学习成果评估——美国高等教育质量保障研究》一书中，又把“assessment”译为“评估”。虽然作者在梳理文献时注意到了英文文献中存在“assessment”和“evaluation”这两个不同术语，但最后决定忽视二者差别，把它们都译成“评估”。[②]而在2017年出版的《高等教育测量、评价和评估手册》[③]（以下简称《手册》）中，编者特别指出：

在高等教育中，许多人都不加区别地使用这两个术语（指evaluation和assessment——引者加）。然而我们认为它们是两个不同的领域。Assessment的核

① 史海燕主编：《教育测量与评价》，北京师范大学出版社，2016：2。

② 黄海涛：《学生学习成果评估：美国高等教育质量保障研究》，教育科学出版社，2014：25，95。

③ Charles Secolsky, D. Brian Denison (ed.), *Handbook on Measurement, Assessment, and Evaluation in Higher Education,* Routledge, 2011.

心是收集、分析和解释某个特定问题或结果的有关信息，而 evaluation 则涉及确定某些东西的价值和有效性，通常是专业项目（program）。因此 evaluation 可以包含 assessment 活动，并把它作为专业项目质量判断的依据。

这段话传递两个信息：一是这两个术语在英文文献中也经常混用，绝非只是中国学者的问题，但专业人员对此有不同看法；二是专业人员认为，assessment 指信息收集、分析、解释及有关的活动，而 evaluation 指以评价信息作为依据，对评估对象做出有关价值和有效性的判断，尤其是用于对专业和学校的评估。由于 evaluation 必然涉及相关信息的收集、分析和解释，因此完整的 evaluation 中必然包括 assessment，但 assessment 不是 evaluation。按照这个说法，教育部高等教育教学评估中心的用法符合专业看法，因为评估中心的主要工作就是对学校和专业的质量和有效性作评估；而史海燕和黄海涛对这两个术语的处理则需要斟酌。

应当指出，上述看法并非该书两位主编的一己之见，而是美国高等教育评价评估界的共识。例如，美国著名的全国学习效果评价研究所（National Institute for Learning Outcomes Assessment，NILOA），用 assessment 而不用 evaluation，其目的是要告诉大家，我们研究的是大学生学习效果信息的收集、分析、解释和使用，但不研究对大学或专业工作的有效性和价值的判断。我们只做 assessment，不做 evaluation。

那么，这两个英文术语究竟应该如何翻译呢？既然教育部评估中心已经把“evaluation”翻译成“评估”，本书循例把“assessment”统一译为“评价”，而把 evaluation 译为“评估”。评价指信息的收集、分析、解释和使用，其目的之一是为评估提供依据；而评估指根据收集到的信息等，对学校和专业的办学绩效做出有效性和价值性判断。

中英文文献中都出现这两个术语的混用，说明它们语义接近，是近义词甚至同义词，仅靠词义很难加以区分。因此，如果要想深入理解这两个术语的专业用法，就需要追溯它们的历史，即从语用学角度加以考察，看它们是怎样在使用中变成了代表两类不同实践的专业术语。

在美国高等教育的历史发展中，评估的发展远早于评价，尤其是早于对学生学习效果的评价（student learning outcomes assessment，SLOA）。早在 20 世纪第二个十年，由卡内基教学促进基金会发起且盛行于 20 世纪 30—40 年代的院校自我研究运动（institution self-study movement）中，对高校的专业评估和学校评估就已成形。第二次世界大战后到 20 世纪六七十年代，美国高等教育大发展，促成了质量认证（quality accreditation）活动的发展，于是出现大量的全国性与地区性认证组织。当时认证的重点是两个：专业与学校的办学质量和有效性。这进一步强化了学校评估和专业评估的发展。但这里有必要指出，这些评估是管理导向的，主要关心学校和专业的办学效果与效益，评估主要围绕情境（context）、输入（input）、过程（process）、产能（productivity）四个维度展开。用今天的术语，是考察大学和专业的“组织有效性”（institutional effectiveness）。这里的“组织”可以是学校，是院系，也可以是专业。围绕评估而出现的学校教学与管理的信息收集、整理、记录、分析、报告与决策支持，后来成了美国大学办学和管理的必要辅助手段，这就是所谓院校研究。参与校内外评估成了美国大学院校研究的一个基本任务。①

到了20世纪70年代，评估进入成熟期。很多重要评估期刊开始出现，如《教育评估研究》（*Studies in Educational Evaluation*，1975）、《评估综述》（*Evaluation Review*，1977）、《评估与专业规划》（*Evaluation and Program Planning*，1978），《教育评估与政策分析》（*Educational Evaluation and Policy Analysis*，1979）、《专业评估新方向》（*New Directions for Program Evaluation*，1982）等。1976年，专业化的评估组织评估研究会（Evaluation Research Society）和评估网（Evaluation Network）相继成立，1986年，这两个组织合并成为今天的美国评估协会（CHEA）。因此美国高等教育评估界认为，以认证和管理改进为导向的教育评估在20世纪70年代进入了成熟期。②

但随后的两个发展改变了这个趋势，一是始于20世纪80年代的SC改革运动，二是始于20世纪90年代的高校问责制（accountability）运动。SC改革要求高校从关注教师教学转移到关注学生学习，问责制提出高校要把学生学习效果作为评估学校工作的主要考核指标。到20世纪90年代，大多数州都要求把学生学习效果当作学校办学绩效的主要证据，甚至要把评估结果和政府拨款挂钩。这样一来，学生学习效果评价就成了学校与专业评估的关键问题，学生学习效果评价被提到了空前的高度，于是学生学习效果测量与评价成了关键问题。

但是，大学生学习效果认定与测量几乎完全是一个新领域。什么是大学生学习

① 关于美国大学评估与院校研究的发展，参见赵炬明：《现代大学与院校研究》，《高等工程教育研究》2003年第3、4期；赵炬明：《超越评估（上）》，《高等工程教育研究》2008年第6期。

② Lance Hogan, “The Historical Development of Program Evaluation: Exploring the Past and Present,” *Online Journal for Workforce Education and Development* 2, no. 4(2007).

效果？它应该包括哪些内容？如何兼顾大学生的四大发展（生理发展、心理发展、社会发展、职业发展）？如何兼顾短期、中期、长期效果？各种学习效果如何检验？如何把学习效果达成和评价活动整合到学生的整个大学学习过程中？如何合理有序地把各种学习效果评价安排到通识教育、专业教育，甚至课堂教学中去？如何领导、推动、组织和管理这个活动？如何再把学习效果测量及评价与评估活动（专业认证和学校认证等）联系起来，构成系统、形成整体？所有这些都是原来没有遇到过的新问题。人们知道应该做，但不知道如何做。于是，人们把这些与学生学习效果测量和认定有关的问题都归为大学生学习效果评价，用 assessment 这个词来表征这类活动。于是评价（assessment）这个词就和"学生学习效果"紧密联系起来，形成了固定用法（outcome assessment），甚至成为固定术语"学生学习效果评价"（student learning outcomes assessment，SLOA）。也就是说，从词源的角度看，这种搭配就是一种历史的约定俗成，没有什么语义上的道理可寻。这就是为什么凡试图从语义角度区别这两个词，最后都一定会钻进死胡同。

还要注意，SLOA 和专业及学校的有效性评估非常不同，SLOA 涉及大学教学和教师发展，而学校管理属于学校支持系统。这就使得 SLOA 的范围远超出学校认证和评估范围，直接延伸到大学教学和教师发展领域。因此 SLOA 涉及两个维度：教学维度和管理维度，但以教学维度为主。这样一来，SLOA 就和如火如荼的 SC 改革联系起来，成了 SC 改革的一部分。

为了解决 SLOA 问题，美国国家教育研究所（NIE）和美国高等教育协会（AAHE）主导，于 1985 年秋举办了第一届全国高等教育评价研讨会（First National Conference on Assessment in Higher Education）。这个会议后来被认为是高等教育评价运动（assessment movement）诞生的标志。从 1989 年起，美国高等教育协会开始组织每年一度的评价论坛（Assessment Forum），以此汇集专业力量。同年第一份专业研究刊物《评价快讯》（*Assessment Update*）问世。这些活动也得到了各州政府的支持，于是在各地也出现了一些专门的评价研究机构，如印第安纳大学的评价研究所（Assessment Institute）、南卡罗来纳州高等教育评价网（South Carolina Higher Education Assessment Network）、华盛顿评价小组（Washington Assessment Group）等。这些发展构成了所谓"评价运动"（assessment movement）。

评价运动在 20 世纪 90 年代进入快车道。据调查，1987 年只有 55% 的高校建立了评价机构，到 1993 年这个数字已经达到 98%。到 2000 年，美国至少有 2000 人专门从事评价工作，并积累了大量文献。到 21 世纪初，SLOA 已经变成了影响美国高等教育健康发展的重大关键问题。明确提出评价问题的是美国教育部部长斯佩林斯（Margaret Spellings）。2006年斯佩林斯领导的一个委员会发表了题为《考验领导力：描绘美国高等教育的未来》[①]的研究报告。报告建议，对高等学校的问责和认证，要从过去注重投入要素（inputs），如校园面积、设施设备、教师人数、学校经费等，转向注重产出（outcomes）和绩效（performance），如学生发展和学业进步（value-added）、研究与社会服务成绩等，要用平实易懂的方式向社会报告。并且建议评估结果要可以进行校际比较，以便学生、家长、政府官员、捐助人等利益相关者做出选择。这个报告直接导致了教育评估重心从组织有效性评估转向学生学习效果评价，进一步推动了SLOA运动。为了应对这个挑战，美国著名高等教育学者库（George Kuh）和伊利诺伊大学前校长艾肯伯雷（Stanley Ikenberry）于2008年联合创办了著名的全国学习效果评价研究所（NILOA），通过NILOA联络全国学术力量，发布新闻和研究报告，推荐最佳实践，举办学术交流活动等，在美国的SLOA研究与实践中发挥了领导作用。经过十年努力，该所已经成了美国最重要的SLOA组织。[②]也就是说，经过30年发展，SLOA变成了SC改革中的一个专门实践和研究领域。[③]

自1987年以来，SLOA研究基本上围绕着四个问题展开：（1）学生学习成果认定。即：什么是学生学习成果？包括哪些内容？为什么它们值得关注？（2）评价角度与方法。即：学习成果可以从哪些角度测量？用什么方法检测和评价？（3）结果利用。即：如何把评价结果用于教师教学改进和学校工作改进？（4）推广问题。即：如何让更多学校和教师接受SLOA从而全面推广SLOA？前两个问题主要涉及教学维度，后两个问题主要涉及管理维度。下面分别介绍。

首先是学习成果认定，学习成果认定主要涉及两个问题，一是大学生学习成果应该包括哪些内容，二是各种学习成果可以通过什么方式实现，又应该如何评价。

---

① Spellings Commission, *A Test of Leadership: Charting the Future of U.S. Higher Education*, 2007. 美国教育部网站。

② G. Kuh, S. Ikenberry, "NILOA at Ten: A Retrospective, 2008–2018," http://www.learningoutcomesassessment.org/NILOA_at_ten.html，访问日期：2018年12月15日。

③ P. Ewell, "An Emerging Scholarship: A Brief History of Assessment," in Trudy W. Banta and Associates (ed.), *Building a Scholarship of Assessment*, Jossey-Bass Publishers, 2002: 3–25; T. Cumming, "Introduction: History and Conceptual Basis of Assessment in Higher Education," in T. Cumming and D. Miller (ed.), *Enhancing Assessment in Higher Education*, Stylus Publishing, 2017: chapter 1; R. Shavelson, *Measuring College Learning Responsibly*, Stanford University Press, 2010.

从 SLOA 提出之后，尤其是在斯佩林斯报告发表后，它在学术界引起了很大的担忧甚至抵制。学界的最大担忧是，SLOA 是个指挥棒。如果 SLOA 只关注学生的当前发展而忽视其长远发展，只关注就业需要而忽视基本素质，只关注有形需要而忽视精神发展，只关注可测量因素而忽视尚不可测量因素，这样的 SLOA 对学生发展、对大学教学乃至对整个高等教育，都将是一场大灾难！这些问题在美国大学界引起了一场广泛的大讨论。仔细分析会发现，这些问题实际上都与大学教育目标相关，即大学究竟要培养什么样的人。联邦政府与州政府对大学教育“吹糠见米”的态度，确实让那些坚信大学应培养“伟大灵魂”的学校和学者担心。

在关于教育目标的讨论中，最被热议的几个话题恐怕要算全人教育（well-rounded education）和通识教育（general education）了，还有文理教育（liberal arts）与美国未来的大讨论。这是这些年美国高教界会如此热烈地讨论通识教育、全人教育、大学使命等基本问题的主要原因。随着 21 世纪的到来，人们越来越认识到，21 世纪可能更需要基础良好、全面发展的人才，以过于专门具体的教育目标培养学生，可能并不适合未来社会对人才的需要。于是，21 世纪人才需要和培养目标也成了讨论的一部分。经过这些讨论，美国高等教育界大体达成五点共识：（1）在教育目标上，大学应该坚持兼顾学生长期发展和短期需要、基本素质培养和职业能力训练、社会能力发展与公民素质培养等的教育理念；（2）面对当代社会需求多样性和高等教育多样化，应该允许各校根据自己的实际情况和本校学生的实际需要来决定自己的教育使命和教育目标，不要“一刀切”；（3）所有教育目标都应当通过适当的课程设置和教育途径来落实，对所有课程和教学活动都要精心设计，合理安排，使之形成统一的教育教学体系，以确保实现所有教育目标；（4）所有教育教学都应当关心学生发展、学生学习和学习成果，因此在设计教育教学计划时，应当明确标示出预期的学生学习成果，以及将通过何种方式实现教育目标，并用什么方法来评价学生学习成果，要把教育目标和学生学习效果有效联系起来，避免目标与效果脱节的现象；（5）学校要构建全校统一的教学质量保障体系，定期收集相关信息，随时监控学校和院系的教学情况，同时学校要为落实这些教育目标、课程体系、课程教学、评价方式等提供必要的物质资源和组织保障。凡此种种，就构成了在 SC 改革时代美国大学教学质量保障体系建设的思想基础。

关于学习效果评价的角度与手段，即从什么角度和用什么方法来检测和评价学生学习效果，这是从学理和技术角度思考 SLOA。这些内容会在下一章专门介绍。这里只想强调几点：

一是课堂教学评价的创新和发展，主要是由脑科学、认知科学、大学生发展研究和学习科学的进步引起的，这些进步揭示了传统大学教学几乎完全忽略的一个领域，即大学生是如何发展和学习的。过去大学教师和管理者几乎从来没有认真思考过这些问题。因为在传统教学模式中，教学主要被理解为知识传递，学习则主要被理解为知识记忆，学习效果评价的主要方式是考试，重点是检查学生记忆的完整性和准确性，以及基于逻辑演绎的有限理解。但新的学术研究指出，学习是一个知识建构过程，在这个过程中，学生的大脑、智力、情感、态度随时都在发生变化。从这个意义上看，大学教学不是一个灌满水桶的过程，而是一个大脑和心智的塑造过程。因此，传统教学模式不利于大学生的学习和发展。在此背景下，“以学生为中心”的新教学模式应运而生。新模式认为教学要以学生学习为主，要能促进学生发展（包括生理发展、心理发展、社会能力发展、职业能力发展）。在教学中，学生主动学习的效果远远好于被动学习的效果，内容的有用性、学习的真实性、任务的挑战性、环境的社会性、过程的互动性等都有助于激发学生主动学习。在教学中，高度重视学生的知识建构、自律、活动、经验、情境、合作、积累、重复、个体差异等，都可以有效提高大学生学习效果。活动产生经验，经验改变大脑，在教学中，要注意活动（activity）的重要性，要让学生动起来。有效的学习必然表现为学生行为的改变，因此学习效果测量的重点不应是知识记忆，而应该是学生行为（performance）的变化（见第四章）。所有这些研究，都为教师如何教、学生如何学、学习效果如何评价等指出了新方向，提出了新思路，也对大学教学效果测量与评价构成了新的挑战。

二是由于相关研究和实践才刚刚开始，当前的SLOA研究还相当不成熟。无论是从学理角度还是从实践角度看，这类研究都还处于初始阶段，远未达到轮廓清晰的程度。2018年NILOA发布了一个十年总结，其中这样描述了当时美国SLOA的状况：

（虽然NILOA已经做了大量工作，也取得了很多成就，）但在评价领域中，还有大量工作有待完成。关于高等教育的价值以及接受高等教育是否值得的问题仍然存在，公众对这项高等教育信心的下降令人担忧。人们对学生的学习质量、高校应该如何最好地记录学生成绩、如何能用学生学习的证据来改进实践并以此支持学生成功等问题，都还存在疑问……美国高等教育还远不能提供足够的学习证据，以指导学习和教学方法改进，从而提高学生和学校的表现。美国大学尚未能以有意义的方式将控制成本的努力与学生学习成果联系起来。高技术含量的创新和新的高等教育提供者层出不穷，但它们大多数都缺乏足够证据来证明其创新的有效性。已有的几种认证方式之所以能够幸存，仅仅是因为尚未发现其他可被接受的替代方法，能对教育的质量和学校的品质（integrity）做出让人理解的判断。[①]

这个判断有点令人泄气吧？还有更严厉的！美国著名高等教育学者、曾两度担任哈佛大学校长的博克（Derek Bok），他长期关注美国本科教育，从2006年至2017年写过三本讨论美国本科教育的著作。第一本是 *Our Underachieving Colleges: A Candid Look at How Much Students Learn and Why They Should Be Learning More*，该书名被译为《回归大学之道》，但直译应该为《我们那些成绩不佳的学院：对学生学了多少以及为什么他们应该学得更多的坦诚考察》。该书于2006年出版，当时博克70岁左右。第二本是 *Higher Education in America*，该书名被译为《大学的未来》，直译应为《美国高等教育》，于2013年出版，此时博克已年逾八旬。在我看来，此书实际是一个业内老人对美国高等教育的一个全面述评。第三本是 *The Struggle to Reform Our College*，直译应为《为改革我们的本科教育而斗争》，于2017年出版，这时他85岁。由此可见他心心念念的仍然是本科教育。这三本书中一个不变的批评是，美国大学未能很好地测量与评价学生的学习，因而阻碍了美国本科教育的改革。[②]注意第三本书书名中的"Struggle"这个词，它的意思包含"挣扎求生"。我相信博克绝不是随便使用这个词的，这个词表明了他对美国本科教育的担忧。我认同博克的判断。我甚至认为，在美国SC改革的所有领域中，大学生学习效果测量是最短的短板！[③]

以上这些思考和判断足以使我们对当前SLOA的发展有一个清醒认识。然而仔细观察却会发现，学习效果评价研究的真正障碍是，目前对大学生学习的基础研究尚不足以提供一个相对清晰和完整、足以支持对大学生学习效果评价进行合理预测和方法设计的理论框架。换言之，与教育技术领域中的情况类似，基础研究的薄弱阻碍了实践领域的进步。因此，当前应当高度重视大学生学习领域的基础研究。没有这个领域的重大进展，SLOA很难取得突破。我认为，所有人都应该注意这个局

① G. Kuh, S. Ikenberry, "NILOA at Ten: A Retrospective, 2008–2018," http://www.learningoutcomesassessment.org/NILOA_at_ten.html，访问日期：2018年12月15日。

② Derek Bok, *The Struggle to Reform Our Colleges*, Princeton University Press，2017：181.

③ 2020年博克已近90岁高龄，出版了他关于本科教育的第四本书《高期望：大学能教会学生21世纪所需要知道的东西吗？》（*Higher Expectations: Can Colleges Teach Students What They Need to Know in the 21st century*?）。参见本书第十章的介绍。

限性，不要对 SLOA 抱有过度乐观和不切实际的希望。SLOA 在学理和技术方面，都还有很长的路要走。

三是评价结果利用，即如何把 SLOA 结果用于改进教学和学校工作。改进教学属于教学维度，改进学校工作属于管理维度。在美国大学中这两项工作分别由两个部门负责，即教学支持中心负责改进教学，院校研究办公室负责改进管理。从逻辑上讲，前者是基础，后者是支持保障，因此重点应当放在前者而非后者。但在实践中，这两个机构彼此平行，几乎没有交集。这对整体推进 SLOA 工作非常不利。由于院校研究属于学校管理系统，“近水楼台先得月”，在资源和人员方面往往得到更多重视；而教学发展中心属于教学系统，远离学校行政中心，则经常面临资源不足和人手不足的情况。

不仅如此，由于教学和管理的关注重点不同，因此会提出不同的评价标准，而且这些标准还相互打架。例如，出于对问责制的回应，学校管理者最关心的是学生的学分完成数、毕业率、就业率等终极指标。如果把这些指标往下压，就可能迫使院系管理者也开始追求考试通过率、毕业率、就业率等，这就会就对教师们产生压力，迫使他们不得不在课堂教学评价上“放水”。而如果教师们坚持学习效果标准，就可能影响考试通过率、毕业率和就业率，从而对学校和院系组织效益评估产生负面影响。在 2016 年的一个调查中有学者指出，把大学教学质量和学位完成率联系起来是“误导”。[①] 由此可见两种评价之间的争议之大。另一个问题是教学活动多样性和统计数据一致性的矛盾。随着 SC 改革的发展，大学教学活动日益多样化，学习效果也呈现多样性特点，但在数据收集方面，为便于统计，必须要求信息统一。这个实践多样性和管理统一性的矛盾如何解决也是一个问题，因为它直接影响信息系统的设计和信息收集。

我认为，这些冲突实际上提出了一个更为严肃的问题，即 SLOA 究竟应该为教学还是应该为管理服务？显然这已经不是学理问题而是实际问题了。无论如何，有一点应该很清楚，如果教师们在教室里做不好，学生没有培养出来，管理层再怎么评估也没用。因此，大学 SLOA 应当重心下沉，多关注教学维度，关心教师的教学改进和教室里的学生学习，不可本末倒置。

第四是 SLOA 推广问题。这可能是个美国问题，不具有普遍性。由于美国的

---

①Rayane, et al, “Higher Ed Insights: Results of the Fall 2015 Survey,” https://sr.ithaka.org/publications/higher-ed-insights-results-of-the-fall-2015-survey/，访问日期：2016 年 12 月 20 日。

SLOA是由外部力量开始推动的，而且是自上而下的，因此最初很多学校和教师感到SLOA侵犯了他们的学术自由，于是出现了普遍的抵制和抱怨。直到30年后，教师们认识到SLOA可以帮助自己改进教学，学校认识到SLOA可以帮助提高学校声誉，这种情况才有所改变。2018年NILOA发布了第三份全国调查报告《评价很重要：记录真实学习的趋势》。这份报告指出，调查表明，已经有更多的学校和教师认识到SLOA的价值，开始接受并参与学校的SLOA工作，做好课堂教学评价。同时该报告也指出，SLOA仍然面临很多阻力，还需要争取更多教师参与。[①]

第二节　构建全校统一的本科教学质量保障体系

上节提到，美国高等教育界在教育目标、课程体系、教学过程、评价方式等方面大体达成了五点共识，要求学校为此提供必要的物质资源和组织保障。这一节将具体说明美国高校是如何构建教学质量保障体系，以满足这五点共识要求的。

这里首先说明一点，本节介绍的体系是一个"理想型"（ideal type）。关于理想型，马克斯·韦伯说过，提出理想型的目的是显示研究对象的状态和逻辑，以便对其进行分析。理想型不指任何具体对象，更不是为了显示其完美。理想型只是一种思维工具，用来帮助理解和研究对象。但理想型不是虚构的，而是以大量真实存在的事实来保证其真实性。就本章讨论而言，建议大家参考卡内基梅隆大学（Carnegie Mellon University，CMU）和北科罗拉多大学（University of Northern Colorado，UNC）的案例Bottom of Form，也可以参考NILOA在其网站上推荐的诸多最佳实践学校案例，以及《手册》中的有关章节。

美国大学构建的EQAS系统是一个从学校使命到课堂教学而组成的系统，由学校、学院、学系三级乃至全校所有教师来共同建设和维护。此外，学校通常还设有教学支持中心和院校研究办公室来支持和维护这个系统。这是一个由三个矩阵和两个机构组成的质量控制与管理系统。下面具体说明。

---

① N. Jankowski, et al, *Assessment that Matters: Trending Toward Practices that Document Authentic Student Learning*, 2018. NILOA网站。

1. 校级：学校使命与通识教育矩阵

就构建全校统一的教学质量保障体系而言，学校一级有两项任务，一是制定学校的教育使命，二是决定本校通识教育的学习内容和效果评价方式。

每个学校都会因其历史、传统、环境和学生的不同而选择不同的教育哲学、教育理想和教育目标。这些都应该准确地反映在学校的教育使命中，而且学校使命一定要让所有利益相关者都能清楚了解，以便形成合力，共同实现学校使命。制定学校教育使命，是构建全校统一的教学质量保障体系的第一步，也是最为关键的一步。制定学校使命中最困难也是最重要的一点是，明确学校定位。就本科教学而言，就是要说清楚，这是一个什么学校，要培养什么样的人。下面是卡内基梅隆大学（CMU）的学校愿景和使命：

愿景：卡内基梅隆大学将通过在教育、研究、创新和创业方面的持续创新，对社会产生变革性的影响。

使命：为学生创造一种变革性（transformative）的教育体验，聚焦深入的学科专业知识；学会解决问题；获得领导能力、交流沟通和人际交往技能；享有个人的健康与福祉（well-being）。

培育一个变革型的大学社区，使其致力于：（A）吸引和留住多样化的世界级人才；（B）创造一个合作的环境，使思想能自由交流，使研究、创造力、创新和创业精神得以蓬勃发展；（C）确保每个人能够充分发挥其潜力。

通过与传统大学校园边界之外的合作伙伴合作，以一种变革的方式对本地、全国和全球社会产生影响。[①]

这样的愿景和使命表明了CMU是一所什么样的学校，它的重点发展在哪些方面，以及它将通过何种方式来实现其愿景和使命。第一段是学校的教育使命。其中用四个分号把它的教育目标具体分为四块：（1）深入的学科专业知识；（2）问题解决能力；（3）领导、沟通与人际交往能力；（4）学生身心健康。值得注意的是，CMU特别强调培养学生的问题解决能力及领导沟通合作能力。作为一所以培养工程师为主的学校，这两种能力显然是学生未来事业成功的基本保证。既然写入了学校使命，那学校所有专业计划和课程教学，都要把这两种能力的培养纳入其中。也就是说，这两点是以工程师培养为主的CMU的本科教育的基本特色。作为一个高度选择性的教育使命，这体现了CMU作为工程师学校的特点及其对本科教育的

① https://www.cmu.edu/about/mission.html，访问日期：2018年12月15日。

承诺。

相比之下，以培养社会领袖和文理教育闻名的哈佛学院的教育使命则迥然不同。下面是哈佛学院的使命：

使命：哈佛学院的使命是为我们的社会培养公民和公民领袖。我们通过致力于文理教育（liberal arts and sciences education）的变革力量来做到这一点。

从课堂开始，让学生们接触到新思想、新理解方式和新认识方式，即开始一段心智转变的过程。通过一个多样化的生活环境，学生与学习不同主题、来自不同生活阶层、认同不断演变发展的人生活在一起，他们的心智转变不断深化，从而为社会转型创造了条件。由此出发，我们希望学生们开始了解他们想用自己的天赋和才能去做什么，评估他们的价值观和兴趣，学习如何才能最好地为世界服务，从而开始改变自己的生活。

愿景：哈佛学院将为21世纪的寄宿制文理教育确定标准。我们将致力于创造和持续创造条件，使所有哈佛学院学生都能体验到一个在心智、社会与个人方面的转变的无与伦比的教育历程。①

哈佛学院使命的第一段是教育目标，哈佛学院要通过文理教育培养公民领袖。第二段是教育过程，通过让学生接触新思想、新理解、新认识方式，通过寄宿制让学生接触到学科多样化、社会群体多样化和学习过程多样性，从而在这些多样化的学习生活过程中，重新认识自己，完成自己在心智、社会理解和个人品质方面的转变，为学生未来参与社会、发挥领导作用做好准备。第三段是愿景。哈佛学院要成为21世纪寄宿制文理教育的标杆。

这个使命表述中，对哈佛学院是一个什么学校，它将如何培养学生做了明确说明。因此这些声明也会彻底贯彻到它的专业、课程教学和学生事务之中。

由此可见，制定一个学校的教育使命，要对学校的教育目标、价值取向、教育过程、结果期望都做出明确的说明。这是构建学校教学质量保障体系的第一步，也是最重要的一步，因为它为学校的教育教学确定了目标、价值、过程和重点，使全校上下得以围绕学校教育使命共同努力。

校级的第二项工作是制定本校通识教育（general education）计划。注意，这里的通识教育不是泛指的通识教育，而是依据这个学校的教育使命，所有学生都应当接受的通识教育。因此各校的通识教育会有所不同，以体现各自的教育使命。例

① https://college.harvard.edu/about/mission-and-vision，访问日期：2018年12月15日。

如，CMU 强调工程师的问题解决能力与领导交流合作能力，而哈佛学院强调文理教育和能在世界上发挥领导作用的领袖培养。因此可以想见这两个学校的通识教育一定大不一样。

关于文理科的通识教育，美国一流大学有两种不同模式。一种是以哈佛大学为代表的全面通识教育模式，另一种是以哥伦比亚大学为代表的经典阅读模式。哈佛模式是在人类所有知识中选出一些特别重要的知识，然后由本领域优秀学者系统讲解给学生听。哈佛大学政治伦理学教授桑德尔讲授的“正义课”就是一个例子。[①] 哥伦比亚大学的经典阅读模式是由哥伦比亚学院的教师们从人类历史长河中选出一些经典名著的章节，然后由教师带着学生一起阅读，让学生从中体会这些历史上的伟大人物是如何思考的。也即是说，经典阅读模式的重点是思维训练（mind training）。赫钦斯在芝加哥大学倡导的伟大著作（great books）阅读模式也属于这种模式。

这两个模式对美国高校通识教育都有很大影响。哈佛模式认为，未来社会的领导者应该对所有重要的人类知识都有精到的认识和理解，才能在未来发展中领导社会前进，因此哈佛模式强调全面与精到。而哥伦比亚模式却认为，历史表明，那些对人类社会有重大影响的伟大思想者通常并没有全面而精到的知识，他们的伟大恰恰在于他们独到的认识角度和思维方法，因此，学习和掌握他们的认识角度和思维方法更为重要。这是哥伦比亚模式强调思维训练、反对知识拼盘的主要原因。[②]

在我看来，一个人要做出伟大贡献或领导社会前进，知识完备和思维训练同样重要，因此以培养未来社会领导者为己任的一流大学，其通识教育似乎应在这两种模式中找到某种平衡点，而不是有所偏废。不言而喻，不同的教育哲学会产生不同的通识教育模式，我们应当根据自己的条件和需要有所扬弃、有所改造、择善从之、优化创新。

对以大众教育为己任的多数高校，通识教育的基本目的就是丰富学生知识，训练思维，为学生未来的职业发展和社会生活做好准备。由于这类学校通常也找不到那么多可以指导学生阅读经典著作的优秀学者，因此丰富知识、开拓视野兼顾思维

① 网易公开课，https://open.163.com/，访问日期：2018 年 12 月 15 日。

② 这里特别感谢麦可思首席科学家、原香港城市大学协理副校长、原哥伦比亚大学哥伦比亚学院副院长程星。和他关于美国通识教育的讨论启发我写了这一段。

训练的哈佛模式在这些学校里获得了广泛认同，成为大部分美国高校通识教育的主流模式。

面对这些模式和思考，不同的学校会根据自己的需要设计本校的通识教育模式与教学方法。例如，CMU就把问题解决能力和领导合作交流能力特别挑了出来，作为本校通识教育重点。总之，制定适用于所有学生的通识教育是学校一级的教育责任。

此外，21世纪以来科学技术飞快发展，知识更新速度加快，使得学会学习、掌握基本技能比现有知识积累更加重要，这两点被认为是培养学生长期发展能力的关键。于是，在美国就出现了主张通识教育应注重21世纪基本技能学习和训练的看法。2007年美国高校联合会（AACU）组织数百位专家学者系统调查，提出了面向21世纪美国高校毕业生应该具有的四种基本知识和七种基本技能。这四种基本知识是：（1）人类文化知识和自然界及物理世界的知识；（2）智力与实践技能；（3）对个人与社会的责任；（4）整合性学习（integrative learning）。七种基本技能是：写作、审辨性思维（critical thinking）、定量分析、口头交流、跨文化技能、信息素养、伦理推理。2015年AACU又增加了四种基本技能：分析性推理、研究技能和做研究项目的能力，跨专业学习与整合能力，把课堂知识用到课堂之外的能力，公民责任和公民参与能力。为了帮助各校评价这方面的教学效果，AACU为这11种基本技能的学习效果测量开发了专门的评价量表。①

上述研究获得了广泛的认可，美国许多高校就围绕这些知识和技能，结合本校特点，开发自己的通识教育模块。显然，这些知识和技能的教育不是能靠一门课完成的，需要所有相关课程配合，共同达成教育目标。于是有人创造了一种叫通识教育矩阵（curriculum mapping）的方法来协调所有通识教育课程的教学目标、教学方式和效果评价方式，以期达到整体最佳效果（见表6-1）。②

---

① AACU, *Talking Points: AAC&U 2009 Member Survey Findings*. AACU, *Recent Trends in General Education Design, Learning Outcomes, and Teaching Approaches*, 2016; *Trends in Learning Outcomes Assessment*, 2016. 均来自AACU网站。

② NILOA, *Mappings Learning: a Toolkit*, 2018.

表 6-1 通识教育矩阵

	政治科学	高等数学	经济学	无机化学	可比较评价方式
写作能力	期终论文	专题论文	期终论文	期终研究报告	AACU 量表
审辨性思维能力	课堂讨论	专题论文	课堂讨论	报告讨论	AACU 量表
口头交流能力	小组报告	专题论文报告	小组报告	小组报告	AACU 量表
定量分析能力		期终考试		统计分析	AACU 量表
合作学习能力	小组研究项目	小组研究项目	小组研究项目	小组研究项目	AACU 量表
问题解决能力	小组研究项目	小组研究项目	小组研究项目	小组研究项目	AACU 量表
	ETS 专项考试	ETS 专项考试	ETS 专项考试	ETS 专项考试	

在表 6-1 中，上面第一行是课程名称，左面第一列是学习目标，中间是学习效果考查方式和方法。比如政治科学课程，目标是培养学生的写作能力、审辨性思维能力、口头交流能力、合作学习能力等。于是课程设计了期终论文、课堂讨论、小组报告、小组研究项目等作业方式和考核方法。如果学校想特别加强学生的写作能力、问题解决能力、合作学习能力，会要求所有课程必须安排写作任务、研究项目和小组项目作业，以培养学生的这些能力。

通识教育效果通常不必进行跨校比较。但为了了解本校通识教育在全国的位置，也可以对通识教育效果进行可比较的评价。美国主要有两类可用于校际比较的通识教育效果评价方法。一是用 AACU 开发的 11 种技能评价量表。评价结果可用于校际比较。二是用美国教育考试服务中心（ETS）开发的专项考试（subject test），包括英语、音乐、商科、商管、经济、政治科学、心理学、社会学、生物学、化学、数学、物理学等 18 种。[①] 这些考试类似于我们的大学外语考试和大学计算机考试，其成绩也可以进行校际比较。因此，有些学校规定，通识教育模块结束后，所有课程除了任课教师的学习评价外，还要参加 AACU 方式评价或 ETS 考试评价，以便所得结果可用于学校评估和专业评估。由于 ETS 考试很贵，需要额外费用，因此采用 ETS 考试的学校较少。

通识教育一般由学校通识教育部或通识教育委员会负责。在设计通识教育矩阵时，一个重要的原则是，所有任课教师都要参加设计过程，集体讨论，共同设计出最佳课程组合、教学方式和学习效果评价方式。从这个矩阵可以看出，学校通识教育目标对整个通识教育模块的课程设计、每门课程的教学设计及效果评价方式设

① ETS, “About the ETS® Major Field Tests, ” https://www.ets.org/mft/about/，访问日期：2018 年 12 月 15 日。

计，都会产生巨大影响。例如，在CMU的通识教育模块，可能会要求所有课程都必须包含旨在培养学生问题解决能力和领导交流合作能力的项目或作业。

表6-1实际上是一个矩阵，故这里称之为“通识教育矩阵”。使用矩阵方法的好处是，可以在统一的教学目标下，建立起各门课程的协调关系，协调各门课程统一发力，形成整体性效果。显然，这种方法对系统训练基本能力尤为重要，因为任何基本能力都不可能通过一门课程达成，需要在不同课程中反复训练，从而实现多样化重复。只有这样训练，才能深深改变学生大脑，使相关能力变成他们的第二天性（second nature），真正成为他们的能力。

制定通识矩阵的方法是合理的，但从后来的实践看，由于这个改革涉及面太广，而且涉及教师们的教学自由，因此很难推进。主要原因是学校不能让各院系和教师们改变他们已经习惯的工作方式和教学方式，因此按博克2020年的看法，目前这个改革已深陷泥潭（见第十章第二节）。

如果一个学校专业太多，各专业领域差异过大（如文科、工科、医科、农科、管理等），不易制定全校统一的通识教育模块的话，也可以采用学部制模块，即各大学部自行制定自己的通识教育模块。学部制模块的好处是可以把通识教育模块和专业教育模块衔接起来。但要防止学部通识教育目标太小，不能满足学校的教育目标。

2. 学院：专业与专业教育矩阵[①]

教学质量保障体系的第二级是学院，学院要对本学院所有专业的教育质量负责。

美国的专业管理和美国高校管理体制密切相关。美国高校管理的典型模式是“三级管理，院为基础”。在学校管理中，三级指校、院、系三级。三级管理是说学校一级主要是行政机构，有人事权和财权，但学术事务管理权限有限。学院一级是学术行政机构。作为行政机构，它有独立的人事权和财权；作为学术机构，它有很大的学术权力，决定本院的所有专业教育。学系是学术机构，是同一学科教师的学术共同体，它只有学术权力，没有独立的人事权和财权。因此在校、院、系三级中，学院是最重要的一级。

① 特别感谢北科罗拉多大学学术副校长黄茂树先生和该校蒙福德管理学院院长亚历山大（John Alexandra）和我分享他们关于美国高校管理的知识和经验。这些知识和经验构成了本标题下的主要内容。在他们二人领导下，2006年蒙福德管理学院获得著名的鲍德里奇国家质量奖，成为获得这项质量大奖的少数高校之一。该奖是美国最高质量奖，每年颁发一次，分若干领域，教育领域每年只有一个机构获奖。

美国大学的学术管理主要依靠各个学院，学校越大越是如此。学校像中央政府，学院像地方诸侯。学校和学院之间的力量对比决定了不同的学院有不同的管理模式。有的学校是学院强、学校弱，结果是邦联制；有的学校是学院弱、学校强，结果是联邦制；如果两种情况都有，就形成混合制。例如在美国大学中，医学院、法学院、工学院、管理学院通常是强势学院，这些学院在人事、财务、学术事务方面有较大独立性，它们与学校的关系通常是邦联制。如UCLA的安德森管理学院甚至成了全校第一个不要政府经费、实行完全自主经营管理的学院。有的学院很弱，如神学院、社会工作学院、教育学院等，这些学院严重依靠学校资源支持，因此它们和学校的关系便形成了联邦制。在美国大学中，还有少数学院由于历史原因，可以既高度依赖学校资源，又有很强独立性，如哈佛大学的哈佛学院、哥伦比亚大学的哥伦比亚学院、耶鲁大学的耶鲁学院。这些学院强势是因为它们是大学的历史根基与学术根基，因此享有嫡系特权。这种特权是其他学院不能与之相比的。总之，学院是美国大学的学术与行政管理的基本单位。

在教学上，专业（program）对学院来说就像学院自己的产品。学院有权决定自己的专业，也对自己的专业负责。学院要保证筹集到足够的资源来支付所有专业所需费用。因此学院必须保证自己的产品足够好，能吸引到足够的学生，收到足够的学费和经费来维持学院的财务健康，因此学院的专业设置和专业质量对学院来说是性命攸关的大事。还要注意，如果某专业因招生不足而被撤销，该专业教师原则上不受终身制保护。随着专业撤销，学院可以将教师辞退。因此专业质量好坏直接关系到本专业所有教师的饭碗。专业好，则大家待遇高；专业差，则大家待遇低；专业撤销，则大家失业。[①]这个利害关系对本专业教师参与专业质量建设与维护的积极性有重大影响。

学院一级教学质量保障的重点是专业质量。为了确保专业质量，学院首先要确保专业培养的学生能满足社会需求，最好是毕业生不仅能顺利就业，而且还很有竞争力。竞争力标准有二，一是就业单位，二是起点工资。如果毕业生就业单位好，而且起点工资高，且一生难求，学院就会享有很高的社会声誉，优秀的教师和学生也会纷纷慕名而来，还可以吸纳很多捐赠，使学院声誉与资源供求形成正循环，这样的学院当然就前途无量了。

因此学院在确定专业、制订专业计划、确保专业质量方面通常会下很大功夫。

① 美国大多数大学的老师聘任采用个人合同制，一人一个合同。因此好专业和差专业的老师工资差一倍是常有的事，同一个学校不同学院的老师工资差两三倍也有可能。见附录四。

首先是专业设置，是否开办某个专业对学院来说是一个大决定，这意味着它要开一条新的生产线。新专业从开办到成熟通常需要十年，这也意味着一大笔投资。为此，需要进行全面深入的专业论证，尤其是在资源投入和产出方面要算细账。

开设新专业的通常原则是“谁提议，谁出钱”。如果政府要办，政府出钱；学校要办，学校出钱；学院要办，学院出钱；大家要办，大家出钱。办新专业首先要进行市场分析，分析内容包括毕业生市场规模、毕业生质量标准、同一专业学生的市场供求情况，以及同一市场的竞争情况，预测学生来源和学费支撑情况等。

就专业质量而言，最关键的是要确定专业质量标准，即该专业学生在知识、技能和职业伦理等方面的具体要求和标准。然后根据专业质量标准，组织相关教师共同制定本专业的专业矩阵（见表 6-2）。与通识教育矩阵类似，最上面一行是该专业要开设的所有课程。最左边一列是各类知识、技能和价值观的明细。中间填写各门课程在各种知识、技能、价值观等方面能做的贡献。

表 6-2　专业矩阵

		C1	C2	C3	C4	C5	C6	C7	C8
知识	K1	3		*	*	*	*		
	K2	2	*		*		*	*	*
	K3	1		*				*	
	K4					*			
技能	S1	2	*	*	*	*	*	*	*
	S2			*	*		*		
	S3		*				*		*
	S4	5	*	*		*	*		
伦理	V1		*		*			*	
	V2	2					*		*
	V3	2	*		*	*			
	V4			*				*	

注：* 表示贡献，可以用数字表示程度级别或特定要求。

制定专业矩阵的过程有三步：第一步是确定专业质量标准。通常是院长指定专人或聘请专业公司开展专业质量标准调查，调查中会组织本院相关教师参与讨论，直到专业质量标准得到本院学术委员会认可。

第二步是制定专业矩阵。院长先把专业质量标准发给所有相关教师，由他们决定是否参与该专业教学。如果缺少核心课教师，就要进行招聘。

学院的收入是固定的，教师越多，大家收入越低。因此开办新专业，原则上以依靠学院现有教师为主，尽可能避免招聘新教师，以提高现有资源利用率。美国大学教师皆有明确的工作量。研究型大学教师通常是每学期上2门课，博士大学的教师3门，本科院校教师4门，社区学院教师5门。所有教师都要填满自己的工作量。在一般情况下，需要填满工作量的教师们都会积极参与新专业计划制订。如果一个教师的工作量总是不满，那他就应该考虑走人了。

填写专业矩阵时要注意三点：（1）所有专业要求都要被适当覆盖，并能确保满足专业要求。（2）对需要强化的专业技能，要保持足够的训练，安排多门课程参与，采用多样化训练模式。例如对新闻专业，写作（S1）是基本技能，于是所有课程都要安排写作作业，以保证学生毕业时能有很好的写作能力。（3）要彼此协调，如果是电力专业，专业课（C6）是电磁场，前面的数学课就必须有足够的微分方程和复变函数内容，否则后面的电磁场没法教。如此等等。

采用矩阵方法的好处是在所有课程之间建立起合理关系，不仅要确保达到专业标准，还要尽量避免不必要的重复。因此，当教师们接到专业质量标准后，就要提出自己的课程能为专业培养做哪些贡献，然后大家一起填写，经过反复讨论，形成专业矩阵。重要的是，通过讨论，所有任课教师都能弄清楚自己课程的教学目标是什么，为什么，以及如何教，与左邻右舍的关系。也就是说，教师的课程设计在专业设计阶段就已经开始了。显而易见，制定专业矩阵，教师全员参与是关键。

为了应对日后的专业评估，编制专业矩阵时要为所有专业质量标准制定相应的评价方式和方法，要明确用什么方式评价，要达到何种水平等。在美国，很多专业都有专业协会，这些协会通常下设一个教育与培训委员会。该委员会负责制定本专业的入门从业标准。如果专业协会已有专业评价标准，就采用该标准；如果没有，就要自己制定。这里要注意，制定的专业评价标准一定要让所有参与教师达成共识，这一点极为重要。因为相关共识对确保专业教学整体质量，对指导每个教师的教学都有直接影响。北科罗拉多大学的黄茂树校长告诉我，该校护理专业毕业生都要参加一个护士资格考试，通过才能就业。这个考试由美国护理行会举办，考试结束后学院会分析本院学生的考卷，通过分析可以看到哪些课程教得好，哪些课没教好，并以此决定教师的聘任和待遇。

第三步是指定专业协调人（program coordinator），负责协调和监督整个专业教学计划的执行。执行过程可能出现的所有问题，包括课程衔接、教学资源保障、质量监控等，都由专业协调人负责协调。因此最理想的专业协调人是那些懂专业、善协调、会管理的人，学术水平倒在其次。专业协调人由院长聘任，对院长负责，因为院长是专业质量的最终负责人。如果专业协调人相当于产品经理，则院长相当于分厂厂长。院长要对学院所有专业质量负责，责任重大，需要对专业和对管理都有一定经验和权威。因此美国大学的学院院长通常是公开招聘，即使是内聘也要经过公开招聘程序，以便受聘的院长能得到全院教师的认可和支持。公开招聘的另一个好处是，可以通过引进新院长带入院外优质资源和新鲜经验，从而改善本院教学质量。

3. 学系：课程矩阵和课堂教学质量保障

教师按专业组织在一起就成了学系。学系是学术单位，不是一级行政单位，没有独立的人事权和财权。把教师按专业组织起来，主要是方便他们彼此切磋学术和相互帮助。学系是按专业组织起来的教师群体。如果某校把大专业放在学系（如数学系），那么这个学系就相当于学院了。在这种情况下，这里说的学系就相当于教研室。建立教研室的本意是组织和研究教学，这也是学系的职责。换言之，学系的职责是支持和管理本系教学，监督本系教学质量。

教师们从学院里领了课后，就要开始设计和准备课程教学。在第四章里已经介绍过这方面内容，故不赘述。这里想强调一点，教师必须根据专业矩阵的要求编制自己的课程矩阵，以保证自己所教课程能支持整个专业的质量。从这个意义上讲，课程是专业的一部分。课程矩阵如表 6–3 所示。

表 6–3　课程矩阵示例

一般目标 Goals	具体目标 Objectives	教法 Teaching methods	学法 Learning methods	评价 Assessment
A	描述	T1	L1	O1
	分解	T2	L2	O2
	鉴定	T3	L3	O3
B	确定	T4	L4	O4
	计算	T5	L5	O5
	组装	T6	L6	O6
C	检验	T7	L7	O7
	讨论	T8	L8	O8
D	撰写	T9	L9	O9
	演示	T10	L10	O10

由于所有与课堂教学有关的事务都集中在学系，从课程安排、教室安排、教学资源配置到教师教学评价、学生意见处理等，都是学系的事，因此和中国大学一样，美国大学的学系也面临着“上面千条线，下面一根针”的挑战。系主任就是一个“官小事多”的岗位，教师们大都不愿意当系主任。一些美国高校的应对之策是，系主任由教师轮流做，或者请年高事少的资深教授来做贡献，越是优秀的学系越是如此。反过来，在一般高校中，系主任可能还是比较诱人的岗位，好歹是个管理者。

就课堂教学管理而言，系主任有两个重要职责：一个是教学支持，如教学安排、教学资源保障、帮助教师解决教学问题和处理学生学习问题等；另一个是教师年度工作评价。系主任负责给教师安排课程以保证他们完成教学工作量，同时组织对教师教学工作进行年度评价。所以，课程教学质量保障是由系主任负责的。

4. 支持性机构：教学支持中心和院校研究办公室

教学支持中心和院校研究办公室都属于辅助性或支持性机构。

教学支持中心的主要任务是，通过教师教学咨询和培训，推广新的教学模式和教学方法，也包括新的学习效果评价方法，从而协助构建全校统一的课堂教学评价模式和文化。

在美国大学中，有的学校称其为“教学支持中心”，有的学校称其为“教师发展中心”，等等。不论称谓如何，其核心功能有一个是为教师提供课程教学方面的咨询、培训和帮助，支持教师提高教学水平。为了推进 SC 改革，美国大学教学研究人员和教师不断研究开发出大量新的教学模式和教学方法，而教学支持中心则通过教学咨询和教师培训，在本校推广传播这些新知识和新经验，提高学校教学质量。除了教师教学咨询与培训，有的学校还把教学评价、教学政策建议、教学资料（如教学录像资料库）管理等功能也放在这个机构里。因此，不同学校的教学支持中心的功能并不完全相同。

近些年来教学评价越来越重心下沉，开始从管理角度转向教学角度，强调学习效果评价。在这种背景下，教学支持中心也开始得到更多重视。由于教学支持中心的工作在教学第一线推广和规范本校课堂教学评价模式和方法上有重大作用，因此它在构建全校统一的教学文化方面举足轻重。这些将在第八章具体介绍。

另一个机构是院校研究办公室。它属于学校行政机构的一部分，其基本任务是收集学校各方面信息，以支持学校管理决策。具体到教学质量保障，院校研究办公室的任务有二：一是系统收集和分析全校教学方面的信息，以支持本校教学方面的决策；二是在外部认证机构来进行学校或专业评估时，代表学校做好信息支持工作，提供相应帮助。

这两个机构本应协同工作，共同协调教学维度和管理维度在信息收集和分析方面的冲突。但在实际工作中，这两个机构却是各自在自己的领域按自己的规范工作，彼此很少协调，甚至互不往来。这对构建 EQAS 十分不利。这个问题应该引起学校注意。

以上是美国大学 EQAS 构建的基本情况。我认为其中有四点值得注意：

第一是管理思想。教学质量保障工作说到底是一种质量管理。因此 EQAS 也需要有明确的管理指导思想。很明显，美国的这个体系深受系统管理和全面质量管理思想的影响。前者主要表现在对整个体系的系统设计和系统管理，使得整个系统各部分得以在统一目标下相互协调，统一发力。后者则强调全流程和全员参与的管理模式。对大学教学质量这样的复杂系统，采用系统管理和全面质量管理模式确实是最好的管理模式。

第二是结构特点。如果问 EQAS 有什么特点，最简单的回答可能是：一条主线，三级管理。具体表现为：一个使命、三个矩阵、两个辅助机构。全面质量管理思想最主要的体现之一是自上而下地采用矩阵法。三级教学质量管理的基本工具都是矩阵法，这说明矩阵法在美国大学教学质量管理中作用重大。矩阵法的优点是协调所有相关课程，使它们在教学目标、教学内容、教学方法和评价方法之间保持协调，能最大限度地发挥整体作用。通过矩阵法协调，可以保证学习过程中必要的多样化重复，这对学生的知识掌握和基本技能训练大有好处。除了这条主线外，这个系统还有两个支持性机构：教学支持中心和院校研究办公室。前者主要通过教师发展来推广和普及统一的学习效果评价方式方法，在建立全校统一的质量文化方面发挥作用；后者则在系统收集与分析学习效果信息，以支持学校教学决策方面发挥作用。两者分别代表教学评价的教学维度和管理维度。

第三是市场机制。这尤其体现在学院对专业的管理。还可以看到，美国的三级管理中，专业管理是核心。专业管好了，下面的课程教学管理就顺理成章了。而在学院的专业管理中，市场机制的作用明显。

第四是脱节问题。纵观整个系统，仍然可以发现一个潜在风险，即三个矩阵之间会不会出现脱节？尤其是通识教育与专业教育之间的脱节。仅从这个体系看，如何控制脱节问题，似乎还没有很好的方法。而在实践中，这种脱节确实存在，尤其是通识教育和专业教育之间的脱节。至于如何防止脱节，仍然是一个未能很好解决的问题。学校教学质量管理者对此不可掉以轻心。因为当人们专注于各自的工作领域时，忘记整体是常见现象。

第三节　教学评估和教学质量保障体系

上一节介绍了EQAS的基本情况，本节讨论它与各类评估的关系。教学评估可以分校内评估和校外评估两类。先讨论校外评估。

美国大学的校外评估主要分两类：一类是由各种认证机构发起的对学校教学质量的认证评估（institution accreditation），相当于我国的学校评估；另一类是由各个专业协会或组织发起的对学校各个专业进行的专业评估（program evaluation），相当于我国的专业评估。这两类评估都以合格评估为主，兼顾咨询。也就是说，主要是检查被评单位是否达标。不能达标的学校可能关门，不合格的专业可能停办，因此认证评估对学校和专业的命运有重大影响。如果达标了，认证专家通常还会根据在评估中发现的问题，提出一些改进性建议，这就属于专业咨询活动了。因此对认证评估而言，合格审查远比专业咨询重要。在中国，为了全面发挥评估专家的作用，教育部高等教育教学评估中心（现已更名为“教育部教育质量评估中心”）也区分了两类评估——合格评估和审核评估。对未经合格评估的学校，首先进行合格评估。对已经通过合格评估的学校，进行审核评估。审核评估的任务是为国家把关，为学校提供咨询。但在实践中，专业咨询的作用远大于合格审查。

在认证和评估中，外部专家要依靠学校提供数据，这是院校研究办公室的任务。院校研究办公室的数据只能来自学校的EQAS。如果这个系统缺失，学校平时又没有收集有关数据，那就只能临时发动各部门收集整理数据。结果一定会严重“扰民”。更为严重的是，临时拼凑的数据不能为日常教学改进和管理决策服务。如果建立了EQAS，平常就可以系统收集数据。一旦有校外评估，只需把收集整理好的数据交给评估专家即可。所以，院校研究办公室在教学决策支持和评估支持方面的工作高度依赖EQAS。

建立一个有效的EQAS需要三个条件：首先要有一个覆盖全校所有院系的教学信息收集系统；二是要以统一方式填报信息，信息要符合“三个一”原则，即一个信息、一个定义、一套操作，这样填报信息才能对数据进行统计和分析；三是各院系要设专人负责填报，以保证填报信息的准确性。填报管理信息，满足这三个条件问题不大。但当涉及学生学习效果评价信息填报时，就可能遇到困难。由于各个学科的教师以不同方式教学，用不同的评价方法，而且还在不断创新，因此会收集到非常不同的信息。这些信息如何收集填报？因此，解决信息管理统一性和教学实践活动多样性之间的矛盾，是EQAS建设中的一大问题。到目前为止，我没有看到美国有什么妙方，希望中国能找到创新方案。

关于这个问题，我的建议是采取分类处理的方法，即把所有信息按学校评估和专业评估分为两类。专业评估较多涉及教学过程，这里形成性评价信息至关重要。可以按专业或课程建立分数据系统，各分系统按自己的教学和评价特点来构建，由各学院自行管理。专业评估时，专家只要到学院索取专业或课程系统的信息即可。由于评估者和被评估者都是同行专家，他们应该可以根据这些信息做出专业评价，并不需要统一要求。至于学校评估，由于评估的重点是学校作为整体的机构有效性，基本不涉及教学过程，因此可以以提供终结性评价信息为主，如招生人数、学生完成学分数、毕业生人数等信息。如果评估专家要求深入考评某些专业，他们可以到专业学院去查看专业数据库。这样就可以在很大程度上解决教学多样性和管理统一性之间的矛盾。尽管我建议不要试图建立包罗万象的大系统，但各专业或课程分系统应该有统一的数据结构，这样才便于对同类信息进行统计分析。这样构建EQAS，显然需要教学支持中心和院校研究办公室之间的密切合作，前者从课堂教学角度提出问题，后者则从信息收集、统计与分析角度提供解决方案。

第二个问题是信息的收集和保存。无论何种系统，尤其是专业和课程系统，都需要以教师为主收集信息。这里的困难是，并非所有信息都是电子信息，很可能还包括其他类型的信息（如实物）。这时学院和学系的支持和保障作用就非常关键。如果教师缺少积极性，收集的实物无处保存，就不可能收集完整的专业和课程信息。尤其是在当前，教学评价界认为应以多种方式记录学生学习效果，鼓励教师采用学生成就档案袋方法（portfolio），这样一来，非电子化信息的收集和保存问题就会变得非常突出。

第三个问题是信息规范化收集问题。即使是课堂教学过程的信息，也存在信息收集的科学性和规范化的问题。这时教学支持中心有责任为教师提供足够的培训，使得教学信息的收集更加科学和规范。在这个方面，院校研究办公室应为教学支持中心提供专业支持。

总之，只有发展出有效的EQAS系统，平时做好信息收集和保存工作，才能在认证和评估中做好信息服务。校内外评估均是如此。

第四节　简要总结：六个问题和一个建议

以上简要介绍了美国大学的情况，本节用六个问题和一个建议作为总结。

第一是领导问题。建设这样一个EQAS，学校领导的决心至关重要，这检验着学校对本科教学的承诺。美国的经验表明，学校领导的作用是第一位的。要建设这样一个系统，需要对原有管理制度进行很大改变，要投入很多人力、物力和财力，学校领导也要投入很多精力，甚至可能是数年的持续努力。凡此种种，都是对学校领导的考验。引用管理学的一句名言就是：领导是关键！

第二是正确理解评价技术局限性。目前关于大学学习和大学学习效果评价的理论和方法都不成熟，还有很长的路要走，因此学校要接受这个不完美的现实。我们只能按已知的原理和已有的实践，努力朝所能设想的最好方向努力。勇于实践，勇于探索，不要害怕错误和失败。对此需要学校各级领导的正确态度：鼓励探索，宽容失败，反对不作为。

第三是实行系统管理和全面质量管理，坚持全员参与。EQAS基于系统管理和全面管理思想，因此在整个体系建设中，要特别注意规划的系统性和全面性，把系统管理和全员参与作为指导思想。尤其是在通识教育矩阵和专业矩阵编制过程中，务必要坚持这个原则，要求所有任课教师都参加矩阵编制，使所有部门所有相关人员都对自己的任务和职责有明确的了解，并能提出意见和建议，防止出现脱节现象。

第四是教师激励问题。美国的经验表明，在SC改革中，教师需要投入更多的时间和精力来从事教学改革。因此学校对教师付出要积极支持，对他们付出的额外时间和精力给予补偿，不要把教师的付出视为理所当然。凡是漠视教师额外劳动的学校，SC改革都不可能进行下去。学校领导应该认识到，没有广大教师的参与，SC教学改革不可能成功。学校应该拿出相应的政策和资源，激励教师参加改革。传统教学模式已经存在多年，形成了巨大的组织惯性。实施SC改革就要挑战这个组织惯性。第八至第十章将讨论这个问题。

第五是重视教学支持中心和院校研究办公室建设。美国经验表明，这两个辅助机构非常重要。教学支持中心是发源地。在SC改革中，它将各种新思想、新方法、新实践传播到全校。因此开展SC改革，首先应建立一个强大的教学支持中心，并给予足够的政策支持和资源支持，把它变成SC改革的引爆点和动力站。要让所有参加SC改革的教师都能在这里得到支持和帮助，找到资源和知音，感受到决心和热情，从而坚定地把SC改革进行到底。院校研究办公室主要是在信息收集与分析的技术方面为教学支持中心提供帮助，同时负责教学信息的收集，为学校教学决策提供支持。没有这个重要的技术支撑，不可能建成强大有效的EQAS。

第六是加强基础研究。与所有科学事业一样，没有坚实的基础研究就不可能有强大的实践应用，SC改革也是如此。在SC改革中，关于大学生发展和大学生学习的基础研究将直接推动或制约新思想、新理念、新方法、新实践的产生和发展。由于SC改革是由新学术进步引发的，因此基础研究对改革实践影响巨大。目前的基本情况是，基础研究的落后已严重约束了实践的发展，因此应该加强对SC改革的基础研究。

最后是给中国高校的一个建议：要学习，不要复制（learn but not copy）。本章介绍的美国大学的教学质量保障系统有其明显优点。一是它是在SC改革中诞生的，体现了新三中心的根本理念。在大学使命、通识教育、专业教育、课堂教学设计等教学基本环节上，都力求体现新三中心的原则，并把它们系统地付诸实践，这一点难能可贵。二是这个系统体现了系统管理和全面质量管理的思想，非常适合高校教学质量管理这种规模巨大、涉及面广、参与者众的系统。[①] 三是美国大学创造的方法如矩阵法和“一条主线，三级管理”等，都非常富有启发性和实用价值。四是它正在美国大学教学质量管理中发挥积极作用。

然而我也认识到，中美两国大学在社会环境、历史传统、制度体系、工作过程、工作方式、价值选择等方面存在巨大差别，因此中国大学应当根据自己的情况，学习借鉴美国的EQAS，用以支持自己的SC改革。而不要简单复制，原样照搬。学习借鉴后可以创造适合自己的质量管理系统。这就是“要学习，不要复制”的意思。如果我们能在学习借鉴的基础上有所改进，有所创新，找到符合中国实际的新构架，那就是对当代SC改革的新贡献了。

---

① 戈弗雷:《全面质量管理》，载朱兰等主编:《朱兰质量手册（第五版）》，焦叔斌等译，中国人民大学出版社，2003：396-435。

第七章

关注效果：课程学习效果评价方法述评[①]

上一章介绍了美国大学的教学质量保障系统，这一章则介绍美国大学在课程学习效果评价（Course-level learning outcome assessment，CLOA）领域的方法创新和经验教训。课程是本科教学的基础，因此如何在课程教学中评价学生学习效果，是教师们最关心的问题，也是美国大学教师做出最多创新的一个领域，值得专门介绍。

本章共七节，首先讨论几个与CLOA有关的概念和理论问题，随后五节分别介绍形成性评价、评价量表、课堂学习效果评价、真实性学习效果评价、学生学习成就档案袋五类方法，最后是对美国大学当前实践的总结和反思。

第一节　几个基本问题

首先讨论几个有关CLOA的概念问题。第一个是评价和评估。上一章已经介绍过美国高等教育学界对评价（assessment）和评估（evaluation）这两个术语的区分。评价和评估分别指两类不同的活动。评价指从教学角度对学习效果的评价，评估指从管理角度对学校与专业进行质量和有效性评估。从历史上看，美国是先有评估，后有评价。因此，尽管评价和评估这两个词在语义上是近义词甚至是同义词，但它们分别指两种不同的活动。

第二个常见语义混淆是评价和打分（grading）。在实践中很多教师把给学生作业打分看作学习效果评价。打分确实可以看作是一种学习效果评价，但评价不等同

① 本章原发表在《高等工程教育研究》2019年第6期上。作者：赵炬明、高筱卉。此处文字略有修改。

于打分。评价是指教师根据教学目标，检查教学进展情况，以便调整改进教学。从控制论角度看，评价是根据目标检查活动，以确保最终达到预定目标。因此在课程教学中，有些打分是评价，还有一些打分不是评价。例如，对学生到课情况打分并将结果计入总分，这种打分就不是学习效果评价，而是课堂管理。此外，也不是所有学习效果评价都要打分。例如，教师用课堂随机提问方式检查学生学习情况是一种评价行为，但通常这种随机提问并不打分，也不计入学生成绩。这些情况都表明，评价不一定是打分。这里需要区别的是，评价是检查教学活动达标情况，打分是给学生一个成绩。两者的目的和功能并不完全相同，故不宜混淆。

三是“learning outcome”究竟指什么？“学习效果”还是“学习成果”？[①] 其实这不仅是个术语翻译问题，而且是关于“learning outcome”究竟指什么的问题。对此英文文献中也是争论不断。不同的人从不同角度看同一件事会有不同看法，因而会产生歧义。例如，从管理评估角度看，学生学习效果不应该只是计算能力、写作能力、工程能力、编程能力、批判思维能力、创造能力等，因为这些都是局部和片段。管理要看最终效果，看最后结果，要看最后成型的东西，看学生毕业时是否达到预定培养目标。因此从评估角度看，学生学习效果应该是学生毕业率、保持率、就业率、专业对口率、就业起点工资[②]等。这些标准是质量管理的重要指标。但对教师和课堂教学来说，这些指标毫无意义，因为教师们无法根据这些指标来设计课程和组织教学。因此对课程教学来说，学生学习效果的指标应该是学生在学习中是否达到教师设定的教学目标，因此课堂教学评价需要另一类指标。这类指标是从课程教学目标发展出来的指标，如计算能力、写作能力、编程能力、工程能力、批判思维能力、创造能力、问题解决能力、合作交流能力、领导能力等。也就是说，关于学生学习效果评价，存在管理和教学两个不同角度，且各有其合理性，应当区别对待。我建议把管理角度的“learning outcome”译为“学习成果”，而把课程教学角度的“learning outcome”译为“学习效果”。这样区分至少在中文文献中可以避免英文文献中的那种词义混淆，以及随之而来的误解和无谓辩论。简言之，谈课程教学就用“学习效果”，讲专业学位质量就用“学习成果”。这个区分也符合中文文献现有的表达习惯。

那如何把课程教学中的“学习效果”转变为质量管理要求的“学习成果”呢？

---

① 感谢加州大学院校研究办公室主任常桐善博士。和他的讨论启发了这段文字。

② 就业起点工资指正式入职后的初始工资，不指试用期工资。

答案是通过专业矩阵。专业矩阵要从知识、技能、价值三个维度规定每一门课程的教学目标。如果专业矩阵设计合理，各门课程只要完整实现专业矩阵确定的教学目标，就可以保证学生在毕业时能达到专业预定的“学习成果”。按这个原则，专业评估时应该注意两个重点：一是检查专业矩阵设计的合理性；二是检查专业内各门课程是否完整实现课程目标。抓住这两个关键点，就可以确保课程学习效果顺利转变成专业学习成果。

第四个问题是关于学习效果测量和评价的科学性和可靠性。这实际涉及三个问题。其一是学习效果本身的特点造成的测量和评价困难。学习效果有长期效果和短期效果。有些学习效果不是当下就显现的，要经过很多年才能显现。典型的例子是苹果手机。苹果手机的设计以简洁著称，当人们问乔布斯其设计思想来源时，乔布斯说是来自他早年在大学学过的一门美术字课以及后来他在泰国佛寺里的体验。这些早年学习经验在他后来的产品设计中发挥了作用。这种长期效果可不是大学教学评价可以测量的。但这些效果显然是大学学习最宝贵的效果。

其二，即使是短期效果也存在测量困难，因为教学活动及其效果之间的因果关系很少是一一对应的，经常是“一因多果”或“一果多因”。造成这种现象的原因很复杂，目前的学习科学基本是在一些基本原理基础上“猜测”大脑中发生了什么，并用这些猜测来解释学习活动中的因果关系①，因此不存在可靠的科学结论。目前绝大多数学习效果评价方法主要来源于教师们的实践经验，而非来自脑科学和学习科学。这种状态使得目前的学习效果评价很难谈得上是科学的和可靠的。②

其三是学习效果评价数学工具的性质。在学习效果评价中广泛采用统计方法。但统计方法只能显示因素之间的相关性，而不能显示因果性。理论的科学性要求建立在因果性基础之上。因此这也削弱了学习效果评价的科学性和可靠性。更不要说由于多因多果特点而引起的数学建模问题和计算复杂性问题了。③

这三方面问题在我看来都堪称学习效果评价的“阿喀琉斯之踵”（Achilles' Heel），它们严重削弱了学习效果评价理论和方法的科学性和可靠性。也正因为如

① 对目前学习研究的简要总结参见 D. Phillips, J. Soltis, *Perspectives on Learning* (5th), Teachers College Press, 2009。更全面深入的介绍参见 Norbert M. Seel, (editor in chief), *Encyclopedia of the Sciences of Learning*, Springer, 2012.

② 关于脑科学对学习和记忆的研究，参见 Mark Gluck, et al, *Learning and Memory: From Brain to Behavior* (3rd), Worth Publishers, 2016.

③ Charles Secolsky, D. Brian Denison (ed.), *Handbook on Measurement, Assessment, and Evaluation in Higher Education* (2nd), Routledge, 2017: chapter 2, chapter 25-28.

此，我认为目前在SC改革的所有领域中，学习效果评价是最短的短板。更糟糕的是，我们目前还看不到这个领域会有什么令人欣喜的突破。

上述问题还导致了学习效果评价的另一个特点：经验性。由于上述问题的存在，目前的学习效果评价主要依赖经验，尤其是教师们长年积累的有效经验。也就是说，目前学习效果评价很像工程和医学，在缺少可靠科学理论的某种情况下，只能依靠“经验公式”和“验方”。尽管目前还说不出这些经验公式和验方的科学依据是什么，但我们知道它们在实践中有效。而且相信，凡有效方法必有其合理性。从这个意义上讲，目前在SC改革中被推荐使用的学习效果评价方法基本上都是经验性的，即是被实践证明的有效经验。这个特点尤其值得关注，千万不要把它们简单等同于科学。但也要注意，有效经验必然包含某种未知的合理性。因此在实践中，我们要首先寻找科学依据，如果不行则依赖有效经验，以此弥补科学理论的不足。这就是目前学习效果评价研究的现实处境。本章下面介绍的这些方法都有这个特点，它们最好被看成是美国大学教师在SC改革中积累的有效经验。

第五个问题是CLOA和教育技术。CLOA涉及两个活动：收集数据和分析数据。如果用传统方法，它会占用大量时间，让教师们望而却步。但现在有了新的教育技术，如雨课堂、微助教、Blackboard、学习管理系统等。这些教学技术中的学习管理功能可以大大减轻教师们收集和分析数据的工作负担，从而为推广CLOA创造了有利条件。因此应该鼓励和帮助教师采用教学技术来收集学习效果信息。

第六个问题是CLOA与学校支持系统。CLOA需要学校支持系统的帮助，这包括学校要认可教师们的努力并给予激励，为他们提供必要的经费、技术环境和物质条件等，还要建立专门机构系统收集评价信息，这些信息不仅可以为学校教学工作决策提供依据，还可为未来的学校和专业评估奠定基础。

最后介绍一些重要文献和网站供参考。关于课程教学评价的文章和书籍很多，其中有三本书值得重点关注。一是1993年出版的《课堂评价技术（第2版）》，二是2016年出版的《学习评价技术》。[①] 这两本都是工具书，特别适合教师们参考。

① T. Angelo, K. Cross, *Classroom Assessment Techniques: A Handbook for College Faculty* (2nd), Jossey-Bass Publishers, 1993; E. Barkley, C. Major, *Learning Assessment Techniques: A Handbook for College Faculty*, John Wiley & Sons, 2016.

另一本是2017年出版的《高等教育测量、评价评估手册》。[①]这本书全面总结了这个领域的研究进展情况，尤其适合研究人员参考。关于美国大学中的CLOA实践，建议参考卡内基梅隆大学、北科罗拉多大学、明尼苏达大学、麦吉尔大学等校的教学支持中心网站。这类网站通常都有很多CLOA方法介绍。希望了解美国整体情况的学者，建议访问美国全国学习效果评价研究所（NILOA）网站，这是研究美国大学学习效果评价的中心。十年来该中心经常发布有关CLOA的专题研究报告、调查报告和实践研究报告，是了解美国该领域情况的最佳窗口。下面介绍的情况主要来自这些资源。

下面介绍美国学者和教师们在SC改革中创造的五类CLOA方法。

第二节 形成性评价

形成性评价（formative assessment，FA）是指在教学过程中，教师为了解学生学习情况而进行的学习效果评价。目的是让教师通过随时了解学生的学习情况，及时给学生反馈和做出教学调整，以便促使学生更好地学习。这个描述中有三个关键点：（1）教学过程中；（2）反馈学生和调整教学；（3）促进学生更好地学习。

传统教学评价的目的是通过检测学生学习效果，据此给学生一个成绩。也就是说，传统教学评价的主要目的是学生学习成绩认定而不是促进学生学习。因此传统大学教学评价的基本方式是期中和期末考试，目的是打分，给成绩。并不包括形成性评价的三个特点。由此观之，传统教学评价和形成性评价有根本区别。

但直到今天，教师仍需要给学生一个学习成绩，作为对其学习过程和学习结果的评价。为此而进行的学习评价，被称为终结性评价（summative assessment，SA）。也就是说，凡是为最终评价而进行的CLOA，包括小考、期中考和期末考，都属于终结性评价。

但是，如果教师根据SA所反映出来的问题，给学生以反馈并调整教学，那

① Charles Secolsky, D. Brian Denison (ed.), *Handbook on Measurement, Assessment, and Evaluation in Higher Education* (2nd), Routledgezoli, 2011.

SA就有了FA的性质。[①] 在FA思想启发下，教师可以把SA变成FA。这是以前CLOA所没有的。也就是说，FA的核心思想是用CLOA来促进学生学习，这才是当代教学评价的核心理念。正是这一点，使得FA成了SC教学改革的一个重要方法。

因此，形成性评价思想是大学教学评价领域中的一个革命，它改变了对教学评价的传统认识。下面简要介绍这段历史并讨论其对当代大学教学评价的影响。

美国当代SC改革深受普通教育领域教学改革的影响，很多理论和方法首先是在普通教育领域中提出来的，后来才扩散到大学教学领域中去，形成性评价就是一例。

FA这个概念最初是由美国学者斯克瑞文（Michael Scriven）于1967年首次提出来的，他明确区分了FA和SA。[②] 他的思想启发了布鲁姆。布鲁姆提出，教师在每个学习单元之后都应该检查学生学习效果，只有确信学生已经掌握这个单元的知识后，才开启下个单元的学习。这就是布鲁姆的"掌握学习"（mastery learning）的思想。

布鲁姆之后，有人不断发掘FA概念的潜力。如果评价不为打分，那FA的目的是什么呢？为了收集学生学习状态数据，以便反馈学生学习和反馈教师教学。引进"反馈"这个概念表明，控制论思想进入了教学评价研究。控制论的基本思想是，对任何一个控制系统，都可以通过采集系统状态信息的方式来揭示系统状态与目标之间的差距，从而采取调整措施，确保系统保持在预定的目标状态上，从而确保系统稳定和目标实现。控制者通过采集信息调整系统状态，缩小与目标之间的差异的活动叫反馈。在控制论框架下，教师采集学生学习状态数据的目的是为了解当前教学状态，以便反馈学生和反馈教学，从而保证最终实现课程教学目标。在这个视角下，CLOA是为了反馈，目的是让师生可以主动调整学习和教学。反馈和调整这两个术语的出现，意味着CLOA成了师生主动控制教学过程的关键环节。这赋予CLOA新的含义：评价不是为了打分，而是为了主动控制教学。这个思想是革命性的。

就像瞄准打靶一样，眼睛要随时观察准星和标靶的差距，并不断调整身体动

① 期终考试虽然不能帮助改进当前学生的学习，但可以帮助改进未来学生的学习，因此仍然具有改进学生学习的作用。

② Janet Looney, "Formative Assessment and Improving Learning," in Norbert M. Seel (editor in chief), *Encyclopedia of the Sciences of Learning*, Springer, 2012: 1318–1320.

作，以保证击中靶心。因此，反馈与调整过程是连续的，不能是只有小考、中考和大考。信息采集的方式也不能只是考试，而是要针对所有可能影响目标实现的因素，采取多种方式采集信息。和打靶一样，你会注意标靶、距离、风速、天气等因素，还会调整肘部和腕部肌肉、调整呼吸和身体姿势等，以适应打靶需要。与此类似，进行教学评价时，要注意所有和学习有关的要素，如学生已有知识准备、学习兴趣、身体状态、情感情绪等，以便采取适当措施，改进教学。同时还要把采集到的信息告诉学生，帮助他们主动调整学习状态。这样一来，CLOA 就变成了教学活动的一部分，而不再是考试。同时，CLOA 也就不仅是为了评价学习，而是为了促进学习。这些思想都丰富了人们对教学评价作用的认识。

按控制论的思想，FA 包含四个步骤：（1）确立对学生表现和期望的标准；（2）收集信息了解学生当前学习状态；（3）找到缩小学生当前表现和预期目标之间差距的策略和方法；（4）实施策略以消除差距。

随后人们又根据建构主义心理学，提出学习是学生在自己头脑中建构认知框架，教师的责任是设计、引导和管理这个过程。根据社会文化建构主义，认知建构是在课堂这个特定社会环境中，由学生和教师共同完成的。因此课堂氛围、学习目标和期望确定、学习过程等都应当让学生参与，以提高学生对学习的责任感，主动参与学习。这些构成了积极学习理论的基础。同时人们还认识到，只有当学生处于积极学习状态时，学习才能从“学了就忘”的浅层学习变成“终身难忘”的深度学习。

2005 年奥拉尔和劳皮兹比较了布鲁姆的与扩大后的 FA 概念（见表 7–1）。① 这个比较显示，布鲁姆之后，把学习评价融入整个教学过程和让学生积极参与学习评价，是 FA 的两个主要变化。

表 7–1 布鲁姆的与扩大后的 FA 概念比较

布鲁姆的 FA 概念	扩大后的 FA 概念
在每一个教学单元之后插入 FA	把 FA 融入所有学习情境
反馈—纠正—补课	使用多样化方法收集数据
FA 过程由教师掌握	反馈 + 教学调整—形成规则
学生务必掌握所有学习目标	让学生积极参与 FA
补课使被评估的学生受益	FA 既帮助当前的学生，也帮助未来的学生

① L. Allal, M. L. Lopez, “Formative Assessment of Learning: A Review of Publications in French,” in OECD (ed.), *Formative Assessment: Improving Learning in Secondary Classrooms*, OECD Publishing, 2005: 245.

2012年劳尼（Janet Looney）又根据后来的发展，总结了当代FA的六个特征：

（1）建立鼓励互动和使用评价工具的课堂文化；

（2）建立学习目标，跟踪每个学生的学习进步；

（3）使用多样化教学方法来满足学生多样化学习的需要；

（4）使用多样化方法检测学生的进步；

（5）针对每个学生的学习进展向学生反馈，并进行相应的教学调整；

（6）在教学中引导学生积极投入学习。[①]

劳尼的总结显示，除了鼓励学生积极参与和把评价融入整个教学过程外，加强互动与个性化是当前FA的两个新特征。

这些发展都表明，对于教学评价，FA更像一种思想而不仅是一种方法，它对当代大学教学评价的影响深远。读者可以根据中国大学的实际和自己的教学体会，从FA中发掘出更多的意义和方法。因此特别希望读者能从这个角度看待FA及其对美国大学CLOA方法与实践的影响，而不要仅仅把FA当成一种方法。

第三节　评价量表

评价量表（rubric）是美国大学的一个创造，也是广泛使用的一种评价方法，非常值得注意。关于评价量表的介绍和研究文献很多，很多大学教学支持中心网站上都有。但国内有关介绍和研究并不多。目前一本比较好的介绍性著作是华南理工大学出版社翻译出版的《评价量表：快捷有效的教学评价工具（第2版）》[②]。此书可作为入门书。

评价量表是一个包含评价维度（criteria）、评价等级（grade）和评价标准（standard）的表格。表7-2是美国一个小型文理学院制定的课程研究论文评价量表。

① Janet Looney, "Formative Assessment and Improving Learning," in Norbert M. Seel (editor in chief), *Encyclopedia of the Sciences of Learning*, Springer, 2012: 1319.

② 史蒂文斯等:《评价量表：快捷有效的教学评价工具（第2版）》，陈定刚译，华南理工大学出版社，2014。

表 7–2 康奈尔学院课程研究论文评价量表[①]

	新手	学徒	熟手	专家
知识整合	文章不能显示作者充分理解课程所学概念并能应用。	文章显示作者在一定程度上理解并能应用课程所学概念。	文章显示作者在大多数情况下能理解和应用课程所学概念。但论文有些结论没有得到充分论证。	文章显示作者充分理解并能应用课程所学概念。所学概念被很好地融入作者自己的见解。结论显示作者具备分析和综合这些概念的能力。
主题聚焦	论题没有得到很好定义。	就作业要求来说，论题太宽。	论题聚焦了但缺少方向。论文应该聚焦一个特别主题，但作者没有确立自己的立场。	根据作业要求，论文论题很好地聚焦，论题从立场陈述和初始假设两方面为论文提供了明确的方向。
讨论深度	论文讨论草率，只有少数部分有简要的讨论。	各部分讨论深浅不一。过分引用他人观点，缺少自己的看法。	论文讨论有一定深度，大部分论述也比较充分。	论文各部分均有深度讨论和充分的论述。
一致性	所有信息没有联系起来，论文不成整体，各部分分裂。各部分标题应该联系概念，文章显示作者没有理解各部分概念之间的关系。	论文偶尔能把各种资源的信息联系起来，但论文明显断裂，缺少流畅性。显示作者并没有充分理解来自各种资源的材料之间的关系。	论文能把各种资源的信息联系起来。论述基本流畅，偶有断裂。显示作者对来自各种资源的材料之间的关系有一定的理解。	来自各种资源的信息被很好地联系起来。论述流畅。显示作者对来自各种资源的材料之间的关系有很好的理解。
拼写和语法	太多的拼写与语法错误。	有明显的拼写和语法错误。	偶尔有拼写和语法错误。	没有拼写和语法错误。
资料来源	参考文献不到 5 种，同行评议文献不到 2 种。引用了不可靠网络文献。引用的文献不是当前文献。	引用的当前文献不到 5 种，同行评议文献不到 2 种。引用了不可靠的网络文献。	引用了 5 种当前文献，至少 2 种是经同行评议的。所有引用的网络文献都是可靠的。	引用了 5 种以上的当前文献，至少 3 种是经同行评议的。所有引用的网络文献都是可靠的和有权威性的。
资料引用	没有给出出处。	有些数据给出出处。引用方式要么不一致，要么不规范。	大多数数据引用给出出处。文字和文献引用的方式（APA）统一并且规范。	所有数据引用都给出了出处。文字和文献引用的方式统一并且规范。

① https://www.cornellcollege.edu/LIBRARY/faculty/focusing-on-assignments/tools-for-assessment/research-paper-rubric.shtml，访问日期：2019 年 8 月 10 日。

从表 7-2 可以看出，表的第一列是评价维度，表的第一行是评价等级，表格内的内容是评价标准。以表格方式呈现评价的维度、等级和标准，这就是评价量表。显然，评价量表几乎可以用于所有课程，尤其适合评价主观性较强且多人参与评价的课程。评价量表可以大大提高这类评价的客观性、统一性和公平性。

其实评价量表并不是一个新鲜事。凡参加过高考阅卷的教师都应该见过类似评价量表。高考阅卷之所以要制定统一详细的评价量表，目的是保证评分的统一性、客观性和公平性。但美国大学对评价量表的创意使用，常让人耳目一新。现举例如下。

首先，教师可以在课程开始之初就把课程评价量表交给学生，并和学生讨论评价量表，仔细解释这些评价标准的含义，直到所有学生充分了解为止。如果学生在课程开始前就清晰地了解课程的教学目标、评价标准和教师期望，他们就会更主动地调整自己的学习，以满足教师期望。也就是说，课前和学生清晰地交流课程的教学目标和评价标准，可以促使学生有效学习，减少学习中的盲目性。就此而言，评价量表可能是目前所知的最好方法之一。

不仅如此，教师还可以让学生参与制定评价量表。和学生讨论希望把什么作为课程目标，如何考核以及采用什么考核标准。围绕评价量表构建，和学生讨论课程的教学目标、学习方式和评价标准。通过讨论，把教师的目标和标准变成学生的目标和标准。这也被认为可以更好调动学生学习的主动性和积极性。在不影响公平的条件下，教师甚至可以允许个别学生制定自己的课程目标、考核方式和评价标准，以满足其特定的学习需要。这样一来，评价方法就成了激励学生学习的工具。

其次是学生评阅。有了评价量表和统一理解，就可以让学生自己进行评阅，包括自评和互评，但最好是先互评再自评。经验表明，人发现别人的问题容易而发现自己的问题难。学生互评可以加深学生对课程内容的理解，发展他们的审辨性思维能力。通过互评，学生可以更好地理解课程的目标和标准，思考自己作业中的问题和原因，从而更好地完成自己的学习和作业。

学生评阅容易引起的一个疑问是，这会不会影响成绩评价的准确性和公平性？有研究表明，如果评价量表制定得足够具体和清晰，学生互评的结果与教师评价的结果之间没有显著差异。对成人学生而言，学生自评甚至比教师评价更严。[①]通过学生互评培养学生审辨能力，这是评价量表方法的一个独特贡献。此外，对主要依靠

① Philip M. Sadler, Eddie Good, "The Impact of Self- and Peer-Grading on Student Learning," *Educational Assessment* 11, no.1 (2006): 1–31.

助教批改作业的大班教学，评价量表还有助于保持评分的统一性和公平性。

最后是评价量表的多样性。目前在美国大学中，评价量表几乎被使用到所有领域，不仅用于评价课程、论文、项目，还用于评价实践活动如表演、团队活动等。不仅可以评价整个团队，还可以评价每个成员。不仅可以评价学生表现与成绩，还可以评价教师的教学工作如教学大纲、课程计划、教学活动等。总之，评价量表几乎被用在了一切可以和需要评价的地方。这就导致了美国大学中出现了各种各样的评价量表。

多样性也导致了一个问题，即评价量表的可靠性。为了解决这个问题，美国出现了评价量表制定专门化倾向，即专门组织专家来制定专门化的评价量表，并进行效度测验。其他人则使用这些专门化量表或根据自己的需要略加改进，以保证评价量表的可靠性。例如美国高校联合会（AACU）组织专家针对16种通识能力制定了16个专门化评价量表，包括研究与分析、审辨性思维、创造性思考、交流性写作、口头交流、阅读、定量素质、信息素养、团队合作、问题解决、公民参与、跨文化知识与能力、伦理推理、终身学习基础、全球化学习、整合性学习等。[①] 专业的课程公司如皮尔森（Pearson）公司也为自己出版的教科书制定专门化的课程评价量表。医学、工程等专业领域的课程教学专家也联合起来，发展各种专门化评价量表，甚至出现了专门定做评价量表的公司。因此，今天制作评价量表不要从头开始，而是应先到网上搜寻一下，看有没有现成的成熟量表，然后拿来改造使用。这样可以节约很多时间，效果也会比较可靠。

总之，评价量表是一种非常有效的CLOA工具，值得中国大学教师学习并采用。

第四节　课堂学习效果评价方法

课堂教学（in-classroom）和非课堂教学（out-classroom）是大学教学的两种基本形式。顾名思义，课堂教学是指以教室为基本教学场所的教学模式，主要以讲演和讨论为主要教学形式，偶尔也可插入一些室外活动。非课堂教学模式指把学生带入社会，在真实场景中进行教学，故可称为真实性学习。本节先介绍课堂评价方

① https://www.aacu.org/value-rubrics，访问日期：2019年8月10日。

法，下一节介绍真实性学习评价方法。

关于课堂评价方法（in-classroom assessment techniques），美国目前有两本比较好的参考书，一本是安吉罗（Thomas Angelo）和克鲁斯（Patricia Cross）编撰的《课堂评价技术（第2版）》（1993），一本是巴克勒（Elizabeth Barkley）和梅吉尔（Claire Major）编撰的《学习评价技术》（2016）。① 这两本书都是工具书，系统总结了美国大学课堂教学评价的实践和方法，而且前后继承，后者基本继承了前者的研究成果并且还有所发展。本节简要介绍这两本书的思路和方法，希望深入研究者建议阅读原著。

此外，美国各高校教学支持中心网站也有很多关于课堂评价技术的资料。这些网站上介绍的评价技术是为本校教师教学服务的，因此通常具有实战性，而且与本校专业有关。读者可以在了解通用课堂评价技术基础上，根据自己的专业和课程需要，到这些网站寻找适合自己需要的课堂评价技术。

安吉罗和克鲁斯在《课堂评价技术（第2版）》序言中说，他们的研究始于1986年的课堂教学研究项目，1988年完成该书首版并大获好评，但也收到很多意见和建议，于是她们进一步修改，于1993年出了第二版。此书遂成为该领域的经典。

该书一共描述了50个课堂评价技术方法，并指出这些方法基于七个假设：

（1）学生学习质量即使不是完全，也直接与教师教学质量相关，因此提高学生学习质量的办法之一是提高教学质量。

（2）要改进教学有效性，教师首先要制定详尽的教学目标，并能在教学中获得全面的反馈，以显示在多大程度上实现了这些目标。

（3）要改进学习，学生需要从教师处及时获得适当而准确的反馈，同时他们自己也要研究如何评价自己的学习。

（4）最能改进教学的评价是由教师自己回答自己编制的关于自己教学的问题。

（5）系统的研究和智力挑战可以激发教师动力，是促使教师成长的源泉。课堂评价可以提供这种挑战。

（6）课堂评价不需要专门训练，所有关注教学的专业教师都可以做到。

（7）和同事合作，积极参与课堂教学评价，教师能提高对自己教学的满意度。

该书的一个主要贡献是提出了教学目标性质决定评价方法的原则。由于教学评

① T. Angelo, K. Cross, *Classroom Assessment Techniques: A Handbook for College Faculty* (2nd), Jossey-Bass Publishers, 1993; E. Barkley, C. Major, *Learning Assessment Techniques: A Handbook for College Faculty*, John Wiley & Sons, 2016.

价的目的是检查教学目标的实现程度，因此应当根据教学目标性质选择不同的评价方法。这是课堂教学评价的一个重要原则。

为此该书把各种教育目标按性质分为六类：高阶思考类、基本学术技能类、专业知识技能类、通识教育类、工作职业相关类、个人发展类。接着列举了各类目标应采用的评价方法。作者提出，为了促使学生全面发展，课程应尽可能采用多种教学目标，而不要仅仅局限于课程本身的目标。例如专业课不仅应该考虑专业教育目标，还应当考虑通识教育目标，甚至个人发展目标等。同理，通识教育课程也应考虑专业教育目标。这种方式可以打通专业教育和通识教育，给学生更全面系统的训练。

这个教育目标性质决定评价方法的思路启发了巴克勒和梅吉尔。2016 年她们编撰《学习评价技术》一书时也采用了这个思路。但她们没有采用安吉罗和克鲁斯的教育目标分类系统，而是采用了美国著名课程设计专家迪·芬克（Dee Fink）的教育目标分类系统。

迪·芬克是俄克拉何马大学教授。他继布鲁姆课程设计模型后，提出了一个新的课程设计模型，叫整合性课程设计模型。① 他的整合性课程设计模型是在布鲁姆的课程设计三角形基础上，增加了深度学习课程目标、积极学习理论和教育性评价理论（见图 7–1）。从这个意义上讲，迪·芬克模型代表着布鲁姆模型之后的一个新发展，非常值得注意。

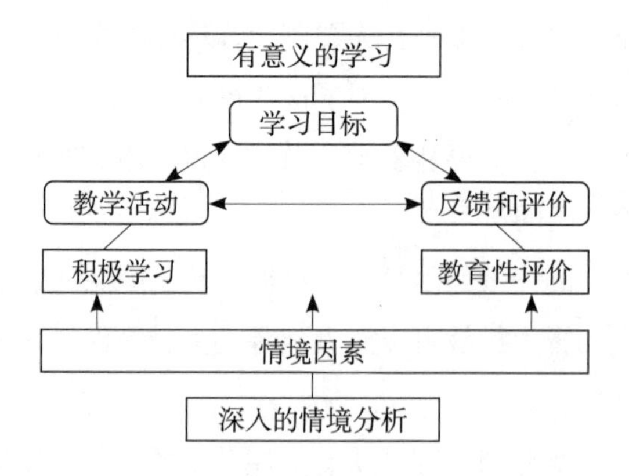

图 7–1 整合性课程设计模型

① Dee Fink, *Creating Significant Learning Experiences: An Integrated Approach to Designing College Courses* (2nd), Jossey-Bass Publishers, 2013. 该书初版于 2003 年，2013 年出了修订更新版（revised and updated edition）。浙江大学出版社曾翻译出版了该书第 1 版。迪·芬克：《创造有意义的学习经历：综合性大学课程设计原则》，胡美馨等译，浙江大学出版社，2006。此处主要参考该书的修订更新版。

迪·芬克注意到，有的教学能引起深层学习（即迪·芬克称的“有显著意义的学习”），有的只能停留在浅层学习层面。迪·芬克研究了能引起深层学习的教学的特点，他发现能引发深层学习的教学目标有六个维度：知识基础、知识应用、知识整合、人文、关心、学会学习。知识基础指课程需要掌握的知识；知识应用指应用知识的能力；知识整合指联系其他学科知识的能力；人文指学习中对自己形成新认识、新观点和新视野；关心指在学习中发展出新的兴趣和爱好；学会学习指学习中发展出今后深入学习该学科的能力。如果一门课程的教学能达到这些目标，这种学习就属于深度学习，或是“有显著意义的学习”。比较布鲁姆和迪·芬克的学习目标分类系统会发现，迪·芬克实际上是把学生在认知、情感、态度等方面的目标都整合进去了，而在布鲁姆的教育目标分类系统中，这三者是分离的。

但迪·芬克也认为，并非所有课程都能达到这些目标，可他同样认为，在课程设计时应尽可能多地包括这些维度。涉及维度越多，学习会越深入，效果也越显著。因此他提出了一个包括六个维度的学习目标体系（见图 7-2）。巴克勒和梅吉尔采用的正是这个学习目标体系。

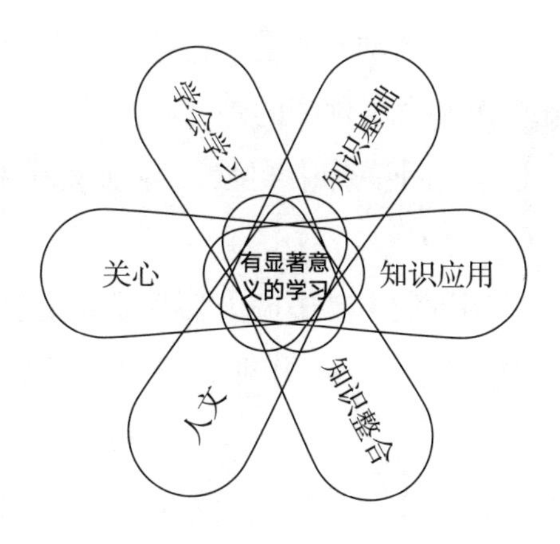

图 7-2　六类学习目标及其关系

巴克勒和梅吉尔为这六类学习目标推荐的 50 个评价方法如下。

◎知识基础类评价技术（10 个），检测学生知识准备及课程知识技能掌握情况。

（1）首日终考：上课第一天给学生一个和期终考试类似的考试。这样可以和期终考试比较，看学生最终学到多少。

（2）检查背景知识：编制一个问卷让学生填写，检查学生已有基础知识和预备知识的情况。

（3）进出场检查：用三至五个简要问题来检查学生的课前准备情况和课堂学习情况。

（4）总结填空：编写一个课程内容总结但在关键节点上留空白让学生填写，以检查学生掌握情况。

（5）综述要点：在一个单元课程结束之后，让学生简要综述该单元的知识要点。

（6）快速写作：教师提出一个或一组问题，要求学生当堂快速作答。

（7）最佳总结：在一个单元课程结束时让学生写一个简要总结。

（8）快速检查：教师出多选题让所有学生作答。教师检查情况后让同学分组讨论他们的答案。

（9）团队测验：让学生以团队方式完成测验。可先个人作答，然后分组讨论，提出小组最后答案，以促进学生相互学习。

（10）团队比赛：学生以团队方式参加考试或项目竞赛。

◎知识应用类评价技术（10个），检测学生思考的批判性、创造性和解决问题的能力。

（1）预测指南：在一项学习活动开始前，先让学生预测活动的过程和结果。在活动结束之后，比较实际情况和学生预测的差别。

（2）事实与观点：让学生阅读若干文献，鉴别文献中哪些是事实，哪些是观点。

（3）文摘评论：从要求阅读的文献中摘出某些部分让学生评论。

（4）见解/资源/应用：给学生一个作业，要求说明个人见解、观点资料来源以及可能的应用。

（5）指定主题：给学生一个已经学过的概念或理论，要求学生设想新的应用领域。

（6）问题分析：给学生若干问题情境，要求学生识别问题的类型和性质。

（7）问题听与说：学生两人一组，并给一个问题。让一个学生讲解决问题的思路，另一个倾听，注意思路、步骤和逻辑。然后交换角色。

（8）同伴审查：给所有学生一道题。学生做完与身边同学交换过程和答案，彼此相互检查分析过程和答案。

（9）三步法：制定方案、寻找资源、得到最佳效果是真实问题解决过程的三个步骤。给学生一个问题情境，让他们练习使用三步法。

（10）数字项目：给学生一个项目，让他们用数字技术方式呈现。

◎知识整合类评价技术（9个），检测学生联系其他学科知识的能力。

（1）知识网格：给学生一个带空格的知识框图或思维导图，让学生填写所有空格。

（2）顺序链：给学生一个事件、活动或决策过程，让学生按活动顺序以步骤图的方式表现出来。

（3）概念图：让学生用思维导图的方式表现出所学课程中所有概念之间的关系。

（4）问题日记：以当代问题为题，让学生结合学习材料，以日记形式，记录事件发展、自己的看法和思考。

（5）二元文章：学生两人一组，读同一篇文章，然后各自提出一个论文主题和论文写作大纲。然后相互交换查看，比较彼此提出的问题和写作大纲之异同。最后用评价量表来评价彼此的工作。

（6）综述文章：让学生就读过的若干文献，选一个主题，写一篇正式的综述文章。

（7）案例研究：给学生一个真实案例，让学生结合所学知识，撰写一个包括背景、问题、挑战和解决方案的案例研究。

（8）班级文集：让每个学生就课程主题写一篇代表自己最高水平的论文，然后结集发表。

（9）电子档案袋；让学生把自己在课程学习期间提交的所有作业，连同教师对这些作业价值和意义的评价，做成个人电子档案袋。

◎人文类评价技术（7个），检测学生在学习中形成新认识、新观点和新视野的情况。

（1）自由讨论：学生小组就课程相关问题自由交换思想，从准备、倾听、表达、深度四个方面评价他们有效参与讨论的程度。

（2）提名：就本专业领域的某个重要奖项，让学生通过集体研究提出一个候选人，并撰写建议获奖提案，包括其个人成就及支持获奖的理由。

（3）编辑评论：找一篇未发表的文章，让学生以刊物编辑身份给作者写信，告诉作者文章优缺点以及发表与否的决定及理由。

（4）戏剧性对话：设想两个人物（历史、现实、未来均可），让学生就某个问题，创作一个二人对话。

（5）角色扮演：让一组学生在教师指导下通过独立学习，创造一个戏剧性问题情境，由学生们扮演所有角色，展现这个情境。

（6）伦理困境：就一个专业伦理困境，让学生做出选择，并写一篇论文，说明自己决定的理由和思考过程。

（7）数字故事：用数字技术方式，针对特定观众，讲一个个人生活或学术经验的故事。

◎关心类评价技术（7个），检测学生在学习中发展新兴趣和爱好的情况。

（1）立场选择：就一个有争议问题，先让学生阅读包含各方观点的文献，让所有学生独立选择立场，然后按立场分组辩论，各组说明自己的立场和理由。辩论过程中允许个人立场转变，重新选组。

（2）三分钟表达：模仿三分钟学术竞赛，让学生用三分钟和一张PPT，说明自己的立场和理由。其他学生则用讲演评价量表对其进行评价。

（3）公益广告：结合课程内容，让学生就一个相关公益问题，制作一个有说服力的公益广告。

（4）公共讲演：让学生就本地区的一个公共问题，通过调查研究，提出解决方案，并做一个公开讲演，说服当地人重视并解决这个问题。

（5）编辑回信：在教师指导下，学生以刊物编辑身份，就文章录用与否给作者写回信。

（6）辩论：就专业领域内有争议的问题组织学生辩论，其他学生用评价量表就各方表现进行评价。

（7）简要文章：学生以个人或小组形式，就一个当前问题进行独立研究，综述主要问题，提出解决问题的行动方案。其他学生用评价量表对其进行评价。

◎学会学习类评价技术（7个），检查学生发展出今后深入学习该主题能力的情况。

（1）学习大纲：在教师指导下，学生撰写一份指导他人学习本课程的学习指导大纲，包括课程内容综述、学习要点和诀窍、考试准备等。

（2）制作评价量表：在教师指导下，学生就本课程的一个主要作业制定评价量表。

（3）编制考试试卷：在教师指导下，学生就某一个单元的学习内容，出一份试卷。

（4）罗列学习目标：在教师指导下，学生就某一个单元或主要学习活动，列举学习目标，并评估各目标的学习难度。

（5）课程学习日记：让学生在课程学习过程中，以日记形式撰写自己的学习活动和经验体会，反思自己的学习过程、主要挑战及反思等。教师规定日记要包括的内容和方面。

（6）掌握情况核查：对一项多阶段多步骤的学习任务，制定一个甘特图，反映各阶段各步骤要掌握的知识与技能。伴随学习过程，学生根据甘特图，检查自己的学习掌握情况。

（7）个人学习环境：让学生用关系图方式表现自己学习时所需各类资源和帮助的来源。

以上是《课堂评价技术》和《学习评价技术》这两本书的简介。作为手册，这两本书对每种方法的含义、目的、考查重点、使用方式、工作流程、各种变形、结果评价、注意事项等都进行了具体说明。想采用这些方法的教师可参考原著。这两本书都是美国课堂评价技术领域中里程碑式的著作，体现了美国大学在课堂评价技术方面的主要成就。

我认为，美国的实践有三点值得注意：一是课程教学目标分类，提出深度学习与各类目标整合程度密切相关；二是提出教学目标决定评价技术的原则，不同类型的教学目标应采用不同类型的评价方法；三是 CLOA 的教育性，学习效果评价应该有利于促进学生学习。但在中国大学课堂教学评价中，这三点经常被忽视。

第五节　真实性学习及其效果评价

我们在第四章和第五章中都介绍过真实性学习的理论与实践，这一节重点介绍真实性学习的评价方法。从文献看，澳大利亚和欧盟比较重视真实性学习，中美两国的相关文献并不多。[①]这可能和中美两国采用真实性学习这个概念较晚有关，例如美国文献中以前把真实性学习叫作“基于现实的学习”（reality-based learning）。

---

① 例如 Villarroel 等人用 authentic assessment、authentic instruction、authentic intellectual work 三个关键词搜索 1988—2015 年的英文文献，仅得到 112 篇文献，其中只有 40 篇是有关高等教育的，剩余为其他教育领域。V. Villarroel, et al, “Authentic Assessment: Creating a Blueprint for Course Design, ”*Assessment & Evaluation in Higher Education* 43, no.5 (2018): 840−854. 我用 authentic assessment 和 higher education 为关键词搜索了 UCLA 图书馆数据库中 2000−2019 年的文献，仅得到 38 篇，而且主要是澳大利亚学者的作品。

龙巴蒂（Diana Lombardi）在为OECD撰写的研究报告《为了21世纪的真实性学习：一个综述》①中给真实性学习下的定义是，真实性学习是在真实或拟真环境中，以真实问题为任务，在教师示范和帮助下，学生通过真实参与真实问题的解决过程，学习相关知识和技能，获得真实学习体验的过程。

龙巴蒂认为真实性学习有十个特征：

（1）和真实世界相关。真实性学习的学习任务必须和真实的专业工作相关，甚至就是真实任务。

（2）要解决的问题和真实生活中的问题类似，是非良构的，不同于被教师改造过的良构问题。非良构问题没有提供足够解决问题的信息和思路，可以有多种解读，需要学生自己去思考并寻找关键信息。

（3）这类问题不是即刻可以解决的，需要通过一定的调查研究。

（4）解决问题需要多角度思考，而且需要多种资源。

（5）解决问题需要与同学和相关人员合作。

（6）问题解决需要多次决策，需要经常反思自己的工作思路。

（7）问题涉及多学科知识，具有跨学科特点。

（8）和对真实工作成果要求一样，最终结果需要“抛光打磨”，直至完善。

（9）工作成果可以从多方面多角度进行评估。

（10）但整体效果需要整合式评价（integrated assessment）。

显然，按这个定义得到的真实性学习要比在第四章和第五章介绍过的真实性学习复杂和完整得多。

真实性学习的目的是让学生学到关于真实世界和真实生活的真知识和真本事。因此真实性学习不同于传统的大学课堂教学，而更加接近现实生活中和职场工作中的实践学习，是典型的“做中学”（learning by doing）。因此真实性学习特别适合应用型和职业型高校教学。显然，倡导真实性学习的主要原因是人们发现，传统大学教学模式培养出来的学生在认识真实生活和就业能力等方面存在不足，因此主张以真实性学习方式来缩小学校和现实生活之间的距离。

真实性学习的倡导者们认为，传统教学有三个缺陷。一是过于强调认知而忽视了情感、价值、态度等因素对学习行为的影响，因此主张寻求能激发学生全身心投

① M. Lombardi, *Authentic Learning for the 21st Century: An overview*, https://library.educause.edu/resources/2007/1/authentic-learning-for-the-21st-century-an-overview，访问日期：2019年8月10日。

入学习状态的教学模式。真实性学习就被认为是这样一种方式，能激发学生全身心投入学习。二是忽视学习环境对学习的贡献。真实性学习倡导者认为，真实场景和真实任务对学生的情绪、价值、态度等因素有重大影响，有助于激发学生学习动机。三是忽视学习的建构性。知识不是被教师灌到学生头脑中的，而是学生在真实工作与社会情境中构建的。真实性活动和实践对学生知识构建过程有重大影响。

维拉多尔（Villarroel）等人在文献研究中发现，真实性学习可以提高学生学习的自主性、对学习的责任感和主动性、自律能力、元认知能力、自我反思能力，尤其是处理不确定性和工作压力的能力、审辨性思维、创造性思维、规划和思考能力、与他人合作 / 互动 / 交流能力，在与专业相关的学习能力等方面也有提高和促进作用。①

做好真实性学习要注意五个关键环节：环境、目标、任务、活动、评价。学习环境必须是真实和接近真实的。这里的环境包括物理环境、社会环境、文化环境等，最好就是真实或虚拟真实职场。教育目标除了专业学习目标外，还应包括认知发展目标，如思考、创造、解决问题能力，情感发展目标，如审美、情绪、价值观发展、自我认知等，意志发展目标，如决策、行动、承诺、处理不确定性能力等，以及其他心理发展目标，如感知、感受、身体动员能力等。也就是说，应该包括迪·芬克提出的六类学习目标。因此，真实性学习任务应该具有龙巴蒂归纳的十个特征。真实性学习活动主要应该由学生自己计划和执行，教师的角色主要是帮助者和咨询者。

若此，如何评价真实性学习成果就成了一个挑战。由于和传统课堂教学评价方式有很大不同，因此评价问题成了真实性学习研究中的一个专门问题。在文献中研究者们提出了很多真实性学习评价的方法，此处总结为六个特点：

（1）强调真实性。真实性学习的目的是让学生认识和体会真实世界和真实生活，因此无论最终作业或作品是什么，它们都必须符合专业标准，即用行业专业标准来评价学习最终结果。这个评价标准和要求要事先告诉学生，而且要不断提醒学生注意这个要求，以便学生在整个学习过程中可以根据这个标准调整自己的学习行为。项目开始时最好邀请专业人士参与评价标准的制定，并向学生解释这些标准及理由，务必让学生清楚地了解这些标准及其意义。最后的评价中要邀请专业人士参加结果评审。

（2）评价的整体性（holistic）。真实性学习要能促进学生全面发展，要让学生

① V. Villarroel, et al, “Authentic Assessment: Creating a Blueprint for Course Design,” *Assessment & Evaluation in Higher Education* 43, no. 5 (2018): 840–854.

获得一个有显著意义的学习体验，因此评价要注意整体性。评价标准应包括学生学习的责任感和主动性、自律能力、元认知能力、自我反思能力，以及处理不确定性和工作压力能力、审辨性思维、创造性思维、规划和思考能力、与他人合作／互动／交流能力，及专业相关学习能力等方面，即包括对学生在认知、情感、情绪、意志、责任、价值、自我认知等多个方面改进与提高情况的评价。

（3）反思性自我总结为主。进行整体性评价的一个有效方法是，事先根据任务性质，和学生一起制定整体性评价量表，然后让学生根据评价量表以日记形式记录自己的提高和改进，最后对自己的工作和表现进行评价并说明理由，撰写学习总结报告。这就是反思性自我总结为主。

（4）个体评价为主。由于每个学生的项目可能不一样，在工作中担任的角色不同，每个学生的个人情况也不同，因此应根据每个人的发展和进步进行评价，即以个体评价为主。如果是以小组项目为最终考核项目，那么可以对作品按统一标准评价，但个人反思报告则采用个体评价。

（5）重视形成性评价。教师要积极参与整个过程，以便随时评价学生表现，及时反馈，以帮助学生顺利实现学习目标。真实性学习过程中要高度重视形成性评价。

（6）形式多样化。最终成果可以有很多形式，如项目作品或作业、学生学习总结报告，以及学习过程的各种中间产品，如计划书、草图、样品、照片、录像。可以把所有这些作品汇集成学生作品集（portfolio），加上教师的计划书、各项工作进展证据、工作记录、师生之间的反馈与交流记录、最后的作品展记录、录音和录像等。所有这些都是学生学习评价和教师教学评价的证据，也都是今后课程教学评估和专业评估的重要材料，要注意收集和保存。

总之，真实性学习评价和传统课堂教学评价有很大不同，需要进一步研究探索。

第六节　学生学习成就档案袋

和形成性评价一样，学生成就档案袋（student achievement portfolio）既是一种评价思想，也是一种评价工具。说它是评价思想，是因为它体现了形成性评价思想和成长性评价思想；说它是评价工具，是因为用成就档案袋可以记录学生的学习经历和成长过程。学习成就档案袋方法可以培养学生主动规划和反思自己学习的能力，教师可以借此向学生、家长、政府和社会展现学生的学习成就和教师的教学成果，这种方法还可以帮助教师、院系、学校发现教学中的问题。成就档案袋是当代大学教学成果评价的重要方法之一。信息化技术又催生了电子档案袋，大大推动了档案袋方法的使用和普及。目前电子档案袋已成了美国大学中主要的学习效果评价工具之一。

成就档案袋是由学生自己收集的最能反映自己学习成果的作品集——作品可以是文章、录音、录像、图纸、照片、制成品（artifacts）等，以及由学生自己撰写的反映其学习心路历程的学习心得报告的汇总，并有适当文字说明。其中包括四个要点：

（1）学生自己收集作品，决定作品的呈现方式，撰写学习心得报告，展现自己的学习成果和学习经历。

（2）只展现学生自己认为最好的作品，展示什么和如何展示，都由学生自己决定。因此反映的是学生自己对自己的看法。

（3）教师可以提出建议，但原则上不加干预。成就档案袋可以以课程为单位，让学生随着自己的学习进展，逐渐把个人学习成就档案袋丰富起来。

（4）档案袋要公开展示，以便同学们通过彼此参观来改进学习。目前美国大学流行的做法是，学生一入学就要求他们建立自己的个人学习网页，作为展示自己学习成果的平台。然后以课程为单位，记录自己的学习过程和成长经历。教师可以以课程为单位，要求所有学生制作课程成就档案袋。课程成就档案袋可以集中放在教师个人网页中，供未来学生参考。待教师评分完成后，再由学生分别整合到自己的个人网页中去。

从以上描述可以看出，成就档案袋为学生提供了一个展现自己学习成果和反思自己学习经历的工具和平台。通过收集和选择个人学习成果，学生可以不断明确学习的目标，增强学习责任感，反思学习过程，调整学习策略，提高元认知能力。通过不断更新个人学习成就网页，学生可以逐渐更好地认识自己，了解自己的学习兴趣、学习目标甚至个人的未来发展目标。这些都能很好地促进学生的学习和发展。从教学评价和评估来看，学生成就档案袋提供了一个直接展现学生学习效果的平台，是教师了解学生学习情况的重要渠道，为教师研究和改进教学提供了重要依据，也为专业评估和院校评估提供了关于学生学习效果的重要资料。我认为，档案袋方法最宝贵的优点是，提供了一个从学生角度看待学习效果和学习经验的视角，这与其他评价方法的教师角度不同，增强了教学评价客观化的基础。

档案袋方法最早受美术教育启发。美术院校的毕业生通常会收集自己最好的作品，在毕业时开个人作品展，以此展现自己的学习成果和成就。这种方法启发了教学评价人员，他们建议把这种方法推广到所有专业和课程教学中去，为教学评价评估中的效果证据收集问题提供了一个解决方案。近年来教育技术的发展大大降低了成就档案袋和个人网站的制作成本，于是成就档案袋方法在欧美大学中流行起来。

成就档案袋方法的推广也引起了一些讨论，主要是两个问题：一是如何决定成就档案袋的内容与结构。对此研究者建议，应把编制成就档案袋和课程设计结合起来，尤其是和教学目标与教学评价设计结合起来，把成就档案袋看成是 CLOA 的一部分。可以通过师生讨论、共同制定成就档案袋评价量表的方式，让学生清楚课程要求是什么，教师的期望是什么，然后以此引导学生制作成就档案袋。即把教学评价、评价量表和成就档案袋方法结合起来使用。教学评价和评价量表主要反映的是教师角度，而成就档案袋反映的是学生角度。从教师和学生两个角度反映学习效果，就会比较客观。

二是成就档案袋方法的有效性和可靠性。这主要和成就档案袋的学生角度有关，即我们在多大程度可以根据学生的自我评价来判断真实的学习效果。其实，这和医生能在多大程度上只靠病人陈述进行诊断的问题一样。我们不必认为学生的自我感受就是客观的和可靠的，但它至少提供了一个不同于教师的观察视角。就学习效果评价而言，没有学生视角不行，仅有学生视角也不行。恰恰是多视角观察，才可能使评价更加客观可靠。这个问题比较复杂，此处不深入讨论。

总之，就促进学生学习和学习效果评价来说，成就档案袋方法是一个好方法，建议中国大学尽快采用和推广。

第七节　实践与反思

上一章和本章讨论美国 SC 改革中教学效果评价的问题。上一章着重介绍了美国大学的教学质量保障体系建设，这一章介绍了课程层面的学习效果评价的理念和方法。这些都反映了美国大学教学效果评价的情况。

然而，上述介绍的都是理想情况，实际情况如何并未讨论。故本节以美国全国学习效果评价研究所（NILOA）2018年的调查报告为基础，考察美国高校教学评价工作的实际情况。然后在反思基础上，给中国大学提出几个建议。

NILOA成立于2008年，是美国最重要的学习效果评价研究机构。该所曾于2009年、2013年和2018年组织过三次全国性问卷调查，主要调查美国高校教学质量保障和教学评价工作情况，调查对象是教务长（provost）。2018年发表的调查报告的题目是《评价很重要：记录学生真实学习的实践趋势》①。这次调查是2017年做的。共发问卷2781份，回收811份（29%）。其中公立高校为56%，私立高校为44%。80%的回复来自教务长，其余来自学校教学评估负责人或机构。这次调查发现：

（1）多数学校做到了把专业学习与学校教学使命相结合。82%的学校清晰地定义了本校的本科教学使命，并要求各个专业都要紧扣本校本科教学使命，根据教学使命来制定本专业的学习成果指标。但只有36%的博士学位授予大学完成了这项工作。反之，100%的营利性高校完成了这项工作。

（2）评价方法多样化。美国高校使用多种方法评价学生的真实学习成果（authentic learning outcomes）。使用的方法包括NSSE调查（76%）、评价量表（71%）、课堂学习评价（64%）、毕业项目（61%）、校友调查（55%）、职业资格考试（52%）、雇主反馈（37%）、校外学习场合表现评价（36%）、AACU通识教育测量（34%）、成就档案袋（32%）等。不同类型学校使用的方法组合不同。

（3）学校支持。学校对评价工作最有力的支持是：让更多教师参与（51%）、为教师员工提供培训机会（46%）、学校更好地评估教辅人员能力（30%）。

（4）评价资料使用。评价所获资料主要用于改进课程教学与专业教学，也被用于学校教学工作和其他工作改进、学校战略和政策制定、校外评估机构评估、向社会提供问责报告等。但如何有效交流和用好评价资料，仍然是一个巨大挑战。

（5）教育技术。包括两方面：一是如何让教育技术在教学评价和学习效果评价中充分发挥潜力，这方面仍有待改进；二是学习效果分析技术，如何利用学习管理系统及其数据分析功能来收集和分析评价数据和资料，这也是一个巨大挑战。

（6）组织与领导。领导是关键。学校董事会在评价工作方面可以发挥重要作

① N. Jankowski, et al, *Assessment that Matters: Trending Toward Practices that Document Authentic Student Learning*, 2018. NILOA网站。

用。由教师领导的教学评价委员会和院校研究办公室可以为全校的效果评价工作提供必要支持。

（7）学校类型。规模越大、选择性越强的高校越不愿意采用多样化学习效果评价方法，教师参与教学评价活动的积极性越低，越不愿意进行全校性改变。这类学校通常是一流研究型大学。为什么学校规模和选择性水平会导致对评价的不同态度，是一个还不清楚的问题。

（8）未来哪些方法会比较重要。课程矩阵（77%）、激励教师有效设计作业（62%）、发展促使学生完成学业的有效途径（56%）、改进通识教育（52%）、提高高影响力实践质量并扩大采用范围（50%）、采用AACU通识教育评价量表（44%）、采用AACU关键学习效果（LEAP Essential Learning Outcomes）指标（28%）、以能力发展为基础的专业设计（23%）、发展综合性学习记录（23%）。

以上是NILOA2018年调查报告的主要内容。下面是一点分析。

（1）范围。调查发放问卷2781份，仅回收811份（29%）。由于学习效果评价是一个敏感问题，涉及学校声誉，因此做得好的学校应该会比较积极地回应，而做得不好的学校则可能采取回避策略。按这个假设，71%的未回复率就有点高。如果假设其中30%的学校本身做得较好，只是由于种种原因未能及时回复，而70%的学校因做得不够好因此不愿意参加调查，那在被调查的2781所学校中，大约有50%的学校是有意回避调查，这是一个令人担心的比例，即约有50%的高校在学习效果评价方面做得不够好。所以，该报告以“评价很重要”为题发表是有原因的，它是在呼吁更多高校重视学习效果评价工作。2018年NILOA十年回顾报告中总结道，目前“美国高等教育还远不能提供足够的学习证据，以指导学习和教学方法改进，从而提高学生和学校的表现”①。这个提法也佐证了上述分析。

（2）研究型大学。在调查中发现，规模越大、选择性越强的学校越不愿意根据学校本科教育使命来要求专业教学。这在美国应该是指研究型大学，即被调查的研究型大学中仅有36%的学校要求所有专业（program）紧扣本校本科教育目标。报告说其中原因尚有待调查。我的观察是，这是因为研究型大学教师的研究任务较重，因此教师没有把主要精力放到本科教学上。美国在这方面做得最好的是具有高度选择性的私立小型文理学院，这些学校的选择性也较高。因此，如何在研究与教

① G. Kuh, S. Ikenberry, “NILOA at Ten: A Retrospective, 2008–2018,” http://www.learningoutcomesassessment.org/NILOA_at_ten.html，访问日期：2018年12月15日。

学之间保持平衡，以确保教师用心从事本科教学，是关系美国研究型大学本科教学质量保障的重要问题之一。中国研究型大学显然也有同样的问题。

（3）专业与使命结合。NILOA 把专业教学目标结合本校本科教学使命作为重要的评价指标，这个指标值得注意。如果没有各专业教学支撑，学校本科教学使命就是空的。而要做到这一点，NILOA 认为学校领导至关重要，学校领导要担负起责任，在学校战略、资源、教师绩效评估、教师发展、教学技术与教学环境营造、学校政策与管理等方面给予足够支持，否则确保本科教学质量就是一句空话。

（4）多样化。NILOA 认为各校应该根据自己的情况来开展效果评价，不要搞“一刀切”。课程矩阵方法、课程教学设计与作业设计结合、评价量表、创新课堂教学评价方法、真实性学习评价方法、高影响力教学法、电子档案袋方法等，都被证明是广泛采用的有效方法。中国大学教师应该根据自己的情况，发展出适合自己条件的有效评价方法。

（5）教育技术。大力采用教育技术，加速学习管理系统、Blackboard、电子档案袋、雨课堂等教育技术的使用，可以有效减少教师们在信息收集和分析方面的压力。

（6）员工培训。建立学校教学支持中心，为教职员工提供必要培训，为教师提供教学咨询，确保教职员工能掌握 SC 理念和方法，对建立全校统一的教学质量文化十分重要。

（7）院校研究。建立院校研究办公室，系统收集全校教学效果评价信息，为学校和院系教学改进提供信息，为校内外各类教学评估做好准备。

以上是对美国大学学习效果评价工作的介绍和反思，供中国大学和教师们参考。

上一章和这一章介绍了美国大学在教学评估和评价方面的情况。至此，SC 改革实践的三个领域（实践与方法、学习环境与教育技术、效果评价与评估）就介绍完了，下面转向研究支持系统问题，包括赋能教师、激励教师和领导改革，这是以下三章的内容。

第八章

赋能教师：大学教学学术与教师发展[①]

本章和下一章讨论学校如何支持教师开展SC改革的问题。其中包括两类问题，一是如何提升教师教学改革能力的问题，二是建立制度激励教师积极参与教学改革的问题。前者是赋能教师，是教师发展问题，后者是激励教师，是组织管理问题，故分成两章。

教师是教学改革的基本力量，SC改革也是如此。SC改革本质上是一个群众性教学改革活动，其能否成功取决于广大教师参与改革的能力和意愿。因此SC改革的第一大问题是教师，要让他们能干、会干、想干、愿干。所谓能干、会干，是指通过让教师掌握SC改革的相关知识、模式方法、技术技能，获得开展SC教学改革的能力。所谓想干、愿干，是指为教师准备好必要的资源和条件如网络、空间、班级规模、设施设备、资源等，同时给予教师奖励和激励，使他们干得开心、无掣肘羁绊、无后顾之忧。让教师能干会干是赋能教师问题，让教师想干愿干是教师支持问题。本章讨论第一个问题，第二个问题留待下一章讨论。

SC改革有深厚的科学基础，涉及广泛的学科知识领域。然而绝大多数大学教师并未接受过相应的教育和能力训练。为了弥补这些不足，就需要为教师提供必要的知识和技能培训，这就是“赋能教师”（empower teacher）。赋能教师主要涉及两个方面，一是大学教学学术（scholarship of teaching and learning, SoTL），二是大学教师发展（faculty development, FD）。下面分别讨论。

第一节　当代SoTL

“scholarship of teaching and learning”（SoTL）这个术语直译应为“教学学术”。

---

① 本文原发表在《高等工程教育研究》2020年第3期上。作者：赵炬明、高筱卉。此处文字略有修改。

由于我们只讨论大学教学，故可译为“大学教学学术“，以区别于中小学教育中的教学学术研究。也有人把它译为“教与学学术”。这是由于在翻译1990年博耶提出的术语“scholarship of teaching”时，有人把它译成了“大学教学学术”。后来舒尔曼等人在博耶术语后面加一个“learning”，变成了“scholarship of teaching and learning”。为了体现这个变化，有人建议把后者译为“大学教与学学术”。但我认为，目前已经很少有人使用博耶的术语，并且中文“大学教学学术”已包含“学习”含义，故我建议把SoTL译为“大学教学学术”，而不用“大学教与学学术”这个佶屈聱牙的译法。但最好尽可能使用“SoTL”这个更简洁的表达。

现有文献一般都把1990年博耶发表的《大学教授的学术职责》作为SoTL的起点，但这个说法并不准确。从历史上看，对大学教学进行学术研究不是从1990年才开始的，而是自有现代大学教育以来就一直存在的。远的不说，1902年德国著名学者包尔生出版的《德国的大学与大学学习》一书，就用了相当多的篇幅介绍和讨论当时德国的大学学习、大学教学和教学组织制度，这显然属于大学教学学术研究。[①]再比如，为了推动美国的SC改革，美国学者门格斯1987年编撰了《教学、学习、课程与教师发展的关键资源》一书，收录了关于大学教学的重要文献687种。[②]可见1990年以前已经积累了相当数量的SoTL文献。由此可知，SoTL确实由来已久。

那为什么会把1990年作为起点呢？简单回答是，因为从1990年起卡内基教学促进基金会（Carnegie Foundation for the Advancement of Teaching，CFAT，以下称“卡内基基金会”）在主席博耶和舒尔曼领导下，发起了一场大学教学学术研究运动，并把它变成了一场国际性运动。因此博耶1990年的著作就成了这场运动的标志性起点。实际上，由博耶开始的这场运动应该称为“当代SoTL”，以区别于此前的SoTL。

另一个推动当代SoTL发展的重要力量是SC改革。SC改革主张吸收脑科学、青年发展科学、认知科学和学习科学等领域中的学术进步成果，反思传统大学教学模式，主张从传统的以教师传授为主的教学模式转向以学生学习为中心的新教学模式。要促成这个转变，不仅需要反思传统教学模式，还需要研究并实践新的教学模式，也就需要对大学教学进行学术研究。因此随着SC改革的发展，SoTL也蓬勃发展起来。从历史角度看，SoTL是与SC改革携手并行、相互促进的。今天SoTL已经成了推动SC改革的重要手段和途径。

---

① 包尔生:《德国大学与大学学习》，张弛等译，人民教育出版社，2009。原著出版于1906年。

② Robert Menges, et al, *Key Resources on Teaching, Learning, Curriculum and Faculty Development*, Jossey-Bass Publishers, 1987.

这一节首先介绍当代SoTL的发展情况和相关文献，然后介绍关于SoTL的六个重要讨论以及舒尔曼关于SoTL的两个重要思想，最后是关于在中国SC改革中开展SoTL研究的建议。

1. 当代SoTL发展情况

当代SoTL是由美国卡内基基金会首先倡导和推动起来的。作为一个群众性运动，SoTL的基本主张是，所有大学教师都应以促进学生学习为目标，对自己的教学活动展开学术研究，通过研究达到改进教学并提高教学质量的目的。起初只是个美国现象，随后扩大到其他英语国家和地区，如今已发展成为一个国际现象。目前很多国家都在推动SoTL，这已经被认为是大学改善学生学习、提高教学质量的重要途径和方法。

这些国家和地区也都发展出大量的SoTL基层研究组织，主要是各高校的卓越教学中心或教师发展中心。在这些基层组织支持下，教师围绕课程、专业和其他问题开展研究，并组建跨院系、跨校、跨地区、跨国的研究网。学术化、基地化、网络化、国际化是当前SoTL运动的四个基本特点。教师与研究者通过这些组织开展学术活动，研讨教学问题，发表研究成果。目前世界上已有数十种相关学术刊物。图8-1显示了过去20年SoTL的发展状态。由图8-1可见，自1998年以来SoTL一直处于缓慢而稳定的发展之中，并无明显的大起大落。

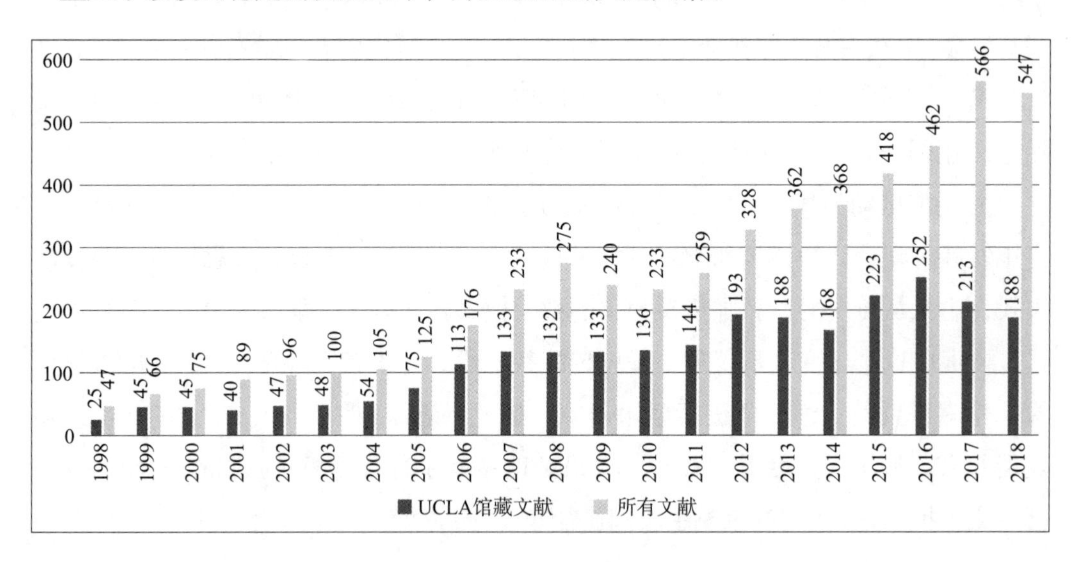

图8-1 SoTL文献发表情况

注：本图主要依据在UCLA图书馆以“SoTL”为主题词进行检索的结果，只包括同行评议的英文文献。深色为UCLA馆藏数据库文献，浅色还包括了非UCLA馆藏数据库文献。

图 8–1 显示的仅是英文同行评议期刊文献。如果用 Google Scholar，就可以查到包括所有语种的文献，结果如图 8–2。

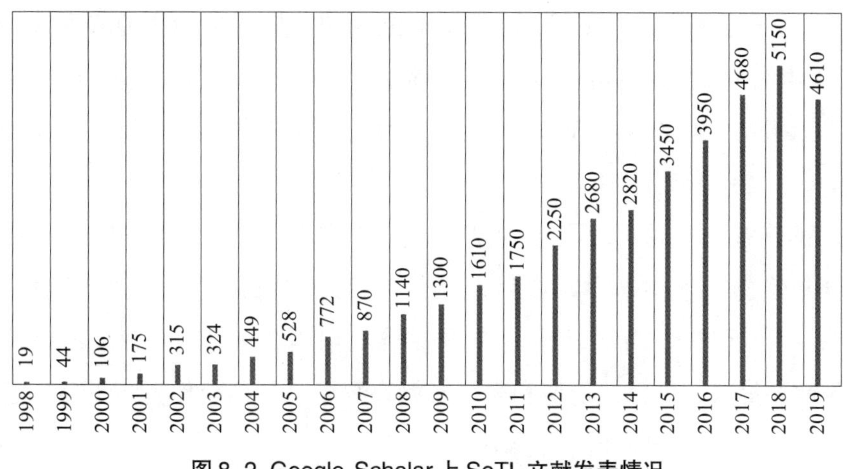

图 8–2 Google-Scholar 上 SoTL 文献发表情况

注：包括所有语种，即只要在文献中出现“scholarship of teaching and learning”这个术语的文献都包括在内，但可能存在相当数量的重复。

比较图 8–1 和图 8–2 可见，图 8–2 的文献数量比图 8–1 大得多，趋势也更陡。如果把图 8–2 看成是 SoTL 的社会影响，那么可以说，SoTL 的社会影响发展比其本身发展要大得多，约十倍之巨。故在估计这个发展时，应区别不同层次的发展。

国内学者也对 SoTL 有所研究。表 8–1 是刘晓阳于 2018 年所做调查的结果。①从表 8–1 看，国内学者从 1997 年起关注 SoTL 发展，从 2009 年开始关注度上升，至 2015 年发展出了一个小高峰，随后研究热度下降。目前已有四位博士生（王玉衡、宋燕、何晓雷、谢阳斌）以 SoTL 为题撰写了博士论文。这些论文在文献梳理方面做了很多工作，从不同角度展现了 SoTL 的发展、现状和问题。

表 8–1 教学学术研究论文发表时间分布

发表年份	期刊论文	学位论文	发表年份	期刊论文	学位论文
1997	1	0	2010	15	1
2000	1	0	2011	9	3
2002	1	0	2012	17	0
2005	1	2	2013	15	4
2006	2	0	2014	14	4
2007	2	0	2015	27	2
2008	3	2	2016	19	9
2009	6	1	2017	9	0

① 刘晓阳：《国内教学学术研究的元分析》，《河北农业大学学报（农林教育版）》，2018 年第 2 期。

我也做了一些文献调查，主要是四个方面：一是文献检索。由于我主要关心英文文献中关于 SoTL 的定义、性质、目标、对象、类型等问题的讨论，因此只搜索标题中含“scholarship of teaching and learning”的文献。在 UCLA 馆藏数据库 1998 年至 2019 年间的英文文献中，共有 396 篇此类文献。我浏览了所有这些文献的提要，并选读了其中约 50 份文献。由于中国博士论文中的最后一篇完成于 2016 年，故特别注意了 2015 年后的文献。

二是我就有关问题请教了卡内基基金会副主席哈钦斯（Pat Hutchings），她直接领导和实施了卡内基学院项目，也是项目总结报告《大学教学学术再思考》（2011）的主要撰稿人。我们翻译了这份报告，请她为中文版作序，并请作者们从今天的角度评价这个项目的价值和得失。她在征求其他两位作者意见后回答了我们的问题。后文会简单介绍他们的看法。

三是我寻找了近几年来的有关录像。一是想知道目前学界如何看待 SoTL；二是大会发言和小组讨论通常比较直接和简明，更便于准确把握讲演者的思考。例如，伊隆大学（Elon University）主办了 2013 年 SoTL 国际年会。会议期间大会对 SoTL 运动的一些重要人物做了采访，其中包括舒尔曼、哈钦斯、胡贝尔（Marry Huber）、巴斯（Randy Bass）、菲尔顿（Peter Felten）、伯恩斯坦（Dan Bernstein）等。访谈主题包括 SoTL 的历史和特点、讨论与争议、未来发展趋势。有关录像均可在该大学教学支持中心网站找到。[①] 这些访谈对了解 SoTL 很有帮助。我还特别关注了舒尔曼的看法，尤其是他近几年的讲演。例如 2016 年 6 月在南非库祖鲁大学的一个国际研讨会上，他以“研究与实践之间：SoTL 在学术界的位置”为题做了发言。[②] 发言中他回顾了自己的学术经历，比较全面地阐述了他对 SoTL 的思考。下面也会酌情介绍。

四是推荐几本对国内学者可能有用的著作。一是哈钦斯主编的《开放线索》（*Opening Lines*）（2000），这是她为卡内基学院项目研究者编撰的一个研究指南和案例集。二是《通过 SoTL 促进学习》（2007）。这也是研究指南。作者麦金妮（Katheen McKinney）是伊利诺伊州立大学社会学教授，也是该校克罗斯讲座教授，

① 伊隆大学教学支持中心网站网址为 https://www.centerforengagedlearning.org/，访问日期：2021 年 12 月 2 日

② Lee Shulman, “Between Research and Practice: Situating a Scholarship of Teaching and Learning Within the Landscape of the Academy,” https://www.youtube.com/watch?v=QUkglW66dRI，访问日期：2021 年 12 月 2 日。

多次获得优秀教学奖，曾任该校卓越教学中心主任（1996—2002）。2003年作为卡内基学者参加卡内基学院项目，完成一年研究后，一直参与该项目活动。这本书在美国颇受欢迎。另一本是她主编的论文集《专业与SoTL》（2013），主要讨论专业特征对SoTL的影响。[①] 专业特征对SoTL的影响，是近年来SoTL研究的主要话题之一。第四本是《SoTL：研究型大学的贡献》（2005年）。该书介绍了印第安纳大学通过一个为期四年的研究项目在本校推动SoTL研究的案例，可供我国研究型大学参考。第五本是香港教育大学学者主编的《数字时代SoLT的新实践》（2017）。该书探讨如何用教学技术来做SoTL研究，这也是当前研究中的热点话题。该书还有一个有趣之处，把SoTL变成了SoLT（scholarship of learning and teaching），即把"学"放到了"教"之前。这个改变代表着当前SoTL发展的一个新趋势。第六本是我们翻译的《大学教学学术再思考》（2011）。这是卡内基学院项目总结报告，由哈钦斯等三人撰写。该书总结了项目的起因、内容、过程和效果。由于该项目涉及美国和其他国家与地区，因此对美国及其他国家与地区的SoTL发展都有重要影响。[②] 希望这几本书对中国读者有所帮助。

以上是文献情况。我假定读者可以通过阅读这些文献来了解当前国内外SoTL的发展情况，故本章只使用但不重复相关信息。下面介绍SoTL发展中的几个重要讨论。

2. 关于SoTL的六个重要讨论

哈贝马斯说，社会运动的真正价值不在于改变权力的结构，而是要改变人们的所谓"常识"，使人们开始用不同的方式想事做事。这句话非常适合用于描述SC改革和SoTL运动。

SoTL作为一个社会运动，如果能就其定义、性质、目标、功能、活动方式等方面做出清晰说明，将有助其发展；反之将会阻碍其发展。麦金妮在《通过SoTL促进学习》一书中就指出，SoTL在这些方面的模糊状态，已经为理解、接受和践

① Katheen McKinney, *Enhancing Learning Through the Scholarship of Teaching and Learning*, Anker Publishing, 2007: chapter 1; Katheen McKinney (ed.), *The Scholarship of Teaching and Learning In and Across the Disciplines*, Indiana University Press, 2013.

② W. Becker, M. Andrew, *The Scholarship of Teaching and Learning in Higher Education: Contributions of Research Universities*, Indiana University Press, 2004; S. Kong, et al (ed.), *Emerging Practices in Scholarship of Learning and Teaching in a Digital Era*, Springer Nature, 2017.

行 SoTL 带来了困难。[①] 我的观察也是如此。

其实，任何学术发展初期都会碰到类似问题，SoTL 也不例外。但随着认识和实践的深入，这些问题通常都会得到解决，其面目也会逐渐清晰起来。但是，尽管已有 30 多年的发展历史，SoTL 的面目仍然不够清晰，这或许是其至今发展缓慢的重要原因之一。因此有必要讨论这些问题，以便正确理解 SoTL 并促进其发展。下面介绍六个重要相关讨论，并提出我的看法。

第一个问题是定义：什么是 SoTL？几乎所有文献都同意，博耶并没有为 SoTL 给出一个清楚定义。在我看来，博耶当时的目的主要是让大学教师把教学当成自己学术职责的一部分，呼吁重视教学，故把教学和学术关联起来。这才是当时博耶的目的。至于如何实现，博耶可能就没有仔细想过。今天看来，他的目的达到了。在他的号召下，人们真的开始把教学当作教授学术职责的一部分了，但如何实践这个问题并没有得到解决。

1995 年博耶突然去世，但他提出的大学教学是一种学术的说法在全国引发了广泛讨论。卡内基基金会找到斯坦福大学教授舒尔曼，期望他继任基金会主席。舒尔曼是芝加哥人，在芝加哥大学获得学士学位后，在教育学院跟随布鲁姆做博士研究。1963 年获得博士学位后到密歇根州立大学任教，研究教师教育和医生教育，并获得全国声誉。1982 年加入斯坦福大学教育学院。1996 年卡内基基金会找到舒尔曼时，希望他能继续博耶开始的大学教学学术运动。当时美国高教协会（AAHE）会长埃杰顿（Russell C. Edgerton）和协会主管教学研究的哈钦斯建议舒尔曼把他在教师教育方面的研究成果延伸到大学教学研究中去，继续从理论和实践两方面发展大学教学学术的概念。[②] 舒尔曼接受了这个建议。但他要求哈钦斯加入基金会，作为副主席和高级研究员负责这方面的工作。于是哈钦斯于 2001 年加入基金会，参与发起和领导了著名的卡内基学院项目（CASTL）。正是这个项目在推广和发展 SoTL 方面发挥了领导作用。[③] 就是在这个研究中，舒尔曼领导的卡内基基金会丰富和发展了 SoTL 的理论与实践。

---

① K. McKinney, *Enhancing Learning Through the Scholarship of Teaching and Learning*, Anker Publishing, 2007: chapter 1.

② Lee Shulman, "Between Research and Practice: Situating a Scholarship of Teaching and Learning Within the Landscape of the Academy," https://www.youtube.com/watch?v=QUkglW66dRI，访问日期：2021 年 12 月 2 日。

③ P. Hutchings, et al, *Scholarship of Teaching and Learning Reconsidered,* Jossey-Bass Publishers, 2011. 中文版即将由湖南教育出版社出版。

CASTL 项目最初是由卡内基基金会和美国高教协会（AAHE）联合发起的。这个项目的目的就是要解决如何把 SoTL 思想付诸实践的问题。项目于 1998 年开始，至 2009 年结束（舒尔曼于 2008 年从卡内基基金会退休）。在这 11 年里，CASTL 项目做了四件事：一是培养了一批卡内基学者。项目从美国全国和其他国家邀请到一批有志于研究和践行 SoTL 的教师，让他们按照自己的研究兴趣开展研究，利用假期到卡内基基金会做研究交流，为期一年。研究完成后，到全国和世界各地巡回讲演，交流研究成果。这些教师被称为"卡内基学者"。从 1999 年开始，共有 6 期 158 名教师参加该项目。这是 CASTL 项目的核心。值得注意的是，CASTL 采用的是行动研究的设计思路，即让实践者通过实践来探索如何实践的问题。二是校园项目。教师行动研究开始后，学校支持问题如教师认可和激励就出现了，于是围绕学校支持问题组织了 12 个专题小组开展相关研究和实践。先后有近 200 所高校参加。这也是行动研究的思路。三是寻求专业学会支持。项目邀请全国各种专业学会参与项目，为这些教师和学校提供学术咨询和学术合法性支持。美国哲学学会、美国物理学会、美国社会学学会等 28 个专业学会参加了项目，为 SoTL 提供了学术合法性支持，扩大了 SoTL 的学术影响。[①] 四是组建学术交流网。通过上述三项工作，卡内基学院项目建立起了一个全国和跨国的 SoTL 学术交流网，而后一直致力于扩大这个学术网。2003 年促成 SoTL 国际协会（International Society for Scholarship of Teaching and Learning，ISSOTL）成立。SoTL 从此走向国际化发展。这也是 CASTL 项目的重要成就。

从上述介绍可知，行动研究，让研究者在实践中研究实践，更具体地说，教师作为研究者在教学实践中研究教学，从一开始就是 SoTL 研究的基本方法。此外，SoTL 特别强调基于自愿和自下而上的推动方式。这种扎根实践、扎根基层的草根模式，也是美国 SoTL 运动的重要特征。

由于 CASTL 的开拓和引领，越来越多的教师开始关注 SoTL。尤其是以教学为主的高校、院系和教师，都对 SoTL 表现出了强烈兴趣。教学型高校的工作重心使它们的教师天然关心教学，关心 SoTL，这与研究型大学明显不同。研究型大学教师为什么能不关心教学而且能长期如此，这个问题留待下一章讨论。

大量教学型高校教师参加 SoTL 是件好事，但他们不擅长学术研究、不熟悉

① P. Hutchings, et al, *Scholarship of Teaching and Learning Reconsidered,* Jossey-Bass Publishers, 2011.

学术研究规范却是一个问题。随着 SoTL 队伍的壮大，定义不清的问题开始凸显出来。很多人开始把 SoTL 和教学混为一谈，表现为把 SoTL 与学术性教学（scholarly teaching）、优秀教学（excellence in teaching）混为一谈[①]，其中细节读者可以通过读文献去了解。但我认为，说到底，SoTL 是研究，是教师对自己教学的研究，而不是教学本身。尽管这个研究在教学中进行并会对教学产生影响，但研究不是教学，教学也不是研究。其中的逻辑可以这样表达：SoTL 是通过教学做研究，通过研究改进教学。这好像研究疾病要看病，但看病不是研究疾病。看病的是医生，研究疾病的是医学研究者。如果一个人只看病，他就是个医生。如果他还研究这个病，他就多了一个角色，成了医生兼医学研究者，而且他看病时会更像是研究者，而不仅是个医生。回到 SoTL 和教学，舒尔曼的思考是，通过 SoTL，培养能把教学当作研究对象、以研究态度做教学的教师，而不是仅培养一个好老师。因此，SoTL 不是学术性教学，也不是优秀教学。舒尔曼特别坚持 SoTL 是对教学的研究。他认为博耶最重要的遗产是主张大学教学也是学术，这个主张把学术与教学联系起来。因此继承博耶遗产的合理方法是坚持学术研究与教学结合，用学术的方式做教学研究。这就引出了关于 SoTL 的第二个重要讨论：什么是学术？

什么是学术？或者说，SoTL 中的“学术”指什么？如何判断？怎样评价？舒尔曼最初建议了三个原则，即公开发表、同行评议、同行交流。2009 年哈钦斯等人又把它总结为八原则：明确的目标、充分的准备、适当的方法、有意义的结果、有效的表达、反思性批评、接受同行评审、贡献学术共同体。[②]但仔细观察就会发现，这些标准描述的不过是学术研究的一般模式。也就是说，舒尔曼和卡内基基金会主张，大学教学研究要符合学术研究的一般模式。这不仅对大学教学研究是一个重大突破，对大学教学学术本身也是一个重大突破。因为传统的大学教学研究主要是依靠教师的个人经验反思，而不是强调要符合学术规范。对 SoTL，这意味着，大学教学不会因为其实施者是大学教师就自动变为学术。恰恰相反，只有当大学教师们用学术的方式来研究大学教学时，大学教学研究才可能真正地变成学术。而且只有用学术的方式从事大学教学研究，大学教学研究才可能变成一个学术领域，才能成为 SoTL 学术共同体的共同财富。随着这样的研究不断积累，大学教学学术就会作为一个专门知识领域发展起来，为持续提高大学教学质

① 王玉衡:《美国大学教学学术运动》，北京师范大学出版社，2012：第 2 章。

② Pat Hutchings, et al, *Scholarship of Teaching and Learning Reconsidered*, Jossey-Bass Publishers, 2011: 92. 原文是前六个原则，但根据该书，我认为后两个原则也在其中，故改为八原则。

量奠定坚实基础，最终使大学教学可以像医学和工程一样，成为一个以学术研究为基础的专门职业领域（professional field），大学教师也才可能真正成为大学教学专家。

理解舒尔曼这个思想的关键是要注意到他的两个学术经历。一是他起初在密歇根州立大学任教时，是医学院和教育学院的双聘教授[①]，在教育学院他研究教师教育，在医学院他研究医学教育。他如此工作了很多年。这个经历使他面对一个问题：大学教师为什么不能获得像临床医生那样的学术认可和社会尊敬？他得到的结论很简单——因为医学是一个以坚实学术研究为基础的专业领域。从医首先要获得足够的专业训练，然后才能问诊看病。而大学教学却没有这样一个学术基础，也没有这一套培训体系，因此大学教学既不是学术也不是专业。但医学也并非从来如此，一百年前美国的医生同样形象不佳。1910年卡内基基金会曾支持弗莱克斯纳对北美医学教育做过一个调查。调查发现，在美国很多医学院没有给学生应有的专业训练或训练水平很低，甚至有屠夫和剃头匠兼职做医生，从而导致美国医疗质量低下。据此，弗莱克斯纳建议以霍普金斯大学医学院为样板，改造美国医学教育体系，系统训练医生。医生首先要进行基础知识学习，然后接受系统医学教育，接着要进行临床实习，最后通过资格考试，才能执照行医。后来美国采纳了弗莱克斯纳的建议，建立起了沿用至今的四年基础学术训练（医科预科）、四年医学教育（两年医学基础、两年专业教育）、三年住院医实习的教育培养体系，这个体系今天被称为“弗莱克斯纳体系”。正是这个医学教育体系，成就了今日美国医学的辉煌。

反观今日大学教学，却很类似于当初美国的医学教育，也是请各种专家兼职做教师，他们基本没有经过大学教学的专业训练，也没有以学术的方式对待自己的教学工作。他们更乐于把学术研究看成主业，把教学当成副业。于是大学里便出现了教师喜欢做研究而不愿从事教学的现象。大学管理层对此似乎也十分认可，结果是大学中出现了“重科研轻教学”的失衡现象。

和医学教育相比，还有一个现象值得注意，即医学经过上百年的医学研究和实践，积累了大量医学专业知识和专业经验。这些知识和经验被仔细整理成系统的课程体系和专业训练体系，使得医学可以在此基础上训练医生。相比之下，今日大

---

① 参见舒尔曼2016年在南非库祖鲁大学SoTL会议上的发言以及会后的专题讨论。舒尔曼发言的题目是“研究与实践：学术界中SoTL的适当位置”，这个讲演比较完整反映了他对SoTL的思考。https://www.youtube.com/watch?v=QUkglW66dRI 和 https://www.youtube.com/watch?v=Uv2w9NqLSwc，访问日期：2021年12月2日。

学教学研究领域几乎是一片荒漠，完全看不到像样的专业知识和经验积累。绝大多数教师都是根据自己的学习经验，再加上在岗摸索，逐渐形成自己的教学模式和方法。也就是说，由于大学教师在教学方面基本上依靠经验摸索，这使得大学教学具有明显的经验性质。他们所教内容是学术性的，但他们的教学方法是经验性的，当然就不可能产生像样的大学教师教育培养体系，结果是大学教学质量长期得不到提高。

要改变这种状态，就必须像医学一样，大力开展对大学教学的学术性研究，积累有效的知识和经验，最终建立起专业的大学教师的教育培训体系。通过 SoTL 建立大学教师专业培养体系，这才是舒尔曼的梦想！他希望卡内基学院项目能像当年的《弗莱克斯纳报告》一样，改变大学教师不经专业教育培训就上岗的状况，从而为切实提高大学教学质量奠定基础。这是他坚持 SoTL 是对大学教学的学术研究的根本原因。明白了这一点，才会理解舒尔曼和卡内基基金会的远大宏图和良苦用心！[①]

舒尔曼的第二个学术经历是，在斯坦福大学，他同时在学校教学评价与改进委员会（负责教学改进）和学校教师职称评价委员会（负责职称评定）任职。[②] 他说，这让他陷入一种精神分裂似的两难困境。在教学评价与改进委员会，他要强调教学的重要性，但在教师职称评价委员会，他得贬低教学的重要性。因为当研究学者们拿出成堆的研究成果时，他不知道如何说服职称委员会，教师们的教案、教学反思或学生评教之类东西，也应该被看作学术成果。因为在职称评价委员会看来，这些不过是工作文件，不是学术成果，不能成为学术成就的证据。尽管博耶说得挺有理，大学教学也是学术，可没有令人信服的成就证据，职称评价委员会不认可，你怎么办？

这里的麻烦不在于你关起门来说自己是不是学术，而是要把教学成果和研究成果放在一起评价，让人家也承认这也是学术才行。舒尔曼观察到，职称评价委员会其实不看也看不懂那些科研文章。他们只看三条：（1）是不是同行评议期刊；

① 这里特别说明一点，舒尔曼从来没有明确表达过这个思路。以上说法是我从他的文章和讲演报告中归纳出来的。我认为他没有清楚地说明，不是因为他没有这些看法，而是因为这些看法会引来大学教师们的敌意。因为这意味着说大学教师在专业研究和教学方面出现了二元分裂的情况：在研究上是学术的，在教学上是经验的。因此他隐藏了他的想法，只是不断引导人们朝这样的方向思考。

② 参见舒尔曼 2012 年在乔治·华盛顿大学教学日上的讲演，http://www.leeshulman.net/multimedia/，访问日期：2021 年 12 月 2 日。

（2）期刊档次；（3）文章数量，以及校外评审者的意见。这使舒尔曼坚信，SoTL研究必须公开发表，必须经过同行评议，必须能为他人所用，唯有如此才能获得学术同行的认可，也才能真正把大学教学研究变成一个被认可的学术领域。要建立大学教学的学术体系，就必须遵守所有学术规范，这就是舒尔曼提出那些评价标准的原因。

但他的这个看法受到了批评，批评者认为他的标准会阻碍SoTL发展。批评者说，他们不反对公开发表、同行评议、同行交流三大原则，但不想接受“正式发表”这个说法。SoTL已经建立了广泛的学术交流网，完全可以通过这些网络发表和交流研究成果，为什么一定要死盯正式期刊发表呢？事实上要求正式发表确有几点不利。一是正式期刊有限，包括数量和容量（注意图8-1，目前每年仅能发表五六百篇文章）；二是审稿和修改时间长，通常收稿后一两年才能发表；三是这么多教师开展SoTL，一定会产生大量研究成果，如果大家一起争夺那有限的正式发表名额，势必会严重打击广大教师的积极性。因此很多人支持非正式发表。在这里你可以看到SoTL的草根特点，他们希望按自己的方式发表，不想被正式期刊“招安”。目前舒尔曼已经接受了非正式发表的想法，但他心里肯定有一个担心：如果接受非正式发表，SoTL就可能不被其他学术同行认可，也就不能为SoTL确立坚实学术地位，最终不利于SoTL发展。而且，多样性的非正式发表会为学界矮化SoTL提供口实。

如何解决这个问题？我的看法是，接受现实，逐步发展，不要指望一步到位。具体说，就是接受SoTL目前处于前范式发展阶段这个现实。当前主要任务是扩大规模，让更多教师参与SoTL研究。随着发展，研究本身会促使SoTL进入正规化。科学学术的早期发展也经历过类似过程。英国皇家学会、巴黎科学院等组织早期都是私人非正式组织，皇家学会通讯也都是非正式发表，文章都是科学家们彼此邮寄的私人信件。今天凡用“通讯”（letter）作为刊名的学术期刊，都是当年非正式发表的延续。从非正式发表到正式发表，从“无形学院”到“有形学院”，这是学术发展的正常轨迹，对此不必过于介意。当前最重要的是推广理念、扩大队伍、推动研究。

第三个问题是多样性和“大帐篷”理念。CASTL项目从一开始就考虑到了学校和学科多样性对SoTL的影响，因此在选拔卡内基学者时是从不同学校和学科挑选，但后来的发展表明，影响因素之多远超学校和学科，教师们在教学理念、语言、文化、宗教信仰、种族、性别、政府体制、国家体制等方面的差别，都对

SoTL 研究产生了影响。参与 SoTL 的教师越多，多样性因素影响越大，以致 SoTL 群体内部产生了一些争议和紧张。有两个争议比较突出。一是学科视角。不同学科的研究者倾向于从自己学科的角度研究和进行质量判断。比如物理学的研究者可能认为生物学者的研究不够严谨或不够科学，社会学的研究者可能认为教育学者的研究不够严谨或不够科学，教育学的研究者可能认为英语专业研究者的研究不够严谨或不够科学，如此等等。换言之，学科歧视现象也出现在 SoTL 群体之中，引起了群体内的紧张。二是方法合法性，即什么方法是 SoTL 的规范方法。是自然科学的实证方法，还是社会科学的定量方法，或是人文学科的质性方法？这也在 SoTL 群体中引起很大争论。除了这些明显的紧张和冲突外，来自不同地方、秉持不同信念、研究不同问题、使用不同方法的学者之间也存在很多差异，这也在 SoTL 群体内引起紧张。为了消除争议，倡导共同体意识，胡贝尔和哈钦斯于 2005 年提出了“大帐篷”（big tent）理念。[①] 哈钦斯在给我的信中解释道，“大帐篷”理念就是要包容甚至鼓励这种多样性，使所有有志于从事 SoTL 的学者都能在这里找到一席之地。这种多样性是 SoTL 的财富而不是缺陷，因为多样性可以促使 SoTL 学者开阔眼界、深化思考，促进交流和合作。换言之，大帐篷理念反对任何在 SoTL 群体内建立正统合法性的企图，以最大限度包容学者们对大学教学的研究和思考。

对此，我的看法是，无论你的专业是什么，无论你用什么教育信念、专业角度、研究模式、研究方法做 SoTL 研究，你的研究只要能在本专业领域中获得认可即可，不必太在意其他专业领域学者的看法。以本专业为基础，以贡献本专业领域教学学术为目标。你也可以旁顾左右，看看其他领域的研究，引进你认为合适的新思路和新方法，开展跨学科研究。但无论怎样博采众长，都要坚持“以我为主，为我所用”。此其一。其二，所有研究者都不要轻易进行跨领域跨专业批评，除非你也是该领域专家。SoTL 的大帐篷上只有一句话：以学术方式研究大学教学（study teaching and learning scholarly）。[②] 任何人只要愿意践行这个原则，他就属于这个群体，就有一席之地，就应该受到欢迎。

2016 年舒尔曼借三张图片描述了他对 SoTL 的理解和期望。第一张是一个黑暗

① M. T. Huber, P. Hutchings, “Surveying the Scholarship of Teaching and Learning,” in M. T. Huber & P. Hutchings (ed.), *The Advancement of Learning: Building the Teaching Commons*, Jossey-Bass Publishers, 2005: 1–16.

② 舒尔曼 2016 年在南非库祖鲁大学 SoTL 会议上的发言，https://www.youtube.com/watch?v=QUkglW66dRI，访问日期：2021 年 12 月 2 日。

车库门前的一盏灯。他说，我希望每个 SoTL 研究都能照亮一个角落。第二张是一个城市的夜景。他说，这个城市中已经有很多被照亮的角落，但整个城市仍然处在黑暗之中。这是目前 SoTL 的不成熟状态。第三张是这个城市已经天光大亮。他说这是 SoTL 的未来。[①]那时候人们就不会再认为大学教学没什么东西，而是认为大学教学确实是个学术领域和专业。

第四个问题是，SoTL 的目的是生产理论还是指导实践？“Scholarship”这个词容易产生误导，它的词干是“scholar”即学者。按传统的理解，学者的任务是做学术研究，学术研究的任务是产生理论，因此“scholarship”这个词让人联想到 SoTL 也是要做理论研究（theoretic research）或者生产理论（generate theory）。这在 SoTL 群体中也引起了困惑。好在每当这个疑问出现时都会有人出来纠正。这里有三个例子。第一个例子是菲尔顿在其广为流传的文章《SoTL 中好的实践原则》一文中第一句话就说：“在美国，大学教学研究是课堂驱动（classroom driven）的而不是理论或假说驱动（theory or hypothesis driven）的。教师们通常是从一个教学问题开始的。这个问题是以专业为基础的，与他们观察到的学生学习时的问题或误解相关。”[②]第二个例子是舒尔曼在南非库祖鲁大学 SoTL 会议上的发言。他的发言题目是《在研究与实践之间：SoTL 在学术界的适当位置》。他说：“什么叫学术（scholarship）？就是你能告诉我们这个研究起作用（this piece of work works），告诉我们证据是什么，在什么条件下起作用。认为一个研究的结果可以普遍适用，那不过是个幻觉（it's just an illusion）！任何研究都是有限的和有条件的。今天的研究明天就可能不起作用。我们需要的是能照亮一个小角落的研究，很多这样的研究就能给人方向。”[③]很显然，在舒尔曼眼中，SoTL 要做的也不是一般性的理论研究，而是能揭示真实和真理的实践研究。SoTL 要靠无数这样的研究，建立起大学教学的学术大厦。第三个例子是哈钦斯给我的信。鉴于国内有学者认为 SoTL 的目的是产

① 舒尔曼 2016 年在南非库祖鲁大学 SoTL 会议上的发言，https://www.youtube.com/watch?v=QUkglW66dRI，访问日期：2021 年 12 月 2 日。

② Peter Felten, “Principles of Good Practices in SoTL,” *Teaching and Learning Inquiry* 1, no. 1: 121–125.

③ 舒尔曼 2016 年在南非库祖鲁大学 SoTL 会议上的发言，https://www.youtube.com/watch?v=QUkglW66dRI，访问日期：2021 年 12 月 2 日。还参见舒尔曼 2013 年在 ISSoTL 年会上的发言，http://www.leeshulman.net/multimedia/，访问日期：2021 年 12 月 2 日。这个发言的主题是“情境研究（suited research)（通常是案例研究）与一般理论性研究哪个更有价值”。而他支持前者而且认为 SoTL 主要应该是这类研究。

生普遍理论，我写信问哈钦斯，SoTL 的目的是否是发展理论。她的回答是："在大多数情况下，我认为 SoTL 不是为了产生关于学习的新的一般理论。事实上，SoTL 的一个明确特征是，在特定时间和地点、就特定课程和特定学生，教师提出的（教学）问题塑造了 SoTL（的性质和形态）。"[①] 上述三个例子足以说明，SoTL 的目标是要研究大学教学的实践问题，帮助改进教学并促进对大学教学的理解，而不是做理论研究或生产一般理论。

这里要补充一句，SoTL 的目的不是生产理论，但这不等于 SoTL 中没有理论研究。随着实践的发展和经验资料的积累，SoTL 研究中一定会产生理论研究，而且需要理论研究。从认知角度看，什么是理论？理论就是整理经验的工具。为了更好地认识大量积累的实践和经验资料，就需要理论研究。就像物理场研究资料积累起来之后，就会出现杨振宁这样的理论研究者，提出宇称不守恒理论，为未来实践研究指明方向，推动实践前进。如果没有理论研究，怎么会有如日中天的成熟盛景呢？关于实践和理论的关系，诚如怀特海所说："在世界上任何地方任何时候都有重视实际的人，他们只承认'既有的不容置疑的事实'；在世界上任何地方任何时候都有深受哲学诱惑的人，他们热衷于寻找普遍原理。正是对事实细节的强烈兴趣和对抽象概括的热烈追求的结合，形成了我们当今社会一切新知的来源。"[②]

因此，最好的状态是理论研究与实践研究同行，不即不离。事实上国际 SoTL 学界已经是这种情况。三位 SoTL 领域的期刊编辑对 SoTL 领域发表的期刊论文进行了梳理，认为这些文献可以分为四种类型：经验研究、反思研究、概念研究、观点讨论。[③] 如果把前两类文献看成实践研究，后两类显然属于理论研究。

简言之，关于 SoTL 是理论研究还是实践研究的问题，要具体问题具体分析，不可一概而论。但 SoTL 的大方向是实践研究而不是理论研究。当前就鼓动人们进行理论研究，是绝对应该避免的错误，因为理论只能产生于实践之后而不是之前。

第五个问题是，SoTL 研究的焦点应该是教师教学还是学生学习？如果问某个

---

① Pat Hutchings 致赵炬明邮件，2019 年 12 月 2 日。原文是："Mostly, I would say that SoTL is not aimed at producing general new theory about learning; in fact, one of its defining features is that it is shaped by faculty's questions about particular student in particular courses at a particular time and place."

② 怀特海：《科学与近代世界》，何钦译，商务印书馆 1989：3。此处为引者根据原文重译。

③ M. Healey, K. E. Matthews, A. Cook-Sather, "Writing Scholarship of Teaching and Learning Articles for Peer-Reviewed Journals," *Teaching & Learning Inquiry* 7, no. 2(2019).

具体研究，当然要具体问题具体分析，但如果问一般趋势，那 SoTL 领域中确实出现了一个从早期关注教师教学到后来关注学生学习的转向。尤其是近十几年来，这个变化趋势相当明显。我认为这个转向和两个因素有关。一是博耶当年的提法就是“scholarship of teaching”，因此人们自然认为 SoTL 的焦点就是教师教学。但随着 SC 改革的深入，人们开始认识到，教师教学问题的核心是学生的学习问题，教学问题本质上是由学生的学习问题引起的。知道了学生的学习问题和教师的教学问题之间的这个因果关系，就会明白为什么学生的学习问题会变成 SoTL 研究的关键和重点，为什么后来会出现了研究焦点转向。

这种转向是如此之强烈，以致有人建议把“scholarship of teaching and learning”改为“scholarship of learning and teaching”。我也曾持这个看法，理由就是学生学习问题和教师教学问题之间的这个因果关系。从 SC 改革看，学习是目标，教学只是手段。因此就目标与手段的关系讲，应该是学习在前而教学在后。但我们必须意识到，这个看法是基于“以学生为中心”的教学理念，这是一种特殊的教育理念。如果基于这种特殊教学理念就建议改 SoTL 这个术语，就违背了 SoTL 的“大帐篷”原则。哈钦斯正是这样答复我的。她说：“如果‘以学生为中心’运动意味着某些特定的教学模式，那我要说，从卡内基的角度看，我们决定持‘不可知’（agnostic）态度。也就是说，我们不倡导任何特定教学模式。相反，我们鼓励教师们从广泛的各种教学模式角度提出问题。”[①] 我完全同意她的看法。我可以从自己的 SC 理念出发，继续坚持把学生学习作为 SoTL 研究的焦点，但不应该建议把 SoTL 改为 SoLT，因为这会缩小 SoTL 的视野，不利于 SoTL 的发展。

第六个问题是，什么才能使 SoTL 真正变成现代学术？这是我提出来的问题，和上一个问题相关。相信读者已经注意到，关于什么是学术以及如何使 SoTL 成为现代学术，一直是 SoTL 讨论中一道绕不过去的坎。学者们也提出了很多建议。例如舒尔曼最初建议的三原则和哈钦斯等人提出的八原则，以及戴尔蒙德建议的五原则：有高水平相关经验、有新发现和新创新、能被复制、能被记录、接受同行评价等。[②] 但我认为这些建议都是对现代学术特征的表面性归纳，还不是现代学术的本质特征。

如果问，中世纪的经院哲学（scholastic philosophy）研究符合上述标准吗？

---

① Pat Hutchings 致赵炬明邮件，2019 年 12 月 2 日。

② 王玉衡：《美国大学教学学术运动》，北京师范大学出版社，2012：58。

其基本研究方式是解读经典、思辨、讨论、反思等。注意，经院哲学的词干也是“scholar”，也就是说，经院哲学也是学术。不仅过去是，现在也是。如果符合，那如何区别 SoTL 与经院哲学呢？换言之，我们也许还没找到 SoTL 区别于传统学术的特点，或者说，没找到现代学术的本质特征。那么，什么是现代学术的本质特征呢？尤其是像 SoTL 这样以实践研究为特色的学术领域，其作为现代学术的本质特征是什么？我的看法是，是主客观关系。对 SoTL 这样的研究领域，要明确说明研究的主客观关系是什么。在这对关系中，谁是主体、谁是客体，研究客体的什么东西，都要有明确的规定和说明，然后才能决定用什么方法研究，收集什么证据、如何收集，如何分析证据等。因此，SoTL 如果不能明确说出自己的主客观关系是什么，就不可能成为现代学术的一部分。

主客观关系是传统学术和现代学术的分水岭。现代学术是人对客观世界的研究，而传统学术是人对自己想法的研究。因此研究中是否存在明确的主客观关系，就成了现代学术区别于传统学术研究的分水岭。前者是以实证研究为核心，后者是以思辨研究为核心。什么叫“以实证研究为核心”？就是说，现代学术中也有人研究自己的思想，但是它要围绕实证研究展开，最后还要接受实证检验。而传统学术研究以思辨为核心，不需要进一步的检验，只要逻辑自洽就可以了。

也许有人会问，你不是说实证主义已经破产了吗？[①] 为什么现在又提要“以实证研究为核心”？我的回答是，破产的是实证主义，不是实证方法。什么东西变成“主义”都有极端化的可能，真理多走一步就是谬误。实证主义的问题正在于此。它极端到要否定人脑（mind）参与认知活动，认为存在无所不包的公理体系，所以它破产了。但人通过实证方法认识客观世界的方式依然健在，依然是人认识客观世界的基本途径和方法。破产的是“主义”，不是“方法”。

所以，SoTL 要成为现代学术，就必须明确说出其研究中的主客观关系是什么。从 SC 视角看，SoTL 研究中的研究主体是教师，研究对象是学生，研究的主要问题是学生学习，核心问题是用什么方式方法可以促使学生有效学习及其原因。其主客观关系是教师对学生学习的研究。换言之，我认为，只有 SC 理念可以救 SoTL 于水火之中。SoTL 的早期发展中以教师经验研究或教学反思为主的研究之所以受到质疑，就是因为它们本质上仍然是主观对主观的研究，因此当然要受到现代学术的质疑。

① 关于实证主义已经破产的说法，见本书第二章第二节。

前面提到有三位 SoTL 期刊编辑把所有 SoTL 期刊发表的文章分为四类：（1）经验研究：通过报告与分析数据发展 SoTL。这类研究主要是教师就学生学习问题而做的实验或实证研究，按舒尔曼的说法是那类"能照亮黑暗角落"的研究。（2）反思研究：通过展示真实经验（lived experience）发展 SoTL 研究。这类应该是教师反思自己教学或研究经验的研究。（3）概念研究：通过提供新的视角发展 SoTL。这应该是理论爱好者提出新概念和新视角类的研究。（4）观点讨论：通过讨论激发思考来发展 SoTL。这类应该是理论探讨类研究。[①] 表 8–2 是从主客观关系角度对这四类文献的分析。

表 8–2　对四类研究的分析[②]

研究类型	研究者	研究对象	主客观关系	本质	性质
经验研究	教师	学生学习	主观 — 客观	实证研究	基础
反思研究	教师	教师经验	主观 — 主观	主观研究	辅助
概念研究	研究者	研究者思想	主观 — 主观	主观研究	辅助
观点讨论	研究者	研究者思想	主观 — 主观	主观研究	辅助

很明显，只有第一类是主客观研究，属于实证研究范畴。后三类都是主观研究，属于思辨或反思研究。这说明，SoTL 如果要跻身现代学术，必须优先开展第一类研究。然后在第一类研究基础上，开展其他类型研究，这就叫"以实证研究为核心"。

从表 8–2 可知，SoTL 实践已经给自己找到了出路，研究焦点从教师教学转向学生学习就是明确信号。在我看来，这是实践自动回归的表现。SoTL 要变成现代学术，它就不能停留在教师经验研究和教学反思研究上。它必须前进，向学生学习进发，明确自己的主客观关系，找到自己作为现代学术的根基和归属。这个回归是 SoTL 实践本性的体现，因此应该高度重视这个研究转向的意义，这是实践在为我们指明方向。尽管我接受大帐篷理念，但我仍然要呼吁，SoTL 应该把 SC 作为自己的基本信念。只有这样，SoTL 才可能有光明的未来。

当代认知心理学和脑科学的发展史也可以说明主客观关系和客观证据在当代

① Peter Felten, "Principles of Good Practices in SoTL," *Teaching and Learning Inquiry* 1, no. 1: 121–125.

② 舒尔曼 2016 年在南非库祖鲁大学 SoTL 会议上的发言，https://www.youtube.com/watch?v=QUkglW66dRI，访问日期：2021 年 12 月 2 日。

学术中的核心地位。当代认知心理学最重要的转型是从行为主义转向认知主义。当年为什么认知心理学式微，就是因为像冯特这样的研究者缺少使认知行为客观化的技术，无法客观显现认知行为。相反，行为主义把“行为”作为基本观察对象，使认知行为客观化了，因此行为主义大盛。后来每当有能使认知现象客观化的新技术出现，认知心理学都会前进一步。直到功能核磁共振成像技术（fMRI）的出现，人们第一次可以无害地直接观察大脑中发生的认知行为，才使认知心理学和脑科学“走出石器时代”，并确立了认知心理学、认知神经科学和脑科学的学术地位。[①]

舒尔曼认为在教师工作评价中教学不能匹敌科研的重要原因之一是，科研很好地记录了自己的客观成果，而教学没有。教学大纲、教案等不过是计划书，教学反思和学生评教结果只是个人主观感受，还不是教学好坏的客观证据。至于学生是不是学习了、学到了多少、怎么学到的、为什么等，完全没有客观证据支撑。既然教学拿不出客观证据证明自己的成就，当然就不可能与有客观证据的科研匹敌。因此在教师学术评价中科研压倒教学是必然的，这与职称评价委员会是否重视教学无关。[②]要真正解决这个问题，只能通过研究学生学习及其效果来证明教师的教学成就。这就是SC信念下的SoTL研究。关于具体如何做SoTL研究，请参考本书附录二。

简言之，我不认为对现代学术特点的表面化归纳可以解决SoTL是不是现代学术的问题，但SC信念可以。SC信念可以确保SoTL是一类主客观研究，因而属于科学研究范畴，并最终能引领SoTL走入现代学术殿堂。而这正是舒尔曼的理想。尽管道路还很遥远，但前途十分光明。

以上是关于SoTL的六个讨论。下面介绍舒尔曼关于SoTL的两个重要思想。

3. 特征教学法及SoTL的知识基础

首先是特征教学法（signature pedagogy）。特征教学法指某类专门职业（professional）人员培养中特有的教学模式和教学法。中文的“职业”一词对应两个英文词：professional和vocational。前者指需接受高等教育和高水平训练才能培养的专业人才，如医生、教授、律师、工程师等；后者指只需接受中等教育甚至学

① 参见本书第二、三章。

② Pat Hutchings, et al, *Scholarship of Teaching and Learning Reconsidered*, Jossey-Bass Publishers, 2011.

徒教育就可以培养的人才，如技工、厨师、花匠、司机等。为了区别这两种人才，本文把professional称为“专门职业教育”，而把后者称为“职业教育”，以与现有中文文献用法贴近。

很多人知道舒尔曼是教师教育专家，但很少有人知道他还是专门职业教育专家。由于他是把教师当作一种专门职业来研究的，因此他的教师教育思想实际上来自他的专门职业教育思想。[①]

舒尔曼的专门职业教育思想是什么呢？他说，他在芝加哥大学学的是教育心理学，导师是美国著名教育心理学家布鲁姆（布鲁姆教育目标分类法创始者）。这时他的研究兴趣是人如何思考。他后来思考职业教育问题时则聚焦于不同职业从业者的思维特征。博士毕业后他到密歇根州立大学教育学院工作时，恰好该校新建了一个医学院。医学院院长让他帮助研究如何培养医生。这使他自然地把教师教育和医生教育并列起来，都作为一类专门职业教育来研究。这开启了他专门职业教育的研究历程。后来他不仅研究了教师和医生，还研究了工程师、律师、护士、牧师、会计等。在这些研究中他发现，所谓专业规范包括三个部分：思维习惯（habits of mind）、活动习惯（habits of hands）、道德习惯（habits of heart）。所谓培养专业人员就是培养学生能像专家一样思考、活动和守德。因此他特别注意研究不同专业人员的特有思维模式、活动模式和道德模式。他发现不同专门职业的专业人员有不同的思维方法、活动方式和道德习惯，这决定了各个专门职业教育模式的差异。这些差异犹如不同专门职业教育的个性化签名（signature），于是他把这些因专门职业特征所形成的特定教育模式称为“特征教学法”（signature pedagogy）。[②] 如果根据教学法对这些特征教学法进行分解，就变成了“特征教学法构成”（signature pedagogical configuration）。某个专门职业的特征教学法构成就是该专门职业教育模式的设计基础。对这些专门职业教育模式的思考就是舒尔曼专门职业教育思想的核心，也是他思考大学教师培养问题的基础。换言之，舒尔曼是把大学教学看成一

① 感谢著名工程教育专家、浙江大学教授王沛民分享由他翻译的舒尔曼发表于1998年的论文《理论、实践和专业人员的教育》（“Theory, Practice and the Education of Professionals,” *The Elementary School Journal* 98, no.5: 511–526），该论文使我注意到这个问题。并参见舒尔曼个人网站上他对自己学术思路的说明。

② L. Shulman, “Signature Pedagogies in the Professions,” *Dædalus* 134, no. 3(2005): 52–59. 并参见2016年舒尔曼在南非库祖鲁大学的讲座和座谈视频。国内有人把这个词译为“标签教学法”或“签名教学法”，但我认为译为“特征教学法”更加符合舒尔曼的本意。

种专门职业，把大学教师作为一类专业人员来研究的。[①]

然而让他失望的是，他没有发现他所期待的大学教师特征教学法。也就是说，他发现大学教学不像医学教育、工程师教育、律师教育、护士教育甚至牧师教育那样，有明确的特征教学法，因此也就无法构建专门的教育模式来培养大学教师。他认为这主要是由于大学教学还没有积累足够的可靠的专门化知识和经验，还不足以建立起大学教学的特征教学法。因此当务之急是大规模开展 SoTL 研究，积累大学教学的专门化知识和经验。大规模开展 SoTL 是探索大学教师专业化培养的必经之路，让教师做 SoTL 也是最好的培养方式。这样我们就可以理解舒尔曼为什么如此看重 SoTL 了。

然而，为什么没有找到大学教学的特征教学法呢？我的看法与舒尔曼略有不同，我认为，这主要是因为他没有彻底贯彻他的分析原则，没有分析到大学教学的基本单位。从方法论角度看，舒尔曼的贡献在于指出不同专门职业有不同的专业工作模式、思维模式和行为模式，这些模式进而决定了它们有不同的专业特征教学法，因此应该根据不同专业的工作模式来设计不同专门职业的人才培养体系。

沿着这个思路，下一步就应该分解专门职业工作模式，直到可理解和可操作的程度为止。例如要理解化合物的化学性质，必须分解到分子；要理解分子的化学性质，必须分解到原子。舒尔曼所说的专门职业特征教学法，实际上还是一个大的专业领域（professional field），而不是一个专业（program）。领域特征教学法还是一个化合物，还不是分子，更不是原子。由于过于笼统，即使认同工程师培养有其特征教学法的说法，也不知道如何用这个概念来设计工程师培养方案。因为工程师这个概念太大，既不易理解，也不可操作。工程师下面还可以细分如机械工程师、电器工程师、计算机工程师、建筑师、结构工程师等。这些分支对应到大学教育系统，就是专业。因此可以合理地设想，每个专业的工程师培养也应该有其特征教学模式，即专业特征教学法。但专业还不是最基本单位，专业下面还有课程（course）。执教同一专业的教师可能来自很多专业领域，因此他们在教学中也会形成自己特定的教学法，即课程特征教学法。专业特征教学法应该是本专业所有教师的课程特色教学的综合。由于课程是大学教学的最基本单位，因此大学教学模式分解的基本单位应该是课程。如果说领域是化合物，分子就是专业，原子就是课程。

① 我曾就此请教过舒尔曼，问他上述理解是否正确，并得到了他肯定的回答（“quite correct and very well stated”）。舒尔曼致赵炬明邮件，2020 年 2 月 15 日。

如果我们知道了所有课程的特征教学法，就能深刻理解和建构专业的特征教学法；如果了解所有专业的特征教学法，就可以理解和构建领域的特征教学法，即舒尔曼的专门职业特征教学法。因此，当前 SoTL 最需要开展的是课程和专业层面的特征教学法研究，而不应停留在领域特征教学法层面上。

值得注意的是，SoTL 在美国的实践也正是沿着专业研究和课程研究这条路走的，这或许又可以称为实践的自动回归，即实践为自己找出路。这个现象表明，以专业和课程为单位开展研究是理论合理、实践可行的道路。因此我们应该进一步明确研究方向，聚焦专业与课程的特征教学法，把专业特征教学法和课程特征教学法探索当成当前 SoTL 研究的重点。至于如何开展专业和课程特征教学法探索，留待下节讨论。

舒尔曼的第二个重要思想是 SoTL 的知识基础，即 SoTL 研究需要什么知识。我们已经知道了舒尔曼是从专门职业教育角度来看大学教师教育的，那 SoTL 的知识基础是什么呢？舒尔曼提出了一个教学内容知识（pedagogical content knowledge，PCK）的术语。这个概念的意思是说，不同学科有不同教学法，由此形成学科教学知识体系。其实这个术语看起来有点不太清楚。尤其是“知识”（knowledge）这个词，不知道它是指教学法知识，还是教学内容知识，还是两者都指。舒尔曼也觉得这个词有点问题，后来他倾向于用“特征教学法”取代 PCK。[①]

但其他学者受他启发，深挖 PCK 的内涵。维尔和麦金斯特提出了一个 PCK 的知识分类框架。[②] 舒尔曼说，PCK 是指教师要把学科知识和教学法知识结合起来，并恰当地运用到具体教学场景之中去。据此，维尔等人认为三类知识影响并贡献了 PCK。这三类知识分别是：学科内容知识、学生知识和教学情境知识。学科内容知识就是学科知识，比如按知识体系可以逐级划分为：学科 — 化学 — 氧化 — 燃烧。学生知识具体包括什么他们没有说。教学情境知识包括教学情境、评价、课程、课程学科性质、教学环境、教学法、社会文化、课堂管理等。他们认为这三类知识像一个逐层收缩的梯形土台：最底下是学科知识、中间是学生知识、顶上是教学情境知识。[③]

维尔和麦金斯特的这个分类系统既有用也有问题。有用是说它探讨了影响教学法

---

① 参见舒尔曼的博客，http://www.leeshulman.net/leesblog/，访问日期：2021 年 12 月 2 日。

② 参见王玉衡：《美国大学教学学术运动》，北京师范大学出版社，2012：73。

③ W. Veal, J. Makinster, “Pedagogical Content Knowledge Taxonomies,” *Electronic Journal of Science Education* 3, no.4 (1999), https://eric.ed.gov/?id=EJ651188，访问日期：2021 年 12 月 2 日。

的三类知识，给出了一个大框架。问题是它把学生知识放在中间似乎不合适，因为学科知识和学生知识显然是两类独立知识。学科知识不影响学生知识，学生知识也不影响学科知识。因此学生知识不能放在中间，而应与学科知识并列，共同支撑教学情境知识，形成课程特征教学法。据此，我在第四章中提出了大学教学有效性三因素假说（见图 8-3）。

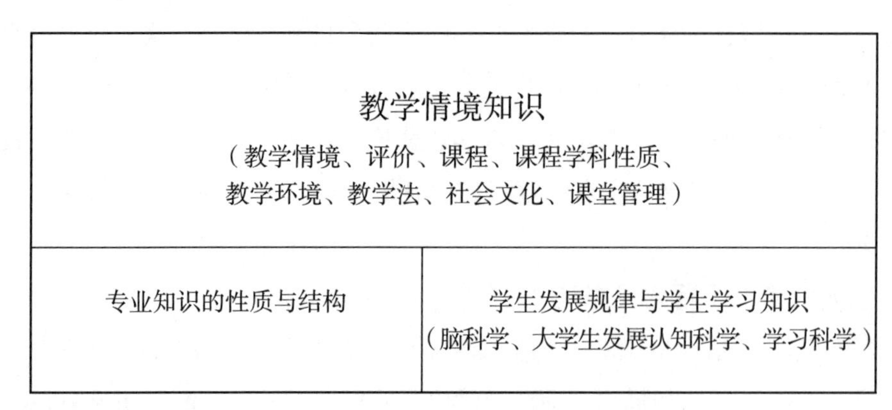

图 8-3 大学教学有效性三因素假说示意图

具体来说是三层意思：一是专业知识的性质和结构对大学教学法有决定性影响；二是学生发展规律和学生学习特点对大学教学法有效性有决定性影响；三是教学情境知识对大学教学法有重要影响。但有三点补充：一是这仍然是一个假说，因为这三个说法仍然是经验总结，还没有得到合理的证明；二是学科知识和学生知识对大学教学法有效性的影响是决定性的，而各种具体教学情境因素的影响则是相对的；三是这里只涉及知识结构，不涉及彼此相互作用机制。相互作用机制是另一个大话题。

以上是关于 SoTL 的讨论。下面讨论如何在中国开展 SoTL 研究。

4. 关于在中国开展 SoTL 研究的建议

首先总结舒尔曼的 SoTL 思想。舒尔曼是当代 SoTL 运动的重要思想源头和领导者。他关于 SoTL 的思想包括以下几点：

（1）当前大学教学的经验性质。目前的大学教学还是经验性的；虽然大学教学应该是一项学术活动，但目前还不是。其内容是学术的，但教学活动本身基本上是基于经验，包括读书时自己的体验和从教后的经验积累。这种状态需要改变。

（2）大学教学还不是一项专门职业活动。由于缺少对大学教学的学术研究，因此在教学结束后，教师通常对学生学到没有、学到多少、谁学到了、谁没学到、学到的是怎样学到的、没学到的为什么没学到、什么方法有效、什么方法无效、为什么等，都没有清楚认识。尤其是关于教学方法和教学效果之间的关系和原因，只有一些经验性猜测，基本没有可靠知识。这种情况使得大学教学还不是一个有学术基础的专业活动。

（3）两个后果。由于大学教学活动的经验性和非专业性，一个后果是大学不能持续有效地支持教学质量提高，另一个后果是在对大学教学进行学术评价时，大学教学不能拿出客观证据证明自己活动的有效性，从而导致在教师学术评价中出现重科研轻教学的现象。

（4）SoTL 的作用和价值。大学教学应像医学和工程等专业那样，对自己的工作进行系统全面的科学研究，并在此基础上建立起专门化的教育培训体系。SoTL 就是达到这个目标的一个基本途径。

（5）实践研究先于理论研究。SoTL 应该从研究具体教学实践开始，确保每个研究都解决一个具体问题，使每个研究都能照亮一个小小的黑暗角落。然后在此基础上开展理论研究。

（6）专业与课程的特征教学法。当前的 SoTL 研究应该特别聚焦专业和课程特征教学法，用客观证据来回答“是什么”和“为什么”这两个基本问题。

（7）把 SoTL 变成一个学术领域。SoTL 研究应该坚持用学术方式研究教学实践。长此下去，最终构建起大学教学研究的学术大厦，成为一个专门学术领域。

（8）构建大学教师的专业培养体系。在大学学术研究领域基础上，发展大学教师的专门化教育培养体系，把大学教学变成一个专门化职业。

（9）SoTL 的贡献。SoTL 可以为大学教学领域做出三点贡献：一是把大学教学变成一个专门学术领域和专门职业领域；二是为大学教师教学工作评价提供可靠解决方案；三是为大学教学质量长期稳定提高奠定基础。

以上是对舒尔曼思想的简要总结。下面总结 SoTL 六个讨论中提出的主要观点：

（1）SoTL 是对大学教学活动的学术研究。

（2）SoTL 主要是实践研究，行动研究是主要形式。

（3）教师要用客观证据证明自己教学的有效性。

（4）明确的目标、充分的准备、适当的方法、有意义的结果、有效的表达、反思性批评、接受同行评审、贡献学术共同体是 SoTL 作为学术研究的八个形式标准。

（5）研究中的主客观关系是确保 SoTL 跻身现代学术的基本条件。SoTL 的发展趋势是从研究教师教学转向研究学生学习，把学生学习效果作为判断教学有效性的基本标准，这是 SoTL 学术实践本质的回归。

（6）当前 SoTL 研究应该重心下沉，关注教学实践，聚焦课程和专业特征教学法。

（7）学科专业知识、学生发展与学生学习知识、教学情境知识是大学教学有效性的三大知识基础，掌握这些知识是开展 SoTL 研究的前提。

下面以这两个总结为基础，思考如何在中国的 SC 改革中开展 SoTL。

首先是中国特色。中国有悠久的大学教学研究传统。20 世纪 50 年代学习苏联，中国高校中普遍建立了教研室，教研室的主要任务之一就是组织教师研究教学。但在当代中国大学改革浪潮中，这个专门致力于教学研究的组织几乎消失殆尽，以学科研究为主的研究室和研究中心取而代之，从此中国大学中的教学研究沦为教师非组织化的个人活动。2005 年起教育部组织全国本科教学评估，揭示了高校本科教学的危机。2008 年起教育部开始督促各校抓本科教学质量。2012 年教育部在全国高校中建立了 30 所示范性教师教学发展中心，随后这些中心开展了大量教学研究活动，但仍不足以扭转中国本科教学持续弱化的趋势。从 2018 年起，教育部高教司领导和推动了一场全国性大规模本科教学质量提升的活动，计划三年内基本解决高校本科教学质量问题，这为高校开展 SoTL 营造了有利的外部政策环境，但尚不足以让高校改变其内部环境。

从美国经验看，从外部环境改变到内部环境改变会是一个漫长过程。美国 20 世纪 80 年代出现外部环境改变，20 世纪 90 年代出现高校内部环境改变。但如今 30 多年过去，SC 改革在美国大学依然发展缓慢，真正把本科教学当作首要任务的学校不到 50%，而且越是以研究为主的高校越不重视本科教学。[①] 根据美国著名教育家、哈佛大学原校长博克的看法，阻力主要来自于研究型大学的重科研轻教学的学术文化和非研究型高校普遍的经费短缺。因此美国至今也只有以私立小型文理学院为主的少数高校真正实现了 SC 改革的目标。这个问题涉及 SC 改革的组织与管理，下面两章会专门讨论管理问题。这里只想指出一点，在当前情况下让大学全力支持教学绝非易事，对此要有充分心理准备。

① N. Jankowski, et al, *Assessment that Matters: Trending Toward Practices that Document Authentic Student Learning*, 2018. NILOA 网站。

中国高等教育系统有明显的中国特色。其中一个特色是，中国高等教育系统是一个金字塔系统[①]，教育部通过这个系统对全国高校实施自上而下的控制与管理，地方政府对本地高校的控制与管理也十分明显。中国的体制显然有利于推动自上而下的改革，一旦认准目标即可迅速推动，短期见效，但不利于自下而上的基层教育创新活动。另一个特色是分层分类现象明显。同层同类高校同一专业的教学条件、师资水平、学生质量、教学目标相对一致，专业、课程、教学方面也比较接近，这有利于专业和课程特征教学法探索。

根据以上分析，我认为在中国开展SoTL应该抓住几个要点：（1）广泛开展以专业和课程设计为中心的SoTL研究活动。（2）把解决学生学习困难、促进学生有效学习作为SoTL研究的目标和归属。（3）把学生学习效果改进程度作为检验教学改革有效性的基本评价标准，特别注意方法、模式与效果之间的因果关系。（4）探索所有课程和专业的特征教学法。（5）以课程和专业为轴心建立全国性SoTL学术交流网，鼓励教师广泛开展课程设计方案的研究交流。（6）通过课程教学设计为中心的SoTL活动培养大批教学设计师，并通过他们帮助一线教师开展教学改革。（7）通过以课程设计为中心的群众性研究活动，促成专业与课程层面的教学模式转型，实现发展SoTL与提高大学教学质量的双重任务。下面具体解释这些建议。

一是为什么要以课程设计为中心。有四个理由：（1）课程是大学教学的基本单位，以课程为单位可以使所有教师都能参与SoTL研究。（2）在SoTL研究中，有基础理论、教学设计、方法技术三大块，设计是连接理论和方法技术的关节点，设计使教师既要考虑相关理论，又要考虑技术方法，通过课程设计可以把二者联系起来。（3）以课程设计为中心，有助于探索课程特征教学法。（4）SoTL发展表明，从课程开始研究是国际通用经验。

二是把解决学生学习问题、促进学生有效学习作为课程设计的目标和归属，目的是通过解决学生学习问题，促进学生有效学习。课程设计中要把解决学生学习问题、促进学生有效学习作为课程研究的目标。围绕这个目标探讨相关理论和方法技术，通过课程设计把理论和方法技术有针对性地运用到教学中去。如果实施结果见效，就可以改善学生学习，并可证明技术方法的有效性。如果实施效果不好，可

① 关于中国高等教育系统的分析，参见赵炬明：《精英主义与单位制度——对中国大学组织与管理的案例研究》，《北京大学教育评论》2006年第1期。

以借此检查理论和技术方法问题，从而改进下一步的设计。无论何种结果都会促进SoTL发展。关注方法技术的有效性，探讨方法与效果之间的因果性，是促进SoTL研究的关键。本书附录二提供了一个案例。

在这里需要指出，目前国际SoTL中提出了一个“学生作为研究伙伴”的思路。也即是说，不要把学生当成小白鼠，而要邀请学生参与课程设计，让学生从学习者角度为课程改革提建议、做贡献。这是一个很好的思路，建议中国研究者参考。

三是把学生学习效果改进作为评价课程设计效果的基本标准，这个道理很明白，但操作很困难，也许是整个课程设计中最困难的部分。困难主要源于当前我们对学生学习行为知之甚少，无法建立教学方法与学生学习行为之间的因果模型（见第七章）。常常是采用某种方法后都不知道要观察哪些行为，更不要谈如何测量这些行为。这都是学术研究不足的表现。但随着研究的深入，这种状况会逐步改变。在大量针对特定问题的专门研究之后，会积累起丰富的知识和经验，丰富我们关于方法与效果之间因果关系的认识，从而指导我们做好未来的设计和研究。鉴于目前大学学习效果评价基本依靠经验，因此我建议，要高度重视设计过程中的文献研究环节。深入系统的文献研究可以帮助我们学习他人经验，从而大大降低研究设计的困难。

四是探索课程与专业层面的特征教学法。按照舒尔曼的理论，大学教学在领域、专业和课程层次都应存在特征教学法。由于特征教学法与学校层次、类别、条件、教育目标等背景因素相关，因此研究范围越小、背景越简单，研究越容易。在领域、专业、课程三者之中，课程是最小单位。因此以课程为基本研究单位，可以大大降低研究的复杂性。根据我的经验，在具体课程情境下，最有效的课程设计应该不超过三种。教师作为课程研究者的任务是，找出这些最佳课程设计，它们就是该课程的特征教学法。

五是以专业和课程研究为轴心建立全国性SoTL学术交流网，广泛交流课程设计方案和心得，促进课程与专业层面的SoTL研究。大学教师通常没有很多时间用于学习相关理论和教学法，他们最希望采用的学习方法是，把同类学校教师做好的课程设计方案拿来参考，根据自己的实际情况进行加减。因此一个有效方法是组建课程层面的全国性学术交流网，联系全国同一课程教师一起研究，交流各自的设计方案、效果检验和设计心得。如果一个设计方案得到很多教师认可，被很多教师使用，就可以将其认定为一个优秀课程设计方案，给予学术认可。对这类方案的研究者来说，这是一个很大的学术荣誉，而使用该方案的教师就成了方案有效性的检验者，可以根据自己的实践提出问题和建议，促进方案的改进。围绕这些方案出现的创造、修改、讨论、评价，都会使所有参与者受益。这就是舒尔曼设想的公开发表、同行评议、交流使用三原则。在这些创造、交流和分享中，关于这门课的研究就会兴盛起来。这种合作的动力，来自所有教师希望通过向同行学习降低自己独自备课的压力。显然，集体合作可以大大减轻这个压力，并使得这个过程变得轻松有趣。CASTL 项目总报告中特别把基层学术交流网建设当作促进 SoTL 的有效方法。我这里的补充建议是，应围绕课程和专业建立基层学术交流网，从而使研究可以有针对性地帮助教师做好教学。无数活跃的课程研究群可能带来的效果是，所有课程都得到特别用心和仔细的研究，这将直接促进大学改善教学，还能促进 SoTL 研究在基础理论和技术方法等方面的全面发展。

六是通过课程设计研究培养大批教学设计师，并通过他们帮助所有一线教师做好教学工作。根据美国经验，大学需要有大批教学设计师（instructional designer，ID）。据不完全统计，2016 年美国高校中有 1.3 万名 ID 专业人员，这些人是促使美国高校改进教学的主力军。中国如何大规模培养 ID 人员目前还是一个严峻挑战。我认为在当前情况下，大批培养 ID 人员的理想场所应该是成千上万活跃的课程研究群。这些来自一线、热爱教学设计且有丰富教学经验的教师，最可能成为中国大学 ID 人员的可靠源泉。只有待到研究和实践发展到一定程度，积累了足够的实践成果，进入经验理论化阶段后，大学教育学院的培养模式才有可能。

我认为，大力发展课程研究群、专业研究群以及其他专题研究群的办法，是促使 SoTL 迅速发展起来的有效途径，也是最终促成我国大学教学模式转型，实现大学教育质量和 SoTL 同步发展和同步提高的有效途径。参见附录三。

以上所有这些建议我都已实践过。目前令人困扰的不是这些建议的可行性，而是现有课程群规模太小，还达不到临界规模，不能进入自组织发展阶段。如果有关部门能帮助大量发展课程研究群并帮助其扩大规模，让其迅速跨过临界点进入自组织状态，那么群众性的大学教学研究运动就会在中国出现，通过研究提高大学教学质量的目标就指日可待。

以上是关于在中国发展 SoTL 的建议。下面讨论大学教师发展。

第二节　大学教师发展

“大学教师发展”的英文是“faculty development”（FD）。本节首先简要介绍美国大学的教师发展工作，然后讨论中国高校如何在SC改革中通过教师发展来推动研究。

1. 美国大学教师发展概貌

大学为什么要关心教师发展？从人力资源管理角度来看很简单，大学教师是大学的基本资源，建设、保持、维护、发展这个资源对大学发展至关重要。因此大学会设立专门部门负责教师发展工作。关于美国大学教师管理的系统介绍，参见附录四。原来人们普遍认为，大学教师管理只是一种人事管理。但20世纪70年代人力资源理论出现后，人们改变了把教师管理看成人事管理的看法，转向把教师看作大学发展的重要资源，教师管理从人事管理变成资源管理。这就是人力资源思想。这个思想深刻地影响了美国的大学教师管理工作。很多大学都接受了人力资源管理的信念，“谨慎招聘、小心养护、悉心培养、努力帮助”的思想成为大学教师管理的主要思想。大学人事部也纷纷改名为人力资源部或教师发展部。简言之，把大学教师看成学校发展重要资源的思想，促成了教师发展工作的出现。如今，把教师看作管理对象还是学校资源，已经成了判断一个大学管理是传统模式还是现代模式的标志。

大学教师发展工作涉及教师事务的很多方面，如制订个人职业发展规划、撰写研究经费申请书、做好大学教学、制订工作生活平衡计划等。本节只讨论和教学有关的教师发展工作。

在历史发展上看，美国与教学有关的教师发展源于20世纪70年代的经济危机和20世纪80年代的社会问责运动。20世纪60年代美国政府采用凯恩斯主义政策，大力投资高等教育，美国高等教育的发展呈现出生机勃勃的态势。到了20世纪70年代，美国连续爆发两次经济危机，政府收入减少。1980年里根总统上台，实行新自由主义经济政策，削减政府开支，美国公立高等教育进入了经费紧缩时期。高校为节省开支，大砍学术项目，削减终身职岗位，要求教师承担更多课程，大量聘请兼职教师和研究生上课，这引起了社会和学生的不满。于是社会和政府要求高校不仅要适应经费紧缩状态，还要提高教育质量。为了加强对高校教学的监督，美国出现了高校问责（accountability）运动与高校评估运动。高校则向教师施压，要求教师认真对待教学。高校开始流行教学检查和教学评估活动。这些变化都对美国大学教师工作产生了深刻影响。

在这个背景下，美国大学教师发展运动早期产生的教师发展理念被称为“约束性理念”（constraint narrative），即教师发展的任务是应对各种教学问题与危机：给要开新课的老教师补充新知识、为要当助教的研究生补充教学基本知识、“修理”教学评价不好的教师，如此等等。这些都成了教师发展中心的任务。教师发展工作也因此徒得恶名。

1990年博耶在《大学教授学术责任再思考》中提出大学教授应把教学作为一种学术工作来看待的思想，蕴含着一种不同的教师发展思想，即大学教师应当以学术方式和专业态度对待大学教学，尤其是要研究学生的学习活动：学生学到了什么，是如何学到的，如何能学得更好，等等。这是把大学教学作为一个专门领域加以学术研究的态度，这也是舒尔曼的SoTL思想。也就是说，SoTL蕴含着一种不同的教师发展理念。这种理念主张，教师发展应该是教师基于自己学术工作的职业伦理和职业精神，要求自己用学术方法研究教学，以专业的态度进行教学的结果。教师发展是教师的学术方法和专业态度共同推动下的个人职业成长。教师不是“被发展”（asked development）而是“想发展”（desired development）。这种教师发展理念被称为“成长性理念”（growth narrative）。这两种理念代表着两种不同的哲学和教师发展模式。[①]用什么思想来指导教师发展工作，确实是一个需要认真思考的大问题。目前美国高校中，随着SoTL的发展，成长性理念正逐渐取代约束性理念，成为大学教师发展的主流理念。

此外，近30年的SC改革对大学教师发展也产生了重要影响。由于SC改革的深入推进，大学教学领域中产生了很多新理论、新方法、新技术、新实践，这些通常是教师们不熟悉的内容，但对改善本科教学、提高教学质量意义重大。因此学校要为教师提供培训，帮助他们提高教学质量。

在组织上，美国大学基本上是两类做法：一种是把这部分工作也交给教师发展部门统一管理，这类组织通常叫教师发展中心；一种是把教学培训与教学咨询工作独立出来成立专门部门，通常叫教学支持中心。这类中心名字五花八门，不必细究。至于采用哪种模式通常取决于这部分工作的工作量，因此与学校规模显著相

① 参见哈钦斯等：《大学教学学术再思考》，高筱卉等译，即将由湖南教育出版社出版。

关。规模较小的学校（如小型文理学院）通常会采取第一种模式；规模较大的学校通常会采取第二种模式[①]。如果采用了第二种模式后还是觉得分散不够，还可以让专业性较强的专业学院如医学院、农学院、工学院等建立自己的专门教学支持中心，而其他学院则由学校教学支持中心负责。

美国大学的教学支持工作大体分四类：培训、咨询、交流、支持。培训指根据教学需要为教师提供新理论、新技术、新方法方面的专题培训，通常采用小班教学。咨询是指针对单个教师的教学需求提供专门的咨询服务。根据教师所教课程，有关课程设计、教学方法、评价评估、教育技术等方面的问题通常是教师咨询的主要内容。交流是指组织校内外教师相互交流教学经验，经常以午餐会、研讨会、专题报告等形式出现。支持是指为教师提供必要的资源和技术等方面的支持。尤其是MOOC、翻转课堂、混合教学等教学模式出现后，课程编制和录制就成了大问题，在很多情况下仅靠教师自己根本无法完成，因此教学支持工作就变得非常重要。除了教学技术和教学资源支持外，还要为教师教改提供基金，这也是一项重要工作，也是美国大学教学支持的重要内容。

有些学校把教师教学评价和学校教育教学政策建议等工作也放在教学支持中心。这种安排的最大好处是有利于学校从整体上规划和管理教学支持工作。把教师教学评价放在教学支持中心的好处是可以形成闭环管理，有助于促使教师积极参加教学支持中心活动，还有利于形成全校统一的教学规范和教学文化。把学校教学政策建议放在教学支持中心是因为教学支持中心最了解全校教学情况，可以为学校相关政策提供建议。我认为这种模式最值得学习。

有的学校的教学支持中心在服务本校的同时还积极开展对外服务，如密歇根大学。但也有学校主张集中力量搞好本校教学支持工作，而不开展对外服务，如UCLA。

各校教学支持中心的结构及规模与工作量和工作内容相关。大学校的中心可能会有固定员工数十人之多，如密歇根大学教学支持中心有员工 45 人，UCLA 教学支持中心有员工 75 人。除了固定员工外，中心还会根据需要雇学生当临时工。小型文理学院的教学支持中心通常是由一两名教师兼职，再配一两个秘书。教学支持中心内部结构基本上是按功能分工。核心工作包括课程教学设计、教学评价评估、

① 在美国，通常认为学生人数为 2000—5000 人的为小型学校、5000—15000 人的为中型学校，15000—25000 人的为大型学校，25000 人以上的为超大型学校。四类学校中两头比较少，中间两类比较多。

教学技术、教学资源等。工作人员除固定职责外，还有兼任模式，如定向负责某些专业学院、对外联络、活动组织、网站维护等。日常事务一般由综合办公室负责。大部分教学支持中心工作人员都是专业人员（professional），但中心领导职位如主任、副主任通常由教师或学术管理者兼任。[①] 中心之上通常有一个由教师组成的咨询委员会。

教学支持中心是一个服务机构，如何服务教师是重要问题。在这方面，美国大学教学支持中心的网络服务给人的印象深刻。很多高校的教学支持中心都有完善的网络服务，通过网络普及知识和经验、预约培训咨询、发布活动通知和管理规定、回答教师问题、显示针对各种服务对象的特定服务和各种资源等，尽量通过网络解决教师问题。大学教学咨询工作的特点之一是高重复率。教师们的很多问题是重复的，因此通过对这些问题分类，在网上提供相应解决方案和信息资源，可以大量节约教师时间和中心工作负担。这一点尤其值得中国同行学习。

以上是美国大学教学支持中心的基本情况。下面讨论在中国 SC 改革中做好教师教学支持工作的建议。

2. 对中国大学教师教学支持工作的建议

先说明两点，一是因研究 SC 改革，我和国内一些高校的教师发展人员有所接触，但对有关工作只有表面了解，对他们面临的真正挑战与困难并无深刻认识，因此下面仅是一些初步想法，未必合理。二是本章研究赋能教师，因此只讨论通过教师发展和 SoTL 研究来推动 SC 改革的有关问题。

首先是教师发展工作理念。上面介绍的美国大学教师发展的两种理念，中国大学中都存在，因为中国大学存在产生两种理念的土壤。但是从发展角度看，中国大学应该坚持成长性理念，摈弃约束性理念，用积极、成长、发展的理念对待教师发展工作，而把教师存在的问题看作发展中的问题，相信教师可以在自己的职业发展中解决这些问题。特别要注意的是，大学教学既是一个专业领域也是一种专门职业，要用专业态度和学术方式来对待。应该用这种思想来引领和规划大学教师发展工作。这种学术精神与职业态度是教师发展成功的关键，也是博耶和舒尔曼的大学教师发展思想中最值得学习和思考的方面。

其次，教育部高教司从 2018 年起推动中国本科教学改革，要求各校狠抓教学

① 参见王玉衡：《美国大学教学学术运动》，北京师范大学出版社，2012：73。

质量，并提出要从课程开始。改革的三个方向是：学生中心、产出导向、持续改进。显然这和美国SC改革方向一致，因此可将其称为中国的SC改革。由于中国可能会碰到美国改革中的类似问题，因此本节根据美国经验提供建议。

为了配合中国的SC改革，当前中国高校教师发展中心可以从三个方面改进工作：一是目标和方向；二是规划与重点；三是系统配套支持。下面具体说明。

一是目标与方向。根据有限观察，我觉得中国大学教学支持中心的工作比较零散和被动。零散是指在确定工作内容时，经常是流行什么做什么、什么到手做什么、有什么资源做什么。至于全年做什么、未来三年五年后要达到什么目标等，基本上没有明确规划。由于缺少目标和方向，工作主要受外部因素影响，此即“被动”。如果这个判断基本正确，那要解决的第一个问题是目标和方向。教学支持中心要问自己：我们的目标是什么、方向是什么、计划是什么、要做什么、不做什么、先做什么、后做什么。如果缺少目标和方向，零散和被动就是必然的，这显然不利于发展。

有人也许会说，美国大学教学支持中心不也是这样的吗？确实，表面看来是如此，但其实未必。区别在于美国已进入成熟发展阶段，而我们处于初创阶段。这个阶段差异使我们可以利用后发优势，主动规划发展。

美国的SC改革已经进行了30年，关于改革的基本理论、方法、技术、实践已经深入人心。教师们通过文献研究就可以了解改革的基本模式，知道该做什么和如何做。而且他们自己的教改项目也处于不同发展阶段，因此对教学支持的具体需求各不相同。在这种情况下，教学支持中心的最佳方法是跟着教师需求走，以满足教师多样化需求为目标。

中国情况则不同。中国的SC改革刚刚开始，教师对SC改革的基本理论、方法、技术、实践模式都不了解。在这种情况下，教学支持中心是应该主动引导改革，还是被动等待教师需要？我认为应该主动引导改革，主动配合中国SC改革这个大趋势，在学校领导支持下，主动出击，引领改革。

教育部高教司已经提出，这次本科教学改革的重点是课程，提出把“学生中心、产出导向、持续改进”作为评估标准。我认为这个目标与方向选择是正确的和合理的，符合当前本科教学改革的国际共识。但如何具体操作呢？这是我们目前面临的一个挑战。对此我的建议是，以课程反思为引爆点，聚焦课程设计，引导全校教师开展SC课程改革。具体做法可以这样：以学校为单位，要求所有任课教师，根据上述课程评估三原则，反思自己的课程是否达标，是否符合教育部评估标准。

如果符合，撰写课程反思报告，给出证据和理由，交所属学院审查，确保该课程符合评估标准。如果不符合，则要求教师根据评估标准重新进行课程设计，实施教学改革，直到达标为止。换言之，把教育部教改的重点和要求作为目标和标准，把课程反思和课程再设计作为课改的第一步。这项工作不宜全面铺开，应先做计划，从即将迎评的专业和学院开始，逐步积累经验，然后再扩大到全校。

教学支持中心可以就如何进行课程反思对教师进行培训，同时配合教师做好课程反思工作。如果需要重新设计，教学支持中心可以提供相关培训和咨询服务。

简言之，当前各校教师支持中心应该配合教育部的本科教学改革，主动承担责任，引领改革，在改革中找到自己的位置，逐步明确业务，培养业务能力，积极服务实践。

二是规划和重点。如果学校把SC课程改革作为未来五年工作重点，教学支持中心就需要制订相应工作计划，做出工作顺序安排和时间规划。这里有大量的学习与研究工作要做，例如，如何指导教师开展课程反思和课程再设计。教学评估中的“学生中心”和“产出导向”这两条，决定了课程反思和课程再设计要结合课程做SoTL研究。这也就是为什么舒尔曼说，在当前教学改革中，SoTL是大学教师发展的基本途径和方法。关于如何做SoTL研究，可以参见附录二。但要真正理解和把握其理念与精髓，且能运用于指导教师，中心工作人员可能还需要很多学习和研究才行。

教学支持中心要学习相关理论和方法，这是一件很大的学习任务。建议各校教学支持中心组建全国性SoTL学术交流网，通过跨校合作来共同完成这个任务，切忌闭门单干。美国的主要经验之一是建立全国学术交流网，事实证明非常有效。

课程反思和再设计时，要特别注意这项工作在本质上是SoTL研究。研究中要特别聚焦问题、方法、效果三者之间的因果关系。一是问题。问题是指首先明确课程的性质和目标是什么，为什么，以及在这些教学目标下，学生有什么学习问题和学习困难，为什么。二是方法。针对课程目标和学生学习问题设计教学方法和教学过程，这个环节要特别关注模式方法选择的合理性。为什么这个问题要用这个方法？根据是什么？三是效果。这个环节要聚焦效果评价。每个方法要达到什么效果？如何测量和评价这些效果？可与医学相类比，教师即医生，学生学习问题即学生健康问题或疾病，选用方法即开处方选药用药，教师的任务就是找到能有效治病并促进学生健康的药物和疗法，并用学生学习的改变来证明自己方法的有效性。这个环节要特别注意做好文献研究，看看国际国内同行有什么已经证明有效的药物或疗法，这可以节约大量时间和精力。如果在设计阶段能清楚回答这些问题，就可以进入实施阶段。实施阶段的原则是把整个课程设计方案看成是一个假说或者假说群，把教学过程看成试验过程，用学生实际学习效果来检验这些假说的真实性和可靠性。用这种方法来做课程教学改革，就是以研究的态度做教学，就是 SoTL 研究。如果成功了，就赶紧公开发表，让同行教师了解和使用这个方案，也请求他们帮助检验方案在他们课堂中是否也有效。如果有效，就证明了该方案的普适性。如果无效，可以进一步研究为什么在 A 课堂有效而在 B 课堂无效，原因是什么。这样的合作交流就会促使课程研究进一步深入，直到找到最佳方案为止。当然，由于课程具体情境不同，最佳方案通常会有几个，而不会只有一个。我的经验是，就具体课程情境而言，最佳方案不会超过三个。这样的方案就是该课程的特征教学法。这种经过实践检验的课程方案，才应该授予教学优秀奖。总之，要拿实践结果来证明教学的优秀，而不能凭印象和感觉来证明教改成功。只有这样的课程研究才可以被称为学术研究，只有这样的课程教学研究才有资格和科研成果平起平坐，平分秋色。如果这样的研究还不能和科研成果同等对待，那就该检查学术评价委员会的学术偏见了。

最好是以课程和专业为轴心建立跨校、跨区、跨国的学术研究网，通过所有同行教师共同努力来做好这项工作，应该把组建课程研究交流网作为全国本科教学改革的一项重要工作来抓。在这件事情上，应该充分发挥中国制度优势。见附录三。

主张把课程教学设计作为整个改革的中心，主张围绕课程设计开展理论和方法技术学习，还有一个理由，即课程设计可以为理论学习和方法技术学习提供一个明确的教学情境（context），从而使研究目标明确，不至于出现研究与实践脱节的问题。以课程设计为中心，可以加强研究的针对性，也可以增强教学培训和咨询的针对性。成人教育理论的一个基本共识是，加强针对性是提高成人学习效果的有效方法。事实上，过去很多学校开展的教学方法和教学技术方面的培训效果不佳，主要是因为针对性不强，不能学以致用。凡缺少明确教学背景和目的的学习或培训，效果都不会太好。对学生如此，对教师也如此。

要做好这些事显然需要很好的计划，包括业务学习计划、工作安排、培训与咨询计划，同时还要在制度和资源上做好充分准备。

三是系统配套支持。系统配套支持指学校相关政策、人员、技术、资源等方面的支持。这项工作显然需要学校的支持，学校有责任做好这件事。

在此前提下，学校要提供相应配套支持，包括学校教学改革政策、教师激励政策、教改项目经费投入，以及其他人财物方面的资源投入。教学支持之中心作为主要牵头和实施单位也要做好计划，尤其是项目、人员、技术、活动方面的计划。只有这些都到位了，教改才有可能。见第十章。

以上这些建议未必合理可行，仅供参考。

第三节　简要总结

赋能教师是指帮助教师掌握SC教学模式的原理与方法，从而在教学实践中能够通过研究学生学习问题来改进教学。这种研究就被称为“大学教学学术”（SoTL）。本章简要介绍了美国大学教学学术运动的发展情况，尤其介绍了卡内基基金会的工作和贡献，基金会主席舒尔曼的SoTL思想，以及在美国SoTL运动中出现的六个讨论。我认为，大学教学研究应该明确把“学生学习”确定为基本研究对象，建立起SoTL研究中的主客观关系，这是确保SoTL能最终成为现代学术的前提。同时指出，应该深化舒尔曼“特征教学法”的思想，使它从当前的领域层次深入专业和课程层次，探索专业和课程的特征教学法，从而使舒尔曼的“特征教学法”这一重要理念在大学教学研究中变得可理解和可操作。希望这些讨论对中国大学教师和大学教学研究者开展SoTL研究和推进SC改革有所帮助。

此外，本章还简要介绍了美国大学教师教学支持工作的概况，建议中国高校教学支持中心应配合中国当前本科教学改革，以课程反思和课程再设计为抓手，帮助教师结合自己的课程教学开展SoTL研究。

本章讨论了如何赋能教师的问题，下一章将讨论如何激励教师的问题。

第九章

失衡天平：“重科研轻教学”问题的制度分析[①]

上一章讨论了如何通过大学教学学术和教师发展活动赋能教师，让教师们“能干”和“会干”，这一章则聚焦如何激励教师，让教师们“想干”和“愿干”，积极参加教学改革，无掣肘羁绊，无后顾之忧，可以全身心地投入这场改革。

国内外几乎所有关于教师激励的文献都表明，让教师不能积极投入教学的主要障碍之一是教师工作评价中“重科研轻教学”的倾向。如果在教师工作评价中教学被置于次要地位，就不能指望教师们会把主要时间和精力用于教学。如果教师不把大量时间和精力投入教学，也就不能指望本科教学质量会得到保障和提高，SC 改革会获得成功。换言之，“重科研轻教学”现象表明，教学和科研这两个现代大学的基本活动之间出现了失衡，此即所谓“失衡的天平”。本章将从组织和制度角度探讨这个现象的本质与成因，并提出纠正这种失衡的方法与途径。

然而，如果仅仅把“重科研轻教学”看成是一个简单的学校内部制度调整问题，那就太简单化了。我们必须注意到，“重科研轻教学”并非个别现象或局部现象，而是广泛存在的国际性现象。因此思考解决方案之前，应先理解问题的本质和成因，寻找背后的原因和力量，然后再来思考和设计适当的解决方案。

从高教史上看，早期现代大学是以教学为主的。直到进入德国大学时期，研究才作为一种新的学术活动进入现代大学。但后来的发展是，研究在现代大学中得到了高度重视，大学不断发展出各种新制度支持研究活动。而与此同时，本科教学却在现代大学中经历了一个地位不断旁落的过程，最终酿成今日危机。因此，我们有必要系统考察研究和教学活动在现代大学中的制度化状态，看现代大学如何对待这两种活动，从而理解为什么会出现“重科研轻教学”的现象。此外，在考察大学对研究的制度化支持中还可以思考，如果要使教学也获得类似发展，它需要从现代大

① 本文原发表在《高等工程教育研究》2020 年第 6 期上。此处文字略有修改。

学中获得怎样的支持。为了深刻理解这个过程，我们还可以具体考察一所现代大学的发展史，看看重科研轻教学这个现象是怎样逐渐发生的，从而加深对这个问题的理解。希望这两个考察会有助于我们思考如何在现代大学中重建两者的平衡。

本章共分四节。首先讨论“重科研轻教学”问题的性质、范围、历史和现状，其次比较研究和教学在现代大学中的组织化和制度化状态，然后以斯坦福大学本科教学百年史（1891—2012）为例，揭示研究和教学是如何在现代大学组织中逐渐失衡并被小心掩饰的，最后探讨重建教学科研平衡的途径和方法。

第一节　大学教师评价中的“重科研轻教学”问题：性质、范围、历史与现状

首先界定问题的性质与范围。按博耶对大学教师职责的分类，大学教师有四项基本职责：发现知识、整合知识、应用知识、传授知识。而在“重科研轻教学”问题中的“科研”，可以包括教学之外的其他三类职责，只是不同类型学校强调的重点不同而已。例如，研究型大学中比较强调知识创造（即原创性知识创造）和知识整合（即把分散知识整合成为体系化知识），而在医学、工程、管理等专门职业领域（professional field），知识应用也被认为是学术。因此科研与教学对立实际上是教学与其他三类职责之间的对立。

再说“教学”。教学可以泛指大学的一切教学活动。但从后面斯坦福大学的案例中可以看出，大学教师们并不反对研究生教学，甚至不反对本科生高年级专业课教学。最让教师们头疼的是基础阶段的本科教学，即通识课和基础课教学，以及为大学一、二年级学生提供学业咨询。大学教师为什么不把研究生教学甚至本科高年级专业课教学看成是负担呢？因为这些教学与教师们的研究活动有直接联系。例如研究生课程通常是教师们吸引和挑选研究生的关键环节。研究生们不仅可以帮助教师们做科研，还可以帮助教师产生新思想，推动教师的科研工作。因此教师们希望多招研究生，争取更多招生指标。本科高年级专业课也很类似，因为这些课程与教师们的专业有关，而且专业课阶段通常班小人少，工作量也比较小。尤其在高校大规模推行本科生参与科研活动以来，高年级本科生也能走进教师研究室。由于他们已经可以配合教师工作，教师们对他们也通常持欢迎态度。此外他们还是潜在的研

究生生源。这些情况表明大学教师对不同类型教学的态度是不同的。基本特点是，与本专业密切程度越近越喜欢，越远越不喜欢。这个态度本身就说明，大学教师是以研究为中心来选择和规划自己的教学活动的。

为什么通识课、基础课教学和低年级学业咨询会被教师认为是负担呢？简单的回答是，这些教学活动与教师专业的密切程度不高，而且工作量大，耗时费力。从现有文献看至少有两个主要原因。一个原因是大学生发展的阶段性。从认知发展角度看，18—24岁是人的认知能力中抽象能力发展的主要阶段，因此训练和发展学生创造、构建、评价、修正、完善认知框架的能力及掌握各种基本知识框架是这个阶段学习的主要任务（见第三章），而大学通识课和基础课恰好能在这些方面发挥主要作用。因此，通识教育和基础阶段教学对大学生心智发展有重大贡献。然而，这个阶段的大学生在思维和学习习惯上还深受中学模式影响，还不习惯以创建和审辨认知框架为主要特征的大学学习。因此让他们改变中学学习习惯，建立大学学习习惯，完成学习方式和认知模式的转型，是这个阶段教学的主要困难。这些任务基本落在大学一、二年级教学上。和所有学习一样，帮助学生改变已有习惯，建立新习惯，需要整套的专门知识、技术和能力。可惜到目前为止，我们对此还知之甚少。由于绝大多数教师缺少相关知识、经验和技术，这个阶段的教学具有很大的随机性，很多情况下是碰运气。尽管这种随机性通常被善意地称为“艺术”，即大学教学艺术，但教师们感到这个阶段的学生特别难教却是事实。这个阶段也是大学生学业失败率最高的阶段，很多学生就是由于基础阶段没学好，后来学业和事业的发展大大受限。然而，一旦学生学会了大学学习方法，进入高年级专业学习，知道如何学习，如何配合教师教学，教师的教学困难就小多了，教学方法和教学质量也随之稳定下来。从思维转型和发展角度看，大学基础阶段的教学实际上是大学本科教育的重点和难点。然而教师们对这个阶段教学工作的态度，使得这个阶段的教学成了大学本科教学的老大难问题。结果是，人人都知道它重要，也都知道它问题多多，但就是不能解决它。奇怪吧？

另一个原因是大学通识课和基础课与教师专业兴趣关系不大，越是高水平研究型大学越是如此。既然教师很难从通识课和基础课教学中获得专业收益，感到又难教又没有意思，也难怪不愿意教通识课和基础课的现象普遍存在，中外概莫能外。

事实上，对大学基础阶段教学的这个特点，美国高校早有共识，因此美国高教史上一直有一个是否应当把这部分教育从大学里分离出去的讨论。布鲁贝克在《高等教育哲学》中论及博雅教育和专业教育之争[①]，讲的就是这个争论。主张把这个部分教育分离出去的学者如伯顿·克拉克等认为，这部分教育属于普通教育，在欧洲属于高中教育内容，但是由于美国高中教育发展较晚，因此大学不得不承担这部分教育。故而美国应该向欧洲学习，把这部分教育从大学教育中分离出去，下放到高中教育中去。[②]而主张把这部分教育留在大学里的人则认为，这部分教育恰好是大学教育对大学生发展的独特贡献。如果大学做好这个阶段的教学，帮助学生顺利完成这个阶段的发展，学生因此成为不同于高中阶段的"新人"，进而实质性地影响其一生，这不正是大学教育的目的吗？持这种看法的学校通常是那些继承英国牛津剑桥传统的美国东部精英高校。他们认为训练学生的思维能力、拓宽学生视野、培养学生的公民意识与道德意识的博雅教育，是大学教育的精要，应该保留在大学教育阶段。由于这些研究型大学多由传统古典学院发展而来，因此在后来的发展中，它们保留了自己的学院传统和博雅教育传统，形成了美国研究型大学的博雅教育传统。

虽然这些讨论没有结论，但历史却做出了选择。1999年欧洲推动博洛尼亚进程，欧洲各国决定效仿美国，把高校从原有的三年制专业学习模式改为美国式的四年制博雅加专业教育的模式。同时美国高校联合会（AACU）则大力倡导本科阶段的博雅教育。于是本科阶段博雅教育成了当代大学教育的主流。这个模式也影响了中国，目前我国高校流行的就是这个模式。由于大家都采用这个模式，因此本科通识教育阶段的教学与科研的冲突问题就有了普遍性。

三是在科研与教学的对立中，究竟真正冲突的是什么？简单回答是：是教师时间与精力的分配。教师的资源就是自己的时间和精力。因此在同时面临多项任务时，他们就要权衡利弊以获得最大收益，这就涉及教师评价制度。教师评价制度是指挥棒。如果学校主要奖励研究而不奖励教学，教师就会投入研究而不投入教学，天平就会向科研倾斜。如果学校奖励教学重于奖励科研，教师投入就会向教学倾斜。如果学校像奖励研究那样奖励教学，教师就会均衡投入。其实这三种情况在美国高校中都存在。向科研倾斜的主要是研究型大学，向教学倾斜的主要是私立小型文理学院，科研教学均衡投入的主要是公立四年制本科高校。也就是说，不同的教师评价策略确实会影响教师的行为。

① 布鲁贝克：《高等教育哲学》，王承绪等译，浙江教育出版社，1987：第五章。

② 克拉克：《我的学术生涯（下）》，赵炬明译，《现代大学教育》2003年第1期：15。

之所以要讨论冲突的本质，是因为在现实中和在文献中都有人认为科研和教学并不对立，而且可以相互促进，并举实例证明。可是这种论证有方法问题。教学科研对立是社会现象，因此要用社会学统计方法而不能用简单枚举法来证明。如果问在大学中有没有能同时把教学和科研都做得很好的教师，答案肯定是有。同样，如果问是否有科研可以促进教学或教学促进科研的例子，答案也肯定是有。但如果把样本扩大到学校、地区或国家，这个比例就会小到可以忽略不计。由于这个争论在国外也存在，因此英文文献中对此有专门调查。塔格在其最近出版的新书《传授之谜：为什么高等教育难以改变以及如何改变》第七章中梳理了关于这个主题的文献，发现关于科研与教学的关系或教学质量与科研质量的关系的统计调查都发现，两者的相关性几乎为零。[①]1996年的一个研究在分析了58个研究后总结道："我们必须得出一个结论，人们通常认为的研究和教学之间相互影响的说法，只是一个历时甚久的迷思（enduring myth）。研究和教学之间的关系至多只是非常松散相关的（very loosing coupled）。" 2009年的一个关于教师教学质量和研究质量关系的研究报告说："我们的最后结论是，无论是测量教学质量还是研究质量，两者之间都没有明显关系。促成教学卓越和促成研究卓远的那些因素显然是不相关的。"[②]我认为这些结论合乎我们的日常观察。

为什么卓越教学和卓越研究之间没有明显的相关性？研究者们给出了两个解释。一个解释是时间精力冲突。无论做好教学还是做好研究，都需要学者的全身心投入。那些用一半时间就可以做得和别人一样好的人，不是天才就是运气好，但绝非常态。另一个解释是做好教学和做好科研各自需要一套不同的技巧。正像人们不能指望好钢琴家都是好歌手，也不能指望好歌手都是好钢琴家。同时掌握两套技巧并能做好两类工作的人只是少数，因此不具有统计意义。

最早注意到这点的可能是大主教纽曼，他在《大学的理想》中说："发现和教学是两种不同的职能，也是两个不同的才能。同一个人兼备这两种才能的并不多见。整天忙于把现有知识传授给学生的人，不可能有闲暇和精力获取新知识。最伟大的思想家对自己的思考对象极为专注，不容打扰，因此多少会对学校和课堂避而

① John Tagg, *The Instruction Myth: Why Higher Education Is Hard to Change, and How to Change It*, Rutgers University Press, 2019: chapter 7.

② 同上，第120页和第121页。

远之。”①

2002年美国学者菲尔维塞根据美国1992—1993年全国大学教师调查的数据（样本为817所学校的25000多名教师）得出的结论是，只有22%的教师能同时在教学和科研两方面保持高产。如果考虑采用积极教学法或合作学习等新教学法时，这个比例下降到6%。②这里要特别注意，如果只涉及研究生教学或本科高年级专业教学，能同时做好两项工作的教师就很多，常态下应该超过50%。

这些研究结果表明，试图用研究和教学相互促进来证明教学科研不矛盾的想法可能是徒劳的。而且这个说法会妨碍人们认识到大学教师在时间和精力配置上面临严重冲突这个基本事实。认识到科研与教学对立的本质是教师时间与精力配置冲突，以及教学和科研各自需要不同的知识、能力和技术这两点，会有助于我们思考和解决这个问题。

第三个值得注意的观点是斯坦福大学教授、卡内基教学促进基金会前主席舒尔曼提出来的。他认为这与目前大学教学的落后状态有关。舒尔曼在斯坦福大学同时参加学校教学评价与改进委员会和学校教师职称评价委员会，他发现这两个职责让他很分裂。前者要求他强调教学的重要性，后者让他得贬低教学的重要性，因为教师拿不出像科研成果那样的材料来证明自己教学工作的有效性。他认为这是教师工作评价中出现“重科研轻教学”现象的一个重要原因。他认为，要改变这个现象，大学教师们就必须拿出可以与科研成果媲美的证明材料，证明自己教学的学术性。这就意味着教师们要用学术方法研究教学，证明自己教学的学术性。大学教学绝不会因为其是大学教师工作的一部分就自动变成学术工作。学术是指以学术的方式和态度做工作。科研如此，教学也是如此（见第八章）。

在舒尔曼看来，目前的大学教学既不学术也不专业。教师们的教学方法基本来自教师的个人经验总结，或是自己读书时的经验，或是从教后的经验。教师之间很少交流经验，更没有相互间的批评和评论。自从德国大学提出教学自由原则后③，课堂就变成教师的独立王国，而非开放的学术探究场所。上百年来的实践结果是，大学教学成了学术研究的空白之地。学者什么都研究，就是不研究自己的教学。故而

① 纽曼：《大学的理想》，徐辉等译，浙江教育出版社，2001年：第4页。此处根据英文原文作了些许文字调整。

② John Tagg, *The Instruction Myth: Why Higher Education Is Hard to Change, and How to Change It*, Rutgers University Press, 2019: 123-124.

③ 包尔生：《德国大学与大学学习》，张弛等译，人民出版社，2009：第三卷第三章。

大学教学尽管有数百年历史，但并未形成什么可靠的知识、经验和技能体系，因此也不存在大学教师的专业培养体系。

什么是专业培养体系（professional training system）？舒尔曼以医生培养体系为例说明自己的看法。现代医生培养首先要有一套系统的医学知识体系，以及一套长期积累的医学经验体系。对各种人类疾病和症状既有现象描述，也有原理说明。然后在这个基础上形成医生培训体系。行医者必须首先接受系统的专业培训。在美国是四年医科预科、四年医学专业，再加三年住院医实习，最后是参加执照考试，通过后执照行医。这套专业培训系统保证了医生培养的质量，也保证了美国医学的质量。相比之下，在大学教学领域，专业知识和经验的积累少得可怜，绝大多数教师从教之前几乎没有接受过任何专业训练，然后就靠在岗积累经验。舒尔曼认为，正是大学教学的这种非学术非专业状态，严重限制了大学教学质量的提高。因此舒尔曼呼吁大学教师以学术方式开展对自己教学的研究。和医学一样，逐步积累有效知识和经验，最终把大学教学变成一个以学术为基础的专门职业领域，并在此基础上建立起大学教师专业培训体系。他认为只有这样，才可能为长期稳定提高大学教学质量奠定坚实基础，尽管这会是一个漫长的过程。

舒尔曼的这个发现的意义在于，指出了教师教学评价中的“重科研轻教学”现象，不仅与教师评价制度相关，还与大学教学研究本身的落后状态有关。以上是三个关于“重科研轻教学”现象的原因分析。

下面介绍两个重要文献。关于这个主题的文献很多，但有两个文献对我有较大启发。一个是塔格的《传授之谜：为什么高等教育难以改变以及如何改变》[①]，一个是库班的《学者怎样压倒教师：有变化而无改革，斯坦福大学课程、教学、研究百年史，1891—1990》[②]。分别介绍如下：

美国SC改革史上有一篇著名文章《从教到学：本科教育新范式》，塔格就是作者之一。[③]他说，自从这篇文章发表，他就有了第二职业——成天像传教士一样到处介绍宣传这个新理念。然而，他的“传教”事业并不顺利。他发现很多学校和教师虽然在原则上认同这个理念，但就是不愿意付诸实践。这让塔格很困惑。更奇

① John Tagg, *The Instruction Myth: Why Higher Education Is Hard to Change, and How to Change It*, Rutgers University Press, 2019.

② Larry Cuban, *How Scholars Trumped Teachers: Change Without Reform in University Curriculum, Teaching and Research,* 1891–1990, Teachers College Press, 1999.

③ 关于这篇文章，见本书第二章。

怪的是，他发现所有高校都由衷宣称本科教学是学校的首要使命，但到了具体实践，就变成了研究第一、教学第二。教师那里也是如此，大多数教师都认为以学生为中心合理，但进了教室就变成了讲授第一、学习第二。也就是说，在本科教学问题上，学校和教师普遍存在明显的言行不一。这是为什么？他花了 20 多年时间研究这个问题，2019 年出版了这本书，给出了他的调查与答案：

为什么我们没有取得更多进展？我在最近一本书中对此作了很长的回答。但简短的回答是：个别教师自己能做的事情是有限的。他们当然可以做很多事。但是，如果大学、学术文化、社会等更大的系统对教师们所做的事情不予认可和奖励，那他们就没有多大动力继续做下去。我在那本书中写了很多关于内在动机、关于学生如何实现自己设定的目标但却无法实现别人强加给他们的目标。我相信，世界上大多数教授是有内在动力来帮助学生学习和发展的。如果他们没有这种内在动力，他们就不会来当教师。但是他们的内在动力受到他们所在工作系统的限制。如果大学本身不承认不奖励促进深层学习的教学，这就限制了教授们实现其目标的能力。但目前在大多数西方国家，大学奖励的仍然是研究而不是教学。大学以谨慎且专注的态度来衡量研究的产出，并为此投入大量时间和金钱。但大学根本不衡量教学效果，通常也不进行奖励。[①]

确实，塔格在《传授之谜：为什么高等教育难以改变以及如何改变》这本书里，从组织心理学角度分析了大学教师和管理者们很多的组织心理与行为特征，尤其是人们愿意维持现状而不愿意进行改革的心理原因和行为特点，如效能理论（utility theory）、框架效果（frame effect）、预期理论（prospect theory）、厌恶损失（loss aversion）、拥有效果（endowment effect）、锚定偏见（anchoring bias）、现状偏见（status quo bias）、信奉的理论和使用的理论（espoused theory and theory-in-use）、组织抵抗套路（organizational defense routine）、刻意忽视（designed ignorance）、松散联系与绑定之谜（loose coupling and the binding myths）、仪式性分类（ritual classification）等。这些在标准认知偏见列表上都有说明。

值得注意的是，在认知心理学上，认知偏见（cognitive bias）不等于认知错误（cognitive error）。认知错误指由认知引起的不符合实际情况的错误，如色盲者会把红色看成灰色，不能区分红色和绿色等。但认知偏见是指由认知引起的对认知结果的系统性扭曲，而这种扭曲与认知主体的主观偏好有关。例如，多数人相信自己

① 引自塔格为《学习范式学院》一书中文版写的序言。该书即将由湖南教育出版社出版。

的能力高于平均水平；人在创新时倾向于采用开放态度，但在改错时倾向于采用保守态度等。正由于涉及认知主体的主观选择，因此这类扭曲被称为“认知偏见”。换言之，认知偏见是主体的主观偏好和主观选择的结果。

但认知主体可以对自己的认知偏见毫无感觉，即认知主体可以处于不自知和不自觉的状态，即“入芝兰之室，久而不闻其香”，“入鲍鱼之肆，久而不闻其臭”。英文的说法是“take for granted”。那么，认知偏见是如何进入认知主体大脑，并发展为其主观偏好的呢？就本章讨论的具体问题来说，简单的回答是，是制度、组织、工作环境长期熏陶的结果。大学教师和管理者长期生活在特定大学组织中，在适应其特定制度与组织环境的过程中，这些制度性和组织性偏见就会不知不觉地植入他们的主观意识当中，形成特定组织和制度的认知偏见和选择性偏好，而被植入者也就由此变成“组织中人”，对所服务的组织则香臭不辨了。

简言之，塔格在该书中试图论证的是，在大学系统中存在大量系统性的制度偏见和组织偏见，而大学教师们和管理者们已经不自觉地接受了这些认知偏见。然而，正是这些偏见阻碍人们接受新范式、改革老范式，造成了大学和教师在本科教学问题上的言行不一。这就回答了为什么传授范式会长期存在，为什么大学如此难以变革。

塔格的研究很有启发性，合理地解释了大学为什么会一方面由衷地支持本科教学的优先地位，一方面又在实践中毫无感觉地背离自己的信念。

但我的角度与塔格有所不同。在我看来，塔格最重要的发现是当前大学系统在整体上不支持本科教学和SC改革。至于他说的组织心理与组织行为，只是这个系统的一种结果，是系统价值取向在组织成员身上的表现。因此作为制度研究，研究的重点不应该是组织成员的心理和行为，而应该是形成这些心理与行为的系统和制度本身。即这个系统是怎么回事？为什么它不支持SC改革？如何才能使它支持SC改革？如果我们能改变这个系统，我们就能改变组织成员的心理和行为。因此我聚焦于制度与组织。

关于大学系统，一个特别重要的问题是，这个系统性选择在历史上是如何形成的，又如何变成了让人毫无感觉的制度性偏见？这个问题把我引向库班的《学者怎样压倒教师：有变化而无改革，斯坦福大学课程、教学、研究百年史，1891—1990》。在这个研究中，库班考察了斯坦福大学建校一百年中科研如何压倒本科教学的历史，以及相关制度和组织是怎样发展出来的。其中除了全校一般情况外，还特别对历史系和医学院做了案例研究。换言之，库班提供了一个具体案例，让我们可以具体看到"重科研轻教学"这个制度性偏见在斯坦福大学是如何形成的。

库班是斯坦福大学教育学院教授，是一位受过系统训练的历史学家，本、硕、博都读的是历史学。毕业后先当了14年中学教师，然后做了7年学区督学。1981年作为有经验的中学教育管理者加入斯坦福。他说在斯坦福的经验让他感到惊讶，中学管理的令行禁止在大学似乎不管用。他加入斯坦福时，恰逢肯尼迪（Donald Kennedy）就任校长，一上台就呼吁要开展本科教学改革，但直到1992年下台，他所期望的教学改革也没有发生。新校长卡斯珀（Gerhard Casper）接任，继续推动本科教学改革，但也没取得什么效果。正如塔格所说，没人觉得不对，但就是推不动。这也引起了库班的好奇，他想知道为什么会如此。于是他以斯坦福百年史为对象，探讨：为什么本科教学改革会在斯坦福大学遭遇困境？为什么研究会压倒教学？这个"重科研轻教学"的体系究竟是怎样形成的？

研究之后他得到的结论很简单，从斯坦福建校之初，研究与本科教学之间的矛盾就植根在其组织之中了。后来研究被看成是学校建立声誉的基础，于是与研究有关的支持性制度被不断创造出来，形成制度和体系，并不断在政策与资源方面得到强化。与此同时，本科教学工作如课程、教学、本科生咨询等则被不断漠视。本科教学没有在学校工作中获得优先地位，学校也没有形成必要的支持性制度。结果就是现在的研究全面压倒教学。库班的研究止于1997年，我沿着他的思路研究了2012年的本科教育调查。毫无悬念，库班描述的情景仍然在延续。下面我将酌情引用这些文献。

库班还特别指出，斯坦福并非孤例，美国其他研究型大学的情况也大体如此。这就是说，美国大学在接受德国大学模式后，选择性地重视了研究而忽视了本科教学。并在此基础上建立起了今日美国研究型大学的制度和组织。在后来的百年演变中，大学组织成员身上形成了塔格所描述的那些特定组织心理、行为模式和认知偏见。然后，研究型大学通过其本身的示范作用和研究生教育，把这个偏见扩散到美国其他高校，形成了今日美国全系统的制度偏见。如果说美国研究型大学通过接受和支持科学而为现代大学发展做出了贡献，使大学成为美国科学发展的主要支持性制度和组织，那么，它忽视本科教学，尤其是忽视本科生通识教育和基础课教育，则是随之而来的制度缺陷。纠正这个缺陷显然已经成了当代研究型大学乃至整个现代高等教育系统的重要使命和挑战。我们将拭目以待，看现代大学系统如何应对这个挑战，看它如何兑现它的承诺。

下面考察研究和教学在现代大学中的组织化和制度化状态。

第二节　研究与教学在现代大学中的组织化和制度化状态

首先申明两点，一是要系统说明科学研究如何影响了现代大学的组织与制度，需要一本专著来论述，这超出了本章的范围。这里只是简单罗列出已知现象，并略加解释，而不试图对科学研究如何影响大学制度和大学组织这个问题进行系统性的分析和说明。关于科学研究如何影响现代大学组织制度这个问题是有研究的。这个研究属于科学社会学领域中的科学的社会建制。这是科学社会学的一个基本问题。科学社会学的开山之作——贝尔纳1944年发表的《科学的社会功能》——中就有关于科学与大学关系的论述。[①]把大学作为一类科学组织，考察其如何支持科学发展，也有相关研究。其中最著名的学者当属以色列科学社会学学家本－戴维（Joseph Ben-David）。他在《科学家在社会中的角色》（1971）、《美国高等教育趋势》（1972）、《学术中心：英国、法国、德国、美国》（1977）三本著作中都系统探索过历史上科学与大学的互动过程。我在1991年发表的论文《论大学组织与大学德育》中也探讨过这个问题。另一位重要学者应该是美国学者库恩，他在《科学革命的结构》中不仅提出了科学范式的概念，还探讨了科学范式再生产和社会扩散中大学的作用。总之，科学与大学的关系是科学社会学的重要议题，也是高等教育社会学的重要议题。可惜这个问题长期被忽视，在两个领域中都没引起足够重视。我希望今后能有时间做这个研究，弥补这个令人难堪的空白。[②]故本章仅限于引用这些研究，但不展开论述。

二是关于组织和制度的定义。在现代社会中，科学研究是一个规模巨大的社会活动，需要把人们组织起来从事这项活动，结果形成各种各样的科研组织。社会需要一整套制度来协调和规范科研组织和科学家的活动，这些制度就是科学的社会制

① 贝尔纳：《科学的社会功能》，陈体芳译，商务印书馆，1982。此外，还可以参考贝尔纳：《历史上的科学》，伍况甫等译，科学出版社，1959；默顿：《科学社会学》（上、下册），鲁旭东等译，商务印书馆，2003；汤浅光朝：《解说科学文化史年表》，张利华译，科学普及出版社，1984。这些文献中都有关于科学与大学关系的内容。

② 本－戴维：《科学家在社会中的角色》，赵佳苓译，四川人民出版社，1988。原著初版于1971年。Ben-David, "Trends in American Higher Education," University of Chicago Press, 1972; "Centers of Learning," Carnegie Foundation for Advanced Teaching, 1977. 赵炬明：《论大学组织与大学德育》，《高等工程教育研究》1991年第2期。库恩：《科学革命的结构》，金吾伦等译，北京大学出版社，2003。

度或社会建制。大学显然也是其中之一。

关于制度有很多不同说法，这里采用美国学者斯科特（Richard Scott）的制度定义。制度是什么？制度是能使人们按一定方式参与社会活动的要素，目的是为社会活动提供意义和稳定性。按斯科特的定义，制度包括三类要素，即规制性、规范性和文化认知要素，由此形成三类不同制度：规制性（regulative）制度，指需要强制执行的制度，如法律制度；规范性（normative）制度，指依靠社会责任和社会期待来执行的制度，如道德；文化认知性（cultural-cognitive）制度，指因接受某种观念而自觉执行的制度，如文化（见表 9-1）。值得注意的是，在斯科特的制度定义与分类中，制度不仅包括法律规章制度，还包括道德制度和文化制度。这个制度定义为理解科学的组织化与制度化提供了更为广阔的空间，使我们可以把很多原来属于道德和文化信念的行为纳入制度研究。

表 9-1 制度的三大基础要素[①]

	规制要素	规范要素	文化认知要素
遵守基础	权宜应对	社会义务	视作当然 / 共同理解
秩序基础	规制性规则	约束性期望	建构性图示
扩散机制	强制	规范	模仿
逻辑类型	工具性	正当性	正统性
指标	规则 / 法律 / 奖惩	合格证明 / 资格认可	共同信念 / 共同逻辑 / 同型
情感反应	内疚 / 清白	羞耻 / 荣誉	确定 / 惶恐
正当性基础	法律裁决	道德义务	文化认同

本节讨论作为制度和组织行为的研究与教学。研究与教学是现代大学的两个基本活动，但这两个活动在现代大学组织中的存在状态和处境相当不同。现代大学明显偏好支持研究而忽视教学，因此研究在现代大学中获得了较好发展，而教学则一直处于不利地位，缺少关注和制度支持。现代大学中教学的旁落地位和不利状态不仅限制了作为研究领域的大学教学的发展，也限制了教学贡献本科教育质量的能力。当前美国乃至世界性本科教育危机以及 SC 改革所遭遇的困境，都与本科教学在现代大学体系中的旁落有关。表 9-2 比较了研究和教学在现代大学制度中的存在状态和地位。

① 斯科特：《制度与组织 —— 思想观念与物质利益（第 3 版）》，姚伟等译，中国人民大学出版社，2010：59。

表 9-2 研究和教学在现代大学组织中存在状态的比较

层次	维度	科学研究	大学教学
社会系统			
学科内部逻辑：对象、方式、方法、评价	研究对象	客观对象	不明确
	研究方式	可观察、可检验	不明确
	研究方法	学科研究方法	不明确
	研究结果	必须公开发表与共享	不需要
实践引导体系	经典著作	有系统的经典著作	几乎没有
	经典范例	有经典案例	几乎没有
	工作规范	接受共同工作规范	几乎没有
	评价方式	公开发表、同行评价与分享	几乎没有
专门职业组织（professional organization）	组织形式	专业学会和协会	有，功能较弱
	功能	指导专业发展 制定专业教育要求	几乎没有
	行为规范	制定职业道德和职业操守	有，满足底线要求
评价系统	学科内部评价	同行审核与评议	几乎没有
	学科外部评价	维持科学共同体活动规范	几乎没有
再生产系统	培训体系	专门化培养模式	有，随机
	培养体系	研究生培养体系	几乎没有
成果利用机制	记录系统	专利、期刊、专著及其他成果记录形式	有，但很少
	社会利用	产学研机制：硅谷、128 公路、海淀园、光谷等	几乎没有
社会支持体系	组织体系	各层次科研系统	几乎没有
	政策体系	各级政府科技政策	几乎没有
	投资体系	各级各类资源投入，GDP2%—5%	几乎没有
	荣誉体系	地方奖、国家奖、国际奖	几乎没有

（续表）

层次	维度	科学研究	大学教学
大学系统			
学系	等级化聘任制度	讲师 / 副教授 / 教授	有，但很少明确
	考核	校内外同行评议	几乎没有
	任用	有限期 / 无限期合同	有
	评估	定期评估	有，形式审查为主
	奖励	工资 / 奖金 / 待遇	有，工作年限为主
学校	规划与政策	学科发展计划	有，但不重视
	组织	学术组织规划	有，但几乎消失
	聘任	学校学术职称聘任与评审	有，形式审查
	认可	学校推举与荣誉头衔	少有，影响微弱
	奖励	学校激励政策	有，随机
基本结论			
社会化程度		很高	很低
专业化程度		很高	很低
教师选择和行为		学科研究为主	教学 / 教学研究为辅
学校选择和行为		主要支持学科研究	维持正常运转

表 9-2 中的“科学研究”原则上可指任何学科，但这里主要指自然科学及应用领域的研究。[①] 由于现代科学研究是从物理世界开始，然后逐渐扩展到生物世界、心理世界、社会世界，以及医学、工程、管理等专业领域（professional field），因此科学在不同领域的发展方式与程度并不一致。在科学社会学界，通常把与物理世界相关的科学发展状态作为典范来研究，本章亦是如此。但应指出，从物理世界研究得到的结论并不一定适合其他领域，要注意学科差异性。

表 9-2 第一栏是现代科学的制度与组织体系，包括学科的内部逻辑和实践引导体系，社会性制度如专门职业组织、评价体系、成果利用机制、社会支持体系等，以及大学内部相关的组织制度体系。第二栏是各个体系的具体维度。第三栏是科研活动，显示的是作为学术活动的科学研究的具体表现形式和存在状态。第四栏是本科教学，显示的是作为学术活动的本科教学的具体表现形式和存在状态。表 9-2 的目的是通过对比科研活动和大学教学活动在社会制度与大学组织中的具体情况，来揭示它们在现代大学体系中的不同的存在状态。下面予以具体解释。

① 严格说来，大学学术研究应该包括所有类型的学术，如包括文史哲在内的人文学科。但为了简化讨论，达到说明问题的目的，本章以自然科学为主，不讨论人文学科的学术性问题。

现代科学诞生于中世纪欧洲学者对神学和经院哲学研究的不满，希望以新的方式认识世界。当时持有这种主张的学者把目光投向自然界，故把自己的研究称为“自然哲学”（philosophy of nature），即对自然的思考，以区别于经院哲学对神的思考。这个称呼沿用了很久，19世纪的法拉第（1791—1867）还把自己称为“自然哲学家”而不是科学家。后来德国学者把自然哲学改称wissenschaft，英文译为“science”，日本学者译为“科学”，然后流传到中国。

由于研究对象不同，自然哲学家们创造了自己特有的研究模式和研究方法。这些模式和方法有几个特点：（1）以客观世界为对象；（2）对象必须可观察，结果必须可检验；（3）由于研究对象不同，因此研究方法也不同，由此形成各学科特有的研究方法；（4）研究结果必须公开发表，供同行审查和分享。正是自然科学的这些特点，使得科学研究成果可以记录和积累，使得科学作为一种新知识体系在哥白尼后的500年里迅速发展起来，成为今天的科学知识体系。所谓科研就是生产这类知识。后来无论研究对象如何改变，这些原则都基本不变。

如果把大学教学作为一个客观对象或一类专业实践，用这些学术标准来衡量，我们会发现，大学教学的研究基本上处于经验总结状态，还从来没有被认真地作为一个研究对象来加以研究。有的多是一些对大学教学经验的个人反思或总结。由于这些思考的对象是个人的主观经验和反思，因此它们只被称为“哲学”，教育哲学或教育思想，而不能被认为是科学。正是有鉴于此，舒尔曼才呼吁要大规模开展大学教学实践的科学研究，尽快积累关于大学教学的可靠知识和经验，并最终像医学或工程那样的实践学科一样，建立起自己的知识体系、经验体系和专业培养体系。然而，目前大学教学这个状态是大学与社会对大学教学长期忽视的结果。和科学相比，大学教学研究几乎没有得到必要的关注以及资源与制度支持。很多大学教师基本上就是把教学作为一个吃饭的碗，一件必须完成的工作或负担（workload），一项同行不认可、学校不激励、教师不积极但又不得不做的活动。

这种状态能改变吗？我们首先看看科学活动是怎样改变大学的。库恩说，发展到今天的科研活动是有套路的。首先是要有一些基本知识和经验积累，然后学科开创者把这些知识和经验整理成系统的知识体系，这种知识体系被称为经典著作。经典著作中包含本学科的知识系统和经典案例，它们共同规定了学科的研究对象、研究方法、研究规范、评价方法、工作模式，以及未来研究方向。库恩把这称为“研究范式”。一旦学科有了这样的研究范式和经典著作，它就进入了范式阶段或成熟阶段。而此前的知识积累和酝酿时期，则被称为“前范式阶段”。他用这个标准来判断学科的成熟程度。按这个标准，目前的大学教学作为一个研究领域，既没有确定的研究对象和特定研究方法，也没有系统知识积累和经典著作，基本上是一片空白。尽管它积累了很多经验，但没有形成普遍有效的知识体系和经验体系。因此我们只能说，大学教学作为学科，还处于非常早期的发展阶段。

知识范式一旦形成，就会吸引很多有志者参与研究，从而开始了科学的社会化过程。为了相互交流，他们组成专门学会或协会。这些协会通常是定期活动，并制定相应章程来约束成员行为和保护成员利益，这些规定和活动构成斯科特所说的规范性制度和文化认知性制度。学会和协会是学科社会扩散和学科再生产的组织制度核心。说它是核心是因为它负责制定与学科社会扩散有关的制度，因此对学科社会扩散有重大影响。与社会扩散功能相关的有四类活动：(1) 制定与维护学科行为规范；(2) 制定与维护学科评价体系；(3) 制定与维护本学科的教育与培养体系；(4) 代表学科去争取社会资源和支持。学会协会组织是学科发展重要的组织和制度保障。

特别值得一提的是学科队伍再生产。现代社会中，科研人员培养主要是由各大学的研究生教育来承担。随着学科分化和数量扩大，研究生教育为学科培养了后备力量。随着研究生教育发展，后备人员培养也专业化和制度化了。

为了指导研究生教育发展，美国各种学科学会或专业协会通常下设一个教育与培训委员会，专门负责制定本学科从业人员的教育与培养标准。这些标准就成为该学科研究生的培养框架。这些标准和各大学的研究生教育系统，共同构成各学科的人员再生产系统。

现代学术已经发展成为规模庞大、门类众多的系统。所有学科都需要资源来发展。而资源是有限的，因此争夺资源是必然的，资源短缺也是必然的。所以各个学科都要以各种方式不遗余力地争夺资源，这已成为现代大学学术生活的一大景观。现代学术系统的资源胃口非常大。尽管社会提供的研究总经费已经达到国家GDP的2—5个百分点，但经费短缺仍是这个系统的常态。与此同时，我们何曾看到大学教学研究经费达到过高等教育总经费的千分之一？这就不难理解大学教学研究为什么会如此落后了。

科研争取经费的基本方法是用研究成果来证明自己的成就。于是社会和大学发明并形成了完备的研究成果记录系统，包括专利、期刊、专著等正式成果记录系统，以及各种非正式成果记录方式，如受益组织或机构提供的各种成果证明材料等。这些都会在机构和成员评价中发挥重要作用。相形之下，我们看不到大学教学研究有任何像样的成果记录，结果是在教师教学评价时，教师只能拿教学大纲、教案甚至学生评教结果作为教学成果的证明材料，这好像医生用自己开的处方和病人感谢信当成果，而不拿医学研究成果和疗效当成果。因此，这种成果不可能得到学术界的认可！

有成果记录就一定会有社会认可与奖励机制，以激励研究人员不断进取。各种来自大学、学会协会、国家、国际的奖励、奖章、奖金、荣誉头衔层出不穷。这些都会被大学仔细收集记录，放在学校荣誉簿上，以及争取资源的各种相关材料上。除此之外，各种大学排名也趁机摇旗呐喊。现有的各类大学排名的共同特点是“重科研轻教学”。例如美国著名的“顶尖研究型大学排名”的十项指标是：研究总经费、联邦政府资助经费、学校捐赠基金、年度捐赠、国家学院院士、教师研究获奖人数、授予博士学位数、博士后研究员人数、标准大学入学考试分数（SAT）、国家优异教学金人数。[①]这十项指标中，只有最后两项和本科教学略微相关，其他指标均是研究导向。最夸张的是“世界大学学术排名”，这个排名只考虑科研不考虑教学。[②]这不禁让人产生疑问：这是科研机构排名还是大学排名？这些都足以证明学术研究在当代大学体系中的绝对统治地位，以及大学教学的微不足道。

科学确实用自己的成就证明了自己的重要性。五百年来科学发展的直接成果之一是，迄今为止的四次工业革命中至少有三次是以科学研究为基础的，科学研究把传统农业社会变成了现代工业社会。这说明科学研究在社会发展和国家竞争中有举足轻重的作用。如今世界各国都把科研作为解决发展问题的良方，各种相关社会支持系统和资源投入都得到快速发展。相比之下，大学教学和大学教学研究在过去五百年里几乎没有大的改变。五百年前什么样，现在还是什么样。这种长期的停滞确实令人惊讶！为什么大学教学会五百年不变？这本身就是一个值得关注的问题。

这个大趋势也深刻地影响了现代大学的组织和行为。为了倡导学术研究，德国

---

① 美国顶尖研究型大学排名（American Top Research Universities Ranking）是由美国马萨诸塞大学主持的专门针对研究型大学的年度排名。从2000年开始已经进行了20多年。其主要特点是全部使用可核查数据且不作加权处理，因此在美国研究型大学中被广泛参考。https://mup.umass.edu/content/measuring-university-performance，访问日期：2021年12月15日。

②“世界大学学术排名”的指标与权重分别是：a. 教育素质：获诺贝尔或菲尔兹奖的校友折合数（10%）；b. 教职员素质：获诺贝尔或菲尔兹奖的教职员折合数（20%），各学术领域获引用次数最高之科学家人数（20%）；c. 科研成就：《自然》与《科学》期刊论文发表量折合数（20%），获科学引文索引及社会科学引文索引收录之论文折合数（20%）；d. 人均学术表现：上述指标得分的人均值（10%）。

出现了以研究为主要使命的洪堡大学。此前欧洲流行的是把研究看作个人爱好，大学只支持教学。[①]但普法战争失败让德国学者看到了科学的力量，于是新任教育部长威廉·洪堡创办了洪堡大学，把研究作为大学主业，并要求国家支持，这开了风气之先。[②]国家的制度力量和大学的组织力量使科学研究获得飞速发展，并在德国引发了第二次工业革命。冶金、重化工、机械制造、电力系统等技术的发展，几乎都与德国大学的科学研究相关。这使得德国成功超越英法，成为第三个世界学术中心（1810—1920）。[③]美国的留德学生很快把这个模式带回美国。为了使原来的古典学院能接受科学研究和研究生教育，美国在19世纪末至20世纪初，开展了一场"学院改大学"的运动。在这个运动中，很多原来以本科教育为主的古典学院，在本科生院基础上加建研究生教育系统，这就是美国研究型大学组织结构的起源。

具体说来，美国研究型大学从五个方面改造了德国大学。一是把德国的教授研究所制度（即一个教授主持一个研究所。只要这个教授在位，就不能有其他教授）改变为以学科为基础的学系组织（即同一领域的学者在同一个学系工作，大家彼此支持和竞争）。学系组织可以随着学术发展而灵活设置。二是创造了教授等级制，把教授从一个职务变成一类职称，包括助理教授、副教授、正教授三级系统。从而淡化了德国系统中教授至高无上的地位。这样德国大学中的讲师在美国就变成了不同等级的教授。由于都是教授，初级学者不必像德国大学里那样依附高级学者，而是可以根据自己的研究兴趣开展研究，开拓新领域。这个制度显然有利于解放学科和学者的生产力。三是建立了研究生教育制度。中世纪以来，硕士和博士学位都是对任教资格的认可而不是对学术研究能力的认可。但到了科学时代，它们都变成了对学术研究能力的认可。博士是学术能力的最高等级。其实，直到 1920 年的德国，博士都不是学校培养出来的，而是学者通过自修和考试获得认可后而由大学授予的一个称号。但美国把它变成了一套教育制度。德国的个人自修变成了美国的系统研究生培养。这为大规模培养各类高级人才提供了途径。四是专业学院制度。早期典型的德国大学是四院制，一个初级学院和三个高级学院，即哲学院和神学院、医学院、法学院。后来德国大学崇尚纯学术，大力提升哲学院的地

---

① 参见李兴业：《巴黎大学》，湖南教育出版社，1988；洪丕熙：《巴黎理工学校》，湖南教育出版社，1988。

② 参见赵炬明：《大学组织与大学德育》，《高等工程教育研究》1991年第2期。

③ 按汤浅光朝的说法，德国学术中心的存续时间为1810年至1920年。汤浅光朝：《解说科学文化史年表》，张利华译，科学普及出版社，1984。

位，把它升至三大专业学院之上。结果与实践相关的应用领域被冷落。美国则把各种专门职业研究和人才培养都纳入大学系统，构建了大学的专门职业学院系统，如医学院、农业院、工学院、商学院、教育学院等，形成了以本科生院和研究生院为学术核心，以专业学院为外围的现代研究型大学组织，如哈佛大学、哥伦比亚大学等。五是强化学者权力。美国接受了德国学术自治和学术自由的理念并加以发挥，把大学创建初期的"头部沉重"（校长 / 董事会说了算）的科层组织改变成了"底部沉重"（学者说了算）的学术组织。这个权力结构的改变强化了大学的学术权力，弱化了行政权力。这些组织创新都为美国研究型大学和大学科研的崛起奠定了坚实基础。①

科学社会学界一般认为，美国大学的创造成功解决了现代科学发展的三个基本问题，一是如何从个人研究为主的小科学时代转变为以集体合作研究为主的大科学时代，二是如何在基础研究与应用研究之间建立起必要通道，三是如何激发学者活力，持续发掘大学潜力。这三个问题的成功解决，为美国的学术发展立下汗马功劳。到 20 世纪 20 年代左右，美国开始超越欧洲。到 20 世纪 60 年代，美国已经变成第四个世界学术中心。

从以上简略描述可知，科学研究在大学的发展经历了一系列制度化和组织化过程。这些制度化和组织化支撑了大学科研的发展，使它从早期的一种个人兴趣变成了社会与国家发展的核心力量。这个制度化与组织化过程也彻底改变了传统大学。为了迎合科学研究，社会与大学创造了一系列新制度和组织，这些组织与制度成了今日美国学术研究和研究型大学的基本制度与组织框架。

至此，我希望读者仔细想一下，如果大学的科学研究是由于这些制度和组织支持才得以后来者居上，获得今天的至尊地位，那如果大学要重建研究与教学的平衡，社会与大学需要给大学教学怎样的制度和组织支持呢？今天的大学组织能提供所需的制度和组织支持吗？如果没有这样的支持，大学能实现其教育使命，能为持续提高本科教学质量做出贡献吗？很显然，如果没有这样的组织、制度与资源支持，大学教学不可能担负起学生和社会托付的任务。相比之下，对大学教学的责任与道德呼吁，与它所需要的制度与资源支持相比，真的是非常苍白无力！②

---

① 关于 20 世纪第二个十年中德国大学的情况，参见包尔生：《德国大学与大学学习》，张驰等译，人民教育出版社，2009。关于美国现代大学的诞生，可参考维赛：《美国现代大学的崛起》，栾鸾译，北京大学出版社，2015。

② 周川：《一流大学的一流德行》,《高等教育研究》2020 年第 8 期。

下面我们来考察斯坦福的本科教学百年史，看看本科教学在这所世界知名大学中是怎样旁落的。

第三节　斯坦福本科教学百年史（1891—2012）

相比科研的一路高歌，同为大学主要学术活动的本科教学的境遇就比较悲催了。它没有获得必要的制度支持和资源投入，更没有获得在大学生存所需的学术品质和成就。因此在现代大学发展过程中，教学在大学组织中的地位一路旁落，从大学的主要功能变成了次要功能，遭到几乎所有关键群体（大学资助者、管理者和教师）的冷落，只剩下学生这个关键群体，他们对大学的抱怨从未间断。这就应了管理学中的那句名言：大树底下不长草。意思是说，在一个组织中，如果某项业务太强，那其他业务就会因为缺乏关注和支持而逐渐萎缩。这就是本科教学在现代大学中的真实地位。下面我们借库班的研究，看看在斯坦福大学的百年历史中，本科教学经历了怎样的命运，为什么研究会全面压倒教学。库班的调查止于1997年。2010年斯坦福又开展了一次本科教育调查，我也按库班的思路，一并作了分析。

首先简要介绍斯坦福大学的历史。目前斯坦福大学是公认的世界名校，是所谓美国五大名校（哈佛、耶鲁、斯坦福、MIT、普林斯顿）之一。它不仅是五校中最年轻的学校，也是唯一一所位于美国西部的学校。人们普遍认为斯坦福的快速上升得益于冷战和美国高科技产业的发展。

斯坦福大学创建于1891年。斯坦福夫妇为纪念其独子早逝，捐建了斯坦福大学。该家族不仅捐了8180英亩（约合49655亩）土地，还捐建了学校的第一批建筑。从本科教学角度看，该校的发展大体可分为四个阶段：一是基本制度确立阶段（1891—1943）。这段时间斯坦福大学确立了自己的基本组织制度框架，并形成了自己的本科教育体系。到1943年威尔伯（Ray L. Wilbur）校长退休时，据说该校已可以和东部常春藤大学媲美了。

二是研究大发展阶段（1943—1980）。这个时期的关键人物是特曼（Frederick E. Terman）。特曼在斯坦福获得学士和硕士学位，然后就到MIT跟布什（Vannevar Bush）读博士（1922—1925）。毕业后回到斯坦福大学任电子学教授。1941年战争爆发后，布什被任命为国家科学与研究办公室主任，他把特曼调到哈佛大学著名的无线电研究实验室当主任，这开启了斯坦福涉足美国国防科研的先河。战后特曼回到斯坦福，被任命为工学院院长。他创办了专接合同研究的斯坦福研究所，还建议用学校空地创办斯坦福工业园。这个研究所和工业园后来成了硅谷的核心，特曼因此被称为“硅谷之父”。斯坦福也成了研究型大学服务高科技产业的样板。1955 年特曼被任命为斯坦福教务长，他更进一步推动全校所有院系开展面向社会的合作研究。到 1980 年，斯坦福已因学术创新和服务社会而闻名于世了。

三是 SC 本科教学改革时期（1980—2012）。1980 年肯尼迪出任校长时，斯坦福和其他美国高校一样面临迫切的本科教学改革。正如库班所观察到的，这个阶段斯坦福的教学改革是“有变化而无改革”（change without reform）。学校除了沿着原有路径继续扩大规模外，没有显示出明显的进步。这段时间值得一提的是教育学院教授舒尔曼 1996 年出任卡内基教学促进基金会主席（1996—2008）。他借此机会在美国发动了大学教学学术运动，这对美国及国际大学教学学术产生了重大影响。

四是畅想与规划阶段（2012 年至今）。2012 年的本科教育调查确实促使斯坦福思考，提出了一些有意思的本科教学改革计划，例如 2019 年提出的本科教育新计划，和由斯坦福设计学院的畅想家们提出的名为“斯坦福 2025”的本科教育改革计划。但这些改革计划至今都未实施，故本章不进行讨论。表 9-3 是该校建校以来的一些基本数据。

表 9-3 斯坦福大学师生数据①

年份	本科生	研究生	教师	年份	本科生	研究生	教师
1891	555	37	29	1960	5613	3636	619
1900	1055	117	75	1970	6303	6126	1029
1910	1442	157	112	1980	6630	6236	1230
1920	2165	283	150	1990	6555	6886	1340
1930	2706	893	271	2000	6548	7700	1468
1940	3218	1146	309	2010	6895	8870	1468
1950	4794	2841	372	2019	7083	9437	1701

从表 9-3 可以看出，斯坦福建校初期就是按研究型大学来办的，因此开办之

① K. Bartholomew, et al, *A Chronology of Stanford University and Its Founders*, Stanford History Society, 2001. 2010 年和 2019 年数据来自该校网站，2020 年 3 月 5 日访问。2021 年斯坦福大学在网站上对 1900 年以来的历史数据进行了大幅修改但没有给出原因，故本处仍然沿用斯坦福历史学会的数据。

初就包括本科生和研究生，但以本科生为主。到1940年这个趋势都没有改变。但1950年以后研究生教育开始快速发展，到1990年研究生人数超过了本科生。2019年的本科生人数是1940年的2.2倍，2019年的研究生人数是1940年的8.2倍。可见战后斯坦福大学的主要发展方向是研究与研究生教育。

库班认为，斯坦福大学自创建之初，研究与教学的矛盾就结构性地存在于学校组织之中了，具体表现为斯坦福的大学—学院（university-college）结构。由于是结构性问题，库班认为，这个矛盾会长期存在。什么是大学—学院结构？库班说，所谓大学—学院结构就是在大学里建学院，由学院负责本科教学，由大学负责研究和研究生教学的结构。但是这两类教学任务最终都会落到以学科为基础的学系身上，因此学系的教师们在接到两类任务时会尽可能兼顾。在兼顾不了时就要做出选择。这时学系的激励政策变得非常关键，尤其是教师工作评价制度，包括教师年度评审和终身职评审。如果学系奖励研究，教师们就注重研究；如果学系注重教学，教师们就注重教学。然而学系的政策与其所在学科领域有关。如果该学科领域崇尚研究（如自然科学、工程），学系就奖励研究；如果该领域崇尚教学（如管理、法律、临床医学等），学系就奖励教学。总之，在研究型大学里，保持前沿竞争力是学系管理的核心，因此不同学科状态对学系教师评价政策影响很大。其次才是学校政策。从实际情况看，研究型大学里学系的选择明显是倾向研究，因此绝大部分教师选择了重视研究而忽视教学。前面已讨论过，这不是因为教师认为教学不重要，而是他们没有足够时间和精力同时做好两件事。这是研究型大学教师普遍忽视教学的主要原因。①

这里有必要结合斯坦福大学的早期史，简略介绍一下美国研究型大学的早期组织选择问题。1865年至20世纪第二个十年，美国高教史上出现过一个“学院变大学”的运动。所谓现代大学是指其以研究为主要发展方向，大学组织中包括四类基本组织：（1）以培养本科生为主的本科生院；（2）以培养研究生为主的研究生院；（3）以培养各类高级职业人才为主的专门职业学院（农学院、医学院、工程学院、法律学院、管理学院等）；（4）以学科为基础的学系系统。再加上其他各种辅助和

① 注意，这里指的是历史趋势和宏观状态，不排除个别例外情况。用统计学的话说是，小概率事件一定会发生。

服务组织，这就是今天的美国研究型大学的基本组织形态。[1]

但1860年以前不是这样。那时还没有现代大学，只有殖民地时期发展起来的各种地方性学院。这些学院以教学为主业，根本不考虑研究。从1800年到1860年，美国总共只有1600位学者在美国期刊上发表了9000篇论文[2]，年均150篇，可见那时美国的学术研究非常弱小。当时教师也以教学为主业，很少从事研究。

此外美国当时也还没有建立完备的高中系统。有限的私立中学一般只有四年。当时的大学生不仅年龄较小（16岁左右），学术准备也不够，不足以接受专业教育。因此有必要为这些青少年提供一些基础教育，以便他们日后能顺利接受专业教育。这让当时的大学产生了一个特别的压力，即大学必须有一个以本科教育为主的本科生院，让这些青少年在这里先成长、成熟，然后再进入专业学习。关于如何处理这个问题，美国的研究型大学产生了分歧，出现了不同做法。例如东部常春藤高校（哈佛、耶鲁、哥伦比亚等）原来都是私立小型文理学院，因此它们普遍保留了原有的本科生院，然后在此基础上加建研究生院和其他专业学院，成为研究型大学。随后又把本科生四年分为初级部和高级部。初级部负责前两年的通识教育和基础教育，高级部两年进入专业学习。今天通识教育和专业教育的分野就是这样来的。

斯坦福当年对教师的本科教学要求包括两块，一是课程教学，二是学生学业咨询。前面讲过，从教师角度看，教学与科研冲突最大的不是研究生教育和专业教育，而是本科教育。本科教育中又尤以通识教育和基础教育为最。专业教师们不愿意和这些十六七岁的青少年打交道，上课和咨询皆是如此，普遍不愿意投入时间。斯坦福最初要求从入学开始，为每个学生指定一位教师负责学业咨询，咨询内容包括课程选择和专业选择，规定每周一小时。1891年斯坦福大学有550个学生，只有29个教师，生师比超过18，相当于每周咨询至少18小时，因此学业咨询负担沉

① 关于美国现代大学的历史分期有好几种不同说法。美国学者维赛撰写的《美国现代大学的崛起》专门研究美国现代大学的早期历史。他把这个时期确定为1865年至1910年，并细分为前后两个阶段（1865—1890，1890—1910），但他没有特别说明为什么是1865年和1910年。斯坦福大学创办于1891年，即第二阶段。另一位研究美国研究型大学发展史的学者盖格，则把这个时期定为1865年至1920年。他没有解释为什么以1865年为起点，但认为到1920年，美国现代大学的组织形态已经基本确立。近些年来的一些通史学者则把起止点定为1870年和1940年。起点定为1870年显然是因为创办于1869年的康奈尔大学和创办于1876年的约翰斯·霍普金斯大学被公认为最早的两所具有现代大学形态的大学。至于1940年，是因为第二次世界大战前美国联邦政府基本不资助大学学术研究，而第二次世界大战彻底改变了这个情况。本章只关注斯坦福大学创办初期的情况。

② 科恩:《美国高等教育通史》，李子江译，北京大学出版社，2010：88。

重，甚至不亚于上课。此外教师们很快发现，这些小孩（kids）在课程与专业选择上和自己想法不一致。他们只愿意选有意思和易通过的课，尽可能把时间留给课外活动。至于所选课程是否构成一个完整学习过程，能否把自己培养成有用之才，他们都不在意。①因此教师与学生之间的学业咨询渐行渐远，最后流于形式。为了促使教师认真对待学业咨询工作，斯坦福还推行过"学习卡"制度，即要求师生按时打卡，以备检查。结果是因教师反抗而不了了之。

初创时期，学校规定教师每周教学工作量是8—12小时。教学方法主要是背诵、讲座以及每周小测，外加期末考试。高年级还有研讨班和实验室操作等。但最常见的教学方法是背诵和讲座。背诵是检查学生是否阅读了规定的阅读材料，但监督学生背诵很耗时间，因此到20世纪20年代，背诵就基本被研究生领导的小组讨论取代了。②也就是说，到了20世纪20年代，教师讲大课、研究生助教组织小组讨论的教学模式就已经发明了。研究生助教的出现大大节省了任课教师的时间，因此研究型大学解决教师本科教学负担过重的一个有效办法就是增加研究生助教。这个模式至今仍在研究型大学广泛采用，可见其受欢迎程度。

由于本科教学的特殊性，新建大学是否要建一个本科生院就成了一个问题。有的新建大学就只有研究生部，不设本科生院，如1876年创办的约翰斯·霍普金斯大学和1887年建立的克拉克大学。但东部常春藤大学都保留了本科生院。1891年建校的斯坦福大学采用了东部大学模式，既有本科生也有研究生。但首任校长乔丹（David S. Jordan）对此一直耿耿于怀。1907—1910年间他曾三次建议学校董事会放弃大学前两年的本科教育，把本科基础教育交给已经出现的初级学院（junior college），斯坦福只保留三、四年级的专业教育部分。当时持这种想法的人可不止乔丹，还有哈佛大学校长艾里奥特（Charles Eliot）和芝加哥大学校长哈珀（William Harper）等，艾里奥特甚至提出要办类似欧洲大学的三年制本科。

但他们的设想都失败了，失败的原因不是因为教育而是由于经费，因为本科生学费是当时私立大学办学经费的主要来源。当时私立大学经费只有两个来源，一是学生学费，二是捐赠基金收入。当时研究经费和研究生学费都很少，不足支持学

① Larry Cuban, *How Scholars Trumped Teachers: Change Without Reform in University Curriculum, Teaching and Research, 1890–1990*, Teachers College Press, 1999：20. 关于当时美国大学生的一般表现，参见维赛《美国现代大学的崛起》第283–319页。

② Larry Cuban, *How Scholars Trumped Teachers: Change Without Reform in University Curriculum, Teaching and Research, 1890–1990*, Teachers College Press, 1999：17–20.

校财务。这种情况直到第二次世界大战后美国联邦政府开始大规模资助大学基础研究才有所改变。据校史记载，斯坦福大学最后一次想放弃本科基础教育的时间是1927年。时任校长威尔伯向学校董事会提出放弃本科基础教育，以便集中资源办好本科专业教育和研究生教育。他和乔丹一样下断言："斯坦福大学迟早要做出选择，是要办大学还是办学院，因为我们没钱同时做好这两件事。"但还没等到董事会做出决定，1929年的经济危机爆发了，捐赠基金收入变得更加不可靠，大学只能依赖学费收入。这次危机迫使斯坦福彻底放弃了不要本科生院的想法。[①]

那为什么这种大学—学院结构会一直延续到今天呢？原因仍然是经费。当代美国私立研究型大学有三个主要经费来源：学费、研究经费、捐赠资产投资收入。学费是一个大头。例如，2009年斯坦福大学学费收入占总经费开支的19%。[②]美国公立研究型大学的主要来源是政府拨款。州政府按学生人数拨款，因此保持较大本科生规模对学校财务健康非常重要。正如伯顿·克拉克所说，美国公立研究型大学要用本科生经费来补贴研究生教育[③]，中国的情况也是如此[④]。

这段历史表明，现代大学的早期创建者们早就看到了研究型大学中本科教学和学术研究之间的矛盾，而且一直试图从组织上解决问题。然而很不幸的是，由于种种机缘巧合，他们的计划都不成功，所以今天我们有了"大学—学院"组织，以及随之而来的研究与本科教学冲突。这里我想补充一句，本科基础教育问题以及随之而来的重科研轻教学问题并不是必然的，至少从美国的历史看，它们的出现几乎只是历史偶然。因此我们可以在今天的基础上，重新思考这些问题，设计更好的解决方案。

从这段历史我们还可以看出，本科基础教育和专业教育及研究生教育是不同的教育。由于这部分本科教育与学生发展状态有关，因而有不同的教育目标，需要不同的教育方式。对此我们要有足够重视。如果我们接受大学对学生最重要的贡献之一是通识教育和基础教育的看法，那就应该针对这个阶段学生发展的特点，探索适合这个阶段的教育教学模式，而不要把它混同于大学中其他类型的教育。

既然现代大学有了本科教育，那与此相关的本科教学、咨询与服务，以及由

---

① K. Bartholomew, et al, *A Chronology of Stanford University and Its Founders*, Stanford History Society, 2001: 57–58。

② 赵炬明：《美国大学教师管理研究（下）》，《高等工程教育研究》2011年第6期：表12。

③ 克拉克：《探究的场所——现代大学的科研和研究生教育》，王承绪译，浙江教育出版社，2001：174–177。尤其注意表4-4。

④ 中国研究型大学中早有这种说法，如果本科生和研究生分灶吃饭，研究生经费会严重不足。

此而来的时间资源争夺战就不可避免。斯坦福首任校长乔丹任职22年后，于1913年退休。副校长布兰纳（John Branner）接任校长，但他只同意任校长两年到1915年年底，因此他基本是个过渡角色。1916年威尔伯出任校长，他任职长达27年（1916—1943）。威尔伯是斯坦福1896年的毕业生，曾任斯坦福大学医学院院长。校史说他有四大贡献：扩大校园建设、增加学生人数、调整学术组织结构、增收节支应对经济危机。在他领导下，本科生从1910年的1143人增加到1940年的3218人，研究生从158人增加到1146人，教师从157人增加到309人。他把26个系整合成5个学院（生物科学、社会科学、工程、自然科学、文科），还新增了3个专业学院（护理、法律、管理）。至此，斯坦福作为研究型大学已羽翼丰满，为进入第二阶段大发展做好了准备。

在本科教学方面，他把四年本科课程分为初级和高级两个阶段。初级阶段是基础课，高级阶段是专业课。他废除了要求大一新生学专业的做法，改为让新生统一修基础课，但可以根据个人兴趣选修部分专业课。他也曾试图放弃本科基础教育部分，但不成功。但他成功地把学期制（1年2个学期，1学期18周，上课16周）改为学季制（1年3学季，1学季12周，上课10周）。据说这个安排也是为了让教师有更多时间从事研究。

毫无疑问，专业课可以由各个学系承担。基础课怎么办？这是威尔伯的难题。1910年至1940年美国出现了高中运动。1900年接受过高中教育的青年只有5%，到1940年已经达到50%。[①] 因此基础文化课已经不再是大学新生的主要问题。新的问题是要让大学生们接受怎样的基本学术教育，才能把他们变成有教养的公民（educated citizen），这就是所谓博雅教育（liberal education）。对威尔伯来说，博雅教育有两个问题：教什么和谁来教。教什么比较容易解决，谁来教就涉及教师时间冲突。

1919年威尔伯任命了一个五人小组，专门研究本科教学问题。小组建议重组本科课程体系。本科前两年统一实施博雅教育，两年后分流到各系接受专业教育。斯坦福的博雅教育采用的是哈佛大学的知识拼盘模式（见本书第六章），即在若干知识领域修习一些概论性课程，包括英语作文、外语、自然科学、历史、公民教育。学生还可以选修一些专业课，但总量不超过基础阶段学分的三分之一。通识教育的主要教学形式是讲座，背诵则被研究生领导的小组讨论取代。

---

① Emerson J. Elliott (ed.), *120 Years of American Education: A Statistical Portrait*, National Center for Education Statistics，1993：30.

自然科学、西方文明史之类的概论课由多个学系的教师共同上课。例如，公民教育课计划由经济系和政治学系的正教授共同主持。由于这门课是年课，课程设计复杂，结果这两个系没有一个教师愿意出面组织这门课程。后来历史系罗宾逊教授出面承担这门课程。他招募了经济系、政治系、法律系、历史系的15位教授和6位研究生共同开这门课。他把原来计划的一个学季90个讲座改为一年60个讲座。30个学生一组，由一位研究生负责。课程一开始就出现学生抱怨，抱怨讲座缺乏协调，讨论脱离讲座。研究生助教则抱怨见不到主讲教师，主讲教师又抱怨学生众口难调。分析这些抱怨后人们认为，主要问题是课程目标不清：这门课到底要达到什么目的？于是从1935年起，公民教育课被西方文明史课取代，由历史系全权负责，成了博雅教育的必修课。这是典型的由于协调困难，最后不得不把一门跨学科课程变成单一学科课程的例子。

同样的情况也出现在其他跨学科概论课上，如自然科学和生物科学。跨学科合作方式很快被认为不成功，这种方式随后就萎缩了，让位于可由单个教师独立开设的单一领域概论课，这也渐成传统。至于如何把各种知识融为一体的这个挑战，就干脆留给学生自己了。学生若不能自己完成这个知识整合过程，毕业时他们得到的就是一堆知识碎片，在这种知识碎片上很难构建更大的知识体系。其结果必然是，他们头脑中的知识状态限制了他们的未来发展。这个问题至今仍未解决，至今仍是本科教育的一个巨大挑战。

学生学业咨询也被诟病，尤其是基础阶段的学业咨询。教师们都不愿意承担咨询任务。于是成立了一个初级部委员会来负责基础阶段学生学业咨询，很像今天的学生咨询办公室，主要任务是帮助学生选专业和联系相关院系和教师。一旦学生确定了专业导师，学业就成了专业教师的职责。至于规划学生成长与发展的咨询，干脆就消失了。①

听起来很熟悉吧？这里真正的事实是，没人真正关心学生的学习与成长，每个人都只关心自己那一小块责任田，至于学生的整体发展是没有人管的。恰如约翰斯·霍普金斯大学教育学院院长安德鲁斯所说："我有一把米和一群鸡。我每天给鸡撒米，它们围着我抢食。我只管撒米，但并不知道每只鸡是不是要吃、喜不喜欢

① Larry Cuban, *How Scholars Trumped Teachers: Change Without Reform in University Curriculum, Teaching and Research, 1890–1990*, Teachers College Press, 1999：24–26.

吃、实际吃了多少。几个月后我给它们称体重，决定是否让其毕业。"[1]这就是当前的本科教学，对学生学习与发展的冷漠（indifference），是这个模式的真正弊端。

关于教师激励，威尔伯有一个奇怪的看法。他说："教学能力比研究能力更加罕见。好教师是天生的，不是练就的。就像天才是天生的一样，这种天赋很难获得。"相反，他认为研究能力比较容易获得，只要努力就有收获。[2]他的这句话似乎是说，他不太指望教师们会有很好的教学能力。

威尔伯非常清楚教学和研究之间的冲突，但他更清楚卓越的学术研究对斯坦福声誉的价值。他说："最让我满意的事情是在《哲学研究》《纽约时报》或医学期刊上看到斯坦福人发表的学术作品。"他认为研究问题、发表成果是区别只会教学的教师和完全成熟的教师的分水岭。为了强调研究的重要性，他把研究作为教师晋升的主要标准。按重要性排序，依次是学术水平（scholarship）、教学能力（teaching ability）、研究能力（ability of research）、人品（personality）、发展潜力（future promise）。早在20世纪20年代就有人提出一些有博士学位的教师有教学质量问题，但威尔伯校长并不在意。对斯坦福来说，学术水平高于一切。[3]

1943年，已经当了27年校长的威尔伯退休了。在他的努力下，斯坦福已经变成可与东部名校比肩的西部著名大学。后来联邦政府开始资助大学研究，斯坦福就通过服务国家和服务社会进入了发展的快车道。

威尔伯退休后，学校董事会任命董事特雷西德（Donald Tresidder）当校长，但1948年他突然去世，学校随后任命斯特灵（Wallace Sterling）为校长，一直到1968年。[4]

特雷西德虽然任期很短，但他对斯坦福发展有独特贡献。作为企业家，他最关心如何让大学为社会服务，于是他任命特曼为工学院院长，这个任命被证明有远见卓识。特曼先创建了斯坦福研究所来承接政府与社会委托的研究项目，然后创建斯坦福工业园，最后把它们变成硅谷核心。1955年任教务长后，他更是进一步推动斯坦福大学所有院系为国家和社会服务，以获得研究经费帮助学校发展。他的策略

---

① David W. Andrews，*University Teaching 101*，第1讲，https://www.mooc-list.com/course/university-teaching-101-coursera，访问日期：2021年11月23日。

② Larry Cuban, *How Scholars Trumped Teachers: Change Without Reform in University Curriculum, Teaching and Research, 1890–1990*, Teachers College Press, 1999：25.

③ 同上注，第20页。

④ K. Bartholomew, et al, *A Chronology of Stanford University and Its Founders*, Stanford History Society, 2001.

非常成功，开启了高科技时代大学为社会服务的新模式，从此大学工业园模式席卷全球[①]，斯坦福大学也随之成了世界著名大学。简言之，从1943年起斯坦福就走上了靠研究求发展的道路。在这种情况下，它会如何处理教学与研究之间的矛盾呢？这才是我们要关心的问题。

斯坦福的本科教育课程体系和教学方式自20世纪20年代后几乎就没有变化，引起了学生们的不满。1954年的大学生和1920年的大学生完全不同。于是斯特灵校长于1954年任命了一个委员会，对斯坦福本科教学进行全面调查。这是斯坦福建校后的首次本科教育调查，调查范围包括通识教育、教学方法、学季制、学生咨询、学生学习评价等。调查方式包括问卷调查、访谈、征求书面建议等。1957年委员会提交了调查报告[②]，讨论了五个方面的问题：（1）什么是斯坦福的教育目标；（2）如何提高本科教学的有效性；（3）如何改善学生学习动机；（4）如何改进课程教学；（5）学生学习成就评价方法是否适当。这里只讨论第二个方面，因为它涉及教师对教学和研究的态度。报告认为，提高斯坦福本科教学有效性涉及两个问题，一是认为学校现有政策不利于教师投入本科教学，二是缺乏评价教师教学有效性的方法。

调查发现，在面对研究、研究生指导和本科教学三项任务时，教师们普遍倾向于先做前两项，然后才考虑本科教学。由于教师在本科教育上投入不足，导致了本科教育的众多问题，制约本科教育质量的提高。而致使教师忽视本科教学的原因是，基层学系在教师任命、涨薪、晋升政策上存在"重科研轻教学"的状况。为了了解实际情况，委员会对全校所有院系进行了调查。调查发现，在专门职业学院如商学院、工学院、法学院、矿业学院、教育学院等，教师评价时同时强调研究与教学，研究会受到稍多的注意；但在人文学院，各系则普遍强调研究，"虽然会给教学适当注意，但研究的质量和数量是主要考虑因素"。关于这个差别，调查委员会注意到，专业学院的教学主要是本科高年级专业教学和研究生教育，而人文学院则主要负责本科基础教学。此外，全校没有一个学系认为研究比教学重要。对于为什么会强调研究而较少重视教学，教师们有很多说法，如研究是研究型大学的特征，研究是学术卓越的标志，研究可以为学校和教师带来尊敬和声誉等。但全校所有

① 罗杰斯等：《硅谷热》，范国鹰等译，经济科学出版社，1985。

② Robert Hoopes, Hubert Marshall, *The Undergraduate in the University; A Report to the Faculty by the Executive Committee of the Stanford Study of Undergraduate Education, 1954–56*, Stanford University, 1957.

参与本科教学的教师却有一个共识，即学校应该更加重视本科教学，而少一点强调研究。

调查也发现，斯坦福只有很少（tiny）教师可以同时做好教学与研究两项工作。于是关于大学和学院的分歧又浮出水面。斯特灵校长给调查委员会的要求是，"要能使斯坦福的本科教育和全国任何学校的本科教育媲美"。按这个标准，且不说与在本科教育上全力以赴的优秀小型私立文理学院如斯沃斯莫尔（Swarthmore）、阿默斯特（Amherst）、波莫纳（Pomona）相比，就是和有悠久文理学院传统的哈佛大学、哥伦比亚大学、耶鲁大学相比，斯坦福也因缺少传统而无法胜出。于是调查中又有人提出，斯坦福是否要考虑围绕本科教育另外建一套机构，而不要像现在这样，让各学系同时承担本科教学、研究生教学和学术研究三项任务。

在讨论各学系为什么"重科研轻教学"时，首次提出了如何评价教学有效性的问题。很多学系指出，并非我们不重视教学，只是我们不知道如何像评价研究那样评价教学。很明显，研究成果可以准确有效地评价，但教学效果却没有类似评价方法。对于这个问题，调查委员会只好建议委托教育学院和有关机构进行研究，尽快找到合适的本科教学评价方法。[①]然而值得注意的是，这个问题和舒尔曼2010年提出的问题是一样的（见第八章）。也就是说，这个1954年提出的问题，到2010年斯坦福也仍然没能解决。这是因为斯坦福大学的研究能力不足，还是因为就根本没人研究？报告最后的"结论"是：

在最近给耶鲁大学教职员工和校友的年度报告中，校长格里斯沃德（Whitney Griswold）呼吁大家注意耶鲁学院多年来以多种方式促进了耶鲁大学的发展。然后他提出一个问题："现在要问的是，耶鲁大学能为耶鲁学院做些什么？"虽然和耶鲁大学不同，斯坦福大学没有独立设置的本科生院，但这个问题对我们也同样适用。也就是说，斯坦福大学也有如何改善本科教育的问题。一个最全面的答案似乎是：斯坦福大学应该以其优秀的研究生教育和专业学院教育为标准，以同样严格的方式，投入同样的关注和努力，改善我们的本科教育。诚然，这个答案似乎过于简单。无论是在斯坦福或其他地方，都没有人故意忽视本科教育。人们只是略微偏好从事研究，因为那更有魅力，能带来更多声誉。我们也怀疑，由于种种复杂原因，在许多人（高中生、高中辅导员、家长、大学教职员工本身）脑海中有一个假设，即认为当本科教育被先进的高水平研究生教育成就环绕时，对本科教育应该是件好

① 以上内容参见该报告第三章。

事。确实理应如此，既然能创造卓越成就、能培养享誉国内外的学者和科学家，也就应当能以同样标准，在本科教育上实现和保持同样的卓越，至少能设法仿效。然而要记住的是，这些事情的目标并不相同。其实我们是在假设，我们在培养研究生和专业化研究活动方面所具有的独特优势和成就，可以以某种需要的方式渗透到本科教育中去。这种想法肯定会导致教育上危险的自满。本报告在前面已经对这个问题的各个方面进行了详细说明，在此不再重复。作为结束语，我们只是想强调我们在引言中提出的希望，希望斯坦福大学把对本科教育的研究，以及持续致力于保持和提高本科教学质量，作为大学诸多教育责任的首要责任，并为此做出长期、持续、全力以赴的努力。因为再明显不过的事实是，所有的学者和研究生，首先都是本科生。

尽管这个结论措辞谨慎，我们还是可以看出委员会对当时斯坦福大学的本科教学的评价和态度。从中我读到三点：（1）斯坦福大学确实存在重视研究生教育和学术研究而忽视本科教育的问题。（2）本科教学是一类特殊教育活动。除非做出特别努力，大学在学术研究与研究生教育方面的成就不能自动转化为本科教育成就。认为学术研究和研究生教育好，本科教学就会好，这不过是个幻觉。（3）研究型大学应该把本科教育作为自己的首要使命，不能再像过去那样怠慢本科教育。如果再补充两句，那应该是，怠慢本科教育主要植根于学校和学系的教师工作评价政策偏好，这种偏好在科学进入大学的过程中已经发展成为一种制度性偏好，成为现代大学的重大制度性缺陷。另一个是本科教学一直缺乏有效的评价方法，这也助推了这个制度性缺陷。二者事实上是互为因果。这是斯坦福的第一次全面本科教育调查，比较全面地暴露其本科教学存在的问题。下面考察斯坦福如何处理这些问题。

从1954年到1975年，斯坦福和美国其他大学一样陷入了高等教育普及化危机。再加上民权运动、反越战等抗议活动，斯坦福大学也陷入了同样的危机。[①]今天可以看得很清楚，这个危机是“战后一代”与传统大学的矛盾，主要是由传统大学如何满足“战后一代”的多样化需求而产生的危机。[②]但当时人们并不清楚这个危机

① 从1964年加州大学伯克利校区爆发第一次大规模学生骚动后，学生骚动就不间断地一直持续到1973年左右，其中在1969年至1971年达到顶峰。据统计，这三年间共有包括哈佛大学在内的762所学校爆发学生抗议活动。赵炬明：《现代大学与院校研究（下）》，《高等教育研究》2003年第4期：61。

② 关于这场危机，学界公认的研究是美国社会学家马丁·特罗（Martin Trow）撰写的“Problems in the Transition from Elite to Mass Higher Education”, in *Policies for Higher Education*, from the General Report on the Conference on Future Structures of Post-Secondary Education, OECD, 1974.

的性质，也不知道应该如何应对。结果从 1966 年起，斯坦福的学生抗议就持续不断。抗议的理由很多，民权运动、反越战、反对学校国防研究项目、反对学校参与中央情报局研究项目等。其行动包括占领校长办公室，纵火烧毁校长办公楼，用炸弹炸校长办公室，往校长身上泼染料，强占学校设施等。结果斯特灵校长不得不于 1968 年辞职，接任的皮策校长（K. Pitzer）也很快辞职。1970 年利曼（Richard R. Lyman）出任校长，一直到 1980 年。他被认为挽救了危机中的斯坦福。①

为了缓和学生抗议，1966 年 10 月斯特灵校长任命了一个委员会，对斯坦福大学所有教育活动进行全面调查，两年后委员会发表了题为《斯坦福教育调查》的调查报告。该委员会首先汇集了 250 个问题，然后按专题组织了 10 个分委员会进行调查，最后形成了长达 10 卷共 900 多页的调查报告。②10 卷报告的主题分别是：（1）调查背景和目标；（2）本科教育；（3）学生住宿和校园生活；（4）入学与财务补助；（5）学生学业咨询与生活咨询；（6）课外活动；（7）研究生教育；（8）教学、研究与教师；（9）国际教育；（10）大学治理。这个研究确实很全面，但本章主要聚焦第 8 卷，继续考察斯坦福如何处理教学和研究的关系。

和 1954 年调查委员会认定教学与科研存在冲突的立场不同，1968 年的“教学、研究与教师”调查委员会（TRF）认为，教学科研是互补的。这个立场来自他们的两个调查，一个调查发现两者“没有负相关”关系，另一个调查发现两者存在“正相关”关系。于是他们认为，关于教学和研究不相容的说法不过是个人观察和主观看法，没有实质性基础（substantial basis），所以他们“不同意关于教学科研之间存在冲突的看法”。③但他们不否认教师中确实存在“重科研轻教学”的现象，也认为教师确实面临教学与研究的选择困境，但他们认为这是由于教师的应对方式“不完美”（imperfect）所致。因此 TRF 报告的重点不再是要求学校调整政策，而是要帮助教师寻找更好的应对策略。

TRF 报告首先提供了 20 位教师的个人经验总结，认为他们的经验可为其他教师提供帮助。然后针对教师们提出的问题，给出了 17 条建议，包括：建议大学详细说明对教师的期望和要求，在聘任和评估时应完整贯彻这些要求，避免“重科研轻教学”倾向；建议增加教学辅助人员，如秘书和技术人员等，帮助教师减轻教学

① K. Bartholomew, et al, *A Chronology of Stanford University and Its Founders*, Stanford History Society，2001.

② Stanford University，*The Study of Education at Stanford*, Stanford University, 1968.

③ Stanford University, *The Study of Education at Stanford*, Stanford University，1968: vol. 8，p.73.

压力；成立教学服务中心，帮助教师提高教学技能技巧；分享教学经验和教学录像，为教师和研究生助教提供教学培训，这促使斯坦福大学1975年成立教学支持中心；设置专门奖项奖励优秀教学成就；设立专项教研基金，鼓励教师们开展教学研究和教学创新；设立访问教授类岗位，聘请社会杰出人士为本科生上课；鼓励教师就自己的专门研究为本科生开设选修课；建议由资深教师跨系联合开设本科概论课和导论课；建议学校立项研究学生评教的方法、教师教学有效性的评价方法，以及教学问题诊断方法等。换言之，1954年调查提出的问题再次浮现。但TRF也提出了一些有意思的新建议，如建立教学支持中心、奖励教学卓越者、鼓励教师开展教学研究、为研究生助教提供教学培训、研究教学有效性评价方法与教学问题诊断法、设立专项研究基金吸引本科生参与研究、扩大本科生独立学习等，这些建议都很有前瞻性。[①]

关于TRF报告认为教学和研究互补的说法，库班并不认同。他说，“尽管这个说法在斯坦福已经成为教条，但这个说法缺乏令人信服的证据”。他认为TRF的调查有问题。事实上“大多数教师都感到学校政策对研究的重视高于教学，很多教师认为学校应该采取激励和奖励措施，帮助矫正这个失衡”。[②]库班认为，TRF委员会没有认识到，教学科研的矛盾实际上植根于大学—学院结构之中。只要这个结构存在，这个矛盾就不可能消失。

但我认为TRF的这份报告是拒绝直面事实。斯坦福大学作为研究型大学，把研究作为学校首位工作并不为过，但这也是造成该校“重科研轻教学”的重要原因。这尤其表现在教师工作评价上。正是这个偏好选择，导致斯坦福大学出现“重科研轻教学”的现象。正如库班所说，这是美国几乎所有规模较大的研究型大学的共性问题。否则哈佛大学文理学院院长刘易斯关于“失掉灵魂的卓越”的说法就不可能在美国学界获得广泛共鸣。但该报告采取积极态度，提出各种建议帮助教师们解决困难，却是一个值得肯定的做法。也就是说，如果研究型大学必须把研究作为学校首位工作，那如何同时保证提供高水平的本科教学，也是需要学校认真研究并采取切实措施加以解决的一个真实问题。

此外我还认为，可以把斯坦福大学从1954年到1968年的态度转变，看成是一种制度的路径依赖，即在制度建立早期还允许讨论的路径选择问题，到制度发展中

① Stanford University, *The Study of Education at Stanford*, Stanford University，1968: vol. 8，p.73.

② Larry Cuban, *How Scholars Trumped Teachers: Change Without Reform in University Curriculum, Teaching and Research, 1890–1990*, Teachers College Press, 1999：38.

期就不允许再讨论了，只能是把重点放在如何在现有制度框架下解决问题上。从这个意义上讲，1968 年的调查代表着斯坦福大学在本科教学制度建设方面的一次意义重大的历史性转变。

该校校史对这个调查的记载是：1968 年报告"戏剧性地把大学教学资源转向给大学一年级，实质性地放松了原有课程计划，改变了大学评分系统[①]，让学生设计自己的专业"[②]。这段话似乎是说，斯坦福为了迁就学生，放松了标准，降低了要求。

从 1968 年到 1994 年的 26 年间，斯坦福大学没有再进行过大规模的本科教育调查，只有一些小规模专项研究，库班追溯了这些研究。他注意到，斯坦福大学不同院系之间出现了重视教学和不太重视教学的差异。例如机械工程系就比较重视教学，该系有高级教授监督初级教师和研究生助教的传统，有教师相互听课的传统，有系主任监督导论课的传统，有系主任定期听取学生意见、和学生评价较差的教师讨论教学的传统。学院对各类课程教学都有明确规定和要求，在新教师聘任和教师工作评价规定中也有针对教学能力和标准的明确要求，系主任是教学质量的主要责任人。但在教学文化较差的学系，教师们通常比较强调教学自主权，少有对教学工作的集体讨论，教师甚至可以出钱请人代课。缺少对初级教师和学生助教的系统培训和监督，对学生评价较差的教师也不过问，教师们甚至可以拒绝教学任务。因此在这些学系里，教学管理松懈而混乱。在这种情形下，教师工作评价当然不会重视教学，而是强调研究。而且这些学系会特别强调专业自治，拒绝外部干涉，学术自由和教学自由常常被用来作为教学混乱和教学质量低下的保护伞。库班说，在研究型大学里，创造一个强大的教学文化，需要校、院、系三级的共同努力。只有这种联合领导力，才能在基层学系创造和培育强大的教学文化，让所有教师共享这种文化，并把它实际地贯彻到日常教学和教师聘任与工作评价中去。

然而，研究型大学中的教学与研究冲突就会因此消失吗？库班认为不会。他不否认存在可以同时做好两者的教师，但他们毕竟是少数。对于大多数教师而言，这个矛盾是真实存在的。只要这个指挥棒不变，教师们就一定会顺势而为，尽可能节约时间用于研究。研究对教师时间和精力的要求是无限的，哪怕减少教学工作量也无济于事。库班注意到，到 1980 年，教师的教学课时已经从每周 8—12 小时减少

① 把原来的 A、B、C、D、E 系统改为 A、B、C 和"没学分"(no credit)，即把"及格"和"没通过"两级给取消了。

② K. Bartholomew, et al, *A Chronology of Stanford University and its Founders*, Stanford History Society, 2001: 97.

到每周4—6小时，生师比也已经从18降到了5.4，但大班教学加研究生主持的分组讨论仍是斯坦福的主流教学模式，尤其是在自然科学、社会科学、人文学科和工程科学领域，很少有小班教学。研究型大学流行的教学法如大型讲座法、研究生助教领导小组讨论、设立专职教学的讲师系列、大量聘任兼职教师等方式都纷纷出现。这些方法的共同特征是可以节约教师时间，这些方法也因此得以流行。调查还发现，教师们并不反对教学改革和教学创新，但他们就是没有时间，甚至没有时间学习新方法。这也是目前SC改革在研究型大学中受阻的重要原因。

1994年斯坦福大学又进行了一次本科教育调查，但规模比1968年小得多。[①]该报告继续秉持1968年的立场，坚信教学与研究互补，完全不涉及教学与研究的冲突问题。因此报告结论的第一段是：

纽曼在其经典著作《大学的理想》序言中写道："发现和教学是两种不同的职能，也是两个不同的才能。同一个人兼备这两种才能的并不多见。"但像斯坦福大学这样的大学相信，纽曼错了。发现和教学是相互促进的活动，可以同时在两方面都达到卓越。因此我们愿意相信杜克大学校长科欧汉（N. Keohane）所说："发现知识和共享知识的功能紧密相关，这不过是定义同一体验的两种方式而已。"[②]

很明显，1994年报告完全接受了1968年报告的立场，这表明1994年斯坦福大学在教学科研冲突问题上出现了明确的路径依赖。这个报告也因此完全遵循1968年报告的风格，只谈本科教学，不谈教学科研冲突。该报告涉及内容包括：本科教育目标、斯坦福本科教育状况、写作和批判性思维、外语要求、通识教育要求（人文、自然科学、社会科学、文化）、主修专业、学业记录（学分、成绩、成绩单）、学历（学季制与学期制）、教学技术、学生咨询、学生住宿、教师在学生学业评价和管理方面的责任。最后是结论。

调查发现的问题主要有两个。一是相比以前的调查，学生对教学的满意度下降了，93%的学生对教师教学的评价是"好和较好"，而认为"很好"和"优秀"的只有58%。二是学生学业咨询。只有15%的学生认为"很好"或"优秀"，有近一半学生认为"一般"和"较差"。显然，这两个问题都与教师时间冲突有关。

这里稍微讨论一下生源质量与学生评价的问题。和1968年相比，1994年斯坦福大学已成为著名的世界一流大学，美国及全世界的一流学子争先恐后到斯坦

---

① 1994年报告只有53页，而1968年报告有10卷900多页。

② James J. Sheehan, *Report to the Commission on Undergraduate Education*, Stanford University, 1994.

福求学。1994年报告指出，斯坦福当年招生1600人（1992—1993），申请者超过1.3万人，新生入学分数属于最高等级。大多数新生在高中阶段已修过部分大学课程。新生中有罗德奖学金获得者70人、马歇尔奖学金获得者51人，以及无数的各种国际国内奖项获得者。这个新生群体的生源质量和1954年、1968年的学生群体相比，完全不可同日而语。研究表明，学习成绩越好的学生，学习习惯越好，学习主动性越强，对学校的期望和对教学的要求也越高。从这个意义上讲，只有58%的学生认为教学"很好"或"优秀"，近半数的学生抱怨教师对学生学业咨询冷漠（indifference of faculty），确实是个很大的问题。另一个同样重要的问题是，斯坦福的本科教学质量很大程度上得益于其优秀生源而非其本科教育的结果。[①] 对这些学生来说，斯坦福对他们发展的最大贡献不是教学本身，而是为他们提供了一个可以接触大量优秀同伴和资源的机会，这对他们的成长和发展至关重要。因此，在分析优秀研究型大学毕业生普遍的高质量时，应该扣除优秀生源质量对学校本科教学质量的贡献，不要用前者掩饰后者。

库班不同意1994年报告的结论。他认为斯坦福的教学与研究的冲突仍然存在。他在书中列举了很多例子，读者可以通过阅读该书了解这些细节。这里不再赘述。他引述校长肯尼迪在1997年的一个评论，"现在研究与教学之间的持续紧张已经是大学教授们面临的唯一最大问题"（the single greatest problem）。[②] 校长都觉得是个大问题，而调查委员会却认为无关紧要，这不是很奇怪吗？库班再次认为1994年报告回避现实、掩饰矛盾。

库班的研究截至1997年。2012年斯坦福大学又完成了一次本科教育调查。下面根据库班的思路介绍这个调查。从20世纪90年代起美国大学进入了SC改革期。本科教学改革成了对美国高校的主要挑战，斯坦福大学也不例外。2010年斯坦福大学又发起了一个本科教育调查。两年后调查组提交了题为《斯坦福大学本科教育研究》的调查报告。[③] 但和1994年报告一样，报告集中讨论本科教学，回避教学科研冲突问题。

报告分为五个部分：（1）前言；（2）毕业要求；（3）通识教育顺序；（4）课外教

① 北京大学原常务副校长王义遒教授曾说，"北大的学生是选出来的，不是教出来的"。他讲的就是这个问题。

② Larry Cuban, *How Scholars Trumped Teachers: Change Without Reform in University Curriculum, Teaching and Research, 1890–1990*, Teachers College Press, 1999：193.

③ The SUES Committee, *The Study of Undergraduate Education at Stanford University*, Stanford University, 2012: 94.

育机会；（5）学校支持。还有七个附录。这个报告主要有两个亮点：一是为斯坦福提出了一个全新的本科教育计划。报告认为斯坦福的通识教育不应只是关于课程内容的讨论，而应围绕拥有知识、能力训练、培养个人与社会责任、能自主开展适应性学习四个基点展开；二是不要以知识性课程而要以七种思维方式和能力训练来组织通识教育。这七种思维方式和能力训练为：美学和解释性探究、社会探究、科学分析、形式和定量推理、参与差异、道德与伦理推理、创意表达。通识教育也不要再仅限于大学一、二年级，而应扩展到整个大学学习期间。还要利用寄宿制，把所有课内外学习整合起来，使之成为整体。最后也许可以说，报告建议把整个斯坦福本科教育变成一个扩大的通识教育。这确实是一个大胆的计划，报告号召所有教师和学生都要重新考虑自己学习、教学、做事的方式。

这次调查也暴露出斯坦福本科教育中长期存在的问题，如教师们普遍不愿意上通识课和基础课。尽管学校规定学生学业咨询是教师的重要教学职责，但绝大多数教师没有参加学生学业咨询。参与学生咨询的教师数量和质量都严重下滑，学校不得不招募校友填补空缺。目前学生主要依靠学生咨询办公室获得咨询，致使该办公室咨询工作严重超负荷。教学过于注重知识灌输，思维方法与能力训练不足。课程质量良莠不齐。学生倾向挑选容易得高分的通识课。学生选课时关注专业课而忽视通识课。报告指出，这些问题都在斯坦福历史上长期存在，但一直没有得到妥善解决。包括应该怎样评价、改进和奖励本科教学，如何消除教师们在学生咨询投入上不均衡的问题，怎样平衡世界一流研究的专门化和本科通识教育的广博性之间的矛盾，怎样设计出能训练学生思维、激发他们探索和思考的课程，等等。[①]

关于教学，报告认为教学不是天生的才能，而是可以通过实验、反复实践、观察他人来发展和完善的技能。因此报告花了相当多笔墨讨论如何组织教师学习共同体、改进教学支持中心工作等。尽管1954年就提出了教师教学评价有效性的问题，这个问题再次被提出来。报告说，教学评价有效性中最大的问题是，目前的评价方法缺少通用性，而且过于集中评价教师教学而非学生学习。报告说："目前斯坦福大学很少能够广泛确定各门课程和各个学系特定教学实践的有效性。重新设计的课程评价方法应该使这成为可能。除非课程评价能评价我们所关心的东西并帮助我们改进，否则它们就毫无价值。"

① Larry Cuban, *How Scholars Trumped Teachers: Change Without Reform in University Curriculum, Teaching and Research, 1890–1990*, Teachers College Press, 1999：9.

关于教学与研究冲突，报告回忆说，1994年调查时哥伦比亚大学教务长科尔曾提到："在研究型大学竞争激烈的世界中，是否有可能……在培养出研究生产力世界领先的教员的同时，还能在教学上特别是本科生教育上投入足够的时间和精力？""这个问题今天同样存在而且更加紧迫。"[①]但报告在最后的建议中有一句话："无论我们在本报告中提出的改革有何种好处，除非教职员工相信斯坦福大学认可、重视和奖励本科教学，否则任何繁荣都不会发生。"[②]这句突兀的话是想说什么？是觉得这个问题不重要，可一句话带过，还是觉得无论如何都得说一句，否则有悖学者良知？我感觉很可能是第二种情况，即虽然学校已经定调不讨论这个问题，但调查委员会还是觉得非说一句不可。因此写下这句突兀的话来表明调查委员会自己的态度。总之，报告没有具体讨论这个问题。其中原因舒尔曼在2010年的一次讲演中给出了一个线索。舒尔曼说，斯坦福大学教师评价委员会在评价教师教学成果时面临一个困境，教师们拿不出符合学术标准的教学成果证据。如果接受不符合学术标准的成果，就意味着对学术标准的破坏。那将引出更大的麻烦。这也许是调查委员会决定不讨论教师工作评价问题的一个重要原因。

应该说，从本科教学改革角度看，这份报告视野开阔、思考深入、改革彻底、颇有新意，非常值得中国研究型大学参考。但它没有涉及我们关心的问题，就不多讨论了。

以上是对斯坦福大学百年本科教学的考察。正如库班所说，在斯坦福大学的百年发展史中，研究战胜了教学。本科教学从大学办学之初的主要地位，下滑到今日的次要地位。但是所有大学文件都坚称，本科教育是学校的基本使命（primary mission）。这就是塔格所说的大学的口是心非、言行不一。

不仅如此，如果说1954年时大学还敢直面问题，从1968年起，大学就开始以教学与研究不矛盾为由，回避教师工作评价中的"重科研轻教学"倾向。而且从来没有给出适当证据来证明这个说法的可靠性。直到2010年舒尔曼才指出，斯坦福大学教师评价委员会面对的真正困境是，教师们拿出来的教学成果证明材料达不到公认的学术标准，而不是这些调查报告所宣称的"教学与科研不矛盾"。从这个曲折过程中我们可以看到，斯坦福大学如何掩饰其"重科研轻教学"问题的曲折历程。也许正是因为绝大多数高校都秉持这种态度，才使大学教学落到今日地步，其

① Larry Cuban, *How Scholars Trumped Teachers: Change Without Reform in University Curriculum, Teaching and Research, 1890–1990*, Teachers College Press, 1999：94.

② 同上注，第88页。

作为一个学术领域至今都无法达到基本的学术标准。

然而，当今天人们要求大学提高本科教学质量和教学水平时，大学却无能为力。即使你说这是“天大的事”，大学也无能为力，因为它已经“半瘫痪”了。除非从现在开始，大学认真反思自己对本科教学的态度，真正把大学教学作为自己的首要学术使命!

第四节　扭转“重科研轻教学”倾向

最近苏州大学教育学院院长周川说了一句话：一流大学要有一流道德。[①]其所说的一流道德的第一条就是对学生的态度，大学应把培养学生作为办学之本。对此我深表赞同。我赞同的理由是他把忽视学生、忽视教学看成是大学的道德问题。这种把学生发展和学生学习放在首位的办学原则，就叫“价值观办学”。[②]从这个意义上讲，所有口是心非、言行不一的学校都是不道德的，区别仅在程度不同而已。因此，要扭转高校“重科研轻教学”倾向的第一步，首先是树立“以学生为中心”的办学观，真心诚意地把学生发展和学生学习作为学校办学的基本使命，并不折不扣地履行这个使命。

塔格的研究告诉我们，大学和大学教师在这个问题上言行不一已是业内常态。能做到心口如一、言行一致的高校和老师仅是少数。由于长期如此，很多学校和老师对此都已感觉迟钝、见怪不怪了，因此才出现了塔格观察到的那些认知偏见和行为偏差。

正因为整个高等教育界长期如此，大学教学无论是作为研究领域还是专业工作，都达不到应有的学术标准。或者按舒尔曼的看法，目前的大学教学既不学术，也不专业。在我看来，当前的大学教学学术基本上还是一片荒漠，鲜有成熟可靠的知识和经验积累，也鲜有可接受的经典著作。这个现状正是人们不断抱怨大学教学质量问题，大学教学质量却很难提高的主要原因之一。换言之，大学在本科教学方面的制度性缺陷已经限制了大学本身的发展。

① 周川:《一流大学的一流德行》,《高等教育研究》2020 年第 8 期。

② “价值观办学”这个概念是西安欧亚学院董事长胡建波提出来的，我认为这个提法非常正确而且十分重要。

如果情况确实如此，我想大多数人会同意，任何希望在短期内提高教学质量，把大学教学提高到专业水平，把大学教学学术研究提高到学术界认可水平的想法，都是不切实际的。但我们不能以此为由，拒绝在大学教师评价中认可大学教学和大学教学研究的成果。换言之，斯坦福大学教师评价委员会的立场是可以理解的，但并不正确。因为这种立场只会进一步阻碍教师的教学投入和大学教学研究水平的提高。在这个问题上我们必须实事求是，接受现状，同时对教师们在这些方面的努力给予实事求是的支持、鼓励和认可，采取措施激励广大教师投入本科教学和教学研究。希望随着研究水平和实践水平的逐步提高，大学教学可以真正成为大学学术事业的一部分。

塔格和库班都指出，在"重科研轻教学"问题上，研究型大学通过两个途径起了负面作用。一是示范作用。研究型大学被公认为高校中学术水平最高的学校，因此其他学校在涉及学术事务时会自然地以它们的做法为标准。这些学校会想，如果它们可以这样做，我们也可以这样做。这种示范效应在教学型高校中普遍存在。结果导致了一个非常奇怪的现象，明明是教学型高校，却也在教师评价中采取"重科研轻教学"的评价标准，使得学校的教师评价工作与学校的办学目标直接冲突，自己跟自己过不去！教学型高校在办学目标与教师评价上的这种分裂状态，就是它们简单模仿研究型大学的结果。目前看到的唯一例外是美国的私立小型文理学院，它们明确拒绝研究型大学的做法，坚持本科教学为主，因此这些学校的 SC 改革普遍获得了成功（见第十章）。

二是通过博士生教育。所有高校都会招收博士学位拥有者任大学教师，而研究型大学的博士生培养主要是培养学生的研究能力而非教学能力。因此当仅有研究能力而无教学能力的博士们到教学型高校后，他们会不自觉地把研究型大学的做法带到学校，因为这有助于他们巩固自己在学校的地位。他们会强调研究而非教学，从而扭曲这些学校的目标。尽管美国高教学会、美国研究生院协会，或其他类似组织从 20 世纪 90 年代起就呼吁，要求研究型大学加强博士生的教学能力培养，但至今这些呼吁也难以落实。研究型大学不关心博士生教学能力培养的原因也很简单，并非所有博士生都要到大学当教师，因此至多是作为一个选项，为那些想到大学当教师的博士生开设一些大学教学方面的选修课。而中国的研究型大学通常连这个选项都没有。这就解释了为什么教学型高校中也会大面积出现"重科研轻教学"的现象。因此教学型高校要特别警惕，防止这些博士学位教师带歪学校的办学目标和方向。招收博士学位教师时就要设计好其工作方式，发挥其长处，小心避免他们可能的负面影响。

从中国的具体情况看，还有一个原因，即中国的高等教育金字塔体系。在这个金字塔中，资源和声誉是按各个学校在这个体系中的位置进行分配的，学校位置越高，获得的资源越多，声誉越好。在声誉与资源追求的驱动下，所有学校都有升格愿望，于是教学型高校就有了往研究型大学升格的愿望和动力，这也导致中国教学型高校出现“重科研轻教学”的现象。这显然不利于中国高等教育的分类发展。

但中国自上而下的管理体制也有一个优点，如果教育部下决心扭转目前这个局面，可以通过内部政策和外部环境营造来改变学校行为。这个问题留待下一章讨论。总之，不在教师工作评价制度上改变“重科研轻教学”倾向，就不可能激励广大教师投身教学，研究教学，提高教学质量。这个基本因果关系是清晰可靠的，剩下就看我们怎么做了。

至此本章得到三个基本结论。第一，在现代大学中，本科教学与科研活动之间存在冲突，冲突的本质是教师在面临教学、科研、服务等多项任务时出现时间精力分配困难。忽视或无视这个冲突是错误的和有害的。这个冲突主要表现在本科通识课和基础课教学方面，而不表现在专业课和研究生教学方面。

第二，面对这个冲突，如果学校教师工作评价政策奖励科研，教师就会积极投入科研，如果奖励教学，教师积极投入教学。因此学校教师工作评价政策具有明显的指挥棒作用。从历史和现实看，能同时做好两者的教师只是少数，因此不能以他们作为评价教师工作的普遍标准。但如果对整个教师队伍采用分类管理方法，让部分教师主要从事教学，部分教师主要从事科研，却可以很好地应对大学的多重任务。因此教师队伍多元化应该是一个很好的战略选择（参见附录四）。

第三，现代大学在历史发展中接受和支持了科研活动，科研活动也改造了现代大学，使大学成为现代科学最重要的支持性组织之一。与此同时，本科教学却在现代大学中经历了一系列旁落，成为现代大学制度的一个制度性缺陷。因此，如何重建两者的平衡是对现代大学制度的一个严峻挑战！现代大学必须很好地应对这个挑战，否则就不能很好地履行其多重社会责任。

这两章讨论了赋能教师和激励教师的问题，下一章讨论如何领导一场 SC 改革。

领导改革：SC 改革的组织与管理[①]

本章是这个系列研究的最后一篇，讨论如何领导、组织与管理一场以学生为中心的本科教学改革（SC 改革）。本章共有四节。先是回顾此前八章的主要观点，以期读者能对 SC 改革有一个整体认识。然后介绍三位美国著名学者对当前美国 SC 改革状态的看法，尤其是原哈佛大学校长博克的看法。随后根据美国的经验，对如何在中国领导一场 SC 改革提出建议。

我的基本建议是，领导者首先要认识到，SC 改革本质上是一场大规模群众性教学改革运动。中国应该发挥制度优势，先是自上而下地发动改革。然后以学校为单位，自下而上地实施改革。改革领导者要抓住统一意志、创造条件、提供激励、营造环境四个关键环节，协调基层教学组织、院系、学校业务部门、学校领导、地方政府、教育部六个组织层次，共同规划与组织改革。要统一规划和部署，统一政策和措施，防止相互掣肘和内耗。此外，还就班级规模、教师教学工作评价、改革阶段性和工作重点等提出了若干建议。最后是一个简短总结。

第一节　研究回顾与综述

这个研究旨在系统梳理美国“以学生为中心本科教育改革”运动的实践与研究，旨在为在中国开展 SC 改革提供一个简要的知识地图和工作指南。当时之所以做这个研究，是因为中英文文献中没有类似文献，没想到十年后依然如此。因此这个研究填补了中英文文献的一个空白。由于研究的目的是要在中国推动 SC 改革，

① 本文原发表在《高等工程教育研究》2021 年第 4 期上。此处文字略有修改。

因此我并未均衡综述所有文献，而是强调中国导向、实践导向和卓越导向，结合中国国情介绍情况。我原计划用七到八篇文章写完，结果写了九篇。此外，我尽量对每个主题都做一个简要文献综述，推荐我认为重要的文献，帮助读者深入研究。

十年过去，中美两国都发生了很多变化，我的认识也发生了一些变化。然而经过十年研究，一些趋势性的发展已经十分清楚，对有些问题我也有了明确认识。因此有必要对前八篇文章的主要观点做一个总结，以便使读者有一个整体印象。简单地说，SC 改革就是两个重点，一是教师如何开展教学改革，二是学校如何支持教师的教学改革。前者是教师教学问题，是 SC 改革的核心；后者是支持系统问题或组织管理问题。中外经验都表明，没有强有力的支持系统，SC 改革不可能获得成功。因此，如何成功组织领导这场改革，确实是一个需要深入思考、谨慎筹划、全面管理的大问题。

第一篇（本书第二章）是概念与历史，讨论了“以学生为中心”（SC）的概念，并分析了 SC 改革的发展历程。根据文献，我把 SC 改革归纳为三个要点：“以学生发展为中心，以学生学习为中心，以学习效果为中心”，即“新三中心”。这三句话分别从本科教学的目标、过程、效果三方面说明了 SC 改革的三个基本特征，即 SC 改革要以促进学生发展为目标，在教学过程中要关注学生学习，并关注学生学习效果，把学生学习效果改进作为检验教师教学有效性的标准。这个表述代表了一个整体性的教学思想，和老三中心（以教师、教室、教材为中心）教学模式形成鲜明对比，它们分别代表了两种不同的本科教育哲学和教学实践。SC 改革的目标是要用新三中心模式取代老三中心模式，最终全面提高本科教育质量。

巴尔和塔格在他们的著名论文《从教到学：本科教育新范式》中指出，SC 改革不是教师可以单独在教室里完成的，它是一场范式变革。改革需要教学思想、教学实践、教学组织、学校制度、学校环境、学校文化、政府政策等方面都发生相应变化。只有这样，SC 改革才可能落地生根，获得全面成功。然而从历史角度看，目前的大学教学组织与制度是围绕老三中心模式构建起来的，并不适合 SC 模式，因此要对现有大学教学组织和制度进行改造，使之有利于 SC 改革。这个制度改革是 SC 改革能否取得成功的一个关键。由于他们的这个深刻见解，这篇论文成了 SC 改革史上的里程碑。

随后我概述了美国 SC 改革的历史，指出美国的 SC 改革由三个力量推动。一是学术进步。20 世纪 50 年代以来脑科学与神经科学、发展科学、认知科学、学习科学四个领域的学术进步，为 SC 改革提供了科学基础。二是美国社会对本科教育情况的普遍不满，为 SC 改革提供了土壤，营造了氛围。但直到 20 世纪 90 年代高校才开始推动改革，而且不同类型学校的改革进展不同。最好的是小型文理学院，其他类型高校的情况都不太好。但当时我并不知道原因所在，因此只是简单记录了这个事实。

第二篇（本书第三章）是科学基础。文章综述了 SC 改革的四大科学基础：脑科学与神经科学、发展科学、认知科学、学习科学。它们分别代表了解大脑、了解学生、了解认知、了解学习四个领域。文章简要地介绍了这四个领域的相关发展。其中有四个发现特别重要。第一，大脑皮层发展的主要特点是神经网构建和调整。人的一生中大脑神经网会根据主体的认知活动和经验，不停地构建和修改大脑神经网。学习的本质是人在特定环境中通过学习塑造大脑，以帮助人适应特定生存环境。故教师只能帮助而不能代替学生塑造大脑。SC 改革是要求教师从关心自己如何教转变到关心学生如何学，用学生的学习效果衡量教师教学效果。第二，大学期间（18—24 岁）是学生大脑发展的重要窗口期，重点是发展抽象思维能力。抽象思维能力的发展使人能超越直接经验，想象和思考外部世界。大学期间是学生抽象思维能力发展的高峰期。经过这个高峰后，大脑发展进入相对平稳的成人期。因此大学阶段是学生大脑发展的关键期，促进学生抽象思维能力发展是大学教学最重要的任务。第三，抽象思维能力发展主要表现在认知模型构建与调整能力的发展。大学通过理论学习来发展学生的抽象思维能力。理论学习本质上是学生在自己头脑中构建、调整与运用各种认知模型，这些活动可以发展学生的抽象思维能力。学生思维能力发展包括发展出专业思维模式，如文科思维、理科思维、工科思维、商科思维、临床思维模式等，这些专业思维模式是学生特定专业能力的基础。思维能力发展还包括通用思维能力发展，如创造性思维与审辨性思维能力、形象思维与逻辑思维能力、概念表征和表达能力及相应语言交流能力等通用思维能力与技能等。这些能力的发展使学生能够更有效地思考和交流。学生在大学所获得的这些认知模型和思维能力，是学生应对未来生活、从事专业工作的能力基础。第四，大脑是在主体与环境（自然环境和社会环境）的互动中，学会如何思维、如何应对外部世界的。因此在学习过程中，积极学习、互动学习、团队学习、真实学习、实践学习等方式，都能有效促进学生学习。如果教师教学能以这些学术成果为基础，大学就可以更有效地提高学生学习质量。这四个领域的学术进步为 SC 改革提供了基础，指明了方向，提供了方法，从而使 SC 改革成为当代世界本科教育改革的基本方向。

第三篇（本书第四章）是实践与方法。文章着重介绍了美国高校中出现的三类SC教学改革：一是基于科学研究的教学改革，包括布鲁姆教育目标分类法、课程设计理论与实践、课程矩阵与反向设计法、积极学习法、合作学习法等；二是以真实性学习为基础的教学模式，包括真实性教学、通识教育职业化与职业教育通识化等；三是由经验总结而产生的教学模式，包括学习金字塔、优秀本科教学七原则、十大高影响力教学实践等。以此为基础，文章建议SC改革要以课程设计为抓手，根据科学原理和有效实践进行课程设计，把教学设计作为SC教学改革的抓手，把学生学习效果改进作为检验课程设计有效性的标准。为了帮助教师做好课程设计和澄清观念，文章提出了一个SC教学改革方法论框架，并讨论了五个关于SC方法的认知误区。为了拓宽对SC改革的思考，文章介绍了颠覆性创新概念以及美国的两所创新型高校。

第四篇（本书第五章）是学习环境与教育技术。文章指出，当代学习研究高度强调学习环境对学习活动和学习效果的影响。为学生营造挑战、真实、合作、实践、互动的学习环境，可以对学生学习产生积极作用。研究表明，新的学习环境可以激发学生学习动机，提高学习效果。这些认识使得真实学习、团队学习、实践学习、互动学习等方法在SC课程改革中变得越来越重要，并成为SC教学的标志性特征。以信息技术和AI技术为基础的当代教育技术发展为学习提供了空前丰富的信息环境，也可以在营造真实、合作、实践、互动学习环境方面发挥巨大作用。文章回顾了2010年以来教育技术在大学教学领域中的主要发展，讨论了AI在大学教学中的发展前景。文章认为，AI在短期内不太可能取得很大发展，原因是大学教学研究的基础太薄弱，有很多空白要补。总之，就改进学生学习而言，学校在学习环境改造和提供智能化学习环境方面还有很多工作可做。学习环境和教学技术已经成为当代SC改革的重要议题。

第五篇（本书第六章）是构建全校性教学质量保障体系。文章概括了美国高校教学质量管理的基本模式，包括：学校办学使命、通识教育矩阵、专业教育矩阵、课程教学矩阵，以及负责教师培训的教学支持中心和负责教学信息收集与分析的院校研究办公室。前四项是学校教学质量控制系统的主干，后两项属于支持性机构。这个体系体现了系统控制和全面质量管理的管理思想，值得中国高校学习。但它也有两个薄弱环节，一是通识矩阵与专业矩阵之间的衔接，二是教学支持中心和院校研究办公室之间的配合。

第六篇（本书第七章）是课程教学效果评价方法。文章介绍了美国SC改革中常用的五类课程教学效果评价方法，包括形成性评价、评价量表、课堂学习效果评价方法、真实性学习评价、学生成就档案袋等。文章指出，如果教师能把各种课堂评价方法与评价量表、学习成果档案袋方法结合，不仅可以使学生学习效果客观化，也可以使教师教学活动客观化，从而为学生学习效果评价和教师教学评价提供客观基础。这对改进学生学习和教师工作评价都大有益处。

然后文章根据美国全国学习评价研究所（NILOA）2018 年的调查报告指出，尽管过去 30 年美国高校在学习效果评价方法方面做了很多研究，取得不少成果，总的来说，学习效果评价还是 SC 改革中的明显短板。约有 50% 的高校在教学评价方面做得不好。目前美国高校还不能提供足够的关于学生学习效果的证据，以指导学生学习和教师教学改进。这与美国高校普遍对教学质量重视不够有关，教育质量问题仍然是美国本科教学中的突出问题。

第七篇（本书第八章）是大学教学学术（SoTL）与教师发展。文章首先讨论了 SoTL 的概念、方法与实践，着重介绍了美国卡内基教学促进基金会的理念和实践。基金会主席博耶于 1990 年首先提出大学教学也是学术的概念，他的继任者斯坦福大学教授舒尔曼在理论和实践两方面发展了这个概念。具体说，SoTL 研究要符合学术研究的一般模式，包括八个要素：明确的目标、充分的准备、适当的方法、有意义的结果、有效的表达、反思性批评、接受同行评审、贡献学术共同体。因此他主张，所有大学教师都应该以自己所教课程为研究对象，根据科学原理和有效实践经验设计自己的课程，用学生学习效果来检验自己设计的合理性和有效性。用这种方式从事教学研究，就可以把大学教学从目前孤立分散的个人实践变成大学教师的共同财富，也才能为持续提高本科教学质量奠定基础。

舒尔曼认为，大学教学是类似于医学和工程类的一个专业实践领域，因此应该大规模开展专业实践研究，即实践者以自己的实践为对象，以满足对象需要为目标，把实际结果作为工作效果检验标准，邀请同行参与审查，评议研究过程和研究结果，进而把研究成果变成学术共同体的共同财富，并最终贡献于本领域的知识发展和实践发展。

但和工程与医学领域相比，目前只有少数大学教师在实践 SoTL。要让 SC 改革和 SoTL 发挥作用，就要让更多教师掌握 SC 改革和 SoTL 研究的理念和方法。这就是为什么 SC 改革和 SoTL 总是携手并行，成为当前大学教师培训的主要内容。SC 改革越发展，大学教师培训越重要。教师发展中心已经成了美国高校的标准设置。

然而30年过去，美国大学中真正践行SoTL的教师依然很少。多数教师仍然用传统模式教学，而且不愿意学习新的方法。为什么学校和教师都不积极？经过二十多年的观察和研究，塔格得到一个简单结论，即目前高校乃至整个高教系统普遍重视研究而不重视教学，尤其是研究型大学。[①]由于本科教学缺少必要的组织与制度支持，美国的SC改革进展缓慢，本科教育质量长期不能得到提高。由于这个现象是世界性的，因此本科教育质量问题也就成了世界性难题。[②]

受塔格研究的启发，第八篇文章（本书第九章）从制度角度探讨了美国现代大学制度中“重科研轻教学”的传统及其对本科教学的负面影响。文章首先指出，教学和科研冲突的本质是教师在工作任务分配上出现的时间和精力冲突。教学和科研是大学教师的两大基本任务，它们都需要教师的全身心投入。然而教师的时间和精力是有限的，因此他们必然会面临工作优先性选择问题。这时如果学校奖励教学，教师就会把主要时间和精力投入教学；如果学校奖励科研，教师就会把时间和精力投入科研。换言之，教师工作评价是指挥棒。然后文章比较了科研和教学在现代大学组织制度体系中的存在状态，指出古代大学普遍重视教学，直到洪堡大学时期，研究才在大学体系中获得正式地位。此后科研在大学中经历了一个后来者居上的过程，而教学反而在这个过程中逐渐旁落。为了支持科研发展，美国社会和大学对大学组织与制度进行了一系列改革，创造了更加适合科研的现代大学制度。与此同时，大学也逐步演变为不利于本科教学的组织。文章最后以斯坦福大学百年校史为例，展示了本科教学是如何在斯坦福大学百年发展中旁落的。

文章的最后结论是，在现代大学模式中，科研和教学处于失衡状态，这是现代大学制度在美国长期演化的结果。由于这个失衡，导致了教师工作评价中重科研而轻教学的现象，结果必然是本科教学被长期冷落因而质量不能提高。文章最后指出，要让现代大学更好地服务社会，就必须改变这种失衡状态，重新设计大学组织制度，重建两者的平衡。只有这样，才能确保现代大学履行其教育使命。

以上是本书第二章至第九章的基本内容。从以上简要综述，读者已经可以看到很多组织管理问题。下面介绍三位美国学者的看法，进一步探讨美国SC改革的现状与问题。

---

① John Tagg, *The Instruction Myth: Why Higher Education Is Hard to Change, and How to Change It*, Rutgers University Press, 2019.

② 潘懋元等:《要勇敢面对一流本科教育这个世界性难题（笔谈）》,《教育科学》2019年第5期。

第二节　美国学者对当前 SC 改革状态的评论

为了帮助读者了解目前美国 SC 改革的状态，本节介绍三位美国学者的看法，包括两个方面：教师应该如何做教学改革，学校应该如何支持教师改革。

1. 麦肯齐对美国大学教学实践与研究 50 年发展趋势的总结

麦肯齐（1921—2019）是密歇根大学教育心理学教授。他 1949 年从密歇根大学获得博士学位后就一直留校任教，直到退休。他最负盛名的著作是《麦肯齐大学教学精要》（*McKeachie's Teaching Tips*）。该书原是他为其研究生助教准备的教学建议，未料大受欢迎，于是结集出版。首版于 1951 年，至今已出到第 14 版。[①] 该书被誉为美国大学教师的《圣经》。麦肯齐从 1950 年起开始研究以学生为中心的本科教学，尤其是影响教学的各种变量，如动机。1960 年他认识到认知心理学的重要性，于是率先在密歇根大学开设了一门名为“学会学习”（learning to learn）的课程。他也是美国最早从事大学教师培训的人。1960 年他创办了美国大学的第一个教师发展中心——密歇根大学教学研究中心（Center for Research on Learning and Teaching）。该中心至今仍然是美国最负盛名的中心之一。他还协助创办了国际大学教学改进研究会（Improving University Teaching，IUT）。他说他今天之所以出名是因为当年这个圈子太小，当年他是美国唯一从事大学教学研究的人[②]，但如今他被誉为美国大学教学研究的开拓者。1999 年，年近八旬的麦肯齐发表了他的学术传记《大学教学及思考》[③]一文，其中总结了美国 50 年来大学教学的主要发展趋势。他认为，过去 50 年来美国大学教学发生了十个主要变化：

（1）从认为只要有博士学位就可以在大学教书，到认识到大学教学涉及很多特殊技能。但这些技能可以通过学习获得，故美国大学普遍建立教学支持中心为教师提供培训。

（2）从相信存在普遍有效的教学法到认识到好的教学是多样的，教学会因课因

---

① 该书中文版已由湖南教育出版社出版。

② 2009 年在美国心理学协会上的获奖发言：*Lessons Learned in 60 Years of Teaching, Research, and Learning: Wilbert McKeachie's APS Award Address*.

③ Wilbert McKeachie, “Teaching, Learning and Thinking About Teaching and Learning,” in Smart J. (ed.), *Higher Education: Handbook of Theory and Research*, Agathon Press, 1999: 1–38.

人因时因地而异，不存在普遍有效的“万能药”。但一般而论，主动学习好于被动学习，合作学习好于个体学习。教师要清晰地表述自己的教学目标，教师要研究有效方法背后的科学原理。

（3）教学从以教师为中心转向以学生为中心。

（4）教师从事实传递者变成学生学习促进者。认知心理学指出，学生大脑不是白板。学习涉及一系列复杂认知、记忆、知识构建过程。简单重复和死记硬背不是有效的学习方法，尤其不利于未来的知识应用。动机在学习中有重要作用，成就可以激发学生学习动机，可以促进学生有效学习。教师不应仅是信息的传递者，而应是学生学习的促进者。通过合理的教学计划，教师可以引导学生有效学习。同时教师要发挥好自己作为专家和权威的作用。

（5）从主要依靠口头和书面交流学习，到采用合作学习、经验学习、服务学习等多样化的学习方式。

（6）从把学生当作被动的知识接收者和把学生智力状态看成是天生的，到认识到每个人都能学习。人的认知和动机相互影响，因此人的智力也是变化和成长的。过去大学强调挑选智力优秀的学生，今天强调通过激发学生学习动机、培养学生学习能力来发展学生心智。认知心理学已大大改变了我们对人类心智及其潜能的看法。

（7）从刺激 — 反应的行为主义到强调认知、动机、行为互动的认知主义。从行为主义到认知主义是大学教学研究上的巨大理论转变，深刻地影响了我们对大学教学和学习的本质的看法。

（8）从单一变量研究到多变量研究，从纯定量研究到定量定性混合研究。

（9）从假定教学不可评估到认识到教学有效性可以评估。但仅仅用学生评教方法是有害的。只有和教师教学档案袋（teaching portfolio）、同行评议（peer review）等方法结合，学生评教才是有效的。教学档案袋可以使教师教学过程客观化，同行评议可以促进教学学术交流，再结合学生评教结果，我们就可以像评价科研一样评价教学。

（10）从录音、幻灯片、电影技术到多媒体技术。当代教育技术可以帮助教师有效教学。但教育技术只能起辅助作用，不是“万能药”。认为教育技术可以取代教师的想法是可笑的，这种想法在历史上已经多次出现。

如果说，麦肯齐的总结告诉我们过去50年美国大学教学发生了什么，那特伦齐尼的总结则告诉我们当前应该如何开展SC改革。

2. 特伦齐尼对“学校如何影响学生”项目的六点总结

特伦齐尼是美国宾州州立大学教育学院荣休教授。他和帕斯卡里拉一起组织和领导了著名研究项目“学校如何影响学生”（How college affect students）。他们系统梳理了从1970年至2016年间发表的上万份文献，出版了三卷本巨著《学校如何影响学生》（1995、2005、2016）。他们的研究做出了很多重要发现。2020年特伦齐尼在总结他们工作的基础上，提出了一个简要工作指南：《重新思考学生的有效学习体验：一个工作框架》。[①] 其中包括六个要点：

（1）要适度挑战学生。只有挑战学生才能迫使他们进入学习状态。他把这称为大学教学的牛顿第一定律，即除非有外力迫使学生改变状态或方向，否则他们将保持原有状态不变。因此教学要提供能挑战学生的外部力量，包括与学生原有想法、信仰、观点不同的人和思想。只要这些挑战不是小到会被忽略，或大到不可接受，它们都会在学生头脑中引起变革，从而为他们接受更不同更复杂的思想敞开大门，学习就发生了。环境挑战引起认知改变，适应环境引发学习，这是认知科学的基本原理。这个原则非常重要：要挑战而不要迁就学生！

（2）要让学生积极投入挑战。学生必须积极投入挑战，以解决由挑战带来的新旧观念之间的紧张状态。过去半个世纪关于大学教学效果研究最经久的发现是，学习不是观赏性活动。要让学习发生，就必须让学生有意识地接受挑战。投入程度越高，教育效果越好。

（3）提供支持性环境。在令人感到刺激的挑战中探索、试验、冒险，学生会获得更有效的学习体验。支持性环境指为学生提供适当的指导和鼓励，帮助他们坚持探索并获得成功。在这种环境里，“失败”是可接受的，甚至是意料之中的。支持性环境可以帮助学生持续保持为应对挑战而产生的学习与发展势头。然而“支持”不是溺爱，不是让他们默默学习。支持意味着要提供学生参与挑战所需要的一切，并让他们从挑战中获益。挑战和支持共同使学生的有效教育体验成为可能。

（4）鼓励在真实世界中积极学习。今天最常见的教学方式是教师讲大课，由助教领导分组讨论。因此在大多数情况下，学生只是扮演被动角色，通过记忆和回忆学习。20世纪90年代积极学习理论出现，主张要利用学生的兴趣和动机，让他们参与到群体学习中去，在团队中互相学习。通过积极学习，学生学会处理现实世界

① Patrick T. Terenzini, “Rethinking Effective Student Learning Experiences,” 中文译文载《中国高教研究》2021年第6期。

中的真实问题，这些问题通常没有正确答案。经验学习不仅可以使学习更有效，还能帮助学生发展识别问题、评估证据、审辨思考、发展新想法、容忍不同看法等思维能力。

（5）要有他人参与。学习可以是独立活动如阅读、思考、观察、欣赏等。但当学生与他人互动时，更容易激发挑战。面对团队中不同的价值观、态度和行为，学生要做出接受或拒绝的选择，这时就会产生挑战。此外团队还可以为应对挑战提供支持。

（6）鼓励主动反思。反思比经验重要，反思意味着重新审视和整理已有认知框架，确定其准确性和合理性。反思是巩固学习成果的重要方式。反思有很多表现形式和应用领域，涉及多种认知过程。研究表明，在问题学习、生活学习、多元化经验、探究性学习中都存在反思。教师要注意为学生留出反思机会，这对有效教学和有效学习都至关重要。文献表明，反思对学生的学习和发展有积极作用。在观念或行为发生变化时，人必须思考在这个特定语境下，“新”究竟意味着什么。

特伦齐尼的这个框架显然是从学生学习角度提出来的。我认为最值得注意的一点是，教师要挑战学生，学生要迎接挑战。通过挑战，迫使他们改变现有状态，从而学到新东西。教师还要帮助学生养成良好的学习与思维习惯，如积极应对挑战、与人合作、不断反思、在真实世界中学习等。帮助学生养成良好的学习习惯比教学生知识更重要。然而目前绝大多数大学教师都不把培养学生的良好学习习惯作为教学目标。但在美国小型文理学院，这不仅是所有教师的目标，也是学校的目标。要培养学生良好的学习习惯，就只能采用小班制，这使教师能关注到每个学生。

特伦齐尼认为这个框架具有普适性，适合所有本科教学和管理情境，可以为该做什么和不该做什么的决策提供指导。我认为这个框架不仅可用于指导教师开展课程设计，也可用于学校管理者做管理决策。比较麦肯齐和特伦齐尼的总结还可发现，后者对SC改革已经有了更深刻的认识，尤其是在挑战学生、积极学习、学习支持、主动反思等方面。

我在第四章中也总结过促进积极学习的五个要素和有效学习的十个要点。促进积极学习的五个要素是：内容的有用性、学习的真实性、任务的挑战性、环境的社会性、过程的互动性。如果课程设计中能抓住这五个要素，就可以激发学生学习动机，促进积极学习。有效学习的十个要点是：（1）学习是认知建构；（2）学习需要自律，自觉反思与自我控制能提高学习效率；（3）学习是活动，活动改变大脑，大脑改变行为；（4）学习是经验，经验塑造大脑；（5）学习是情境性的，适当情境能促进学习；（6）大脑奖励“学会”而非“学习”，是“学会”让大脑分泌激素，使大脑兴奋，从而激发学习积极性，因此学习任务难度要适度，要保证大脑能不断体会到“学会”的愉悦；（7）学习需要合作，合作促进学习；（8）学习是积累，已有知识对学习效果有重大影响，因此教学要循序渐进，逐步帮助学生构建知识结构；（9）记忆需要重复，多样化重复可以提高记忆；（10）学习有个体差异性，教学要注意个体差异性，因材施教。教师若能根据这十个要点来设计教学，就能促进学生有效学习。

以上是对当前美国大学教学领域的总结，主要涉及教师如何开展教学改革。下面是博克对当前美国本科教育的评论，主要涉及 SC 改革的组织与管理。

3. 博克对当前美国本科教育的评论

博克（1930—　）是美国著名教育家，早年毕业于斯坦福大学，1954 年获哈佛大学法学博士学位，1958 年起在哈佛大学法学院任教，后来任该院院长（1968—1971）。1971 年他出任哈佛大学校长，直到 1991 年退休。2006 年校长萨摩斯因遭抗议而被迫辞职，他又临危受命，出任哈佛校长一年。事实上，从任哈佛校长开始，他就关心美国的本科教育，从校长岗位退休后更是深入研究美国本科生教育问题，且多有批评。2006 年他出版了《我们那些成绩不佳的学院：对学生学了多少以及为什么他们应该学得更多的坦诚考察》，2017 年出版《为改革我们的本科教育而斗争》。[①] 这两本书都对美国本科教育提出了严厉的批评。2020 年他再度出版了新书《高期望：大学能教会学生 21 世纪所需要知道的东西吗？》。[②]《高期望》实际上是延续了他以前的批评。但这次不同的是，他说他已九十高龄，很可能是最后一次谈论美国本科教育了，因此他对美国本科教育进行了彻底而深刻的批判。值得注意的是，博克并不是一个愤世嫉俗者，他属于愿意为美国高等教育积极出谋划策的那类学者。但在这本书里他没有表现出往日的乐观。相反，他认为美国大学可能无法完成被长期期盼的本科教育改革，为此他感到沮丧。他认为改革的阻力主要来自美国大学的组织与管理，这正是本章的主题。下面先介绍他的看法，然后再讨论中国

① Derek Bok, *Our Underachieving Colleges: A Candid Look at How Much Students Learn and Why They Should Be Learning More*, Princeton University Press, 2006; Derek Bok, *The Struggle to Reform Our Colleges*, Princeton University Press, 2017.

② Derek Bok，*Higher Expectations: Can Colleges Teach Students What They Need to Know in the 21st Century?*，Princeton University Press，2020.

的改革。

开宗明义，他说美国大学正面临自南北战争以来最大的挑战。南北战争时期的挑战是国家工业化的挑战，而今天的挑战是适应21世纪全球化、知识经济、多元化，消除美国社会的贫富分化。因此无论在规模和程度上，今天的挑战都远大于上一次挑战，但美国大学迄今为止没有表现出应对这个挑战的意愿和能力。

过去人们认为，人的智力早在入大学之前就固定了，因此大学不可能在智力发展与品格培养上发挥什么作用。然而近几十年来认知心理学和发展心理学研究发现，在成人发展初期，人无论在智力上还是品格上都在发展，而且有些能力在大学期间还发展得最快。这就为大学教育在学生智力与品格培养上发挥作用创造了新机会，大学可以在这些方面发挥作用，满足学生和社会的期望。当然这是一个更高的期望！

尽管如此，大学却几乎没有做出反应。尽管多数美国人的收入已经连续几十年停滞不前，学费却在不断上涨，这给学生带来越来越大的财务压力。雇主们又不断抱怨大学毕业生能力与技能不足。越来越多的大学生抱怨读书期间饱受焦虑、压力和抑郁之苦，大学却没有表现出要改变大学课程与教学法以帮助社会和帮助学生的意愿。换言之，美国本科教育已经和社会及学生的需求严重脱节。

面对这些挑战，拥有1400所成员高校的美国高校联合会（AACU）希望彻底解决本科教育问题。协会从2003年起组织了数百位专家学者，在咨询高校管理者、学术领袖、大学教师、政府官员、企业雇主等大量人员后，于2007年提出了一个全面的本科教育改革项目，名为“通识教育和美国承诺”（LEAP）。项目中包括了一个完整的本科教育知识与能力培养框架，其中包括四类基础知识和11种基本技能。

四类基础知识是：（1）通过学习自然科学、数学、社会科学、人文学科、历史、语言和艺术来了解人类文化及物理和自然世界；（2）智力和实践技能，包括探究和分析能力、审辨思维和创造性思维、书面与口头交流能力、数学素养、信息素养、团队合作能力、问题解决能力，这些能力要在整个课程体系中广泛练习，在有挑战性的问题、项目和表现标准情境下进行；（3）个人与社会责任，包括公民知识和参与本地和全球事务能力、跨文化知识和能力、伦理推理和行动，以及通过积极参与不同社区和现实世界的挑战，为终身学习奠定基础；（4）综合性和应用性学习，即通过把知识、技能和责任应用于新的环境和复杂的问题，而在一般和专门研究中表现出较高的综合成就。

2011 年 AACU 又把 11 种基本技能挑出来单列，包括：写作、审辨性思维、定量推理、口头交流、跨文化技能、信息素养、伦理推理、研究技能和能力、跨专业学习与整合能力、把课堂知识应用到现实世界的能力、公民责任和公民参与能力等。为了保证技能培养效果，AACU 还为每一种能力培养开发了一个专门的学习效果评价量表。

此外，AACU 还委托美国著名高等教育学者、印第安纳大学教授库（George Kuh）对美国大学本科教育已有的被证明卓有成效的教学模式进行总结。库总结了十大高影响力教学模式，包括新生研讨课、共同智力经验核心课、共同学习社区、密集写作训练、合作作业、本科生研究、多样性全球化学习、社区服务学习、实习、毕业综合训练。在调查中他还发现，学校为学生提供的此类项目越多，学生学习成就越好，毕业率越高。

但你可以发现，以上这些知识和能力，没有一个是可以通过一门课程的学习完成的，它们都需要所有课程教学的合作来培养。这就意味着要根据这些要求对整个学位项目重新进行整体设计。为了达到最佳效果，还要打通通识课与专业课间的界限，在通识课中进行专业教育，在专业课中进行通识训练，实现通识教育专业化和专业教育通识化。为此 AACU 主张用矩阵设计法（mapping）来进行学位项目设计。进行项目设计时要邀请所有任课教师参加，共同进行专业课程体系设计。设计中所有教师都要明确自己所教课程的教学目标和要求，然后在此基础上设计自己的课程。这种集体教学设计的方式要求打破传统的教学自由原则，教师不能再以教学自由为名，自行决定课程的教学目标、内容和方法。相反，所有教师都要把所教课程放到整个课程体系中来考虑。因此，这不仅是一个重大教学改革，也是对传统教学自由原则的挑战（参见本书第四章和第六章）。

为了推动这个改革，在卡内基教学促进基金会和卢米那（Lumina）基金会支持下，AACU 组织大量学者专家深入实践、总结经验、发掘案例、撰写报告、编写指南，其中甚至包括实践中会有哪些“坑”，应用什么办法解决等操作性建议。总之，可以说 AACU 已经使出浑身解数来推动这个改革。

博克认为，这个计划是“一百多年来美国在本科教育方面提出的最雄心勃勃的改革计划，是在广泛咨询各方意见基础上提出的。这个计划的目标是在美国这个重要历史时刻，就最有利于学生和社会的目标，和学术领袖、大学教师、雇主和政府官员达成的最好共识”。建议改革要广泛全面，要增加新的教育内容，要对现有课程体系进行广泛重新设计，要创新教学法等。[1]然而，这个项目在美国高校里遭遇到了广泛的阻力。到2018年项目告一段落时，这个计划没有达到预期目标。为什么？博克分析了美国各类高校管理者和教师们对这个改革的态度。

博克说，照理说这样的改革应由研究型大学来领导，因为它们在美国高等教育声誉阶梯上占据有最高地位。它们能吸引最优秀的学生，聘请最好的教授，可以从联邦政府、私人慈善机构、校友那里获得最多收入，有很强的研究能力，可以研究和探索有效的教学方法，能够帮助学生掌握新专业技能和思维习惯。它们可以轻松支付改革成本，还最能激发其他高校效仿。

但研究型大学的文化和制度给改革带来阻力，阻力之大甚至超过其他类型高校。研究型大学的教师们对研究的兴趣远大于对本科教学的兴趣。他们的聘用、晋升和报酬主要取决于他们的研究能力而非教学能力。他们的学术声誉几乎完全取决于他们的学术发表。他们从外界获得的各种回报，无论是政府经费、暑假薪水、工作机会、咨询机会还是各种其他学术奖励等，几乎都源于他们的研究。尽管大多数研究型大学教师是尽职的，也希望做好教学工作，但当让他们把大量时间和精力用于教学改革，尤其是当这些改革可能明显影响他们的研究时，他们就不愿意了。

其实，研究型大学的院校长们并也不像外界想象的那么有权。大学的权力实际上集中在底部，越是著名的大学，教授的权力就越大。如果院校长搞得教授们都反对自己，那不仅会让学校声誉受损，还会让自己失去政治资本。此外，教学改革通常不会有立竿见影的效果，研究型大学既不能用它来吸引学生（因为他们通常不缺申请者），也不能用它来提高学校排名（因为这些排名通常与教学关系不大）。再加上教学改革效果难以衡量，院校长们很难从中获得职业满足。

这些大学当然也会支持教学改革，倡导教学创新，为愿意改革的教师提供小额资金和技术支持，创造使用新教学技术的条件，让学校逐步增加教学创新并提高教学质量。总之，为单个教师提供激励，要比让一个成天忙碌、思想独立的教师群体就新课程体系达成共识容易得多，尤其是对AACU提出的这种要在教学内容和教学方法上都进行实质性改变的计划来说。在研究型大学看来，个体的渐进改革是可以的，至于全校性大规模教学变革，还是算了吧！

由于这些原因，研究型大学不可能在推动本科教学改革方面发挥领导作用。

其次是综合性大学。地区性综合性大学每年招收数百万学生，是美国本科教

---

① Derek Bok，*Higher Expectations: Can Colleges Teach Students What They Need to Know in the 21st Century?*，Princeton University Press，2020：20–21.

育的主力。这些高校多是公立的，主要培养专业硕士和学士，一般不培养博士。与研究型大学相比，它们不那么重视研究，更关注本地雇主的需求。但综合性大学在发动教学改革方面也受到几个限制。首先，它们从政府那里获得的经费远远少于研究型大学，又很难获得私人捐赠，因此它们往往缺乏资金来资助全面教育改革。其次，它们的院校长任期通常比研究型大学更短，因此这些院校长对是否启动可能要花多年时间才能见效的本科教育改革项目非常犹豫。最后，为了节约资金，它们不得不雇佣大量非终身制教师，其中有大量兼职教师。这些教师都是临时工，按年按课付酬，工资很低且超负荷工作，还不能参与学校管理，因此他们不可能为全面教学改革做出重大努力（参见附录四）。

这些学校里偶尔也会出现长期任职、关心教学、想成就伟业的杰出校长，如马里兰大学巴尔的摩分校校长，但这种例子相当罕见。更多这类校长是通过攀登传统学术阶梯来建立成就，而不会选择尝试 AACU 倡导的这种全面教育改革。

再次是社区学院，社区学院的在校学生占本科生总数的三分之一以上。这些学校对大规模教育改革的反应类似于综合性大学。它们愿意和综合性大学合作，希望它们的学生能转学到综合性大学去。社区学院学生的学业基础最差，辍学率很高，因此社区学院的院校长们会把大量时间和精力用于平衡预算和提高学生毕业率，而不会用于教学改革。

此外社区大学的经费问题更加严重。它们通常获得的经费最少。为了省钱，不得不大量雇佣兼职教师，兼职教师通常缺乏时间或动力来参加学校的教学改革。此外猎头公司还发现，社区学院很少寻找对教育改革有兴趣的校长候选人。相反，它们要找的是能筹集资金、平衡预算、避免争议的校长。这类校长通常不会把培养学生品格、发展学生全球视野等作为优先目标。资源缺乏和高比例兼职教师，使得所有全面性教学改革计划在社区学院看来都遥不可及。

最后是小型私立文理学院。美国高等教育体系中，最有希望进行全面本科教育改革的可能是数百所私立小型文理学院。这些学校在研究方面没有野心，学校工作重点就是教学。由于学校规模小，文化统一，因此更具有凝聚力。教授们也愿意将大量时间和精力投入教学，更容易就教学改革达成一致。学校更加关心学生的成长和发展，以此维持学校的良好声誉，以便吸引更多学生。尽管它们的学费很高，但它们声称能提供更好的教学、更敬业的教授，更关心学生的个性化需求和成长。

但它们也有自己的问题。首先是缺钱。这类学校的校长最关心的是经费，学校要吸引足够多的学生来保持学校财务健康，这就足以让他们精疲力竭。但就 AACU

的教改计划来说，最具讽刺意味的是，由于这类学校规模太小，招收不到5%的本科生，因此即使它们实施了成功的教学改革，也很难对整个高教系统产生重大影响。[①]

以上是博克对美国各类高校面对AACU改革计划的态度分析。博克还指出，美国的本科教育改革还面临着研究不足、缺少领导力和教师抵制三大问题。

首先，研究不足指缺少可靠的教育研究。大部分教育研究质量低下，可靠性不高。这又部分归因于经费不足。美国政府每百元的研究经费中，只有0.43元用于教育研究，而且主要用于中小学教育研究。中国的情况可能也大体如此。

博克认为，研究型大学应对大学教学研究不足负有更大责任，因为这些大学的教师“从来没有给予发现与测试提高教育质量的新想法很多关注”。由于缺少经费和缺少关注，大学教学研究质量明显低下。按卡内基教学促进基金会前主席、斯坦福大学教授舒尔曼的说法是，目前的大学教学研究既不是一种学术，也不是一种专业。用学术成熟尺度衡量，大学教学研究还处于非常早期的发展阶段，远远落后于医学、工程、法律、管理等实践性学科。

其次是缺少领导力。学术领袖们都不愿花时间和精力进行教学改革。院校长们面对繁忙的工作日程，教学改革之类的想法对他们根本就没有吸引力。且教学改革见效慢，不能立竿见影，就不能激励院校长们投身改革。结果是，大学教学改革总是面临领导力缺乏的窘况，总是雷声大雨点小，忽悠远多于实干。可能中外皆是如此。

最后是教师阻碍改革。博克认为原因有三个，一是不愿意投入时间和精力，二是认为自己的教学高于平均水平，三是不知道如何进行教学改革。为了掩盖真实意图，往往以学术自由为名抵制改革。[②]但塔格和库班认为，这是教师工作评价中“重科研轻教学”倾向的结果。如果学校评价政策不支持，怎么可能指望教师们会在教学上用心用力呢？因此在我看来，教师阻碍改革只是表象，学校政策阻碍改革才是本质。因此改变教师态度很简单，只要学校改变教师评价政策就可以了。但学校为什么不愿改变教师评价政策呢？它们可能是被流行的社会趋势裹挟了！更糟糕的是，博克看不到在短期内解决这些问题的希望。[③]

以上是博克2020年对美国本科教学改革的总结和分析，这也是我目前看到的

① 关于这四类学校的基本情况，可参见附录三。

② 参见该书的第九章。

③ 见该书最后一章。

最权威也最坦诚的评论。它回答了一个让我长期困惑的问题：为什么过去 30 年来，美国的 SC 改革发展如此缓慢？显然，博克认为阻碍因素是两个：一是美国研究型大学“重科研轻教学”的文化和传统，以及由此形成的制度与管理；二是其他公立高校普遍的经费短缺和大量的兼职教师。换言之，在博克看来，SC 改革的主要障碍不是教师教学问题，而是支持系统问题，即组织管理问题。

美国的 SC 改革已深陷泥潭，中国的 SC 改革会取得成功吗？这是下一节的主题。

第三节　成功领导改革

中国的 SC 改革会成功吗？在我撰写本书时，美国开始全面“围堵中国”，尤其在高科技领域，有人估计这个围堵会持续到 2050 年。[①] 与此同时，中国提出了以人民为中心，实现共同富裕，建设社会主义现代化强国的伟大目标。中国大学能否培养大批符合社会要求、满足社会发展需要的杰出人才，已经成了关乎中国国运的大事。如果中国的 SC 改革成功，不仅能为中国未来发展培养大批高质量人才，还能为世界高等教育做出贡献，因为目前世界上还没有任何国家在 SC 改革上取得成功。

然而中国的 SC 改革要取得成功，不仅要借鉴他国知识和经验，还要在中国国情基础上自我探索，找到自己的道路。从美国经验可知，和教师教学改革相比，支持系统改革是更加艰巨的任务，因此要特别关注 SC 改革中的组织管理问题。

从管理角度看，SC 改革本质上是一个群众运动——群众性教学改革运动——因此只要采取符合群众运动特点和规律的方法，就可以获得成功。所幸过去 40 年来，中国在这方面已经积累了极为丰富的经验，这些经验都可以用到 SC 改革中来。因此中国有获得 SC 改革成功的可能。

具体来看 SC 改革，我认为这个改革涉及六个组织层次（基层教学组织、院系、学校业务部门、学校领导、地方政府、教育部）和四个关键环节（统一意志、

① 2021 年 4 月，美国参议院给出一份长达 283 页的《2021 战略竞争法案》，提出要以中国为竞争对手，在各个领域围堵中国。有媒体直接把这个法案称为“围堵中国法案”。林毅夫认为，这个围堵可能会持续到 2050 年。

创造条件、提供激励、营造环境）。因此这六个组织层次要在四个关键环节上进行任务与责任分解，一起填写下面这个任务责任分解矩阵（见表10-1），各自明确自己的任务和责任，然后分头协调执行，结合由政府牵头的自上而下的发动，和以学校为单位的自下而上的实践的方式。

表10-1 SC改革的任务责任分解矩阵

	基层教学组织	院系	学校职能部门	学校领导	地方政府	教育部
统一意志						
创造条件						
提供激励						
营造环境						

这个矩阵以学校为单位。由于每个学校具体情况不同，其条件、困难、问题、挑战也各不相同，因此以学校为单位来编制这个矩阵更为合理。采用任务责任分解矩阵的好处是可以把所有相关问题都带出来，然后统一加以协调解决。下面就四个关键环节和改革过程提出一些意见和建议，供大家参考。

1. 统一意志

统一意志包括"统一"和"意志"两层意思。首先是意志。意志指是否真正愿意开展SC改革。塔格曾经对美国高校的SC改革意愿进行过二十多年研究，他发现很多高校和教师在这个问题上存在言行不一、言不由衷的情况。几乎所有学校在其办学使命中都会说，本科教育是学校的基本使命，但一到具体工作上，就会牺牲本科教育以满足其他工作要求。研究型大学在研究和教学冲突时就牺牲教学。综合性大学和社区学院在面临经费短缺时就牺牲教学。更为普遍的是，任何事情急了都挤压教学，认为本科教学见效慢，压一下没关系。长此以往，教学就变成了学校所有其他工作的牺牲品。没人说不重要，但也没人真重视！更糟糕的是，所有学校和教师还都由衷地相信自己真正关心本科教学。也就是说，他们甚至都不能察觉到自己的言行不一、口是心非。这就是塔格所说的制度性认知偏见。中国SC改革要取得成功，首先要克服这种制度性偏见，切实落实"以本科教育为中心"这个承诺，否则也会和美国一样，"以学生为中心"最终退化成一个美丽的口号！

其次是统一。统一指所有承担本科教学任务的高校都要参与，不能有的学校参与，有的学校不参与。美国的SC改革之所以陷入困局，是因为普遍的个体主义和分散主义倾向极大地削弱了美国取得全国性进步的可能。例如，SC改革需要增加教学投入，尤其是教师投入。如果不投入或少投入的学校不会因此受到惩罚，那其他学校也会效仿，结果一定是劣币驱逐良币，最后是谁也不做！

中国要吸取美国这个教训，发挥中国的制度优势。最近中国提出“以人民为中心”的发展理念，这个要求落实到高校教学，就应该是“以学生为中心”。因此要从教育部开始，统一要求全国高校认真落实“以学生为中心”的改革原则，切实保障本科教学的中心地位，坚决纠正本科教学旁落的现象。换言之，成功的SC改革首先要解决统一意志的问题。只有这个关键点真正落实了，其他措施才可能发挥作用。美国的经验告诉我们，落实这一条最为困难，也最需要中国发挥举国体制的作用。这不是仅仅靠发文件、开大会、喊口号就可以解决的。例如美国经验表明，经费短缺是SC改革的一个主要制约因素。既然要求学校提高教学质量，就要拨给必要经费，不能光提要求不给钱。美国如此，中国也是如此。

2. 创造条件

创造条件指为教师的教学改革提供必要条件，包括教师、教室、设施设备、技术支持、班级规模等。大部分教学条件问题已在第五章里讨论过，故不赘述。这里特别讨论一下班级规模问题。班级规模是一个教学条件，要考虑班级规模多大才能保证教师关注到每个学生。

美国大学的班级规模的通常约定是：5—30人为小班、30—60人为中班、60—120人为大班、120人以上为超大班，最大班级可达到500人。[①] 班级规模问题主要集中在基础课和通识课。进入专业课学习后学生便有分流，班级规模一般都不大。基础课和通识课因为学生多教师少，学校为节约经费，故多采用大班授课。美国研究型大学的典型做法是教师主讲，研究生助教领导分组讨论（通常20—25人一组），或者干脆让研究生助教上课。综合性大学和社区学院没有研究生助教，但也经常采用大班教学以节约经费，结果是取消分组讨论，只有教师答疑，因此教师工作量很大。如果教师不愿承担这类课程，就聘请兼职教师。兼职教师没有话语权，只能尽力而为，至于教学效果就另当别论了。通常是只要不出事故即可。学校明知有问题，也装作看不见。

---

① 这里仅指面授教学，不涉及网络课程。我观察到的最大班级当属哈佛大学桑德尔教授开的“正义课”（见网易公开课），听课学生多达两三千人，这是罕见案例。但这门课的课程设计令人印象深刻。这门课属哲学类课程，教师备课、课前阅读和助教领导的小组讨论都很重要。如果小组讨论组织得好，这门课的教学效果应该不错。

美国小型私立文理学院的实践证明，班级规模确实对学生学习有重大影响，故这类学校普遍采用小班教学（班级规模通常为15人，不超过20人）。[①]认知心理学研究也支持这个实践。大学基础课的主要任务是帮助学生建立基本认知框架。尤其是理工类基础课如大学数学、大学物理等逻辑性很强的课程，学生稍不留神就可能掉队。如果学生掉队能得到及时发现并矫正，就不会影响后续学习。如果没有发现，就会严重影响后续学习。齐格林在优秀本科教学七原则中提出的"及时反馈"原则，讲的就是这个道理。布鲁姆提出的"掌握学习"（mastery of learning）——即只有当学生掌握了前一阶段学习内容后才能进入下一阶段学习——讲的也是这个道理。可汗学院创始人可汗（Salman Khan）在介绍其补课经验时特别指出，很多到可汗学院补课的学生，都是因为某几个知识点掉队而未得到及时帮助，从而导致整个课程甚至整个学业的失败。因此他特别建议在数理类基础课教学中，一定要坚持掌握学习原则。[②]本书第三章中也指出，大脑奖励的是"学会"而不是"学习"。是"学会"让大脑兴奋，从而产生更大的学习动力。"学会"是把"学渣"变"学霸"的关键，因为"学会"能使外部动机变成内部动机，从而把学生变成主动的学习者。中国大学教学讲究"循序渐进"，也是这个道理。总之，所有这些说法都是一个意思，即要确保学生在每个阶段都能学会。只管进度不管学会的结果，就是大面积挂科。因此，凡出现大面积挂科和大面积教学效果不理想的课程，都应该考虑缩小班级规模。

不仅如此，《麦肯齐大学教学精要》中指出，研究发现，班级规模对教师教学法选择有明显影响。班级规模越小，教师越倾向于采用讨论式、项目式、活动式、合作式教学。反之，班级规模越大，教师越倾向于采用讲座式教学。班级规模还影响教师的教学重点。班级规模越大，教师越倾向于强调事实性信息记忆，而忽视学生的思维技能训练。班级规模越小，教师越会注意学生的思维技能训练，而不是仅仅强调记忆事实性信息。研究还发现，班级规模也影响学生学习。班级规模越小，学生学习投入程度越高；班级规模越大，学生参与程度越低，甚至完全

① 加拿大麦吉尔大学规定，学校课表上的任何课程，只要有五个学生注册，就可以开班。1993年我读书时的规定是三人。由此可见这类学校关于班级规模的标准。如果少于三人，则改为教师指导下的个人独立学习，考试合格后也可以授予学分。

② Sal Khan, "*Let's Teach for Mastery-Not Test Scores*", TED TALK, http//:www.youtube.com/watch?v=-MTRxRO5SRA，访问日期：2021年12月9日。

隐身。[①]AACU 建议的 11 项通识技能，即写作、审辨性思维、定量推理、口头交流、跨文化技能、信息素养、伦理推理、研究技能和能力、跨专业学习与整合能力、把课堂知识应用到现实世界的能力、公民责任和公民参与能力等，每项都需要教师在教学中对学生进行针对性训练，这就意味着要缩小班级规模，为师生互动保留充裕时间，让教师能对学生进行针对性辅导。

管理学研究也表明，在有效管理的组织中，有效管理幅度一般为 8 人，不能超过 24 人。如果超过这个幅度，就要考虑增加助手。这个原则同样适用于大学课堂管理。要实施掌握性教学，确保教学质量，就必须采取小班教学。只有这样，教师才可能关注到每个学生。学生一多，教师就顾不过来了。注意，我们只能让教师做他们做得到的事，不能让他们做他们做不到的事。不要指望把上百名学生交给一个教师，他还能对学生进行针对性教学，因为这个要求本身就不合理。[②]可以肯定，不同类型课程对班级规模要求会有不同。但一般而论，思维训练要求较高的基础课如数理课，应该通过小班教学来确保教学质量。

小班教学还有助于培养学生良好的学习习惯和生活习惯。研究发现，学生学习不好通常是因其学习习惯不好，如课前不预习、课后不做作业等。而学习习惯不好又通常与生活习惯不好有关，如没有良好的作息习惯。学习习惯不好和生活习惯不好是大多数普通高校学生广泛存在的问题。因此如果能在大学一、二年级，通过小班教学，帮助学生建立起良好的学习习惯和生活习惯，会对学生一生产生重大影响。其中最关键的是自律（self-regulation）的习惯。美国著名青少年心理学家斯坦伯格（Laurence Steinberg）说，长期跟踪研究发现，青少年时期能养成自律习惯的学生，十有八九会有一个成功的人生。[③]如果我们能让 80%—90% 的学生有一个成功的人生，那对他们和对社会是多大的贡献呀！也基于此，博克认为大学基础阶段不仅要帮助学生学知识，还要关心学生品格养成，要在大学阶段为学生打下良好基础。

① M. Svinicki, W. McKeachie, *McKeachie's Teaching Tips* (14th), Wadsworth Publishing, 2013. 我们已经组织翻译了这本书，已由湖南教育出版社出版。另外参见 James Monks, Robert Schmidt, "The Impact of Class Size on Outcomes in Higher Education," *The B.E Journal of Economics Analysis & Policy* (March 2011). 其中的文献综述值得一读。

② 在教师培训中我碰到的最多问题之一就是教师们对班级规模的抱怨。他们通常管不了这么多学生，只能尽力而为。

③ Laurence Steinberg，*Age of Opportunity: Lessons from the New Science of Adolescence*, Houghton Mifflin Harcourt Publish Company, 2015: chapter 6.

脑科学和发展科学已经发现，18—22岁是人的理性能力和思维能力的发展关键期。如果我们能在这个阶段做足功课，就可能彻底改变学生，从而为个人与社会发展做出巨大贡献。我认为，要实现这个目标，就需要在本科基础课阶段广泛采用小班教学模式，这是经过美国小型文理学院长期实践检验有效的方法。只是由于经费原因，美国无法普惠所有学生。原上海交通大学校长张杰曾说，中国实际上是在用精英教育方法进行大众化教育。[①] 当时他指的是中国大学普遍实行寄宿制。现在我认为还要加一条——实行小班制教学。这样才是真正的精英教育，至少在一、二年级基础课程中要普遍实施小班教学，规定所有基础课班级规模不得超过30人。这也是博克对美国本科教育改革的建议之一。要做到这一点，显然需要教育部做出明确规定，并纳入本科教学评估。如果真是如此，我们就很可能破解本科教育这个世界难题。

实行小班制就要增加教师数量，就要增加办学经费，于是这就变成了一个考验，考验我们在多大程度上真正希望改进本科教学。由于经费问题的制约，美国只有少数学校获得成功，大多数学校都失败了。中国大学会成功吗？

3. 激励教师

在第九章中已经讨论过教师激励问题，我的结论和博克的看法一致，即当前本科教学改革的一个主要阻力是教师工作评价导向。由于研究型大学在教师评价中普遍持“重科研轻教学”导向，因此美国研究型大学普遍不重视本科教学，也不重视本科教学研究。对此博克批评道：

> 大学，尤其是知名大学，对教育研究不足负有共同责任。学术领袖从来没有对发现和测试提高其教育质量的新想法给予太多关注。即使是获得捐赠最多的大学也没有像大公司那样在研发上投入任何努力和资源。没做更多工作的最明显原因是，提高教育质量的研究不能保证带来像商业创新那样的经济回报。[②]

本书第九章给出一个典型例子，斯坦福大学在1954年本科教育调查报告中就建议学校进行教师教学有效性评价研究，1968年和1996年又反复提出，但直到2012年，斯坦福大学仍然没有找到评价本校教师教学有效性的方法。然而就在这

① 出自2016年张杰在上海交通大学首届本科教学日上的讲话。我应邀做主旨报告，因此记住了这句话。

② Derek Bok，*Higher Expectations: Can Colleges Teach Students What They Need to Know in the 21st Century?*，Princeton University Press，2020：155.

段时间里，斯坦福大学成了世界著名研究型大学。这个例子清楚显示了研究型大学忽视本科教学研究的情况。

讨论大学教学还要区分本科基础课、专业课和研究生教学，因为教师们对这三类教学的态度并不一样。忽视教学的问题主要出在基础课教学，而不在专业课和研究生课程教学。因此高校要着重解决本科基础课的教师激励问题。博克在其书中提出一个建议，即在大学基础课阶段设教学教师（teaching faculty）岗，建议给这些教师除终身职以外的所有组织身份，以便让他们可以全力以赴投入本科基础课教学和教学研究，从而实现 AACU 的改革设想。他认为这个安排可以得到终身职教师的支持，因为这意味着把他们从本科基础课教学工作中解放出来，让他们从事他们喜欢的研究和研究生指导。在我看来，博克的建议有三重含义：（1）应该把本科教学改革重点放在基础课阶段；（2）聘请专职教师以便全力抓好本科教学和教学研究；（3）给他们充分认可。但他不建议给教学教师终身职，显示出他仍然有重科研轻教学的偏见。即便如此，我没有看到任何美国研究型大学准备采纳这个方案。博克希望终身职教师不要因一己私利而阻碍拖延已久的本科教学改革。①

相比美国，中国高校的情况似乎要好得多。一是没有那么多兼职教师；二是中国大学教师地位比较平等，不像美国大学那样等级森严；三是中国大学的经费情况似乎也好于美国。因此中国大学激励教师参加教学改革可能会容易一点。但即使在中国，我认为也应该采纳博克的建议，首先在基础课阶段设置专职教师岗，对他们不作科研要求，工作重点放在考查教学工作上。这就涉及应该如何评价教师的教学工作。

尽管麦肯齐说，当代大学教学已经从假定教学不可评估到认识到教学有效性可以评估，甚至可以像评价科研那样评价，但据我了解的情况，这个说法过于乐观。事实上这仍然是一个没有得到很好解决的问题，是大学工作评估的一个短板。

目前大学的普遍做法是用学生评教评价教师教学。但已有大量研究表明，单独使用学生评教方法可能适得其反。学生和教师会进行利益交换。教师会为了得到更好的学生评教而在学生成绩上放水，结果学生评教不仅不能客观评价教师教学，还可能导致学生学习评价失真。

那应该如何评价教师教学呢？我的看法是，应该用大学教学学术的方法进行教

---

① Derek Bok，*Higher Expectations: Can Colleges Teach Students What They Need to Know in the 21st Century?*，Princeton University Press，2020：175.

师工作评价。具体参见本书第八章和附录二。卡内基教学促进基金会对此已经做过十年研究（1998—2009），提出了两个改进思路。一是鼓励学校普遍开展大学教学学术研究（SoTL），即要求教师用学术研究的态度和方法来研究自己的教学。在教学研究中遵循基本学术规范，教师要详细记录自己的教学过程和教学效果，还要允许其他教师对其教学过程和教学效果进行观察和评价。教师要用学生学习效果改进情况来检验自己教学的有效性，而不是依据自己的个人感想和感受。这些做法都会使得教师的教学活动和教学研究过程客观化和公开化。这就意味着放弃传统的教学自由原则，打破教师关门教学的传统，把大学教学作为一个专门学术领域来看待。二是采用教学档案袋法。和科学家做研究一样，教师要详细完整地记录自己的教学思路、教学设计、教学过程和教学结果，客观分析学生学习改进的情况，然后把这些文献提供给同行专家审查和评估。有了大学教学学术研究和教学档案袋，再加上学生评教结果，就可以对教师的教学工作做出一个比较客观和准确的评价。

教师用学术研究的态度和方法来从事教学和研究教学，学校用学术的方法来评价教学，这本身就是一场革命！我相信经过这场革命，大学教学会变成一个真正的专业领域，这就为大学教学质量的长期稳定提高奠定了基础。

但这里要注意两条：一是要为教师提供相关培训，还要在教学中为教师提供支持；二是要认识到，和所有学科发展一样，大学教学研究也是一个逐渐进步的过程，不能指望它会一步到位。对此要有耐心。

4. 营造环境

营造环境有两层含义：一是指政府和学校要为整个SC改革提供必要的制度保障，创造条件，提供资源，使SC改革可以不断发展；二是指政府和学校要在整个高等教育系统内营造有利于SC改革的公共政策环境和文化。

制度保障与资源供给并非易事，美国的改革就卡在这里。做好这两件事需要政府和学校同心协力，认真调查研究，和所有相关组织层次共同研究分解工作和责任，共同填写责任分解矩阵，做好规划和资源部署。这是典型的战略规划问题，故不作具体讨论。

价值选择与宣传是另一个重要问题。中国的改革经验表明，政府的态度越明确，声音越响亮，高校和教师的行为越统一，改革阻力越小，改革效果越好。因此教育部要在价值观引领方面发挥领导作用，同时要将其落实到对所有教育部直属高校领导的工作考核之中，防止“在任不作为，离任变专家”的现象出现。这是发挥中国举国体制的关键！

简言之，统一意志、创造条件、提供激励、营造环境是四位一体的。如果能事先做好研究和规划，调整好各种关系，有序展开，并在实践中不断调整，中国的SC 改革就有可能获得成功。

5. SC 改革的阶段性和工作重点

SC 改革是一场群众性教学改革运动，目标是要用新三中心模式取代老三中心模式。然而老三中心模式惯性巨大，所有习惯于传统模式的学生、教师和管理者，都可能因为习惯而阻碍改革，对此要有清醒认识。老三中心犹如一个质量巨大的飞轮，很难让它短时间内改变速度和方向。所幸中国过去 40 年的改革开放中已经经历了多次类似转变，积累了大量经验。这些经验只要稍加变通，就可以用到 SC 改革中去。

根据群众性运动的规律，SC 改革大概会经历三个阶段：启动期、推广期和自动自发期。启动期最为困难。这个阶段的关键是要找到一小批敢吃螃蟹的志愿者（约 5%），给他们提供培训，为他们开辟特区，提供足够的激励以及其他必要的支持条件，鼓励他们大胆试验探索。不仅要探索有效的教学方法和经验，还要探索适合本校特点的支持性组织和制度。然后不断总结经验。待他们的探索有了比较可靠的结果，就让他们现身说法，培训和指导其他教师，这时就进入了推广期。所有参与改革的教师都有这两个任务，一是探索自己课程的有效教学法，二是探索适合本校的支持性制度，尤其是教学评价制度和教师评价制度。如果每年扩大 5%，12 年后就会有 60% 的教师参加了改革，这时改革就进入了自动自发期。由于多数教师已经参加改革，相应的组织与制度也已基本建立起来。在这种情况下，其他教师为适应这个新环境，就会自觉开展教学改革。这样再经过几年时间，整个学校的 SC 改革就完成了。按这个模式，整个改革大约需要 15 年时间。届时老模式主导的学校就消失了，展现在人们面前的将是全新的 SC 学校。

在这三个阶段中，启动期最费力也最缓慢，因为先驱者需要花大量时间和精力探索学校未来的新教学模式。这个阶段学校的激励和支持也最重要。只要回顾一下整个 20 世纪 80 年代深圳特区的改革历程，就可以知道什么叫启动期，为什么启动期最艰难。政府和学校领导者应该像领导人紧紧抓住改革开放不动摇一样坚持下去。随着启动期的成功，改革会为后面的发展提供经验和方法，激励后续改革。启动期的领导要做好两件事：一是把握方向、提供支持，二是总结经验、形成制度。

一旦基本模式出现，组织制度改革轮廓初显，就可以进入推广期了。推广阶段仍然需要保持激励，及时总结经验，不断调整姿态，确保改革始终在正确轨道上行进。推动期最重要的是耐心，是营造环境。允许犯错误，但不允许不改革。这样经过十几年努力，学校的 SC 改革就见效成型了。一旦进入自动自发阶段，改革就走上正轨，基本可以宣布大功告成。

关于改革资源消耗，这里补充一句，领导者一定要注意，这个改革所要经历的三阶段，本质上是从一个状态平台转变为另一个状态平台。一旦转变到新的状态平台，能量最小原理就会发挥作用，改革期的额外资源消耗会迅速降低。因此，真正需要额外能量支持的是中间的爬坡阶段，不要用爬坡期的资源消耗来预测未来的资源消耗。当然，人们可以合理地假定，更好的教育需要更多的资源，新三中心应该会比老三中心需要更多资源，因此才得到更高的教育质量。但如果发生技术进步，资源消耗还可能会进一步降低。注意，改革要改的是人们做事的方式，而不是做事的数量。目的是让人们更高效地做事，而不是要把人累垮。

以上这些是过去十年我在部分高校推动 SC 改革的心得和体会，供大家参考。

第四节　简要总结

SC 改革包括两个部分：教师教学改革和支持性组织制度改革。从美国经验看，后者和前者一样重要，因此，凡希望成功领导 SC 改革的领导，要高度注意支持性组织制度建设。SC 改革领导者要注意三点：第一，SC 改革是范式改革，改革需要在教学思想、教学实践、教学组织、学校制度、学校环境、学校文化、政府政策等方面都有相应变化，以配合教学改革。只有这样，SC 改革才可能获得全面成功。第二，SC 改革是一场群众性运动，因此要发动群众，动员群众，引导和支持群众，领导和管理要符合群众性运动的特点。在这方面，中国过去 40 多年积累了大量经验，要注意把这些经验运用到 SC 改革中去。第三，从国家角度看，目前世界上还没有成功经验，这意味着我们要探索自己的道路。同时历史也给了中国一个创造历史的机会，希望中国能抓住这个机会！

这个研究到此结束，希望它对中国的 SC 改革有用，对大家有用。

第十一章

过程与反思

这个研究前后持续十年，文章发表也延续了五年。在这个过程中我不断得知新情况，学到新知识，发现新问题，我的思考随之发生变化。整个过程犹如登山，直到登顶才知道山形走势，哪里是美景，哪里有湍流，哪些是成就，哪些有问题。因此，我觉得有必要介绍整个研究过程和我的反思，以帮助读者更好地了解这个研究。本章分两节，首先介绍研究背景和研究过程，其次是研究反思。

第一节　研究背景和研究过程

关于研究背景。我首先应该向读者说明的是，我不是大学教学领域的专业学者，我的主要学术训练在哲学与物理、科学史与科学哲学、高等教育政策与管理。[①] 也就是说，对大学教学研究来说，我是外行。而且我也不认同这种跨界研究。我主张学者最好守住自己的专业，不要进行这种冒险的跨界研究。但形势不由人，我还是花了十年时间学习和研究大学教学，并做了这个研究。因此我觉得有必要交代整个研究过程，以便读者更好地理解这个研究并做出自己的判断。

如果一定要问我过去的学术训练和这个研究有什么内在联系的话，我认为只有一点，即我一直对“人如何认知”这个问题有兴趣。这既是一个哲学问题和科学问题，也是一个教学问题，因为学习本质上是一种认知活动。由于SC改革强调学习，且与脑科学、认知科学和学习科学有密切关系，因此SC改革中关于如何帮助学生有效学习的问题引起了我的好奇，而且这个问题是当代本科教学面临的一个大

① 关于我的学术发展，请参考赵炬明：《回忆与思考——兼贺华中科技大学教育科学研究院建院四十年》，https://new.qq.com/rain/a/20201018A0BNCV00，访问日期：2021年12月9日。

挑战和大问题。但从好奇到做研究毕竟有很大距离，因此这一节将具体说明是什么激发了我的好奇，它又如何成长为长达十年的研究。

我最早注意到SC改革是2006年，当时西安欧亚学院邀请我和杜肯大学（Duquesne University）教育学院教授伯龙（William Barone）为学校做战略规划。杜肯大学是一所位于匹兹堡的天主教大学（1878年建校），该校有一个很好的教育学院。伯龙教授曾任该院副院长，是该院的教育心理学家和教育管理学教授。当我们讨论到欧亚未来发展方向时，他坚定地告诉我，应该是以学生为中心的本科教学改革。这是我第一次听说SC改革。

另一件促使我注意SC改革的事是参加本科教学评估。从2005年到2008年，我先后参加了十余所大学的本科教学评估，包括哈尔滨工业大学、天津大学、清华大学、华南理工大学、电子科技大学、浙江大学、中山大学、西安交通大学、广西师范大学等。2013年以后又参加了南京大学、同济大学、上海大学、中国海洋大学等高校的审核式评估。在这些评估中我发现，境外专家反复提出中国大学应该改变本科教学模式，采用SC本科教学模式。这些经验促使我认识到要认真对待SC改革。然而当时的中文文献中对SC改革的介绍不仅少，而且支离破碎，完全无法让人了解究竟什么是SC改革。

于是从2010年起，我开始系统查阅相关英文文献。我查阅的资料越多，越发现这是一个涉及广泛、学理深厚、问题丛生、意义重大的领域，非常值得研究。同时我也注意到，英文文献中还没有人对这个领域做过系统的梳理和综述。由于我妻子陈肃先后在明尼苏达大学和加州大学洛杉矶校区（UCLA）任东亚图书馆馆长，通过她的帮助，我可以使用明尼苏达大学和UCLA的馆藏资料，还可以实地观察这两所学校的本科教学（事实上我至少在这两所学校旁听过上百次本科课堂教学）。于是我想，是否能做一个知识导图似的研究，尽可能全面地展示这个领域的基本态势，以帮助中国大学教师和学者了解这个领域，从而在中国推动SC改革。这就是我当时的全部初衷。后来的事实表明，这个决定还是太轻率了，我没有想到它会花我整整十年时间。

我深知自己是外行，因此第一件事是学习。2010年，西安欧亚学院邀请伯龙教授组织杜肯大学教师到欧亚学院为本院教师做培训，为此我访问了杜肯大学，和伯龙教授一起设计培训方案。随后杜肯大学的教师为欧亚学院做了五年教师培训，我参加了前三年的培训。我很快认识到，杜肯大学的教师们主要从事中小学教师培训，因此他们的培训并不适合大学教学和大学教师。为了了解大学教师的培训情况，2014年和2015年我又参加了UCLA教学支持中心为中国海洋大学、华中科技大学及北京理工大学教师提供的教师培训，这些培训使我对美国大学教师的理念和方法有了初步了解，还学到了布鲁姆认知分类模型、课程设计矩阵、反向设计法、教学评价设计、教育技术等相关知识。随后我在美国著名慕课网站Coursera上学习了密歇根大学的“本科教学导论”课程及威斯康星大学、范德比尔特大学、密歇根州立大学三校联合录制的“理工类循证本科教学导论”等课程。[①]此外YouTube网站上还有很多大学（如哈佛、MIT、密歇根、卡内基梅隆、斯坦福等）录制的教师培训资料，如MIT的研究生助教培训系列课程和各种学术讲座等。这些培训课程和视频资料对我有很大帮助，使我对这个领域的实践情况有了一个基本了解。

通过这些资料我认识到，SC改革与第二次世界大战后脑科学、发展科学、认知科学、学习科学等领域的学术进步有紧密的联系，它们是SC改革的科学基础。要了解SC改革的理论与方法，就必须首先了解这些学术进步。于是我通过上课、听讲座、看视频、阅读文献等方法学习。高文主编的“21世纪人类学习的革命译丛”（共11种）、董奇和周加仙主编的“脑与学习科学新视野译丛”（7种）、德国符腾堡大学心理学家塞尔主编的《学习科学百科全书》（*Encyclopedia of Sciences of Learning*）（七卷本）、“剑桥学科手册丛书”（Cambridge Subject Handbooks）中有关脑科学、神经科学、认知科学、学习科学的著作都非常有用。我大约花了三年时间学习这些基础。2015年后这些领域的著作和文献更是有如井喷，让人目不暇接。我意识到一场以脑科学、发展科学、认知科学、学习科学为基础的大学学习革命已经到来。很多在欧美SC改革中早已出现但当时并不清楚原理的东西，今天都可以在新的学术进步基础上得到合理解释。因此我一直努力跟踪这四个领域的学术进步，并尽可能在文章中向读者推荐最新进展。

另一件事是文献梳理。SC改革涉及领域众多，每个领域都有很多文献，如何用一个框架来统合所有文献，使之成为整体，这是一个挑战。直到我读到美国学习科学发展委员会的研究报告《人是如何学习的——大脑、心理、经验及学校》[②]，这个问题才得以解决。这个报告试图用统一框架来统合整个学习领域的进步，它对

① 2021年12月5日我再次访问该网站，发现目前该网站上已有50多门此类课程，几乎覆盖大学教学的所有方面。

② 关于《人是如何学习的——大脑、心理、经验及学校》一书，参见本书第二章。该书扩展版于2012年由华东师范大学出版社出版。

我的最大启发是，它把SC改革与脑科学、认知科学与学习科学联系起来，而不是把SC改革仅仅看成学习心理学进步的结果，后面这种看法在SC文献中非常普遍。此外，它还把教师教学经验和学校管理也纳入其中，这就和巴尔与塔格在1995年提出的本科教育新范式统一起来。从脑科学到学校管理，整个分析框架一下就呈现出来了。

根据这个框架，我整理出了有关SC改革的12个问题：（1）哲学问题：什么是正确的本科教学范式；（2）概念问题：什么是SC，其概念与历史是什么；（3）科学基础：为什么要实行SC本科教学改革，其科学基础是什么；（4）实践问题：美国SC改革的实践框架及基本路径与方法是什么；（5）方法论问题：什么是SC方法的本质，如何不在方法纷争中迷航；（6）教学技术：如何利用教育信息技术促进SC改革；（7）教学环境：建设有效的教学环境；（8）效果评估：如何用评价和评估支持SC改革；（9）学术研究：大学教学学术研究及其对SC改革的意义；（10）教师发展：如何建立系统化的教师培训体系；（11）学校管理：如何组织、管理和领导SC改革；（12）制度环境：如何营造有利于SC改革的公共政策环境。这些问题大体可分三类，前三个属于基础理论，中间五个属于教学改革实践，最后四个属于学校支持系统。整个研究就是根据这个框架逐步展开的，每篇论文讨论一两个问题，最后形成整个研究。

由于制度和文化差异，不能简单假定欧美的实践在中国就一定有效，必须了解中国大学教师们的需要，看看他们如何理解和接受SC的理念和实践。因此从2013年起我开始在中国一些高校做学术讲座和做教师培训。做过教师培训的高校包括华中科技大学、中国海洋大学、北京理工大学、北京石油化工学院、北京印刷学院、西安欧亚学院、广东白云学院、燕京理工学院等。做过专题讲座的高校包括北京大学、清华大学、哈尔滨工业大学、华中科技大学、北京理工大学、上海交通大学、同济大学、山东大学、南京大学、厦门大学等。在这些活动中，教师、学生和大学管理者们提出了各种问题和建议，使我对中国大学教师的问题和需要有了较好的了解，甚至对SC改革究竟意味着什么都有了新的理解，包括把“学生中心”（learner-centered）和“学习中心”（learning-centered）整合起来成为新三中心。

经过这些准备后，我于2016年在《高等工程教育研究》上发表了第一篇文章，2021年完成最后一篇，前后历时五年。由于这些文章都是对特定问题的全景式述评，故篇幅都比较长，从两万字到六万字不等。其中科学基础（六万多字）和实践与方法（近五万字）两篇特别长，当时不得不分为上、下篇连载发表。对此我特别感谢《高等工程教育研究》原常务主编姜嘉乐先生和其继任者余东升先生，他们容忍我长篇累牍地发表这些文章。尤其是姜嘉乐先生，亲自担任了前七篇文章的责任编辑。原来计划写七到八篇文章，结果最后写了九篇。此外还写了四篇相关文章，分别是《关于实施“以学生为中心”的本科教学改革的思考》(《中国高教研究》2017 年第 8 期)、《论大学教学研究的科学化、学科化与专业化》(《中国高教研究》2018 年第 11 期)、《什么是好的课程设计》(《高等教育研究》2020 年第 9 期)、《如何做好大学教学学术研究：一个案例分析》(《高等教育研究》2021 年第 9 期)。

这些文章显然受到了读者的欢迎，到 2021 年 11 月底为止，知网上这些文章的下载量为 44887 次，引用达 938 次。与此同时，九篇系列论文在《高等工程教育研究》上的点击量累计超过 4.2 万次。《失衡的天平》一篇尤其受到重视，点击量高达 6273 次。

此外，我还和中国海洋大学宋文红教授一起组织了一个“新三中心译丛”。我们选译了六本书：巴顿（Lori Patton）等人编撰的《大学生发展：理论、研究和实践（第 3 版）》、塔格撰写的《学习范式学院》、斯维尼基（Marilla D. Svinicki）和麦肯齐编写的《麦肯齐大学教学精要（第 14 版）》、库伦（Roxanne Cullen）、哈瑞斯（Michael Harris）和海尔（Reinhold Hill）撰写的《设计和实施以学生为中心的课程体系》、哈瑞斯和库伦撰写的《领导以学生为中心的高校：改进学生学习成果的管理者框架》、卡内基教学促进基金会副主席哈钦斯等人撰写的《大学教学学术再思考》。这些书在了解美国 SC 改革方面有较高参考价值。这个译丛将由湖南教育出版社出版。

第二节　研究反思

如今研究已经完成，反思整个研究，有哪些特别值得注意的问题呢？我认为有以下几个：

一是科学基础。回顾整个研究，我认为 SC 改革的科学基础最为重要。我们之所以关心 SC 改革，并不是因为它源于美国，而是因为它有深厚的科学基础。我还认为，SC 改革不是由个别学者（如罗杰斯）或个别学派（如建构心理学派）引发的，尽管这个说法在相关文献中非常常见。SC 改革是 20 世纪以来脑科学、发展科学、认知科学、学习科学等多个领域学术进步的共同结果。正是由于这些领域的学术进步，我们才能有信心地说，我们需要在新的科学基础上，重新思考老三中心模式，倡导新三中心模式。

脑科学表明，人的认知过程就是大脑神经网的构建过程，人在学习中所形成的所有记忆、情感、认知模式与行为模式，都包含在大脑神经网之中，由此形成不同的人。从脑科学角度看，教育的本质是塑造学生的大脑，而大学教师是塑造学生大脑的工程师。这是当今教育神经科学的基本观点。教师从“人类灵魂的工程师”变成“人类大脑的工程师”，这个转变真实地反映了脑科学对当代教育与学习研究的深刻影响。

从发展科学和认知科学看，18—24 岁是人生发展的一个特殊阶段。这个阶段的特点是人的理性思维——包括抽象思维、结构思维和模式化思维——发展的高峰，也是人的世界观、人生观、价值观形成的高峰期。过了这个高峰期，人的认知能力就开始衰退，直到人生结束。因此在这个窗口期，大学要帮助学生发展其认知能力与思维能力，形成必要的知识系统、能力系统和价值系统，为学生的未来发展做好准备。也正因如此，发展学生理性思维能力，帮助学生构建良好的知识、能力、价值系统，促进其认知能力与思维能力发展，就成了大学本科教育的最主要目标和任务。

很显然，如果大学教师都能由此理解自己工作的性质和意义，并在此基础上开展教育教学工作，就会更好地促进学生的健康发展。因此高度重视 SC 改革的科学基础，帮助教师从这些科学基础角度理解自己工作的价值，并研究和探索有效的教学方法，是确保 SC 改革成功的关键。因此我认为本书第三章是最重要的一章。这里还要指出，这一章只是对这些领域学术进步的大致梳理，还有大量文献未能纳入其中。因此希望读者能根据自己的需要深入挖掘，在更好的学术基础上开展自己的研究与教学。

此外关于学习科学，本书对第三章的学习科学部分进行了补充。我是到后来写第五章时才注意到，关于学习科学有两种不同的理解。一派是发源于美国，围绕计算机和信息技术，以研究和设计智能化个性化学习环境为目的的学习科学，如《剑桥学习科学手册》（第 1、2 版）。这一派在当代教育技术学领域中有较大影响，因此我把这一派称为学习科学的教育技术学派。另一派则认为学习科学应该包括所有与学习有关的学术研究，代表著作是由德国符腾堡大学心理学家塞尔主编的《学习科学百科全书》（七卷本）。这套书囊括学习的所有领域，包括人类学习、动物学习、机器学习中的所有相关学科，因此我称其为学习科学的百科全书派。我比较认同这一派的观点，认为学习科学是一切关于学习的学术研究。这个更开阔的学习科学概念，更有助于我们理解学习和学习科学。

二是关于新三中心概念。在本研究中，我把SC改革概括为“以学生为中心（student-centered）的本科教育改革”。这里，“以学生为中心”包括三层意思：以学生发展为中心，以学生学习为中心，以学习效果为中心。这三句话分别从本科教学的目标、过程和效果三个方面说明了SC改革的三个基本特征：SC改革要以学生发展为目标，在教学过程中要关注学生的学习，要把学生学习效果改进作为检验改革有效性的标准。这个表述代表了一个完整的教育教学思想体系，和老三中心（以教师、教室、教材为中心）教学模式和教学思想形成鲜明对比。SC改革就是要用新三中心教学模式取代老三中心教学模式。因此它是当代本科教育的一次巨大变革。

关于新三中心，我想特别指出，目标、过程、效果是一个整体，不可偏废。然而偏废现象很常见，主要有三类：一是强调学习但忽视学习效果。如教师为强调学习，在课程中设计很多活动，但忽视学习效果。结果课堂显得很热闹，但最后是否达到课程学习目标，不得而知。这种做法实际是教师中心的延续，用教师的需要压倒了学生的需要。因此重视学习效果是SC改革的重要标志。二是以强调学习效果为名，在教学中只关心可测量可评价效果，而忽视不易测或不可测效果。结果不利于学生的发展。从文献可知，目前的教学评价只能评价学生的部分学习效果，有些重要学习效果很难在上课期间测量，如价值观、合作能力、领导能力、创造能力、审辨能力等。因此在教学中只关心可测量学习效果就会成为一个问题。解决这个问题的关键是教师要认识到，教育的目的是要促进学生发展，因此促进学生发展这个大目标应优先于学习效果这个小目标。三是不同的课堂教学指向不同的学习目标，而这些课程不能彼此配合，最终影响学生培养整体目标的实现。解决这个问题的基本方法是坚持用专业矩阵方法做好专业规划，明确学生培养的整体目标，然后把整体目标逐级分解为各门课程的目标，最后使所有课程教学都能指向和贡献于学生培养的整体目标。这就是为什么要实行专业与课程一体化设计的基本原因。总之，只有同时注意学生发展、学生学习、学习效果三个方面，才能真正实现提高本科教育质量的目标。

有的学者提出，“以学生为中心”这个提法否定了教师在教学中的作用，认为应该提“以学生为主体，以教师为主导”的双主体论或主体/主导论。对此我的看法是，SC改革的核心思想是要改变过去完全由教师控制教学过程，忽视学生学习的情况，因此提出要改变教学模式，从强调教师教到强调学生学，实现本科教学模式从“教”到“学”的转变。只要认同这个原则，叫什么名字并不重要。教师们完全可以根据自己的情况创造自己喜欢的说法，以符合自己的教学实践。这就是“大帐篷”（big tent）理念（见第八章）。换言之，我不认为“新三中心”或“学生中心”这些术语是必需的，但在教学中关心学生成长、学生学习、学习效果却是必需的！

还有学者提出，今天SC似乎变成了一种“政治正确”，今后它会被证伪吗？这真是个好问题！[①] 对此我的看法是，目前这个SC框架肯定会被证伪，会被更好的理论框架取代。犹如当年教会的地心说被哥白尼的日心说取代，哥白尼的日心说被牛顿的万有引力说取代，牛顿的万有引力说被爱因斯坦的广义相对论取代一样，未来新三中心理论一定会被更好的理论取代。但是从学术角度看，这些取代有性质的不同，代表着学术的进步。老三中心与新三中心，犹如地心说与日心说一样，都是以现象描述为基础的理论，而万有引力说和广义相对论则不同，它们是都是基于因果关系的理论，这才是更高层次的理论。从现象理论到因果理论，这是学术的进步。

同样的情况也发生在生物学领域。传统生物学是以现象描述为基础的，因此植物学和动物学是传统生物学的基础课。随着基因理论的出现，生物学进入现代阶段，现代生物学的基础就变成了遗传学、生物化学、分子生物学和细胞生物学，而以生物样态描述为主的动物学和植物学被认为不再重要，甚至被要求剔除出现代生物学的大学基础课。[②] 从传统生物学到现代生物学的这个变化，也是从现象理论转变为因果理论的学术进步。由是观之，无论是老三中心理论还是新三中心理论，都还是现象理论。新三中心可能比老三中心论好点，但好得不多，仍然属于现象理论，远未达到因果理论的阶段。希望未来的学术发展，能早日把大学教学研究从目前的现象理论变成因果理论，那时我们才会有更好更科学的大学教学理论，这才是大学师生的福音！

① 感谢与阎凤桥的讨论（见本书序二）促使我思考了这个问题，特别补充了这一段话。

② 饶毅：《教学改革的关键在学院》，载黄达人等著《大学的根本》，商务印书馆，2015：92。

三是关于范式改革。SC 改革其实是两件事：一是教师如何开展教学改革，二是学校如何支持教师改革。前者是 SC 改革的核心，后者是学校支持系统。两者必须相互配合，SC 改革才能获得成功。然而常常出现的问题是，很多学校的领导认为，教学改革是教务处的事，交给教务处就可以了，与学校其他部门无关，这就是问题。早在 1995 年巴尔和塔格在他们的著名论文《从教到学：本科教育新范式》中就指出，教学模式和支持系统之间是共生关系，犹如植物和生存环境。不同的植物需要不同的生存环境，不同的教学模式也需要不同的支持系统。现有的支持系统是围绕传统教学模式建立起来的，因此它不支持 SC 模式。如果希望 SC 改革获得成功，就不仅要改革教学模式，还要改革学校支持系统，尤其是教师评价机制和教师工作条件，使之符合新教学模式的需要。因此说，SC 改革是一个范式改革。

然而过去十年里我发现，推动教师改革教学困难，推动学校改革支持系统更困难，尤其是改革教师评价体系以激励教师投入教学改革特别困难。本书第九章和第十章专门讨论了教师激励措施和学校支持系统改革的问题。研究发现，教师激励措施缺位已经变成了 SC 改革的最大障碍，它已直接把美国的 SC 改革拖入困境。这个发现回答了一个让我长期困惑的问题：为什么美国的 SC 改革进展如此缓慢？这个发现也改变了我对 SC 改革的乐观期盼，从而对 SC 改革的命运有了更长期更现实的思考。我认为这不只是美国的问题，而是整个现代大学制度的制度缺陷，因此也是中国大学的问题。这个问题不解决，SC 改革就不可能成功。只有当高校正视这个制度缺陷，下决心改革现代大学系统，SC 改革才可能获得成功。中美概莫能外。

四是 SC 改革的重点。SC 改革有两个重点需要注意。一是要区别研究型大学和教学型高校。研究型大学的 SC 改革重要，教学型高校更重要。从全国角度看，研究型大学的主要任务是研究。这类学校的本科教学属于精英教育，其生源较好，学生素质较高，生师比较低，经费较充足，教师水平较高，因此其教学质量总体上来说是可靠的。[①] 但面向大众高等教育的教学型高校，就没有这些好条件，其教学质量应该引起特别关注。对研究型大学教师面对研究压力，经常无暇顾及本科教学的问题，应该引入博克的建议，设立专门的本科生院从事本科教学。而教学型高校

① 关于中国研究型大学的本科教育问题，参见清华大学经管学院前院长钱颖一 2021 年 12 月 24 日的讲话：大学学生培养中的七个现象和七个权衡，http://k.sina.com.cn/article_5044281310_12ca99fde02001qemx.html，访问日期：2021 年 12 月 29 日。

则正好相反，教师应该把主要精力用于教学，包括与教学有关的学科研究。[①]要通过改革让教师可以全力以赴地开展教学研究和教学改革，并结合教学开展相关学科研究。

二是要区别三类不同的大学教学：基础课教学、专业课教学和研究生教学，要把改革重点放在基础课教学。如第九章所示，大学教师并非普遍不愿意投入教学，而只是不愿意投入与自己专业领域距离较远的基础课教学，他们对专业课和研究生课程普遍有较大兴趣。因此在讨论教师投入教学问题时要区别对待，否则不能抓住问题的重点。

对研究型大学而言，由于它们担负着培养一流人才的任务（5%），因此要特别强调加强基础课和通识课的高质量教学，最好是创造性地学习和采用美国小型文理学院的教学模式和教学法，以及近些年来开始普及的本科生研究学习法和国际化交流学习法。[②]高质量通识课和基础课教学的重点是，训练学生掌握所教课程的学科思维模式，如历史学者如何思考、哲学研究者如何思考、伦理学者如何思考、政治学者如何思考、数学学者如何思考、物理学者如何思考、生物学者如何思考、环境学者如何思考等。或者如爱因斯坦所说，教育不是记住各种知识，而是训练会思考的大脑。本书第三章第七节中关于中国历史课程的教学就是一例。换言之，研究型大学通识课和基础课教学的重点，是让学生掌握多种不同学科和专业的特定思维模式和思维方法。通过这些课程的学习，达到强化学术基础和开阔学生视野的目的。在研究型大学本科基础课和通识课教学中要强调学科思维方法学习的原因是，构建基础认知模式是人类认识和应对外部世界的基本方法。

然而“通过课程学习进行学科思维方法训练”这件事并不容易，原因是很多教师本人就没有认真分析、研究和总结自己所教课程的学科认知模式和思维方法，只有那些多年从事学科教学和研究并具有反思习惯的教师才有可能做这样的分析、研究和总结。因此让那些有多年研究与教学经验，但学术上发展潜力不足的教师从事这类课程教学就比较可靠。美国小型文理学院招收教师有两个倾向，一是有很好的小型文理学院本科学习经验，二是从研究型大学中退下来的教授和副教授。他们之所以比较理想，就是因为他们可以把自己的学习和学术经验运用到学生培养中去。由于高质量基础课教学是一类特殊学术能力，因此博克建议在研究型大学设立专门

① 黄达人等:《大学的治理》，商务印书馆，2013：244-245。

② 参见程星:《大学国际化的历程》商务印书馆，2014；黄达人等:《大学的根本》，商务印书馆，2015；黄达人等:《大学的治理》，商务印书馆，2013。

的基础课部和招收专门的专任教师（见第十章第二节）。

对绝大多数教学型高校来说，提出在基础课和通识课上进行普遍的学科思维训练的目标是不切实际的。目前大多数教学型高校教师的学术水平和教学水平都达不到这个要求。但是，如果把这个目标作为一种理想和一个努力方向，通过不断的教学学术研究来改进教学，这个理想和目标就不是不可达到的。因此我认为，在教学型高校应广泛开展大学教学学术研究，鼓励教师积极探索专业特征教学法和课程特征教学法（见附录三），并通过这种探索来提高教学质量。我们必须接受一个基本事实，即大学本科教学仍然是一个远未得到很好研究的领域，这已经成了提高大学本科教学质量的巨大障碍。我们必须开始关注和开展这个领域的学术研究，并通过学术研究，为持续提高大学本科教学质量奠定坚实基础。

五是关于教师培训的重点。SC 改革的教师培训有两个重点，一是以 SC 为引导的课程设计，二是大学教学学术研究。这也是教师发展中心的两项基本工作。通过课程设计能把新三中心原则贯彻到教学中，实现 SC 改革的目标。本书第四章介绍了三类课程设计思路：一是以学习科学为基础的课程设计；二是以真实性学习为基础的课程设计；三是以有效经验为基础的课程设计。本书附录一回答了什么是好的课程设计的问题。

大学教学培训的第二个重点是大学教学学术（SoTL）研究。尽管大学已经研究世界上的各种问题，大学教学却几乎从来没有进入学术的视野。缺少对大学教学的学术研究是当前大学教学质量低下的一个重要原因。卡内基教学促进基金会前主席舒尔曼总结了当前大学教学有五大病状：（1）健忘症（Amnesia）：大学教师从来没有像做科研那样认真记录其活动过程和结果，教完就不管了；（2）幻想症（Fantasia）：由于没有记录，总结主要依靠事后回忆，而这些回忆通常会美化实际过程和效果，结果是形成很多表扬与自我表扬相结合的不知真假的神话；（3）孤独症（Solitaria）：大学教师通常不相互交流教学经验，分享教学成果，而是把自己的心得体会独自保留起来，这不是因为他们自私，而是因为传统与习惯就是如此；（4）惯性（Inertia）：如果在教学中找到一个比较满意的方法，就保留起来长期重复使用，结果是教学思想和实践都长期保持不变；（5）怀旧（Nostalgia）：由于教学主要基于习惯，大学教师总是倾向于认为传统方法好而不愿意改变，其实是不愿意为大学教学付出时间。所有这些做法都不符合现代学术的准则，使得大学教学至今仍然停留在教师个人经验总结的水平。这种情况导致了三个后果：（1）大学教学研究不能成为一个真正的学术领域（scholarship）；（2）大学教学也不能成为真正的专业活动（professional）；（3）最糟糕的后果是使大学教学质量无法得到长期稳定的提高。

因此他建议大学教师们要以学术方式研究自己的教学。所谓“学术方式”，是要和其他学术研究一样，遵循学术研究的八个标准：明确的目标、充分的准备、适当的方法、有意义的结果、有效的表达、反思性批评、接受同行评审、贡献学术共同体。换言之，教师们要改变思想，打开教室大门，把大学教学变成一个可客观观察和研究、需要同行审查和评价、可以贡献学术共同体的专业学术活动（见附录二）。通过群众性的 SoTL 研究，最终把大学教学变成一个学术领域和一个专业领域。以学术的方式做教学研究，以专业的态度从事教学，才可为长期稳定地提高大学教学质量奠定坚实基础。从长期稳定提高大学教学质量的角度来看，大学教学学术研究比课程教学设计和方法训练更重要。

我认为，课程教学设计和大学教学学术研究，是欧美大学教师和研究者们在 SC 改革中创造的最有价值也最引人注目的成果。把它们和大学教学的科学基础联系起来，就可以看到一个包括科学基础、教学研究、教学实践三位一体的完整的大学教学改革框架。尽管美国 SC 改革的总体进展并不如意，但这些在改革中涌现的新学术、新思路、新方法、新实践、新举措却非常值得我们学习和借鉴。

六是评估与评价。如果问美国 SC 教学改革有什么短板，我认为有两个，一是教学质量保障体系，二是教学效果评价。尽管美国高校普遍按全面质量管理和系统管理思想建立了比较完整的教学质量保障体系，但由于种种原因，这些体系很像在外部压力下建立起来的面子工程，能发挥一定作用，却很少能就教学质量给社会、家长、学生一个可靠的回答。问题在哪里？我认为问题是教师激励制度。目前美国的大学教师工作评价制度的导向是“重科研轻教学”，因此老师们就不会全力以赴投入教学。结果是使得所有这些质量保障体系形同虚设。一个有力的例子是，美国私立小型文理学院的教学质量普遍较好，甚至比很多研究型大学都好，但这些学校通常没有一个明显的质量保障体系。为什么？因为这些学校激励教师投身教学，还普遍实行小班制教学（15 人以下），工作考核主要看教师教学工作。因此，尽管它们通常没有明显的质量保障体系，却照样可以保证教学质量。关于学习效果评价的问题已在第七章讨论，故不赘述。

七是小班教学问题。目前本科教学质量之所以成为世界性难题，和各国大学的基础课阶段班级规模普遍过大有关。设想一个班只有 15 个学生，教师成天和学生泡在一起，学生可以随时提问，教师能够及时回答，这种情况下，想要教学效果不好都难。因此大学有一个经验法则，用生师比来判断教学质量。这对教学型高校来说尤其准确。只有班级规模适当，教师才能关注到每个学生。学生一多教师就顾不过来了。不要指望把上百名学生交给一个教师，他还能对学生进行针对性教学，因为这个要求本身就不合理。注意，教师只能做他们能做到的事，做不到他们无力做到的事。在这件事上要实事求是。我是到研究后期才注意到这个问题的，因此它被放进了第十章。

班级规模过大的问题主要在基础课阶段，尤其是大学数学、大学物理、大学写作、大学英语等。如果在基础课程阶段能普遍采用小班制（30人以下），我相信大学教学质量会得到显著提高。而且早期基础打好了，会极大地促进后面的专业学习，从而大大提高学生的成功率。我的根据是美国小型文理学院上百年的实践。然而，为什么基础课阶段实行小班制那么困难？因为涉及学校的办学经费。班级规模越小，需要的教师越多，学校就要增加人员经费。增加还是不增加？这是一个问题！管理学中有一句名言：财务预算是战略规划的财务表现。在学校预算中，给钱多的项目就重要，给钱少的就不重要。因此看一个学校是否真正重视本科教学，只要看看它的财务预算和它的教师评价政策就知道了。

八是中国如何成功进行SC改革。在第十章中我说，美国的SC改革已经陷入困境，那中国的SC改革可能成功吗？我认为有可能，因为中国有举国体制。领导SC改革的关键是要认识到SC改革是一种群众性运动。中国40多年来改革的经验之一就是推动各种群众性运动。而且我注意到，凡是方向明确、技术路线清晰的领域，中国都可以发挥举国体制优势。SC改革就有这个特点。因此，教育部如果能下决心做这件事，正确运用群众性运动方法，要求高校改变教师激励导向，积极探索各种目标激励，给予制度与资源支持，中国的SC改革就可能获得成功。中国的成功不仅会提高中国国家实力，还能为世界高等教育做出贡献。因此我们要发挥举国体制优势，让中国的SC改革获得成功！

和十年前一样，我至今仍然没有发现中英文文献中有类似研究，因此这个研究确实填补了当代本科教育研究中的一个空白。

以上是本书的研究过程和我的反思。简单地说，经过这十年的学习和研究，我觉得我对大学教学有了更深的体会。希望你通过阅读本书，也能对当代本科教育和当代大学教学问题有更深入透彻的理解，并能在中国的SC改革中贡献你的力量！

附录一

什么是好的课程设计[1]

什么是好的课程设计？从以学生为中心（student-centered, SC）的本科教学改革和当代大学教学学术研究（scholarship of teaching and learning, SoTL）角度看，好的课程设计应该能有力支持专业培养计划；应该符合学生发展状态，解决学生的学习问题和困难，能促进学生有效学习；应该有坚实的学理基础，能集国内外相关经验之精华，设计精巧、简单有效；应该能充分显示学生学习效果，促进学生积极学习；应该能展现教师教学活动全貌，为教师教学评价提供客观依据，同时能为进一步的教学改进和促进大学教学学术发展奠定基础。以下分别说明之。

一、课程目标

课程目标应该符合整个专业计划对这门课程的要求和设定的目标。也就是说，课程目标不是由教师自己制定的，而是由专业培养计划确定的。课程目标是专业目标的一部分，课程要能很好地支持专业目标的实现。专业培养目标和课程目标之间的这种关系应该清晰地表现在课程目标设置和表述上。教师在备课时对专业目标考虑不足，这是一个长期存在的问题，因此需要引起注意。

但在很多情况下，是专业本身就没有制定合理的专业矩阵，也就没给所属课程确定清晰的功能和目标（见第六章）。在这种情况下，需要改进的是专业设计，专业需要尽快制定自己的专业矩阵，给所有下属课程确定明确的要求和目标。然后教师们根据这些要求和目标决定自己的教学内容、教学过程和教学方法。从课程设计角度看，是否有明确的课程要求和目标，是判断课程设计优秀与否的第一步。

二、了解学生

好的课程设计应符合学生的发展状态和学习需要，针对学生的学习问题和困

① 本文原发表在《高等教育研究》2020 年第 9 期上。此处文字略有修改。

难，能促进学生有效学习。教师上课犹如医生治病，教师开的药要能符合学生需要，解决学生的学习问题，促进学生有效学习。因此，在课程设计开始之前，教师要了解学生，对学生有什么学习困难和问题，如何帮助学生克服困难，如何促进学生近期和长期发展等，都应该作全面了解，做到心中有数。在设计课程时，要对这些问题仔细琢磨、小心平衡。以学生为中心的课程设计和传统做法最大的不同是，它是针对所教学生的发展状态和学习问题进行设计的，目的是促进学生有效学习。

传统三中心课程设计的一个突出问题是，教师只从自己的角度设计课程，忽视学生的发展状态和需求。在很多情况下，正由于教师忽视学生的状态和学习需求，学生也就采取应付的态度。尤其是那些“关心分数胜过知识”的学生，已经形成了一整套对付教师的办法，如选容易的课，当乖学生，考前强记（考后即忘）等。在传统三中心模式下，持应付态度的学生约占全体学生的 70%—80%，他们的表现很容易让教师形成错觉：自己教得不错，学生也学得很好。但学生是否真的学到了和掌握了，教师并不知道。而对那些真心想学的学生，他们会感到教师的教学没有满足自己的需求，好像抓痒没抓到点上，因此对教师的教学并不满意。这类学生大约占全体学生的 5%—10%。然而，如果教师能从学生的困难和问题出发，把解决学生的学习问题和促进他们学习作为目标，就可能把这 5%—10% 变成 70%—80%，就会看到学生真正地投入学习。如何把真正的学习者从少数变成多数？这就是以学生为中心课程设计面临的挑战。教师是否付出努力去了解学生，是否真正了解学生的学习困难和学习问题，是评价课程设计的第二个关键点。如果教师连自己学生的学习困难和学习问题都说不清楚，他就不可能做出好的课程设计。

很多教师似乎对承担的课程教什么和怎么教都很有把握，因此一拿到课程任务就进入设计环节，但这种做法很有问题。如果你不了解课程的目标和对象，你怎么能进入设计环节？很多教师会回答说：“我有经验呀，这门课我教了十年了，学生会有什么问题我了如指掌。”如果这是真的，那就祝贺你了！但是，如果你去看病，告诉医生你头疼，医生看了你一眼，什么都不问就马上开药，这药你敢吃吗？你可能会问医生，你怎么问都不问我就开药？医生回答说：“你不是说你头疼吗？你这种病我见多了，我从医 20 年了！”你觉得奇怪吗？可你就是这样教书的。那么问题出在哪里？是你假定天下学生都一样，因此你过去十年的经验就管用。但这个假设是错的，因为不仅每届学生不同，甚至每个学生都不同。所以，你才要求医生先问诊后开药。

很多人都把美国心理学家罗杰斯看成是“以学生为中心”理论的首倡者，这个说法有一定道理，因为罗杰斯提出了以患者为中心的心理治疗模式。罗杰斯20世纪30年代曾在纽约为问题儿童做心理治疗。他发现，为问题儿童做心理治疗的前提是要让这些儿童接受你，而让他们接受的唯一办法是把他们看成有独特内心经验的人，然后根据他们的具体情况和问题，先和他们建立起相互理解和信任的关系，然后才能进行心理治疗。根据这个经验，他提出了人本主义心理咨询和患者中心疗法（humanistic approach to psychological consulting and client-centered therapy），并用经验证据证明这个理论的有效性。把患者看成具有丰富内心经验的人，然后建立理解和信任的关系，再开展心理治疗，这个思路开启了人本心理学和人本主义心理治疗模式。罗杰斯也因此当选为美国心理治疗学会首任会长（1956）。

随后罗杰斯把这个思路应用到了教育领域。这也不奇怪，罗杰斯本人就是在哥伦比亚大学教师学院获得硕士学位的（1928），当时杜威正在该院任教（1904—1930）。受杜威儿童中心论教育思想影响，罗杰斯把教育看成是一种心理咨询，把学习看成是学生的自我心理调整，这就为人本主义心理学进入教育学提供了思路。罗杰斯在教学方面的研究并不多，且多与其心理学理论有关。例如他说，“人不能直接教别人，人只能帮助他人学习”（教师的作用）；“一个人只能学到那些被认为能参与维护或增强其自我结构的东西”（学生如何学习）；“如果发生同化，经验将会改变自我组织，自我因此会通过否认或扭曲方式来抵制”（为什么教师教什么和学生学到什么会如此不同）；“自我的认知结构和组织受到威胁时会变得僵化，而在完全摆脱威胁时则变得放松”（什么氛围有助学习）；“最有效促进重大学习的方式是：（1）对学习者的威胁要降低到最低限度（减少敌意）；（2）增强对实地的区分感知”（经验学习），等等。他的这些讨论后来被收入《成为高效的教师：以人为本的教学、心理学、哲学，与罗杰斯和里昂的对话》（2013）中。[①]我认为，罗杰斯对SC改革的最重要贡献是强调“了解学生”的重要性。一旦知道课程目标和学生的困难与需求，就可以开始课程教学设计了。

三、教学设计

教学设计主要指教学过程设计。如前所说，教学设计就像医生看病，得在了解患者情况后形成病因假说，提出治疗方案，然后开药，实施治疗。大多数教师在进行教学设计时，首先会参考自己当学生时的经验，尤其是新教师。老教师还会参考

① Carl Rogers, Harold Lyon, On Becoming an Effective Teacher—Person-Centered Teaching, *Psychology, Philosophy, and Dialogues with Carl R. Rogers and Harold Lyon*, Routledge, 2013.

自己过去的教学经验。借鉴自己已有经验很好，但这些还不够。还是用医生看病来比喻，如果你去看病，有两个医生，一个看病只凭自己的经验，另一个不仅参考自己的经验，还参考其他医生的经验，并随时关注医学学术进展，研究病理病因，你希望让哪个医生为你看病呢？显然是后者。这就是说，成为良医的重要条件之一是不仅要总结自己的经验，还要参考别人的经验以及医学科学进展，也就是以学术的态度研究疾病诊断，以专业的态度看病治病。换到教学领域，就是以学术的态度研究教学，以专业的态度开展教学。这个思路是由大学教学学术主要创始人、卡内基教学促进基金会前主席舒尔曼提出来的，以医生看病比喻大学教学这个方法，也源于他的建议（见第八章）。

根据舒尔曼的看法，当前大部分教师在课程设计中的主要问题之一是，既不参考其他教师的经验，也没有对自己的设计方案进行学术研究的习惯。这就像做研究而不做文献综述一样，这样的教学设计当然既不是学术的，也不是专业的，至多只有狭隘的个人经验基础。舒尔曼认为，正是这种对待教学的态度，使得大学教学长期处于低水平经验状态，使得作为一种大学学术活动的教学长期处于落后状态，当然也得不到学术界的认可。这是大学教师工作评估中出现“重研究、轻教学”倾向的重要原因之一。

今天的大学教学设计应该改变这种状态，要把教学设计作为一种学术研究。在整个设计过程中，要做好文献综述和学理分析，能够说出自己为什么这样设计，理由和根据是什么，预期效果是什么以及为什么。就好像要求为你看病的医生能清楚告诉你，他是根据什么来设计你的治疗方案，根据什么开这些药。只有说清楚了，你才会配合治疗，吃他开的药。以学术和专业的态度与方式做教学，应该成为当前优秀教学设计的一个标准。

四、效果检验

教学设计相当于一组假设，这些假设是否正确，能否达到预期目标，还要看方案实施的效果，这就是效果检验。要达到预期效果，教学设计必须注意两个问题。一是在设计之初就清楚地知道要达到什么效果，然后以能最有效达到预期效果的方式设计教学。这种从预期效果出发进行教学过程设计的方法被称为结果导向的教学设计（outcomes-based instructional design）或者反向课程设计（backward design）。二是所有目标和学生学习结果都要以可观察的动作来呈现。动作可以是语言（说清楚）、是行动（做出来），最高境界是能把不懂的人教懂（会教人）。会说、会做、会教是检验学生学习效果的三重境界。能说清楚未必做得出来，但能做出来一般能说清楚；能做出来未必会教人，能教人一定既能说清楚，也能做出来，否则怎么教人呢？因此，会说、会做、会教是学习效果检验的三个阶梯，一个比一个高级。正因为学习效果检验存在这种递进关系，因此当代学习效果检验不再一味强调以笔试为主，更倾向于以实践操作为主，尤其主张组织学生学习社群，让学生彼此互教。最后也不以笔试成绩作为学习效果的最终标准，而是强调用学生作品集（student achievement portfolio），即学生在学习期间积累的学习作品汇集作为判断学生学习成绩的标准。

学生作品集有两个好处：一是它以显性方式呈现了学生学习成果，这有助于教师检查学生学习效果；二是学生可在积累学习成果的过程中更好地认识和发现自己，从而自觉调整学习方向、学习目标和学习方式，最终把自己培养成自觉的学习者。后一个优点对学生未来发展的作用和贡献无疑是巨大的。因此，卡内基教学促进基金会认为，学生学习作品集是目前所知考查学生学习效果最好的一种方式。（参见第七章）

对照这两个标准，我们可以看到很多教学设计还没有考虑到这些方面，希望大家能对照这两个标准来指导自己的课程设计，检查自己的设计方案。只有清楚地知道我们要什么和如何检验结果，我们才能知道自己设计的方案是否有效，才能检验设计是否合理，也才知道在下一轮教学中如何改进。

五、教学评价和贡献

一旦教学效果显现出来，就可以对整个课程设计进行评价，如是否达到目标、设计是否达到最优（包括理论解释和实际效果的吻合程度）、是否有创意、是否满足学生需要等。所有评价设计工作的标准和方法都可以用于课程设计评价。教师作为被评价对象，要做好资料收集和整理工作，并以自我评价报告形式把自己的设计思路和实施效果，以及相关资料，包括设计目标、设计过程、设计成果、实施过程等清楚地展现出来。总之，所有为课程设计和教学过程准备的资料都应该完整仔细地收集和保存起来，以便评审者评审。这个为教师教学评审而准备的档案袋可以称为“课程档案袋”（course portfolio）。课程档案袋也有两个优点。

一是使教师在课程设计过程中的所有努力都显性化了，从而使课程教学评价成为可能。传统课程教学评价的最大问题是评审者看不见课程的设计过程、教学过程和实施效果，只能凭借教学大纲和学生评教等来评价教师教学。这就好像用医生处方和病人感觉来评价医生一样。这既不学术，也不专业。评价临床医学最可靠的办法是用详细记录的治疗方案和治疗效果，而且方案与效果之间的因果关系还要可以被复查、追踪、检验和评价。一旦有了课程档案袋，类似临床医学评价似的大学教学评价就有可能了。

二是有了系统收集原始资料的课程档案袋，教师可以根据这些资料全面系统地反思自己的教学，持续地改进教学，还可以在此基础上撰写教学研究论文，与同行分享心得和体会。按舒尔曼的说法，这些资料就和科学实验数据一样，是建立大学教学学术体系和促进大学教学专业化发展的基础。没有这些资料，仅仅依靠未经实证检验的经验，无论它听起来多么合理动人，都不能把大学教学变成现代学术，也不能把大学教学领向新的未来，当然更不可能为大学教学质量长期稳定地提高奠定坚实基础。

如果要使大学教学真正变成一种学术、一种专业活动，教师们就必须以学术的态度和方式研究自己的教学，以专业的态度和方式从事大学教学。在此基础上，通过广大教师的参与，为大学教学积累大量可靠的知识和经验，进而为大学教学的专业培训奠定基础，为持续提高大学教学质量提供保障。把大学教学作为学术，这不是口号，不是标语，更不是乞求，而应是所有大学教师的集体承诺和集体行动。只有当教师们以学术和专业的方式从事教学工作时，大学教学才可能成为学术，他们的教学工作也才能获得学术界的认可。

（最后，感谢西安欧亚学院教师发展中心陈阳主任和通识学院黄鑫院长邀请我参加该校教师课程设计竞赛，看了20多位教师的作品之后有感而发，遂成此文。感谢华中科技大学教育科学研究院刘献君教授、河南科技大学王笑一老师、上海交通大学王竹筠老师对本文提出的修改意见。）

注释：

笔者不认为“以学生为中心”的改革运动源于罗杰斯。这场改革是个系统工程，包括很多方面，如以学生发展为中心、以学生学习为中心、以学习效果为中心等。因此，仅强调了解学生的重要性还不足以引发这场改革。笔者认为，“以学生为中心”的改革运动是20世纪诸多学术进步和教育发展综合作用的结果，非一人一事之功。参见赵炬明：《打开黑箱：学习与发展的科学基础（上、下）》，载于《高等工程教育研究》2017年第3、4期。

附录二

如何做好大学教学学术研究：一个案例分析[①]

大学教学学术（SoTL）作为大学教师研究教学和课程教学改革的一种基本方式，已在我国高校教师中引起广泛关注。但现有中文文献中一直缺少相关案例来具体指导教师开展 SoTL 研究。本文以华中科技大学同济医学院李蕾副教授的研究为案例，具体说明 SoTL 的基本框架和实施要点，以帮助教师们结合自己的教学实践开展 SoTL 研究。

本文共有四个部分：首先，介绍 SoTL 研究的基本概念框架；其次，介绍李蕾的案例；再次，用 SoTL 概念框架分析李蕾案例；最后，给出一个简短结论。

一、SoTL 研究：概念和方法

SoTL 首先是由卡内基教学促进基金会提出来的。我们已经在好几个文献中介绍了他们的看法。[②] 尽管国际上还有其他不同看法，但目前卡内基立场是国际大学教学研究界的主流。因此我们采用这个理论和方法。卡内基的 SoTL 框架有以下几个主要观点：

一是研究对象和研究方法。SoTL 主要是教师在自己的课程中针对教学实践与学生学习问题开展的学术研究。这包括两层含义：一是教师要以自己的教学实践和问题（包括学生学习问题）为研究对象；二是研究要符合学术研究的通用准则，包括明确的目标、充分的准备、适当的方法、有意义的结果、有效的表达、反思性批评、接受同行评审、贡献学术共同体。通过鼓励大学教师广泛开展 SoTL 研

① 本文原发表在《高等教育研究》2021 年第 9 期上。作者：赵炬明、李蕾。此处文字略有修改。

② 赵炬明、高筱卉：《赋能教师：大学教学学术与教师发展》，《高等工程教育研究》2020 年第 3 期；高筱卉、赵炬明：《舒尔曼大学教学学术思想初探》，《高等工程教育研究》2022 年第 2 期；西科恩：《大学教学学术：历史发展、原则与实践、挑战与教训》，高筱卉译，《高等工程教育研究》2022 年第 3 期；哈钦斯等：《大学教学学术再思考》，高筱卉等译，即将由湖南教育出版社出版。

究，推动大学教学研究的学术化（scholarship），进而促使大学教学成为专门职业（professional）领域。

二是研究的问题、目标和效果检验。SoTL 主张把学生的学习困难和学习问题作为研究问题，把帮助学生改进学习作为研究目的，用学生学习效果改进作为检验教学改革成效的基本标准。坚持以学习效果为中心是确保大学教学学术化的关键。教师可以在教学中依靠自我感觉，感觉良好通常也是效果良好的标志。但大学教学学术研究不能停留在自我感觉良好上，要把学生学习改进作为教学研究的最终检验标准。教学中教师的自我感觉与学生学习效果脱节是常见现象，对此要保持警惕。要坚持把学生学习效果改进作为教学研究有效性的最终检验标准。

三是文献研究和文献综述。和所有学术研究一样，SoTL 不能仅仅凭个人经验，还要参考相关理论和文献。作者要为自己的研究设计和试验结果提供合理解释，供他人审阅和学习。当前大学教学主要依靠教师总结个人经验，基本不参考他人经验，也不考虑相关领域的学术进步，这严重阻碍了大学教学研究的进步。其他实践知识领域如医学、工程等之所以能取得巨大学术进步，重要原因之一是它们普遍遵守学术研究的一般模式，有研究问题、研究设计和理论依据、文献综述、实验过程、结果讨论和基本结论。大学教学研究要向这些领域学习，打破关门教学和研究的陋习。因此 SoTL 必须做文献研究和文献综述。

四是详细说明研究背景（context）。大学教学是一种实践活动，实践条件和研究背景会对研究结果产生重大影响。因此研究者有必要具体描述研究背景，供其他研究者理解、质疑并讨论其中可能的潜在问题。这种讨论不仅有利于研究者，也有利于整个学术共同体。提供足够背景信息是研究获得正确理解的前提，是研究者的责任。

五是有效性和普适性。一个教改研究在所研究的课堂上效果好，这叫有效性。如果不仅在该课堂有效，在其他同类课堂也有效，这叫普适性。和普通教育研究不同，SoTL 首先追求有效性，其次才是普适性。在普通教育研究中放在首位的普适性，在 SoTL 研究中只有次要地位。为什么？SoTL 研究是一种实践性学术。任何实践活动都会面临的一个问题是结果的不确定性（uncertainty）。不确定性的程度与对象性质有关。例如在物理系统、化学系统、生物系统、社会系统、思维系统、超验系统中，实践结果的确定性会依次降低，从非常确定一直到非常不确定。[①] 大

① Kenneth Boulding, "General Systems Theory," *Management Science* 2, no.3 (1956): 197−208.

学教学属于人类思维系统，因此大学教学研究通常不能满足普适性要求。舒尔曼甚至认为，在 SoTL 研究中追求普适性只是一种“幻觉”（illusion）。因此他多次呼吁 SoTL 研究要首先关注有效性，即你的方法对你的学生有效，不要轻易假定普适性。但我们可以大致肯定，一个在很多情境下都有效的方法，很可能在你的课堂也有效。此即谓首先是有效性，然后是普适性。

在缺少普适性这一点上，大学教学类似于医生看病，SoTL 则很像临床医学研究。尽管你已有很多知识和经验，但对某个具体病人，你永远不敢肯定某种药物或某个疗法对他百分之百有效。临床实践和研究所能告诉你的只是，一个被反复证明有效的药物和疗法非常可能有效。至于是否对某个特定病人有效，还要经过检验——尝试治疗并等待后果。现在你就是那个医生。你的作用是，用你的专业知识和经验对你的学生进行诊断，然后寻找可能帮助他们有效学习的方法。[①]了解缺少普适性这个特点对理解 SoTL 非常重要。SoTL 研究虽然不追求普适性，但必须追求有效性。

那么，其他教师如何从你的实践中学习呢？简单回答是，学习者自己要对是否采用你的方法做出决定，你不能保证你的方法在他的课堂上一定有效。因此，研究者提供足够的背景信息就变得非常重要，正是这些信息可以帮助学习者判断是否采用你的方法，设想你的方法在他的课堂上是否也会有效，或需要做什么调整以适合自己的学生。因此在教学改革中，最有害的做法是简单复制和一刀切。教学研究需要的是学习者的有针对性的学习和独立思考。大学教学中不存在普遍有效的教学法，这是大学教学的一个铁律，可能是大学教学中唯一的具有普适性的规律。[②]

六是做好详细记录（documentation）。和所有实验研究一样，SoTL 研究者要做好详细研究记录，包括研究的问题、对象、背景、设计思路的学理基础和经验基础、试验方法、试验过程、试验结果。在做好记录这一点上和所有实验研究一样，不能因为这是教学研究就降低要求或敷衍了事。做好记录有四个好处：一是检

① 关于这个问题的讨论，建议读者观看舒尔曼的三个讲演视频：(1)Scholarship of Practices and Practice of Scholarship: Education Among Doctors, Observation on Varieties of Doctor Education for Education, CPED, 2017; (2) Between Research and Practice: Situating a Scholarship of Teaching and Learning Within the Landscape of the Academy, University of Kwa Zulu, South Africa, 2016; (3) The Evolution of the Scholarship of Teaching and Learning, ISSOTL, Elon University, 2013.

② 注意，这个规律不能简单用于所有教学活动，因为越接近婴儿的教育活动，越接近训练动物，因此会有较高的普适性。但在大学教学中，这个规律不存在。见第十章第二节麦肯齐的总结。

查试验效果时，可以客观检查试验条件和过程，确保研究结果可靠；二是可以让同行看到你的试验过程并能加以评论；三是撰写研究报告和论文时有据可查；四是可以为你从事的教学改革研究提供证据。这个记录被称为“教学档案袋”（teaching portfolio），是展示教学工作的重要档案。

七是有效呈现。不同类型的 SoTL 研究呈现方式不同。就教学研究而言，其论文写作模式和试验报告格式类似，包括研究问题、试验对象和试验背景说明、文献综述（为试验设计思路提供学理依据和经验基础）、试验过程、试验结果、结果讨论，以及有效性和局限性讨论。可以是正式发表或非正式发表。目前欧美国家中，非正式发表的 SoTL 研究越来越多，已经超过正式发表的文献（见第八章）。

以上是 SoTL 研究的基本框架和要点，下面介绍李蕾副教授的案例。

二、案例

2017 年至 2019 年，赵炬明在华中科技大学教师教学发展中心主持了一个为期两年的 SC 改革骨干教师培训班。[①] 培训班提出三个目标：两年内教师们要按 SC 理念设计一门课、完成一个 SoTL 课题、发表一篇学术论文。在 2019 年的学习成果展示会上，李蕾副教授分享了她的成果。下面这个案例主要来自她的成果分享。

李蕾是华中科技大学同济医学院附属协和医院儿科副教授，她承担的一门课程是儿科临床实践。学生包括医学本科生、住培学员、研究生和进修生。这些学生都已学过基础医学知识，但在如何把所学知识正确运用于实践方面还需要进一步培训。李老师承担的正是儿科临床实习课。

这门课的传统教学方式是老师带学生教学查房。查房过程中，老师在听完学生汇报病史后，负责体格检查、诊断分析、诊疗决策、与患者沟通等。本质上是老师给学生做示范，告诉学生应该如何和病人交流并做出临床诊断和诊疗安排。学生则在旁边观察和记录，通过观察老师活动学习临床技能。在整个教学过程中，老师几乎做了所有的事，而学生则基本处于被动学习状态。

在研究班中李蕾学习到了积极学习理论和翻转课堂方法，于是她想，如果让学生更多地担负起学习责任，改变其被动学习状态，让他们处于主动学习状态，应该可以有效促进学生的学习。于是她根据这个思路开始做教改设计和研究设计。

① 这个培训班的主要参考资料是赵炬明的 SC 改革系列论文、华南理工大学出版社出版的“大学教师教学发展经典译丛”（8 种），以及其他补充阅读材料。

在临床教学中要培养学生的六种能力：临床思维能力、医患沟通能力、动手操作能力、发现问题能力、解决问题能力、团队协作能力。在这六种能力中，她决定首先研究新教学模式对学生临床思维能力和医患沟通能力的改善，因为在这六种能力中，临床思维能力（见图1）和医患沟通能力这两项能力最为关键。这是一个非常明智的决定：确定有限目标可以使研究聚焦。其他问题可以通过后续研究和不断迭代方式解决。每次改革聚焦一两个突出重点问题（最好是聚焦一个问题！），可以大大简化改革和研究的复杂性。和所有科学研究一样，在面对多个问题时要聚焦主要问题，不要试图“毕其功于一役”。“小步走，不停步”，才是最可靠的策略。

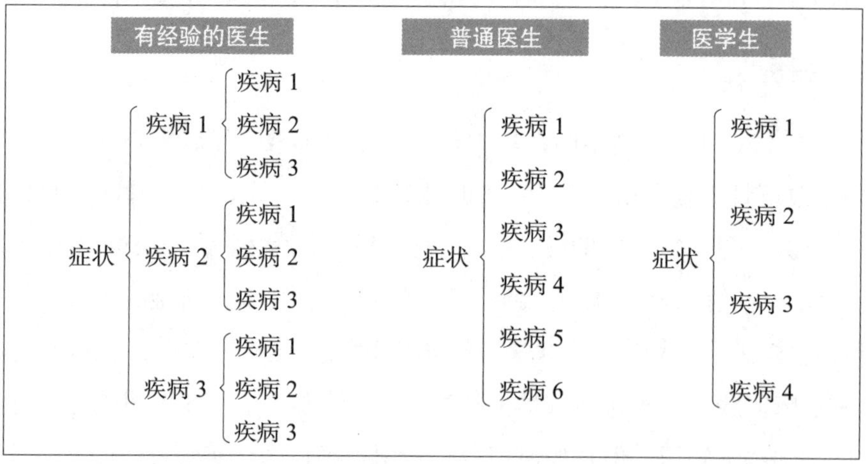

有经验的医生

症状
- 疾病1
  - 疾病1
  - 疾病2
  - 疾病3
- 疾病2
  - 疾病1
  - 疾病2
  - 疾病3
- 疾病3
  - 疾病1
  - 疾病2
  - 疾病3

普通医生

症状
- 疾病1
- 疾病2
- 疾病3
- 疾病4
- 疾病5
- 疾病6

医学生

症状
- 疾病1
- 疾病2
- 疾病3
- 疾病4

图1 医学生、普通医生、有经验的医生在临床思维上的差异

那学生的问题是什么呢？她归纳了以下几点：不能熟练运用排除法、病史询问不全、体检基本功欠缺、无效沟通影响资料收集。因此学生实际查房之前，要结合儿科临床特点给学生讲解儿科临床思维的正确方法。

和病人沟通是收集病患信息的基本途径，是临床诊断的另一个关键，故李蕾把医患沟通作为第二个基本能力。在医患沟通方面学生的问题是什么呢？李蕾归纳为几点：缺少沟通技巧培训、态度不佳、一问一答、夸大其词。什么是正确的医患沟通方法呢？李蕾参考了美国西北医科大学编制并测试成熟的医患沟通技能评价量表（见图2）。这些显然需要学生掌握。

医患沟通技能评价量表（SEGUE）	
准备	
1. 有礼貌地称呼病人	
2. 说明此次问诊的理由（了解情况、进一步诊断治疗、汇报上级医师）	
3. 介绍问诊和查体的过程（如问诊的内容、先后顺序等）	
4. 建立个人信任关系（如适当地作自我介绍、讨论目前疾病以外的一些话题）	
5. 保护病人的隐私（如关门等），尊重病人的选择权、隐私权	
信息收集	无法回答
6. 让病人讲述对其健康问题和 / 或疾病发展过程的看法	
7. 系统询问影响疾病的物理、生理因素	
8. 系统询问影响疾病的社会、心理、情感因素（如生活水平、社会关系、生活压力等）	
9. 与病人讨论既往治疗经过（如自我保健措施、近期就诊情况、以前接受的其他医疗服务等）	
10. 与病人讨论目前疾病对其生活的影响（如生活质量）	
11. 与病人讨论健康的生活方式 / 疾病预防措施（如疾病危险因素）	
12. 避免诱导性提问 / 命令式提问	
13. 给病人说话的时间和机会（如不轻易打断病人的讲话）/ 无尴尬停顿	
14. 用心倾听（如面朝病人、肯定性的语言、非语言的意见反馈等）	
15. 核实 / 澄清所获得的信息（如复述、询问具体的数量）	

图 2　医患沟通技能评价量表①

注：整个量表共 25 个问题，这里仅展示前 15 个问题。

这又是一个正确决定：把学生的学习问题和帮助学生找到改进学习的方法作为教学改革和教学研究的问题和目标。这是 SoTL 研究和传统教学研究的一个分水岭。传统教学研究经常把研究重点放在教师教法上。然而在我看来这搞错了对象。教师的教学问题本质上是由学生的学习问题引起的。当教师提出某个学习目标后，学生出现了学习问题和学习困难，由此导致教师的教学问题。也就是说，学生的学习问题是因，教师的教学问题是果。根据这个因果关系，把教师的教学问题当成主要研究问题而忽视学生的学习问题是因果倒置、舍本逐末。因此 SC 改革强调把学生的学习问题和困难作为教学改革和教学研究的目标，教学是帮助学生改进学习。

① Gregory Makoul, "The SECUE Framework for Teaching and Assessing Communication Skills," *Patient Education and Counseling* 45, no.1(2001): 23–34.

如何聚焦学生的学习问题呢？李蕾在这个案例里的建议是，研究学生的学习问题和困难。这是一个非常正确的建议。和医生看病类似，要以疾病为研究对象，要找出治病的方法。由于学生的学习问题和困难都是具体的，因此针对他们的问题和困难进行的研究和改革也都必然是具体的，由此可以帮助学生有效改善学习，产生切实的教改效果，不会把教学研究和教学改革变成脱离实际的学术游戏。然而，目前这种学术游戏非常常见！

明确研究问题后就是课程设计，李蕾的课程设计原理如图 3 所示。从图 3 可以看出，她的课程设计突出了“以学生学习为中心”和“以学习效果为中心”这两个核心理念。在设计上，把原来由老师完成的查房活动改交给学生来完成，教师则扮演指导者和教练的角色。

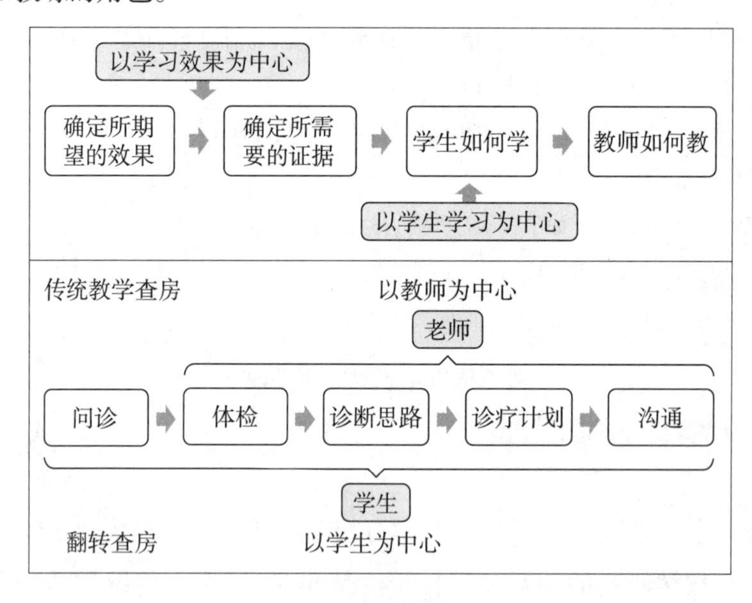

图 3 课程设计原理

然后李蕾申请了 2017 年湖北省高校教学改革课题——“基于微课的翻转课堂在儿科临床实践教学中的应用研究”。研究设计上采用对照组方法。她以随机抽样方式把 30 个学生分为两组：实验组和对照组，每组 15 个学生。由一名有儿科副主任医师职称的教师负责，查房时都是 5 人一组。实验组采用新方法，对照组采用老方法。

实验组各组的 5 个学生，分别负责问诊、体检、诊断推理、临床决策、沟通 5 个环节。每个组员除了负责自己的环节之外，还要参加其他环节的讨论。查房时有教师陪同，教师视情况给予引导和补充。查完房后进行小组总结，反思本次查房的优点与不足，教师给予指导和点评。每两周查房一次，每次查房小组成员角色轮换，确保每个学生都能在所有环节上得到完整训练。整个实习过程为6个月（见图4）。

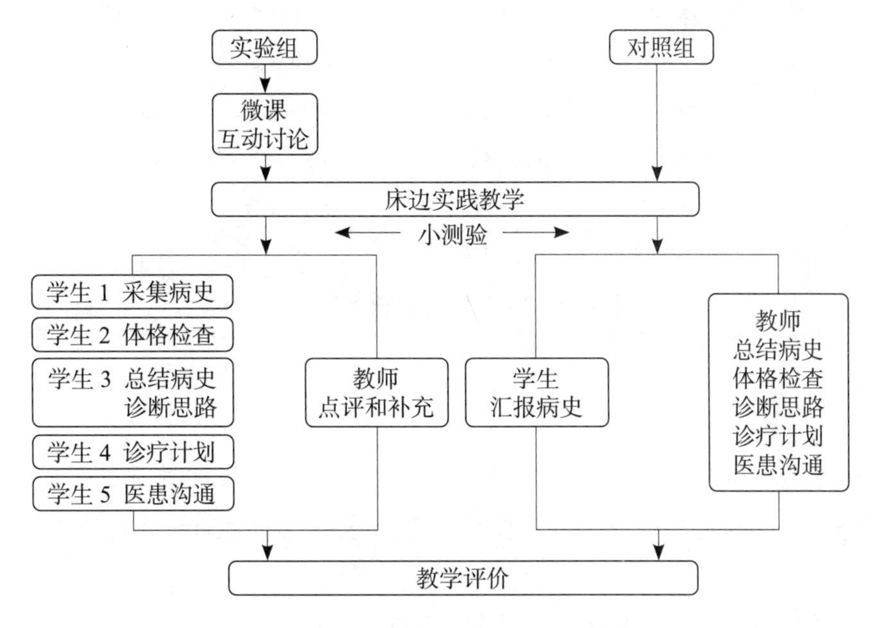

图4 研究过程图示

为了确保学生查房时有必要的基础知识，李蕾为实验组设计了一个查房前的微课教学环节。教师提前将教学病例、相关理论知识和参考文献等通过网络发给各组，各组自学，老师参与讨论，指导并回答学生问题。查房前首先对学生进行基础知识测验。测验发现，实验组成绩（6.8 ± 0.5）明显好于对照组（4.5 ± 0.5），差异有统计意义（$p<0.05$），说明实验组的微课学习环节对学习效果有显著影响。这个结果应该与把学习责任转移到学生身上后学生的学习更加自觉有关。

查房实习完成后对学生进行学习效果考核。考核分为客观评价和主观评价两部分。客观评价是对实验组和对照组的学生进行相同的理论考试与实践技能考试，其中，理论考试是病例分析，实践技能考试是临床技能考试。主观评价是让实验组学生以不记名方式报告自己的学习心得体会。图5是两组学生的成绩统计。从考试成绩来看，实验组学生学习成绩明显优于对照组，说明新教学法有效改善了学生的学习。

实验组笔试成绩（病例分析）和实践成绩（临床技能）明显高于对照组

	实验组（n=15）	对照组（n=15）	*P*值
病例分析	82.4±5.6	79.3±2.2	0.03
临床技能	87.4±3.6	75.3±3.7	0.008
理论知识	15.3±1.4	16.2±0.8	0.08
逻辑思维	15.6±0.5	10.9±1.6	0.002
体格检查	16.4±1.1	13.6±0.7	0.06
人文关怀	18.4±0.9	17.5±1.3	0.12
医患沟通	15.1±1.6	12.7±1.1	0.001

表2. 两组学员出科考核成绩比较（x±s，分）

图 5 学习效果评价情况

图 6 是三位学生报告的学习体会。显然，由于学生在教学中承担学习责任，学习处于主动状态，明显调动了学生学习的积极性和主动性，有效改善了学生的学习。

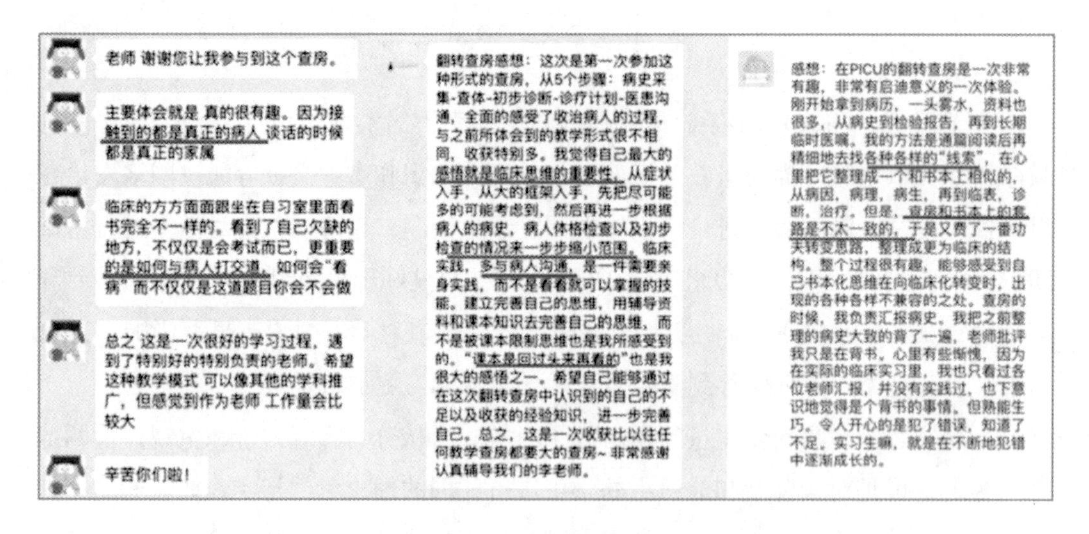

图 6 三位学生的学习体会

图 5 和图 6 显示了 SoTL 研究的第二个重要特征，即用学生学习效果改进来检验和评价教学改革的有效性。和所有科学研究一样，SoTL 研究强调要用实际效果来检验研究和改革的有效性。这是保证 SoTL 最终能成为真正科学的学术领域的关键。正是根据这些学习效果，我们说这个改革取得了成功。

实验成功之后，研究者要把研究成果公开发表，供同行审查、批评和交流，从而使其成为 SoTL 共同体的共同财富。李蕾把整个教改实验写成一篇学术论文，在《中华医学教育探索杂志》上发表。[①]文章介绍了整个研究，还在讨论部分介绍文献基础和设计思想，以及课题实施过程中的收获与问题。然后她又把论文投到 2021 年欧洲医学教育联盟（AMEE）年会，大会不仅接受了她的文章，还邀请她作专题发言。最后论文在 *BMC Medical Education* 上发表。[②]这说明她的工作得到了国内外同行的高度认可。

这个培训班原先只设定了三个目标，但她最后完成了五项任务：设计一门课程、做一个课题、发表一篇学术论文、改成国际论文发表、在国际会议作专题发言。她把自己的研究变成了一个中国故事，反映了中国大学教师们的前沿探索。人们常问如何提高效率，李蕾的回答是：让一根藤子结五个瓜！

李蕾的工作也表明这个培训班的设计是可行的。但我也注意到，要在两年里同时完成这三项任务很有挑战性。在我主持过的五个培训班中，只有少数教师做到了。事后发现，李蕾能做到的原因是，她从一开始就把这三个任务作为一个整体来规划，所以最后才能完成三项任务。其他许多教师是先做课改，待课改有结果后才考虑研究，因此不能同时完成。当然，这样做更为稳妥，也不妨碍他们学会如何做课改和如何做 SoTL，只不过需要多一点时间罢了。

下面我们用本文第一部分中的概念框架讨论这个案例。

三、讨论

一是 SoTL 要遵循学术研究的一般方法。从这个案例可以看出，李蕾在研究中严格遵守了学术研究的一般原则：明确的目标、充分的准备、适当的方法、有意义的结果、有效的表达、反思性批评、接受同行评审、贡献学术共同体。过去两百年来，包括医学、工程等在内的很多实践领域都变成了学术领域，但大学教学却始终是一个经验领域。为什么？因为我们从来没有用学术方式对待大学教学。舒尔曼说，从学术角度看，大学教学有五大病状：健忘症（Amnesia）、幻想症（Fantasia）、孤独症（Solitaria）、惯性（Inertia）、怀旧（Nostalgia）。所有这些都违

① 郝琎琎等：《基于微课的翻转课堂在儿科住院医师规范化培训床边实践教学中的应用》，《中华医学教育探索杂志》2020 年第 2 期。

② Jie Gong, Lei Li, et al, “Effects of Bedside Team-Based Learning on Pediatric Clinical Practice in Chinese Medical Students,” *BMC Medical Education,* 22 (2022).

背了现代学术准则，从而使得现代学术方法无法进入大学教学研究。这种情况导致了三个后果：一是大学教学研究不能成为学术领域（scholarship）；二是大学教学也不能成为令人尊敬的专门职业活动（professional）；最严重的是大学教学质量长期无法得到提高。然而，解决这三个问题的方法却很简单，就是所有大学教师都用SoTL方法研究大学教学，这就是大学教学学术（SoTL）的基本宗旨。

二是研究的问题、目标与效果检验。案例介绍中已经指出，李蕾是把学生的学习问题和学习困难作为研究问题，把帮助学生解决问题、克服困难作为基本研究目标，把学生学习改进作为教改效果的最终评价标准。很显然，如果所有的大学教学改革都采用这个研究模式，那SoTL研究本身就可以极大地改善我国本科教学质量，同时能使大学教学真正变成一个名副其实的学术领域。因此，这个方式是SoTL的基本模式。为什么说它是基本模式而不是通用模式呢？因为随着研究的深入，还会产生关于机理和原理的研究。这类研究显然也属于SoTL研究，但它们是理论研究而非实践研究。可以肯定，SoTL的理论研究一定会产生，但它应该在大量实践研究之后产生。当前最需要的仍然是实践研究，然后才是理论研究。（关于这个问题的讨论见第八章。）

三是文献研究和文献综述。学术研究强调文献研究和文献综述，是因为学术界把所有学者看成一个学术共同体，大家通过交流学习可以避免重复工作，从而加快研究进程。但传统上大学教师很少就教学相互交流，也不相信现有的所谓研究文献，因此在以前的大学教学研究中普遍存在不重视文献研究和文献综述的情况。但现在时代变了，SoTL文献中已经有了很多学术严谨、有参考价值的文献，如李蕾的研究。因此，在开始做SoTL研究时，一定要做文献研究和文献综述。当你带着具体教学问题研究文献时会有两种可能，一是通过研究你发现了可直接采用的有效方法，这将节约你的时间，二是你没有发现直接可用的方法，但发现了可能有效然而还不确定是否对你的学生有效的方法。这就是李蕾碰到的情况。这时你可以像李蕾那样，设计一个课改研究，以此检验该方法是否对你有效。无论如何，文献研究都会帮助你节约时间，开阔视野，做有用的研究。如果你没有做足文献研究，你的研究即使有效，也会犹如弃子，由于不能纳入学术共同体，而不会留下任何影响。

四是有效性和普适性。从前文例子可以看到，李蕾的两个基本设计思路（积极学习和翻转课堂）均来自文献，而且已有人把它们用于实践。但文献中没有讨论如何把它们用于儿科临床实习教学，更没有研究证明这些方法在她所教课程中一定有效。从这个意义上讲，李蕾的研究实际是证明了这些方法在她的儿科临床实践教学中也有效，或者说她的研究拓展了这些方法的普适性。但能不能由此说，李蕾的这个教学模式适用于所有儿科临床实习教学呢？科学且谨慎的回答应该是：有可能但不一定。也就是说，当我们把一个已证明有效的方法用于其他教学环境和教学对象时，我们必须保持谨慎。这就是所谓在 SoTL 领域中不要轻易假定普适性，更不要轻易追求普适性。但我们希望所有 SoTL 研究都能被证明是有效的，都能帮助学生改进学习。因此在 SoTL 研究中，有效性优先于普适性。

五是做好记录。所有从事实验研究的人都知道，做好记录是良好研究的基本功。因为这些记录可以让你回溯实验过程，发现成功与失败的原因，同时给你足够的证据，让你有信心参与学术交流，接受同行评审。然而，由于种种原因，做好教学记录这件事在大学教学中基本不存在。这给 SoTL 研究和教师工作评价都带来困难。舒尔曼指出，大学教师工作评价中，教学之所以得不到和科研一样的重视，其中一个重要原因是科研对其过程和成果有详细记录而教学没有。因此科研和教学相比，教学更像经验活动而非学术活动。因此，舒尔曼主张，大学教学研究要严格遵循基本学术研究模式，教师要详细记录自己的教学和教学研究，这不仅涉及研究本身的学术性，还涉及教师工作评价的可观察性。

四、结论

在这篇文章里，我们用李蕾副教授的案例介绍并分析了 SoTL 研究的基本特点和要求。这些特点和要求包括：一是 SoTL 研究要符合学术研究的一般通则，即明确的目标、充分的准备、适当的方法、有意义的结果、有效的表达、反思性批评、接受同行评审、贡献学术共同体。通过鼓励大学教师广泛开展 SoTL 研究，推动大学教学研究的学术化和大学教学的专业化。二是主张教师要对自己的教学实践和问题展开研究。把学生的学习困难和学习问题作为研究问题，把帮助学生改进学习作为研究目的，把学生学习效果改进作为检验教学改革的基本标准。以学习效果为中心是确保大学教学研究学术化的一个关键环节。三是和所有科学研究一样，SoTL 研究要求系统的文献研究和文献综述，这样做是为了充分利用学术共同体的集体智慧，同时也为学术共同体做出贡献。研究者还要具体说明自己的研究背景，以便其他学者判断是否可采用你的研究成果。四是在 SoTL 研究中首先应该追求有效性，然后才是普适性。追求有效性是 SoTL 研究的重要特征。五是和所有实验研究一样，SoTL 研究者一定要做好研究记录，以便保证研究过程是可回溯和可评价的。这不仅是使 SoTL 研究学术化的重要环节，也是促使教师工作评价科学化的基础。六是李蕾的案例向我们显示，做好 SoTL 研究不仅可以有效改进学生的学习，还可以给自己带来多重学术效益。关键是要做好研究设计和研究规划。用学术的方法做研究，用专业的态度做教学，这才是大学教师对待教学工作的应有方法和态度。

以上是我们从李蕾这个案例得到的一些看法，希望对大家有用。

附录三

论大学教学研究的科学化、学科化与专业化[1]

本文是美国“以学生为中心”（student-centered，SC）的本科教学改革研究系列文章的一部分，该研究的前三篇文章（概念与历史、科学基础、实践与方法）已经发表，第四篇“学习环境与教学技术”也即将发表。[2]本文在总结和分析欧美国家近30年SC改革研究与实践的基础上，结合我国实际情况，提出了一个推动我国大学教学研究科学化、学科化和专业化的工作框架，以推动我国的SC改革的发展，最终实现我国建设世界一流本科教育的宏伟愿望。[3]

首先界定讨论范围，本文所说的“大学教学研究”主要讨论“如何教”的问题，即教学法问题；不讨论“教什么”的问题，即课程内容问题，这个问题原则上由学科专家决定；也不讨论教学管理问题，因为如何教和如何管是两件事。

本文共有四部分：首先介绍大学教学研究的科学基础；其次讨论大学教学研究的学科研究方法；然后建议大学教学研究人员的专业化；最后是一个简短结论。

一、大学教学研究的科学化

凡谈学科的科学化，必须清楚其科学基础是什么，否则就谈不上科学化。以SC改革为目标的大学教学研究（以下简称“大学教学研究”）的科学基础是什么？笔者认为有两个方面：一是大学生发展研究，即关于学生在大学学习期间如何发展

---

① 本文原发表在《中国高教研究》2018年第11期上。作者：赵炬明、高筱卉。这里根据后来的研究进行了部分补充和修正。

② 参见本书第二至五章。

③ 本文是为北京理工大学教学促进与教师发展研究中心成立而作。文章修改期间得到了很多学者的反馈意见和建议，其中包括瞿振元、刘献君、叶之红、庞海芍、姜嘉乐、余东升、厉岩、桑新民、阎凤桥、郭建如、阎光才、别敦荣、陆根书、李曼丽、刘惠琴、于歆杰、宋文红、方奇志、洪成文、程星、卢晓东、范怡红、戴波、刘剑锋、雷洪德、李伟、胡保利等，他们的建议和意见对本文形成有重要贡献，特此致谢！但以上学者并不完全同意本文看法，作者对文中的不足与失误负责。

的研究；二是学习科学研究，即关于人是如何学习的研究。

大学教育的首要任务是培养人，因此首先要知道 18—24 岁这个阶段大学生会面临哪些发展任务，然后再研究如何通过大学教育来促进其发展。根据现有文献，大学生在 18—24 岁期间主要面临四大发展任务：一是生理发展，主要指大脑中央执行区（EF 区）的发展和成熟；二是心理发展，主要指理性和理性能力的发展，包括用理性来控制情绪和意志的能力；三是社会发展，主要指自我认同体系构建以及认识社会、融入社会能力的发展；四是专门职业能力发展，主要指培养一种专业技能，确保其毕业后能找到一份工作，开始新的人生。上述四大发展任务是由个人发展规律和社会需要两个因素共同决定的，因此这四大发展任务应该是大学教学最重要的目标。

关于大学生发展，在《打开黑箱：学习与发展的科学基础》一文中已经具体讨论过，故不赘述。这里需要指出，如果教师们知道以下知识点，将对他们理解自己工作的性质、重点和过程等有重大影响。第一，人脑一直到 25 岁还在发展，而且 18—25 岁是大脑发展的顶峰，是大脑发展的关键窗口期。第二，这个期间大脑发展的主要部位在前额叶的 EF 区，这个区域主要负责人的理性和理性能力。第三，这个阶段大脑发展的特点是，通过学习各种抽象理论来发展抽象思维能力和理性能力。所有理论都是某种认知模型。大脑就是通过学习这些认知模型，把它内化为心理和生理的一部分。研究表明，凡是需要长期记忆的东西，大脑都会为其建构特定神经网。因此从生理上看，学习是大脑神经网的构建过程。不同专业的学生因为学习了不同的知识，在大脑中构建了不同的神经网，因此才在思维和行为上表现出明显不同的专业特征。从这个意义上讲，大学教学就是改变学生大脑。具体到高等教育，则是通过理论学习，来发展大脑的抽象思维能力和理性能力。第四，大学教学的本质是帮助学生在自己头脑中建立起专业认知模型，培养模型构建能力，并通过不断检验头脑中认知模型的表征准确性、逻辑合理性、推论真实性和结论可靠性等来培养表达能力、交流能力、创造思维能力、审辨性思维能力等。第五，学生通过学习和思考后所建立的所有认知模型，会帮助学生形成一些关于世界、社会与人生的整体性思维（即“三观”），以及特定专业的思维模式和工作能力。正是这些在大学学习期间建立的认知模式，对学生日后顺利进入社会和从事专业工作有重要意义。第六，有研究表明，经过和没有经过大学教育的同龄人，在使用抽象符号、进行抽象思维和分析复杂现象的能力方面，可以相差 1—2 个标准差，而这个差距，就是大学学习经验对大学生所做的贡献。但目前我国大多数大学教师对这些还一无所知，基本不了解学生在大学期间是如何发展的，这一点令人担忧。

关于人是如何学习的知识，即学习科学的知识，这个领域的研究已经非常深入，积累的学术成果也非常丰富。2012年由斯普林格出版社出版、德国符腾堡大学心理学家塞尔主持编撰的《学习科学百科全书》（*Encyclopedia of Sciences of Learning*，七卷本），对有关学习的各种问题的研究进行了系统梳理。该书不仅包括人类学习，还包括动物学习和机器学习，内容涉及脑科学、神经科学、生理学、心理学、哲学、人类学、社会学、计算机科学、信息科学、通信研究等众多领域，并探讨了学习科学在教学、精神病学、机器人科学等三个领域的应用。全书共有4000多个词条，3500多页，是目前学习科学领域最全面的综合性参考书。根据该书有关条目，可以认为在学习研究的漫长历史中，先后形成了四个主要学术传统：哲学传统、实证科学传统、人类学与社会学传统、计算机与信息技术传统（见表1）。直到今日，这四大传统仍然主导着学习研究领域的发展。

表1 学习研究的四大学术传统

传统	研究问题	研究方法	研究方法的学科属性	时间
哲学传统	人如何认知和学习	哲学方法	认识论哲学	自古至今
实证科学传统	实验室、教室等规范条件下的认知与学习行为的研究	实验、试验等规范性实证研究方法	脑科学/神经科学/认知生理学/认知心理学/学习心理学等	始于19世纪末，1990年以来在脑科学推动下有突破性进展
人类学与社会学传统	自然真实条件下的认知与学习行为研究	人类学方法、社会学方法、定量/定性（质性）方法、混合方法	人类学与社会学	始于1960年左右，促进了对学习的真实性、整体性、实践性、社会化、情境化、浸润化等方面的研究
计算信息技术传统	信息技术支持条件下，人的认知与学习行为研究，包括对学习与教学活动的技术支持	计算机科学方法、信息科学方法、通信方法、人工智能等	计算机科学、信息科学、通信研究、人工智能等	1990年以来信息技术经历了数字化、网络化、移动化、智能化四个发展阶段，这些发展都对营造新的学习与教学环境，帮助学生有效学习和教师有效教学产生了重要影响

由此可见，学习研究是一个有着悠久和丰富的学术传统的学术领域，已经形成了非常坚实的研究基础。如果以大学教学研究的学习科学基础为标准，也许在整个高等教育研究领域中，没有任何一个领域有比大学教学研究有更加坚实的科学基础。因此，笔者认为大学教学研究有着深厚的科学基础，是可以科学化的，理由就是大学教学研究有大学生发展研究和学习科学为基础。过去半个多世纪以来这两个领域的学术发展，已经为大学教学研究提供了坚实的科学基础。

二、大学教学研究的学科化

首先区别两个概念：科学化和学科化。科学化是指大学教学已经有一个非常好的科学基础，可以为大学教学研究提供丰富的理论和方法论支持。而学科化是指大学教学研究本身如何成为一个学科。学习科学的研究问题是“人如何学习”，大学教学研究的研究问题则是“教师如何教学”。学习科学可以是大学教学的基础理论，但不是大学教学研究本身。正如物理、化学可以是工程学的科学基础，但不是工程学本身。同理，人体生理学和人体解剖学是临床医学的基础，但不是临床医学本身。大学教学研究是一门应用学科，它的核心问题是教师如何进行有效教学。这就是大学教学研究的研究问题和学科性质。

此外，什么是学科化？如何判断一个领域能否学科化？对第一个问题，学术界普遍接受的看法是，学科是一个专门知识领域，有确定的研究对象、研究领域和特定的研究方法。根据当代科学哲学家们的看法，在研究对象、研究领域和研究方法这三个条件中，有决定意义的条件是研究方法。研究方法决定知识的性质：面对同样的自然界，物理学就是用物理方法研究产生的知识；化学就是用化学方法研究产生的知识；生物学就是用生物方法研究产生的知识。社会研究领域也是如此，社会学方法产生的知识是社会学；经济学方法产生的知识是经济学；政治学方法产生的知识是政治学。虽然都研究社会，但关注的问题不同，就需要不同的方法，由此形成不同的知识。尽管跨学科研究已经使得把方法作为关键区别要素的做法显得有些过时（如环境科学、城市科学、海洋科学、人工智能等），但我们在对学生进行专业训练时，仍然要强调“三基”，即基本概念、基本理论、基本方法。可见方法作为学科识别标志的重要性。从认知角度看，由于人的认知模型决定人如何思考和行动，因此，方法就在理论中，理论的运用就是方法。一个学科可以引进其他学科的研究方法，但它必须有自己的方法论，否则会被认为学科不成熟。因此学科方法论是学科独立程度判断的一个关键。具体到大学教学研究的学科化，我们必须回答大学教学研究的学科方法论是什么，以及大学教学研究者应该如何思考和研究大学教学。

前文已经指出，大学教学研究的核心问题是如何帮助教师进行有效教学。据此，笔者认为大学教学研究的一般学科方法应该是课程专门化设计研究方法。这个术语包括三个部分：课程、设计研究法、专门化。

（1）课程。课程包括两个基本意思：①指一个老师教的一门课程（course）；②是构成一个专业的一组课程（curriculum，即专业课程体系）。为了防止混淆，这里把前者称为课程，把后者称为专业。大学教学研究的基本单位应该是课程。当然在特定情况下，研究单位也可以是课程的一个环节，但基本单位应该是课程。把课程作为基本单位的最大好处是，所有教师都可以以自己所教课程为单位开展研究，因此具有最大的普适性。但对专业负责人来说，其研究对象应该是专业，即构成专业的一组课程。

（2）设计研究法。设计研究（study of design）是在科学原理的基础上，教师根据课程教学目标和学生可能的学习问题、学科知识和自己的知识与经验，对课程教学活动进行设计并加以实施，然后根据学生实际学习效果对设计方案进行反思和调整，以促成学生有效学习。这个四步模型（分析—设计—实施—反思）与著名的ADDIE模型相似。ADDIE模型是：Analysis（分析）—Design（设计）—Development（发展）—Implementation（实施）—Evaluation（评价）（见第四章）。其不同主要有两点：一是设计研究法特别强调要根据大学生发展研究和学习科学研究成果进行设计，而不是仅仅根据教师自己的经验和常识，这是把大学教学研究置于科学研究基础之上的关键；二是强调要根据实施效果对整个研究方案进行反思，并把它作为下一轮教学设计的起点，这表明大学教学研究本质上是一种行动研究和实践研究。

笔者建议把设计研究作为大学教学研究的基本研究模式，主要有三个原因。

第一是特征教学法。关于大学教学特殊性，舒尔曼提出过一个重要概念——特征教学法。舒尔曼的本意是认为，所有的专门职业（professions）都有自己的特定教学和学习方法。因此研究专门职业教育的一个基本思路是，发现并找到特定职业的特征教学法。笔者发展了舒尔曼的概念，根据大学教学有效性三因素假设（见第四章第三节），提出所有的大学课程和专业，都有其特定的教学法，即课程特征教学法和专业特征教学法（见第八章第二节）。而教师和专业负责人的一个基本任务是，通过研究，找到适合自己的课程特征教学法或专业特征教学法。“天下没有两片相同的叶子”，这句名言适用于所有的大学课程和专业。

第二是设计研究法。如何研究课程和专业？用设计研究法。美国著名设计专家、斯坦福大学教授凯利（David Kelley）提出了一个“通用设计”理论。他说，凡是要创造出世界上还不存在的东西，都可以采用设计研究法。因此他认为设计不仅是一种工作方式，更是一种思维方法。从某种意义上讲，人类的所有文明，无论是物质文明、制度文明还是文化文明，都是设计出来的。因此，设计是人类的一种基本思维方式和问题解决模式。然而设计有一个共同模式：（1）发现客户需求；（2）界定要解决的问题；（3）寻找解决思路；（4）形成解决方案；（5）进行效果测试。然后不断迭代修改，直到满意为止。据此他提出了通用设计（Universal Design，UD）的思想。UD思想显然得到了工程教育研究的支持，工程教育中著名的CDIO模式，即Conceiving（构思）、Designing（设计）、Implementing（实施）、Operating（运作），就是把工程实践过程的四个环节作为基本教学要素来处理的，临床医学过程也非常类似。表2根据通用设计模型比较了工程研究、临床医学研究和大学教学研究。

表2 根据通用设计模型比较工程研究、临床医学研究和大学教学研究

通用设计过程	研究客户需求	界定要解决的问题	寻找解决思路	形成解决方案	效果测试	不断迭代
工程研究过程	分析客户	确定问题	寻找解决思路	提出设计方案	实施并检验效果	不断改进设计
临床医学研究过程	分析病人情况	确诊问题	形成治疗思路	设计医疗方案	后期效果跟踪	不断调整治疗方案
大学教学研究过程	分析学生和课程目标	确定课程任务和学生学习问题	根据学习科学和个人经验形成设计思路	设计课程教学方案	根据实施效果，检查方案有效性	不断迭代

第三是大学教学设计师。对美国大学SC改革实践的观察发现，美国高校中有一类特别的职员叫“教学设计师”（Instructional Designer，ID）。值得注意的是，实际上他们才是美国各大学SC改革的主要推动者。[①] 他们是教师发展中心的主体，主要任务就是帮助教师开展课程研究和课程设计。据调查，2016年美国高校中有

① K. Sawyer, *The Cambridge Handbook of the Learning Sciences* (2nd), Cambridge University Press, 2014: 21-23.

1500万名大学生和约1.3万名ID人员。[①] 按同比计算，目前中国大约需要3.2万名ID人员，而实际上中国高校中几乎没有类似从业者。

上述课程设计研究与传统的大学教学研究有着本质不同。在老三中心模式下，大学教学研究是大学教师总结自己的教学经验，是一个从主观（教师）到主观（自己的经验）的过程，不能构成科学研究必需的“主观/客观”模式，因此不属于科学研究范围，至多属于教育思想和教育哲学。由于缺少效果检验环节，这类研究结果通常变成了“表扬与自我表扬相结合”，不可能得到学术界的认可。而课程设计研究法不同，它强调把学生学习效果作为检验标准，以此判断课程设计方案的有效性，这就构成了主观/客观研究模式。因此，只有这样，大学教学研究才可以合理地纳入科学研究范畴，成为一种真正的科学研究（见第八章）。

课程设计研究涉及课程内容、教学法、教学评价、教学技术和教学环境等五个方面。在《聚焦设计：实践与方法》一文中，笔者曾用图1表现了课程设计研究的基本内容及其与学习科学、大学生发展研究之间的关系。好的课程设计应当满足3650框架的要求（见表3）（见第四章）。

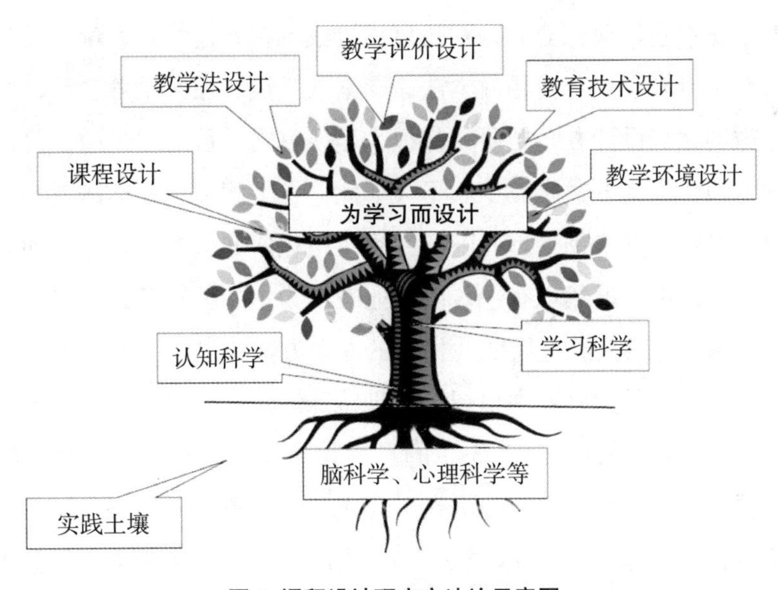

图1　课程设计研究方法论示意图

① D. Berrett, “Instructional Design: Demand Grows for a New Breed of Academic,” *The Chronicle of Higher Education*, 2016-9-29.

表 3 3650 框架

	内容	关键词
3	新三中心	学生发展、学生学习、学习效果
6	布鲁姆认知模型	记住、理解、应用、分析、评价、创造
5	积极学习五要素	有用性、真实性、挑战性、社会性、互动性
0	有效学习十法	建构、自律、活动、经验、情境、学会、合作、积累、重复、个体差异

（3）专门化。课程专门化指围绕不同课程寻找其特有的有效教学方案。在特征教学法中我们已经讨论了专门化问题。这里只想补充一点，不要试图寻找跨课程的普适性模式（universal effective model）。如大学物理课研究要寻找的就是大学物理课的有效教学模式，不要试图寻找既适合大学物理课又适合大学化学课的有效教学模式。即使是物理课，也不要试图寻找既适合中国科学技术大学又适合广东技术师范大学的教学模式，因为两校在学生群体和课程目标上有重大不同。麦肯齐在总结美国大学教学研究 50 年的基本经验时指出，大学教学中“不存在普遍有效的‘万能药’”（见第十章），讲的就是这个道理。

然而，寻找普适性模式恰恰是目前美国大学教学研究的一个突出特点。纵观美国的大学教学研究会发现，他们特别热衷于寻找具有普适性的教学模式和方法，如案例教学法、项目教学法、问题教学法、探索教学法、社区服务法等，至于某一门课应该怎样教的课程设计方案类研究却很少。换言之，目前文献中，普适性方法研究多，课程专门化设计方案研究少。不仅如此，在美国大学教学研究的文献中，也是课程专门化设计方案研究少。有限的课程专门化研究也多停留在教师们的个人网站和兴趣小组网站中。虽然也有一些以专业教学为主的教学期刊，但若要找专门化的专业设计方案，尤其是经过有效性检验的专业方案，仍是凤毛麟角。

这使得美国大学教学研究中出现了一种特殊现象，每当教师拿着自己的课程来教师发展中心求助时，ID 人员首先想的是对教师进行一般方法培训，然后再和教师一起设计课程。这使得课程设计研究本身成了教师的巨大负担。如果一个物理课教师来教师发展中心求助，ID 人员马上能拿出几个被证明有效的大学物理课设计方案给他参考，这可能才是对这位物理课教师最直接有力的帮助。因为这些方案明显对他的课程有针对性，而针对性是一切咨询服务的关键。本文提出“专门化”这个术语就是要解决教学咨询中的针对性问题。缺少专门化课程设计方案作为参考，教师又不愿多花时间去研究和设计，这可能是美国大学中 SC 改革推进缓慢的重要原因之一。因此，我们应吸取这个教训，大力倡导课程与专业的专门化设计研究，通过提高咨询的针对性，节约教师时间，减轻学习负担，这样才更有利于他们积极参与SC改革。

那么，如果以课程专门化设计研究法作为大学教学研究的基本方法，其主要成果形式是什么？是经过效果检验的课程设计方案。随着研究的深入，围绕不同课程和专业积累起越来越多的课程方案。然后就可以开始更深入的课程理论和教学理论方面的研究。但无论何时，课程专门化设计方案都是基础。没有大量的课程设计案例研究积累为基础，大学教学理论研究是不可能的。这和工程、医学、管理、法律等实践类学科类似，案例研究是最基本的研究方法，案例是最基本的经验素材，是发展更高阶理论的基础。

把课程专门化设计研究法作为大学教学研究的基本方法，并不是说大学教学研究就不能有其他的研究方法。研究中的方法选择与问题的性质有关，不同性质的问题采用不同的方法。但如果培养大学教学研究方向的研究生，却不培养他如何做课程设计，不教他课程设计研究法，这个培养就是不合格的，因为学生没有掌握本学科的基本研究方法。同样，一个专业的大学教学研究者，不了解课程设计研究法，不能指导学生用课程设计研究法做课程设计研究，他也是不合格的老师。这就是“课程专门化设计研究法是大学教学研究的基本学科方法”的含义。总之，通晓课程设计的基本理论和方法是大学教学研究专业的基本功。

由于课程设计研究有基本的研究模式，其成果形式是经过效果检验的课程设计方案，因此可以根据学校、专业、课程类别等信息为这些研究案例编码，建立共享的课程设计案例库，供全国所有教师共享。同时鼓励教授相同课程的教师围绕课程组建跨校的专门化课程研究组，通过相互交流来提高课程设计水平，共同探索本门课程的最佳教学模式和教学方法。这种研究成果共享机制不仅可以大大加快我国的大学教学研究水平，还可以大大降低各校教学设计人员的工作负担，同时大大提高广大教师参与大学教学设计研究的积极性，应该是推动SC改革的一个有力举措。

当然，围绕大学生发展和大学生学习的研究也可以粗略地归为大学教学研究。但严格地说，这类研究应当属于大学教学研究的基础研究，而不是大学教学研究。顾名思义，大学教学研究就是关于“如何有效教学”的研究。

以上简要介绍了把课程专门化设计研究法作为大学教学研究的基本研究方法的理由和思考。笔者认为，如果大学教学研究能把该方法作为大学教学研究学科的基本研究方法，大学教学研究将会成为有源之水、有本之木，可以发展成为经得起学术界质疑、能为学术界接受的真正的科学学科。

三、大学教学研究的专业化

大学教学研究的专业化主要涉及人才培养，即设计一个专业培养体系。这需要完成两个任务，一是培养大批大学教学设计师，二是为教师们提供课程设计培训和咨询。可以参考美国大学的一些做法。①

美国以课程为单位的教学设计（instructional design）作为一种专业工作始于第二次世界大战中的技术兵种速成培训。20 世纪 50 年代斯金纳提出程序教学法后，教学设计得到进一步发展。1956 年布鲁姆提出教育目标分类法，强调对教学目标的分析。1962 年加格纳（Gagna）发表《学习的条件》，其九步教学法把每一个教学步骤都与特定认知发展任务联系起来，并强调学习效果的重要性，这些都促使人们思考教学过程的设计问题。整个 20 世纪 60 年代，布鲁姆和加格纳对课程设计研究产生了重大影响，人们开始意识到教学过程的科学规划的重要性。20 世纪 70 年代，以人类学和社会学研究模式对真实世界学习活动进行的研究开始出现，如蕾芙（Jean Lave）对学徒制的研究，指出现代学校中的学习本质上是去情境化的（decontexted），而真实世界的学习是情境化（situated）、整体性（holistic）、沉浸式（immersive）、实践的（practiced）和社会性的。在这种学习中，知识、技能、人格、社会能力、价值等都是学生在实际工作中自主建构的。蕾芙的学徒制研究，促使人们反思学校教学过程的合理性，这也对课程教学过程设计产生了深刻影响。

这些趋势也影响了高等教育研究领域，20 世纪 90 年代起美国大学开始推动 SC 改革，美国高教学会组织专家编撰了《大学教学》《高等教育中的评价与评估》和《大学与学院的课程》三本论文选集，作为研究生课程的参考资料。这三本文集分别代表着大学教学研究的三个方面：教学法、教学评价与评估、课程理论。这三本文集的编撰标志着美国大学高教研究生培养中“大学教学研究”这个专业方向基本成型。同时表明，大学教学研究这个专业方向，大体相当于普通教育研究中的课程教学论方向。大学教学研究专业的主要任务之一，是为各高校教师发展中心培养教学设计师（ID），以推动 SC 改革。此外企业和行业也需要专业的教学设计师，因此也有很多 ID 毕业生到企业和行业服务。

① 关于 ID 发展史参考：T. M. Moskal, “Instructional Designers in Higher Education,” University of Nebraska, 2012. 关于当前情况参考：D. Berrett, “Instructional Design: Demand Grows for a New Breed of Academic,” *The Chronicle of Higher Education*, 2016-9-29; Instructional Design in Higher Education, Seattle: Intentional Futures, 2016. 关于国际情况可参考：R. Reuser, J. Dempsey, *Trends and Issues in Instructional Design and Technology* (4th), Pearson, 2018.

最近一个促使教学设计师人数大规模增长的原因是网络教学的出现。因为网络教学涉及大量教育技术知识，而大学教师通常没有这些知识，因此需要教学设计师提供帮助。于是教育技术和学习技术——尤其是网络教学方面的技术和知识——也成了教学设计师培养的主要内容之一。

美国大学通常设有专门的教学支持中心。各校中心的结构及规模与工作量和工作内容相关。大学校的中心可能会有固定员工数十人之多，如密歇根大学教学支持中心有员工约45人，UCLA教学支持中心有员工约75人。除了固定员工外，中心还会根据需要雇学生作为临时工。小型文理学院通常是由一两名教师兼职，再配一两个秘书。教学支持中心内部结构基本上按功能分工。核心工作包括课程教学设计、教学评价评估、教学技术、教学资源等。工作人员除固定职责外，还广泛采用兼任模式，如定向负责某些专业学院、对外联络、组织活动、维护网站等。大部分教学支持中心工作人员都是专业人员（professional），但中心领导职位如主任、副主任通常由教授或学术管理者兼任。中心之上通常有一个由教授构成的咨询委员会。这些中心的基本任务是，为教师们提供培训，组织教研活动，为教师们提供教学设计咨询和技术支持。（参见第八章第二节）

就我国大学教学研究的专业化而言，目前北京大学、清华大学、厦门大学、华中科技大学、华东师范大学、北京师范大学、南京大学、南京师范大学、苏州大学等校都有教师在做大学课程和教学方面的研究，也取得了很多成果，但把“大学教学研究”作为一个专门培养方向的学校却很少。根据华中科技大学雷洪德教授最近的一个调查，在中国，教育学一级学科下共有12个二级学科，其中布点最多的是高等教育学（硕士91个点，博士15个点），其次是课程与教学论（硕士87个点，博士13个点），这两个专业都是教育学领域中的“大户”，但是它们彼此几乎没有交集。在高等教育学的15个博士点中，只有6所大学设立了“大学课程与教学”方向（华东师范大学、苏州大学、南京大学、厦门大学、西南大学、西北师范大学），课程与教学论的13个博士点中只有辽宁师范大学设有“大学课程与教学论”方向。91个硕士点中只有7个设有与大学课程与教学有关的研究方向。[①]这些情况说明，在我国大学教学研究还没有进入学科化和专业化阶段，没有成为整合力量的轴心，因此未能为一线教师提供相应的专业帮助。但是，如果中国要推进SC

① 雷洪德教授2018年对全国教育类博士点和硕士点进行了一个调查，以上信息来自他于2018年10月8日给笔者的邮件。

改革，就需要像美国那样，培养一大批致力于大学教学研究的专业人员，从而为一线教师们提供帮助。为此，我们建议应尽快开展大学教学专业人员培养，具体建议如下。

一是目标和任务。我们认为，如果中国本科教学的未来改革方向是在全国高校推动SC改革，那就需要大批培养ID人员，并为广大教师提供相关培训。希望全国所有的高等教育博士点和硕士点都能参与这项工作，开始把大学教学研究作为一个主要专业方向，把培养教学设计师作为一个主要任务。如前所述，如果中国高校确实需要大约3.2万名ID人员的话，这将是一个巨大的任务。大学教学研究这个专业要给学生和社会一个清晰的指向，即这个专业的毕业生要会做课程设计和大学教学学术研究，能为一线教师提供专业帮助。毕业生的未来职业与事业定位必须十分清晰。

二是课程与学习。大学教学研究专业下面可设三个专门化方向：课程教学设计、教育技术、教学评价与评估。除了一般导论课如高等教育学、高等教育史等外，专业基础课和专业课可以包括大学生发展研究（包括四大发展理论）、学习科学（包括四大传统）、大学教学研究（包括理论、模型与方法）、大学学习研究（包括哲学、心理学、方法与技术）、大学教学设计（包括理论、方法、技术与设计）、大学教学评价与评估（包括理论、方法与设计）、一元和多元统计学（教学评价评估基础）、大学教学技术（包括理论与方法）、大学教学环境（包括理论与方法），以及项目管理、交流与沟通等专题课程，供不同方向的学生选修。

除了少量大班讲座课外，学习以独立学习课（independent study）和专题讨论课（seminar）为主。尤其重要的是要从入学开始就参与本校教学支持中心工作，通过实际观察和参与教学和咨询获得直接经验。整个学习期间不断线，和传统学徒制一样，通过设计良好的角色参与来不断提高业务水平。最后以实际工作的问题作为论文研究的主题，确保学生毕业时很好地掌握了大学教学研究的基础知识、基本能力和基本方法（三基），可以开始到高校担任教师发展工作。

三是教材。凡能编写的教材就编写，暂时不能编写的可以编文集。美国高等教育学会一直都是用编文集的办法解决教材问题。大学教学研究尤其要注意收集案例，包括各类课程和专业的成功或失败的案例。这些案例对指导教师教学研究有特殊价值。以专业和课程为轴心编写案例是大学教学研究的重要工作。这类案例研究的价值和医学、工程、法律、管理中的案例一样重要。案例研究是一切实践性学术的基础。

四是实习基地。大学教学研究是高度实践性的专业，以为高校培养教学设计师为目标。因此，凡承担相关研究生培养任务的学校，都应以本校教师发展中心为基地，还可以拓展到其他地方性高校中，通过参与他们的教师发展工作来为本校研究生培养建立起相对稳定的实习基地。同时，参与大学教学研究的教师也应积极参与这些实习基地的教师发展工作，通过指导和培训活动来了解教学一线实际情况和教师们的需要，并与基地学校的教师共同探讨研究生培养工作。这是让大学教学研究与一线教学实践保持密切联系的关键。

五是学位项目。所有的硕士毕业研究项目至少应该要求学生全程参与一个真实的课程设计项目，由指导教师和基地学校任课教师联合指导。研究项目应覆盖所有主要研究环节，包括课程分析，确定设计思想，参与课程设计，设计效果检验方法，参与实施，参加效果分析与评价，完成课程研究案例报告。要确保学生获得完整的教学研究实践训练。博士生可以在若干课程设计研究项目训练基础上，在基本理论方面开展研究。大学教学研究是实践导向的应用学科，因此评价时对实践能力方面的要求应高于理论研究的要求，类似于专业研究生的培养模式。

六是专业基础。大学教学是高度学科相关的。因此大学教学研究人员培养要注意学科特殊性问题，即ID人员要懂专业，这样在与专业教师合作时才能理解专业教师的意图。学科基础主要体现在三个方面:（1）招收研究生时要注意专业多样化，招收有不同专业基础的学生，以满足这些领域的ID人员的需求。（2）各高校在培养自己的ID人员时，要和本校专业布局一致，例如华中科技大学，ID研究生招生就要考虑招收本科是工程、医学等学科方向的研究生。教学支持中心的ID教师编制应该参考大学图书馆的专业馆员制度，实行专业对口，给不同学院教师提供专门化服务。最好是鼓励有志于大学教学研究的专业教师参加，并逐渐把他们培养成服务本专业的ID人员。（3）研究生培养还可以考虑委托培养和订单式培养，相关研究生就在委培学校实习和做毕业研究项目，这样有利于研究生和未来服务高校的早期融合。

七是共享案例库。所有研究成果应当以相对统一的形式呈现，并按统一方式评价。研究成果按统一模式编码，建立全国性共享案例库。这种案例库可以把所有教师的智慧和研究成果积累起来，不仅可以供全国教授同一课程的教师参考，还有利于开展相关学科理论研究，并最终建立起大学教学研究学科群。

八是教师培训。各校教学支持中心以有研究生教育的高校为核心，构建本地区教师培训网，用类似于研究生教育的方式为各校教师提供培训，帮助他们自主开展教学研究。

九是领导和政策。这项工作是落实教育部“以本为本”和“建设一流本科教育”规划的关键环节，故教育部高教司和中国高教学会应牵头组织这项工作，并负责全国性的统筹协调，希望能迅速形成规模和力量，以此推动全国性的SC本科教学改革运动。

四、结论

以上是笔者对大学教学研究科学化、学科化和专业化的一些考虑和建议。如果SC改革是中国建设一流本科教育的必由之路，那就需要培养大批熟知大学生发展、学习科学、现代教育技术、教学设计理论与实践的教学设计师，让他们在教学一线帮助教师实施SC改革。

潘懋元先生曾说，他当年提出创立“高等教育学”这个学科的目的，就是希望能帮助大学教师改进教学。现在我们要“不忘初心”，把潘先生的这个初始愿望真正落实下来，把大学教学研究作为高等教育研究领域的一个基本方向。通过促进大学教学研究，培养大批教学设计师，直接地推动全国的SC改革。争取在不久的将来，能在高校教学中实现“课堂教学模式转型”，并把我国本科教育质量提升到世界一流水平。

附录四

美国大学教师管理研究[①]

本文从制度与文化角度对美国高校教师管理做出了一个整体性研究，并据此对改进中国高校教师管理工作提出建议。本文旨在推进中国高校教师管理，故详于管理实践，略于学术讨论。

本文共有四个部分：首先介绍研究的背景、方法与范围；其次介绍美国高校师资在过去20年中发展变化的一些基本情况；然后以六所学校为例，系统介绍和分析美国高校在教师招聘、任用、考核、待遇、资源配置五个环节的实践和问题；最后是一个简要总结。

一、背景、方法与范围

本文是根据我在2010年中国高教学会院校研究分会第四次国际学术研讨会上的发言进一步发展而成的。那次会议的主题是“全球竞争条件下的高校人力资源管理”。选择这个主题有两个原因：一是经过10年大发展后，中国高校的规模得到了迅速扩大，办学条件得到了很大改善，但学校的办学质量或学术质量变成了一个突出问题。于是教育部要求各高校把工作重点放到提高办学质量上来。教师是高校学术质量的核心，故有必要进一步了解和学习美国等国的高校师资管理。二是虽然现有文献中有大量关于美国高校师资管理的介绍和研究，但这些文献有两点不足，一是很少有关于美国教师结构、待遇、资源配置等方面的文献，二是整体性研究较少。因此在会议准备阶段我们向所有国外特邀专家提出，希望他们能以自己所在高校为例，全面介绍该校的师资管理工作和看法。为此我分别和所有受邀专家逐一讨论了他们的发言大纲。如今这些报告已结集出版[②]，相信读者们可以从中学到很多

① 本文原发表于《高等工程教育研究》2011年第5、6期上。此处文字略有修改。

② 陈敏、张俊超主编：《全球化时代的高校人力资源管理》，华中科技大学出版社，2012。

东西。

尽管所有参会的国外专家都花了很大力气准备发言，但从中国听众的反应可以看到，这些发言还不足以回答中国高校管理者所希望了解的问题。这种不足主要是由于国外学者对中国高校师资管理的实践和需要不够了解，因而针对性不够。然而，要让与会国外专家进行有针对性的发言并不现实。因此在会议结束后，我决定进一步收集资料，最终撰写了此文，希望能为中国高校管理者提供一些更有针对性的信息和建议。换言之，本文专为中国高校管理者所写，因此特别关注他们关心的问题，同时弥补现有文献的一些不足。此外，本文以改进实践为目的，因此主要介绍管理实践，而对相关理论则点到为止。

本文重点分析制度与文化。在经过十年规模扩张，办学物质条件得到改善之后，中国大学应当开始关注制度与文化建设，关注如何通过制度与文化建设来保障学校的办学目标与办学质量。制度与文化因此成为学界关注的重点。

什么是制度？按组织人类学的说法，“制度”指在组织中可以被观察到的、不断重复的行为。这些行为因不断重复而被称为“行为模式”或“制度”。制度可以是组织明文规定的，称为“正式制度”，也可以是非官方的，称为“非正式制度”。因此，实证性制度研究的重点是观察实际发生的行为，而不是写在纸上但没人执行的“官样文章”。为什么这些行为会不断重复呢？组织人类学的解释是，因为这些行为对组织有“意义”。把这些“意义”汇合一处，便是组织的“文化”。因此，在实践中观察发现组织的制度并揭示其意义，即为组织人类学的研究方法。

美国学者斯科特从组织社会学角度也提出了一个制度定义。什么是制度？制度是能使人们按一定方式参与社会活动的要素，目的是为社会活动提供意义和稳定性。按这个定义，制度包括三类要素，即规制性、规范性和文化认知要素，由此形成三类不同制度。规制性（regulative）制度，指需要强制执行的制度，如法律制度；规范性（normative）制度，指依靠社会责任和社会期待来执行的制度，如道德；文化认知性（cultural-cognitive）制度，指因接受某种观念而自觉执行的制度如文化（见表 1）。值得注意的是，在斯科特的制度定义与分类中，制度不仅包括法律规章制度，还包括道德制度和文化制度。这就和组织人类学的制度定义比较接近了。这个定义为理解社会活动的组织化与制度化提供了更为广阔的空间，使我们可以把很多原来属于道德和文化信念的行为纳入制度研究。这对制度研究是一个很大的贡献。

表 1　制度的三大基础要素[①]

	规制要素	规范要素	文化认知要素
遵守基础	权宜应对	社会义务	视作当然 / 共同理解
秩序基础	规制性规则	约束性期望	建构性图示
扩散机制	强制	规范	模仿
逻辑类型	工具性	正当性	正统性
指标	规则 / 法律 / 奖惩	合格证明 / 资格认可	共同信念 / 共同逻辑 / 同型
情感反应	内疚 / 清白	羞耻 / 荣誉	确定 / 惶恐
正当性基础	法律裁决	道德义务	文化认同

有了这两个制度定义，我们就可以来研究美国大学教师管理的制度与文化了。

根据中国高校师资管理的需求，本文侧重研究研究型和教学型两类高校。关注这两类高校是因为它们的师资管理问题比较典型且相当不同。前者以学术研究为主，后者以本科教学为主，因此对师资的要求和管理也不相同。至于其他类型的学校，都可以认为是两者的不同比例混合而已。为了具体说明情况，本文选择了六所美国高校为案例，分别为三所研究型大学和三所教学型高校。

伯克利和密歇根被认为是美国最好的两所公立研究型大学，而斯坦福则是最好的私立研究型大学之一。三所学校规模和学科结构大体相当，都有除农学以外的几乎所有学科。尤其是伯克利与斯坦福毗邻，两校社会环境基本相同，因此具有高度的可比性。密歇根大学虽然是公立大学，但由于当年与政府签订的章程规定，政府只负责提供经费，不能干预学校管理，因此密歇根大学的管理介乎于公立与私立大学之间。

美国有三类典型的教学型高校：州立教学型高校、公立社区学院和小型私立文理学院。加州州立大学福乐屯校区（California State University at Fullerton）是加州州立大学系统的一个校区，位于加州橘郡福乐屯市。该校以本科教学为主，最高学位为硕士，主要培养本地学生并服务当地经济社会发展。2009 年有各类学生 36262 人，按每 30 学分折合一个全日制学生计算，折合全日制学生 29045 人，其中本科生 25554 人，硕士生 3491 人。这是一所典型的以本科教育为主的地方性教学型高校。

纳苏社区学院（Nassau Community College）是一所社区学院，位于纽约长岛，

① 斯科特:《制度与组织——思想观念与物质利益》，姚伟等译，中国人民大学出版社，2010: 59。

在70多个专业领域授予两年制副学士学位，并提供大量证书培训。2009年有各类学生4万人，折合全日制学生17812人。学校占地1508亩，是美国最大的单校区社区学院之一。

麦克拉斯特学院（Macalester College）位于明尼苏达州双城市。2009年有全日制本科学生1958人，部分时间制学生38人，折合全日制学生共1971人。在2009年《美国新闻与世界报道》中位列全国最佳学院排名第25名。联合国前秘书长安南、美国前副总统蒙代尔均为该校毕业生，该校也是美国唯一一所悬挂联合国旗的高校。这所学校是一所优秀的小型私立文理学院。①

文中六所学校的数据均来自美国教育部中学后教育综合数据系统（The Integrated Postsecondary Education Data System, IPEDS），故不再另注。

若有中国相应数据进行对比，会很容易发现中美高校在教师管理方面的差异。遗憾的是，由于保密制度，中国数据无法得到。尽管中国高校每年都会向上级主管部门提交本校统计数据，但这些数据均没有公开。事实上，我认为这种数据保密制度有损于中国的高校管理研究，阻碍了通过研究改进管理的可能。②

对中国研究型大学，本文的信息主要依据教育部直属高校工作办公室每年编写的直属高校年度统计报告。对教学型高校，本文则主要依据我多年收集的资料，尤其是教育部首轮本科教学评估中各校提供的自评报告。即令如此，我发现中美两国的统计数据在数量和质量上还是相差甚远，希望这种局面未来能有所改善。

我假定本文读者主要是高校管理人员，他们了解各自学校的情况，故能对本文中所提建议适当与否做出判断。关于中国高校师资管理的情况和问题，主要源于我所参与过的各种高校管理活动。本文中绝大多数建议都是根据这些情况和问题提出来的。

本文写作中得到了时任香港城市大学协理副校长程星、时任原北科罗拉多大学

---

① 关于这个学校，可以参考王春春的《美国精英文理学院的本科教学模式》，这是用人类学方法对该校做的一个研究，2019年由科学出版社出版。王春春是我的博士生，2009年她在该校待了一年来做这个研究。

② 在讨论中国高等教育研究较多采用思辨方法而美国更多采用定量方法时，有人认为这是中国思辨学术研究传统在高等教育研究中的表现。我认为这是由于缺少数据资料所致。如果有大量数据，讨论就一定会寻求数据支持，从而使研究向定量方向发展。也就是说，目前这种大而化之的所谓思辨研究实在是因为缺少数据，是“巧妇难为无米之炊”的结果。因此促使中国高等教育研究从思辨走向科学的根本一步是数据资料，是实证。中国高等教育管理研究的科学化，需要以开放全国高校数据信息系统为前提。

学术副校长黄茂树、时任明尼苏达大学副校长卡里尔（Carol Carrier）、时任加州大学伯克利校区副校长助理亨斯特勒（Dennis Hengstler）、时任明尼苏达大学东亚图书馆馆长陈肃女士等人的帮助，在此一并致谢。

二、变化中的美国高校师资

以1980年为界，第二次世界大战后美国高等教育可以分为两个阶段。第一阶段以大规模发展大众化和普及化高等教育为特征。在这段时间，由于各级政府大量投入，美国教育经费比较充足，因此高等教育的规模和质量都有很快发展，这使美国高等教育成为世界高等教育发展的典范。1980年以后美国高校发生了前所未有的大变化，这些变化使得美国高等教育明显不同于第一阶段，美国高等教育由此进入第二阶段。造成这种变化的主要因素有三个。一是自1980年起，尤其是近20年，美国开始调整高等教育资助政策。以生均经费拨款来衡量，政府对高等教育的资助力度迅速下降，高校不得不提高学费，扩大自主创收活动以维系学校财务健康。[①] 二是美国进入知识经济社会，大学变成社会发展的一个主要驱动力量，进一步从社会边缘走向社会中心。不仅社会对高校的要求越来越多，而且高校参与社会生活的程度也越来越高。这种日益复杂的互动改变了美国大学。三是大学规模越来越大，任务与目标越来越多，组织越来越复杂，学校因此也变得越来越难于管理。于是美国大学向其他社会组织学习，引进和采用新的管理方法，改革和强化大学管理，这些也在很大程度上改变了美国大学。总之，1980年以前和以后的美国大学已经有了明显不同，这些变化直接影响到了美国大学教师管理。

首先看美国高校师资的总体情况及其20年来的变化。表2列出了1989年至2007年部分年份美国高校教师的数量与分布情况。可以看出，自1989年以来，美国高校师资发生了一些重要变化。

表2　1989—2007年美国高校全职师资数量与分布（%）[②]

年份	人数（千人）	全职（FT）	非全职（PT）	公立	私立非营利	私立营利	四年制	两年制
1989	824	64	36	70	—	—	71	29
1991	826	65	35	70	—	—	72	28
1993	915	60	40	71	28	1	68	32
1995	932	59	41	70	28	1	69	31

① 本文对财务健康的定义是学校收入大于支出，反之则是财务不健康或财务风险。

② *Chronicle of Higher Education, Almanac Issue, 2009-2010*: 30.

（续表）

年份	人数（千人）	全职（FT）	非全职（PT）	公立	私立非营利	私立营利	四年制	两年制
1997	990	57	43	70	27	2	69	31
1999	1028	57	43	69	28	3	69	31
2001	1113	56	44	69	28	3	69	31
2003	1175	54	46	67	28	4	69	31
2005	1290	52	48	65	28	7	71	29
2007	1371	51	49	64	28	8	72	28

首先是生师比。2007 年高校教师总数为 137.1 万人，学生总数 1825 万人[①]，生师比约为 13。其中，私立高校教师比例为 36%，但学生人数比例为 25%。由此可知私立高校的生师比约为 10，而公立高校约为 16。四年制高校教师总数为 99 万人，学生为 1100 万人，生师比约为 11；两年制高校教师为 38 万人，学生为 649 万人，生师比约为 17。这表明美国高校生师比总体上低于中国高校。[②]

其次是教师雇佣结构的变化。雇佣情况与教师的社会地位和经济状况密切相关。表 3 给出了 1975 年至 2007 年美国大学教师雇佣结构的变化。

表 3　美国高校教师雇佣结构的变化（%）[③]

年份	终身职	终身职轨道	全职非终身职	兼职
1975	36.5	20.3	13	30.2
1989	33.1	13.7	16.9	36.4
1995	30.6	11.8	16.7	40.9
2007	21.3	9.9	18.5	50.3

从表 3 可以看出，在 30 年里，美国高校教师的雇佣结构发生了明显变化。第一，终身职和终身职轨道教师的比例从 1975 年的 56.8% 下降到 2007 年的 31.2%，终身职教师已经从多数群体变成了少数群体。第二，非终身职教师比例大大增加，2007 年已经接近 69%。非终身职教师和终身职教师的主要区别是，终身职教师同时承担教学、研究、服务三项大学基本任务，是大学的学术力量核心。而非终身职教师只从事教学，基本不从事研究与服务工作。也就是说，美国大学出现了一大批专门教书的教师，其数量已经接近教师总数的 69%。第三，大多数非终身职教师是

① 本段学生人数数据来源：*Chronicle of Higher Education, Almanac Issue, 2009–2010*: 28.

② 关于生师比，我国教育部规定，研究型、教学型本科和高职高专三类高校的生师比分别为 14、16 和 18。但有学校倾向于虚报教师数字以应付检查，因此实际生师比可能高于此数。

③ IPEDS, *Fall Staff Survey, 2009*.

兼职教师。按美国大学的普遍规定，一个教师的工作量如果超过满工作量的75%，就算全职教师，不足者为兼职教师。全职教师和兼职教师的主要区别是，全职教师有工作保障，可以享受学校基本福利，可以参加教学管理工作，但不参加其他管理工作。而兼职教师没有工作保障，也不享有学校福利，更不能参加任何管理工作。他们通常是拎包上课，下课走人，按课付酬，多劳多得。用中国的术语，他们是“临时工”。这些“临时工”的人数高达美国大学教学人员总数的50%！

这些变化对美国大学组织影响巨大，也对很多关于大学教师的传统看法形成挑战。按传统的说法，大学教师的三大任务是教学、研究和服务。如果按这个标准，2007年美国大学中符合这个标准的只有占教师总数约30%的终身职教师，其余的约70%都不再是传统意义上的大学教师。在这种情况下，应当考虑改变我们对美国大学教师的传统看法，将其范围扩大到包括所有在大学从事学术工作的学者，而不仅仅是终身职教师。

美国大学教师结构的变化标志着美国大学中出现了一种新的劳动分工模式。美国大学不再是通过让所有教师同时从事教学、研究与服务来实现大学的三项基本职能，而是在所有教师中进行分工，让不同的教师做不同的事，从而在总体上满足社会对大学的多种需求。这标志着美国大学教师管理哲学的改变，即开始从人力资源战略管理的角度进行资源配置，改变了原有的资源配置模式。

二是大学组织的社会分化和分层。终身职教师减少，非终身职教师和兼职教师增加，标志着美国大学教师内部出现了社会分化和分层。终身职教师处于大学教师群体中的上层。他们仍然享受着传统大学教师的一切特权。他们不仅可以自由从事学术工作，还对大学学术事务拥有控制权。因为他们是终身雇佣，学校在原则上不能解雇他们。可以说他们是大学教师社会体系中的顶层。其次是全职非终身职教师。他们已经不再是传统意义的大学教师，也得不到终身职特权的保护。但他们至少还能全职工作，能享受学校的福利，能参加部分管理工作，因此他们处在体系的中层。

兼职教师的情况比较复杂，主要包括三种情况。一是普通任课教师，根据教学需要聘请，按课付酬。他们通常是拎包上课，下课走人。他们不参加学校的管理，组织忠诚度很低，甚至他们自己也不认为自己是这个学校的人。一门学期课的课酬通常是2500美元到5000美元不等。如果一个教师每个学期上5门课，一年上10门课，其年收入也不过是2.5万美元至5万美元之间。此外，由于他们不是全职教师，不享受学校福利。学校福利包括医疗保险、就业保险和退休保险等，在研究型大学这部分福利大概为 2 万—3 万美元，在教学型高校大约在 1 万美元左右。这些得由兼职教师自己支付。因此这部分教师在大学里的社会地位和经济地位都很低。他们不把自己看成是大学的主人，而看成是大学的雇员，热衷于组织工会，希望通过工会来保护自己的利益。事实也是如此，美国教师协会的数据表明，工会会员教师的工资明显高于非工会教师。总之，这批教师处于大学组织的底层。

二是担任教学工作的博士生，通常称为助教（TA）。博士生担任助教的目的是帮助他们获得今后在大学从事教学工作的经验，同时帮助他们解决部分学习费用问题。他们是学生，不以教书为生，但仍受制于学校、院系和导师，因此他们的行为与普通兼职教师有很大不同。即便如此，近些年来 TA 们也开始组织工会，通过工会来保护自己权利的事已经开始在很多大学出现，成了大学工会的另一支主力军。

三是被称为“adjunct”的兼课教师。这类教师中很多人是各类专业人员和管理人员，如校内外中高层管理人员、专业人员、访问学者等。他们通常只是抽出部分时间承担一点课程，通常也不参加院系管理。这些跨校跨系兼课的教师，他们可能在本单位还有终身职和学术职务。原则上，他们兼课的院校不会授予他们终身职或教授、副教授之类的学术头衔。如果他们有，通常也是从外面带来的。他们有时被称为讲师，有时被称为教授，有时被划为其他教学人员。

美国大学中的这种变化明显有益于提高资源使用效益，但对大学的组织管理有严重影响。首先是大学教师的这种社会分化使得美国大学教师群体不再是一个均质群体，可以把大学教师作为一个整体来看的传统说法已经不复存在。例如，在古典时期，学校的三支主要力量——代表社会利益的董事会、代表行政力量的管理层、代表学术力量的教师群体——基本上都是中产阶级以上的白人知识分子，他们彼此享有共同的价值观和办学理想。但是现在，随着非终身职教师代表的增加，出现了第四支力量，改变了大学中原有的力量平衡。它还给大学管理带来新的变数。例如兼职教师和研究生助教把工会带入了大学，这增加了大学行政管理的困难。但增加兼职教师可以减少行政开支，还可以削弱终身职教师的力量，最终将有助于管理者，为强化行政力量提供了条件。[①] 美国大学教授协会（AAUP）对这些发展一直高度警惕，从 20 世纪 90 年代起就呼吁阻止大学教师群体的这种分化。但时至今日收效甚微。

① 2021 年以来，美国开始出现解雇终身职教师的情况，如堪萨斯大学、佐治亚州立大学系统等都出现了学校董事会和校行政联合出台允许开除终身职教师的政策。这表明，大学学术力量被进一步弱化。

注意到今日大学和古典大学有很大不同这一点非常重要，它可以防止我们用过时观点来认识当代问题。学术上的浪漫主义固然美好，但其危险在于脱离实际。

类似的事情也发生在中国。过去 30 年，尤其是近 10 年，中国大学里也发生了巨大变化。大学组织的规模扩张和社会分化分层也同样触目惊心。两三千人的袖珍型大学不复存在，无论是蔡元培任校长时的北京大学，梅贻琦任校长时的清华大学，还是神话般的西南联大。从社会学角度看，这种小而简单的袖珍大学、高度均质的学术共同体，和今天的中国大学相去甚远。因此，当我们试图把很多由古典大学而来的观点和理论用于分析今日中国大学，就有可能犯脱离实际的错误。我们处在巨大变革的时代，我们需要重新审视旧观念，发展新观念！

美国大学教师的变化还表现在教师职称结构方面。美国高校有六类教师职称：正教授、副教授、助理教授、讲师（lecturer）、教员（instructor）、无职称教师（no-rank）。后三类是迅速扩大的类别。表 4 是美国高校教师职称分布的情况。

表 4　2009 年美国高校教师雇佣类型和职称的比例结构（%）[①]

	教授	副教授	助理教授	讲师	教员	其他
终身职	85.7	70.9	7.1	1.7	21.4	17.1
终身职轨道	2.1	10.7	58.2	1.8	14.1	5
非终身职	12.3	18.4	34.7	96.5	64.5	77.9
总计	100	100	100	100	100	100

通常认为，正教授、副教授是终身职教师，助理教授是终身职轨道教师。助理教授经过终身职审查后获得终身职，并晋升为副教授。讲师和教员是非终身职教师。其工作量超过满工作量的 75%，则为全职教师；不足 75%，则为兼职教师。但表 4 表明，这些说法只是大体正确，实际情况五花八门。例如，有些大学如哈佛大学只授予正教授终身职，副教授及助理教授均为终身职轨道教师。还有一些高校如新罕布什尔大学干脆取消了终身职制度。当前的发展趋势是，研究型大学不断削减终身职教师岗位，而社区学院中却盛行采用终身职。

讲师和教员是专职教书教师的职称，但两者之间并没有统一的标准。各学校根据自己的不同标准划分专职教师和非专职教师。同一个教师在 A 校可能划为讲师，在 B 校可能划为教员，在 C 校可能被划为其他教学人员。他们的共同之处是，他们都是专职教师。原则上本单位不授予这些人学术职称和学术头衔。如果他们有这

① IPEDS，*Fall Staff Survey, 2009.*

些职称和头衔，通常是从外面带来的。

下面结合本文研究的六个案例学校，进一步分析人力资源管理如何改变了美国大学中的教师结构和人员分布（见表5）。

表5 美国三所研究型大学2009年的人员结构[①]

	加州大学伯克利校区		密歇根大学		斯坦福大学	
	人数	%	人数	%	人数	%
教学人员总计	7088	100	9527	100	6592	100
终身职教师	1373	19	2530	27	1286	20
全职非终身职教师	232	3	3057	32	543	8
兼职教师	851	12	203	2	1712	26
研究生助教	4632	65	3737	39	3051	46
非教学人员总计	8854	100	13855	100	8046	100
管理人员	270	3	1749	13	564	7
专业人员	4883	55	7372	53	4098	51
技师/技工	720	8	886	6	759	9
文秘人员	2156	24	2596	19	2041	25
工勤人员	825	9	1252	9	584	7
教师（faculty）*总计	1608	100	3228	100	2374	100
教授	871	54	997	31	609	26
副教授	300	19	559	17	180	8
助理教授	266	17	570	18	4	0
教员	4	0	10	0	8	0
讲师	154	10	304	9	240	10
无职称教师	13	1	788	24	1333	56

*只包括被聘为教师（faculty）的人员。研究生助教及兼职教师通常不属于教师（faculty）。教学人员指参加教学活动的人员，包括研究生助教和兼职教师。教学人员与非教学人员之和为全校教职人员总数。

从表5可以看出：（1）现代大学是一个大量使用众多不同专业人员的组织。这三所学校的职工总数在1.5万至2万人之间，是典型的人力资源密集型组织。（2）三所学校人力资源结构大体相同，这表明美国研究型大学中确实存在基本的人力资源配置模式。（3）在全校从事教学工作的人员中，有教师（faculty）身份的只

① 来自IPEDS中这些学校填报的数据。

占22%—36%，其中终身职教师仅为20%左右，其余均为研究生助教。非终身职教师和研究生助教是教学工作的主力，但由终身职教师负责对教学工作的领导与管理。（4）非教学人员中也有一个规模庞大的专业人员群体。这个群体是学校管理工作（如校院系行政机构及辅助机构）、学术辅助工作（如图书馆、博物馆、信息中心等）、学术延伸机构（如衍生研究机构、社会服务机构等）的主力军。这个庞大的专业人员队伍的主要任务是做具体专业工作，相关的领导与管理则由大学行政管理层和终身职教师群体负责。（5）文秘、技术人员和工勤人员等是另一数量庞大的群体。表5典型地反映了美国研究型大学的人力资源构成情况。

从表5还可以看出两点。第一，现代研究型大学已经发展成为一个多目标、多任务的大型组织。这个组织应对多目标和多重任务的方法是不断深化专业分工，结果把大学变成了一个人员众多、专业领域广泛、结构复杂的大型组织。简单地说，一所大学的目标越多、任务越多，其规模越庞大、组织越复杂。组织规模和复杂程度是目标与任务复杂性的表现。就此而论，已经和第二次世界大战前的传统高校相去甚远，也和1950年至1980年的美国大学有很大差别。例如，1975年至2005年，美国大学管理职位类别如校长、学术副校长助理等增加85%，专业管理人员增加240%，但大学教师（faculty）只增加了51%。[①]

第二，人力资源布局明显是出于效益考虑。围绕着终身职教师群体建立起了负责教学的专职教师群体和负责研究及服务的专业人员群体。其目的是通过分工来提高效率。主要包括两点：（1）符合专业化要求。让有专业能力的人从事专业化的工作，通过专业化提高工作效果和效益。（2）节约经费。不让高薪人员干低薪人员能干的事。

下面的资源配置部分会进一步指出，美国研究型大学重视人力资源的重要原因之一是人力资源开支通常占学校运行开支的60%以上，是学校的最大开支。因此如何充分利用这部分资源，对学校管理有重大影响。

以上分析中有四点值得中国大学考虑：（1）把人力资源管理的理念和方法用于高校人事管理，认识到人力是一种资源，改变目前的简单人事管理的现状。（2）分析学校战略目标，使学校人力资源布局符合学校战略目标。通过人力资源的战略布局来支持学校发展，提高人力资源的使用效果和效率。（3）正确认识大学教师在学

① B. Ginsberg, *The Fall of Faculty: The Rise of the All-Administrative University and Why It Matters*, Oxford University Press, 2011.

校人力资源体系中的地位与作用，在设计新的人力资源体系时，要保证大学教师在学术与管理中的领导地位，同时为提高教师的选拔、任用、考核、待遇等方面的标准奠定基础。（4）研究型大学要特别注意按照世界一流大学的标准和要求来进行师资队伍建设。要为其核心教师建立起必要的组织平台，使他们能够充分发挥作用，因为这些学校的目标是建设世界一流大学。

表 6 是三所教学型高校的人力资源分布情况。

表 6 美国三所教学型高校 2009 年的教师结构和人员结构

	加州州立大学福乐屯校区		纳苏社区学院		麦克拉斯特学院	
	人数	%	人数	%	人数	%
教学人员总计	1847	100	1323	100	231	100
终身职教师	729	39	591	45	142	61
全职非终身职教师	138	7	27	2	21	9
兼职教师	748	40	705	53	68	29
研究生助教	232	13	0	0	0	0
非教学人员总计	1400	100	1155	100	423	100
管理人员	82	6	53	5	61	14
专业人员	651	47	372	32	196	46
技师 / 技工	227	16	270	23	15	4
文秘人员	340	24	349	30	101	24
工勤人员	100	7	111	10	50	12
教师总计	866	100	600	100	163	100
教授	266	31	184	31	51	31
副教授	206	24	122	20	36	22
助理教授	257	30	157	26	67	41
教员	0	0	137	23	9	6
讲师	137	16	0	0	0	0

从表 6 可以看出，三所高校的人力资源配置各有特色，反映了它们各自的使命和目标的不同。首先，相比研究型大学，教学型高校的人员规模要小得多，最大的福乐屯校区只有 3000 多名员工，仅相当于伯克利的五分之一。麦克拉斯特学院员工仅有 654 人，仅相当于斯坦福大学人员规模的 4.5%。

其次，两所公立高校的人力资源结构和师资结构非常相似，这说明公立教学型高校有比较一致的结构。各类比例人员大体相当，都有较多的兼职教师，较多的专

业 / 半专业的辅助人员，教学与非教学人员比例也大体相当。主要的不同有，纳苏学院的生师比比福乐屯校区还要低，这可能与该校开设了较多的职业课程有关，因为职业课程通常是小班上课，并需要更多专业人员帮助。

代表小型私立文理学院的麦克拉斯特学院的人员结构和两所公立高校有较大区别。首先，麦克拉斯特学院只有 1996 名学生和 231 名教学人员，两所公立高校的规模要大得多。其次，麦克拉斯特学院的生师比为 8.6，而其他两所公立高校的生师比分别为 16 和 13。由于生师比较低，这类学校可以大量采用小班教学，有大量师生互动、面对面辅导、系统的作业批改等，从而保持学校较高的教学质量。在麦克拉斯特学院，平均班级规模为 12 人左右，最大班级规模不得超过 15 人。这些在公立教学型高校通常很难做到。最后，麦克拉斯特学院的全职教学人员占 70%，而两所公立高校分别为 46% 和 47%。这有助于麦克拉斯特学院建立稳定的教师队伍和组织文化。第四，麦克拉斯特学院的非教学人员比例在全校员工中的比例为 65%，而两所公立高校的比例分别为 43% 和 46%，这表明麦克拉斯特学院的师生可以得到专业人员更多的支持和帮助。这就不难理解，为什么麦克拉斯特学院的生均成本要比两所公立高校高得多。麦克拉斯特学院的生均开支为 54905 美元，而福乐屯校区和纳苏学院的生均开支仅为 12582 美元和 10577 美元。以上几点是美国精英型小型私立文理学院的基本特征。

由此可以得出一个结论，高校由于使命和目标不同，应该有自己特有的人力资源布局和师资结构，因此探索适合本校的人力资源结构和师资结构是学校人力资源管理的必经之路。简单模仿和复制都是不可取的。

终身职教师比例是另一个值得注意的问题。三所教学型高校的终身职教师比例都远高于三所研究型大学。麦克拉斯特学院的终身职教师比例为 61%，是斯坦福大学的 3 倍；纳苏学院是一个两年制社区学院，但其终身职教师比例高达 45%，是伯克利的两倍多。如何解释这个现象？一个可能情况是，当研究型大学因经费原因而限制终身职岗位时，教学型高校却利用它来吸引人才。

建立终身职的本意是保障大学教师的学术自由，因此风险最大的教师群体应当是走在学术发展最前沿的研究型大学教师群体，而不是教学型高校教师群体。但这几个案例似乎都表明，美国已经出现终身职功能扭曲的情况，把终身职当成了教师职业保障的工具。因此，究竟哪类学校应当设置终身职，比例多少，哪些学校应当放弃终身职等，都是值得认真思考的问题。可以给教师工作保障，但不必使用终身职形式，以免扭曲终身职的基本功能。例如，新罕布什尔大学宣布放弃终身职，但对解聘教师设立了非常严格的条件和审查程序，这也可以起到保障教师工作权利的作用。

这些分析对中国教学型高校可能有哪些启发呢？我认为以下几点值得考虑：（1）认真思考如何把人力资源管理用于本校人员管理；（2）根据本校使命和目标，探索适合本校的人力资源配置方案，不要简单模仿；（3）建设结构化的人力资源队伍和师资队伍的思路，也适用于教学型高校；（4）可以根据不同情况，设立不同的终身职要求和比例，以便服务教学的同时，保持一支高水平的学术核心力量。

下面介绍教师管理过程。

三、师资管理过程分析：招聘、任用、考核、待遇、资源配置

美国高校中有三类教师：终身职教师，非终身职教师，兼职教师（此处讨论包括研究生助教）。由于三类人员重要性不同，对他们的管理也有所不同。其中，终身职教师管理最为复杂，也最值得关注，其他两类教师管理的严格程度依次递减。因此下面的讨论以终身职教师管理为主，兼顾其他两类教师的管理情况。

美国各高校师资管理虽然各有不同，但存在一个基本模式，即都包括招聘、任用、考核、待遇、资源配置这五个基本环节。这里主要讨论这个模式，兼顾研究型大学和教学型高校之间的差异。

1. 招聘

美国研究型大学的终身职教师招聘最为复杂，尤其是像伯克利、斯坦福、密歇根这样的顶尖研究型大学，因为它们希望招到世界上最优秀的学者，以保证其领先的学术质量。它们如何达到这个目的，如何保障招聘的公正与公平，免受权力与利益的不正当干扰，这些是中国管理者特别关心的问题。

美国研究型大学终身职教师管理虽各有不同，但招聘模式大体相同。主要有三个特点：复杂、程序化、公开性。复杂首先指涉及面广，从校长、院长、系主任到每一位终身职教师，都会涉及。其次是延续时间长，一个招聘从开始到结束至少需要一年时间，甚至可以长达三年。程序化指招聘各环节都有明确规定和指导意见，不合规范的做法会引起怀疑、非议甚至诉讼。为了保证这个过程不受权力与利益的不正当影响，学校通常会公开有关招聘的文件，并在招聘中设置多种方式让教师参与招聘，禁止暗箱操作。这就是公开性。下面以佛罗里达大学的招聘工作为例说明

这个过程。[①]

先介绍美国研究型大学的一般管理模式。美国研究型大学通常是校、院、系三级管理。校一级负责学校规划，提供全校性公共服务，维持学校整体形象。学院是学术行政组织，负责本院的学术、人事与财务，有独立的人事权与财务权，有自己的行政管理机构，是美国大学管理中的实权阶层。学系是基层学术单位，通常没有独立的人事权与财务权。这就是美国大学的“三级管理，院为基础”的管理模式。专业学院众多的大型研究型大学，通常采用这个模式。其好处是能照顾各专业的特殊性，充分发挥各学院的积极性，缺点是容易形成各个学院的发展不均衡和贫富不均。在这个管理模式下，终身职教师招聘工作是在学校招聘工作框架指导下，由学院组织实施、学系具体执行的模式。终身职教师是“涉外”工作，其质量对学校及院系声誉影响巨大，因此各校都十分重视终身职教师的招聘工作。佛罗里达大学对这项工作的要求是：专业、人性、负责。

整个招聘过程可以分为准备、初选、会议 / 电话面试、校园面试、聘任五个环节。准备指制订计划。对使用政府经费或学校经费为主的招聘，要根据政府和学校要求及学校的办学目标、发展需要和经费情况，制订各学院的招聘计划。对使用本院经费为主的招聘，由学院自行制订招聘计划，报学校批准。然后学院和各学系一起，制订本院招聘计划和各系招聘计划。招聘计划主要涉及拟招聘教师的学术领域、级别、数量、相应经费来源和使用。这些计划必须经学院教授会投票通过，因为教授会在审查这些计划时，除了考虑学术发展之外，还要考虑维护现有终身职教授权益。例如，如果本校终身职教授面临裁减，那他们有权在校内其他学术单位得到优先聘任。教授会通过后上报学校，由校长或学术副校长批准后进入执行阶段。这些计划的制订与批准通常比较缓慢。如在加州大学伯克利校区，其计划准备阶段可以长达一年。[②]

第二阶段是遴选，是整个过程中最复杂，也最体现美国大学教师招聘特色的一个阶段。一般有七步：成立招聘委员会、制订招聘工作计划、撰写与刊登招聘广告、初选、会议 / 电话面试、校园面试、聘任。学系要为每一个招聘岗位组建一个招聘委员会（search committee）。成员一般为本系教师，人数与拟招聘教师职责范

① “Faculty Recruitment Toolkit,” University of Florida. 以佛罗里达大学为例是因其招聘指南比较具体，易于外人了解情况。其他学校的文件则详略不一，但都可以在学校相关网站上找到。

② Dennis D. Hengstler, “Maintaining Faculty Quality in A Era of Restricted Resources: An Overview of Cal’s Faculty,”2010 年 5 月在中国院校研究会第四次国际学术会议上的发言。

围有关。原则是委员会成员的专业领域足以覆盖拟聘教师的专业领域。如果本系缺少有关专家，可从外系或外校聘请。院长和系主任一般不参加招聘委员会，因为他们是最终决策者。但他们可以调阅所有申请材料并应邀为招聘委员会提供咨询。招聘委员会必须包括一名学校反歧视委员会成员，通常还有一名学院人事管理人员参加，他们的任务主要是就有关政策规定提供建议。他们没有投票权。招聘委员会组建后要报院长批准，学校备案。有些学校还规定，所有招聘委员会成员必须先参加学校管理部门培训，了解学校的有关政策和要求。

招聘委员会的职责包括：（1）制订招聘工作计划，即根据拟招聘教师的岗位职责拟定遴选标准和遴选工作程序，这些标准和程序必须投票通过；（2）撰写招聘广告和有关信件；（3）决定发布招聘广告的时间和地点；（4）筛选候选者；（5）负责执行学校招聘规定；（6）负责有关档案工作。这些工作显然会占用教师大量时间和精力，因此这项工作可以作为教师服务业绩列入年度考核。

关于撰写与发布招聘广告，招聘委员会首先要了解学院和学系对任职者的要求和希望，以及其可能给学系带来的好处和问题，然后据此定出候选人的遴选标准，在所有招聘委员会成员对任职者的要求和评价标准达成共识后，才可以开始撰写招聘广告。换言之，任职岗位分析和评价标准是撰写招聘广告的依据。广告包括拟招聘职位、岗位职责描述、对申请者专业领域和资历的要求和期望、薪酬待遇范围、申请截止日期等。由于终身职教师任职涉及联邦反歧视法，因此，广告中还必须有学校关于反歧视的声明。研究型大学无一例外地要求在全国乃至全球范围内发布广告。发布地点通常为著名高教新闻周刊《高等教育纪事》（*Chronicle of Higher Education*）、相关专业主要期刊、专业学会网站、相关专业高校等，必要时也可在国外发布。原则是最大限度扩大招聘范围。招聘委员会负责撰写广告，但广告须经院长审批后方可发布。通常广告要连载四周，申请截止日期一般为发布后的第12周。即使申请截止后委员会也会接受申请，直到选出最终候选人为止。这些做法也是为了争取更多的申请者，并保证他们有足够时间准备申请。

目前研究型大学的终身职是稀缺岗位，一个岗位有时会有上百份申请。招聘委员会要从中选出两三人参加校园面试，这就是初选。申请者要提交四种材料：一封申请信、个人履历、学术资历证明、三封推荐信。招聘委员会成员要阅读每一份申请，然后集体讨论得出初选者名单。

初选前还会对所有初选者的推荐人进行电话采访。招聘委员会要准备好一组电话访谈问题，如：你认识被推荐者多久了？你是怎样认识他的？你对他在教学、研究和服务等方面的评价如何？在学术方面他给你最深的印象是什么？他在哪些学术领域中可能做出贡献？为什么？其学术潜力如何？取得终身职对他的最大挑战可能是什么？你认为我们对此应该给他什么建议和帮助？你会招聘他吗？为什么？你认为我们应该招聘他吗？为什么？这些问题相当棘手，如果推荐人对被推荐者没有很好的了解，是无法恰当回答这些问题的，此外还会面临个人学术声誉受损的危险。这也是为什么美国很多学者对担当推荐人都非常谨慎，除非他对被推荐者有足够信心，否则不会同意写推荐信。这样一来，申请人能否找到三个推荐人也成了对他的一个考验。只有那些能得到推荐人强力推荐的人，才有可能参加校园面试。应聘者通常至少为三人，若不足三人，招聘终止。总结经验后重新招聘。

初选名单确定后，招聘委员会要根据评价标准，准备一组校园面试问题，这些问题要有助于对申请人做出客观评价。例如，你为什么要离开当前的岗位？你为什么选择这个学系？你认为你可以给我们带来什么学术贡献？为什么？你的教学哲学是什么？你如何定义教学卓越？你如何处理教学、研究与服务三者的关系？为什么？等等。

然后招聘委员会把校园面试名单、履历、遴选标准、面试计划、面试问题等交院长批准，批准后开始组织面试。

校园面试通常每次只安排一名面试者。面试前安排专人与面试者联系，给他们送去进一步信息，商定面试日程安排，代订往返机票和旅馆等。面试通常是一至两天。首先是参观，招聘单位派人陪面试者熟悉校园环境。然后是公开学术讲演和问题解答，教学型高校是公开教学，一般为50分钟。招聘委员会所有成员都必须参加，此外还要邀请有关专业领域教师参加。公开讲演后，面试者与招聘委员会见面，回答面试问题。然后与其他有关学术单位教师见面，与学院人事主管见面，与系主任、院长、主管副校长甚至校长见面等。在这些见面中人们会提出各种各样的问题来测试面试者。面试者除了回答问题，也可以提出问题和想法。

得克萨斯农业与机械大学（Texas A&M University）历史系教授王笛这样描述他所参与过的校园面试：“校园面试一般在2、3月份举行，每个候选人轮流到校园两天。对他们来说，这是毅力和体力的双重考验。候选人到校期间，基本上是全系调动。所有教授都有机会与候选人接触，不是机场接送，就是陪同就餐，要不就是带领参观。在两天时间里，候选人要与许多人见面，包括系里的教授，学院学系的有关领导，以及本系研究生等。几乎从早到晚都有活动，每餐都有若干教授陪同。谈论话题无所不包，从学术到日常生活，从政治到体育。但有的话题却是不能询问的，如候选人的年龄、婚姻状态、有无子女、是不是美国公民等，因为这些话题有可能对候选人构成歧视。这项规定充分体现了‘机会均等’的准则（当然如年龄等可以从履历和成绩单上得到一些信息）。教授们对候选人的‘一举一动’可以说都是‘看在眼里，记在心里’。”[①]

这里有个明显的问题，既然首轮遴选中已经对面试者进行了相当全面的考察，为什么还要兴师动众，组织一场如此复杂的校园面试？目的究竟是什么？一位副院长的话很有代表性。他说，校园面试很像“相亲”，其重点已经不仅是学术，而是让所有今后可能与之共事的人都见一下，看看他能否很好地融入组织，能否和大家和睦相处。终身职教师可能在这里工作一辈子，因此大家都希望找到属于这个组织的人。用中国俗语说是，“不是这家人，别进这家门”。换言之，校园面试的考察重点之一竟然是文化融合，这是组织建设的基本环节。这就不难理解，为什么所有今后可能与之相处的人都被邀请参加校园面试并提供反馈意见了。

面试前招聘委员会要为所有参与者提供有关资料，事后要从所有参与者处收集反馈意见。校园面试结束后，招聘委员会要为每位面试者给出简要总结。总结是根据已设定的评价标准，罗列出每位面试者的优势和劣势，但不进行排序和定量评价，也不给倾向性建议，以免影响最终决策。最终候选人邀请顺序名单由系主任和院长确定，交学院全体终身职教授逐一投票认可。然后院长根据这份名单正式发出聘任邀约。

通常由系主任或院长直接打电话给候选人。候选人也通常会就工作条件、薪酬待遇、配偶工作安排、搬家补助等提出要求，学院则会逐一回应。这种讨价还价被认为是合理的，院长通常也有一笔经费用于这个目的。由于实际待遇与讨价还价有关，因此即便是同系同级岗位的聘任，最后达成的合同也可能相差很大。美国大学管理者对这种现象的解释是，教师聘任是在特定市场中进行的市场竞争，最后合同是这个特定市场价格的反映。这个解释反映了美国大学教师聘任的市场化特点。

事实上常有不能达成协议的情况，因为有些应聘者的真实目的并不是另择高就，而是想通过校外应聘方式来提高自己在本校的待遇。尽管这种做法会给招聘学校带来很多不必要的麻烦，也有人认为这在道德上不可取，但也有人认为这是促使学校注意本校教师价值的有效方法。事实上这也是教师提高自己工资待遇的一个有效方法。此外，如果假戏成真，也可以为自己找到一个更好的发展平台。总之，这

① 王笛：《学术环境与学术发展：再谈中国问题与西方经验 —— 任教美国大学手记》，《开放时代》2002年第2期。

是一个有争议的问题。

如果双方无法达成协议，学院将会转而邀请下一位候选人，直到最后一位候选人。如果最后仍然无法达成协议，学院需要调整战略，重新组织招聘。如果与某位候选者最终达成协议，院长或校长就会向他发出正式聘任邀约。然后招聘委员会整理所有文件，送学院和学校人事部门存档。同时，院长和系主任会对招聘委员会的工作做出评价。整个招聘工作到此结束。

以上是终身职教师的招聘程序。相比之下，讲师和教员的招聘就要简单得多。这些教师的聘任主要是根据院系教学科研的实际需要来安排，只要有经费就可以招。而且这些教师的工作任务相对单一，要么从事教学，要么从事科研。即使他们可以从事其他学术工作，也不会作为工作考核内容。其招聘可以走程序，也可以不走程序，只要院长批准即可。当然，他们的待遇和工作保障比起终身职教师要差很多。

研究型大学在招聘终身职教师上的慎重，主要是因为终身职教师是学校的学术核心力量，一个学校的学术质量主要取决于其终身职教师的质量。但有一位学术副校长提出了另一种看法。他说，终身职教师通常在这里工作一生，比如40年。假如其年平均工资为8万元，那学校在他身上的总投入就可高达320万美元。对这样的一大笔投资，学校必须慎重考虑，要确保物有所值，还要能给学校带来额外收入。这个看法之所以值得注意，是因为它反映了美国大学已经在用劳动增值的思想来看待师资队伍建设了，这在传统大学教师管理中是没有的，其管理意义不言而喻。

上述过程已经可以说明，美国研究型大学如何招聘到最优秀的学者，如何防止权力和利益的不正当干扰。值得进一步分析的是这套做法的制度与文化基础。从终身职教师招聘过程来看，有三点值得注意。一是制衡机制，二是程序化，三是学界普遍的专业精神。

和美国其他基本社会制度类似，美国大学承认所有个体都有追求自己独特利益的合法性，但要建立制衡机制，防止利益与权力失衡。在上述招聘过程中最突出的莫过于招聘委员会、院系管理者与终身职教授群体三者之间的制衡了。招聘委员会负责挑选候选人，行政权力被排除在外；最终候选人确定与聘任谈判则由管理者负责，招聘委员会被排除在外。而在初选、面试、最终邀请名单确定这三个关键点上，终身职教师要通过集体投票同意，体现对整个过程的监督。在整个关系中，执行、决策、监管分离，各司其职。既看不到行政权力至上，也看不到学术权力至上，只有不同权力主体之间的相互制衡。正是由于这种相互制衡，才使得整个过程变得复杂。整个过程看起来很低效。但由于它照顾了各方利益，促进了各方参与，最后结果会比较公允，这就为大学营造了一个健康的组织氛围。因此从长期看，其效益会比较高。

二是程序化。这个招聘过程的一个突出特点是高度程序化。事无巨细，均有规定，一切按规定来。高度程序化不仅为招聘工作质量提供了制度保障，还可以防范潜在冲突。只要大家按章行事，便可相安无事。如果发现问题，可以通过修改程序来解决。但在程序修改之前必须执行现有程序。可以肯定，这个招聘模式中的很多做法是在积累大量经验教训之后逐步形成的。这种尊重程序、长期积累、逐步改进的做法，也是美国大学管理的一个重要文化基础。

三是学界普遍的专业精神。这种招聘方式很大程度上依赖于学界普遍的专业精神，包括专业自律、实事求是与诚信，这在申请者自荐、推荐人访谈、遴选候选人、最终决策等环节都体现明显。推荐人基于事实给出诚实可靠的评价，大大降低了误选的风险。虚假推荐信、“打招呼”的做法会极大干扰招聘过程。为了防止“打招呼”，有的学校还出台了反“打招呼”政策，规定任何招聘委员若收到请托信息，必须立即告知招聘委员会，然后该招聘委员和相关候选者出局。这个政策出台后的一个直接效果是，参加应聘者会特别通知所有熟人，告诉他们千万别当说客，以避免被终止招聘。应当指出，美国能形成这种普遍的专业精神并非由于美国人道德高尚，而是因为多元参与、相互制约和程序化制度使得暗箱操作代价太高。这为普遍的专业自律、实事求是和学术诚信提供了一个制度基础，并最终发展成为美国大学的一种基本学术文化。这一点尤其值得注意。

2. 任用

在教师任用方面，美国高校有三个方面值得注意：新教师入职教育、教师专业发展和教师工作研究。新教师入职教育旨在帮助新教师顺利融入组织，是学校组织文化建设的一个重要步骤。教师专业发展是帮助教师提高学术能力，保持与发展学校的学术能力。教师工作研究是美国大学教师劳动研究的基础，也是教师评价的基础。

1980 年以前的看法是，高校教师的专业训练应由博士教育负责，在入职前完成。入职后受学术自由和学术自治约束，学校不能干预教师学术活动。因此在 1980 年以前，很少有高校为教师提供入职教育和继续教育。然而随着人力资源管理思想引入高校，人们发现高校教师也存在入职教育和继续教育需求，于是美国大学开始重视这两类教育。

传统的人事管理是把人员经费看成一种开支、一种负担，因此在管理中倾向于加以控制。而人力资源管理不同，它把员工看成资产，是企业发展的动力和利润源泉，因此强调要精心建设、小心养护、正确使用这个资源，这对企业发展是生死攸关的大事。1992年美国学者斯托里（J. Storey）在《人力资源战略管理》一书中系统地比较了人事管理和人力资源管理两者的差别，系统说明了两者在观念、战略和行动方面的27种不同，说明了人事管理的不足，从而结束了人事管理时代，人力资源管理时代由此到来。①

高校是典型的人力资源密集型组织，因此把人力资源管理引入教师管理尤为重要。从20世纪90年代起，随着人力资源管理在美国高校管理中的广泛运用，很多高校把人事部改名为人力资源管理部，出现了大量从人力资源管理角度开展的教师发展项目，如新教师入职教育、教师专业发展、教师生活/工作均衡等计划如雨后春笋般涌现。这些标志着美国高校教师管理从“人事管理”阶段进入“人力资源管理”阶段。

与企业人力资源的最大不同是，高校人力资源的主体是教师，是受过较好专业教育、从事创造性劳动的劳动者，因此其管理方式与企业中的人力资源管理有很大不同。目前高校人力资源管理研究和实践面临的一个主要挑战是，如何有效管理创造性人才和创造性活动，因为“创造性”一词本身似乎意味着其是可支持不可管理的。近些年来，创造性人才和创造性活动管理也已经发展成了一个新兴研究领域。有研究者提出，美国研究型大学就是创造性人才和创造性活动管理的成功范例，值得管理学界好好研究。这种说法颇有道理。尽管美国优秀研究型大学已经积累了很多有益经验，但从实际情况看，美国高校的人力资源管理还在探索之中，有比较成型的实践，但还没有比较成熟的理论，尤其是以心理学和行为科学为基础的理论。下面介绍的主要是在美国高校中广泛采用的实践模式。

美国大学在新教师入职教育上有明确的理念，而且有相对完整的措施。新教师入职教育的目的，如一位学术副校长所说，就是学校花大力气把教师请来之后，下一步就要帮助他们尽快融入组织，发挥作用，从而使新教师尽快成为学校的有效投资。这个说法是典型的人力资源管理观点。在这种观点指导下，美国大学近些年发展出了一整套新教师入职教育项目。明尼苏达大学新教师入职教育项目的内容包括：

◎ 帮助新教师熟悉学校环境，包括自然环境、学术环境、制度环境、社会环境和生活环境等；

---

① 舒勒：《人力资源管理》，载沃纳主编：《工商管理大百科全书》（第3卷），清华大学经济管理学院编译，辽宁教育出版社，1999：230。

◎ 为新教师介绍大学已有的各种学术与生活资源；

◎ 为新教师指定导师，其将在今后一年里负责在各方面帮助新教师；

◎ 促进新教师和其他教师的联系，帮助他们加入大学教师共同体；

◎ 介绍本校学术文化，包括学校对教学与研究的各种要求与期望；

◎ 帮助新教师建立健康的工作与生活均衡机制。

整个入职教育分为两个阶段。首先是三天交流。这三天校长、各有关部门管理者、学院和机构负责人、图书馆、教学支持机构、学生会等都会来与新教师交流，帮助他们全面了解学校的历史、文化、目标、期望、要求、规定、福利、资源等等。总之，一切新教师需要知道和希望知道的东西，都属于入职交流范围。

三天交流完成后是一年的后续教育。后续教育分类进行。新教师熟悉本校教学要求和教育文化的工作由学校教学支持中心负责。他们为新教师开设各种讲座、培训班，安排教学观摩等。研究人员的教育由研究管理部门负责，帮助他们熟悉学校各种规定和校内外资源。学校人事部门也会组织讲座，帮助新教师深入了解学校在工作、考核、福利等方面的规定和资源。对基层管理者，学校会举办本校管理方面的讲座和培训班等，帮助基层管理者熟悉管理环境，提高管理能力。新教师所在单位要为其指定一个资深教师作为导师，负责帮助解答和解决新教师碰到的各种工作与生活问题。这项工作由学校人事副校长统管，各部门配合。一年培训工作结束后学校要对效果进行检查，解决遗留问题，确保所有新教师都能很好地融入学校。

这是一整套支持系统，其目的是缩短新教师在心理、社会、工作、生活等方面融入组织的过程。新教师的入职教育之所以重要，不仅因为已有大量研究表明，新教师融入情况对其后来开展工作有重大影响，还因为它可以大大减少新教师融入组织的成本，增加新教师对学校的好感和凝聚力，是大学社区建设的关键一步。更重要的是，它是巩固和传承学校文化的重要步骤。

现在美国大学新教师入职教育已经变得越来越重要，越来越规范。与此相比，中国高校的新教师入职教育则显得有些随意和凌乱。尤其是近些年来有的大学对青年教师的态度和管理，简直可以称为灾难性的，以至于所谓“青椒”问题成为目前中国大学教师管理的一个重大问题。这可能是因为中国高校教师管理仍处在人事管理阶段，既缺少必要的人性关怀，又缺少资源开发意识。如果引入人力资源管理思想，学习一些好做法，这项工作应该可以得到较大改善。

教师专业发展（FD，faculty development）是美国大学教师管理的另一个新进展，目的是为教师提供各种教育与培训机会，提高他们的教学能力以及其他学术能力，最终为提高学校学术能力做出贡献（参见本书第八章）。从人力资源管理角度看，FD是组织资源培育的基本手段。近20年来美国很多高校都建立“教师发展中心”（Center for Faculty Development），专门负责FD工作。如果主要致力于教师教学水平提高和教学改进，这类机构也会冠名为“卓越教学中心”（Center for Teaching Excellence）。FD中心通常有以下几项基本职能：

◎ 促进教育教学探索和创新，促进新的教学技术和教学方法的开发，强化教学支持；

◎ 教学效果评价、学习效果评价、教师发展和学校学术发展调查与研究；

◎ 举办教学、研究、服务、管理等方面的教师培训；

◎ 为教师提供校外专业发展机会与资助；

◎ 促进学术文化建设，促进学术优秀意识。

乍一看会觉得，中国大学中也有类似工作，只是被分割成不同部分，分属于不同管理部门，如教务处、科研处、人事处、后勤处、宣传部等。但仔细观察会发现，这些工作在中国大学中被视为部门管理工作的一部分，并不直接服务教师。中国大学缺少一个集这些功能于一身，直接服务教师，促进教师发展的综合机构，这才是差别。

美国大学的做法是把所有与教师发展有关的职能和资源都集中起来，构建一站式服务机构。所有和教师发展有关的问题，无论是教学、研究、服务、管理，教师都可以在这里得到指导和帮助，因此它属于人力资源管理工作。事实上，新教师入职教育和教师专业发展都由这个机构负责牵头。此外，这个机构还从事各种调查研究活动，如教学评估、学生学习效果调查、教师满意度调查等。这些研究成果也直接用于教师培训和改进教学，并为学校提供决策支持。这个机构的主要工作方式是利用校内外各种资源，为教师组织各种报告、讲座、培训。不仅有集体培训，也有个别辅导。由于这个机构负责全校教师的培训工作，它对建设和维护统一的学校制度和学术文化大有帮助。

由于这项工作涉及学校几乎所有学术单位和管理部门，因此需要较高的行政权威。在美国大学，这个机构通常由学术副校长直接领导。美国高校中，学术副校长负责全校所有学术事务，这个制度有助于建立跨教学、人事、院系等多部门的管理模式。目前中国高校的教学、人事一般分属两位副校长主管，在这种组织框架下，建立这种一站式服务中心可能会出现管理归属问题。如何解决这个问题，是中国大学需要考虑的。

教师任用中第三个值得注意的方面是教师工作研究。教师工作研究原则上应当包括质和量两个方面。如前所说，教师工作是一种创造性劳动，很难对其进行定性评价，因此到目前为止，无论中外，都还没有发展出一种理论清晰、实践可行、广泛认可的教师学术工作评估体系。目前主要是依靠定性研究和专家法（德尔菲法），即请专家对教师或学术项目的学术水平进行质量评估。所有依赖学术出版物声誉或学者投票的方法都属此列。其好处是可行，危险是可能鼓励平庸，扼杀创新。

由于定性研究没有突破，因此目前教师工作研究多为现象层面的定量研究。美国大学中主要使用两类测量。一类是教师工作时间分布测量，即教师在一周里把多少时间用于教学、科研、服务、管理等学术活动。这种研究主要是希望了解大学教师的工作量及其构成，为合理使用教师劳动、保护教师健康提供经验基础。①事实上，正是这类分析发现，让不同类型教师从事不同工作是更为有效的资源使用方法。这个认识最终导致美国大学中劳动分工体系的改变。

另一类是教师学术活动产出测量，如上了多少课、教了多少学生、发表了多少文章、参加了多少学校服务等。这种测量主要用于教师评价。此处先介绍教师工作量研究，把产出测量留到教师考核部分。

美国大学教师工作量测量通常以周为单位。标准工作量是每周 5 天 40 小时。以周为单位，是因为周是比年和月更稳定的测量标准。表 7 是 1998—1999 年度秋季对美国 378 所高校的 33785 名全职教师的一个调查。其中“教学”包括课堂教学、教学准备、作业批改、学生答疑等；“管理”包括参加学校各种委员会及担任管理职务；“研究”包括研究、写作及其他学术创造性活动；“服务”包括为顾客和病人提供咨询、校内外咨询与服务、自由撰写等。为了了解教师工作对教师生活的影响，调查还包括了“家务”一项，包括做家务和照看孩子。

表 7 1998—1999 年度美国大学全职教师周时间分布（%）②

	0 小时	1-4 小时	5-8 小时	9-12 小时	13-16 小时	17-20 小时	21-34 小时	35-44 小时	45+ 小时
教学	2	25	27	22	11	7	5	1	0
管理	22	53	16	5	2	1	1	0	0
研究	40	30	13	7	4	3	2	1	0
服务	60	30	6	2	1	0	0	0	0
家务	10	18	25	17	10	8	6	3	4

① Harold Yuker, “Faculty Workload: Research Theory and Interpretation,” Association for the Study of Higher Education, 1984.

② *Chronicle of Higher Education*, *Almanac Issue, 2001-2002*: 28.

从表7可以看出：

◎ 教学：74%的教师每周有1—12个小时从事与教学相关的活动。从事13—20个小时的教学工作的教师仅为18%。美国高校的教学工作量通常是，研究型大学教师每周9课时，6课时教学，3课时准备；本科/硕士高校教师每周12课时，9课时教学，3课时准备；两年制社区学院教师每周15课时，12课时教学，3课时准备。① 因此研究型大学教师多为每周2门课、本科/硕士高校教师每周3门课、社区学院教师每周4门课。若承担其他管理职务如系主任等，其工作量可以减半甚至全免，取决于实际管理责任。不同学校不同教师的实际工作时间分配很不相同。与此相比，中国很多高校教师的周课时数较高，有的多达30课时。如此之高的周课时必然会影响教学质量。

◎ 管理：78%的教师以各种形式参加管理活动。这表明美国大学教师普遍参加学校及院系管理，如参加在招聘过程中设置的招聘委员会等。美国大学普遍有要求和保障教师参与管理的制度。69%的教师每周参加1—8个小时的管理活动，这是美国大学学术自治和同行治理的制度基础。与此相比，中国高校普遍缺少支持教师参与管理的制度，易导致教师与管理者之间利益权力关系失衡，利益权力向管理者方面偏斜，破坏健康组织文化的基础。建立教师普遍参与管理的制度，不仅可以为实行同行共治奠定基础，也可以为基层学术组织创建一个良好的组织文化。

◎ 研究：40%的教师不从事研究。如果每周只从事1—4小时研究的教师也视为不从事研究，那么基本不从事研究的教师高达70%。这就是说，大部分教师基本不做研究。在这70%的教师中应当包括研究型大学中专门从事教学的教师及教学型高校中的大部分教师。

◎ 服务：60%的教师没有从事社会服务。显然，这些教师也应包括研究型大学中专门从事教学的教师及教学型高校中的大部分教师。

以上数据进一步佐证了美国大学中出现新的劳动分工体系的观察。

美国国家教育统计中心2003年对全国高校全日制教师的工作时间及分布进行的一个调查（见表8）进一步说明了不同类型学校教师工作时间分布的差异。

① 2011年3月，俄亥俄州政府试图提高公立大学教师工作量，让每位老师每两年多上一门课，结果引起强烈反弹。Dan Berrett, “A Heavier Load in Ohio,” http//:www.insidehighered.com/news/2011/03/22/heavier-load-Ohio, 访问日期：2011年12月5日。

表8 2003年美国各类高校全日制教师工作时间及分布①

	所有高校	研究I型		研究II型		综合性高校*		私立文理学院	两年制社区学院
		公立	私立	公立	私立	公立	私立		
实际工作时数	53.3	55.6	55.8	54	52.4	53.2	51.8	54	50
%	100	100	100	100	100	100	100	100	100
教学	58.2	43.5	43.1	55.5	55	64.7	67.5	65.9	72.3
研究	20	33.2	34	22.3	24.6	15	11.2	12.7	7.9
其他	21.7	23.2	22.8	22.2	20.4	20.4	21.3	21.3	19.8

*指以四年制本科教育为主的高校，也授予部分硕士学位，通常不授予博士学位。

从表8可以看出：

◎ 教师报告的实际工作时间平均为53.3小时，远高于标准的每周40小时工作时间。教师工作时间长度与学校学术水平正相关，研究I型大学为55小时以上，而社区学院为50小时。

◎ 教师用于研究的时间比例随学校学术水平上升而增加。研究I型大学教师用于研究的时间为34%左右，教学型高校为11%—15%，社区学院为7.9%。美国科学基金会2007年对承担联邦课题教师工作量的调查佐证了这个结论。调查中教师们报告他们的时间分配是：研究58%、与研究相关的服务9%、教学20%、管理11%、其他3%②，即研究及其相关服务占了他们67%的时间。换言之，研究成了他们的主要工作，而能获得美国科学基金会资助的教师，绝大部分是研究型大学教师。

◎ 各类学校教师用于管理和其他工作的时间比例大体相同，平均为21.7%。

从以上两个调查可以得出两个管理学结论。第一，虽然教学、研究、服务是大学的三大功能，但不一定是每所高校的功能，更不一定是每个教师的职责。如果千篇一律地把三大功能解释为每所高校的功能，甚至变成每个教师的职责，就变成了一种教条和僵化。如果让每所学校根据自己的使命和环境，自行确定功能地位，并在此基础上做好自己的人力资源管理工作，整个高等教育系统也许可以最好地发挥作用。

① IPEDS, *Digest of Education Statistics*, *2009*: Table 252.

② Robert S. Decker, et al, “A Profile of Federal-Grant Administrative Burden Among Federal Demonstration Partnership Faculty,” https://thefdp.org/default/assets/File/Documents/fws_2007_rpt.pdf，访问日期：2011年12月5日。

之所以要强调这个问题，是因为目前中国几乎所有高校都要求教师做研究，并把发表文章作为教师学术晋升的基本条件，即使在教学型高校中也是如此。这种做法的危害是使教师不能专心从事教学，严重妨碍了学校教学质量的提高。事实上我们知道，目前中国绝大多数教学型高校并不具备做原创性科学研究的条件，因此要求这些学校的教师发表学术论文实际上并不合理。其结果必然是使教师不得不去撰写低水平的重复性论文，浪费了大量宝贵的精力与时间。反之，如果鼓励他们专心教学，做大学教学研究，则对学生和学校发展都大有裨益。然而要实现这个目标，就要允许高校探索自己的教师使用模式，而不是教条地用高校三大职能来要求和考评每所学校和每个教师。

另一种教条和僵化是所有教师都必须完成一定教学工作量，否则不能晋升。这流行于研究型大学。其影响面较小，不太引人注意，但道理相同。

关于多任务岗位，一个管理学法则是：多目标必然导致低效。所谓“一心不可二用”讲的就是这个道理。这也是劳动分工的基本依据，大学亦不能例外。尽管多年来在大学教师基本职责问题上一直争论不休，当前中国流行的看法是，大学教师应该同时承担教学、研究、服务三项职能。但至少美国大学近 20 年来的实际发展趋势是，教师队伍专业化分工越来越明显，能够同时承担这三种职责的仅是少数核心教师。这个发展与传统的大学教师工作理念渐行渐远，却与普遍的劳动分工法则越来越近。

上述认识偏差也许和我国学者接触的文献主要是终身职教师的相关文献，而对以教学为主、研究为主或服务为主的不同类型的大学学术人员的相关文献接触不多有关。事实上美国文献中还有相当数量的关于非终身职教师的文献，只是很少被注意而已。事实上，当非终身职教师成为主体之后，对他们的研究已经变得越来越重要了。

简言之，我们需要根据新的实践和理论发展，重新理解大学教师的基本职责。放弃教条和僵化，让各校根据自己的环境和任务，制定自己的师资队伍建设战略和师资管理方法，以便提高教师资源使用效益，并最终使高等教育作为整体，更好地为社会服务。

第二个结论是，如果要想切实促进学术民主，防范不良管理，就必须把教师参与学术管理作为一个基本制度建立起来，使管理成为每个教师的基本职责。群众性参与管理不仅可以促进学术民主，还可以在基层学术单位中营造健康的组织氛围。建立一套符合中国高校管理实际的合理的教师参与机制需要经验积累，需要长时间摸索，但从改善组织文化、提高管理质量来说，这是值得尝试的。根据美国的经验，这部分工作应该占教师总工作量的20%左右。

最后介绍北科罗拉多大学的一个利用教师工作量研究来进行教师劳动产值估算的方法，这个方法对教学型高校校内经济核算可能会非常有用。表9是该做法的一个示意性说明。[①]

表9 北科罗拉多大学教师劳动产值估算方法示意

教师姓名：张教师	2010—2011年秋季学期				
课程	学分数	学生数	总学分点	学分单价	总金额
数学1（本科生）	3	50	150	$300	$45000
数学2（本科生）	3	45	135	$300	$40500
数学1（硕士生）	3	10	30	$400	$12000
总计	9	95/10	285/30	总收入	$97500

张教师一个学期上三门课，两门本科生课程，一门硕士生课程，其总创收为97500美元。假定第二个学期张教师工作量相同，其全年创收为195000美元。在这个基础上可以进一步估算其他数据。假定学校综合费用提成为40%，院系综合费用提成为15%，则张教师年净创收为87750美元。假定张教师的人力资源费用（工资、福利、各种保险等）为70000美元，其对学校的直接经济贡献为17750美元。如果每位教师都对学校都有一定经济贡献，学校财务肯定处于健康状态。

这个方法提供了一种估算教师劳动成本和经济贡献的方法，其核心是把学分作为基本计算单位。对私立高校，收入可以是每学分的学费收入，对公立高校，可以是每学分的政府拨款及学费收入。

在科研与服务方面，美国高校也有类似处理方式。如把任何来源的研究经费都分为两部分，用于支付给教师做研究的"直接研究经费"和用于支付学校提供的各种资源和服务的"间接研究经费"。然后根据课题类型确定两部分的不同比例。

这些成本核算方法有助于建立其他方面的管理模式，如人力资本管理、相对独立的学院制等。事实上这些成本核算制度是美国大学科学管理和精细管理的基础。尽管在中国大学实行类似的管理还需要很多工作，包括校内外制度环境的配合，但

① 黄茂树，"Strategic Management of Human Resources Among Teaching Institutions in Higher Education," unpublished PPT for the CHAIR Fourth International Conference, Xi'an Jiaotong-Liverpool University, Suzhou 2010. 黄茂树为北科罗拉多大学学术副校长，从1978年起在该校工作，先后任系主任、院长、副校长、首席副校长等职务。

这种以成本为基础的管理方法所代表的方向应当是正确的。因为无论对什么组织，确保财务健康都是头等大事。

3. 考核

美国大学有三类基本教师考核：升等考核（merit-increase review）、终身职考核（tenure review）和后终身职考核（post-tenure review）。升等考核以年度考核为主，也可每两三年进行一次。这类考核通常伴有小幅晋级加薪，故称为“升等考核”。终身职考核主要用于决定是否授予终身职。通过终身职考核者通常会晋升为副教授或正教授，并有一个较大幅度加薪。后终身职考核是对已获得终身职的教师进行的综合考核，通常每5—7年进行一次。目前美国对后终身职考核有较大争议，并非所有学校都实行后终身职考核。下面首先以北科罗拉多大学为例介绍升等考核，然后以加州大学和密歇根大学为例介绍终身职考核，最后介绍当前美国研究型大学后终身职考核的情况。

北科罗拉多大学是一所研究II型大学，有各类学生13000名，有100多个本科教育项目和100多个研究生教育项目，其中有23个博士教育项目。[①]虽然这所学校有博士教育，但仍然是以本科和硕士教育为主的教学/研究型大学。

该校实行年度考核，但把三类考核结合。对于已获得终身职的教师，每年进行年度考核，每五年进行一次后终身职考核。对未获得终身职的教师，则以终身职考核为框架，用年度考核检查完成情况。因此年度考核在北科罗拉多大学考核体系中占有重要地位。

北科罗拉多大学强调教师考核的基本目的是帮助教师总结经验，解决问题，促进工作。要达到这个目的，首先依赖考核程序。

基本程序是，首先由教师进行自评，即简要总结一年工作并填写一个年度业务成就表。教师自评后把自评报告和支撑材料交给由教师组成的系评审委员会。系评审委员会先指定专人评阅材料并提出初步意见（优点、不足、问题、改进建议、建议评价等级等），然后交评审委员会讨论，形成评审委员会意见，投票通过。其间一个重要环节是，评审委员会要指定专人先与教师本人交流意见，然后再形成评审意见，交评审委员会讨论。评审委员会最终意见交给系主任和院长，他们提出进一步意见并做出最终决定，报学校备案。如果被评审教师对最终决定有不同意见，可

① 黄茂树，“Strategic Management of Human Resources Among Teaching Institutions in Higher Education,” unpublished PPT for the CHAIR Fourth International Conference, Xi'an Jiaotong-Liverpool University, Suzhou 2010.

以上诉至学校教师评审委员会进一步裁定。

在这个程序中，考核主要执行者是同行教师而不是管理者，这使考核可以成为比较公正的同行评议。此外，考核中有一个与教师本人的交流过程，这个交流是帮助被评教师总结经验，分析问题的过程，也是帮助学系发现问题和解决问题的过程。这个过程必然会增加学系内教师之间的了解和共识。虽然系主任和院长有最终决定权，但在绝大多数情况下，他们会接受系评审委员会的意见，除非他们确有异议。如果被评教师不同意最终意见，他可以上诉至学校教师评审委员会。正是这样的程序保证了考核达到其帮助教师总结经验、解决问题、促进工作的目的。

这里又看到了教师委员会的作用。可以这样说，各种教师委员会是美国大学学术民主和学术自治的基石，是保证学术权力和行政权力平衡的关键。相比之下，目前中国高校主要依赖行政权力和明星教师，对建设和使用教师委员会重视不够。

一种说法是很多教师不愿意参加这些委员会，嫌浪费时间。美国大学对此的看法是，这是教师的责任，不是志愿者服务，因此每位教师都必须参加。

其次是全方位考核，即所有学校希望和要求教师做的事，都要计算工作量，列入考核范围。北科罗拉多大学的教师考核有三个基本内容：

◎ 教学

- 授课数：课程类型、修课学生数
- 课程设计与内容：与课程目标的相关性、知识更新程度
- 教学方法：教学法的有效性和创新性、学生投入程度
- 课程管理：学生出勤情况、课堂管理、记录与保留与教学有关文献
- 教学绩效：反馈学生次数、公平打分、记录学生学习效果

◎ 研究

- 学术成长与参与：阅读专业文献、专业学会成员、参加学术会议与讲习班等、与专业有关的发展与创新等
- 学术成就：专业会议论文，专业会议小组发言，专业会议主题发言，同行评审或应邀撰写的著作与论文，非同行评审的著作与论文，其他非印刷研究成果如专利、软件、设计等，专业期刊论文审阅和编辑，各种政府及社会机构委员会（总统委员会、美国科学基金会、卡内基教学促进基金会）专家成员等，资助研究课题（经费数量和成果影响）

◎ 服务

- 对本系的服务：参加本系的各种工作委员会

• 对学院和学校的服务：参加本院和本校的各种工作委员会

• 对社会的服务：服务本专业各种协会、以专业知识服务社会等

这里有两点值得注意。一是所有学校期望教师承担的职责都应列入考核内容。如果不列入考核内容，它们要么不会发生，要么会很快消失。用管理学术语讲就是：任何没有制度支持的要求都不会长久。这就是为什么要根据组织目标对教师进行全方位考核。二是教师委员会之所以会成为一种基本制度并在大学管理中发挥重要作用，是因为它是教师考核的基本内容之一。如果教师不积极参加管理服务，就会在这项要求上失分。如果院系管理者不安排教师参加管理服务，就会引起是否存在管理偏见的质疑。由于有了教师参与管理的制度，美国大学就多了一个重要管理资源和力量，使得管理不仅靠管理者，还要靠广大教师。以此观之，缺少教师参与管理制度，可能是中国大学行政权力和学术权力失衡的一个原因。

笔者还认为，管理者通常更愿意自行其是，不愿意受到教师委员会的牵制，故不会主动鼓励建立教师参与管理制度。既然如此，教师不愿意参加，管理者不愿意建立，那何苦要得罪各方建立这种制度呢？理由是，为了大学的利益。因为只有这样，大学才能建立起一个健康的组织氛围，大学才能健康发展。在美国，代表大学利益的董事会会不顾管理者与教师的反对，坚持这个实践。相比之下，中国大学缺少一个独立于管理者和教师的常任管理机构，使得大学在面临管理者和教师对教师委员会的共同反对时，处于无人保护状态。

最后是考核方法。教学、研究与服务均是按卓越、优良、适合、不适合四级打分，直接相关者均参与打分。例如在教学考核中，学生、同事、系主任参与评分。按事先确定的权重，得出最后得分。表 10 是一个教学考核示意表。

表 10　北科罗拉多大学教师教学考核示意表

	学生	评审委员会	系主任	权重	总分
课程设计与内容	3	3	3	40%	30
教学方法	4	3	4	30%	27.5
课程管理	4	4	3	20%	18.3
教学绩效	4	4	4	10%	10
总分					86

研究与服务方面的考核大同小异，但只有评审委员会和系主任参与评分。系主任是作为直接相关者而不是作为管理者参与打分。此外，教学、研究、服务的权重可以根据学校、学院、学系发展战略和年度工作进行调整。首先由专门工作委员会

研究并提出建议，教师委员会讨论通过后交系主任和院长批准。权重调整要提前通告教师，以便他们根据新的要求进行工作调整。最后把各项考核得分汇总，即得到最后的考核结果。

从以上简要介绍可见，教师考核工作需要一系列制度配合，涉及一系列组织理念和组织设计。只有了解这些理念、制度、工作程序及其相互关系，才能理解为什么美国大学教师年度评估能做到基本客观和公正，达到总结经验、解决问题、促进工作的目的。

终身职考核是美国大学教师最重要的考核，通过考核意味着获得永久的工作权利，失败则必须走人。下面以加州大学和密歇根大学为例介绍美国研究型大学的终身职考核。

加州大学是一个大学系统，旗下有10个校区，伯克利校区和洛杉矶校区都是美国最好的公立研究型大学。加州大学的管理强调统一，尤其是在工作量、考核制度及工资体系等方面，类似于中国的情况。密歇根大学也是一个大学系统，有三个校区，其中安娜堡校区是旗舰校园，学术声望与伯克利不相上下，本文仅讨论这个校区。密歇根大学与其他公立研究型大学相比最大的不同在于，它实施学校统领、学院为主的邦联制，各分院在人事财务方面有较大自主权，这使密歇根更接近于哈佛、耶鲁等私立大学。下面结合这两所学校的情况讨论师资管理中的预备期和考核程序这两个问题。

首先是预备期问题。通常认为美国大学教师的终身职预备期是6年，但这个说法并不准确。事实上美国不同的大学，甚至同一大学的不同学院，都可以有不同的预备期。例如加州大学是8年。密大的19个学院中，有1个学院为6年、13个学院为7年、5个学院为8年。耶鲁大学医学院为10年、哈佛医学院为11年、西奈山伊坎医学院是17年、约翰斯·霍普金斯大学医学院为无限期，① 等等。可见美国大学的预备期并不都是6年，只是大多数学校采用6年预备期而已。

这个6年预备期是美国大学与教师长期博弈的结果。通常教师希望长一点，以便有更多时间做好准备。美国大学教授协会（AAUP）最初的建议是10年，美国教育理事会（ACE）的建议是9—10年。但其他大学利益相关者如政府和大学管理者则希望短点，以便尽快剔除不适合人员。他们提出预备期为5—6年。后来经过

① http://www.provost.umich.edu/reports/flexible_tenure/changeFAQ.html，访问日期：2011年12月5日。

不断的讨论和妥协，形成目前这个约定俗成的6年预备期，并实行到今日。但人们发现两个问题。一是在实际操作中有太多的因素使之不可行。如疾病、生育等个人和家庭原因，在校外获得学术提高机会，如博士后研究或校外短期任职等，学术发表周期延长（论文发表通常需要1—2年，著作需要2—3年），学科性质如人类学、社会学、心理学等学科需要较长时间做研究，理工学科需要先建实验室才能开展研究等。凡出现这类问题，都需要延长预备期，否则就不合理，不利于学科发展和师资队伍建设。

而近年来出现的一个特别现象是，随着全球性竞争的展开，凡高水平、综合性、跨学科研究都需要较长时间。如果学校要鼓励青年教师开展这类研究，就必须延长预备期，否则对学校培养一流师资、保持大学领先地位不利。由于这个原因，近年来美国一流研究型大学纷纷延长了预备期。如加州大学延长到8年、密歇根大学最多可延长到10年等。布朗大学决定延长预备期的部分原因是该校目前的终身职通过率为82%，高于同类学校，哥伦比亚大学为59%，宾夕法尼亚大学为78%。因此布朗决定提高考核标准，但延长预备期。① 这是典型的由于学术竞争而导致的预备期延长，尤其值得我国研究型大学注意。

目前中国研究型大学还没有类似的制度设置，是否应当设置，值得考虑，因为并非所有教师都适合做大学工作。

第二个问题是考核程序，要点是美国大学如何通过终身职考核来确保教师质量。加州大学实行统一的终身职考核程序。其终身职预备期最低限为6年，可以延长到8年。中间有两个升等考核。第一次升等考核在第2年年末。申请者在系主任指导下自行总结研究、教学、服务方面的长短处即可。第二次升等考核在第4年年末，由系主任组织一个教师委员会，根据终身职考核要求提出意见和建议。第三次考核即为终身职考核。其程序如下：

首先是申请人在系主任指导下准备申请材料档案，包括申请信、个人简历、研究/教学/服务总结及支撑材料。学生评价材料由系主任加入档案。然后由系主任出面邀请校外教师对材料进行评估。校外专家需是本系认可的高校（peer institutes）的教师，熟悉申请人的研究领域，了解本校的目标和要求，能够提供客观、真实、有用的信息。校外专家名单一般为12人。申请人和系主任各提名6人。最后实际

① Dan Berrett, "Tenure Changes Coming to Brown U," https://www.insidehighered.com/news/2011/02/08/tenure-changes-coming-brown-u, 访问日期：2011年12月19日。

参与评估者为6—7人。参与评估者需要对申请者的工作和贡献进行评价，能说明为什么申请者已经达到了伯克利的标准，并能对申请者未来潜力做出评估。[①] 申请人有权阅读匿名化后的校外评估材料，并写出书面意见纳入档案。然后系主任组织本系评估委员会（通常为5—6人）在校外评审专家意见基础上对申请人进行评估，写出书面意见并投票决定是否同意推荐授予终身职。如果评估委员会出现分歧，可以组织本系终身职教师集体投票。但实际情况通常是，只要出现反对意见就很难通过，反对意见常常主导最终结果。这是美国高校学术民主中一个让人很难理解的现象。然后系主任通知申请人本系的评估意见和推荐决定，并转交院长。院长提出意见后把档案交给学院学术委员会。学院学术委员会组织专门委员会审查整个档案并提出意见，最后连同整个档案一起交给校长，由校长在所有意见基础上做出是否授予终身职的决定。

加州大学的规定中特别指出，终身职授予决定是一个多层次多群体的评估过程，是学校共同治理系统的一部分，是为确保挑选和晋升优秀教师而专门设计出来的，希望全校所有单位认真执行。

上述制度中，除了教师参与传统外，另一个特点是对校外专家意见的高度重视，他们的意见很大程度上决定了最终结果。招聘过程也是如此。美国大学对第三方意见的重视程度显然高于中国大学。其实这不仅是美国大学的特点，更是美国管理文化的特点。美国各类管理中对外部专家的利用程度都要高于中国。第三方意见之所以重要，是因为美国管理文化假定，直接利益相关方会因利益关系而产生偏见，因此代表第三方的专家意见应该更为中立可靠。在这种情况下，作为第三方的专家提供意见时能否秉持专业精神，做到客观中立就极为关键。从这个意义上讲，美国大学之所以能广泛使用中立第三方专家意见，与美国学界存在普遍的专业精神有关。

加州大学统一规定了评审程序，但没有规定统一的评审标准。实际执行标准由各院系自行掌握。这是美国大学管理文化的又一个特点：重程序不重标准。这种做法是基于承认各学科的学科性质和发展水平不同，不宜设立统一标准。把标准问题交给各学科，由它们自行掌握。事实上，不仅是加州大学如此，至少我尚未发现任何美国研究型大学规定了统一的教师评审标准。这也和中国大学大不相同。

① 加州大学伯克利校区副教务长 Jan de Vries, “On the Solicitation of External Letters of Evaluation,” http://apo.chance.berkeley.edu/external.ltrs.disc.paper.htm, 访问日期：2011 年 12 月 19 日。

中国大学通常是由学校制定统一标准，在我看来，制定统一标准的可能原因包括忽视学科性质和发展水平、学校希望强化校级行政权力、对基层学术单位缺少信任、学者不自律等。这会使教师学术评价更加脱离实际，学术权力与行政权力的关系进一步失衡，并最终损害大学学术发展。很长一段时间里的“五唯”泛滥应该是这种制度安排的后果。

能否找出美国一流大学各学科教师终身职的实际执行评审标准呢？有一个简单办法，即查教师简历。现在美国研究型大学普遍要求教师简历上网，并保持更新。这样就可以通过查教师简历来发现各校各系执行终身职考核的实际标准。例如，想了解伯克利政治系的终身职标准，就到该系网站查阅所有终身职教师简历，其任终身职前 6—8 年的出版发表情况，便是该系终身职考核时执行的评价标准。用这种办法还可以知道，目前美国研究型大学政治科学专业终身职考核的一般标准是一本由大学出版社出版的学术专著和 2—3 篇在本学科主要期刊上发表的论文。用这个方法还可以追溯评估标准的历史变化。如过去几十年来，政治科学的评价标准一直在缓慢提高。三四十年前有 2—3 篇论文即可，近一二十年来则还要出版一本专著。目前这个标准还有提高的趋势，要求有更多高水平论文甚至两本专著等。用这个办法可以发现几乎所有学科的评审标准，这里就不一一枚举了。

调查美国同行的评价标准，可以对中国高校制定符合自己情况的评价标准有所启发，目前这种不考虑学科特征和发展水平，不顾学校发展目标和学系实际水平的做法不能再延续下去了。

和加州大学不同，密歇根大学强调学校统领、院为主体。各学院负责制定自己的教师评估程序和标准，结果密歇根大学出现了终身职考核的程序和标准差异较大的情况。为了矫正这种情况，2002 年密歇根大学制定了一个指导原则，以便使终身职考核更加规范，同时又能照顾各院系学科差异。这个原则有以下几个要点：

◎ 必须以书面形式清楚全面地说明教师晋升和终身职评估的程序和要求，说明申请者和学系双方的责任、要求和期限，确保教师能够知道并随时获得这些信息；

◎ 确保新教师在入职之初及以后各阶段都能得到院系很好的指导和帮助，及时告诉他们工作的成绩、不足与问题，并根据他们的特殊情况提供指导和帮助，帮助他们建立工作业绩；

◎ 教师晋升和评估过程必须透明；

◎ 这个过程是一个多层次的过程，校、院、系、专业都会参与这个考核过程；

◎ 务必保持各个层面上的审查的一致性，确保对所有人公平。[①]

每个要点下还有更具体的说明和要求。密歇根大学的这个指导原则的优点是，强调统一指导下的多样化，这对那些希望建立学院为主的体制的学校尤为适用。

上述两个案例使我们可以大体了解美国一流研究型大学终身职考核的情况。值得总结的有四条：（1）根据学科特点和发展水平制定评估标准；（2）评估过程要体现多层次参与的学术共治原则；（3）要充分发挥中立第三方专家的作用；（4）从招聘开始就规划和帮助教师通过终身职考核。这些做法值得认真研究，并发展出有利于中国学术发展的可行方法。

最后是后终身职考核（post-tenure review，PTR）。传统上美国大学不对已获得终身职的教师进行综合考核。但自 20 世纪 90 年代中期起，一些州立法机构、政府、大学董事会等开始要求大学对终身职教师进行定期的综合考核，这就是后终身职考核。[②]特别是当把这种考核和解聘挂钩时，就引起了广泛的严重不安，因为终身职的本意是为教师提供永久工作保障以保护学术自由。[③]

1999 年美国大学教授协会（AAUP）就此发表政策性声明《后终身职考核：美国大学教授协会的看法》，反对进行任何以解雇和弱化终身职为目的的 PTR。2001 年美国大学联合会（AAU）—— 美国研究型大学的联盟组织 —— 在对其成员学校进行调查后，发表题为《论后终身职考核》的调查报告，表明了协会的谨慎立场。[④]这两份报告对后来各大学的 PTR 产生了巨大影响。此后两个协会都没有更进一步表态。下面以这两份文件为基础介绍美国 PTR 的情况。

AAUP 的基本看法是：第一，目前进行的很多 PTR 是没有必要的，是有害的。因为目前已经有多种教师考核方式，如由学校举行的年度考核和终身职考核、由外部评估机构对学校及专业评估时进行的教师考核、申请经费时基金组织对教师的考

① “Guiding Principles for Tenure Review for Instructional Track Faculty at the University of Michigan,” https://provost.umich.edu/wp-content/uploads/2022/07/tenure_guidelines.pdf，访问日期：2011 年 12 月 25 日。

② 关于政府和社会压力，参见美国董事与校友理事会（ACTA) 主席尼尔（Anne Neil）的文章《回顾后终身职考核》（“Reviewing Post-Tenure Review”），https://www.goacta.org/news-item/reviewing_post_tenure_review/，访问日期：2011 年 12 月 25 日。

③ 见 1940 年 AAUP《关于学术自由和终身职若干原则的声明》（“Statement of Principles on Academic Freedom and Tenure”），https://www.aaup.org/report/1940-statement-principles-academic-freedom-and-tenure，访问日期：2011 年 12 月 25 日。

④ AAUP, “Post-Tenure Review: An AAUP Response,” https://www.aaup.org/report/post-tenure-review-aaup-response; AAU, “Post-Tenure Review,” AAU website. 访问日期：2011 年 12 月 25 日。

核等。因此没有必要在这些现有考核制度之外再加一个定期综合考察。对因渎职、违规、财政等原因而要解聘终身职教师，目前已有现成的规程和处理方式，不需要再设 PTR。对所有教师进行全面考查耗时费力，仅为查出少数不良分子而对所有教师进行全面考核并无必要。第二，目前进行的很多 PTR 是管理者以问责制为名，要求教师提高生产力，改变教师研究方向。解聘被管理者认为“不令人满意”的教师，是企图让教师来承担自己管理不善的责任。这种做法会削弱终身职的保护作用，最终损害学术自由，因此不能允许。第三，如果要进行 PTR，应当遵循几个原则：（1）以教师发展而不是以问责为目的；（2）应当由教师设计并执行；（3）不应当是对终身职的再评估，不能把学校管理责任转嫁给教师；（4）必须根据保护学术自由和教育质量的标准来进行。在这些原则基础上，AAUP 为设计和实施 PTR 提供了一些指导性意见。

AAUP 发表声明后，美国大学联合会（AAU）2001 年对其成员学校实施 PTR 的情况进行了调查。调查结果如下：

◎ 参与：协会所属的 34 所公立高校和 27 所私立高校中，有 28 所公立高校和 13 所私立大学参加了调查。28 所公立高校中有 22 所学校实施了 PTR，13 所私立高校中只有两所学校在全校实施了 PTR，一所学校仅在工学院实施了 PTR。

◎ 目的：13 所学校的目的是奖励先进和发现表现不佳者；4 所学校的目的仅为激励教师和鼓励发展；5 所学校主要针对表现不佳者；2 所学校是为了整合教师兴趣和学系需要；3 所学校是为了应对外部问责。

◎ 范围：12 所学校对所有教师；10 所学校仅对年度考核不佳者；4 所学校不仅对教师，也对系主任和院长。

◎ 实施：5 所学校由各学术单位自行负责；其他学校由学校统一制定政策，全校执行。9 所学校由学系或学术单位主任负责执行，10 所学校由教师委员会执行。

◎ 后续措施：后续措施和考核目的有关。以奖励先进为目的者有额外经济奖励；以调查情况为目的者进行了教学、研究、服务方面的调整；以发现表现不佳者为目的的有后续系列措施，包括解聘。3 所学校说不包括解雇，因为解雇将通过其他程序进行。

◎ 采用时间：很难把新政策制定和老政策调整分开。大多数学校似乎是最近才采用。但 25 所学校中有 16 所学校显然是 1995 年以后才采用新政策。

◎ 效果：一些学校报告说，此举提高了教师士气和生产力，改进了教师发展，强化了使命和目标中的教师参与，整合了院系目标和个人兴趣，实现了教师技能与资源最大化，改善了校内外问责制。

◎ 成本：PTR 要耗费大量时间、精力和经费，此举在成本上是否值得？很多没有实施的学校认为，不一定能利大于弊。但如只对年度考核连续不佳者进行 PTR，成本会小得多。多数学校认为通过强化正式考核和其他措施可以达到同样目的。

◎ 影响：PTR 在公立高校流行，似乎是立法机构和政府等外部机构推动的结果，但也有学校明显是因为内部需要而采用。教授们倾向于对此表示怀疑和抵制，恐怕其会削弱终身职，并损害学术自由。但也有学校指出，此举得到了教授们的支持，尤其是以奖励先进为主旨的那些学校。

有鉴于此，AAU 认为对此“不宜提出任何建议”，宁愿把这留给各大学自己决定。换言之，AAUP 和 AAU 都对后终身职考核采取了谨慎的保留态度。自此之后，后终身职考核成了各校自己的选择，没有在美国研究型大学中流行开来。但在美国教学型高校中，PTR 似乎得到了较大力度的推广。

4. 待遇

本部分先讨论美国大学的教师工资制度，然后讨论美国大学教师薪酬的实际情况。

美国高校的教师工资制度大体分三类：绩能合同制（merit contract system）、统一工资制（single compensation system）、混合体制（combined system）。在实践中，研究型大学通常采用绩能合同制；单纯教学型高校通常采用统一工资制；介乎两者之间的学校如研究教学型和教学研究型等，通常采用混合体制。出现这种差别的主要原因是研究型大学教师的专业素质和聘任单位对教师工作的要求差别很大，必须区别对待，因此需要采用一人一合同的绩能合同制。单纯教学型高校如社区学院等对教师的专业素质和工作要求相差不大，因此采用统一工资制可以大大减少内部纠纷和管理负担。介乎两者之间的高校因兼有研究型大学和教学型高校的特点，因此采用兼有两者特点的混合体制更为适合。实际上，这类工资体制设计是一个颇为棘手的任务，如何在差异和统一之间找到平衡是一件很难的事情。至于其他类型的工资制度，此处就不涉及了。

绩能合同制指根据教师的学术成就、学术能力、市场价值和工作表现来确定工资。在绩能合同制下，教师的工资是通过教师与聘任单位之间的工资合同谈判来确定的。聘任教师的学院、要求承担的工作任务、所从事专业、受教育程度、工作经验、学术能力、学术成就、市场供求情况等因素，都会影响工资水平。因此，不同学院、不同专业、不同任务、不同资历、不同潜力的教师的合同不同，工资待遇也各不相同。显然，绩能工资制要求聘任单位有独立的工资决定权，也就是说要以人事财务相对独立的学院制为前提。由于美国研究型大学普遍实行学院制，因此可以实行以学院为单位的绩能合同制。

除了入职时的合同谈判，绩能合同制还要求对教师进行定期考核以决定其定期的工资增长。这类增长称为“绩能工资增长”（merit increase）。考核通常分优、良、中、差四等。在实践中会严格控制两头。例如，只有做出主要学术成就的那一年才可能获得优等，只有受到惩处的那一年才允许给差等，其他年份都在中间两级。中间两级通常也是七三开，以示鼓励。

在绩能合同制中，对教师工资差异有重大影响的是两个环节。一是起点工资。在聘任时，聘任单位和被聘教师之间会就工资进行讨价还价。在这个环节，如果某教师属于市场短缺人才且善于谈判，其工资就可能较高。同为助理教授岗，相差三五千到一两万元都是正常的。如果是高级教师如教授或领衔教授岗，相差几万元也是可能的。另一个环节是因跳槽而产生的竞争性出价（counter offer）。如果一个教师想跳槽，对方给的工资较高，而学校又想挽留这位教师，就必须给他一个竞争性出价。这个出价通常会和竞争学校提出的工资相等或更高。如果该教师留下来了，他的工资就会因此额外增长一次。如果一个教师在其职业生涯中有几次这种经历，其工资就会比同等情况的其他教师的工资高很多。原则上，美国大学不鼓励教师跳槽，但由于存在竞争性出价，实际上提醒教师可以通过跳槽来给自己涨工资，尤其是那些有市场需求的、紧俏的教师。从学校来看这也合理，因为如果一个更好的学校愿意聘任自己的教师，说明自己的教师达到了更高水平，更有价值，因此应该给予更高报酬。当然跳槽也有危险，万一跳空了，就非走人不可。

现有研究文献中，认为绩能合同制有以下优点：直接激励、鼓励卓越、促进沟通、鼓励士气、便于贯彻管理者意图、有利于吸引高质量和特定人才、有助于提高平均工资等。但缺点为：教师工作独特，工资差异未必能激励教师提高生产力；教师评估侧重数量而不是质量，结果是数量上升，质量下降；教师评价容易主观，很难公平，容易损伤教师积极性；工资差异容易引发嫉妒，破坏教师间的同事合作关系；现有评估重点是研究，容易使教师重研究，轻教学；鼓励少数杰出者，忽视多数中间者，而中间者是工作主力；鼓励个体，不利于团队工作；有利于管理层，不利于教师，有妨碍学术自由之嫌；等等。尽管如此，研究型大学仍然普遍采用绩能合同制。也有很多学校针对上述问题进行调整和改革。这类调整通常因校而异，只有深入学校实际，才能对其实际操作及调整有清楚深刻的了解。

统一工资制就比较简单。把教师岗位分成若干等，每等内再分级，然后规定每几年升一级。所有教师终身就这样爬楼梯。结果大部分人最终会停留在某几级，只有极少数教师可以爬到最高级。

统一工资体制被认为既有优点，也有不足。其主要优点包括：平等、有助于同事合作、有助于提高全校士气、有助于促进教学、有助于教师安心治学、有助于教师队伍长期稳定、易于管理等。其主要缺点包括：不利于问责、缺少效益映射、平均主义、不利于任务导向的管理等。

目前中国的高校教师的基本工资体制非常类似这个统一体制。因此其优缺点也和我们所面临的情况差不多。所不同者是，美国只有教学型高校采用这种体制，而我们却在所有学校中普遍实施这种体制。若能因地制宜，允许多样性探索，中国高校教师工资体制改革应当会有更好的前途。

混合体制比较特殊。基本做法是先确定基本工资框架，基本工资框架只规定各级最低工资，然后再在基本工资框架基础上添加绩能合同制。如在起点工资谈判时不谈具体工资数额，而是谈起点工资等级。至于因跳槽引起的竞争性出价问题，可以由院长主导的一项专用资金来解决。在定期考核中采用绩能合同制。年度考核分优、良、中、差四等，各级工资增长比例不同。如果总体计划工资增长 3%，那么四个等级的工资增长比例可以分别为 3.5%、3.2%、2.8%、2.5% 等。最后使工资增长总量保持在 3%。混合体制学校通常需要采用学院制，教师工资由各学院负责，学校只负责校直属单位工资。每年学校或各学院是否涨工资，完全取决于各院经济情况。可多可少，甚至不涨，均视情况而定。

混合体制实际工资分为基本工资和绩效工资两块。基本工资按年资固定增长，绩能工资根据绩效考核变动增长。这颇与目前中国把教师工资分为基本工资和绩效工资的情况类似。但不同是，中国的绩效工资不是永恒的，今年有明年可能没有，退休后一定没有。而美国的任何工资，只要进入工资系列就是恒久的，即使退休后也可以享受。例如加州大学规定，教师在加州大学工作 40 年后就可以享受全工资退休。而退休工资的基准是工作的最后三年中收入最高的那一年的工资。由于中国教师工资中绩效工资的比例很高，大约在 30%—70%，因此中国教授一旦退休，其经济状况就会发生根本性变化。而在实行与加州大学类似的工资制度的大学中，其教师的退休工资可以保障其生活水平不变。

显然，混合体制是试图在绩效合同制和统一工资制的优缺点之间找平衡，平衡点的选择与学校学院的具体状况和目标相关。因此混合体制存在很多亚类型，因校而异，没有统一模型。

以上是美国大学工资制度的情况，下面讨论美国大学教师工作待遇的实际情况。

美国高校教师待遇分为工资与福利两部分，这两部分之和为学校为个人支付的人力资源成本。[①]除这部分开支外，学校还要支付人力资源管理费用，这部分开支归入学校管理成本，故在此不论。

首先分析工资部分。表 11 是六所案例学校 2009 年至 2010 年的教师工资与福利数据。表中工资数是 9 个月的工资，不包括教师可以利用另外三个月挣的其他收入。如果加上其他收入，实际收入会更高。

表 11 2009—2010 年度六所案例学校教师的工资与福利（单位：美元）[②]

	加州大学伯克利校区	密歇根大学	斯坦福大学	加州州立大学福乐屯校区	纳苏社区学院	麦克拉斯特学院
教授	145828	143185	180729	96670	107916	108445
副教授	98128	94199	124187	79274	84584	82594
助理教授	84863	83689	100724	69253	73361	64377
教员	45900	53100	/	/	56289	54087
讲师	70199	53620	/	60200	/	/
无职称教师	86704	/	/	/	/	/
平均工资	118278	107365	153924	78261	81881	81620
平均福利	17973	26513	38880	26200	29717	24909
平均人员经费	136251	133878	192804	104261	111598	106529

首先看工资水平。三所研究型大学的教师平均工资均超过 10 万美元。其中教授工资在 14 万美元以上，副教授 9 万美元以上，助理教授 8 万美元以上。假定人民币对美元的平价购买力为 5.5:1，则伯克利教授的工资相当于人民币 80 万元、密歇根为 79 万元、斯坦福为 99 万元，均数倍于中国一流研究型大学教授工资。这个工资水平在工业发达国家也属最高之列。

这个事实的管理学意义重大。第一，它可以部分说明，为什么美国能够吸引到

① 理论上讲，人力资源开支还应当包括为建设与保持人力资源而出现的管理费用，如招聘、考核等环节的费用。但本文中人力资源开支仅指员工的工资和福利。

② 来源：IPEDS.

世界上最优秀的人才。从这个角度看，美国研究型大学的学术质量是由高投入支撑起来的。第二，这个工资水平可以保障大学教师过一种相当体面的生活。2010年美国家庭年度收入中位数为46326美元，即一个大学教师的收入大体相当于两个美国家庭的收入。10万美元已经使大学教师进入美国个人收入前20%的行列。[①]这个收入完全可以保障他们过中上阶层的生活。这就不难理解，为什么美国研究型大学的教师可以经年累月地安心治学。事实上大量教师并不利用另外三个月挣额外收入，而是把时间用于学术研究，因为9个月的工资已经可以提供一个满意的生活了。相比之下，中国大学教师完全靠工资几乎不太可能过比较体面的生活，尤其是对取消福利分房之后的青年教师而言。第三，大学教师待遇很高，使得大学教师成为稀缺岗位。高度失衡的供求关系使得获得和保住大学教师职位都很不容易，因此教师们一般都会努力工作。这种情况导向三个效果。一是教师主动性较高，管理相对容易。二是管理者和教师之间的天平向管理者倾斜。在这种情况下要维持学术权力和行政权力均衡会比较困难。三是大学终身职教师已经变成了一个有较高专业素质的社会群体，在这个群体中发展出了一种亚文化——专业主义（professionalism）。这种专业主义有三个基本特征：专业自律、实事求是和诚信。这三点已经成为美国大学的一个重要文化基础。如果没有这种专业主义，那些无处不在的教师委员会就不可能发挥作用。目前中国高校中的人情关系和面子思想实际上是缺乏专业主义的表现。补充一句，我并不认为较高待遇会直接导致较高专业主义，而是认为较高待遇会产生一种筛选作用。它促成一个高度同质者群体的形成，这个群体成了学术专业主义的社会基础。总之，上述三点可以解释美国研究型大学教师管理的很多特点。

其次还可以注意到，伯克利和密歇根大学的教师待遇要比斯坦福大学低得多，前者仅相当于后者的70%左右。斯坦福的工资还不是最高的。表12列出了2009—2010年度正教授待遇前10名的私立和公立大学。

表12 2009—2010年度美国正教授待遇前10名的私立与公立大学（单位：美元）[②]

私立前10名	工资	福利	总计	公立前10名	工资	福利	总计
洛克菲勒大学	258597	56251	314848	新泽西理工学院	151411	28961	180372
哈佛大学	192858	36737	229595	密歇根大学安娜堡校区	143185	26513	169698
加州理工学院	207250	19389	226639	加州大学洛杉矶校区	150394	18253	168647

① “How Much Average American Make?”, Fedupusa website，访问日期：2011年12月20日。

② 来自IPEDS中各校填报数据。

（续表）

私立前 10 名	工资	福利	总计	公立前 10 名	工资	福利	总计
芝加哥大学	190474	34730	225204	北卡罗莱纳大学香槟校区	141109	24476	165585
斯坦福大学	180729	38880	219609	加州大学伯克利校区	145828	17973	163801
普林斯顿大学	181013	32110	213123	弗吉尼亚大学	135240	26964	162204
纽约大学	173498	37393	210891	明尼苏达大学	128237	29173	157410
宾夕法尼亚大学	169735	37362	207097	乔治亚理工学院	132819	23554	156373
耶鲁大学	175572	30732	206304	得州大学奥斯丁校区	133348	20190	153538
哥伦比亚大学	167679	27233	194912	加州大学圣地亚哥校区	134859	17497	152356

从表 12 可以清楚看出，公、私立高校之间的教师工资差异已经普遍存在，而且已达到惊人程度。例如，私立高校第 10 名的哥伦比亚大学的正教授待遇要高于位于公立高校第 1 名的新泽西理工学院；洛克菲勒大学正教授的待遇是加州大学圣地亚哥校区正教授的两倍。由于这个差异，优秀人才开始向私立大学流动。这个变化始于 20 世纪 90 年代，从而使私立研究型大学在学术竞争中节节胜利，给公立大学学术发展带来巨大挑战。私立大学教师待遇较好的主要原因是美国私立大学长期在市场环境下生存，积累和形成了一套在市场环境下求生的运行方式，如集中力量发展精英教育，占领高端教育市场。而公立高校从 20 世纪 90 年代后才开始由于政府支持力度下降，不得不进入市场，学习历练在市场竞争中求生的本领。在这个转型过程中，还要受到政府和学校董事会限制。在新的环境挑战下，以密歇根大学为代表的公立研究型大学开始向私立高校看齐，设法通过各种办法增加收入，减少对政府经费的依赖。这个发展趋势被称为“公立高校私立化”。这个发展已经成了美国当代公立研究型大学的最为引人瞩目的现象之一。今天已经无法用公用经费比例来判断公私立高校了，因为一些公立高校经费中政府经费的比例已经降到比一些私立大学还低的程度。传统上主要依赖政府经费的公立大学正在消失，代之以公私难辨的“混合型大学”。

公立高校私立化的意义重大，其已经表现出来的影响至少有三点。第一，公立高校对政府的依赖下降，这意味着它也相应减少其公共责任。例如，大规模提高学费会减小对本州居民的高等教育责任，阻碍了他们通过高等教育进入社会中上层的道路。公立大学在为私营公司提供有偿研究服务时，也不得不接受私营公司对研究成果的控制，这会限制公立大学的社会责任，扭曲学术自由。如此等等。第二，经费来源的变化使原来学校层面的财务压力现在通过某种机制向下传递，原来由学校承担的财务压力现在要由基层学术单位来承担。这样一来，对所有基层学术单位来说，财务目标都至少和学术目标一样重要，甚至是比学术目标还重要的目标。这个变化对大学基层组织和个体教师的行为有重大影响。大学不再是单纯做学问的地方，还要学会挣钱养活自己。创收行为正在改变大学的面貌，新的（通过学术挣钱的）大学已经跃出地平线。第三，为了增收节支，很多企业管理模式被引进大学管理。在学校管理层面，尤其是在组织设计和制度建设方面，广泛引入企业管理方法，已成为新一轮大学组织设计和管理的最突出的发展方向。这导致了所谓的“管理主义”。事实上，在美国当前环境下，公私立大学都必须学会适应。只不过在这个适应过程中，私立高校驾轻就熟，而公立高校则需脱胎换骨。私立高校的高待遇政策本身就是一种竞争策略，而且它正在获得成功！

第三个值得注意的现象是非终身职教师和终身职教师工资之间的差异。前面指出美国大学中终身职教师在减少，非终身职在增加，目前已经到了各占50%的水平。非终身职教师从补充力量变成了主要力量，而终身职教师则从主要力量变成领导力量。是什么促成了这种变化呢？经费约束！一个终身职教师的工资可以雇2—3个兼职教师，2—3个兼职教师一学期可以上8—12门课，而终身职教师只能上两门课。该如何选择，岂不是一目了然？

当然，凡事都是利弊相生。当高校教师待遇出现明显差别时，就会产生相应的社会效应，如公立高校私立化、传统大学组织消失、大学教师社会分层、兼职教师工会化等。因此，管理者的重要任务是，权衡利弊，择善从之。当然此事说易行难。

美国大学的教师福利主要包括：退休计划、医疗保险、牙医保险、集体生命保险、长期伤残收入保险（6个月以上）、短期伤残收入保险（6个月以下）、社会保险、子女配偶学费补贴、住房补贴、失业补贴、职工补贴、职工及其子女学费优惠等。从表11和表12可以看出，研究型大学的人均福利开支在1万—3万美元，私立大学明显高于公立大学。公私立教学型高校福利开支相差不大，均在2.5万美元左右。

从表11还可以看出，教学型高校的教师待遇水平明显低于研究型大学，相差幅度大体在20%—40%之间。这个差别主要表现在工资水平上，福利方面相差不大。

从以上分析中可以得到什么启示呢？我认为有以下几条。

一是教师的收入结构。大学教师收入分为基本工资和额外收入两部分。中美大学不同之处在于，美国大学的基本工资占教师收入的75%，额外收入占25%。而中国大学教师可能正好相反，基本工资占20%—30%，额外收入占70%—80%。这个差别对两国教师行为有重要影响。美国大学教师可以完全依赖基本工资生活，因此他们可以安心从教治学。而中国大学教师不能完全依赖基本工资，必须设法增加收入以养家糊口，这使他们不能安心治学。如果中国大学也像美国大学那样改变两者比重，同时加强聘任选拔和考核，中国大学教师是否也会像美国大学教师那样安心治学呢？这个问题值得研究。

二是待遇、质量和产出。高待遇可以吸引高素质人才，高素质人才可以带来高产出。相反，低待遇可能会使组织陷入低投入、低质量、低产出的恶性循环。只要保证所聘教师的产出都大于成本，就可以保证学校财务健康。学校应当从这个角度来设计和建设自己的师资队伍。事实上待遇杠杆的力量很大，小幅增加待遇，就会形成局部竞争优势，就可以使教师质量大幅提高，这是美国私立大学战胜公立大学的基本战略之一。由此可见，如何巧用待遇杠杆，应该是一个值得研究的人力资源管理策略。目前，中国部分研究型大学已经大大提高了某些重要、关键岗位的教师待遇，这无疑会增强中国高校的国际人才竞争能力。

三是师资结构与资源优化。学校因任务不同而需要不同类型人才，因此可以考虑建设结构化的师资队伍。这在组织分工和经费控制两方面都有合理之处。对于研究型大学，建设一支以20%—30%的长聘教师为核心、以30%—40%的研究型教师和30%—40%的教学型教师为两翼的师资队伍可能是合理的。长聘教师负责领导研究与教学两支队伍。对教学型高校，保持10%—20%的研究型教师，60%—70%的教学型教师，20%左右的其他类型教师，可能是合理的。这不仅可以为学校未来学术发展保留一支高质量核心队伍，还可以让大部分教师安心教学，着力提高教学质量。结构化师资队伍的一个潜在问题是教师社会分层。如果适当控制待遇差距，强调工作与个人兴趣及能力结合，可以减弱社会分层的负面影响。最后应当指出，社会分层是社会的必然现象，亦有其积极意义，因此问题只是如何扬长避短而已。

5. 资源配置

学校资源如何分布，各部分资源占多少，这就是资源配置问题。中美高校在经费统计上思路不同。中国按会计科目统计，把学校运行开支分为人员经费和事业经费两大类。人员经费是用于人的钱，事业经费是用于做事的钱。因此人员经费就是人力资源开支。目前中国公立高校的人员经费大约在35%—55%之间。一般来说，教学型高校比例较高，研究型大学比例较低。原因是研究型大学的事业经费如研究经费、图书资料费、设施设备经费、办公经费等开支比例较高，而教学型高校的这些开支较低。目前中国研究型大学的人员经费比例大约为35%—40%，而教学型高校一般在40%—55%之间。（这里是2010年左右写作论文时的情况，本书出版时这个比例可能已经有所不同。）

美国高校按功能如教学、研究、社会服务等统计开支。其好处是可清楚显现经费去向，有助于评价。不利之处是，各部分开支都有人员开支和事业开支，不易了解人员总开支情况。除非学校财务报告制定分类统计，否则只能估计。本文涉及的六所案例学校中，三所研究型大学都有人员经费统计，而三所教学型高校则都没有。

2009—2010年度，加州大学伯克利校区的人员经费占其总运行经费的61.7%，斯坦福大学为60.7%，密歇根大学为66.5%。而2001年北京大学、清华大学、复旦大学、南京大学、浙江大学五所大学的人员经费比例仅为36%。[①]可见美国研究型大学的人员经费投入比例明显高于中国研究型大学，约为1.8 :1。考虑到中国研究型大学运行经费低于美国研究型大学，两者人员经费的实际差距可能更大。这也进一步解释了为什么中美大学教授工资水平相差甚远。

美国教学型高校基本不从事研究与服务，因此其人员经费比例高于研究型大学。如果三所研究型大学的人员经费比例为60%—66%，三所教学型高校的人员经费应该在70%以上，可能在70%—80%之间。

为了进一步说明美国高校资源配置情况，表13给出了六所案例学校2009—2010年度的经费开支情况。为使数据具有可比性，表中经费数为全日制当量生均经费。此外还补充了学校总收入和学杂费收入数据，以便分析学校整体收支情况。

表13 六所案例学校经费开支情况[②]

学校活动	加州大学伯克利校区		密歇根大学		斯坦福大学		加州州立大学福乐屯校区		纳苏社区学院		麦克拉斯特学院	
	美元	%	美元	%	美元	%	美元	%	美元	%	美元	%
教学	15721	34	22104	37	68440	38	6575	52	5783	55	16366	30
研究	13900	30	17916	30	59489	33	15	0.1	0	0	364	1
公共服务	1750	4	3152	5	0	0	103	1	16	0.1	673	1
学术支持	3305	7	7938	13	9715	5	1160	9	488	5	3985	7
学生服务	3485	8	2274	4	7591	4	1458	12	900	9	8413	15
学校支持	3804	8	4237	7	18738	10	2067	16	1782	17	9479	17

① 李勇:《若干世界一流大学成本结构的比较研究》,《全球教育展望》2007年第5期。

② 来自IPEDS，表中数据为该校各类经费总数除以该校全日制当量学生人数。斯坦福大学和麦克拉斯特学院为2007—2008年度数据，其他四所高校为2008—2009年度数据。

（续表）

学校活动	加州大学伯克利校区		密歇根大学		斯坦福大学		加州州立大学福乐屯校区		纳苏社区学院		麦克拉斯特学院	
	美元	%	美元	%	美元	%	美元	%	美元	%	美元	%
基础设施	2058	4	/		/		/		1606	15	/	
奖助学金	2242	5	2470	4	16522	9	1200	10	0	0	15653	29
总计	46268	100	60094	100	180499	100	12582	100	10577	100	54905	100
学校总收入及总开支占总收入的比重（%）												
总收入	57403	81	71450	84	184310	98	12373	102	13026	81	50121	110
学杂费及其占生均开支的比重（%）												
本州本科	8353	18	11659	19	35089	19	4662	37	3927	37	38174	76
外州本科	31022	67	34937	58	35089	19	15822	126	7549	71	38174	76

下面分别估计各项开支中的人员经费比例：

首先是教学。教学开支指用于教学活动的开支，其中主要部分为教师工资，尤其是教学型高校。研究型大学的这部分开支中还包括研究生助教和教学文秘人员开支。这部分中人员经费比例应在70%—80%。

其次是研究与公共服务。研究型大学有较多研究与公共服务。由于涉及设施设备、水电、场地租金、耗材等，其人员开支比例应低于教学部分，估计在50%左右。表13显示教学型高校这两部分开支很少，说明美国教学型高校基本上不从事研究与服务活动。

学术支持指图书馆、博物馆、学校信息系统等支持性机构开支。这部分开支包括较多事业开支如图书资料、设备采购等，但这部分开支中人员经费也应占50%—70%。如明尼苏达大学图书馆2009—2010年度预算中，人员经费为65%，其余为资料购置费和办公费。

学生服务指用于招生、学生学业辅导、心理辅导、就业服务等方面的开支。这部分主要是人工费用，因此人力资源开支应在70%以上。

学校支持主要指学校行政管理开支，主要用于支付学校三级管理者及文秘人员的工资，因此人力资源开支也应在70%—80%。

基础设施是指基础设施设备建设与维护开支。公立学校通常依赖政府专项拨款，私立学校通常依赖专项捐助。但保持与维护部分计入运行经费。从伯克利数据看，这项经费约在4%左右，其中人员经费应该很少。

奖助学金。这部分是发给学生的，几乎没有人员开支。

假定教学、研究、公共服务中的人员开支为60%—70%，这三部分人员开支应占学校总开支的45%—50%；学生服务和学术支持部分的人员开支为50%，这两部分人员开支在学校总开支中的比例约为7%—10%；再假定其他部分的人员开支为10%—15%，则美国高校的人力资源开支应为总开支的60%—80%。其中研究型大学为60%—70%，教学型高校在70%—80%。

由于人员经费比例很高，对全校经费影响巨大，因此美国大学十分重视这部分资源的开发和利用。这是人力资源管理思想会在美国高校中迅速得到普及的基本原因。相比之下，中国高校人员经费仅占35%—55%。也许由于人力资源相对便宜，经费比重较低，管理者更加关注物质资源的开发和利用。这也许可以解释为什么在中国高校中会出现“见物不见人”的情况。只有当学校认识到人是学校最可宝贵的资源，对学校发展影响巨大，必须悉心培育、有效使用时，人力资源管理思想才可能在中国高校管理中落地生根。

利用表13还可以分析两个重要问题。一是生均成本。美国高校学生全成本是多少，其中学杂费比例是多少，这是很多人关心的问题。若把生均开支看成生均成本，表13提供了六所案例学校的生均成本。从中可以看出，美国高校生均成本差别很大，从1万到18万。学生所交学杂费在成本中的比例，对本州学生，研究型大学一般为20%左右，公立教学型高校为37%，私立教学型高校为76%。对外州和国际学生，公立研究型大学为58%—67%，福乐屯校区为126%，纳苏学院为71%，麦克拉斯特学院仍为76%。目前中国公立高校学费的定价原则是全成本的25%，因此可以考虑一下这个定价标准是否合理。

二是公私立高校成本差异。表13表明公私立高校生均开支之间存在巨大差距。斯坦福大学的生均成本是两所公立研究型大学的300%以上，麦克拉斯特学院是两所公立教学型高校的400%以上。以这样的成本差距，私立高校很快会把公立高校远远甩在后面。这也是为什么，为了摆脱被动局面，以密歇根大学为首的一批公立高校，纷纷开始采用私立高校财务战略，从依赖政府转向依赖社会，形成所谓“公立高校私立化”现象。[①]这不仅从根本上改变了20世纪50年代以来的美国高等教育版图，也在改变多数一流公立研究型大学的管理模式。也许这是第二次世界大战后美国高等教育领域中发生的最为重要的现象之一。

从表13还可以看出，六所案例院校的开支占其收入的比例约为80%—110%。

① 朱司曼：《21世纪高等教育面临的挑战》，载阿特巴赫等主编：《21世纪的美国高等教育（第2版）》，施晓光等译，中国海洋大学出版社，2007年：88-123。

私立高校基本上收支平衡，公立高校略有盈余。因此，当伯克利的人力资源开支为其总开支的 61.7% 时，由于其总开支仅为总收入的 81%，因此其人力资源开支在总收入中的比例仅为 50%。斯坦福大学收支基本平衡，故其人力资源开支应和其在总开支中的比例相同，均为 60% 左右。总之，如果收入大于支出，人力资源在总开支中的比例一定低于其总收入中的比例；反之亦然。

关于美国高校财务管理还有很多话可说，但与本文无关，故此处不叙。仅就人力资源配置而言，值得注意的有以下几点。第一，高校是一个人力资源密集型组织，人力资源投入强度对高校质量影响很大，因此要注意人力资源投入比例问题。又要马儿跑，又要马儿不吃草，是不可能的。第二，提高人力资源使用效率的一个有效方法是简化目标，集中投入，不舍不得。研究型大学的多目标是社会多种需求的结果，属不得已而为之。教学型高校则应集中力量做好教学，不要东施效颦，跟着研究型高校学目标多样化，分散使用有限的宝贵资源。第三，人力资源建设有匹配问题。学校犹如合唱团，最终目标是整体效果，而不是某个目标的效果。如何进行有效的资源配置，是一个值得研究的问题。可以肯定一点，即资源配置方案要与学校战略一致，能同时支持学校的日常运行和战略发展。第四，注意待遇、质量、产出三者之间的辩证法。有效的管理是使三者同时最优。只抠教师数量、教师工作量和教师待遇，未必是明智之举，还很可能会把学校发展带入恶性循环。

三、总结

以上对美国大学师资管理基本环节有关的制度和文化做了简要描述，下面对这些制度和文化进行一个总结。我认为，值得我国高校注意的有三点：加强管理制度化、引进人力资源管理、培育专业精神。

首先是管理制度化。和美国社会一样，高度重视制度建设是美国大学管理的一个突出特征。美国是一个移民国家，各国移民带来了自己的文化与传统。要使大家都能和平共处，只能超越这些不同的传统与文化，建立所有人都能接受的制度体系。美国的制度体系建立在三个原则之上：（1）承认所有利益相关者都有追求和保护自己利益的平等权利；（2）所有利益相关者共同参与制定行为准则并服从；（3）对现有制度的任何修改必须遵循事先决定的制度制定程序。这些原则构成美国大学管理的制度基础，体现在美国大学管理的各个方面。[①]

① 这里有意不用“民主”这个词来描述这三个原则，因为我认为民主是一个含义更丰富，也更容易引起歧义的词。

这些原则有三个优点：（1）确认所有人有追求自己利益和权利的合法性，给每个个体留下了活动空间。这种个体自由是美国大学发展动力的源泉。（2）给所有利益相关者提供了表达意见和行使权利的机会，这为共同治理奠定了基础。因此美国大学中也是文山会海，各种委员会盛行。（3）凡事都有法可依，有章可循。所有规章制度都描述到“行为”层面，而不停留在“指导思想”层面。因为规章制度的目的不是为纠正思想而是为指导行为。对现有制度可以不同意，但不能不执行。行动上服从就是遵纪守法。这种行动主义思想是美国管理的重要特征。

这些原则中也有诡异之处。如谁是利益相关者？终身职教师聘任时，所有终身职教师都是利益相关者，但非终身职教师不是，因此不得参与投票。如果非终身职教师要争取同等待遇，就必须发动群众，争取终身职教师集体同意改变现有规定，否则就不可能，因为“对现有制度的任何修改必须遵循事先决定的制度制定程序”。这样一来，美国大学虽然表面上看起来风平浪静，暗地里也是暗潮汹涌，充满权力与利益之争。至于为什么终身职教师是利益相关者而非终身职教师不是，这取决于学校的历史与传统。借助组织成员认定与成员结构变化，学校历史与传统得以在大学管理中发挥重大作用。

这套原则的要点在于，它只规定制度形成方式而不涉及内容，因此任何人都可以用它来争取自己的利益，只要能得到多数支持即可。由于它只保证参与和表达，不保证结果，因此它既能催生天使，也能制造魔鬼。这套原则提供了交流和规范合作的制度平台，具有形式公平性，可以有效防止组织因意见相左而分裂。这套原则对美国大学管理影响巨大，在招聘、任用、考核、晋升等敏感领域中，其影响处处可见。美国大学之所以能依法治校，人际关系简单，也主要依靠这套原则。中国高校如何结合中国国情学习这套原则，改进中国大学管理，仍然是一个需要认真研究的问题。

其次是引进人力资源管理。人力资源管理的要点是把员工看成资源，从组织发展战略角度规划实施人力资源建设，改变把员工当成监管对象、把人员开支当成成本、把人员管理当成局部管理业务的传统人事管理思想。近二三十年来，尤其是从20世纪90年代起，人力资源管理思想开始被大规模引进美国高校管理。一个明显标志是，高校争先恐后地把“人事部”改名为“人力资源部”，将人力资源的规划与建设纳入学校发展战略。于是，一种系统地规划、建设、培育和发展教师队伍的思想开始出现。

其主要表现有：（1）把教师队伍建设纳入学校战略规划，通过教师队伍建设，提高学校学术能力和竞争力；（2）改变了原有的教师队伍结构，形成了新的劳动分工体系；（3）注重新教师的组织融入，强调消除新教师融入障碍，帮助他们尽快发挥作用；（4）建立一站式服务的教师发展中心，全面促进教师发展，以此培育和保持学校学术竞争力；（5）从资源有效利用角度出发，开发新的激励方式，设计更有效的工资福利方案，注重投入、质量、产出之间的均衡，在充分激励的同时防止过度激励的负面效应；（6）关注员工生活与工作之间的平衡状态，保证教师总能处在最佳工作状态；（7）注重限制与消除负面因素如种族、性别歧视等，建立健康的组织文化；（8）把人力资源管理作为组织文化建设的基本手段，通过人力资源管理，建设良好的组织文化；（9）探索新的管理模式和方法，提高人力资本管理效益。目前这个领域方兴未艾，不断有新研究和新实践出现。这些研究和实践为美国高校管理和美国高等教育发展都做出了重大贡献。

美国高校重视人力资源管理至少受四个因素影响：（1）自1970年以来，人力资源管理作为一个新的研究与实践领域开始成熟，为高校借鉴和应用人力资源管理提供了条件。（2）过去30年美国高校规模不断扩大，组织日益复杂，高校服务对象和服务内容不断增加，高校管理也变得越来越专业化，需要引进专业化管理。1975年到2005年高校教师只增长了51%，但管理岗位、专业管理人员和管理经费分别增加了85%、240%和75%。[①] 大量专业管理人员的进入，提高了大学管理的专业化水平，加快了大学采用新的管理理念和管理方法的步伐。（3）过去30年来政府对高校的支持力度不断下降，学校普遍面临办学经费不足问题，如何增收节支、提高经费使用效益对高校来说越来越重要。（4）美国高校人员经费比例较高，占学校总开支的60%—80%，如何管理好这部分资源，对大学管理来说就成了头等重要的问题。

把人力资源管理引入高校管理，美国的经验有哪些值得我们参考呢？我认为有以下几点：（1）改变观念，把教师看成学校发展的资源，从资源建设角度看待教师队伍建设问题；（2）根据多种办学目标，建立多元化的教师队伍；（3）改革评价体制，根据学校发展目标，全方位评价教师贡献；（4）改革激励体制，使其与学校办学目标一致；（5）保障投入，使大学教师成为一个值得向往的职业，激发教师创造性地开展工作；（6）系统消除一切妨碍教师发挥作用的因素，建设健康的校园文

① B. Ginsberg, *The Fall of Faculty: The Rise of the All-Administrative University and Why It Matters*, Oxford University Press, 2011.

化；（7）建立教学支持中心，帮助教师提高教学能力，并最终提高学校的教育质量；（8）注重人力资源搭配，提高人力资源使用的整体效益；（9）探索符合学校实际情况的管理方式和方法，最大限度地发掘学校人力资源潜力。

最后是培育专业精神。任何学者都不是生活在真空中，而是与全国乃至全世界的学者一起，共同形成一个学术共同体，这个共同体叫学术界。在这个学术界的养育和支持下，学者得以不断成长，学术也得以不断发展。学术界的健康发展，有赖于一套基本的价值准则来约束和协调学者们的行为，这套价值准则就是专业精神。在当代，专业精神包括专业自律、实事求是和诚信。专业自律指学者要清楚地知道自己的专业边界，坚持只在本专业范围内发表意见。在专业领域之外，他无异于普通大众。对专业界限的清楚认识和自我约束即是专业自律。在专业范围内，坚持实事求是。知之为知之，不知为不知。在被要求提供专业意见时，诚实说明自己的专业局限，不提供超越专业界限的意见。在灰色地带发表意见时，要保持足够谨慎。这些就是专业精神的表现。这种专业精神为可靠的学术同行交流和咨询提供了保证，是大范围学术评价的基础。正因为美国学术界普遍有这种专业精神，美国高校才能在学术评价时广泛利用甚至依赖同行评议。

专业自律、实事求是和诚信都属于道德范畴而非法律范畴，因此践行这些原则主要依靠学者的自觉和学术机构的态度。无论是高校还是个人都应当高度重视培养和维护专业精神，任何违背这些原则或包庇纵容违规者的行为都应该受到惩罚。只有学界普遍坚持这种态度，才可能使其成为学界的普遍精神，在进行学术成就鉴定时才能依靠这种精神。

近些年中国学术界在这方面取得了一些进步，但与美国学术界相比还有差距，尤其是在涉及学术鉴定的各类事务上，如博士论文评审、学术成果鉴定、课题评审等，存在人情观念和“打招呼”的情况，甚至到了不“打招呼”不正常的程度。正是由于这种专业精神缺失，使得很多在美国行之有效的方法到了中国就失灵。前面指出，美国所以能形成普遍的专业精神，并非由于美国人天生道德高尚，而是因为多元参与、相互制约和程序化的规则，使得暗箱操作代价太高。事实上，这也和中国学界缺乏对专业精神的坚持，及某些学校忽视、宽容、包庇甚至纵容非专业行为有关。如果把专业精神发展水平作为学界成熟的标志，可以说中国学术界还不够成熟，在建设普遍的专业精神方面，我们还有很长的路要走。培育专业精神是中国高校师资管理中最值得注意，也是最困难的一个问题。

北京大学出版社

教育出版中心 精品图书

21世纪高校教师职业发展读本

如何成为卓越的大学教师 [美]肯·贝恩
给大学新教员的建议 [美]罗伯特·博伊斯
如何提高学生学习质量 [英]迈克尔·普洛瑟等
学术界的生存智慧 [美]约翰·达利等
给研究生导师的建议（第2版） [英]萨拉·德拉蒙特等

21世纪教师教育系列教材

教育心理学（第二版） 李晓东
教育学基础 庞守兴
教育学 余文森 王晞
教育研究方法 刘淑杰
教育心理学 王晓明
心理学导论 杨凤云
教育心理学概论 连榕 罗丽芳
课程与教学论 李允
教师专业发展导论 于胜刚
学校教育概论 李清雁
现代教育评价教程（第二版） 吴钢
教师礼仪实务 刘霄
家庭教育新论 闫旭蕾 杨萍
中学班级管理 张宝书
教育职业道德 刘亭亭
教师心理健康 张怀春
现代教育技术 冯玲玉
青少年发展与教育心理学 张清
课程与教学论 李允
课堂与教学艺术（第二版） 孙菊如 陈春荣
教育学原理 靳淑梅 许红花
教育心理学 徐凯

21世纪教师教育系列教材·初等教育系列

小学教育学 田友谊
小学教育学基础 张永明 曾碧
小学班级管理 张永明 宋彩琴
初等教育课程与教学论 罗祖兵
小学教育研究方法 王红艳
新理念小学数学教学论 刘京莉
新理念小学音乐教学论（第二版） 吴跃跃

教师资格认定及师范类毕业生上岗考试辅导教材

教育学 余文森 王晞
教育心理学概论 连榕 罗丽芳

21世纪教师教育系列教材·学科教育心理学系列

语文教育心理学 董蓓菲
生物教育心理学 胡继飞

21世纪教师教育系列教材·学科教学论系列

新理念化学教学论（第二版） 王后雄
新理念科学教学论（第二版） 崔鸿 张海珠
新理念生物教学论（第二版） 崔鸿 郑晓慧
新理念地理教学论（第三版） 李家清
新理念历史教学论（第二版） 杜芳
新理念思想政治（品德）教学论（第三版） 胡田庚
新理念信息技术教学论（第二版） 吴军其
新理念数学教学论 冯虹
新理念小学音乐教学论（第二版） 吴跃跃

21世纪教师教育系列教材·学科教学技能训练系列

新理念生物教学技能训练（第二版） 崔鸿
新理念思想政治（品德）教学技能训练（第三版） 胡田庚 赵海山
新理念地理教学技能训练（第二版） 李家清
新理念化学教学技能训练（第二版） 王后雄
新理念数学教学技能训练 王光明

西方心理学名著译丛

儿童的人格形成及其培养 [奥地利]阿德勒
活出生命的意义 [奥地利]阿德勒
生活的科学 [奥地利]阿德勒
理解人生 [奥地利]阿德勒
荣格心理学七讲 [美]卡尔文·霍尔
系统心理学：绪论 [美]爱德华·铁钦纳
社会心理学导论 [美]威廉·麦独孤
思维与语言 [俄]列夫·维果茨基
人类的学习 [美]爱德华·桑代克
基础与应用心理学 [德]雨果·闵斯特伯格
记忆 [德]赫尔曼·艾宾浩斯
实验心理学（上下册） [美]伍德沃斯 施洛斯贝格
格式塔心理学原理 [美]库尔特·考夫卡

21世纪教师教育系列教材·专业养成系列（赵国栋 主编）

微课与慕课设计初级教程
微课与慕课设计高级教程
微课、翻转课堂和慕课设计实操教程
网络调查研究方法概论（第二版）
PPT云课堂教学法
快课教学法